不可不知的1999个生活法律常识

赵星海　王碧韵　李丽　主编

法律出版社
LAW PRESS·CHINA
北京

图书在版编目(CIP)数据

不可不知的1999个生活法律常识 / 赵星海, 王碧韵, 李丽主编. -- 北京 : 法律出版社, 2021
ISBN 978-7-5197-5803-5

Ⅰ. ①不… Ⅱ. ①赵… ②王… ③李… Ⅲ. ①法律－基本知识－中国 Ⅳ. ①D920.5

中国版本图书馆CIP数据核字(2021)第155751号

不可不知的1999个生活法律常识
BUKE BUZHI DE 1999 GE SHENGHUO FALÜ CHANGSHI

赵星海　王碧韵　李　丽 主编

策划编辑 邢艳萍
责任编辑 邢艳萍
装帧设计 汪奇峰

出版发行 法律出版社
编辑统筹 法律应用出版分社
责任校对 周合芝
责任印制 吕亚莉
经　　销 新华书店

开本 710毫米×1000毫米　1/16
印张 31　**字数** 720千
版本 2021年10月第1版
印次 2021年10月第1次印刷
印刷 天津嘉恒印务有限公司

地址:北京市丰台区莲花池西里7号(100073)
网址:www.lawpress.com.cn
投稿邮箱:info@lawpress.com.cn
举报盗版邮箱:jbwq@lawpress.com.cn
销售电话:010-83938349
客服电话:010-83938350
咨询电话:010-63939796

书号:ISBN 978-7-5197-5803-5
定价:68.00元
凡购买本社图书,如有印装错误,我社负责退换。电话:010-83938349

前　言

这是一本浓缩老百姓日常生活中离不开的法律常识的常备手册，在《不可不知的1888个生活法律常识》基础上更新相关法律法规，增加新型实用问题，为您解答这不可不知的1999个生活法律问题。你一定要了解这些身边的法律小知识，因为它们与你的生活密切相关。你要知道自己享有哪些权益，不要在权益受损时不予理睬，甚至忍气吞声、息事宁人。你要知道自己行为的边界在哪里，不要一不小心触犯了法律的禁区，遭到法律的不利裁决。

☆这是一本内容丰富的书

它涉及你生活的方方面面、角角落落。

不管你是在吃饭，在购物，还是行走在马路上，住在家里，你都离不开法律，法律管着你的衣食住行。

不管你是青少年，还是中老年，也不管你是健康人，还是病人，你都离不开法律，法律管着你的生老病死。

不管你愿意不愿意，你都要结婚生子，你都有父母亲戚，那你就离不开法律，法律管着你的婚姻家庭。

不管你是投资创业，还是借贷、租赁，你都离不开法律，法律管着你的经济活动。

不管你去读书、学习，还是去参加工作，你都离不开法律，法律管着你的教育培训，管着你的劳动就业。

你要保护自己的生命，维护自己的健康，你有隐私，你有名誉，你有肖像，你就离不开法律，法律守卫着你所有的人格权益。

你要去法院讨个说法，你就离不开法律，法律会告诉你该怎么办。

法律所管的，所守卫的，所告诉你的，正是本书要呈送给你的，正是本书的核心内容。

☆这是一本功用齐全的书

它可以开拓视野，增加知识，维护权益，可以让你的生活更轻松，更自如。它最终的目标就是为你享受生活、体验人生保驾护航。

☆这是一本特色鲜明的书

它把人一生中常遇的法律问题分门别类地汇编在一起，能让你便捷地找到自己想要了解的知识。它对问题的回答直截了当、清楚确定，让你看得明明白白，学得透透彻彻。它对每一个问题都指出了法律依据，能让你有理有据地维护权益，伸张正义。

☆这是一本案头书、必备书

它可以放到书桌上、办公室,作为工作之余的充电,或者消遣。它可以馈赠亲友,作为你对他们权益关怀备至的载体。它可以是一把钥匙,为你打开充满神秘色彩的法律之门。它可以是一把利剑,在你蒙受冤屈的时候,为你排忧解难。

本书涵盖的领域很广,编者也进行了深入的研究,搜集整理了大量的资料,认真核对了所有相关的法律规定,希望能够做到万无一失。但人的智慧和力量终究有限,知识也在不断更新,法律仍在不断修改,还请各位读者抱着参考的态度,用挑剔的眼光来阅读本书。

总　目　录

目　录

Part 9

Part 1

衣食住行

衣

0001 购物或接受服务时一定要索要发票吗?

发票是商品的销售者或服务的提供者在买卖合同或服务合同履行后向商品购买者或服务对象出具的证明合同履行的书面凭证。根据《消费者权益保护法》第22条的规定,经营者提供商品或者服务,应当按照国家有关规定或者商业惯例向消费者出具发票等购货凭证或者服务单据;消费者索要发票等购货凭证或者服务单据的,经营者必须出具。对于消费者而言,购货凭证或服务单据记载了买卖合同或服务合同的基本内容以及合同的履行情况,应当妥善予以保管,日后一旦发生商品或服务质量等方面争议,可以此为依据要求商家承担责任。

0002 如何理解明码标价义务?

所谓明码标价,是指经营者在销售、收购产品和提供服务时,以公众易于识别的方式标明商品价格和服务收费标准的一种公示方法。其目的在于让消费者购买产品或接受服务前对产品与服务有一定的基本认知,自愿作出真实的选择,从而促进市场正当竞争,保护消费者合法权益。明码标价,是产品经营者及服务提供者的一项法定义务。根据《消费者权益保护法》第20条第3款的规定,经营者提供商品或者服务应当明码标价。根据《价格法》第13条的规定,经营者销售、收购商品和提供服务,应当按照政府价格主管部门的规定明码标价,注明商品的品名、产地、规格、等级、计价单位、价格或者服务的项目、收费标准等有关情况。经营者不得在标价之外加价出售商品,不得收取任何未予标明的费用。

明码标价义务有以下2层含义:第1层含义是"明示价格"。明示价格的方法有很多,如附着价签、编制价目表、在产品上喷印价格。若要达到明示的效果,这些信息一定要准确清晰,便于公众读取识别。经营者应做到:对于价格发生变动的产品,应当及时更新信息;商品价格和收费标准一律使用阿拉伯数字标明人民币金额;产地、规格、等级、材质、包装、商标等存在差别的产品均应一货一签,分别标明价格;降价处理的产品应采用明显的标识方法,与正常产品进行区分。第2层含义在于"不得加价"及"不得收取不明费用"。需要明确的是,我国法律中规定的"明码标价"并不是"明码实价"。经营者以低于标价的价格出售产品时,并不会违反明码标价义务,只有当其在标价之外加价出售产品时,才会违反该义务。"不明费用"则是指购买产品或服务时,经营者事先未告知消费者应当收取、甚至在收取过程中也不作说明的费用。

0003 服装标识不真实,商家要承担什么责任?

《产品质量法》第27条第1款规定,产品或者其包装上的标识必须真实,并符合下列要求:(1)有产品质量检验合格证明。(2)有中文标明的产品名称、生产厂厂名和厂址。(3)根据产品的特点和使用要求,需要标明产品规格、等级、所含主要成分的名称和含量的,用中文相应予以标明;需要事先让消费者知晓的,应当在外包装上标明,或者预先向消费者提供有关资料。(4)限期使用的产品,应当在显著位置清晰地标明生产日期和安全使用期或者失效日期。(5)使用不当,容易造成产品本身损坏或者可能危及人身、财产安全的产品,应当有警示标志或者中文警示说明。第54条规定,产品标识不符合本法第27条规定的,责令改正;有包装的产品标识不符合本法第27条第4项、第5项规定，情节严重的，责令停止生产、销售，并处违法生产、销售产品货值金额30%以下的罚款；有违法所得的，并处没收违法所得。《国家质量监督检验检疫总局（已撤销）关于实施〈中华人民共和国产品质量法〉若干问题的意见》第4条第1款和第2款规定，(1)按照《产品质量法》第27条规定，产品标识必须真实，并符合下列要求：具有产品质量检验合格证明，具有中文标注的产品名称，对产品质量负有责任的生产者的厂名、厂址，以及其他有关标识内容。不符合上述规定的，应当依法责令产品的生产者改正。(2)按照《产品质量法》第27条规定，产品（包括进口产品）标识应当使用中文，对产品名称、厂名、厂址、规格、等级、含量、警示说明等标识应当使用中文而未用中文标注的产品，应当依法责令产品的生产者、销售者改正。因此，如果服装标识不真实，产品质量监督部门或者工商行政管理部门应当依法责令改正；情节严重的应当责令停产、停业，并处罚金；有违法所得的，应当没收违法所得。

0004 服装的非主要成分没有标识，商家构成欺诈吗？

根据《消费者权益保护法》第8条的规定，消费者享有知悉其购买、使用的商品或者接受的服务的真实情况的权利。消费者有权根据商品或者服务的不同情况，要求经营者提供商品的价格、产地、生产者、用途、性能、规格、等级、主要成分、生产日期、有效期限、检验合格证明、使用方法说明书、售后服务，或者服务的内容、规格、费用等有关情况。根据《纺织品纤维含量的标识》（GB/T 29862—2013）第6.8条的规定，由两种及以上不同织物拼接构成的产品应分别标明每种织物的纤维名称及其含量，单个织物面积或多个织物总面积不超过产品表面积15%的织物可不标。面料（或里料）的拼接织物纤维成分及含量相同时，面料（或里料）可合并标注。第6.13条的规定，在产品中起装饰作用的部件、非外露部件以及某些小部件，例如：花边、褶边、滚边、贴边、腰带、饰带、衣领、袖口、下摆罗口、松紧口、衬布、衬垫、口袋、内胆布、商标、局部绣花、贴花、连接线和局部填充物等，其纤维成分可以不标。除衬布、衬垫、内胆布等非外露部件外，若单个部件的面积或同种织物多个部件的总面积超过产品表面积的15%时，则应标注该部件的纤维含量。因此，即使消费者没有要求，经营者也必须标明所售服装依法应当标明的构成成分及百分比，没有标注非主要成分，商家不构成欺诈，但可能构成对消费者知情权的侵害。

0005 消费者因虚假宣传而遭受损失，如何索赔？

根据《消费者权益保护法》第45条的规定，消费者因经营者利用虚假广告或者其他虚假宣传方式提供商品或者服务，其合法权益受到损害的，可以向经营者要求赔偿。广告经营者、发布者发布虚假广告的，消费者可以请求行政主管部门予以惩处。广告经营者、发布者不能提供经营者的真实名称、地址和有效联系方式的，应当承担赔偿责任。广告经营者、发布者设计、制作、发布关系消费者生命健康商品或者服务的虚假广告，造成消费者损害的，应当与提供该商品或者服务的经营者承担连带责任。社会团体或者其他组织、个人在关系消费者生命健康商品或者服务的虚假广告或者其他虚假宣传中向消费者推荐商品或者服务，造成消费者损害的，应当与提供该商品或者服务的经营者承担连带责任。

0006 淘宝买到假货怎么办？

如果发现所购买的是假货，第一步就是收集证据，用相机拍下商品各个角度的照片，以及与商家通过阿里旺旺沟通的聊天记录，以备投诉时使用。收集完证据之后就可以通知商家了，记住这时联系商家也要通过阿里旺旺，且在沟通时，注意别掉进商家的聊天陷阱里，在阿里旺旺上清楚说明商家给自己所发的货是假货，以及询问商家为什么是假货，为什么与之前的描述不符，把责任归到商家一方。只要商家承认其销售的是假货，那么无论商家提供的是 7 天无理由退货退款，还是假一赔三承诺，根据《消费者权益保护法》的相关规定，商家除退款外，还应按实际支付商品价款的 3 倍进行赔付，增加赔偿金额不足 500 元的，按照 500 元赔付。如果以上赔款和商家未达成一致，可对商家进行投诉，投诉时需提交各种证据，淘宝服务人员会根据双方提供的证据进行裁定。如果淘宝服务介入后，仍然无法处理的，可以通过工商投诉或者诉讼的方式解决，但是采用这两种处理方式，各方面成本会比较高。

0007 促销、打折的商品出现质量问题就可以不予退货吗？

消费者购买到的商品，要保证能够正常使用，这是基本的道理。根据《消费者权益保护法》第 23 条第 1 款和第 2 款的规定，经营者应当保证在正常使用商品或者接受服务的情况下其提供的商品或者服务应当具有的质量、性能、用途和有效期限；但消费者在购买该商品或者接受该服务前已经知道其存在瑕疵，且存在该瑕疵不违反法律强制性规定的除外。经营者以广告、产品说明、实物样品或者其他方式表明商品或者服务的质量状况的，应当保证其提供的商品或者服务的实际质量与表明的质量状况相符。而根据《零售商促销行为管理办法》第 18 条的规定，零售商不得以促销为由拒绝退换货或者为消费者退换货设置障碍。因此，即便是促销、打折的商品，出现质量问题时，消费者也可以要求经营者退换货。

0008 明知打折处理的服装有质量问题而购买，还能要求赔偿吗？

一般不可以。根据《消费者权益保护法》第 23 条第 1 款的规定，经营者应当保证在正常使用商品或者接受服务的情况下其提供的商品或者服务应当具有的质量、性能、用途和有效期限；但消费者在购买该商品或者接受该服务前已经知道其存在瑕疵，且存在该瑕疵不违反法律强制性规定的除外。所以，经营者只要明示了商品打折处理是因为存在质量问题，没有欺骗消费者，而消费者是自愿接受的，那么，经营者就不必承担法律责任。

0009 衣服定作人能否要求返还边角废料？

定作衣服构成《民法典》上的承揽合同，此种情况下，有约定按照约定履行，如果没有约定，根据《民法典》第 510 条的规定，合同生效后，当事人就质量、价款或者报酬、履行地点等内容没有约定或者约定不明确的，可以协议补充；不能达成补充协议的，按照合同有关条款或者交易习惯确定。因此，因为边角废料不属于劳动成果，所以有约定按照约定返还，没有约定也没有补充约定的，则按照交易习惯定作人无权索取。但是如果是定作人提供布料委托加工方进行加工的，布料属于定作人的财产，可以要求返还边角废料。

0010 在展销会购买的商品出现质量问题该怎么办？

根据《消费者权益保护法》第 43 条的规定，消费者在展销会、租赁柜台购买商品或者接受服务，其合法权益受到损害的，可以向销售者或者服务者要求赔偿。展销会结束或者柜台租赁期满后，也可以向展销会的举办者、柜台的出租者要求赔偿。展销会的举办者、柜台的出租者赔偿后，有权向销售者或者服务者追偿。作为消费者，在消费过程中对产品作出判断的依据不仅仅是产品本身，同时包括产品所处的销售环境。相较于路边摊位上的产品而言，大型商场中的产品更容易获得消费者的信赖，也往往可以按更高的价格售出，这是因为商场规模、环境所蕴含的信誉无形中会附加到产品之中。消费者无论是从商场专柜购买产品，还是从商场大厅中的展销会上购买产品，都会认为是在和商场进行交易，具备更高的保障。如果在这种情况下将商场与专柜、展销会作割裂式的区分，明显对消费者不公。因此，法律作出了这样的规定，柜台的出租者、展销会的举办者应当承担起相应的审查义务，查明承租者、经销者的资质与相关信息；否则，消费者找不到这些直接销售者时，就可以要求柜台的出租者、展销会的举办者承担责任。

0011 商家使用他人营业执照销售的商品有问题，消费者向谁索赔？

根据《消费者权益保护法》第42条的规定，使用他人营业执照的违法经营者提供商品或者服务，损害消费者合法权益的，消费者既可以向其要求赔偿，也可以向营业执照的持有人要求赔偿。所以，使用他人营业执照的属于违法经营行为，出租、出借或转让营业执照供他人使用也属于违法行为，消费者可同时向使用人和持有人索赔。

0012 商场可以用店堂告示来抗辩消费者吗？

产品经营者使用的店堂告示、通知、声明，本质上是一种格式合同。所谓格式合同，是指提供合同的当事人一方，未经与对方协商即预先拟定的合同。作为收到合同的一方，要么完全接受，要么拒绝签订。这种合同往往可以重复多次使用，有利于节省双方时间，提高效率。经营者以公示出的相应内容作为要约，将消费者购买产品的行为看作承诺。购买产品时，也就可以推定消费者接受了经营者告知的内容。但是，由于格式合同提供者往往处于优势地位，若法律对合同内容不作任何限制，优势方就很容易损害合同相对方的权益。

在产品生产和销售领域中，相较于消费者个体，产品生产者及经营者在技术、场地、资金、人员等方面都处于相对的优势地位，如果允许其事先拟定不合理的产品买卖格式合同，或通过张贴通知、声明、店堂告示等文件剥夺消费者合法权益，就会造成实质上的不公平。所以，根据《消费者权益保护法》第26条第2款的规定，经营者不得以格式条款、通知、声明、店堂告示等方式，作出排除或者限制消费者权利、减轻或者免除经营者责任、加重消费者责任等对消费者不公平、不合理的规定，不得利用格式条款并借助技术手段强制交易。否则，这样的内容即便作出也是无效的。

可见，法律并不禁止产品经营者使用格式合同或店堂告示，而只是对其内容进行了一定的限制。一方面，经营者不得作出对消费者不公平、不合理的规定，不能违背消费者的意愿以及社会的惯常行为标准，将自己的意志强加给消费者。比如，“产品售出概不退换”“请勿带包入内，否则本店有权检查”“不设找零”“偷一罚十”等规定，应认定为对消费者不公平、不合理。另一方面，经营者不得作出减轻或免除其损害消费者合法权益应当承担的民事责任。比如，“购买产品后，出现质量问题由买者自己负责”“一切责任后果皆由使用者本人承担，请慎重使用”“本产品生产者只对产品本身质量负责，若发生其他损害请自行解决”，也都是无效的内容。当然，对于行政责任与刑事责任，产品生产者及经营者更是无权依自身意志要求减轻或免除。

0013 商家承诺“假一赔十”,消费者可否要求商家兑现?

若某经营者严格要求自身行为,打出“假一赔十”的宣传标语,就应当理解为该经营者对消费者作出了10倍赔偿的承诺。如果消费者购买后发现产品为假货或与经营者描述严重不符,就有权利要求10倍赔偿。再如,“本店负责终身保修”“10天内无条件退货”“全城最低价,买贵立刻退还差价”这样的内容,也会对产品经营者及消费者产生效力,只要消费者购买了产品,就有权要求经营者兑现承诺。若消费者不能与经营者协商达成一致,可以先请当地的消费者协会介入帮助调解,协商不成的可以向法院提起诉讼。

0014 消费者购买大衣时获赠的衬衣有质量问题可以索赔吗?

“买一赠一”的促销方式应当界定为附赠式销售。在这种销售模式中,无论经营者将赠品计入成本还是利润,均不影响其在行为时“销售”的意思表示。经营者的行为目的是鼓励消费者购买产品,其行为本质仍应认定为一种交换而不是无偿赠送。经营者和消费者一般也都清楚,购买商品和获得赠品是“捆绑”在一起的一个行为,而不可以割裂、分离成两个独立的行为。既然消费者非购买商品就没有权利获得经营者所谓的“赠品”,那“赠品”也就具备了商品的属性,经营者应对“赠品”的质量负责。至于这种“赠品”缺陷引发的侵权问题,也应当直接适用《产品质量法》及《民法典》有关规定进行处理。无论是该赠品的生产者还是将其“赠送”给消费者的销售者,都不能以该赠品并非用于销售来抗辩,主张免除应承担的责任,所以,商场需要对附赠的衬衣承担产品责任。

0015 选择了心仪的服装,但商家一定要搭售袜子可以吗?

不可以。根据《消费者权益保护法》第9条的规定,消费者享有自主选择商品或者服务的权利。消费者有权自主选择提供商品或者服务的经营者,自主选择商品品种或者服务方式,自主决定购买或者不购买任何一种商品、接受或者不接受任何一项服务。消费者在自主选择商品或者服务时,有权进行比较、鉴别和挑选。而商家的“搭售”行为违背了消费者自主选择的意志,侵犯了消费者的自主选择权,对于这种行为消费者有权拒绝接受。

0016 “清仓甩卖”活动无限期进行合法吗?

不合法。因为按照《侵害消费者权益行为处罚办法》第6条第5项的规定,经营者向消费者提供有关商品或者服务的信息应当真实、全面、准确,不得有下列虚假或者引人误解的宣传行为:以虚假的“清仓价”、“甩卖价”、“最低价”、“优惠价”或者其他欺骗性价格表示销售商品或者服务。根据《消费者权益保护法》第55条第1款的规定,经营者提供商品或者服务有欺诈行为的,应当按照消费者的要求增加赔偿其受到的损失,增加赔偿的金额为消费者购买商品的价款或者接受服务的费用的3倍;增加赔偿的金额不足500元的,为500元。法律另有规定的,依照其规定。

0017 商家从事非法有奖销售需要承担什么责任?

根据《反不正当竞争法》第10条的规定,经营者进行有奖销售不得存在下列情形:(1)所设奖的种类、兑奖条件、奖金金额或者奖品等有奖销售信息不明确,影响兑奖;(2)采用谎称有奖或者故意让内定人员中奖的欺骗方式进行有奖销售;(3)抽奖式的有奖销售,最高奖的金额超过5万元。第22条的规定,经营者违反本法第10条规定进行有奖销售的,由监督检查部门责令停止违法行为,处5万元以上50万元以下的罚款。

0018 消费者在商场试衣时手机被盗，商场该不该赔？

在一定情形下商场要承担赔偿责任。根据《消费者权益保护法》第18条的规定，经营者应当保证其提供的商品或者服务符合保障人身、财产安全的要求。对可能危及人身、财产安全的商品和服务，应当向消费者作出真实的说明和明确的警示，并说明和标明正确使用商品或者接受服务的方法以及防止危害发生的方法。宾馆、商场、餐馆、银行、机场、车站、港口、影剧院等经营场所的经营者，应当对消费者尽到安全保障义务。根据这一规定，服装经营者为购衣者提供试衣服务时应采取足够的措施保护购衣者因试衣脱掉的衣服以及随身携带物品的安全。这些措施可以是贴告示或者口头告知，以引起购衣者的注意，也可以是直接看管，还可以是指定放在安全的地方等。经营者没有履行这些义务，造成试衣者衣服或随身携带物品丢失，就应承担赔偿责任。

0019 将贵重物品存在商场存物处丢失，商场应该原价赔偿吗？

需视情况而定。首先，一般商场存物都是免费保管，根据《民法典》第897条的规定，保管期间，因保管人保管不善造成保管物毁损、灭失的，保管人应当承担损害赔偿责任。但是，无偿保管人证明自己没有故意或者重大过失的，不承担赔偿责任。因此，无偿保管时，商场只要没有重大过失，就不承担损害赔偿责任。其次，即使是有偿保管，根据《民法典》第898条的规定，寄存人寄存货币、有价证券或者其他贵重物品的，应当向保管人声明，由保管人验收或者封存；寄存人未声明的，该物品毁损、灭失后，保管人可以按照一般物品予以赔偿。所以，在商场存物处寄存贵重物品，应当声明；否则，商场存物处可以按一般物品赔偿。

0020 商场怀疑消费者偷盗衣物，能否对其搜身搜包？

不能。根据《消费者权益保护法》第27条的规定，经营者不得对消费者进行侮辱、诽谤，不得搜查消费者的身体及其携带的物品，不得侵犯消费者的人身自由。

0021 刚买了双鞋子，走在路上鞋跟断裂摔伤，怎么办？

根据《消费者权益保护法》第11条的规定，消费者因购买、使用商品或者接受服务受到人身、财产损害的，享有依法获得赔偿的权利。第49条的规定，经营者提供商品或者服务，造成消费者或者其他受害人人身伤害的，应当赔偿医疗费、护理费、交通费等为治疗和康复支出的合理费用，以及因误工减少的收入。造成残疾的，还应当赔偿残疾生活辅助具费和残疾赔偿金。造成死亡的，还应当赔偿丧葬费和死亡赔偿金。所以，消费者对自己所受的伤害可以要求生产者或销售者承担相应的赔偿责任。

0022 因服装质量缺陷造成消费者损害的，消费者可以要求谁承担赔偿责任？

一般情况下，因产品存在缺陷造成消费者人身、财产损害的，可能需要承担责任的主体包括生产商和销售商。根据《民法典》第1202条的规定，因产品存在缺陷造成他人损害的，生产者应当承担侵权责任。但是，根据《产品质量法》第41条的规定，因产品存在缺陷造成人身、缺陷产品以外的其他财产（以下简称他人财产）损害的，生产者应当承担赔偿责任。生产者能够证明有下列情形之一的，不承担赔偿责任：(1)未将产品投入流通的；(2)产品投入流通时，引起损害的缺陷尚不存在的；(3)将产品投入流通时的科学技术水平尚不能发现缺陷的存在的。第 42 条的规定，由于销售者的过错使产品存在缺陷，造成人身、他人财产损害的，销售者应当承担赔偿责任。销售者不能指明缺陷产品的生产者也不能指明缺陷产品的供货者的，销售者应当承担赔偿责任。

0023 网购服装与描述严重不符，消费者如何索赔？

根据《消费者权益保护法》第 44 条的规定，消费者通过网络交易平台购买商品或者接受服务，其合法权益受到损害的，可以向销售者或者服务者要求赔偿。网络交易平台提供者不能提供销售者或者服务者的真实名称、地址和有效联系方式的，消费者也可以向网络交易平台提供者要求赔偿；网络交易平台提供者作出更有利于消费者的承诺的，应当履行承诺。网络交易平台提供者赔偿后，有权向销售者或者服务者追偿。网络交易平台提供者明知或者应知销售者或者服务者利用其平台侵害消费者合法权益，未采取必要措施的，依法与该销售者或者服务者承担连带责任。

上述责任者应当按照消费者的要求履行约定或退回货款，承担消费者必须支付的合理费用，如消费者邮购过程中所支付的信件费、电报费、电话费、运输费等合理的开支。

0024 卖家进行预售先行收了货款而未及时提供服装给消费者，应承担什么责任？

以预收款方式提供商品或者服务是指经营者先向消费者收取价款或者服务费用的全部或者一部分，在此之后约定的一定期限内再向消费者提供商品或者服务。根据《消费者权益保护法》第 53 条的规定，经营者以预收款方式提供商品或者服务的，应当按照约定提供。未按照约定提供的，应当按照消费者的要求履行约定或者退回预付款；并应当承担预付款的利息、消费者必须支付的合理费用。

食

0025 餐厅故意拖延消费者提出的合理要求需要承担什么责任？

根据《消费者权益保护法》第 56 条第 1 款第 8 项的规定，经营者有下列情形的，除承担相应的民事责任外，其他有关法律、法规对处罚机关和处罚方式有规定的，依照法律、法规的规定执行；法律、法规未作规定的，由工商行政管理部门或者其他有关行政部门责令改正，可以根据情节单处或者并处警告、没收违法所得、处以违法所得 1 倍以上 10 倍以下的罚款，没有违法所得的，处以 50 万元以下的罚款；情节严重的，责令停业整顿、吊销营业执照：对消费者提出的修理、重作、更换、退货、补足商品数量、退还货款和服务费用或者赔偿损失的要求，故意拖延或者无理拒绝的。

0026 餐厅要求“衣冠不整者禁止入内”构成侵权吗？

视经营具体情况而定。根据《消费者权益保护法》的相关规定，消费者有自主选择权，同样地，企业作为经营者也享有合法的经营权，有按照自身的经营理念来运作日常管理活动和面向社会提供商品、服务的自主权利。因此，按照我国目前的判例来看，商家作为自主的经营者，如果在经营上对顾客的衣着特别依赖，那么为了经营的需要以及维护其他顾客的合法利益，有权根据消费者的衣着选择服务对象，并不会构成侵权，如正式的西餐厅拒绝衣冠不整者入内。但对于一般的商家而言,其经营不对顾客的衣着特别依赖的,不能因顾客衣冠不整而禁止其入内,否则就侵犯了消费者的合法权益,应该要承担相应的责任。

0027 食品中都不可使用添加剂吗?

不是。根据《食品安全法》第34条第1项的规定,禁止生产经营下列食品、食品添加剂、食品相关产品:用非食品原料生产的食品或者添加食品添加剂以外的化学物质和其他可能危害人体健康物质的食品,或者用回收食品作为原料生产的食品。根据以上规定,食品中可以添加食品添加剂。食品添加剂是指为了改善食品品质、色、香、味以及为防腐、保鲜和加工工艺的需要而加入食品中的天然物质或人工合成物质,其主要分类有抗氧化剂、着色剂、护色剂、酶制剂、增味剂、防腐剂、甜味剂等。除了防腐剂等为不可食用添加剂以外,当前市场上绝大多数的食品中都使用了不同的可食用添加剂,这不仅增加了食品种类和数量,丰富了我国食品市场,也在一定程度上降低了食物感染微生物的风险,并延长了食物的保质期限从而避免浪费。如果不使用添加剂,不仅食品的外观和口感会下降,很多食品根本无法生产及保存。

0028 所有的预包装食品都要标注保质期吗?

一般来说,预包装食品都必须标识食品的保质期,但是,也有一些种类的食品由于自身的特殊性可以不进行标注。比如,根据《食品标识管理规定》第9条第2款的规定,乙醇含量10%以上(含10%)的饮料酒、食醋、食用盐、固态食糖类,可以免除标注保质期。这些食品成分特殊,化学性质较为稳定,各种微生物几乎不能在其中繁殖,也就能更好地保持其食物特质,不会轻易发生变质或卫生标准降低。因此,即便不标明保质期也一般不会危害消费者的身体健康。但是,这类食品仍然需要按照法律规定的要求标明生产日期,以便消费者进行选择判断。否则,同样会违反《食品安全法》的相关规定。

0029 在超市买到打折牛奶是过期的,超市可以拒绝退换吗?

超市的做法显然是错误的。国家之所以设置食品保质期制度,是为了保护消费者的人身安全与健康。食品超出一定的保存期限,其口感、味道、营养价值、卫生状况就会开始下降,当下降到一定程度,就会产生霉变、腐烂而无法食用。食品的保质期限又称为“最佳食用期”,往往截取的是其品质未下降的时期以及开始下降的初期。超出保质期的食品,并不一定意味着会对人体产生毒害,也不一定完全不可食用,所以,对于已经购买,但没能在保质期内吃完的食物,如果保存条件良好,过期时间不长,消费者可以依据生活经验,从外观、气味、口感等方面综合判断,而不是必须严格按照保质期限扔掉食品,以免造成不必要浪费。但是,消费者有权进行这样的选择判断,食品生产者和销售者却没有此项权利。不管食品的品质是否实质性下降,只要超过了保质期,根据《食品安全法》第34条第10项的规定,禁止生产经营下列食品、食品添加剂、食品相关产品:标注虚假生产日期、保质期或者超过保质期的食品、食品添加剂。

所以,超市无权拒绝消费者对已超过保质期的食品的退货要求,如其拒绝,消费者应当向当地食品安全监督管理部门或市场监督管理部门举报,并有权要求超市按食品价格的10倍进行赔偿;若因食用了该种过期食品损害了身体健康,超市还应承担医疗费用和其他相应的赔偿责任。

0030 饭店收取服务费、纸筷费、开瓶费是否合理?

视具体情况而定。根据《消费者权益保护

法》第10条的规定，消费者享有公平交易的权利。消费者在购买商品或者接受服务时，有权获得质量保障、价格合理、计量正确等公平交易条件，有权拒绝经营者的强制交易行为。因此，若饭店与消费者事先达成约定，事后提供合法凭证，上述费用的收取合理；但如果饭店仅依照所谓行规或内部告示等霸王条款进行收费，且不提供合法凭证，显然不合理，消费者可以向消费者协会进行投诉解决。

0031 饭店提供的消毒餐具不干净，消费者该怎么办？

根据《食品安全法》第33条第5项和第6项的规定，食品生产经营应当符合食品安全标准，并符合下列要求：餐具、饮具和盛放直接入口食品的容器，使用前应当洗净、消毒，炊具、用具用后应当洗净，保持清洁；贮存、运输和装卸食品的容器、工具和设备应当安全、无害，保持清洁，防止食品污染，并符合保证食品安全所需的温度、湿度等特殊要求，不得将食品与有毒、有害物品一同贮存、运输。消毒餐具应当属于食品的容器，其生产过程中的卫生标准与食品卫生安全状况直接相关。而且，由于消毒餐具使用了消毒剂或其他消毒方法，这些餐具是否有毒性残余，更是直接关系着使用该餐具就餐的消费者人身安全与健康。所以，如果发现消毒餐具不干净，消费者可以要求食品经营者更换，或者向食品安全监督管理部门投诉；如果因为使用不干净的餐具身体受损，可以向食品经营者或消毒餐具提供者索赔。

0032 顾客就餐时被第三人所伤，餐厅是否需要承担责任？

餐厅是否承担责任取决于餐厅是否尽到了相应的安全保障义务。根据《民法典》第1198条第2款的规定，因第三人的行为造成他人损害的，由第三人承担侵权责任；经营者、管理者或者组织者未尽到安全保障义务的，承担相应的补充责任。经营者、管理者或者组织者承担补充责任后，可以向第三人追偿。如果餐厅在合理范围内尽到了安全保障义务，则不承担赔偿责任。

0033 在餐馆就餐滑倒受伤，餐馆是否需要承担责任？

如果餐馆没有尽到相应安全保障义务，需要承担相应的责任。根据《民法典》第1198条第1款的规定，宾馆、商场、银行、车站、机场、体育场馆、娱乐场所等经营场所、公共场所的经营者、管理者或者群众性活动的组织者，未尽到安全保障义务，造成他人损害的，应当承担侵权责任。比如，在餐馆内消费者活动的区域内，道路上湿滑、油腻，导致消费者滑到受伤的，餐馆就没有尽到对于消费者的相应安全保障义务，具有过错，应当赔偿。

0034 消费者有权拒绝使用一次性塑料袋盛装食物吗？

使用一次性塑料袋套在餐具上盛装食物的现象，目前在一些商场、超市和集贸市场非常普遍。有的消费者会觉得套上塑料袋更加干净放心，但实际情况往往并非如此。目前市场上销售的一次性塑料袋大多是由聚氯乙烯和聚苯乙烯制成的再生塑料制品。这种再生塑料袋的原料来源复杂，经粉碎后往往还需要加入抗老化、着色剂等多种化学物质，常因消毒不彻底而含有病菌，可见，给餐具套上塑料袋使用并不卫生。

当前《食品安全法》中并没有对此类行为进行明确的禁止，而只是对于食品生产经营中餐具的卫生标准提出了要求，即“餐具、饮具和盛放直接入口食品的容器，使用前应当洗净、消毒，炊具、用具用后应当洗净，保持清洁”。

同时，也有一些城市如西宁市，自行制定了有关餐具卫生监督管理的条例，明令禁止用套塑料袋的餐具盛装直接入口食品。所以，食品生产者能否这样使用塑料袋，也要看其所在城市的相关规定，即便允许，食品经营者也应选购符合食品安全标准的专用食品袋，并认真审查其质量，从而保护消费者身体健康。同时，如果消费者提出要求不想使用此种餐具，食品经营者也应予以配合。

0035 消费者购买零售商品时，什么情形下算“缺斤短两”？

并不是所有的计量误差都属于《消费者权益保护法》所说的“缺斤短两”。根据《零售商品称重计量监督管理办法》的规定，符合下述条件才构成消费者权益保护法上的“缺斤短两”：(1)粮食、蔬菜、水果类：每公斤价值在 6 元以内的，称重在 1 公斤以下的，误差超过 20 克；1 公斤以上至 2 公斤的，误差超过 40 克；2 公斤以上至 4 公斤的，误差超过 80 克；4 公斤以上的，误差超过 100 克。(2)肉、蛋、禽、海(水)产品、糕点、糖果、调味品类：每公斤价值在 6 元至 30 元以内的，称重在 2.5 公斤以下的，误差超过 5 克；2.5 公斤以上至 10 公斤的，误差超过 10 克；10 公斤以上的，误差超过 15 克。但是，活禽、活鱼、水发物除外。(3)干菜、山(海)珍品类：每公斤价值在 30 元至 100 元以内的，称重在 1 公斤以下的，误差超过 2 克；1 公斤以上至 4 公斤的，误差超过 4 克；4 公斤以上的，误差超过 6 克。此外，每公斤价值高于 100 元的食品，称重为 0.5 公斤以下的，误差超过 1 克；称重为 0.5 公斤以上至 2 公斤的，误差超过 2 克；称重在 2 公斤以上的，误差超过 3 克。

0036 经营者把包装物的重量计入商品净重是否合法？

经营者在出售商品时，故意增加包装物、附着物重量并计入商品的净重，造成商品缺斤短两，属于损害消费者合法权益的违法行为。消费者可以依照《消费者权益保护法》《计量法》等法律法规的有关规定，要求经营者补足商品数量，赔偿损失，同时可向工商行政管理部门或者质量技术监督部门举报，对这种违法行为进行查处。

0037 商家在食品生产过程中加入药品增大食补功效，可以吗？

一般不允许。根据《食品安全法》第 38 条的规定，生产经营的食品中不得添加药品，但是可以添加按照传统既是食品又是中药材的物质。按照传统既是食品又是中药材的物质目录由国务院卫生行政部门会同国务院食品安全监督管理部门制定、公布。

0038 保健食品的说明、标签有什么特殊要求？

根据《食品安全法》第 78 条的规定，保健食品的标签、说明书不得涉及疾病预防、治疗功能，内容应当真实，与注册或者备案的内容相一致，载明适宜人群、不适宜人群、功效成分或者标志性成分及其含量等，并声明“本品不能代替药物”。保健食品的功能和成分应当与标签、说明书相一致。保健食品的标签、说明书必须保证内容真实，应当写明适宜人群、不适宜人群、功效成分或者标志性成分及含量等重要信息，且不得涉及疾病预防、治疗功能。而且，产品的实际功能及成分必须和这些说明一致。所谓功效成分或标志性成分，是指保健食品中发挥特定保健作用的有效成分，如功能性脂类、维生素、矿物质元素，它们直接关系到食品是否具有相应保健功能，影响着消费者的购买选择。如果商家在标签、说明书上标注虚假信息，杜撰或夸大保健食品的功效成分，就应当承担欺诈消费者的法律责任，这种保健食品也不能进入市场流通。同时，正是由于保健食品原料中存在这些功效成分，也决定着它不会同时适合所有人群食用。比如，抗氧化类保健食品的适宜人群是中老年人，不适宜人群是少年儿童；促进泌乳类的保健食品适宜人群仅仅是产后需哺育幼儿的妇女，不适宜其他人食用。如果不加区分，某些保健食品不仅不能发挥应有的功效，甚至有可能损害广大消费者的身体健康。

0039 转基因食品一概不安全吗？

我国每年进口的大豆中大部分是转基因大豆，而国内的油脂企业大多使用转基因大豆作为原料，因此，市场上转基因大豆油可能占到 90% 的市场份额，这是非常大的一个比例。转基因食品技术是否可靠，会不会损害人类身体健康，应不应当受到食品安全相关立法调整等问题一直存在争议。根据《食品安全法》第 69 条的规定，生产经营转基因食品应当按照规定显著标示。第 151 条的规定，转基因食品和食盐的食品安全管理，本法未作规定的，适用其他法律、行政法规的规定。因此，转基因食品必须符合《食品安全法》及其他法律、行政法规的各项规定，而不是一概不安全。

0040 国家对于新上市的转基因食品有什么要求以保障食品安全呢？

根据《食品安全法》第 37 条的规定，利用新的食品原料生产食品，或者生产食品添加剂新品种、食品相关产品新品种，应当向国务院卫生行政部门提交相关产品的安全性评估材料。国务院卫生行政部门应当自收到申请之日起 60 日内组织审查；对符合食品安全要求的，准予许可并公布；对不符合食品安全要求的，不予许可并书面说明理由。所以，国家对于新上市的转基因食品通过审查以确保其安全。

0041 判断已经出现明显异常的食品是否存在质量问题还需要检验吗？

消费者意识到食品存在质量问题，首先通过观察食品外观判断是否存在感官性状异常，即食品在直观的表象上如颜色、气味、味觉或质感是否已经不正常，这是一种简便易行、直观实用的辨别方法。我们购买食品，发现其存在这种异常的第一反应，就是据此去和食品生产者、销售者协商解决，而不是去化验检测，看判断是否准确。但是，在食品安全立法过程中，这种主观性的判断标准能否作为执法检查及处罚的标准，还是形成了一定的争议。如果单凭执法人员的主观感受，就可以认定食品存在问题，或许略显武断，而且容易导致权力的模糊化及膨胀化，甚至失去监管。但是，考虑到食品的感官性状异常已具备一定的社会公认性，已经达成一种共识标准而被多数人接受，而且，被处罚者有渠道行使质疑及抗辩的权利。最终，这种感官性状异常的食品还是作为严格禁止生产经营的食品，被写入《食品安全法》，执法人员可直接对此种食品的生产经营行为进行处罚；具体表述为"禁止生产经营腐败变质、油脂酸败、霉变生虫、污秽不洁、混有异物、掺假掺杂或者感官性状异常的食品"。至此，感官性状异常已经不再是判断食品状态的一个专业术语，而是一种法律上的标准，食品生产经营者不可逾越。

0042 食品生产企业可以以说不清楚使用原料的来源为理由推脱责任吗？

根据《食品安全法》第 50 条的规定，食品生产者采购食品原料、食品添加剂、食品相关产品，应当查验供货者的许可证和产品合格证明；对无法提供合格证明的食品原料，应当按照食品安全标准进行检验；不得采购或者使用不符合食品安全标准的食品原料、食品添加剂、食品相关产品。具体来讲，如果供货者已办理了生产或流通许可证，所提供的食品原料也具备产品合格证明文件，进货者就算尽到了相应的审查义务。但是，这只是一种理想形态，我国农业生产大多还处于一家一户分散经营的状况，许多只经过初级加工的食品原料往往无法提供合格证明文件。进货者就应当建立并完善自身的检验机制，或委托其他机构，或自行进行检验，以保证食品安全。

至于食品生产企业进行采购的对象，在我国经营食品、食品原料、添加剂及相关产品的主体，一般都需要通过国家行政许可，获得生产或流通许可证。只有一种情况比较特殊，即农民个人销售自产的食用农产品时，不需要取得行政许可。所以，除去这种情况，食品生产者采购相关产品时，必须到证照齐全的食品生产经营单位或市场去采购，并核对经营者的相关信息，保留相关购物凭证。

所以，如果食品生产企业不能说明食物原料来源、未按法律规定查验食物许可证和相关证明文件，则其行为已经违反了《食品安全法》的相关规定，应予改正。更不能以此为理由推托应该承担的责任。

0043 食品生产经营从业人员有什么特殊要求？

根据《食品安全法》第45条的规定，食品生产经营者应当建立并执行从业人员健康管理制度。患有国务院卫生行政部门规定的有碍食品安全疾病的人员，不得从事接触直接入口食品的工作。从事接触直接入口食品工作的食品生产经营人员应当每年进行健康检查，取得健康证明后方可上岗工作。

0044 生产经营食品导致消费者食物中毒需承担什么责任？

生产经营食品造成消费者食物中毒，后果是比较严重的，一般而言，造成消费者食物中毒，食品的生产者、经营者可能须承担以下三种责任：

（1）须承担相应的行政责任。

根据《食品安全法》第123条和第124条的规定，出现食物中毒，食品安全监督管理部门可以没收违法所得和违法生产经营的食品、添加剂等，并可以没收用于违法生产经营的工具、设备、原料等物品；情节严重的，吊销许可证。

（2）须承担相应的民事责任。

根据《食品安全法》第147条的规定，违反本法规定，造成人身、财产或者其他损害的，依法承担赔偿责任。生产经营者财产不足以同时承担民事赔偿责任和缴纳罚款、罚金时，先承担民事赔偿责任。第148条第2款的规定，生产不符合食品安全标准的食品或者经营明知是不符合食品安全标准的食品，消费者除要求赔偿损失外，还可以向生产者或者经营者要求支付价款10倍或者损失3倍的赔偿金；增加赔偿的金额不足1000元的，为1000元。但是，食品的标签、说明书存在不影响食品安全且不会对消费者造成误导的瑕疵的除外。

（3）可能承担刑事责任。

构成犯罪的，须根据我国《刑法》第二编分则第三章第一节“生产、销售伪劣商品罪”中的具体罪名来承担刑事责任。

0045 经营者提供的食品只有英文标识合法吗？

不合法。根据《食品标识管理规定》第24条的规定，食品标识所用文字应当为规范的中文，但注册商标除外。食品标识可以同时使用汉语拼音或者少数民族文字，也可以同时使用外文，但应当与中文有对应关系，所用外文不得大于相应的中文，但注册商标除外。因此，经营者除使用注册商标外，提供的食品必须要有中文标识，中文标识应当规范书写。经营者提供的食品只有英文标识，而没有中文标识的，或者英文标识与中文标识没有对应关系、大于中文标识的是不符合法律规定的，消费者应当购买有中文标识的商品，以免合法权益受到损害。

0046 餐馆提供的红酒假冒他人注册商标，是否需要承担责任？

餐馆需要承担责任。根据《侵害消费者权益行为处罚办法》第 5 条第 5 项的规定，经营者提供商品或者服务不得有下列行为：(5)销售的商品或者提供的服务侵犯他人注册商标专用权。如果经营者有此行为，且不能证明自己确非欺骗、误导消费者而实施此种行为的，应当承担欺诈消费者行为的法律责任。

特殊商品及服务

0047 试用商品，过了试用期后是否一定要购买？

不一定。根据《民法典》第 638 条的规定，试用买卖的买受人在试用期内可以购买标的物，也可以拒绝购买。试用期间届满，买受人对是否购买标的物未作表示的，视为购买。所以，试用期满，消费者可以自由选择购买或不购买试用商品。

0048 搭售行为是否合法？

不合法。根据《消费者权益保护法》第 9 条的规定，消费者享有自主选择商品或者服务的权利。消费者有权自主选择提供商品或者服务的经营者，自主选择商品品种或者服务方式，自主决定购买或者不购买任何一种商品、接受或者不接受任何一项服务。消费者在自主选择商品或者服务时，有权进行比较、鉴别和挑选。所以，搭售行为剥夺了消费者比较、鉴别和挑选同类产品的权利，侵犯了消费者的自主选择权。

0049 农业生产资料的购买、使用者是消费者吗？

将农业生产资料的购买者、使用者认定为消费者予以保护时，不应设置过高的限制条件。根据《消费者权益保护法》第 62 条的规定，农民购买、使用直接用于农业生产的生产资料，参照本法执行。农民为农业生产而购买、使用种子、化肥、农药等生产资料，严格来说，应当超出了“生活需要”范畴，而带有生产经营目的。但是，当前我国农业生产规模普遍不大，生产单位常常是以家、户为单位，在这样的情况下，农民的生产和生活衔接得非常紧密，难以分割。若对于这样的农业生产者设定过高的限制条件，将其排除出消费者的范畴而不去保护，就可能增加农民维护合法权益的难度。所以，法律对其进行了特殊规定，放宽了消费者概念的外延。但是，仍应当正确把握“直接用于农业生产”的限度，如果农民购买农业生产资料是为了转手出售，或者购买的生产资料是间接用于农业生产，就不宜将其认定为消费者。

0050 接受非法服务受到伤害，可以依据《消费者权益保护法》要求赔偿吗？

不能。根据《消费者权益保护法》第 2 条的规定，消费者为生活消费需要购买、使用商品或者接受服务，其权益受本法保护；本法未作规定的，受其他有关法律、法规保护。虽然消费者消费的商品和服务范围很大，但也仅限于法律允许提供的商品和服务。购买、使用法律禁止的商品或接受法律禁止的服务，自然也就不能得到《消费者权益保护法》的保护。

0051 从拍卖会拍得的古董属于产品吗？

拍卖会交易的古董，并不是《产品质量法》意义上的“产品”。该类物品虽然经过了人类加工、制作，也以竞拍的方式支付了对价，产品质量相关立法也没有明确规定它不是“产品”，但是它还是不能适用《产品质量法》。因为这类产品年代久远，基本已找寻不到生产者，也就谈不上明确责任，平衡权利义务关系。同时，这类产品数量有限，已不具备复制、批量生产的条件，也就难以在市场上流通，与国民生产生活关系不大。

0052 分期付款卖电脑，消费者拖延不付款，商家能不能要求消费者解除合同并返还货物？

在特定情况下可以。根据《民法典》第634条的规定，分期付款的买受人未支付到期价款的数额达到全部价款的1/5，经催告后在合理期限内仍未支付到期价款的，出卖人可以请求买受人支付全部价款或者解除合同。出卖人解除合同的，可以向买受人请求支付该标的物的使用费。因此，按照销售合同的约定，商家既可以要求解除合同并返还货物，也可以直接要求消费者支付余款。

0053 产品质量应当满足哪些要求？

根据《产品质量法》第26条的规定，生产者应当对其生产的产品质量负责。产品质量应当符合下列要求：(1)不存在危及人身、财产安全的不合理的危险，有保障人体健康和人身、财产安全的国家标准、行业标准的，应当符合该标准；(2)具备产品应当具备的使用性能，但是，对产品存在使用性能的瑕疵作出说明的除外；(3)符合在产品或者其包装上注明采用的产品标准，符合以产品说明、实物样品等方式表明的质量状况。第29条的规定，生产者不得生产国家明令淘汰的产品。第30条的规定，生产者不得伪造产地，不得伪造或者冒用他人的厂名、厂址。第31条的规定，生产者不得伪造或者冒用认证标志等质量标志。第32条的规定，生产者生产产品，不得掺杂、掺假，不得以假充真、以次充好，不得以不合格产品冒充合格产品。第35条的规定，销售者不得销售国家明令淘汰并停止销售的产品和失效、变质的产品。第36条的规定，销售者销售的产品的标识应当符合本法第27条的规定。第37条的规定，销售者不得伪造产地，不得伪造或者冒用他人的厂名、厂址。第38条的规定，销售者不得伪造或者冒用认证标志等质量标志。第39条的规定，销售者销售产品，不得掺杂、掺假，不得以假充真、以次充好，不得以不合格产品冒充合格产品。

0054 经营者将禁止销售的产品用于经营性服务的，应承担什么责任？

应被责令停止使用或受处罚。根据《产品质量法》第62条的规定，服务业的经营者将本法第49条至第52条规定禁止销售的产品用于经营性服务的，责令停止使用；对知道或者应当知道所使用的产品属于本法规定禁止销售的产品的，按照违法使用的产品(包括已使用和尚未使用的产品)的货值金额，依照本法对销售者的处罚规定处罚。

0055 商家可以销售国家明令淘汰的产品吗？

所谓国家明令淘汰，是指国家行政机关按照一定的程序，对存在危害人体健康、污染环境、技术明显落后、能耗过高、工艺已被更新等因素的产品，宣布不得再生产、销售以及使用的一种行政行为。这些被淘汰的产品往往性能落后，生产过程中能耗过高，具有较大的毒副作用，不利于环境保护，或危害人体健康、人身财产安全、动植物安全。所以，商家不应当销售此类被淘汰的产品，不仅质量无法保障，也可能因违法使用被相关机关处罚，或者因污染需要承担侵权责任。

0056 购买“二手货”需要注意些什么？

随着旧货市场的兴起和人们节约观念的深入，“二手货”交易开始出现在我们周围，在购买这些“二手货”的时候，要注意以下几个问题：

首先，购买“二手货”发生的诸如造成使用者伤害的问题。如果购买者和出卖者均是公民个人，而不存在经营者，根据《消费者权益保护法》第 2 条的规定，消费者为生活消费需要购买、使用商品或者接受服务，其权益受本法保护；本法未作规定的，受其他有关法律、法规保护。第 3 条的规定，经营者为消费者提供其生产、销售的商品或者提供服务，应当遵守本法；本法未作规定的，应当遵守其他有关法律、法规。故公民个人之间的买卖行为不适用《消费者权益保护法》，而是适用《民法典》，《消费者权益保护法》的一些特殊保护就无法享受到了。

其次，从旧货商店购买的“二手货”，质量应当如何保障。这要看商家是否明示了“二手货”的有关情况。根据《产品质量法》第 39 条的规定，销售者销售产品，不得掺杂、掺假，不得以假充真、以次充好，不得以不合格产品冒充合格产品。根据《消费者权益保护法》第 23 条第 1 款和第 2 款的规定，经营者应当保证在正常使用商品或者接受服务的情况下其提供的商品或者服务应当具有的质量、性能、用途和有效期限；但消费者在购买该商品或者接受该服务前已经知道其存在瑕疵，且存在该瑕疵不违反法律强制性规定的除外。经营者以广告、产品说明、实物样品或者其他方式表明商品或者服务的质量状况的，应当保证其提供的商品或者服务的实际质量与表明的质量状况相符。如果商家把“二手货”翻新充作合格新品，那么属于欺诈，消费者有权索赔；如果商家直接告诉消费者是“二手货”，即商品存在一定瑕疵，但不具备危及人身财产安全的不合理因素，那么属于履行了告知义务，可以免责，此时消费者如要求维修则应付修理费。

再次，从电商平台上购买“二手货”侵害消费者的合法权益时，消费者在哪些情况下可以要求电商平台承担责任。根据《消费者权益保护法》第 44 条的规定，消费者通过网络交易平台购买商品或者接受服务，其合法权益受到损害的，可以向销售者或者服务者要求赔偿。网络交易平台提供者不能提供销售者或者服务者的真实名称、地址和有效联系方式的，消费者也可以向网络交易平台提供者要求赔偿；网络交易平台提供者作出更有利于消费者的承诺的，应当履行承诺。网络交易平台提供者赔偿后，有权向销售者或者服务者追偿。网络交易平台提供者明知或者应知销售者或者服务者利用其平台侵害消费者合法权益，未采取必要措施的，依法与该销售者或者服务者承担连带责任。根据《电子商务法》第 38 条的规定，电子商务平台经营者知道或者应当知道平台内经营者销售的商品或者提供的服务不符合保障人身、财产安全的要求，或者有其他侵害消费者合法权益行为，未采取必要措施的，依法与该平台内经营者承担连带责任。对关系消费者生命健康的商品或者服务，电子商务平台经营者对平台内经营者的资质资格未尽到审核义务，或者对消费者未尽到安全保障义务，造成消费者损害的，依法承担相应的责任。因此，如果电商平台未按相关法律法规规定履行自己应尽的义务，如对平台内经营者的资质资格审核义务、对消费者的安全保障义务，造成消费者损害的，消费者可以依法要求电商平台承担法律责任。

最后，要注意“二手货”的使用期限。如果商品已过期，此时消费者因为商品缺陷受到损害，厂家也不再承担责任。

0057 购买的适用“三包”政策的二手商品出现质量问题怎么办？

需要区分不同的情况：产品经营者对售出的商品，往往依据“三包”规定或商家主动承诺，对消费者承担一定期限内“包修、包换、包退”的责任。所以，如果尚在保修期内，可以去找最初卖出此商品的商家，或直接联系该品牌商品在当地的售后服务部门，询问是否可以维修。即便已经超过保修期，一些品牌产品的售后服务部门对超出保修期的产品也会提供“延长保修期”服务，消费者可以通过缴纳一定费用，获得额外年限的免费维修服务。同时可以继续要求二手商品的销售者承担修理责任。

0058 被从超市偷来的高压锅炸伤了，该向谁索赔？

虽然盗窃行为是违法的，但并不代表高压锅生产者可以免除其对产品的责任。因为消费者并不仅指产品的购买者，同样包括产品的使用者。而且，即便不是消费者，只要是被产品侵害了人身、财产权益的人，都可以要求产品生产者承担侵权责任。但商品是盗窃所得，与超市没有买卖关系，所以不能要求超市先行承担赔偿责任，而只能要求高压锅的生产者承担赔偿责任。

0059 通过邮局汇款却迟迟未收到怎么办？

可以向邮政企业查询，查复期满未查到汇款的，邮政企业应当向汇款人退还汇款和汇款费用。根据《邮政法》第50条的规定，邮政汇款的汇款人自汇款之日起1年内，可以持收据向邮政企业查询。邮政企业应当自用户查询之日起20日内将查询结果告知汇款人。查复期满未查到汇款的，邮政企业应当向汇款人退还汇款和汇款费用。

0060 什么是“三无”产品？

其实，“三无”产品并不是一个法律概念，没有哪一部法律或法规明确规定了“三无”产品的概念。但随着打假活动在社会中的深入以及相关执法人员口语化的宣讲，这种比晦涩定义及专业术语更通俗易懂的称谓，使用频率不断提升，日益被公众所接受。但“三无”产品的内涵始终是模糊的，有人说，“三无”产品是指没有生产日期、没有厂家名称、没有质量合格证的产品。也有人说，“三无”产品是没有厂家名称、没有产地、没有商标的产品。种种说法，无一定论。其实，“三无”和“三”字关联已经不大，凡是缺少法律强制应具备要件的产品，都应属于“三无”产品。从《产品质量法》相关规定来看，产品应当有中文产品名、中文厂名、中文厂址、电话、许可证号（需要办理生产许可证的产品）、产品质量检验合格证明、产品标志、生产日期、中文产品说明书、必要时的限定性或提示性说明等。缺少任何一项，就属于“三无”产品，应直接视为不合格产品，禁止销售。

0061 超出保修期的产品致人损害，生产者应当承担责任吗？

保修义务和产品责任是两回事。前者对应的是产品质量没有瑕疵，符合合同约定标准，而后者担保的则是产品安全没有缺陷，不会侵害他人合法权益。对于产品缺陷造成他人损害的请求权，除非产品标明了明确的安全使用期，否则《产品质量法》规定要满10年受害人才会丧失请求权。除非，生产厂家在其产品包装或说明书上，明确写着类似“本锅只可安全使用3年，到期请停止使用”这样的话，消费者才只能在3年内提出赔偿请求。但实践中，生产厂家注明的往往是类似“20年超长质保”“安全使用30年”这样的信息，那么，生产厂家就应当为发生在20年、30年内的产品安全问题负责。

0062 天然气公司以购买其灶具作为开通天然气的前提合法吗？

不合法。根据《国家工商行政管理局关于禁止公用企业限制竞争行为的若干规定》第4条的规定，公用企业在市场交易中，不得实施下列限制竞争的行为：（1）限定用户、消费者只能购买和使用其附带提供的相关商品，而不得购买和使用其他经营者提供的符合技术标准要求的同类商品；（2）限定用户、消费者只能购买和使用其指定的经营者生产或者经销的商品，而不得购买和使用其他经营者提供的符合技术标准要求的同类商品；（3）强制用户、消费者购买其提供的不必要的商品及配件；（4）强制用户、消费者购买其指定的经营者提供的不必要的商品；（5）以检验商品质量、性能等为借口，阻碍用户、消费者购买、使用其他经营者提供的符合技术标准要求的其他商品；（6）对不接受其不合理条件的用户、消费者拒绝、中断或者削减供应相关商品，或者滥收费用；（7）其他限制竞争的行为。

0063 假种子给农民造成的损失由谁负责赔偿？

由出售假种子的生产者或者经营者承担赔偿责任。根据《种子法》第46条的规定，种子使用者因种子质量问题或者因种子的标签和使用说明标注的内容不真实遭受损失的，种子使用者可以向出售种子的经营者要求赔偿，也可以向种子生产者或者其他经营者要求赔偿。赔偿额包括购种价款、可得利益损失和其他损失。属于种子生产者或者其他经营者责任的，出售种子的经营者赔偿后，有权向种子生产者或者其他经营者追偿；属于出售种子的经营者责任的，种子生产者或者其他经营者赔偿后，有权向出售种子的经营者追偿。

0064 在商场展销会购买的商品出现质量问题该怎么办？

根据《消费者权益保护法》第43条的规定，消费者在展销会、租赁柜台购买商品或者接受服务，其合法权益受到损害的，可以向销售者或者服务者要求赔偿。展销会结束或者柜台租赁期满后，也可以向展销会的举办者、柜台的出租者要求赔偿。展销会的举办者、柜台的出租者赔偿后，有权向销售者或者服务者追偿。消费者无论是从商场专柜购买产品，还是从商场大厅中的展销会上购买产品，都会认为是在和商场进行交易，因此，法律作出了这样的规定，柜台的出租者、展销会的举办者应当承担起相应的审查义务，查明承租者、经销者的资质与相关信息。

0065 电信企业拒绝免费为客户提供通信收费清单是否要承担法律责任？

是的。根据《电信条例》第33条第1款的规定，电信业务经营者应当为电信用户交费和查询提供方便。电信用户要求提供国内长途通信、国际通信、移动通信和信息服务等收费清单的，电信业务经营者应当免费提供。第73条的规定，违反本条例第33条第1款、第39条第2款的规定，电信业务经营者拒绝免费为电信用户提供国内长途通信、国际通信、移动通信和信息服务等收费清单，或者电信用户对交纳本地电话费用有异议并提出要求时，拒绝为电信用户免费提供本地电话收费依据的，由省、自治区、直辖市电信管理机构责令改正，并向电信用户赔礼道歉；拒不改正并赔礼道歉的，处以警告，并处5000元以上5万元以下的罚款。

0066 本地没有修理点或异地购买的摩托车出现故障时怎么办？

根据《摩托车商品修理更换退货责任规定实施细则》第10条第2项的规定，在“三包”有效期内摩托车出现性能故障时，按以下办法进行修理：在销售地未设修理单位的和在异地购买摩托车的，购买者可与生产者、销售者或指定的修理者协商解决修理办法及可能存在的运输问题。第19条的规定，购买者因“三包”问题与销售者、修理者、生产者发生纠纷时，可以向消费者协会、质量管理协会用户委员会和其他有关组织申请调解，有关组织应当积极受理。

产品“三包”

0067 什么是产品的“三包”责任？

产品“三包”实质上是对产品质量瑕疵的担保，主要内容可简化为“7日包退，15日包换，1年包修”。所谓的7日包退与15日包换中的“退”与“换”，并不是独立于“修”字之外的。单纯从这样的简化表述中，很容易将消费者权利理解为一种“质”的变化即“退—换—修”，但实则不然。对这种变化更准确的理解应当是随着时间的推移消费者选择权“量”的递减变化，即消费者的权利变化过程为“退、换、修—换、修—修”。而且，无论是退换还是修理，都要符合一个前提，那就是产品发生性能故障，存在质量瑕疵、缺陷。如果产品本身没有质量问题，由于消费者个人原因而想去退换，除非商家有特殊的承诺，否则，商家有权拒绝。

0068 消费者如何才能享受“三包”服务？

“三包”责任是指修理、更换、退货责任。根据《部分商品修理更换退货责任规定》第8条的规定，“三包”有效期自开具发票之日起计算，扣除因修理占用和无零配件待修理的时间。“三包”有效期内消费者凭发票及“三包”凭证办理修理、换货、退货。因此，消费者在购买商品时，应当向销售者索要发票及“三包”凭证以便保障自己的权益。

0069 “三包”服务中，销售者、修理者、生产者各有哪些义务？

根据《部分商品修理更换退货责任规定》第5条的规定，销售者应当履行下列义务：(1)不能保证实施“三包”规定的，不得销售目录所列产品；(2)保持销售产品的质量；(3)执行进货检查验收制度，不符合法定标识要求的，一律不准销售；(4)产品出售时，应当开箱检验，正确调试，介绍使用维护事项、“三包”方式及修理单位，提供有效发票和“三包”凭证；(5)妥善处理消费者的查询、投诉，并提供服务。第6条的规定，修理者应当履行下列义务：(1)承担修理服务业务。(2)维护销售者、生产者的信誉，不得使用与产品技术要求不符的元器件和零配件。认真记录故障及修理后产品质量状况，保证修理后的产品能够正常使用30日以上。(3)保证修理费用和修理配件全部用于修理。接受销售者、生产者的监督和检查。(4)承担因自身修理失误造成的责任和损失。(5)接受消费者有关产品修理质量的查询。第7条的规定，生产者应当履行下列义务：(1)明确“三包”方式。生产者自行设置或者指定修理单位的，必须随产品向消费者提供“三包”凭证，修理单位的名单、地址、联系电话等。(2)向负责修理的销售者、修理者提供修理技术资料、合格的修理配件，负责培训，提供修理费用。保证在产品停产后 5 年内继续提供符合技术要求的零配件。(3) 妥善处理消费者直接或者间接的查询,并提供服务。

0070 产品召回属于"三包"服务中维修的一种方式吗?

所谓产品召回,是指产品生产者将已经送到批发商、零售商处以及已经销售给消费者的产品收回厂家,进行警示、维修、改进甚至销毁,以有效预防、控制和消除这种产品可能导致消费者损害的一种活动。产品召回和一般的"三包"产品退换是两个不同的概念,产品召回往往意味着产品存在一定的设计缺陷或质量问题,需要对不特定多数的消费者发出通知,主动进行处理。处理过程中,并不是所有被召回的产品都会实际存在质量问题。而"三包"责任针对的是特定消费者,往往是针对产品已发生的质量问题,被动地进行处理。以购买汽车为例,汽车在保修期内实际发生故障后,车主找"4S"店维修,商家承担的就是"三包"中维修的责任。但如果汽车生产厂家发现某一批已出厂汽车使用的刹车系统在出厂检测时,检测设备存在故障,就可以通知购买这批汽车的消费者去"4S"店进行相应检测与维修,这种通知行为,就是产品召回。

0071 移动电话的"三包"凭证丢失了,还能享受"三包"服务吗?

在一定情况下可以。按照《移动电话机商品修理更换退货责任规定》第 9 条的规定,在"三包"有效期内,消费者依照本规定享受修理、更换、退货的权利,修理、换货、退货应当凭发货票和"三包"凭证办理。消费者丢失发货票和"三包"凭证,但能够提供发货票底联或者发货票(底联)复印件等有效证据,证明该移动电话机商品在"三包"有效期内的,销售者、修理者、生产者应当依照本规定承担免费修理、更换责任。消费者丢失发货票和"三包"凭证,且不能提供发货票底联或者发货票(底联)复印件等有效证据,但依照主机机身号(IMEI 串号)显示的出厂日期推算仍在"三包"有效期内的,应当以出厂日期后的第 90 日为"三包"有效期的起始日期,销售者、修理者、生产者应当按照本规定负责免费修理。

0072 消费者换货后,如何计算产品的"三包"有效期?

重新计算。根据《部分商品修理更换退货责任规定》第 14 条第 2 款的规定,换货后的"三包"有效期自换货之日起重新计算。由销售者在发票背面加盖更换章并提供新的"三包"凭证或者在"三包"凭证背面加盖更换章。因此,消费者在换货时,一定要督促销售者做好以上工作。

0073 经过修理的产品如何计算"三包"保修期?

对于经过修理的产品,首先,修理者应当提供一个"维修保质期",即针对维修服务的质量,承担一定期限的担保。《国家新三包规定—家用电器及其他商品》对该期限的规定为 30 日,产品经营者在实践中则一般将此期限设定为 1 个月至 3 个月。也就是说,如果产品经过维修后,在 30 日内又出现了同样的故障,就应该视为上次维修的延续。如果第一次维修申请是在产品保修期之内提出,维修后再次出现故障的日期即便超出了产品保修期,也应视作保修期之内出现的故障。如果第一次维修申请已经超出了产品保修期,属于消费者付费进行维修,二次维修就不应再收取任何费用。其次,新换零部件的保修应该重新计算"三包"期限。根据《部分商品修理更换退货责任规定》第 14 条的规定,换货时,凡属残次产品、不合格产品或者修理过的产品均不得提供给消费者。换货后的"三包"有效期自换货之日起重新计算。由销售者在发票背面加盖更换章并提供新的"三包"凭证或者在原"三包"凭证背面加盖更换章。所以,无论是更换产品还是更换主要零部件,都应当依据国家"三包"规定,自更换日起重新计算"三包"期。

0074 换货时,销售者没有同型号同规格产品的怎么办?

符合一定条件的可以退货。根据《部分商品修理更换退货责任规定》第13条的规定,在"三包"有效期内,符合换货条件的,销售者因无同型号同规格产品,消费者不愿调换其他型号、规格产品而要求退货的,销售者应予以退货;有同型号同规格产品,消费者不愿调换而要求退货的,销售者应当予以退货,对已使用过的商品按本规定收取折旧费。折旧费计算自开具发票之日起至退货之日止,其中应当扣除修理占用和待修的时间。

0075 "三包"有效期内修理两次仍不能正常使用怎么办?

可要求免费调换同型号同规格的产品或者退货。根据《部分商品修理更换退货责任规定》第11条的规定,在"三包"有效期内,修理两次,仍不能正常使用的产品,凭修理者提供的修理记录和证明,由销售者负责为消费者免费调换同型号同规格的产品或者按本规定第13条的规定退货,然后依法向生产者、供货者追偿或者按购销合同办理。

0076 退货时商品的折旧费如何计算?

依有关法律规定办理。根据《部分商品修理更换退货责任规定》第13条的规定,在"三包"有效期内,符合换货条件的,销售者因无同型号同规格产品,消费者不愿调换其他型号、规格产品而要求退货的,销售者应予以退货;有同型号同规格产品,消费者不愿调换而要求退货的,销售者应当予以退货,对已使用过的商品按本规定收取折旧费。折旧费计算自开具发票之日起至退货之日止,其中应当扣除修理占用和待修的时间。折旧费是折旧率、产品价格、产品使用日期三者的乘积。计算公式为:折旧费=折旧率(每日)×产品使用日期(日)×产品价格。折旧率在《实施三包的部分商品目录》中有详细规定。

0077 消费者可以任意退换商品吗?

消费者从商家购买商品本质上是一种买卖关系,双方系平等交易主体,任何一方享有任意解除合同的权利都将是对另一方的侵害与不公。实践中,部分商家出于商业动机的考虑,主动承诺对部分产品不满意的可在7天甚至更长的时间内无条件退换,并与消费者就此作出约定。那么,商家此时承担的就是一种约定的义务,由其自愿产生,绝非法律强迫。还有部分商家虽然没有与消费者作出约定,但出于息事宁人,树立口碑的考虑,也会为消费者办理退货,这同样属于商家自主的选择。甚至还有一种情形,即商品生产者主动承诺消费者可以凭发票去厂家办理无条件退换货物,再由厂家代替消费者与经销商交涉。这属于生产者直接对消费者作出的承诺,实践中较为罕见。

随着网络购物、电视购物等非传统交易方式的发展,在这种"非当场"交易中,消费者与经营者所掌握的信息是不对称的,消费者极易被商家宣传所误导,从而在交易关系中处于弱势地位。根据《消费者权益保护法》第25条的规定,经营者采用网络、电视、电话、邮购等方式销售商品,消费者有权自收到商品之日起7日内退货,且无须说明理由,但下列商品除外:(1)消费者定作的;(2)鲜活易腐的;(3)在线下载或者消费者拆封的音像制品、计算机软件等数字化商品;(4)交付的报纸、期刊。除前款所列商品外，其他根据商品性质并经消费者在购买时确认不宜退货的商品，不适用无理由退货。消费者退货的商品应当完好。经营者应当自收到退回商品之日起7日内返还消费者支付的商品价款。退回商品的运费由消费者承担；经营者和消费者另有约定的，按照约定。

一般来说，除去这些例外情形，消费者是不能任意退换商品的。

0078 进口产品是否适用“三包”规定？

若在法律规定的“三包”范围内，则适用“三包”规定，否则适用其他法律规定。根据《产品质量法》《部分商品修理更换退货责任规定》相关法规的规定，进口产品在国内销售，只要是《实施三包部分商品目录》中的产品，适用“三包”规定。不在目录所列范围内的，虽然不能适用“三包”规定，但可适用《产品质量法》《消费者权益保护法》的有关规定。

0079 产品型号、规格与“三包”凭证不符时，还能要求“三包”吗？

不能。根据《部分商品修理更换退货责任规定》第17条的规定，属下列情况之一者，不实行“三包”，但是可以实行收费修理：（1）消费者因使用、维护、保管不当造成损坏的；（2）非承担“三包”修理者拆动造成损坏的；（3）无“三包”凭证及有效发票的；（4）“三包”凭证型号与修理产品型号不符或者涂改的；（5）因不可抗拒力造成损坏的。

0080 “三包”规定目录未列出的产品是否可以进行“三包”？

可以。根据《产品质量法》第2条第1款和第2款的规定，在中华人民共和国境内从事产品生产、销售活动，必须遵守本法。本法所称产品是指经过加工、制作，用于销售的产品。第4条的规定，生产者、销售者依照本法规定承担产品质量责任。根据《部分商品修理更换退货责任规定》第4条第2款的规定，本规定不免除未列入目录产品的“三包”责任和销售者、生产者向消费者承诺的高于列入目录产品“三包”的责任。

0081 销售者未按规定承担包退、包换义务时消费者怎么办？

消费者可以选择申诉、申请仲裁或起诉等途径。根据《部分商品修理更换退货责任规定》第22条的规定，销售者、修理者、生产者未按本规定执行“三包”的，消费者可以向产品质量监督管理部门或者工商行政管理部门申诉，由上述部门责令其按“三包”规定办理。消费者也可以依法申请仲裁解决，还可以直接向人民法院起诉。

消费纠纷解决

0082 消费者权益受损发生纠纷，可寻求哪些途径解决？

消费者可以采取和解、调解、申诉、仲裁、诉讼等方式解决。根据《消费者权益保护法》第39条的规定，消费者和经营者发生消费者权益争议的，可以通过下列途径解决：（1）与经营者协商和解；（2）请求消费者协会或者依法成立的其他调解组织调解；（3）向有关行政部门投诉；（4）根据与经营者达成的仲裁协议提请仲裁机构仲裁；（5）向人民法院提起诉讼。

0083 消费者投诉的时候一般需要准备什么材料？

消费者在投诉时往往需要向受理部门写出文字材料，并提供购货时的发票或售货凭证。文字材料应注明购货或接受服务的具体时间与购货或接受服务的项目；写明投诉人和被投诉人的姓名（机构名称）、地址、邮编、联系人姓名、联系方式；写明受损害的事实，所购商品名称、型号、规格、数量、价格、生产单位及与责任人交涉的经过。投诉服务质量时，也应写明责任人姓名（或机构名称）。投诉要举出旁证材料，如购物发票（最好保留原件，提交复印件）。另外需注意的是，最好不要邮寄票证、单据原件及实样，以防丢失。

0084 因产品造成事故，起诉时可以提出哪些赔偿要求？

对于因产品责任造成的安全事故，受害人有权就遭到侵害的财产及人身权益提出赔偿要求。其中，财产部分损失的计算较为简单，依被毁损物品价值或被部分毁损物品的贬损价值计算即可。但人身损害部分损失的计算则比较复杂，大体可分为以下几类：

（1）医疗费。医疗费赔偿数额的确定，应当根据医疗机构出具的医药费、住院费等收款凭证，结合病历和诊断证明等相关证据进行确定。

（2）误工费。误工费赔偿数额的确定，应当根据受害人的误工时间和收入状况确定。受害人有固定收入的，误工费应当按照实际减少的收入计算，没有固定收入的，可以按照其最近3年的平均收入计算。若是受害人不能证明最近3年的平均收入情况，可以参照受诉法院所在地相同或者近似行业上一年度职工的平均工资计算。而误工时间，则应当根据受害人接受治疗的医疗机构出具的证明确定，如果是因伤致残持续误工的，误工时间可以计算至定残日前一天。

（3）护理费。护理费的计算，应根据护理人员的收入情况和护理人数、护理期限来确定。首先，关于护理人员的收入情况，在护理人员有收入时，可以参照误工费的规定计算。护理人员没有收入，或者受害人雇用了护工进行护理的，则应当参照当地护工从事同等级别护理的劳务报酬标准计算。其次，护理人员的数量原则上是1人，但如果医疗机构或者鉴定机构对此有明确意见，可以参照该意见确定护理人员数量。最后，关于护理期限。原则上，护理期限应计算至受害人恢复生活自理能力时止。如果受害人因残疾已无法恢复自理能力，可以根据其年龄、健康状况等因素确定一个不超过20年的护理期限。

（4）交通费及住宿费。应当与受害人治疗行为直接相关，根据受害人及其必要陪护人员就医或者转院治疗实际发生的费用计算。

（5）住院伙食补助费及必要的营养费。住院伙食补助费的计算，可以参照当地国家机关一般工作人员的出差伙食补助标准，按照住院的时间长短予以确定。这种补助费的标准一般为每人每日几十元不等，依照各省高级人民法院的规定。营养费各地规定亦不同，如北京规定营养费的赔偿标准，也可以按照当地居民平均生活费标准的40%～60%的比例计算；上海为每日20元至40元不等。

（6）残疾赔偿金及残疾辅助器具费。对于残疾赔偿金的计算，应当根据受害人丧失劳动能力程度或者伤残等级，按照受诉法院所在地上一年度城镇居民人均可支配收入或者农村居民人均纯收入标准，自定残之日起按照20年计算。但如果受害人的年龄在60周岁以上，每超出1岁减少计算1年；如果受害人的年龄达到75周岁，则直接按照5年计算。如果受害人能够举证证明其住所地或者经常居住地的城镇居民人均可支配收入或者农村居民人均纯收入高于受诉法院所在地标准的，法院可以按照较高的标准计算。对于残疾辅助器具费，按照普通适用器具的合理费用标准计算。伤情有特殊需要的，可以参照辅助器具配制机构的意见确定相应的合理费用标准。辅助器具的更换周期和赔偿期限参照配制机构的意见确定。

（7）死亡赔偿金及丧葬费。当受害人因侵权行为死亡时，受害人的家属可以要求赔偿死亡赔偿金以及丧葬费。死亡赔偿金的计算方法与残疾赔偿金类似，应按照受诉法院所在地上一年度城镇居民人均可支配收入或者农村居民人均纯收入标准，按照 20 年计算。但受害人年龄达到 60 周岁的，每超出 1 岁减少计算 1 年，若达到 75 周岁，则一律按 5 年计算。如果受害人家属能够举证证明其住所地或者经常居住地的城镇居民人均可支配收入或者农村居民人均纯收入高于受诉法院所在地标准的，法院可以按照较高的标准计算。

（8）被扶养人的生活费。被扶养人是指受害人依法应当承担扶养义务的未成年人或者丧失劳动能力又无其他生活来源的成年近亲属，比如子女、养子女、年老体迈且没有生活来源的父母、丧失劳动能力又无他人扶养的配偶。计算被扶养人生活费时，应当根据受害人丧失劳动能力的程度，按照受诉法院所在地上一年度城镇居民人均消费性支出和农村居民人均年生活消费支出标准计算。被扶养人为未成年人的，计算至其 18 周岁；被扶养人是成年人但无劳动能力又无其他生活来源的，计算 20 年。但是，如果被扶养人年龄达到 60 周岁的，每超出 1 岁应减少计算 1 年，若达到 75 周岁，则一律按 5 年计算。如果能够举证证明其住所地或者经常居住地的城镇居民人均消费性支出和农村居民人均年生活消费支出高于受诉法院所在地标准的，法院可以按照较高的标准计算。同时，如果被扶养人还有其他扶养人，计算被扶养人生活费时只能计算受害人依法应当负担的部分；当一名受害人有多名被扶养人时，计算被扶养人生活费时年赔偿总额累计不能超过上一年度城镇居民人均消费性支出额或者农村居民人均年生活消费支出额。

（9）精神损害抚慰金。精神损害抚慰金是指受害人或者死者近亲属因受害人的生命权、健康权、名誉权、人格自由权等合法权益遭到不法侵害而导致其承受精神上的痛苦、折磨或心理上的消极感受而依法要求侵害人赔偿的用于抚慰精神的费用。精神损害抚慰金的计算，一般应结合侵权人的过错程度、侵权行为造成的后果、侵权人承担责任的经济能力、受诉法院所在地平均生活水平等因素综合考虑，属于法官自由裁量权的范畴，原则上，最高不超过 5 万元。

0085 消费者因问题产品致死，子女是否有权向法院提起诉讼？

子女有权提起诉讼。根据《民法典》第 1181 条的规定，被侵权人死亡的，其近亲属有权请求侵权人承担侵权责任。被侵权人为组织，该组织分立、合并的，承继权利的组织有权请求侵权人承担侵权责任。被侵权人死亡的，支付被侵权人医疗费、丧葬费等合理费用的人有权请求侵权人赔偿费用，但侵权人已支付该费用的除外。

0086 和产品经营者打官司必须委托代理人吗？

在我国从来没有以任何形式进行立法，规定公民进行民事诉讼时一定要委托至少 1 名代理人。案件胜诉或是败诉，当事人提出的诉讼请求是否能够得到支持，均取决于原被告双方之间的法律关系，以及根据证据、庭审查明的法律事实，和当事人是否委托了代理人没有直接的关系。所以，消费者可根据自身需要及案件的复杂程度来决定是否委托代理人，法律并没有强制要求。

0087 王某因微波炉爆炸而受伤，该起诉产品的生产者还是销售者？

消费者提起诉讼维权，一般首要考虑的是哪种诉求可以得到相对多的赔偿。根据《最高人民法院关于确定民事侵权精神损害赔偿责任若干问题的解释》(2020修正)第1条的规定,因人身权益或者具有人身意义的特定物受到侵害,自然人或者其近亲属向人民法院提起诉讼请求精神损害赔偿的,人民法院应当依法予以受理。而精神损害的赔偿数额则根据侵权行为所造成的后果而定。所以,王某因微波炉爆炸而受伤,其提起"侵权之诉"可以主张精神损害赔偿,"违约之诉"则不可以。

根据《消费者权益保护法》第40条第2款的规定,消费者或者其他受害人因商品缺陷造成人身、财产损害的,可以向销售者要求赔偿,也可以向生产者要求赔偿。属于生产者责任的,销售者赔偿后,有权向生产者追偿。属于销售者责任的,生产者赔偿后,有权向销售者追偿。所以,当产品存在质量问题导致人身权益的损害或者产品本身之外的财产损害时,会形成产品侵权责任与产品质量违约责任的竞合。当事人可以起诉经销商违反合同约定,交付了不符合约定质量的产品,按照合同约定以及消费者权益保护相关法律的规定,追究其违约责任。同时,依据《民法典》的相关规定,当事人也可以选择同时起诉产品经销商及生产者或只起诉其中任意一方侵权。

综上所述,综合考虑取证难度、被告确定难度及获得赔偿的多少等因素,王某应当起诉经销商侵权。

0088 因产品质量发生纠纷,该向哪个法院提起诉讼?

对于有关产品的民事诉讼案件地域管辖,需要区分提起的诉讼是要求承担违约责任还是产品侵权责任。

在第一种情况下,产品购买者起诉产品销售者违反买卖合同义务,要求其承担违约责任,双方纠纷的实质是一种合同纠纷。对于合同纠纷,法律规定被告住所地或者合同履行地法院均有权管辖。这时,产品购买者就可以选择其中一家基层法院去起诉。至于合同履行地的判断,在买卖合同关系中,要先看双方当事人对交货地点有无约定,若存在这样的约定,约定的交货地点就是合同履行地。双方没有明确约定的,则要根据交货方式来确定合同履行地。比如,采用送货方式的,货物送达地为合同履行地;采用自提方式的,货物所在地为合同履行地;代办托运或按木材、煤炭送货办法送货的,以货物发运地为合同履行地。同时,若买卖关系存在书面合同,双方当事人还可以协议选择被告住所地、合同履行地、合同签订地、原告住所地或标的物所在地的人民法院管辖。

在第二种情况下,产品购买者起诉产品销售者或者产品生产者,主张因产品造成了人身或其他财产的损失,要求其承担侵权责任时,处理管辖问题的方式相对简单一些。根据《最高人民法院关于适用〈中华人民共和国民事诉讼法〉的解释》第26条的规定,因产品、服务质量不合格造成他人财产、人身损害提起的诉讼,产品制造地、产品销售地、服务提供地、侵权行为地和被告住所地人民法院都有管辖权。被侵权人任意选择其中一家提起诉讼即可。

0089 在产品质量纠纷案件中,原告方应当如何收集证据呢?

这与原告提起的诉讼是违约之诉还是侵权之诉直接相关。

在起诉产品质量违反合同约定的诉讼中,原告需要证明的事项主要有以下几项:一是自身与被告存在产品买卖合同关系;二是原告方已经充分履行付款等合同义务;三是产品与合同约定的标准不符,或被告的行为违反了合同约定;四是产品给原告造成的损失。比如,甲向乙采购了一批电脑,结果没几天就不同程度地出现了主板故障,同时乙拒绝维修及更换。甲要起诉乙违反合同约定,就需要提交采购合同、购货发票、电脑的保修卡、双方对产品维修责任的约定、双方交涉函件以及自己的交通费用等证据。

而在起诉产品存在质量问题,侵犯到原告其他财产或人身权益时,需要证明的事项主要有两项:一是实际发生了财产或人身权益的损失;二是损失与产品缺陷存在因果关系。这时,原告需要提交的证据更多的是人身或财产受到侵害及损害后果的证明,以及产品原物、遗留物或照片,产品质量鉴定结论、事故鉴定结论。

0090 哪些投诉消费者协会将拒绝受理?

消费者协会是保护消费者利益的社团组织,涉及的面比较广,但也不是事事均管。因此消费者要注意,根据《中国消费者协会受理消费者投诉规定》第 2 条第 2 款的规定,下列投诉不予受理:(1)经营者之间购、销活动方面的纠纷;(2)消费者个人私下交易纠纷;(3)商品超过规定保修期和保证期;(4)商品标明是"处理品"的(没有真实说明处理原因的除外);(5)未按商品使用说明安装、使用、保管、自行拆动而导致商品损坏或人身危害的;(6)被投诉方不明确的;(7)争议双方曾达成调解协议并已执行,而且没有新情况、新理由的;(8)法院、仲裁机构或有关行政部门已受理调查和处理的;(9)不符合国家法律、法规有关规定的。

0091 工商行政管理部门对哪些申诉不予受理或者终止受理?

共有 7 种情形。根据《工商行政管理部门处理消费者投诉办法》第 4 条的规定,工商行政管理部门在其职权范围内受理的消费者投诉属于民事争议的,实行调解制度。第 16 条的规定,下列投诉不予受理或者终止受理:(1)不属于工商行政管理部门职责范围的;(2)购买后商品超过保质期,被投诉人已不再负有违约责任的;(3)已经工商行政管理部门组织调解的;(4)消费者协会或者人民调解组织等其他组织已经调解或者正在处理的;(5)法院、仲裁机构或者其他行政部门已经受理或者处理的;(6)消费者知道或者应该知道自己的权益受到侵害超过 1 年的,或者消费者无法证实自己权益受到侵害的;(7)不符合国家法律、法规及规章规定的。

0092 技术监督行政部门对哪些申诉不予受理?

共有 3 种情形。根据《产品质量申诉处理办法》第 13 条的规定,对下列申诉,技术监督行政部门应当作出不予处理的决定:(1)法院、仲裁机构或者有关行政机关已经受理或者处理的;(2)对存在争议的产品无法实施质量检验、鉴定的;(3)不符合国家法律、法规及规章规定的。

0093 产品质量检验机构出具的检验数据都具有法律效力吗?

不是。目前,我国的产品质量检验机构分为两类:一类是依法设立的产品质量检验机构,例如,各级质量技术监督行政部门依据《产品质量法》设置的产品质量检验机构;另一类是依法授权的产品质量检验机构,例如,由质量技术监督行政部门依法授权有关行业、企业主管部门设置的检验机构,以及授权有关科研单位、大专院校设置的检验机构。其中,具备下列条件的产品质量检验机构出具的检验数据才具有法律效力:(1)根据《产品质量法》第 19 条的规定,产品质量检验机构必须具备相应的检测条件和能力,经省级以上人民政府市场监督管理部门或者其授权的部门考核合格后,方可承担产品质量检验工作。法律、行政法规对产品质量检验机构另有规定的,依照有关法律、行政法规的规定执行;(2)根据《产品质量法》第 20 条的规定,从事产品质量检验、认证的社会中介机构必须依法设立,不得与行政机关和其他国家机关存在隶属关系或者其他利益关系。

0094 商场擅自没收消费者支付的"可疑币"是否合法?

不合法。根据《人民币管理条例》第 32 条的规定,中国人民银行、公安机关发现伪造、变造的人民币,应当予以没收,加盖"假币"字样的戳记,并登记造册;持有人对公安机关没收的人民币的真伪有异议的,可以向中国人民银行申请鉴定。公安机关应当将没收的伪造、变造的人民币解缴当地中国人民银行。第 33 条的规定,办理人民币存取款业务的金融机构发现伪造、变造的人民币,数量较多、有新版的伪造人民币或者有其他制造贩卖伪造、变造的人民币线索的,应当立即报告公安机关;数量较少的,由该金融机构 2 名以上工作人员当面予以收缴,加盖"假币"字样的戳记,登记造册,向持有人出具中国人民银行统一印制的收缴凭证,并告知持有人可以向中国人民银行或者向中国人民银行授权的国有独资商业银行的业务机构申请鉴定。对伪造、变造的人民币收缴及鉴定的具体办法,由中国人民银行制定。办理人民币存取款业务的金融机构应当将收缴的伪造、变造的人民币解缴当地中国人民银行。

0095 消费者的生命权、健康权被侵犯,如何索赔?

消费者可以向生产者或者销售者要求赔偿。根据《民法典》第 1203 条第 1 款的规定,因产品存在缺陷造成他人损害的,被侵权人既可以向产品的生产者请求赔偿,也可以向产品的销售者请求赔偿。

买房

购房须知

0096 什么是商品房?

一般来讲,商品房是指在市场经济条件下,经政府有关部门批准,由具有经营资格的房地产开发公司(包括外商投资企业)开发的,建成后按市场价出售、出租的房屋,包括住宅、商业用房以及其他建筑物。这类房屋是可以办理产权证和国土证,可以由房地产开发商自行定价出售的产权房。从法律角度来分析,商品房是指按照法律、法规及有关规定,可以在市场上自由交易,不受政府政策限制(经济适用房、公租房等就受到政府政策限制,因此不是商品房)的各类商品房屋,包括新建商品房、二手房(存量房)等。

0097 什么是商品房预售?

商品房预售也称房屋预售、楼花买卖,是指房地产开发企业将正在建设中的商品房预先出售给购房者,并与购房者约定,由购房者先交付定金或预付款,在房屋建成后的一定时期内拥有现房的房产交易行为。换句话说,商品房预售买卖的实质是房屋的期货买卖,购房者所购得的只是房屋的一张期货合约。目前,商品房预售买卖在我国已经成为商品房市场中主要的房屋销售形式之一。

根据《商品房销售管理办法》第 3 条第 1 款和第 3 款的规定,商品房销售包括商品房现售和商品房预售。本办法所称商品房预售,是指房地产开发企业将正在建设中的商品房预先出售给买受人,并由买受人支付定金或者房价款的行为。

0098 什么样的商品房项目符合预售条件?

根据《城市商品房预售管理办法》第5条的规定,商品房预售应当符合下列条件:(1)已交付全部土地使用权出让金,取得土地使用权证书;(2)持有建设工程规划许可证和施工许可证;(3)按提供预售的商品房计算,投入开发建设的资金达到工程建设总投资的25%以上,并已经确定施工进度和竣工交付日期。第6条的规定,商品房预售实行许可制度。开发企业进行商品房预售,应当向房地产管理部门申请预售许可,取得《商品房预售许可证》。未取得《商品房预售许可证》的,不得进行商品房预售。各地对于开发商资质都会进行一定监控,如北京市住建委会对预售项目的开发商资质进行审查,符合预售条件的项目,发给预售许可证,并在房地产交易管理网上进行公示。各地监管部门均有公示的系统和网站,购房人在选购房屋时,一定要审查开发商提供的资质证明,另外最好在政府网站上查询此预售项目及开发商的情况。

0099 商品房预售合同需要登记吗?

为了保护购房者的权益,我国相关法律、法规对商品房预售合同登记均作了规定。根据《城市房地产开发经营管理条例》第26条第2款的规定,房地产开发企业应当自商品房预售合同签订之日起30日内,到商品房所在地的县级以上人民政府房地产开发主管部门和负责土地管理工作的部门备案。根据《城市商品房预售管理办法》第10条第1款的规定,商品房预售,开发企业应当与承购人签订商品房预售合同。开发企业应当自签约之日起30日内,向房地产管理部门和市、县人民政府土地管理部门办理商品房预售合同登记备案手续。由此可见,向有关部门备案是开发商的义务,购房者应督促开发商及时履行这一义务。

0100 未经登记的商品房预售合同有效吗?

实际上,商品房预售合同的效力与商品房预售合同登记备案制度是两回事。根据《民法典》第502条第1款的规定,依法成立的合同,自成立时生效,但是法律另有规定或者当事人另有约定的除外。

具体到商品房预售合同来讲,根据《最高人民法院关于审理商品房买卖合同纠纷案件适用法律若干问题的解释》第6条的规定,当事人以商品房预售合同未按照法律、行政法规规定办理登记备案手续为由,请求确认合同无效的,不予支持。当事人约定以办理登记备案手续为商品房预售合同生效条件的,从其约定,但当事人一方已经履行主要义务,对方接受的除外。

所以说,我国法律、法规虽然要求商品房预售合同应当办理登记备案手续,但并没有规定这一合同须经登记才生效。因此,只要商品房预售合同本身符合合同生效要件,即使未经登记,合同也是有效的。

0101 预告登记了就意味着一定能买到预售房吗?

不是。为了防止一房二卖给购买者造成过多损失,《民法典》将预告登记制度用基本的法律形式固定下来,根据《民法典》第221条的规定,当事人签订买卖房屋的协议或者签订其他不动产物权的协议,为保障将来实现物权,按照约定可以向登记机构申请预告登记。预告登记后,未经预告登记的权利人同意,处分该不动产的,不发生物权效力。预告登记后,债权消灭或者自能够进行不动产登记之日起90日内未申请登记的,预告登记失效。

0102 商品房预售合同可以转让吗?

商品房预售合同的转让,实际上就是将预

购的商品房进行转让，也就是我们通常所说的“炒楼花”。这种行为是指购房者在签订了商品房预售合同以后，将其预购的尚未竣工的预售商品房再行转让给第三人的行为。如果是一般的商品买卖，这种行为无可非议，但由于商品房买卖的特殊性，国家对预售商品房的行为作了特殊的规定。

《城市房地产管理法》第 38 条第 6 项规定，下列房地产不得转让：未依法登记领取权属证书的。第 46 条规定，商品房预售的，商品房预购人将购买的未竣工的预售商品房再行转让的问题，由国务院规定。2005 年国务院转发的《建设部、发展改革委、财政部、国土资源部（已撤销）、人民银行、税务总局、银监会（已撤销）关于做好稳定住房价格工作的意见》第 7 条规定，根据《城市房地产管理法》有关规定，国务院决定，禁止商品房预购人将购买的未竣工的预售商品房再行转让。在预售商品房竣工交付、预购人取得房屋所有权证之前，房地产主管部门不得为其办理转让等手续；房屋所有权申请人与登记备案的预售合同载明的预购人不一致的，房屋权属登记机关不得为其办理房屋权属登记手续。实行实名制购房，推行商品房预销售合同网上即时备案，防范私下交易行为。由此看出，国家明令禁止转让预售商品房的行为，商品房预售合同也因这一规定而不能转让。

0103 什么是商品房现售?

根据《商品房销售管理办法》第 3 条第 1 款的规定，商品房销售包括商品房现售和商品房预售。其中商品房现售，是指房地产开发企业将竣工验收合格的商品房出售给买受人，并由买受人支付房价款的行为。现房是指购房者在购买时具备即买即可入住特点的商品房，即开发商已办妥所售房屋的大产权证的商品房。当消费者与开发商签订商品房买卖合同之后，立即就可以办理入住并取得产权证。

0104 转让商品房应当符合哪些积极和消极条件?

依据《城市房地产管理法》第 38 条的规定，下列房地产不得转让：（1）以出让方式取得土地使用权的，不符合本法第 39 条规定的条件的；（2）司法机关和行政机关依法裁定、决定查封或者以其他形式限制房地产权利的；（3）依法收回土地使用权的；（4）共有房地产，未经其他共有人书面同意的；（5）权属有争议的；（6）未依法登记领取权属证书的；（7）法律、行政法规规定禁止转让的其他情形。第 39 条的规定，以出让方式取得土地使用权的，转让房地产时，应当符合下列条件：（1）按照出让合同约定已经支付全部土地使用权出让金，并取得土地使用权证书；（2）按照出让合同约定进行投资开发，属于房屋建设工程的，完成开发投资总额的 25% 以上，属于成片开发土地的，形成工业用地或者其他建设用地条件。转让房地产时房屋已经建成的，还应当持有房屋所有权证书。

0105 什么是商品房买卖认购书?

商品房买卖认购书是指购房者与开发商在签订正式的商品房买卖合同之前所签订的书面协议。认购书的作用在于对房屋交易的有关事宜进行初步确认。在双方签订了认购书之后，开发商应在一定期限内为购房者保留意向房屋，不再售予他人；而购房者则交付一定的认购款（定金）同时在约定的时间内与开发商就房屋的交易事宜进行进一步的洽谈。

0106 买房之前必须签订认购书吗?

不一定。商品房买卖认购书是商品房买卖合同双方当事人在签署预售契约或买卖契约前所签订的文书，是对双方交易房屋有关事宜的初步确认。根据我国目前的法律规定，并未明确规定购房者在签订正式预售（销售）合同前，必须签订认购书。

从实务当中来说，要先签署认购书才能买房，只是一种销售技巧。无论是一手房销售的认购书还是二手房买卖的意向书，都需要在签署认购书或意向书时支付部分定金，数额不大。这是销售人员利用现场看房那一刻购房者的消费冲动，促使购房人支付小额定金，不给购房者充分的考虑以及和家人协商的时间和机会，利用定金作保证的情况下，迫使购房者考虑不再购买房屋亦顾忌于定金有可能被没收或者承担认购书上约定的违约责任，不得不最终选择购买房屋。

0107 商品房买卖认购书的主要内容是什么？

商品房买卖认购书一般包含如下内容：买卖双方的名称、地址、联系方式等基本情况；认购物业的名称和具体地址；商品房的户型、面积、价格、朝向、结构等；付款方式，包括一次性付款、分期付款、按揭付款，以及付款时间、地点；定金条款；签订正式购房合同的时间、地点；违约责任条款；以及其他注意事项等。

0108 商品房买卖认购书的法律效力如何？

要想判断商品房买卖认购书的法律效力，首先要搞清楚商品房买卖认购书具有何种法律性质。通常情况下，可以将商品房买卖认购书看成是预约合同，它与日后将签署的正式的商品房买卖合同形成预约与本约的关系。认购书与正式的购房合同显然是两个不同的、相互独立的合同。认购书是对房屋交易行为的初步确认，意味着买卖双方将要对具体的交易事宜进行更加深入的谈判，这种约定不是对商品房买卖结果进行直接确认，当然不是也不属于商品房买卖合同。商品房买卖认购书的作用在于督促对方诚信谈判，履行订立正式的商品房买卖合同的义务，而不能直接请求履行商品房买卖合同中的内容。由此可知，认购书的法律效力可以归纳为以下 4 个方面：(1) 由于开发商掌握着优势资源，因此开发商有义务对可能影响订立商品房买卖合同的信息进行充分的披露；(2) 开发商不应给购房者附加不合理的谈判条件及义务，或者利用自身优势，免除自己的责任或加重对方的责任；(3) 双方当事人都要履行持续谈判的义务，除非出现不可抗力或其他导致谈判不能的事由；(4) 双方当事人应履行诚信谈判的义务。

0109 商品房买卖认购书在何种情况下可以被认定为商品房买卖合同？

根据《最高人民法院关于审理商品房买卖合同纠纷案件适用法律若干问题的解释》(2020 修正) 第 5 条的规定，商品房的认购、订购、预订等协议具备《商品房销售管理办法》第 16 条规定的商品房买卖合同的主要内容，并且出卖人已经按照约定收受购房款的，该协议应当认定为商品房买卖合同。

由此可见，商品房买卖认购书转化为商品房买卖合同需要具备两个条件，一是具备法律所规定的商品房买卖合同的主要内容；二是出卖人已经按约定收取了购房款，包括全部购房款和部分购房款，即商品房买卖认购书得到了实际履行。

一般来讲，只要商品房买卖认购书中包含如下内容，就可以被认定为符合《最高人民法院关于审理商品房买卖合同纠纷案件适用法律若干问题的解释》(2020 修正) 第 5 条规定的条件之一。这些内容是：(1) 当事人基本情况；(2) 商品房基本状况；(3) 商品房的销售方式；(4) 商品房价款的确定方式及总价款、付款方式、付款时间；(5) 交付使用条件及日期；(6) 装饰、设备标准承诺；(7) 供水、供电、供热、燃气、通信、道路、绿化等配套基础设施和公共设施的交付承诺和有关权益、责任；

(8)公共配套建筑的产权归属;(9)面积差异的处理方式;(10)办理产权登记有关事宜。

0110 未获预售许可证的开发商出具的商品房买卖认购书有效吗?

我国法律、法规对商品房预售实行严格的行政许可制度。根据《城市房地产管理法》第45条第1款第4项的规定,商品房预售,应当符合下列条件:向县级以上人民政府房产管理部门办理预售登记,取得商品房预售许可证明。根据《城市房地产开发经营管理条例》第22条第4项的规定,房地产开发企业预售商品房,应当符合下列条件:已办理预售登记,取得商品房预售许可证明。根据《最高人民法院关于审理商品房买卖合同纠纷案件适用法律若干问题的解释》(2020修正)第2条的规定,出卖人未取得商品房预售许可证明,与买受人订立的商品房预售合同,应当认定无效,但是在起诉前取得商品房预售许可证明的,可以认定有效。由此可见,法律法规均将商品房预售许可证作为商品房预售的强制性条件。

商品房买卖认购书是一个独立于商品房预售合同的书面协议,它的目的是约束购房者和开发商的谈判行为,是购房者和开发商为将来签订商品房买卖合同所作的承诺,而不是正式的商品房预售行为。因此,法定的商品房预售的强制性前提条件——取得商品房预售许可证,就不应对开发商订立商品房买卖认购书的行为进行干预。在没有取得商品房预售许可证的情况下订立的商品房买卖认购书可以对购销双方进行有效约束。

0111 商品房买卖认购书中的"定金"与"订金"有何区别?

在商品房买卖认购书中,通常会设有"定金"或"订金"条款,虽然仅一字之差,产生的法律效果却大有不同。

定金的作用是担保合同的成立、履行,具有担保的性质,是承担违约责任的一种形式。定金有特定的定金罚则,带有惩罚性质。根据《最高人民法院关于审理商品房买卖合同纠纷案件适用法律若干问题的解释》(2020修正)第4条的规定,出卖人通过认购、订购、预订等方式向买受人收受定金作为订立商品房买卖合同担保的,如果因当事人一方原因未能订立商品房买卖合同,应当按照法律关于定金的规定处理;因不可归责于当事人双方的事由,导致商品房买卖合同未能订立的,出卖人应当将定金返还买受人。此外,如果只是因为双方对于认购书约定以外的内容没有达成一致意见而导致订立正式商品房买卖合同失败,开发商也应将定金退还购房者。

订金实质上具有预付款的性质,不具有定金的性质,不适用定金罚则。订金是在交易尚未完全达成的情况下,买方为了表达诚意,使卖方对交易有信心而先履行部分义务即支付的部分款项。此时如果出现违约情况,一般只能按照预付款的规制进行处理即接收方应将订金返还给交纳方。根据《商品房销售管理办法》第22条第2款的规定,符合商品房销售条件的,房地产开发企业在订立商品房买卖合同之前向买受人收取预订款性质费用的,订立商品房买卖合同时,所收费用应当抵作房价款;当事人未能订立商品房买卖合同的,房地产开发企业应当向买受人返还所收费用;当事人之间另有约定的,从其约定。

0112 什么是"定金罚则"?

根据《民法典》第586条、第587条的规定,当事人可以约定一方向对方给付定金作为债权的担保。债务人履行债务的,定金应当抵作价款或者收回。给付定金的一方不履行债务或者履行债务不符合约定,致使不能实现合同目的的,无权请求返还定金;收受定金的一方不履行债务或者履行债务不符合约定，致使不能实现合同目的的，应当双倍返还定金。这就是我们通常说的“定金罚则”。

0113 购房者为何要认清“定金条款”？

当购房者在商品房买卖认购书中签订了定金条款以后，从法律效力来讲，这一条款对开发商和购房者均有约束力。但事实上，购房者作为弱势一方，承担定金罚则的可能性要比开发商大得多。具体来讲，在认购阶段，开发商一般不会向购房者出示商品房买卖合同文本，或者只向购房者出示只有空白条款的合同文本，这就导致购房者在认购阶段根本无法知晓买卖合同的具体内容。而到了正式磋商买卖合同的阶段，购房者又可能发现购房合同中的条款内容与自己最初的设想相去甚远。在此种情况下，购房者可以按照自己的意愿要求开发商修改合同条款，但如果开发商坚持不修改，很可能导致合同无法签署。这时，开发商就可以顺理成章地援用认购书中的定金条款，认定是购房者的原因致使合同无法达成，从而没收购房者的定金。

因此，购房者在签订定金条款之前一定要仔细考虑清楚，以免使自己处于被动地位。因为一旦双方达不成一致意见，开发商很有可能将原因归结为购房者，进而没收购房者的定金。而如果购房者为了保全定金而一味地妥协，最终也可能会损害自身利益。

0114 守约方能否同时主张定金与损害赔偿金？

根据《民法典》第 588 条的规定，当事人既约定违约金，又约定定金的，一方违约时，对方可以选择适用违约金或者定金条款。定金不足以弥补一方违约造成的损失的，对方可以请求赔偿超过定金数额的损失。因此，约定的定金部分与损害赔偿金不可重复主张，但是定金与实际造成的损失之间的差价，应当由违约方进行补足。

0115 “内部认购”行为有效吗？

“内部认购”是开发商在尚未取得《商品房预售许可证》之前的一种促销方式。根据《城市房地产管理法》第 45 条第 1 款第 4 项的规定，商品房预售，应当符合下列条件：(4) 向县级以上人民政府房产管理部门办理预售登记，取得商品房预售许可证明。根据《城市房地产开发经营管理条例》第 22 条第 4 项的规定，房地产开发企业预售商品房，应当符合下列条件：已办理预售登记，取得商品房预售许可证明。根据《最高人民法院关于审理商品房买卖合同纠纷案件适用法律若干问题的解释》(2020 修正) 第 2 条的规定，出卖人未取得商品房预售许可证明，与买受人订立的商品房预售合同，应当认定无效，但是在起诉前取得商品房预售许可证明的，可以认定有效。由此可见，内部认购是一种非法行为。

“内部认购”最吸引购房者的莫过于一定幅度的购房优惠，这种优惠往往是比照着开发商取得合法销售手续后正式销售而言的。如果项目进展顺利，按照开发商“低开高走”的营销原则，内部认购的购房者得到的将是房屋销售过程中的“最低时段价”。但也不排除由于市场行情的变化，开盘价低于认购价的情况，或者出现由于最终开发商的销售手续没有得到落实，购房者的权益不能得到法律保护的情况。所以说，内部认购便宜与风险并存，建议购房者谨慎对待内部认购的问题，慎重考察开发商资质之后，再作决定。

0116 商品房买卖认购书能转让吗？

商品房买卖认购书虽然不同于商品房买卖合同，但对其的处理也遵循《民法典》的一般规定。《民法典》第 546 条第 1 款规定，债权人转让债权，未通知债务人的，该转让对债务人不发生效力。第 551 条规定，债务人将债务的全部或者部分转移给第三人的，应当经债权人同意。债务人或者第三人可以催告债权人在合理期限内予以同意，债权人未作表示的，视为不同意。第555条规定，当事人一方经对方同意，可以将自己在合同中的权利和义务一并转让给第三人。

因此，购房者可以与开发商进行协商，只要开发商同意，购房者就可以将商品房买卖认购书中的权利和义务转让给第三人，在签订正式的商品房买卖合同时写第三人的姓名。这一行为一般不会损害开发商的利益，所以，开发商通常会接受。

0117 购房者在签订商品房买卖认购书时应注意哪些事项？

签署商品房买卖认购书虽然不是签署商品房买卖合同的必经程序，但也是开发商套住购房者的一种手段。为了避免购房者落入开发商的“陷阱”，购房者应注意以下几个问题：

（1）与家人充分协商，考虑是否需要购买此房屋；不要轻信销售人员设置的各类促销，抑制消费冲动，平静后再理性考虑。

（2）要求开发商出示《商品房预售（销售）许可证》。如果发现开发商尚未办理此证，尽量不要与之签订商品房买卖认购书，避免认购书发生效力争议。

（3）要求开发商出示正式的、供签约之用的商品房买卖合同文本。目前，各地房地产管理部门均统一制定了商品房预售合同的示范文本。这一示范文本考虑了购房者的利益，限制了开发商的“霸王条款”。

（4）仔细研究商品房买卖合同文本，就自身关心的问题与开发商进行深入沟通，在得到了开发商明确的答复之后，再考虑是否与之签订商品房买卖认购书。

（5）由于“定金条款”对购房者较为不利，因此购房者应尽量避免与开发商签订这一条款，而用“订金条款”替代。同时明确约定，如果是因为买卖双方对合同条款或者认购书中未涉及的内容有分歧而无法签署买卖合同的，开发商应返还全部订金。

（6）明确约定买卖双方的权利和义务。一般而言，开发商的义务有按照认购书中约定的主要内容为内容订立日后的商品房买卖合同；按照约定的时间同购房者进行洽谈；为购房者保留约定的商品房，不再售予第三人；约定当双方就主要条款不能达成一致时，得依公平原则、诚实信用原则、交易习惯及相关法律规定确定补充条款。

0118 什么是商品房买卖合同？

根据《民法典》第595条的规定，买卖合同是出卖人转移标的物的所有权于买受人，买受人支付价款的合同。根据《最高人民法院关于审理商品房买卖合同纠纷案件适用法律若干问题的解释》第1条的规定，商品房买卖合同，是指房地产开发企业将尚未建成或者已竣工的房屋向社会销售并转移房屋所有权于买受人，买受人支付价款的合同。根据《商品房销售管理办法》第16条第1款的规定，商品房销售时，房地产开发企业和买受人应当订立书面商品房买卖合同。因此，商品房买卖合同是有资质的房地产开发企业与具有完全民事行为能力的购房者，在意思表示一致的前提下，对建造、销售均合法的房屋进行交易时所签订的合同。

0119 商品房买卖合同的主要内容有哪些？

根据《商品房销售管理办法》第16条第2款的规定，商品房买卖合同应当明确以下主要内容：（1）当事人名称或者姓名和住所；（2）商品房基本状况；（3）商品房的销售方式；（4）商品房价款的确定方式及总价款、付款方式、付款时间；（5）交付使用条件及日期；（6）装饰、设备标准承诺；（7）供水、供电、供热、燃气、通信、道路、绿化等配套基础设施和公共设施的交付承诺和有关权益、责任;(8)公共配套建筑的产权归属;(9)面积差异的处理方式;(10)办理产权登记有关事宜;(11)解决争议的方法;(12)违约责任;(13)双方约定的其他事项。

0120 开发商作为商品房买卖合同的一方当事人应履行哪些义务?

在商品房买卖合同中,购房者和开发商都享有各自的权利,承担各自的义务。一方的权利就是另一方的义务。开发商作为商品房买卖中的一方当事人,具有天然的优势地位,更应当依照诚实信用原则履行法定及约定的义务。具体来讲,开发商应履行如下义务:(1)提供商品房预售(销售)许可的证明文件,证明自己是合法的销售主体;(2)详细告知所售商品房项目的具体情况;(3)承担权利的瑕疵担保义务,保证对所售商品房享有完整的产权;(4)承担质量的瑕疵担保义务,保证所售商品房的质量、价值、效用;(5)协助购房者办理权属登记的义务;(6)承担商品房交付之前的毁损、灭失的风险;(7)商品房买卖合同的附随义务。附随义务是指那些虽然没有在合同中明确约定,但依据诚实信用原则和合同的目的、性质,应该附随履行的通知、协助、保密等义务。

0121 开发商不履行合同义务,购房者应如何维权?

首先,购房者可以依据《商品房买卖合同》以及补充协议的具体约定,认定开发商的违约责任。无论开发商是否有过错,只要其未履行合同义务,就要承担责任,除非有法定的免责事由。其次,购房者应就违约责任与违约的解决办法与开发商进行积极的协商。在协商不成的情况下,应根据购房合同及补充协议约定的纠纷解决办法,采用诉讼或仲裁的方式解决。一般来讲,违约责任的承担方式包括继续履行、采取补救措施或者赔偿损失等。

0122 购房过程中一方当事人违约,违约金数额或者损害赔偿数额应当如何确定?

根据《民法典》第585条的规定,当事人可以约定一方违约时应当根据违约情况向对方支付一定数额的违约金,也可以约定因违约产生的损失赔偿额的计算方法。约定的违约金低于造成的损失的,当事人可以请求人民法院或者仲裁机构予以增加;约定的违约金过分高于造成的损失的,当事人可以请求人民法院或者仲裁机构予以适当减少。当事人就迟延履行约定违约金的,违约方支付违约金后,还应当履行债务。根据《最高人民法院关于审理商品房买卖合同纠纷案件适用法律若干问题的解释》(2020修正)第12条的规定,当事人以约定的违约金过高为由请求减少的,应当以违约金超过造成的损失30%为标准适当减少;当事人以约定的违约金低于造成的损失为由请求增加的,应当以违约造成的损失确定违约金数额。

0123 商品房买卖合同中没有约定违约金数额或者损害赔偿的计算方式,应如何处理?

根据《最高人民法院关于审理商品房买卖合同纠纷案件适用法律若干问题的解释》(2020修正)第13条的规定,商品房买卖合同没有约定违约金数额或者损失赔偿额计算方法,违约金数额或者损失赔偿额可以参照以下标准确定:逾期付款的,按照未付购房款总额,参照中国人民银行规定的金融机构计收逾期贷款利息的标准计算。逾期交付使用房屋的,按照逾期交付使用房屋期间有关主管部门公布或者有资格的房地产评估机构评定的同地段同类房屋租金标准确定。

0124 在何种情况下，购房者可以请求"双倍赔偿"？

根据《最高人民法院关于审理商品房买卖合同纠纷案件适用法律若干问题的解释》(2003)第8条的规定，具有下列情形之一的，导致商品房买卖合同目的不能实现的，无法取得房屋的买受人可以请求解除合同、返还已付购房款及利息、赔偿损失，并可以请求出卖人承担不超过已付购房款1倍的赔偿责任：(1)商品房买卖合同订立后，出卖人未告知买受人又将该房屋抵押给第三人；(2)商品房买卖合同订立后，出卖人又将该房屋出卖给第三人。第9条的规定，出卖人订立商品房买卖合同时，具有下列情形之一，导致合同无效或者被撤销、解除的，买受人可以请求返还已付购房款及利息、赔偿损失，并可以请求出卖人承担不超过已付购房款1倍的赔偿责任：(1)故意隐瞒没有取得商品房预售许可证明的事实或者提供虚假商品房预售许可证明；(2)故意隐瞒所售房屋已经抵押的事实；(3)故意隐瞒所售房屋已经出卖给第三人或者为拆迁补偿安置房屋的事实。上述5种情形属于出卖人恶意违约和欺诈，致使买受人无法取得房屋的情形，买受人除可请求出卖人返还已付购房款及利息、赔偿损失外，还可请求出卖人承担不超过已付购房款1倍的赔偿。2020年该解释修正后，删除了上述两条规定，即从2021年1月1日起，不再有购房者可以请求"双倍赔偿"一说。

0125 怎么看"楼书"？

"楼书"是开发商为推销房屋，精心制作的一种印有房屋图形和文字说明的广告性宣传材料，一般不具有法律拘束力。"楼书"一般包括以下几个方面：外观图；小区整体布局图；地理位置图；楼宇简介；房屋平面图；房屋主体结构；出售价格及附加条件(如代办按揭)；配套设施；物业管理等。购房者可以通过"楼书"了解房屋的一些信息，同时要切记，"楼书"本质上就是广告，一般会刻意进行美化，渲染优点而淡化缺点。在"楼书"中，含糊其词的地方往往是缺陷所在。购房者不能单纯相信"楼书"的介绍，应尽量进行实地考察并就具体问题询问开发商。

0126 开发商在商品房销售广告中作出的承诺有法律约束力吗？

开发商发放售楼广告以及宣传材料等，已经成为开发商促销自己商品房预售项目的主要手段之一。但由于我国商品房管理机制尚不健全，对商品房宣传广告缺乏行之有效的管理措施，致使一些开发商利用售楼广告进行虚假宣传，从而损害购房者的利益。

为了规范开发商的行为，根据《最高人民法院关于审理商品房买卖合同纠纷案件适用法律若干问题的解释》(2020修正)第3条的规定，商品房的销售广告和宣传资料为要约邀请，但是出卖人就商品房开发规划范围内的房屋及相关设施所作的说明和允诺具体确定，并对商品房买卖合同的订立以及房屋价格的确定有重大影响的，应当视为要约。该说明和允诺即使未载入商品房买卖合同，亦应当视为合同内容，当事人违反的，应当承担违约责任。

据此，购房者在判断开发商在商品房销售广告中作出的承诺有无法律约束力时，要看售楼广告的内容是否是"就商品房开发规划范围内的房屋及相关设施所作的说明和允诺具体确定，并对商品房买卖合同的订立以及房屋价格的确定有重大影响"。如果满足上述条件，那么售楼广告就可以视为要约，即使未明确写入合同，也可以约束开发商。

一般来讲，商品房销售广告中经常出现的"南北朝向""一梯两户""60%以上绿地覆盖"

"6000平方米社区服务中心"等内容,因直接影响房屋的售价,所以可以看成是要约。而诸如"温馨家园""风光秀丽""商机无限"等宣传,则只能作为要约邀请,对开发商没有效力。

0127 开发商"售后包租"的促销方式可信吗?

根据《商品房销售管理办法》第11条的规定,房地产开发企业不得采取返本销售或者变相返本销售的方式销售商品房。房地产开发企业不得采取售后包租或者变相售后包租的方式销售未竣工商品房。第42条第4项的规定,房地产开发企业在销售商品房中有下列行为之一的,处以警告,责令限期改正,并可处以1万元以上3万元以下罚款:(4)采取售后包租或者变相售后包租方式销售未竣工商品房的。因此,开发商对于已竣工的商品房承诺"售后包租",不违反法律规定。

0128 怎样鉴别"抵押房"?

对于期房,房地产商将在建项目的土地进行抵押的,登记机关会在房地产商的《土地使用证》上进行标识;对于现房,房地产商将建成的房屋进行抵押的,登记机关会在房地产商的《房地产权证》上作他项权利记载。此外,根据《不动产登记暂行条例》第5条第9项的规定,下列不动产权利,依照本条例的规定办理登记:(9)抵押权。第27条第1款的规定,权利人、利害关系人可以依法查询、复制不动产登记资料,不动产登记机构应当提供。根据《不动产登记暂行条例实施细则》第65条第5项的规定,对下列财产进行抵押的,可以申请办理不动产抵押登记:(5)正在建造的建筑物。因此,购房人如果在买房时坚持要求房地产商出具有关证书或不动产登记簿的正本,基本上能了解房屋的抵押情况。

0129 如何判断房地产项目是否合法?

购房者在购房时应当要求房地产开发商和销售商提供齐全的"五证"和"二书",国家规定开发商在售房时必须公示"五证"。如果开发商不能出示这些证件,则说明开发商的法律手续不完备,而且最好查验开发商证件的原件,复印件造假的可能相对较大。"五证"指国有土地使用证、建筑用地规划许可证、建设工程规划许可证、建设工程开工证(建设工程施工许可证)、商品房销售(预售)许可证;"两书"则是指《商品房质量保证书》和《商品房使用说明书》。

0130 购房者如何理解售楼中的各种面积概念?

售楼中的各种面积如建筑面积、销售面积、套内建筑面积、使用面积和公摊面积,是购买商品房的关键问题。

一般来讲,建筑面积是指建筑物外墙外围所围成空间的水平面积。建筑面积包括了房屋居住的可用面积,走廊、地下室、楼梯、墙体柱体的占地面积,其他公摊面积等。销售面积是开发商在计算所售房屋总价时所使用的面积。销售面积等于房屋的套内建筑面积与应分摊的公用建筑面积之和。套内建筑面积是指使用面积与套内墙体面积以及阳台建筑面积之和。使用面积是指每套住宅中直接供住户生活使用的净面积之和。所谓净面积是要除去墙体、柱体所占的面积,主要包括卧室、客厅、过道、厨房、卫生间、阳台、储藏室、壁柜(不含吊柜)、户内楼梯(按投影面积)等。公摊面积是指小区业主对小区内的管理用房、公共用房、共用建筑空间等共同分担的面积。公摊面积等于整栋建筑物的建筑面积减去整栋建筑物各套(单元)套内建筑面积之和,减去作为独立使用空间销售或出租的地下室、车棚及人防工程等建筑面积后,所剩的面积。公摊面积包括电梯井、楼梯间、垃圾道、变电室、设备间、公共门厅和过道、地下室、值班警卫室以及其他功能上为整栋建筑物服务的公共用房和管理用房的建筑面积，套（单元）与公共建筑空间之间的分隔墙以及外墙（包括山墙）墙体水平投影面积的一半。

0131 可以分摊的公用建筑面积有哪些？

由于购房者无法实际测量公用的面积，所以尽管开发商大多会将公摊面积条款写进合同，购房者仍存在不少疑惑。因此，购房者应对哪些公用建筑面积是可以公摊的有一个清晰的认识。

根据《商品房销售面积计算及公用建筑面积分摊规则》第8条的规定，公用建筑面积由以下2部分组成：（1）电梯井、楼梯间、垃圾道、变电室、设备间、公共门厅和过道、地下室、值班警卫室以及其他功能上为整栋建筑服务的公共用房和管理用房建筑面积；（2）套（单元）与公用建筑空间之间的分隔墙以及外墙（包括山墙）墙体水平投影面积的一半。

0132 不可以分摊的公用建筑面积有哪些？

根据《商品房销售面积计算及公用建筑面积分摊规则》第9条第1款的规定，凡已作为独立使用空间销售或出租的地下室、车棚等，不应计入公用建筑面积部分。作为人防工程的地下室也不计入公用建筑面积。开发商应当在销（预）售合同中写明房屋名称、需分摊的总建筑面积。

0133 公用建筑面积分摊如何计算？

根据《商品房销售面积计算及公用建筑面积分摊规则》第10条的规定，将整栋建筑物的公用建筑面积除以整栋建筑物的各套套内建筑面积之和，得到建筑物的公用建筑面积分摊系数。即公用建筑面积分摊系数=公用建筑面积/套内建筑面积之和。第11条的规定，各套（单元）的套内建筑面积乘以公用建筑面积分摊系数，得到购房者应合理分摊的公用建筑面积。即分摊的公用建筑面积=公用建筑面积分摊系数×套内建筑面积。

0134 "一房二卖"中，如果两个合同均未办理产权登记也未交付给任何一个购房者，那么开发商应先履行哪个合同？

在"一房二卖"中，如果两个合同均未办理产权登记，房屋也未交付给任何一个购房者使用，那么理论上，任何一个购房者都有权利要求开发商履行合同。因为商品房买卖合同属于债的一种，而债权的特点就是受到平等保护，平等履行。不过，出于诚实信用、公平合理以及登记公示效力等原则的考虑，开发商应优先履行办理了预告登记的合同，若均未办理预告登记手续的，应当先履行订立在先的合同，即对第一个购房者履行交付义务，对第二个购房者承担违约责任。

0135 "一房二卖"中，未取得房屋所有权的购房者应如何维权？

根据《民法典》第577条的规定，当事人一方不履行合同义务或者履行合同义务不符合约定的，应当承担继续履行、采取补救措施或者赔偿损失等违约责任。《民法典》第563条规定，"有下列情形之一的，当事人可以解除合同……（二）在履行期限届满前，当事人一方明确表示或者以自己的行为表明不履行主要债务"。第577条规定，当事人一方不履行合同义务或者履行合同义务不符合约定的，应当承担继续履行、采取补救措施或者赔偿损失等违约责任。

0136 “一房二卖”中，一方购房者在何种情况下可以请求宣告第二份合同无效？

根据《最高人民法院关于审理商品房买卖合同纠纷案件适用法律若干问题的解释》（2020修正）第7条的规定，买受人以出卖人与第三人恶意串通，另行订立商品房买卖合同并将房屋交付使用，导致其无法取得房屋为由，请求确认出卖人与第三人订立的商品房买卖合同无效的，应予支持。因此，如果开发商与第二购房者恶意串通，将房屋交付给第二购房者，从而导致在先的购房者无法取得房屋所有权，那么在先的购房者就可以主张在后的合同无效。

0137 开发商与购房者经常约定的免责或限制条款有哪些？

除了法定的不可抗力免责条款之外，开发商还可以与购房者就其他免责事项进行约定。当发生了约定的情形时，开发商也可以免除全部或部分责任。通常情况下，开发商经常将如下两项免责事由载入商品房预售合同或者补充协议中：

（1）技术障碍。技术障碍是指开发商在施工中遇到异常困难及重大技术问题，从而导致施工不能正常进行。鉴于这种技术障碍也是开发商难以预料的，因此基于公平合理的原则，将这一事由作为免责事项也是合情合理的。但开发商应及时将情况告知购房者，保证购房者的知情权。

（2）其他因素。如为配合政府执行强制性通知而引起的延误、市政配套的批准与安装的延误、政府主管部门验收时间滞后的延误。上述因素也是开发商难以预料的，而且也是必须配合政府部门的调控的，所以将其写入免责条款也是合乎情理的。不过在此情况下开发商应提供相应的证明文件，以证明其延期是由于政府行为所导致的，且将这一情况及时告知购房者。

除了这两项之外，如果开发商还列举了其他免责条款，那么购房者就要多多留心了。如果发现有违公平的条款，应及时向开发商提出异议，以便合理、公平地限制免责条款。

0138 什么样的二手房不能上市交易？

根据《城市房地产管理法》第38条的规定，下列房地产，不得转让：（1）以出让方式取得土地使用权的，不符合本法第39条规定的条件的；（2）司法机关和行政机关依法裁定、决定查封或者以其他形式限制房地产权利的；（3）依法收回土地使用权的；（4）共有房地产，未经其他共有人书面同意的；（5）权属有争议的；（6）未依法登记领取权属证书的；（7）法律、行政法规规定禁止转让的其他情形。

0139 预售的商品房可以作为二手房交易吗？

针对购房者是否可以将购得的预售商品房作为二手房进行上市交易的问题，根据《城市房地产管理法》第38条第6项规定，下列房地产，不得转让：未依法登记领取权属证书的。另外，根据《建设部、发展改革委、财政部、国土资源部（已撤销）、人民银行、税务总局、银监会等七部门关于做好稳定住房价格工作的意见》第7条的规定，根据《城市房地产管理法》的有关规定，国务院决定，禁止商品房预购人将购买的未竣工的预售商品房再行转让。在预售商品房竣工交付、预购人取得房屋所有权证之前，房地产主管部门不得为其办理转让等手续；房屋所有权申请人与登记备案的预售合同载明的预购人不一致的，房屋权属登记机关不得为其办理房屋权属登记手续。实行实名制购房，推行商品房预销售合同网上即时备案，防范私下交易行为。也就是说，购房者在取得房屋所有权证以前，是不能将手中的预售商品房作为二手房出售的。

0140 二手房买卖合同被确认无效后如何处理?

根据《民法典》第 157 条的规定,民事法律行为无效、被撤销或者确定不发生效力后,行为人因该行为取得的财产,应当予以返还;不能返还或者没有必要返还的,应当折价补偿。有过错的一方应当赔偿对方由此所受到的损失;各方都有过错的,应当各自承担相应的责任。因此,在二手房买卖过程中,如果买卖合同被确认为无效,买卖双方首先应划分责任,然后按照各自应承担的责任向对方进行赔偿。

0141 买到了"凶宅"怎么办?

"凶宅"一般是指发生过非正常死亡事件的房屋,如房屋内发生过上吊、跳楼、杀人等恶性事件。现实生活中,大多数人都不愿意购买"凶宅",但如果在不知情的情况下买到了"凶宅",该怎么办呢? 根据《民法典》第 148 条的规定,一方以欺诈手段,使对方在违背真实意思的情况下订立的合同,受损害方有权请求人民法院或者仲裁机构变更或者撤销。也就是说,如果卖房者隐瞒了住宅发生过死亡事件的事实,可以被认定为欺诈,购房者有权请求退房。当然,购房者需要对这种欺诈行为进行举证,即证明卖房者故意隐瞒影响房屋价值的因素,以及自己是因为出售方这种故意隐瞒的行为才签订合同的事实。

0142 出售方故意隐瞒房屋是"凶宅"的情况,房屋买卖合同有效吗?

凶宅虽然不会实际上给房屋造成物理上的价值损失,但是会让人产生畏惧的心理,违背了人们购买房屋想要寻求更舒适居住环境的初衷。如果出售方隐瞒了"凶宅"这一事实,就违反了民事活动中的诚实信用原则,其行为构成了欺诈,符合可撤销合同的规定。但是,不存在导致房屋买卖合同无效的情形。

0143 签订"阴阳合同"能避税吗?

"阴阳合同"是指二手房交易的当事人,为了少缴税款而签订的低价格的合同。也就是说,"阴阳合同"中约定的房屋售价比实际交易的价格要低。根据《民法典》第 146 条的规定,行为人与相对人以虚假的意思表示实施的民事法律行为无效。因此,"阴阳合同"中涉及逃税的条款是无效的。同时,偷税也是一种违反法律的行为。根据《税收征收管理法》第 63 条第 1 款的规定,纳税人伪造、变造、隐匿、擅自销毁账簿、记账凭证,或者在账簿上多列支出或者不列、少列收入,或者经税务机关通知申报而拒不申报或者进行虚假的纳税申报,不缴或者少缴应纳税款的,是偷税。对纳税人偷税的,由税务机关追缴其不缴或者少缴的税款、滞纳金,并处不缴或者少缴的税款 50%以上 5 倍以下的罚款;构成犯罪的,依法追究刑事责任。此外,情况严重的还可能构成逃税罪,根据《刑法》第 201 条的规定,纳税人采取欺骗、隐瞒手段进行虚假纳税申报或者不申报,逃避缴纳税款数额较大并且占应纳税额 10%以上的,处 3 年以下有期徒刑或者拘役,并处罚金;数额巨大并且占应纳税额 30%以上的,处 3 年以上 7 年以下有期徒刑,并处罚金。扣缴义务人采取前款所列手段,不缴或者少缴已扣、已收税款,数额较大的,依照前款的规定处罚。对多次实施前 2 款行为,未经处理的,按照累计数额计算。有第 1 款行为,经税务机关依法下达追缴通知后,补缴应纳税款,缴纳滞纳金,已受行政处罚的,不予追究刑事责任;但是,5 年内因逃避缴纳税款受过刑事处罚或者被税务机关给予二次以上行政处罚的除外。

"阴阳合同"虽然表面上看符合买卖双方的利益,但实际上对卖房者和购房者来说都有很大的风险。对于卖房者来说,购房者最后很有可能要求只按照合同上签订的价格付款。而对于购房者来说，二手房交易中如果报价不实，购房者今后若想再次转让该房产，所缴的税款会大幅增加。比如，购房者实际以 80 万元的价格成交，却只取得 10 万元的购房发票，再转让时购房成本只能以 10 万元计算，会导致其相关税负的大幅增加。

0144 购房者为什么要作“产调”？

所谓产调，就是购房者在购买二手房的时候，应当去有关部门仔细审查二手房的权属证明、不动产登记簿及相关文件，以确定交易房屋是否经过合法登记，权利证书记载的内容是否真实等问题。负责产权调查的机关是县级以上人民政府设立的房地产管理机关，不同城市设立的房地产管理机关有不同的称谓。例如，上海的是由上海市不同区县的不动产登记中心负责管理。

购房者一定要去房地产管理机关调查交易房屋的产权信息，因为根据《民法典》第 217 条的规定，不动产权属证书是权利人享有该不动产物权的证明。不动产权属证书记载的事项，应当与不动产登记簿一致；记载不一致的，除有证据证明不动产登记簿确有错误外，以不动产登记簿为准。房屋所有权证上只有房屋所有权人、住宅地址、建筑面积等基本信息，却不一定会及时更新该房屋是否有存在抵押、查封等权利限制的情况。如果交易房屋真的存在抵押，或者存在查封等无法交易的情况，购房者仅凭查看出卖方的产权证是无法准确得知的。

0145 按揭房可以退吗？

如果出现相关的情况符合法律规定，按揭房也一样可以退。根据《民法典》第 563 条的规定，有下列情形之一的，当事人可以解除合同：(1)因不可抗力致使不能实现合同目的；(2)在履行期限届满之前，当事人一方明确表示或者以自己的行为表明不履行主要债务；(3)当事人一方迟延履行主要债务，经催告后在合理期限内仍未履行；(4)当事人一方迟延履行债务或者有其他违约行为致使不能实现合同目的；(5)法律规定的其他情形。只要开发商出现上述情形如交房严重逾期或质量低劣，符合法律或购房合同中规定的解约条件，消费者就可以依法解除购房合同。

0146 哪些情形购房者可要求开发商承担惩罚性赔偿？

从 2021 年 1 月 1 日起，不再有购房者可要求开发商承担惩罚性赔偿的情形。现如今，我国不动产登记制度得到了进一步完善，“网签备案”制度全面推行，房地产开发企业资质、商品房预售许可证核发情况等基本信息已经公开可查，交易秩序日趋有序，有效遏制和降低了《最高人民法院关于审理商品房买卖合同纠纷案件适用法律若干问题的解释》(2003)第 8 条、第 9 条规定的适用惩罚性赔偿的 5 种情形。

0147 房屋赠与如何缴纳契税？办理时需要什么资料？

个人受赠房屋，按市场价格(评估价格)的 3%税率计征契税。个人办理受赠房屋产权过户手续时，需提供以下资料：《契税纳税申报表》；房屋赠与公证书(原件及复印件)；原房屋所有权证，必要时还需提供房地产评估报告；个人合法性身份证件(原件及复印件)；税务机关要求纳税人提供的其他证明资料。

收房谨记

0148 如何理解商品房的“交付使用”？

根据《最高人民法院关于审理商品房买卖合同纠纷案件适用法律若干问题的解释》(2020 修正)第 8 条第 1 款的规定，对房屋的转移占有，视为房屋的交付使用，但当事人另有约定的除外。简言之,房屋"交付使用"有两个判断标准:一是如果购房合同中没有明确约定房屋的交付使用方式,那么就以房屋的转移占有为完成交付。实践中,开发商向购房者交付住宅钥匙,或者购房者在交房通知上签字,都可视为商品房转移占有。二是如果购房合同对房屋的交付使用方式作了约定,那么就以合同约定的交付使用方式为准。

0149 商品房交付的条件是什么?

商品房的交付条件分为法定交付条件和合同约定的交付条件。法定交付条件是要满足法律强制性规定的交付条件。根据《建筑法》第61条的规定,交付竣工验收的建筑工程,必须符合规定的建筑工程质量标准,有完整的工程技术经济资料和经签署的工程保修书,并具备国家规定的其他竣工条件。建筑工程竣工经验收合格后,方可交付使用;未经验收或者验收不合格的,不得交付使用。根据《城市房地产开发经营管理条例》第17条的规定,房地产开发项目竣工,依照《建设工程质量管理条例》的规定验收合格后,方可交付使用。

当然,购房者也可以在购房合同中与开发商进一步约定更为详细的交房条件,约定得越细,越能避免日后可能产生的纠纷。不过即使是通过合同约定,开发商也不能违反国家对于商品房交付的强制性要求,不能通过合同条款规避国家的管理。如果合同约定的交付条件低于国家的验收合格标准,则约定无效,以国家标准为准。如果合同约定的交付条件高于国家标准,则按合同约定的标准交房。

0150 购房者在收房时应注意哪些问题?

(1)在约定的时间内收房。购房者一定要按照开发商通知的时间前往收房,如果因特殊原因不能如期前往,最好书面说明原因,告知开发商。另外,由于收房的时间是一段时间,因此建议购房者不要在最开始的两天去收房,因为在这两天前来收房的人很多,陪同验收的人员一般没有时间陪购房者仔细检查房屋。

(2)仔细检查各项证明文件,包括《住宅质量保证书》《住宅使用说明书》《建筑工程竣工验收备案表》《管线分布竣工图(水、强电、弱电、结构)》《面积实测表》等。

(3)注意核实房屋面积。收房时要注意住宅的面积是否经过房地产有关部门的实际测量,与合同签订的面积是否一致,如存在差异,应积极与开发商协商多退少补的问题。同时,还要关注售楼合同附图与实际是否一致,房屋结构是否与原设计图相同等问题。

(4)物业费的问题。现实中,开发商会将房屋交接手续交给物业管理公司来办理,物业公司则可能会要求购房者交纳物业费等各项费用,否则就不交付房屋钥匙。除非商品房买卖合同当中有明确的约定,只能在缴纳物业费后才能交付房屋的,否则,开发商拒绝交房需要承担延期交房的违约责任。

0151 开发商要求交了税费才能拿钥匙,是否合理?

对于开发商交税费才能拿钥匙的要求,业主应区别对待。首先,开发商无权代收契税,根据《税收征收管理法》第29条的规定,除税务机关、税务人员以及经税务机关依照法律、行政法规委托的单位和人员外,任何单位和个人不得进行税款征收活动。根据《契税暂行条例》第8条的规定,契税的纳税义务发生时间,为纳税人签订土地、房屋权属转移合同的当天,或者纳税人取得其他具有土地、房屋权属转移合同性质凭证的当天。也就是说,业主在取得产权证时,才向国家缴纳契税。其次,公共维护基金和贷款抵押登记费也都应按有关规定在办理产权证时交纳,除非双方在合同中已有提前交纳的约定,否则业主有权拒交"二费”。最后，面积测绘费收取原则为“谁委托，谁付费”，购房合同已规定开发商向购房人提供面积测量数据的义务，费用应由开发商交纳。因此，除合同约定相关费用外，开发商无权要求业主交费才能拿钥匙。

0152 开发商迟延交房，购房者如何维权？

商品房买卖合同受《民法典》的调整，适用《民法典》的具体规则。开发商延期交房的行为属于一种违约行为。根据《民法典》第577条的规定，当事人一方不履行合同义务或者履行合同义务不符合约定的，应当承担继续履行、采取补救措施或者赔偿损失等违约责任。也就是说，如果开发商没有按期交房，购房者可以要求开发商承担继续履行合同、采取补救措施、赔偿损失等责任，如果商品房买卖合同中约定了违约金，购房者还可以要求开发商支付违约金。在此特别提醒购房者，如果发生开发商延期交房的情况，一定要保留好相关证据，并通知开发商，要求其及时履行交房义务，一定不要作出免除其违约责任的承诺。

0153 开发商迟延交房，购房者可以退房吗？

《最高人民法院关于审理商品房买卖合同纠纷案件适用法律若干问题的解释》（2020修正）第11条规定，根据《民法典》第563条的规定，出卖人迟延交付房屋或者买受人迟延支付购房款，经催告后在3个月的合理期限内仍未履行，解除权人请求解除合同的，应予支持，但当事人另有约定的除外。法律没有规定或者当事人没有约定，经对方当事人催告后，解除权行使的合理期限为3个月。对方当事人没有催告的，解除权人自知道或者应当知道解除事由之日起1年内行使。逾期不行使的，解除权消灭。由此可见，开发商迟延交付房屋，经购房者催告后在3个月的合理期限内仍未交房，购房者请求解除合同的，可以得到法院的支持，但购房者应当在3个月合理期限满后的3个月内行使解除权；如果未经催告，应当在当事人知道对方当事人违约之日起1年内行使解除权。否则就无法要求解除合同，无法要求退房。

0154 开发商迟延交房，购房者可以拒绝还房贷吗？

即使开发商未按期交房，购房者也不可以拒绝还房贷。购房者与开发商签订的是《商品房买卖合同》，与按揭银行签订的是《个人住房/商业用房贷款借款合同》。这两个合同是相互独立的，彼此之间互不影响。购房者与开发商之间的纠纷与按揭银行完全没有关系，因此，购房者不能以开发商迟延交房为由拒绝履行自己对银行的还贷义务。虽然说在取得不动产权证、办妥房屋抵押登记前，开发商负有连带保证责任，如果购房者不按时还款，按揭银行可以要求开发商清偿；但是根据我国《民法典》的有关规定，开发商在承担完担保责任后有权向购房者追偿，也就是说，银行债务的最终承担者依然是购房者。因此，购房者以拒绝还款的方式对抗开发商迟延交房的行为是非常不明智的，达不到任何的效果。一般来讲，按揭银行为避免上述情况的发生，也会在借款合同中与购房者约定，购房者与开发商之前的纠纷与银行无关，购房者不能以此拒绝履行还贷义务。

0155 如果购房者在约定的时间内没有去收房会怎么样？

如果购房者在约定的时间内没有去收房，则一般视为开发商已将该房屋实际交付，购房者将从通知单的最后期限之日起承担购房风险责任及税费。因此，购房者在购房时要写清楚邮寄地址和联系电话，以便及时收到交房通知。如果不能如期到场收房，可以书面委托亲友收房，也可及时与开发商联系，另行约定收房时间，并用书面形式确认。

0156 收房时，购房者可以向开发商索要哪些文件？

购房者收房时，开发商应提供给购房者的主要文件为"两书一表"。"两书"为《住宅质量保证书》《住宅使用说明书》，这两者是以购买者购买的套（幢）发放，即每套（幢）住宅均应附有各自的《住宅质量保证书》和《住宅使用说明书》。"一表"为《建设工程竣工验收备案表》。

0157 购房者应如何查验开发商提供的《住宅质量保证书》？

根据《商品住宅实行住宅质量保证书和住宅使用说明书制度的规定》第4条的规定，《住宅质量保证书》是房地产开发企业对销售的商品住宅承担质量责任的法律文件，房地产开发企业应当按《住宅质量保证书》的约定，承担保修责任。商品住宅售出后，委托物业管理公司等单位维修的，应在《住宅质量保证书》中明示所委托的单位。因此，购房者在查验《住宅质量保证书》时，要重点关注其内容。第5条的规定，《住宅质量保证书》应当包括以下内容：（1）工程质量监督部门核验的质量等级。（2）地基基础和主体结构在合理使用寿命年限内承担保修。（3）正常使用情况下各部位、部件保修内容与保修期：屋面防水3年；墙面、厨房和卫生间地面、地下室、管道渗漏1年；墙面、顶棚抹灰层脱落1年；地面空鼓开裂、大面积起砂1年；门窗翘裂、五金件损坏1年；管道堵塞2个月；供热、供冷系统和设备1个采暖期或供冷期；卫生洁具1年；灯具、电器开关6个月；其他部位、部件的保修期限，由房地产开发企业与用户自行约定。（4）用户报修的单位，答复和处理的时限。

0158 购房者应如何查验开发商提供的《住宅使用说明书》？

根据《商品住宅实行住宅质量保证书和住宅使用说明书制度的规定》第8条的规定，《住宅使用说明书》应当对住宅的结构、性能和各部位（部件）的类型、性能、标准等作出说明，并提出使用注意事项，一般应当包含以下内容：（1）开发单位、设计单位、施工单位，委托监理的应注明监理单位；（2）结构类型；（3）装修、装饰注意事项；（4）上水、下水、电、燃气、热力、通信、消防等设施配置的说明；（5）有关设备、设施安装预留位置的说明和安装注意事项；（6）门、窗类型，使用注意事项；（7）配电负荷；（8）承重墙、保温墙、防水层、阳台等部位注意事项的说明；（9）其他需说明的问题。第9条的规定，住宅中配置的设备、设施，生产厂家另有使用说明书的，应附于《住宅使用说明书》中。第12条的规定，房地产开发企业在《住宅使用说明书》中对住户合理使用住宅应有提示。因用户使用不当或擅自改动结构、设备位置和不当装修等造成的质量问题，开发企业不承担保修责任；因住户使用不当或擅自改动结构，造成房屋质量受损或其他用户损失，由责任人承担相应责任。

0159 业主在签字收房时应注意哪些问题？

根据《商品住宅实行住宅质量保证书和住宅使用说明书制度的规定》第7条的规定，房地产开发企业向用户交付商品住宅时，应当有交付验收手续，并由用户对住宅设备、设施的正常运行签字认可。用户验收后自行添置、改动的设施、设备，由用户自行承担维修责任。

在实践中，开发商一般在房屋交付前书面

通知购房者(《入住通知书》)在指定日期到开发商指定的地点办理房屋的交接手续及应持证件、所交税费。购房者与开发商、物业管理人员等在房屋交接验收中应依据合同约定及法律法规的要求对房屋各主要方面逐项进行检查、核项、验收。比如,房屋的水(市政)、电(市政)、气、有线电视系统、供暖系统及电话设备是否开通或具备开通条件,以及房屋的装修附件是否和购房合同约定一致。购房者应严格按照合同及有关法律规定对房屋进行仔细检查、验收,因为如果购房者一旦在《房屋交接验收单》(或《物业交付核验单》)上签字接收,则开发商即完成了交付房屋的义务。所以,购房者在房屋交接验收中如发现与合同或法律法规规定不符的,应在《房屋交接验收单》中予以注明,并明确开发商修复、更换时间及违约责任,此时购房者可以暂缓接收房屋,等开发商修复后再次交接验收,直至合格。此外若开发商延期交房应明确约定开发商所应承担的违约责任及违约金的支付办法和时间。

0160 对逾期交房项目,购房者可否先收房后追究开发商责任?

可以。因为:(1)接收房屋与追究开发商逾期交房责任之间并无法定的先后顺序,也没有任何法律规定接收房屋后就不能再追究开发商的违约责任;(2)在开发商已经逾期交房且不存在免责事由的情况下,是否追究以及何时追究开发商违约责任完全是购房者自身的权利;(3)除购房者明确表示放弃外,接收房屋本身并不意味着购房者放弃追究开发商的违约责任。当然,追究开发商违约责任受到诉讼时效限制,购房者应当在开发商实际交房之日起3年内主张自己的权利。

0161 验房时如何检查房屋建筑质量?

住户自行检查,与设计、监督建设单位和施工单位合验相结合。根据《房屋建筑和市政基础设施工程竣工验收备案管理办法》相关规定,从2009年10月19日起,竣工验收不再由质检站担任,而是由勘察、设计、施工、工程监理等单位合验后,建设单位应在工程竣工验收合格后15日内向工程所在地的县级以上地方人民政府建设主管部门办理竣工备案。因此,住户可以参看相应的"两书一表",同时自己要对房屋进行质量检查如墙板、地面有无裂缝;检查门窗开关是否平滑,有无过大的缝隙等进行目测,也可以请专业的验房单位帮助验房。

0162 房屋出现质量问题,购房者应如何维权?

根据我国有关法律的规定,开发商要对所交付的房屋承担质量的瑕疵担保责任。如果购房者认为房屋质量有问题,且经过相关部门的检验得到证实,可以要求开发商赔偿损失,在主体结构质量不合格,或者房屋质量问题严重影响正常居住使用的情况下,可以要求解除合同。

具体来讲,根据《城市房地产开发经营管理条例》第31条的规定,商品房交付使用后,购买人认为主体结构质量不合格的,可以向工程质量监督单位申请重新核验。经核验,确属主体结构质量不合格的,购买人有权退房;给购买人造成损失的,房地产开发企业应当依法承担赔偿责任。根据《商品房销售管理办法》第35条的规定,商品房交付使用后,买受人认为主体结构质量不合格的,可以依照有关规定委托工程质量检测机构重新核验。经核验,确属主体结构质量不合格的,买受人有权退房;给买受人造成损失的,房地产开发企业应当依法承担赔偿责任。根据《最高人民法院关于审理商品房买卖合同纠纷案件适用法律若干问题的解释》第9条的规定,因房屋主体结构质量不合格不能交付使用,或者房屋交付使用后,房屋主体结构质量经核验确属不合格,买受人请求解除合同和赔偿损失的，应予支持。第13条的规定，因房屋质量问题严重影响正常居住使用，买受人请求解除合同和赔偿损失的，应予支持。交付使用的房屋存在质量问题，在保修期内，出卖人应当承担修复责任；出卖人拒绝修复或者在合理期限内拖延修复的，买受人可以自行或者委托他人修复。修复费用及修复期间造成的其他损失由出卖人承担。

0163 商品房的质量保修期是多长时间？

商品房同其他商品一样，也有自己的保修期。我国法律对商品房的质量保修期作了明确的规定，开发商规定的保修期不能少于国家制定的标准，但可以延长。商品房质量保修期从开发商将验收合格的房屋交付购房者使用之日起开始计算，如果在保修期内发生了属于保修范围的质量问题，开发商应当履行保修义务，并对造成的损失承担赔偿责任。

根据《商品住宅实行住宅质量保证书和住宅使用说明书制度的规定》第5条第2项和第3项的规定，地基基础和主体结构在合理使用寿命年限内承担保修。正常使用情况下各部位、部件保修内容与保修期应是：屋面防水3年；墙面、厨房和卫生间地面、地下室、管道渗漏1年；墙面、顶棚抹灰层脱落1年；地面空鼓开裂、大面积起砂1年；门窗翘裂、五金件损坏1年；管道堵塞2个月；供热、供冷系统和设备1个采暖期或供冷期；卫生洁具1年；灯具、电器开关6个月；其他部位、部件的保修期限，由房地产开发企业与用户自行约定。根据《房屋建筑工程质量保修办法》和《建设工程质量管理条例》的规定，在正常使用条件下，房屋建筑工程的最低保修期限为：（1）地基基础工程和主体结构工程，为设计文件规定的该工程的合理使用年限；（2）屋面防水工程、有防水要求的卫生间、房间和外墙面的防渗漏，为5年；（3）供热与供冷系统，为2个采暖期、供冷期；（4）电气管线、给排水管道、设备安装为2年；（5）装修工程为2年。其他项目的保修期限由建设单位和施工单位约定。此处的保修期从工程竣工验收合格之日起计算，而《商品住宅实行住宅质量保证书和住宅使用说明书制度的规定》中规定的保修期是从交房之日起计算，当适用上述条文的结果不一致时，应以保修期较长的为准进行约定。住宅保修期限不应低于上述规定的期限，房地产开发企业可以延长保修期。

0164 交付使用之后，商品房损毁、灭失的风险由谁承担？

实践中，“交付使用”这一概念对商品房损毁、灭失的风险转移影响最大。《民法典》对买卖对象的风险转移采取交付主义，就是说，不管交易对象的所有权是否转移，只要交易对象已经交付，风险就随之转移给实际占有人了。

具体到商品房买卖中来，根据《最高人民法院关于审理商品房买卖合同纠纷案件适用法律若干问题的解释》第8条的规定，对房屋的转移占有，视为房屋的交付使用，但当事人另有约定的除外。房屋毁损、灭失的风险，在交付使用前由出卖人承担，交付使用后由买受人承担；买受人接到出卖人的书面交房通知，无正当理由拒绝接收的，房屋毁损、灭失的风险自书面交房通知确定的交付使用之日起由买受人承担，但法律另有规定或者当事人另有约定的除外。这就意味着，商品房买卖的风险转移也是以“交付使用”为界限的。如果开发商已经把房子交付给了购房者，诸如已经交钥匙，或者购房者已经在交房通知上签字等，房子毁损的风险就由购房者承担；如果开发商尚未实际交付房屋，那么房屋损毁的风险就由开发商承担。

因此，为了保护自己的权益，购房者可以与开发商在合同中约定，房屋所有权转移后，房屋才视为交付使用。这样一来，在办妥不动产权证以前，房屋损毁、灭失的风险都将由开发商承担。

0165 购房者怀疑房屋实测面积，可以自行测量面积吗？

不可以。如果购房者对开发商提供的测量结果有异议，可以委托有资质的测绘单位对所购房屋的面积进行重新测绘，并将重新测绘成果告知开发商；如果开发商对购房人重新提供的测绘成果无异议，则买卖双方可以直接按购房人提供的测绘成果结算房价款，并进行产权登记；如果开发商对购房人出具的测绘成果有异议，那么，购房人出具的测绘成果就不能直接用于产权登记。

0166 收房时，发现开发商交付的房屋墙面渗水，能要求退房吗？

看情况。《最高人民法院关于审理商品房买卖合同纠纷案件适用法律若干问题的解释》(2020修正)第9条规定，因房屋主体结构质量不合格不能交付使用，或者房屋交付使用后，房屋主体结构质量经核验确属不合格，买受人请求解除合同和赔偿损失的，应予支持。第10条规定，因房屋质量问题严重影响正常居住使用，买受人请求解除合同和赔偿损失的，应予支持。交付使用的房屋存在质量问题，在保修期内，出卖人应当承担修复责任；出卖人拒绝修复或者在合理期限内拖延修复的，买受人可以自行或者委托他人修复。修复费用及修复期间造成的其他损失由出卖人承担。因此，如果只是轻微的渗水，不是房屋主体结构质量问题，也没有严重影响正常居住使用的，买受人可以要求开发商维修。

0167 开发商进行夸大、不实宣传，购房者入住才发现怎么办？

视具体情况而定。根据《最高人民法院关于审理商品房买卖合同纠纷案件适用法律若干问题的解释》(2020修正)第3条的规定，商品房的销售广告和宣传资料为要约邀请，但是出卖人就商品房开发规划范围内的房屋及相关设施所作的说明和允诺具体确定，并对商品房买卖合同的订立以及房屋价格的确定有重大影响的，视为要约。该说明和允诺即使未载入商品房买卖合同，亦应当视为合同内容，当事人违反的，应当承担违约责任。

0168 房屋的居住时间有无年限限制？

房屋一经购买并取得产权后，即作为购房人个人财产，并无居住年限的限制。但对于该房屋所占用范围内的土地来说，城市土地归国家所有，根据《城镇国有土地使用权出让和转让暂行条例》第12条第1项的规定，土地使用权出让最高年限按下列用途确定：居住用地70年。根据《民法典》第359条第1款的规定，住宅建设用地使用权期间届满的，自动续期。根据《城市房地产管理法》第22条第1款的规定，土地使用权出让合同约定的使用年限届满，土地使用者需要继续使用土地的，应当至迟于届满前1年申请续期，除根据社会公共利益需要收回该幅土地的，应当予以批准。经批准准予续期的，应当重新签订土地使用权出让合同，依照规定支付土地使用权出让金。因此，一般情况下，房屋的居住无年限限制，不存在因土地使用期满而丧失房屋所有权的问题。

不动产权证及登记事宜

0169 什么是商品房权属登记？

将商品房进行权属登记是购房者取得商品房所有权的必经程序。我国《民法典》规定，取得不动产所有权需要交付和公示两部分才能完成，这里的公示就是指登记。所以说，当购房者拿到房屋钥匙，实际使用该房屋时，购房者还没有取得房屋的所有权，其必须到有关部门进行产权登记，才能真真正正地拥有所购房屋。根据《不动产登记暂行条例》第2条的规定，本条例所称不动产登记，是指不动产登记机构依法将不动产权利归属和其他法定事项记载于不动产登记簿的行为。

0170 什么是商品房的初始登记？

一般来说，商品房要经过两次权属登记，一次初始登记，一次转移登记。初始登记不需要购房者的参与，是指开发商在商品房竣工后，向登记机关申请房屋所有权的登记，是商品房所有权和其他物权首次取得的登记。

0171 什么是商品房的转移登记？

转移登记也即我们经常说的"过户登记"，对购房者来说是非常重要的，它是指在开发商办妥初始登记以后，将自己的所有权转移给购房者的一种登记；也就是说，开发商将自己的"大产权"过户到各个购房者的"小产权"，购房者由此取得房屋的产权证。根据《城市房地产开发经营管理条例》第32条的规定，预售商品房的购买人应当自商品房交付使用之日起90日内，办理土地使用权变更和房屋所有权登记手续；现售商品房的购买人应当自销售合同签订之日起90日内，办理土地使用权变更和房屋所有权登记手续。房地产开发企业应当协助商品房购买人办理土地使用权变更和房屋所有权登记手续，并提供必要的证明文件。

0172 办理不动产登记，只需购房者到场就可以办理吗？

不一定。根据《不动产登记暂行条例》第14条的规定，因买卖、设定抵押权等申请不动产登记的，应当由当事人双方共同申请。属于下列情形之一的，可以由当事人单方申请：(1)尚未登记的不动产首次申请登记的；(2)继承、接受遗赠取得不动产权利的；(3)人民法院、仲裁委员会生效的法律文书或者人民政府生效的决定等设立、变更、转让、消灭不动产权利的；(4)权利人姓名、名称或者自然状况发生变化，申请变更登记的；(5)不动产灭失或者权利人放弃不动产权利，申请注销登记的；(6)申请更正登记或者异议登记的；(7)法律、行政法规规定可以由当事人单方申请的其他情形。

0173 若房屋为共有房屋，不动产登记机构只能核发1本不动产权证书吗？

根据《不动产登记暂行条例实施细则》第21条的规定，申请共有不动产登记的，不动产登记机构向全体共有人合并发放1本不动产权属证书；共有人申请分别持证的，可以为共有人分别发放不动产权属证书。共有不动产权属证书应当注明共有情况，并列明全体共有人。因此，一般情况下，不动产登记机构合并发放1本不动产权属证书，但若共有人申请分别持证的，可以为共有人分别发放。

0174 房屋权属证书有哪些种类？

我国对房屋的所有权实行的是登记制度。房屋权属证书是由国务院建设行政主管部门统一监制，市、县级以上地方人民政府房产管理部门颁发的。根据《不动产登记暂行条例》第21条第2款的规定，不动产登记机构完成登记，应当依法向申请人核发不动产权属证书或者登记证明即不动产权证书和不动产登记证明。不动产权证书用于证明不动产所有权、使用权等事项；不动产登记证明用于证明不动产抵押权、地役权或者预告登记、异议登记等事项。查封登记不颁发证书或证明。

0175 拿到房产证就意味着房子是我的了吗？

是的，购房者通过交易，取得房屋的合法

所有权，可依法对所购房屋行使占有、使用、收益和处分的权利。房产证通常指不动产权证书，是国家依法保护房屋所有权的合法凭证。国家实行房屋所有权登记发证制度，各地必须使用建设部统一制作的房屋权属证书，其他部门和单位制作的类似证书均无效，不受国家法律保护。房屋所有者凭证管理和使用自己的房屋。

0176 所谓的红色与绿色房产证有何不同？

红证是商品房房产证，即现在的不动产权证书，代表完整的房屋所有权，房产所有权人可以对房产行使占有、使用、收益、处分等权利，当然也享有依法转让的权利，可进行抵押贷款。绿证是全成本商品房和准成本商品房的房屋权属证书，该类房产的地价是经政府批准，予以减免优惠的，其买售系特定的对象。该类房产所有权是受到一定限制的，不得转让和抵押。目前根据有关政策，此类房产经住宅局批准并补交差价，办理手续后准予上市，可转为红色不动产权证书。

各地区的各个阶段对于不动产权证的颜色设置不一，不能完全地按照颜色来判断上述内容，请前往房屋所在地的不动产登记中心了解情况。

0177 “大产权”和“小产权”分别指什么？

开发商开发的房地产项目竣工且经相关部门全部审核无误后，才能确认产权，颁发房屋所有权证即俗称的开发商的“大产权证”。开发商在取得了“大产权证”后，才能办理购房者的房屋产权证即“小产权证”。

0178 购房后如何办理产权证？

房屋买卖当事人签订的商品房预、出售合同或房屋买卖合同依法生效后，在满足办理产权转移登记的条件后，双方应到不动产产权登记部门办理不动产产权证。

第一，购房者要审查开发商的资格手续是否健全，也就是我们常说的“五证”是否完备。

第二，买卖双方在房屋买卖合同约定的条件满足后，持房屋买卖合同和其他证件到不动产登记中心办理买卖过户登记手续。去办理登记需要携带身份证、户口簿、婚姻证明、房屋买卖合同等证件和资料。

第三，买卖双方在交纳了税费后就可以办理过户登记手续，不动产登记中心在材料齐全的情况下，应当受理买卖双方的转移登记，出具受理单。原则上办理房屋产权证需买卖双方共同办理。买卖双方或一方因故不能办理买卖过户手续和产权登记的，可出具公证委托书委托代理人代为办理。

第四，购买方可以在规定的时间内，前往不动产登记中心领取不动产权证。

0179 房屋交付以后，购房者多久能取得不动产权证书？

根据《商品房销售管理办法》第 34 条第 2 款的规定，房地产开发企业应当在商品房交付使用之日起 60 日内，将需要由其提供的办理房屋权属登记的资料报送房屋所在地房地产行政主管部门。这是对于开发商初始登记的时限规定即开发商应在商品房交付后的 60 日内办理好初始登记。根据《城市房地产开发经营管理条例》第 32 条的规定，预售商品房的购买人应当自商品房交付使用之日起 90 日内，办理土地使用权变更和房屋所有权登记手续；现售商品房的购买人应当自销售合同签订之日起 90 日内，办理土地使用权变更和房屋所有权登记手续。房地产开发企业应当协助商品房购买人办理土地使用权变更和房屋所有权登记手续，并提供必要的证明文件。这是对于购房者办理转移登记的时限规定即购房者应在商品房交付后的90日内，把开发商的“大产权”变成自己的“小产权”。这90日的前60日是开发商办理初始登记的最长时限，后30日是留给购房者办理转移登记的。根据《不动产登记暂行条例》第20条的规定，不动产登记机构应当自受理登记申请之日起30个工作日内办结不动产登记手续，法律另有规定的除外。也就是说，按照法律的规定，购房者在商品房交付后最长有90日的转移登记时限，以及30个工作日的核准期限，来取得不动产权证。

0180 在办理房地产权属证书时，开发商有哪些义务？

办理房地产权属证书是购房者成为房屋所有权人的最后一个环节。购房者办理转移登记以开发商办妥初始登记为前提。如果开发商在办理权属证书时没有履行应尽的义务，购房者的合法权益极有可能受到损害。因此，购房者对于开发商在办理产权证时的义务应了然于心，监督并督促开发商履行自己的义务。

根据《商品房销售管理办法》第34条的规定，开发商的主要义务有以下几点：房地产开发企业应当在商品房交付使用前按项目委托具有房产测绘资格的单位实施测绘，测绘成果报房地产行政主管部门审核后用于房屋权属登记。房地产开发企业应当在商品房交付使用之日起60日内，将需要由其提供的办理房屋权属登记的资料报送房屋所在地房地产行政主管部门。房地产开发企业应当协助商品房买受人办理土地使用权变更和房屋所有权登记手续。此外，《城市房地产开发经营管理条例》对此也作了明确的规定。

0181 开发商拒不办理产权证怎么办？

根据《最高人民法院关于审理商品房买卖合同纠纷案件适用法律若干问题的解释》（2020修正）第14条的规定，由于出卖人的原因，买受人在下列期限届满未能取得房屋权属证书的，除当事人有特殊约定外，出卖人应当承担违约责任：（1）商品房买卖合同约定的办理房屋所有权登记的期限；（2）商品房买卖合同的标的物为尚未建成房屋的，自房屋交付使用之日起90日；（3）商品房买卖合同的标的物为已竣工房屋的，自合同订立之日起90日。合同没有约定违约金或者损失数额难以确定的，可以按照已付购房款总额，参照中国人民银行规定的金融机构计收逾期贷款利息的标准计算。根据第19条的规定，商品房买卖合同约定或者《城市房地产开发经营管理条例》第33条规定的办理房屋所有权登记的期限届满后超过1年，由于出卖人的原因，导致买受人无法办理房屋所有权登记，买受人请求解除合同和赔偿损失的，应予支持。

0182 由于开发商的原因导致购房者无法取得不动产权证，购房者应如何维权？

根据《最高人民法院关于审理商品房买卖合同纠纷案件适用法律若干问题的解释》（2020修正）第15条的规定，商品房买卖合同约定或者《城市房地产开发经营管理条例》第32条规定的办理不动产登记的期限届满后超过1年，由于出卖人的原因，导致买受人无法办理不动产登记，买受人请求解除合同和赔偿损失的，应予支持。

0183 对于开发商迟延办证的行为，购房者在哪些情况下不能向其主张违约责任？

如果是“非因出卖人的原因”而造成了延期办证的结果，开发商无须承担违约责任。这里所谓的“非因出卖人的原因”主要是指法定或合同约定的免责事由，主要有如下几种情况：

（1）不可抗力。根据《民法典》第180条的规定，因不可抗力不能履行民事义务的，不承担民事责任。法律另有规定的，依照其规定。不可抗力是不能预见、不能避免且不能克服的客观情况。不可抗力是法定的免责事由，如果发生不可抗力，开发商可以延迟办理房屋权属证书。

（2）购房者违约在先。根据《民法典》第526条的规定，当事人互负债务，有先后履行顺序，应当先履行债务一方未履行的，后履行一方有权拒绝其履行请求。先履行一方履行债务不符合约定的，后履行一方有权拒绝其相应的履行请求。也就是说，如果是由于购房者违约在先导致开发商拒绝办理不动产权证，开发商不承担违约责任。当然，如果是由于购房者的其他原因导致其无法按期取得不动产权证，开发商也可以免责。

（3）情势变更。情势变更是指商品房买卖合同签订后，履行完毕前，由于不可归责于双方当事人的原因发生了不可预见的情势变更，继续履行合同将显失公平的情形。此时，开发商可依据我国《民法典》确立的公平原则主张免责。

0184 商品房不能办理房地产权属证书的情形有哪些？

不是所有的商品房都能顺利地办理不动产权证。根据《不动产登记暂行条例》第22条的规定，登记申请有下列情形之一的，不动产登记机构应当不予登记，并书面告知申请人：（1）违反法律、行政法规规定的；（2）存在尚未解决的权属争议的；（3）申请登记的不动产权利超过规定期限的；（4）法律、行政法规规定不予登记的其他情形。

除此之外，以下几种常见情形，也可能导致不能或者暂缓办理不动产权证：（1）开发商没有《销售许可证》又无大产权证的房屋；（2）商品房未经验收或验收不合格的；（3）商品房设定了抵押，且未经过抵押权人同意的；（4）商品房或其附着的土地被有关部门查封或者限制交易的；（5）开发商或购房者未交纳相关税费的。

0185 没有就商品房预售合同进行登记备案，会不会影响商品房预售合同的效力？

不会。根据《最高人民法院关于审理商品房买卖合同纠纷案件适用法律若干问题的解释》第6条的规定，当事人以商品房预售合同未按照法律、行政法规规定办理登记备案手续为由，请求确认合同无效的，不予支持。当事人约定以办理登记备案手续为商品房预售合同生效条件的，从其约定，但当事人一方已经履行主要义务，对方接受的除外。

0186 没有办理产权过户登记，会不会影响商品房买卖合同的效力？

不会。根据《民法典》第502条的规定，依法成立的合同，自成立时生效。法律、行政法规规定应当办理批准、登记等手续生效的，依照其规定。目前，我国法律、行政法规没有规定商品房买卖合同必须办理过户登记才生效，因此，只要买卖合同是出于双方当事人真实意愿签订的，而且没有违反法律、行政法规的强制性规定，就是有效的。办理过户是购房者取得房屋所有权的前提，并不是买卖合同生效的前提。

0187 办理住宅类房屋权属登记涉及哪些费用？

根据《国家发展改革委、财政部关于不动产登记收费标准等有关问题的通知》第1条第1项的规定，住宅类不动产登记收费标准。落实不动产统一登记制度，实行房屋所有权及其建设用地使用权一体登记。原有住房及其建设用地分别办理各类登记时收取的登记费,统一整合调整为不动产登记收费,即住宅所有权及其建设用地使用权一并登记,收取一次登记费。规划用途为住宅的房屋(以下简称住宅)及其建设用地使用权申请办理下列不动产登记事项,提供具体服务内容,据实收取不动产登记费,收费标准为每件80元:(1)房地产开发企业等法人、其他组织、自然人合法建设的住宅,申请办理房屋所有权及其建设用地使用权首次登记;(2)居民等自然人、法人、其他组织购买住宅,以及互换、赠与、继承、受遗赠等情形,住宅所有权及其建设用地使用权发生转移,申请办理不动产转移登记;(3)住宅及其建设用地用途、面积、权利期限、来源等状况发生变化,以及共有性质发生变更等,申请办理不动产变更登记;(4)当事人以住宅及其建设用地设定抵押,办理抵押权登记(包括抵押权首次登记、变更登记、转移登记);(5)当事人按照约定在住宅及其建设用地上设定地役权,申请办理地役权登记(包括地役权首次登记、变更登记、转移登记)。为推进保障性安居工程建设,减轻登记申请人负担,廉租住房、公共租赁住房、经济适用住房和棚户区改造安置住房所有权及其建设用地使用权办理不动产登记,登记收费标准为零。

0188 办理不动产权证书是否需要收取证书工本费?

根据《国家发展改革委、财政部关于不动产登记收费标准等有关问题的通知》的有关规定,不动产登记机构按本通知第1条规定收取不动产登记费,核发1本不动产权属证书的不收取证书工本费。向1个以上不动产权利人核发权属证书的,每增加1本证书加收证书工本费10元。不动产登记机构依法核发不动产登记证明,不得收取登记证明工本费。

0189 什么是不动产登记?

根据《不动产登记暂行条例》第2条第1款的规定,本条例所称不动产登记,是指不动产登记机构依法将不动产权利归属和其他法定事项记载于不动产登记簿的行为。

0190 《不动产登记暂行条例》规定的不动产包括哪些?

土地、海域以及房屋、林木。根据《不动产登记暂行条例》第2条第2款的规定,本条例所称不动产,是指土地、海域以及房屋、林木等定着物。

0191 不动产登记包含哪些登记种类?

不动产登记包括不动产首次登记、变更登记、转移登记、注销登记、更正登记、异议登记、预告登记、查封登记等。根据《不动产登记暂行条例》第3条的规定,不动产首次登记、变更登记、转移登记、注销登记、更正登记、异议登记、预告登记、查封登记等,适用本条例。

0192 哪些不动产权利需要登记?

共有10项权利需要登记。根据《不动产登记暂行条例》第5条的规定,下列不动产权利,依照本条例的规定办理登记:(1)集体土地所有权;(2)房屋等建筑物、构筑物所有权;(3)森林、林木所有权;(4)耕地、林地、草地等土地承包经营权;(5)建设用地使用权;(6)宅基地使用权;(7)海域使用权;(8)地役权;(9)抵押权;(10)法律规定需要登记的其他不动产权利。

0193 不动产登记的全国主管部门是哪个?

根据《不动产登记暂行条例》第6条第1款的规定,国务院国土资源主管部门负责指导、监督全国不动产登记工作。

0194 不动产登记的具体登记部门是哪个？

根据《不动产登记暂行条例》第7条第1款的规定，不动产登记由不动产所在地的县级人民政府不动产登记机构办理；直辖市、设区的市人民政府可以确定本级不动产登记机构统一办理所属各区的不动产登记。

0195 跨区域的不动产由哪个部门登记？

根据《不动产登记暂行条例》第7条第2款的规定，跨县级行政区域的不动产登记，由所跨县级行政区域的不动产登记机构分别办理。不能分别办理的，由所跨县级行政区域的不动产登记机构协商办理；协商不成的，由共同的上一级人民政府不动产登记主管部门指定办理。根据《不动产登记暂行条例实施细则》第3条的规定，不动产登记机构依照《不动产登记暂行条例》第7条第2款的规定，协商办理或者接受指定办理跨县级行政区域不动产登记的，应当在登记完毕后将不动产登记簿记载的不动产权利人以及不动产坐落、界址、面积、用途、权利类型等登记结果告知不动产所跨区域的其他不动产登记机构。

0196 不动产登记的基本登记单位是什么？

单元。根据《不动产登记暂行条例》第8条第1款的规定，不动产以不动产单元为基本单位进行登记。不动产单元具有唯一编码。根据《不动产登记暂行条例实施细则》第5条的规定，《不动产登记暂行条例》第8条规定的不动产单元，是指权属界线封闭且具有独立使用价值的空间。没有房屋等建筑物、构筑物以及森林、林木定着物的，以土地、海域权属界线封闭的空间为不动产单元。有房屋等建筑物、构筑物以及森林、林木定着物的，以该房屋等建筑物、构筑物以及森林、林木定着物与土地、海域权属界线封闭的空间为不动产单元。前款所称房屋，包括独立成幢、权属界线封闭的空间，以及区分套、层、间等可以独立使用、权属界线封闭的空间。

0197 不动产登记簿应当记载哪些事项？

根据《不动产登记暂行条例》第8条第3款的规定，不动产登记簿应当记载以下事项：(1)不动产的坐落、界址、空间界限、面积、用途等自然状况；(2)不动产权利的主体、类型、内容、来源、期限、权利变化等权属状况；(3)涉及不动产权利限制、提示的事项；(4)其他相关事项。

0198 哪些情况，不动产登记机构应当在登记事项记载于登记簿前进行公告？

根据《不动产登记暂行条例实施细则》第17条第1款的规定，有下列情形之一的，不动产登记机构应当在登记事项记载于登记簿前进行公告，但涉及国家秘密的除外：(1)政府组织的集体土地所有权登记；(2)宅基地使用权及房屋所有权，集体建设用地使用权及建筑物、构筑物所有权，土地承包经营权等不动产权利的首次登记；(3)依职权更正登记；(4)依职权注销登记；(5)法律、行政法规规定的其他情形。

0199 不动产登记机构应当如何进行公告？

根据《不动产登记暂行条例实施细则》第17条第2款的规定，公告应当在不动产登记机构门户网站以及不动产所在地等指定场所进行，公告期不少于15个工作日。公告所需时间不计算在登记办理期限内。公告期满无异议或者异议不成立的，应当及时记载于不动产登记簿。

0200 不动产登记机构进行公告的主要内容包括哪些？

根据《不动产登记暂行条例实施细则》第18条的规定，不动产登记公告的主要内容包括：（1）拟予登记的不动产权利人的姓名或者名称；（2）拟予登记的不动产坐落、面积、用途、权利类型等；（3）提出异议的期限、方式和受理机构；（4）需要公告的其他事项。

0201 不动产登记，权利人可以本人不去登记机构现场办理吗？

在满足一定条件的情况下，权利人本人可以不去。根据《不动产登记暂行条例》第15条第1款的规定，当事人或者其代理人应当向不动产登记机构申请不动产登记。根据《不动产登记暂行条例实施细则》第11条的规定，无民事行为能力人、限制民事行为能力人申请不动产登记的，应当由其监护人代为申请。监护人代为申请登记的，应当提供监护人与被监护人的身份证或者户口簿、有关监护关系等材料；因处分不动产而申请登记的，还应当提供为被监护人利益的书面保证。父母之外的监护人处分未成年人不动产的，有关监护关系材料可以是人民法院指定监护的法律文书、经过公证的对被监护人享有监护权的材料或者其他材料。第12条的规定，当事人可以委托他人代为申请不动产登记。代理申请不动产登记的，代理人应当向不动产登记机构提供被代理人签字或者盖章的授权委托书。自然人处分不动产，委托代理人申请登记的，应当与代理人共同到不动产登记机构现场签订授权委托书，但授权委托书经公证的除外。境外申请人委托他人办理处分不动产登记的，其授权委托书应当按照国家有关规定办理认证或者公证。

0202 双方申请的登记，单方可以申请撤销或者撤回吗？

双方申请的登记，例如买卖过户登记，不动产登记部门出具受理书后，不能依照一方的申请，单方面撤回。根据《不动产登记暂行条例》第15条第2款的规定，不动产登记机构将申请登记事项记载于不动产登记簿前，申请人可以撤回登记申请。此处的申请人，应当理解为双方申请的双方，而不是一方。这样规定是为了保障交易的安全性，防止单方面毁约或者诈骗的发生。根据《不动产登记暂行条例实施细则》第13条的规定，申请登记的事项记载于不动产登记簿前，全体申请人提出撤回登记申请的，登记机构应当将登记申请书以及相关材料退还申请人。

0203 什么样的情况下，不动产登记机构可以实地查看不动产？主要查看什么情况？

根据《不动产登记暂行条例》第19条的规定，属于下列情形之一的，不动产登记机构可以对申请登记的不动产进行实地查看：（1）房屋等建筑物、构筑物所有权首次登记；（2）在建建筑物抵押权登记；（3）因不动产灭失导致的注销登记；（4）不动产登记机构认为需要实地查看的其他情形。对可能存在权属争议，或者可能涉及他人利害关系的登记申请，不动产登记机构可以向申请人、利害关系人或者有关单位进行调查。不动产登记机构进行实地查看或者调查时，申请人、被调查人应当予以配合。

根据《不动产登记暂行条例实施细则》第16条的规定，不动产登记机构进行实地查看，重点查看下列情况：（1）房屋等建筑物、构筑物所有权首次登记，查看房屋坐落及其建造完成等情况;(2)在建建筑物抵押权登记,查看抵押的在建建筑物坐落及其建造等情况;(3)因不动产灭失导致的注销登记,查看不动产灭失等情况。

0204 什么样的情况下,不动产登记机构核发不动产权属证书?什么样的情况下,又核发不动产登记证明?

抵押权登记、地役权登记、预告登记以及异议登记是核发不动产登记证明,其他的核发不动产权属证书。根据《不动产登记暂行条例实施细则》第20条第2款的规定,除办理抵押权登记、地役权登记和预告登记、异议登记,向申请人核发不动产登记证明外,不动产登记机构应当依法向权利人核发不动产权属证书。

0205 补发的不动产权属证书或者不动产登记证明,与原先的不动产权属证书或者不动产登记证明有什么区别?

有"补发"字样。根据《不动产登记暂行条例实施细则》第22条第3款的规定,不动产登记机构补发不动产权属证书或者不动产登记证明的,应当将补发不动产权属证书或者不动产登记证明的事项记载于不动产登记簿,并在不动产权属证书或者不动产登记证明上注明"补发"字样。

0206 什么是不动产首次登记?

根据《不动产登记暂行条例实施细则》第24条的规定,不动产首次登记,是指不动产权利第一次登记。

0207 不动产转移登记包含哪些?

根据《不动产登记暂行条例实施细则》第27条的规定,因下列情形导致不动产权利转移的,当事人可以向不动产登记机构申请转移登记:(1)买卖、互换、赠与不动产的;(2)以不动产作价出资(入股)的;(3)法人或者其他组织因合并、分立等原因致使不动产权利发生转移的;(4)不动产分割、合并导致权利发生转移的;(5)继承、受遗赠导致权利发生转移的;(6)共有人增加或者减少以及共有不动产份额变化的;(7)因人民法院、仲裁委员会的生效法律文书导致不动产权利发生转移的;(8)因主债权转移引起不动产抵押权转移的;(9)因需役地不动产权利转移引起地役权转移的;(10)法律、行政法规规定的其他不动产权利转移情形。

0208 如何办理抵押登记?

根据《不动产登记暂行条例实施细则》第66条的规定,自然人、法人或者其他组织为保障其债权的实现,依法以不动产设定抵押的,可以由当事人持不动产权属证书、抵押合同与主债权合同等必要材料,共同申请办理抵押登记。抵押合同可以是单独订立的书面合同,也可以是主债权合同中的抵押条款。

0209 主债权转让,抵押权如何变更?

根据《不动产登记暂行条例实施细则》第69条的规定,因主债权转让导致抵押权转让的,当事人可以持不动产权属证书、不动产登记证明、被担保主债权的转让协议、债权人已经通知债务人的材料等相关材料,申请抵押权的转移登记。

0210 房屋权利人、利害关系人申请查询、复制不动产登记资料,需要提供什么材料?

根据《不动产登记暂行条例实施细则》第98条第1款和第2款的规定,权利人、利害关系人申请查询、复制不动产登记资料应当提交下列材料:(1)查询申请书;(2)查询目的的说明;(3)申请人的身份材料;(4)利害关系人查询的,提交证实存在利害关系的材料。权利人、利害关系人委托他人代为查询的,还应当提交代理人的身份证明材料、授权委托书。权利人查询其不动产登记资料无须提供查询目的的说明。

0211 房屋权利人或利害关系人去不动产登记机构查询不动产信息,一定可以查询的到吗?

不一定。根据《不动产登记暂行条例实施细则》第99条的规定,有下列情形之一的,不动产登记机构不予查询,并书面告知理由:(1)申请查询的不动产不属于不动产登记机构管辖范围的;(2)查询人提交的申请材料不符合规定的;(3)申请查询的主体或者查询事项不符合规定的;(4)申请查询的目的不合法的;(5)法律、行政法规规定的其他情形。

购房贷款咨询

0212 购买商品房有哪些付款方式?

商品房交易必然会涉及付款问题,一般来讲,购房的付款方式主要有三种,即一次性付款、分期付款和按揭贷款。

一次性付款是指购房者与开发商约定,在签订合同的一定期限内(一般为1个月左右),付清房款的95%,剩余的5%在交付房屋时一次付清。一次性付款不仅手续简便,还可以和开发商讨价还价,将来房屋转手也容易。但是,一次性付款会给购房者带来较大的资金压力,对购买预售房的购房者来说,所承担的风险更大。

分期付款是指购房者在付清首期房款以后,随工程进度分若干期付款,直到交付后全部付清。分期付款有免息付款和低息分期付款两种方式。这种方式可以在一定程度上减轻资金压力,但是一般享受不到开发商的优惠政策。

按揭贷款就是我们经常说的房地产抵押贷款,这种贷款方式是由银行先支付房款给开发商,之后购房者再依据合同按月向银行支付贷款的本息。按揭贷款让购房者花明天的钱圆了今天的梦,真正享受到了银行融资的优势,但办理按揭贷款的手续较为严格。目前,按揭贷款是商品房买卖中最常见的付款方式。

0213 按揭贷款会涉及哪些主体以及相互之间的法律关系?

按揭贷款的主体一般有三方即购房者、开发商和金融银行。当然,有时候按揭银行为了增强金融风险的防范力度,也会要求保险公司的介入。这样一来,按揭贷款就涉及四方主体,这四方主体又形成了如下的法律关系:

(1)购房者与开发商之间的商品房买卖合同关系。这是按揭贷款法律关系的基础和目的。

(2)购房者与金融银行之间的借贷法律关系。购房者需要与按揭银行签订《个人住房/商业用房贷款借款合同》,以约定借款金额、还款期限、利率利息等事项。《个人住房/商业用房贷款借款合同》与《商品房买卖合同》是两个独立的合同,前者不因后者的解除、无效、撤销而当然无效。

(3)购房者与金融银行之间的房屋抵押关系。购房者需要与按揭银行另行签订《个人住房/商业用房贷款抵押合同》,用《商品房买卖合同》中特定的房产作抵押,为借款合同提供担保。抵押房产为预售房的,应办理抵押登记备案,为现房的,应办理抵押权登记。

(4)开发商与金融银行之间的保证法律关系。也即开发商同意在购房者取得不动产权证并办妥抵押权登记前,对买方的还款责任向银行提供阶段性的担保。

(5)购房者与保险公司之间的保险合同关系。这种保险合同是购房者与保险公司签订的以按揭银行为受益人的综合保险合同。

0214 购房者需要交纳多少比例的首付款才可以申请按揭贷款?

目前各地执行政策不同,建议咨询当地银行。

以上海为例,上海市住建委规定,自2016年11月29日起,(1)居民家庭购买首套住房申请商业贷款的,首付款比例不低于35%;(2)在本市已拥有1套住房的、或在本市无住房但有住房贷款记录的居民家庭申请商业贷款,购买普通自住房的,首付款比例不低于50%;购买非普通自住房的,首付款比例不低于70%。同日,上海市住房公积金管理委员会下发规定,在区分首套和二套购房的前提下,调高对第二套改善型购房的首付比例至普通商品房50%和非普通商品房70%、二套普通商品房贷款利率上浮10%、二套普通商品房个人贷款最高限额下调10万元,并停止向已有两次公积金贷款记录的职工家庭再行发放贷款。

0215 购买商品房如何申请按揭贷款?

借款人在办理贷款前,应先查看所购楼盘是否有银行提供的个人住房按揭贷款承诺书;然后,借款人申请个人住房按揭贷款,填写《贷款申请审批表》,并将相关证明材料提交给贷款银行,并附上贷款银行要求的各种材料。

开发商作为借款保证人在贷款申请审批表"保证人意见"栏签字、盖章。

贷款银行的信贷员对借款申请人提交的全部资料、文件进行调查、核验,逐级审批,在1~3周内给予回复意见。

贷款银行如果同意借款申请,则会通知借款人在规定的时间、地点办理或由银行代为办理保险、公证、抵押登记手续。

双方签订借款合同、担保合同等法律文件。

0216 购房者如何防范按揭贷款申请不下来的风险?

在按揭购房过程中,购房者面临的最主要的风险就是由于申请按揭失败而导致的商品房买卖合同不能履行,从而承担违约责任。这是因为按揭贷款需要经过严格的审查程序,并不是所有申请者都能够取得按揭贷款的资格。但这一点往往被购房者忽视,因为在签订商品房买卖合同时,开发商总是承诺按揭贷款没有问题,所以购房者也就没有与开发商约定如果按揭贷款申请失败的处理方式。而事实上,这种风险是实实在在存在的。商品房买卖合同与按揭贷款合同是两个独立的合同,购房者能否获得贷款,权利在按揭银行,而不在开发商。

根据《最高人民法院关于审理商品房买卖合同纠纷案件适用法律若干问题的解释》(2020修正)第19条的规定,商品房买卖合同约定,买受人以担保贷款方式付款,因当事人一方原因未能订立商品房担保贷款合同并导致商品房买卖合同不能继续履行的,对方当事人可以请求解除合同和赔偿损失。因不可归责于当事人双方的事由未能订立商品房担保贷款合同并导致商品房买卖合同不能继续履行的,当事人可以请求解除合同,出卖人应当将收受的购房款本金及其利息或者定金返还买受人。也就是说,如果只是由于购房者单方面的原因,如购房者资信不足等,而导致按揭贷款不能,开发商可以主张解除合同并要求购房者赔偿损失。

现实中,按揭银行的贷款政策与放贷标准是开发商和购房者都无法控制的。为了避免由于按揭贷款不能而导致的合同违约,建议购房者在商品房买卖合同或者补充协议中与开发商明确写明申请不到银行按揭贷款时的处理方法,诸如,"如果按揭贷款未获批准或者银行批准的贷款不足申请额度的80%,购房者有权解除合同,开发商应退还购房者交纳的房款本息及定金"。

0217 什么是转按揭？怎么办理转按揭？

“转按揭”是指已在银行办理个人住房贷款的借款人，向原贷款银行要求延长贷款期限，或将抵押给银行的个人住房出售或转让给第三人而申请个人住房款变更期限、变更借款人或变更抵押物的贷款。变更借款人的简称为“转按”，延长原借款期限的简称为“加按”，变更抵押物的简称为“换按”。

目前转按揭很多银行不予办理，要求先清偿银行贷款以后，下一手买家才能向银行申请贷款手续。

转按揭的办理程序是：（1）借款人向银行提出转按申请，同时提交下列材料：①《房屋买卖合同》原件；②原借款人或房屋买卖中介机构出具的新借款人首付款收据，首付款金额不低于购房款30%的比例；③新购房人个人资料。（2）如银行审核同意，银行与新借款人签订新的《个人购房抵押借款合同》。（3）新借款人办理贷款保险手续。（4）办理原贷款抵押登记注销、新购房买卖合同登记和新贷款抵押登记生效等变更登记手续。（5）抵押登记手续办妥以后，银行发放转按揭贷款。（6）银行将原借款人的贷款保险单正本交原借款人，原借款人自行办理退保手续。

0218 借款人无法按期支付按揭贷款会有什么后果？

购房者向银行申请贷款，需要与银行签订《个人住房/商业用房贷款借款合同》。如果购房者不能按约还款，银行可以依据借款合同追究购房者的违约责任。通常情况下，购房者如果在一段时间内，比如有些银行规定的连续3个月无法按期还款或累计6个月无法按期还款，银行会发催款通知书，如果还不还款，银行有权通过诉讼程序，对抵押的房产进行处置，可以将房产拍卖用以偿还贷款。但实践中，如果买房人因特殊原因，暂时无法按时还贷，可以通过协商与银行签订补充协议，调整每月还款额或者延长还贷期限。此外，按揭银行也有权要求保证人承担连带保证责任，或者依法处分抵押房产。

一般来讲，在购房者取得不动产权证，办理好抵押权登记，并将不动产他项权利证明及其他材料等交予银行保管之前，按揭银行事实上并不能实现抵押权。因此，按揭银行会要求开发商为购房者承担连带保证责任，一旦发生购房者不能按期还款或者拒绝还款的情况，银行有权要求开发商承担保证责任，向银行还清贷款。之后，开发商可以依据《民法典》的有关规定，向购房者追偿，也就是说，银行债务的最终承担者依然是购房者。如果购房者不能如期还贷的情况发生在其取得不动产权证，办理好抵押权登记，并将《不动产他项权利证明》及其他材料等交予银行保管之后，按揭银行便可以行使抵押权，即折价、拍卖、变卖抵押房产，以清偿购房者的债务。如果处分抵押房产的价格偏低，购房者还要弥补差价。所以，购房者在购房及申请按揭贷款前，一定要对自己的资信状况进行合理评估，量力而行。

0219 购房者申请按揭贷款一定要购买保险吗？

我国并没有强制要求按揭贷款购房一定要购买保险。但事实上，贷款银行为了防范抵押房产意外灭失或损害等带来的风险，往往会要求购房者按照其要求购买相应的保险，否则不予放贷。因此，这种保险在实践中已经成了一种“强制保险”。根据《城市房地产抵押管理办法》第23条的规定，抵押当事人约定对抵押房地产保险的，由抵押人为抵押的房地产投保，保险费由抵押人负担。抵押房地产投保的，抵押人应当将保险单移送抵押权人保管。在抵押期间，抵押权人为保险赔偿的第一受益人。也就是说，房地产保险的投保人为购房者，第一受益人为按揭银行，保险费用由购房者负担，按揭银行对保险赔偿金享有优先受偿的权利。

0220 购房者申请按揭贷款应注意哪些问题？

按揭贷款虽然是时下最主要的商品房交易付款方式，但其也存在很多风险和不确定因素。购房者稍不留神就有可能损失惨重。在此提醒购房者在申请按揭贷款时，需要仔细考虑以下几方面：

（1）贷款额度要适中。购房者在申请按揭贷款前，要充分考虑自己目前的经济实力以及未来的收支状况，对自己的还款能力作一个准确的评估，量力而行。

（2）选择好按揭银行及贷款利率。如果购房者购买的是现房或者二手房，那么购房者就可以自行选择按揭银行。建议购房者多咨询、多了解，选择服务品种较多的银行办理按揭贷款，使自己拥有更多的选择权，特别是首套贷款的利率，各银行略有不同。

（3）选择适合自己的还款方式。目前，基本上有两种还款方式可供购房者选择，分别是等额本金还款方式和等额本息还款方式。等额本金还款方式比较适合那些还款能力较强，有能力在还款初期归还较大的款项，从而减少利息支出的个人。而等额本息还款方式则适合那些收入一般，需要准确掌握每月还款金额，以便有计划地安排家庭收支的购房者。

（4）要向银行提供真实的资料。购房者不要夸大自己的还款能力，一定要向银行提供真实的经济收入证明。因为如果购房者没有达到一定的还款水平，即使申请按揭贷款成功，日后也会面临还不上贷的问题，不仅要承担违约责任，还会降低银行对自身的信任度。

（5）要向银行提供准确的住址。因为银行会按贷款人提供的住址寄送每月的还款通知单，所以，如果购房者更换了地址，一定要将新的联系地址和方式及时告知银行。

（6）保证还款账户资金充足。购房者在每月约定的还款日前一定要注意自己的还款账户上是否有足够的资金，以免由于资金不足造成违约，不仅要交罚息，还会在银行留下不良信用记录。

（7）还贷困难时可以请求延长还款期。如果购房者在还贷期限内出现偿债不能的情况，是可以向银行提出延长借款期限申请的。银行会调查购房者的情况是否属实，是否有拖欠应还贷款本金、利息的问题，并决定是否接受购房者延长借款期限的申请。

（8）不要遗失借款合同和借据。贷款期限最长可达30年，在此期间，借款合同和借据都是很重要的法律文件。购房者一定要妥善保管，并仔细阅读上面的相关条款，以明晰自己的权利和义务。

0221 申请个人商业房贷需要满足哪些条件？

一般需要满足以下几个条件：（1）贷款人有合法的身份，是具有完全民事行为能力的中国公民，在中国内地（大陆）有居留权的具有完全民事行为能力的港、澳、台自然人，在中国境内有居留权的具有完全民事行为能力的外国人；（2）有稳定的经济收入，信用良好，有偿还贷款本息的能力；（3）有合法有效的购买、建造、大修住房的合同、协议以及贷款行要求提供的其他证明文件；（4）有所购住房全部价款一定比例的自筹资金，并保证用于支付所购住房的首付款；（5）有贷款行认可的资产进行抵押或质押，或（和）有足够代偿能力的法人、其他经济组织或自然人作为保证人；（6）贷款行规定的其他条件。

0222 申请个人商业房贷如何提供担保？

个人住房商业贷款有三种担保形式：抵

押、质押和保证。在实际的贷款过程中，贷款人可以将上述几种担保形式结合起来申请贷款。《民法典》第394条规定，为担保债务的履行，债务人或者第三人不转移财产的占有，将该财产抵押给债权人的，债务人不履行到期债务或者发生当事人约定的实现抵押权的情形，债权人有权就该财产优先受偿。前款规定的债务人或者第三人为抵押人，债权人为抵押权人，提供担保的财产为抵押财产。第425条规定，为担保债务的履行，债务人或者第三人将其动产出质给债权人占有的，债务人不履行到期债务或者发生当事人约定的实现质权的情形，债权人有权就该动产优先受偿。前款规定的债务人或者第三人为出质人，债权人为质权人，交付的动产为质押财产。第681条规定，保证合同是为保障债权的实现，保证人和债权人约定，当债务人不履行到期债务或者发生当事人约定的情形时，保证人履行债务或者承担责任的合同。

0223 个人商业房贷应该怎样计息和偿还？

依法计算和返还。一般而言，贷款人可以根据实际情况，合理确定贷款期限，但最长不得超过30年。同时，借款人应与贷款银行制订还本付息计划，现在银行一般提供多种还款方式及特色还款服务，借款人可根据需求自由选择。目前最主要有两种，一是等额本息还款法，贷款期每月以相等的额度平均偿还贷款本息；二是等额本金还款法，每月等额偿还贷款本金，贷款利息随本金逐月递减。而在利率的确定方面，区分用信贷资金发放的个人住房贷款利率和用住房公积金发放的个人住房贷款利率，而个人住房贷款期限在1年之内（含1年）的，实行合同利率，遇法定利率调整，不分段计息；贷款期限在1年以上的，遇法定利率调整，于下年年初开始，按相应利率档次执行新的利率规定。

0224 还贷有困难，借款期限能否变更？

视情况而定。根据《民法典》第543条的规定，当事人协商一致，可以变更合同。目前，各银行均会为办理个人住房贷款的客户提供全面服务，满足客户个人财务状况发生变化后的贷款需求，允许在符合一定条件下，客户提出的个人购房借款合同变更和调整的申请，其中就包括在贷款期内对原合同约定的贷款期限进行变更。因此，只要和银行协商一致，就可以变更借款期限，但由于各个银行对此规定不一，应当对照相应条件，如果条件不符合，银行也可能会拒绝申请，此时必须按照合同约定履行，否则要承担相应的违约责任。

0225 提前还贷要交违约金吗？

目前商业银行一般都允许提前还贷。在贷款合同有明确约定的情况下，提前还贷是一种违约行为。如果合同约定提前还贷需要支付违约金，那么需要按照合同约定履行。目前部分银行对此约定的都是在一定期限内，比如放款后1年内提前还款的收取违约金，超过1年以上的，提前还款不收取违约金。具体依照各银行的贷款合同约定。

0226 个人购买商业用房可申请住房公积金贷款吗？

商业用房是指自营商业用房或办公用房，区别于自住、自用的房屋。个人购买商业用房不可以申请住房公积金贷款。因为公积金贷款范围是有具体规定的，根据《住房公积金管理条例》第5条的规定，住房公积金应当用于职工购买、建造、翻建、大修自住住房，任何单位和个人不得挪作他用。因此，有两种房产不在贷款范围之内，一是使用权房；二是商业用房。目前，能用公积金贷款购买的个人住房有：（1）房地产企业开发的楼盘，包括经济适用房、商品房；（2）购买按规定可出售的公有住房(不可售公房不可以申请公积金贷款);(3)购买房地产交易市场具有产权的二手住房;(4)因在本市城镇建造、翻建、大修自住住房,需要建(修)房贷款的;(5)为配合深化住房制度改革,经省/市公积金管理中心认可的其他购房贷款项目。

0227 住房公积金可否用来冲抵商业性贷款?

可以。住房公积金是指国家机关、国有企业、城镇集体企业、外商投资企业、城镇私营企业及其他城镇企业、事业单位、民办非企业单位、社会团体及其在职职工缴存的长期住房储金。住房公积金可以用来冲抵商业性贷款,但是有条件限制。如果已经借过住房公积金贷款,则只有在还清公积金贷款之后,公积金账户的余额才可以用来抵冲商业性贷款的余额;如果没有借过住房公积金贷款,也可以申请办理公积金抵冲还贷手续,以部分提前还款或全部提前还款的方式,用自己的公积金账户存储额抵冲商业性贷款的余额。

0228 还完个人住房贷款之后,需要注意哪些后续事项?

贷款还清后不要忘记抵押权注销登记。目前在申请贷款时都需要办理所购房屋的抵押登记,故当全部贷款本金和利息还清后,即可持银行的贷款结清证明和抵押物的房地产权利证明去办理抵押权注销登记。

物业

物业管理

0229 开发商可以在房地产买卖合同中约定减免业主物业服务费吗?

根据《物业管理条例》(2018 修订)第 41 条第 1 款的规定,业主应当根据物业服务合同的约定交纳物业服务费用。也就是说,物业费是物业服务企业在提供物业管理服务后,根据与业主委员会签订的物业服务合同的约定,向业主收取的费用。根据合同相对性原则,物业服务企业是收取物业费的唯一合法主体,针对个别业主有关物业服务费是减是免,只能由物业管理服务企业决定。开发商作为房屋建设单位在销售房屋时,其向购房人承诺减免物业服务费,对物业服务企业没有约束力。根据《物业管理条例》(2018 修订)第 21 条的规定,在业主、业主大会选聘物业服务企业之前,建设单位选聘物业服务企业的,应当签订书面的前期物业服务合同。第 25 条的规定,建设单位与物业买受人签订的买卖合同应当包含前期物业服务合同约定的内容。这就是说,建设单位在销售房屋时,开发商和物业服务企业签订了前期物业服务合同,在开发商将房屋交付购房者之前物业服务费用是由开发商交纳,并且有时物业服务企业就是开发商控股公司或子公司,这就让人误以为开发商有权减免物业服务费。但根据合同相对性原则,开发商和业主签订房屋买卖合同时,是不可能为物业服务企业约定义务的,有关物业费减免的约定,对物业服务企业没有法律约束力。

0230 开发商是否可以制定临时管理规约?

根据《物业管理条例》(2018 修订)第 22 条的规定,建设单位应当在销售物业之前,制定临时管理规约,对有关物业的使用、维护、管理,业主的共同利益,业主应当履行的义务,违反临时管理规约应当承担的责任等事项依法作出约定。建设单位制定的临时管理规约,不得侵害物业买受人的合法权益。临时管理规约是由建设单位单方面制定的，因为在物业还没有销售，没有为购买物业的小业主办理产权证之前，开发建设单位是唯一的产权人，是大业主。因此，建设单位可以根据物业管理的需要制定临时管理规约，但建设单位制定的临时管理规约，不得侵害物业买受人的合法权益。当物业出售给业主后，小区入住率等符合法定条件，成立业主大会和业主委员会，且业主制定正式的管理规约时，该临时规约就失去效力，因此其具有临时过渡的特点。

0231 开发商制定的临时管理规约是否属于“霸王条款”？

根据《物业管理条例》（2018修订）第23条的规定，建设单位应当在物业销售前将临时管理规约向物业买受人明示，并予以说明。物业买受人在与建设单位签订物业买卖合同时，应当对遵守临时管理规约予以书面承诺。物业买受人在与售房单位签订商品房预售（买卖）合同时，合同中均对临时管理规约作了约定，是合同内容之一（有的作为合同的附件）。购房者签订商品房预售合同等同于对临时管理规约的确认，其确认行为应视为对临时管理规约的认可，因此在业主没有成立业主委员会、制定正式管理规约之前，业主对物业的使用及维护等应遵守临时管理规约的规定。业主若违反临时管理规约的规定，妨碍物业正常使用、造成物业损害或损害其他业主合法利益的，受侵害业主可以依据临时管理规约向人民法院起诉，要求其承担相应的责任。若业主认为临时管理规约的内容违反法律、法规规定，可以请求区主管部门予以撤销或通过诉讼方式予以解决。因此，开发商在签订房屋买卖合同时要求购房者签订并遵守业主临时管理规约，并非“霸王条款”。

0232 小区内的公共设施的权属究竟归属开发商还是全体业主？

目前我国法律和司法解释只对小区停车位作了明确规定，《民法典》第275条规定，建筑区划内，规划用于停放汽车的车位、车库的归属，由当事人通过出售、附赠或者出租等方式约定。占用业主共有的道路或者其他场地用于停放汽车的车位，属于业主共有。第276条规定，建筑区划内，规划用于停放汽车的车位、车库应当首先满足业主的需要。根据《最高人民法院关于审理建筑物区分所有权纠纷案件具体应用法律若干问题的解释》（2020修正）第6条的规定，建筑区划内在规划用于停放汽车的车位之外，占用业主共有道路或者其他场地增设的车位，应当认定为《民法典》第275条第2款所称的车位。但法律对共用设施和共用部位的权属等问题没有作出明确规定。此外，物业服务企业对部分共用设施、共用部位的权属问题以及维修和费用承担尚无定论，比如哪些部位、设施、设备属于全体业主共同共有；哪些属于部分业主共同共有；未分摊共用建筑面积的地下停车库权属，应属全体业主还是属于开发商；如果属于全体业主，权证应如何发放、保管、使用，收益应如何处理；维修基金如何筹集、如何分摊；对于开发商已出售的地下停车库应如何处理；对于开发商建设的地面多层钢结构移动车位的权属应如何认定；部分业主或个别业主是否能对此提起诉讼；部分业主或个别业主对共用设施、共用部位的收益如何处理能否提起诉讼等。这一系列问题目前有待相关部门制定相关法规。总的来说，业主们还需提高自身的维权意识，及时发现问题进行解决。

0233 开发商委托自己的子公司担任前期物业服务公司合法吗？

根据《物业管理条例》（2018修订）第24

条的规定，国家提倡建设单位按照房地产开发与物业管理相分离的原则，通过招投标的方式选聘物业服务企业。住宅物业的建设单位，应当通过招投标的方式选聘物业服务企业；投标人少于3个或者住宅规模较小的，经物业所在地的区、县人民政府房地产行政主管部门批准，可以采用协议方式选聘物业服务企业。第56条的规定，住宅物业的建设单位未通过招投标的方式选聘物业服务企业或者未经批准，擅自采用协议方式选聘物业服务企业的，由县级以上地方人民政府房地产行政主管部门责令限期改正，给予警告，可以并处10万元以下的罚款。因此，开发商直接委托自己的子公司担任物业服务公司是不合法的，应该经过招投标的形式选聘物业服务公司，如果开发商的子公司符合招投标条件，并且在公平竞争条件下胜出，担任物业服务管理公司也是合法的。

0234 住宅小区中，前期物业服务企业一定要公开选聘吗？

是的。根据《物业管理条例》(2018修订)第56条的规定，违反本条例的规定，住宅物业的建设单位未通过招投标的方式选聘物业服务企业或者未经批准，擅自采用协议方式选聘物业服务企业的，由县级以上地方人民政府房地产行政主管部门责令限期改正，给予警告，可以并处10万元以下的罚款。

0235 前期物业服务合同到期，小区还没有成立业主委员会怎么办？

根据《物业管理条例》(2018修订)第21条的规定，在业主、业主大会选聘物业服务企业之前，建设单位选聘物业服务企业的，应当签订书面的前期物业服务合同。

因此，前期物业服务合同是建设单位选聘物业服务企业并与之签订的合同，可以约定由该物业服务企业对小区进行统一管理，并根据物业服务企业资质等约定服务收费标准，签订书面的前期物业服务合同。前期物业服务合同到期后，业主和物业服务企业之间的权利义务也就终止，物业服务企业可以不再提供物业管理服务。如果小区业主都已经入住，应根据《物业管理条例》(2018修订)的相关规定，尽快成立业主大会和业主委员会，由业主大会选聘物业服务企业对小区进行管理服务。业主委员会应当自选举产生之日起30日内，将业主大会的成立情况、业主大会议事规则、业主公约及业主委员会委员名单等材料向物业服务企业所在地的区、县人民政府房地产行政主管部门和街道办事处、乡镇人民政府备案。

在业主委员会没有成立，并选聘新的物业管理服务企业之前，前期物业服务企业仍然提供物业服务的，业主仍应按照前期物业服务合同的约定支付物业服务费用。

0236 前期物业服务公司遭解聘后，拒绝退出怎么办？

小区业主大会成立后，业主大会按照法定程序可以提前解聘前期物业服务企业，重新选聘其他物业服务企业为小区业主提供物业管理服务。如果前期物业服务企业不遵守法律的规定，拒不退出物业管理小区，不移交物业管理用房和相关资料，业主委员会可以向房屋所在地的县级以上地方人民政府房地产行政主管部门投诉，要求房地产行政主管部门予以查处。根据《物业管理条例》(2018修订)第58条的规定，违反本条例的规定，不移交有关资料的，由县级以上地方人民政府房地产行政主管部门责令限期改正；逾期仍不移交有关资料的，对建设单位、物业服务企业予以通报，处1万元以上10万元以下的罚款。因此，前期物业服务企业不移交有关资料的，由县级以上地方人民政府房地产行政主管部门责令限期改正；逾期仍不移交有关资料的，对物业服务企业予以通报，处1万元以上10万元以下的罚款。根据《民法典》第949条的规定，物业服务合同终止的，原物业服务人应当在约定期限或者合理期限内退出物业服务区域，将物业服务用房、相关设施、物业服务所必需的相关资料等交还给业主委员会、决定自行管理的业主或者其指定的人，配合新物业服务人做好交接工作，并如实告知物业的使用和管理状况。原物业服务人违反前款规定的，不得请求业主支付物业服务合同终止后的物业费；造成业主损失的，应当赔偿损失。因此，业主委员会可依法向有管辖权的人民法院提起民事诉讼，要求前期物业服务企业，限期移交物业管理用房和《物业管理条例》（2018修订）第29条规定的相关资料，并赔偿因此给业主造成的损失。

0237 物业服务费由哪些项目构成？

根据《物业服务收费管理办法》第11条的规定，实行物业服务费用包干制的，物业服务费用的构成包括物业服务成本、法定税费和物业管理企业的利润。实行物业服务费用酬金制的，预收的物业服务资金包括物业服务支出和物业管理企业的酬金。物业服务成本或者物业服务支出构成一般包括以下部分：（1）管理服务人员的工资、社会保险和按规定提取的福利费等；（2）物业共用部位、共用设施设备的日常运行、维护费用；（3）物业管理区域清洁卫生费用；（4）物业管理区域绿化养护费用；（5）物业管理区域秩序维护费用；（6）办公费用；（7）物业管理企业固定资产折旧；（8）物业共用部位、共用设施设备及公众责任保险费用；（9）经业主同意的其他费用。物业共用部位、共用设施设备的大修、中修和更新、改造费用，应当通过专项维修资金予以列支，不得计入物业服务支出或者物业服务成本。

0238 当部分业主拒不交费时，其他业主应怎么办？

部分业主不按时交纳物业服务费，不仅侵害了物业服务企业的利益，同时也侵害了其他按时交纳物业费的业主的利益。因而受损害业主可以向物业服务企业投诉或向业主委员会投诉，必要时可以进行诉讼，要求欠费业主交齐物业费并承担赔偿责任。

0239 租房人需要交纳物业服务费吗？

视情况而定。如果业主将房屋出租给他人，物业的真正使用人是租房者，根据《物业管理条例》（2018修订）第41条第1款的规定，业主应当根据物业服务合同的约定交纳物业服务费用。业主与物业使用人约定由物业使用人交纳物业服务费用的，从其约定，业主负连带交纳责任。

0240 物业服务公司单方面提高物业服务费，业主可以拒交吗？

根据《物业管理条例》（2018修订）第40条的规定，物业服务收费应当遵循合理、公开以及费用与服务水平相适应的原则，区别不同物业的性质和特点，由业主和物业服务企业按照国务院价格主管部门会同国务院建设行政主管部门制定的物业服务收费办法，在物业服务合同中约定。物业公司作为物业服务合同的一方当事人，其未经对方当事人，即业主同意擅自变更物业服务合同的内容，提高物业服务费的行为不具有法律效力，业主可以拒交相关的物业服务费。物业服务公司应遵守相关的房屋管理法律法规的规定和物业服务合同的约定，正确履行物业服务职责，依照约定提供服务，收取费用，如果需要改变服务项目和收费标准，应与业主充分协商，小区成立业主委员会的，应与业主委员会充分协商，达成一致后方可进行，不得单方面改变物业服务合同条款，更无权擅自提高物业服务费，否则要承担相应的违约责任，业主也有权拒绝交纳增加的物业服务费。

0241 房屋质量有问题，业主可以拒交物业服务费吗？

从法律角度看，物业管理与房屋买卖是两种法律关系，物业管理公司与开发商是两个不同的企业法人，业主不应该因为开发商的问题而拒绝向物业服务公司交付物业服务费。但是，在实践中界限有时非常模糊。很多开发商在建设与营销过程中，就物业服务方面进行了不少运作与宣传，给人感觉物业服务工作很像是这个楼盘的售后服务工作。给业主造成这种错觉的原因是，很多开发商在售房广告中将物业服务也作为一个卖点大力宣传，有些开发商在促销活动中还将优惠、免收物业服务费作为一种促销手段，甚至将物业服务费，物业管理服务的条件、标准、内容等写入了房屋买卖合同。业主由此认为物业服务活动是房屋建设、销售的一部分。由于目前我国物业服务行业的发展刚起步不久，真正市场化竞争与运作、发展的格局远没有形成，很多物业服务公司往往极度依靠开发商，与开发商有着千丝万缕的关系。如果物业服务公司确实是开发商的一个部门或者有其他的资产纽带关系，房屋质量若有问题，业主应该可以拒交物业服务费，这种做法实际上可以理解为一种债务抵消。在物业服务法律关系中，业主应该向物业服务公司给付服务费，业主是债务人，物业服务公司是债权人；而在房屋买卖关系中，由于前期的质量问题或其他问题，开发商应该向业主给付赔偿或者补偿等，业主是债权人，开发商是债务人。如果物业服务公司与开发商确实是单纯的两个民事主体，则它们之间是相对独立的，互相之间不应为对方承担民事责任，业主不能要求物业服务公司为开发商前期的建设质量等问题负责，因此不能以物业服务费来抵消前述遗留问题产生的损失。至于前期出现的遗留问题，如果保修服务可以解决的，通过保修服务解决；保修服务解决不了的问题或者其他非保修方面的问题，应该由开发商负责解决。

0242 开发商交房后，业主一直未居住是否要交纳物业服务费？

业主应当根据物业服务合同的约定交纳物业服务费用，业主从开发商处接收房屋时起，业主就实际占有了房屋，就应开始交纳物业服务费。至于业主是否实际使用，不影响物业服务企业收取物业服务费，因为物业服务企业提供的是物业管理区域内的公共事务管理服务，即建筑物及其设备、共用设施、绿化、环境卫生、交通、公共秩序等项目的日常维护、管理服务，这种公共性服务不会因为某一个人或几个人不在此居住，管理成本就会减少。根据《民法典》第944条的规定，业主应当按照约定向物业服务人支付物业费。物业服务人已经按照约定和有关规定提供服务的，业主不得以未接受或者无须接受相关物业服务为由拒绝支付物业费。业主违反约定逾期不支付物业费的，物业服务人可以催告其在合理期限内支付；合理期限届满仍不支付的，物业服务人可以提起诉讼或者申请仲裁。物业服务人不得采取停止供电、供水、供热、供燃气等方式催交物业费。

0243 业主在什么情况下，可以对物业服务费的交纳行使抗辩权？

物业服务合同是民事合同的一种，在物业服务企业未能按照物业服务合同履行服务、管理职能或履行服务、管理职能不符合合同约定时，业主可以要求物业服务企业按照合同约定履行其应尽的义务。

举例来说，王某是某小区业主，该小区自业主入住时起，就发现物业服务企业没有按照合同的约定履行物业管理与服务，导致小区卫生环境差，垃圾随处乱放，仅有的十几平方米的绿地也被业主随意破坏，物业服务企业不进行管理维护，因此王某和部分业主一直拒绝支付物业服务费。对于这一问题，物业服务企业到法院起诉，要求王某和部分业主支付物业服务费。那么，王某如何行使抗辩权？业主可以要求物业服务企业对小区垃圾进行合理的处理、对绿地进行及时的维护管理，否则业主可行使抗辩权，拒绝支付物业服务费。如果物业服务费用是分不同项目收取的，则业主仅能就物业服务企业未尽职责部分的费用行使抗辩权，而不能以拒交全部物业服务费用的方式行使抗辩权。物业服务企业没有按照物业服务合同的约定提供管理、服务，业主可以相应减少部分物业服务费。业主针对此种情况除了行使抗辩权外，还可以在掌握物业服务企业没有按照物业服务合同履行义务的充分证据后，追究物业服务公司的违约责任。

0244 业主未交纳物业服务费，物业服务公司可以不为其提供物业服务吗？

业主和物业服务企业之间是典型的双务合同关系，物业服务企业要按照物业服务合同的约定对物业管理区域内的附属设施、小区环境卫生等进行维护和管理服务，业主应按照物业服务合同的约定，及时交纳物业服务费用。《民法典》第525条规定，当事人互负债务，没有先后履行顺序的，应当同时履行。一方在对方履行之前有权拒绝其履行请求。一方在对方履行债务不符合约定时，有权拒绝其相应的履行请求。第526条规定，当事人互负债务，有先后履行顺序，应当先履行债务一方未履行的，后履行一方有权拒绝其履行请求。先履行一方履行债务不符合约定的，后履行一方有权拒绝其相应的履行请求。

根据上述规定来看，业主不交纳物业服务费，物业服务企业似乎可以不为业主提供物业服务。但物业服务合同和一般双务合同有所不同，表现在物业服务合同中业主是为数众多的单个个体，但物业服务企业提供的服务却是众多业主的共同利益（共用设施、设备、物业服务企业区域秩序、环境卫生等）。这就决定了个别业主不按物业服务合同交纳物业服务费时，物业服务企业不能以不提供服务的方式进行抗辩，即使业主未缴纳物业服务费，业主要求物业服务企业进行维修、提供帮助时物业公司也不应该拒绝。

0245 物业服务企业收支情况是否应该向业主公开？

物业服务公司收支情况应该向业主公开。根据《最高人民法院关于审理建筑物区分所有权纠纷案件具体应用法律若干问题的解释》（2020修正）第13条第1项和第3项的规定，业主请求公布、查阅下列应当向业主公开的情况和资料的，人民法院应予支持：建筑物及其附属设施的维修资金的筹集、使用情况；物业服务合同、共有部分的使用和收益情况。该司法解释实施后，业主有权要求物业服务企业、业主委员会公开物业服务合同、共有部分的使用和收益的情况，物业服务企业、业主委员会拒绝公开的，业主有权提起诉讼。

0246 一层住户应否承担电梯使用费用？

需要承担。一栋住宅按所有权可划分为两部分，即专有部分和共有部分。专有部分是指各产权人独立使用的单元空间，共有部分是指不属于单个产权人所有而供全体产权人使用的空间、部位、设施和设备。住宅的电梯系统属共有部分中的共用设备，共有部分的特性是产权上属全体产权人所有，功能上供全体产权人使用，实物形态上不能分割给各产权人。此外，公共性服务具有非竞争性。电梯属于共用设备，不会因为有些人不乘电梯，运行维护成本就会降低，如果首层产权人以不用乘电梯为由拒绝交纳电梯运行维护费，则会引起一系列的连锁反应，二层住户就会以不需要电梯服务为由，拒绝交纳电梯运行维护费，三层、四层甚至高层的住户也都会以同样的理由拒绝交纳费用，结果必然导致没有人交纳电梯使用费用，电梯服务因而停止，最终损坏的将是全体产权人的利益。因此，各个城市在物业管理收费标准中，都会对电梯运行维修费用作出明确规定，由楼内全体产权人按建筑面积合理分摊、共同承担。

0247 物业服务公司能以“二次供水”为由提高水价吗？

根据《物业管理条例》(2018 修订)第 44 条的规定，物业管理区域内，供水、供电、供气、供热、通信、有线电视等单位应当向最终用户收取有关费用。物业服务企业接受委托代收前款费用的，不得向业主收取手续费等额外费用。业主属于“终端用户”，物业服务公司以“二次供水”为由在政府定价之上擅自提高水价不合理。

从技术层面来讲，“终端用户”是指安装和使用产品的最终用户，是经销商直接开发并进行售后服务的对象，终端用户概念使用范围极广，如电信、供电、供水、供气行业等。“二次供水”是指供水系统的传输管道，在输送压力不能直接将水输送到终端用户时，而在传输管道中采用泵压等技术手段以保证水源满足终端用户用水需要的供水方式。开发商可能因为偷工减料致使工程达不到供水标准，必须采用技术手段进行“二次供水”，此为不合理的“二次供水”，其水费高出政府定价部分应由开发商承担。对于达标建筑工程的合理的“二次供水”，其费用在实际操作中也各有所异：有供水企业承担的，也有物业服务公司承担的，还有小区“二次供水”用户分摊，或由小区全体用户分摊的。从现有法律法规的规定来看，为了保持低楼层用户和高楼层用户的公平性，政府定价的城市居民用水终端价原则上应是同城同价，同网同价，无论是合理的“二次供水”，还是不合理的“二次供水”，业主作为终端用户，都不应该承担高出政府定价的水费。

此外，我国城市供水是特许经营，物业服务公司不得超越经营范围进行“零售性”的供水经营。所以，物业服务公司超出政府定价擅自提高水价的行为并不合理。

0248 物业服务企业有权对业主乱扔垃圾、乱搭乱建等行为罚款吗？

没有。罚款是一种行政处罚行为，设定和实施罚款行为就必须以《行政处罚法》为法律依据，不能违反法律的规定。根据《行政处罚法》第 17 条的规定，行政处罚由具有行政处罚权的行政机关在法定职权范围内实施。而物业服务企业不是行政机关，无权进行罚款。

0249 建设单位在什么情况下可以自行聘请物业服务企业？

《物业管理条例》(2018 修订)第 21 条规定，在业主、业主大会选聘物业服务企业之前，建设单位选聘物业服务企业的，应当签订书面的前期物业服务合同。第 24 条规定，国家提倡建设单位按照房地产开发与物业管理相分离的原则，通过招投标的方式选聘物业服务企业。住宅物业的建设单位，应当通过招投标的方式选聘物业服务企业；投标人少于 3 个或者住宅规模较小的，经物业所在地的区、县人民政府房地产行政主管部门批准，可以采用协议方式选聘物业服务企业。

0250 物业服务企业可以将工作承包给其他公司吗？

物业服务企业可以将物业管理区域内的专项服务业务委托给专业性服务企业，但不得将该区域内的全部物业管理一并委托给他人。根据《物业管理条例》(2018 修订)第 59 条的规定，违反本条例的规定，物业服务企业将一个物业管理区域内的全部物业管理一并委托给他人的，由县级以上地方人民政府房地产行政主管部门责令限期改正，处委托合同价款30%以上50%以下的罚款。委托所得收益，用于物业管理区域内物业共用部位、共用设施设备的维修、养护，剩余部分按照业主大会的决定使用；给业主造成损失的，依法承担赔偿责任。

0251 物业服务企业进行“转委托”时怎么进行？

按照规定的程序进行。根据《物业管理条例》（2018修订）第39条的规定，物业服务企业可以将物业管理区域内的专项服务业务委托给专业性服务企业，但不得将该区域内的全部物业管理一并委托给他人。因此，进行“转委托”时，首先，要选聘具有相应资质的专业性服务公司来承担专业服务项目；其次，物业服务企业要与专业性服务公司签订委托协议，在协议中约定，专业性服务公司提供的专业性服务质量和水平不得低于物业管理服务合同中对相关专业性服务质量和要求的约定，同时还要约定专业性服务公司达不到服务质量和要求时的违约责任。

0252 物业服务企业需要什么资质才能为小区服务？

2017年物业服务企业资质认定已取消，后续政策尚未出台，新成立的物业企业只要营业执照上的经营范围包括物业服务就可以正常营业，无须再申请资质。

0253 物业服务合同中，约定物业服务企业免责的条款有效吗？

物业服务企业可以在物业服务合同中约定减轻自己的部分责任，但不能免除自己的一切责任，否则该条款就是无效的。根据《民法典》第497条的规定，有下列情形之一的，该格式条款无效：（1）具有本法第1编第6章第3节和本法第506条规定的无效情形；（2）提供格式条款一方不合理地免除或者减轻其责任、加重对方责任、限制对方主要权利；（3）提供格式条款一方排除对方主要权利。

0254 物业服务企业在小区内建造水塘，但疏于管理导致不少业主失足落水，是否需要承担违约责任？

需要。根据《民法典》第577条的规定，当事人一方不履行合同义务或者履行合同义务不符合约定的，应当承担继续履行、采取补救措施或者赔偿损失等违约责任。根据《物业管理条例》（2018修订）第35条的规定，物业服务企业应当按照物业服务合同的约定，提供相应的服务。物业服务企业未能履行物业服务合同的约定，导致业主人身、财产安全受到损害的，应当依法承担相应的法律责任。审判实践中，对于物业服务企业未全面履行物业管理服务义务的违约责任作如下处理：双方当事人可以在合同中明确约定违约责任，没有约定的应按照实际损失的原则承担违约责任。业主委员会有权制止物业服务企业的违约行为，并督促其限期改正；逾期不改正的，业主委员会可以终止或者解除物业管理服务合同。违约行为发生实际损失的，应赔偿损失或者降低物业服务费，还可以向有关部门申请对物业服务企业进行行政处罚。

0255 业主乘货梯摔伤，物业服务企业能证明没有过错，需要负责吗？

根据《民法典》第1253条的规定，建筑物、构筑物或者其他设施及其搁置物、悬挂物发生脱落、坠落造成他人损害，所有人、管理人或者使用人不能证明自己没有过错的，应当承担侵权责任。所有人、管理人或者使用人赔偿后，有其他责任人的，有权向其他责任人追偿。因此，建筑物致人损害赔偿适用举证责任倒置的证明原则，即建筑物或其他设施以及建筑物上的搁置物、悬挂物发生倒塌、脱落、坠落造成他人损害的，其管理人如不能证明自己没有过错，就应承担责任。如果物业服务企业能够证明自己没有过错，则业主的损失应由自己承担。业主应注意安全使用物业共用设备设施，对存在安全隐患的，应及时通知物业服务企业加以维修管理。物业服务企业应定期检测相关的物业共用设备设施，及时清除安全隐患，保障其正常运行，否则应对物业设备设施发生事故致人损害承担相应的责任。

0256 业主突发急病，却遇电梯停运，物业服务公司应当负责吗？

根据《物业管理条例》(2018 修订) 第 35 条的规定，物业服务企业应当按照物业服务合同的约定，提供相应的服务。物业服务企业未能履行物业服务合同的约定，导致业主人身、财产安全受到损害的，应当依法承担相应的法律责任。因此，物业服务企业应遵守相关房屋管理法律法规的规定和物业管理规约的约定，保障物业共用设备设施的正常运转，如电梯不间断运行、水电供应或排水管道的通畅等，并定期进行检查，督促值班人员忠于职守，否则对值班人员怠于履行物业管理职责或履行不及时、不到位致人损害的行为，应承担相应的法律责任。

0257 小区物业服务企业保安在上班期间打伤访客，物业服务企业需要承担责任吗？

根据《民法典》第 1191 条第 1 款的规定，用人单位的工作人员因执行工作任务造成他人损害的，由用人单位承担侵权责任。保安在上班期间为维护物业管理的正常秩序而与访客发生冲突，系因职责参与纠纷，属执行职务的行为。物业服务企业作为保安的雇主，应该对其雇员在从事雇佣活动中致人损害的行为承担赔偿责任。物业服务企业应健全其工作人员业务管理及考核机制，明确职责，并加强素质教育，提高工作人员的法律意识和职业道德意识，以免因其工作人员的不当履行职务行为构成侵权而承担责任。业主也可以依法依约对物业管理工作人员进行监督，如发现其不当行为或侵权行为，应及时向物业服务企业或有关部门反映，以维护自己的合法权益。

0258 业主因为小区内损坏的健身器材而受伤，物业服务企业发出的免责告示有法律效力吗？

根据《民法典》第 497 条的规定，有下列情形之一的，该格式条款无效：(1) 具有本法第 1 编第 6 章第 3 节和本法第 506 条规定的无效情形；(2) 提供格式条款一方不合理地免除或者减轻其责任、加重对方责任、限制对方主要权利；(3) 提供格式条款一方排除对方主要权利。因此，除非物业服务合同中显著并且明确的约定小区的健身器材的保养、维护不在物业服务企业的服务范围之内，否则，物业服务企业负有对小区内的健身器材进行日常管理维护的义务，物业服务企业的免责告示是为了免除自己的主要责任，应属无效条款，物业服务企业应该对受伤的业主予以民事赔偿。

0259 业主在小区内违反规定燃放鞭炮导致污水井盖被炸起砸中第三人，物业服务公司尽到管理职责还要承担责任吗？

根据《民法典》第 1258 条第 2 款的规定，窨井等地下设施造成他人损害，管理人不能证明尽到管理职责的，应当承担侵权责任。物业服务公司作为小区内物业管理主体，有义务按照法律法规的规定和物业管理规约的约定对小区内的公共事项、公共场所和设施进行维护和管理。因其未尽到管理职责而发生损害的，物业服务公司需要承担责任，否则可以免责。

0260 儿童攀爬小区草坪钢筋护栏受伤，物业服务公司和监护人应各自承担责任吗？

根据《物业管理条例》(2018修订)第35条的规定，物业服务企业应当按照物业服务合同的约定，提供相应的服务。物业服务企业未能履行物业服务合同的约定，导致业主人身、财产安全受到损害的，应当依法承担相应的法律责任。因此，物业服务公司应对公共设备设施管理不善致人损害承担责任。当然，儿童自己作为民法上的限制行为能力人，应当注意个人的安全，其家长作为监护人也有失职的地方，应当承担一定的责任。

0261 物业服务企业因对小区内的公用设施疏于管理而给业主造成使用不便或损害的，该如何处理？

根据《物业管理条例》(2018修订)第2条的规定，本条例所称物业管理，是指业主通过选聘物业服务企业，由业主和物业服务企业按照物业服务合同约定，对房屋及配套的设施设备和相关场地进行维修、养护、管理，维护物业管理区域内的环境卫生和相关秩序的活动。

也就是说，物业服务企业提供服务的事项及内容，主要是依据物业服务合同的约定。一般来说，主要包含以下几项：(1)房屋建筑主体的管理及住宅装修的日常监督；(2)房屋设备、设施的管理；(3)环境卫生的管理；(4)绿化养护管理；(5)配合公安和消防部门做好住宅区内公共秩序维护和安全防范工作；(6)车辆道路管理与服务；(7)公共休闲、娱乐场所及设施的维护管理；(8)其他约定的服务。

根据《物业管理条例》(2018修订)第35条的规定，物业服务企业应当按照物业服务合同的约定，提供相应的服务。物业服务企业未能履行物业服务合同的约定，导致业主人身、财产安全受到损害的，应当依法承担相应的法律责任。

0262 物业服务企业禁止封闭阳台，窃贼入室行窃，物业服务企业需要负责吗？

这个问题比较复杂，分两个层面来进行讨论。

首先，物业服务企业禁止业主封闭阳台，看是否有合法的授权。如果“管理规约(业主公约)”中有禁止封闭阳台的规定，或者业主委员会向全体小区业主发出公告，就“是否封闭阳台”进行了全体业主代表表决，根据表决的结果，得出不允许封闭阳台的约定，那么个别业主封闭阳台就侵害了全体业主的共同利益。依照业主委员会的授权，物业服务企业就有权禁止个别业主封闭阳台。否则，物业服务企业就无权禁止，毕竟阳台是业主房屋内的专有部分。

其次，窃贼入室行窃，物业服务企业是否需要承担责任？第一，业主是因为窃贼受损，并非物业服务企业的直接过错；第二，根据《物业管理条例》(2018修订)第35条的规定，物业服务企业应当按照物业服务合同的约定，提供相应的服务。物业服务企业未能履行物业服务合同的约定，导致业主人身、财产安全受到损害的，应当依法承担相应的法律责任。该条明确规定了物业服务企业和业主之间是物业服务合同关系，物业服务企业要履行合同约定的服务及物业管理义务，该义务主要包括对房屋及配套的设施设备和相关场地进行维修、养护、管理，维护物业管理区域内的环境卫生和安全防范等。如果因为物业服务企业没有提供符合约定的服务致使个别业主家遭到盗窃，那作为提供服务一方，需要给业主造成的损害承担相应的赔偿责任。

0263 物业服务公司在小区内张贴失实公开信，构成侵权吗？

《民法典》第1165条第1款规定，行为人因过错侵害他人民事权益造成损害的，应当承担侵权责任。第110条规定，自然人享有生命权、身体权、健康权、姓名权、肖像权、名誉权、荣誉权、隐私权、婚姻自主权等权利。法人、非法人组织享有名称权、名誉权和荣誉权。物业服务公司根据法律法规的规定和物业管理规约的约定，有权对小区内的公共事务进行管理，但是物业服务公司的管理行为必须在法律法规和物业管理规约授权的范围内。物业服务公司超越法律法规和物业管理规约的授权，随意在小区内张贴失实公开信造成业主损害的，成立侵权责任。

0264 小区水泵噪声扰民，业主有权请求物业服务公司承担精神损害赔偿吗？

根据《最高人民法院关于确定民事侵权精神损害赔偿责任若干问题的解释》（2020修正）第1条的规定，因人身权益或者具有人身意义的特定物受到侵害，自然人或者其近亲属向人民法院提起诉讼请求精神损害赔偿的，人民法院应当依法予以受理。水泵噪声超标构成噪声污染侵权，侵犯了业主健康权，业主有权向构成噪声污染侵权的物业服务公司索要精神损害赔偿。

0265 物业服务公司装修监管不力，楼下轿车被砸，谁负赔偿责任？

小区内财产遭受损失时，各责任主体的责任范围不同，其行为对财产造成直接损失的直接侵权人，应该承担主要责任。物业服务公司对小区内的公共场所和公共设施具有维护和管理职责，其负有安全保障义务，如果物业服务公司怠于履行安全保障义务使财产受到损失的应当对损失承担补充责任。同时，如果财产所有权人没有遵守相关法律规定和管理规约，存在被害人有过失的情形，也应该承担相应的次要责任。

根据《物业管理条例》（2018修订）第45条第1款的规定，对物业管理区域内违反有关治安、环保、物业装饰装修和使用等方面法律、法规规定的行为，物业服务企业应当制止，并及时向有关行政管理部门报告。第52条的规定，业主需要装饰装修房屋的，应当事先告知物业服务企业。物业服务企业应当将房屋装饰装修中的禁止行为和注意事项告知业主。物业服务公司作为事故发生地的小区物业管理部门，对该小区负有管理责任，应当对业主入住时的房屋装饰、装修进行监督管理，对不符合安全要求和影响公共利益的应当阻止，并责令限期改正。涉及物业管理中的装修管理责任，在装修管理过程中，对业主装修的房屋有违反规定的地方一定要有书面整改通知，在规劝整改无效时要保留证据并书面上报主管机关备案；对于二次房屋交易或业主变更，也要对房屋再作一次装修检查，以免发生此类纠纷。

0266 物业服务公司能以危害小区安全为由擅自拆除户外广告牌吗？

根据《物业管理条例》（2018修订）第54条的规定，利用物业共用部位、共用设施设备进行经营的，应当在征得相关业主、业主大会、物业服务企业的同意后，按照规定办理有关手续。业主、法人或其他组织为了商业目的，在楼房顶层或外墙设置户外广告牌，应当依法征得业主委员会或物业服务公司的同意，获得相关房屋行政管理部门的批准，办理相关手续才行。对于业主、法人或其他组织依法设置的户外广告牌，物业服务公司不得擅自拆除，但是如果户外广告牌确实存在安全隐患，物业服务公司可以要求户外广告牌所有人加固维修，消除隐患；如果广告牌所有人拒绝，物业服务公司应当向相关业主、业主大会反映情况，并执行业主大会作出的决定。

0267 物业服务公司对排水系统未尽必要的养护义务，应赔偿住户渗水损失吗？

根据《物业管理条例》（2018修订）第35条的规定，物业服务企业应当按照物业服务合同的约定，提供相应的服务。物业服务企业未能履行物业服务合同的约定，导致业主人身、财产安全受到损害的，应当依法承担相应的法律责任。因此，如果房屋渗水既有房屋建造时未达到设计标准的因素，又有物业服务公司对公用部位疏于养护、未经常疏通下水道的因素的，房产商和物业服务公司均应承担相应的责任，法院依据责任大小，判决由房产公司和物业服务公司分摊损失。

0268 物业服务公司公开业主委员的电话侵犯其隐私权吗？

根据《民法典》第111条的规定，自然人的个人信息受法律保护。任何组织和个人需要获取他人个人信息的，应当依法取得并确保信息安全，不得非法收集、使用、加工、传输他人个人信息，不得非法买卖、提供或者公开他人个人信息。因此，物业服务公司公开业主委员的电话侵犯了业主的个人信息权和隐私权。

0269 业主车位被人占用而将自己车辆停放他处遭受损失时，物业服务公司是否应该承担责任？

根据《物业管理条例》（2018修订）第35条的规定，物业服务企业应当按照物业服务合同的约定，提供相应的服务。物业服务企业未能履行物业服务合同的约定，导致业主人身、财产安全受到损害的，应当依法承担相应的法律责任。业主应谨慎管理自己的车位，及时上锁，如果发现他人占用自己车位的，应及时向物业服务公司反映，并让其排除妨碍，而不能随意将车停放他处。物业服务公司应根据业主的反映，及时让他人将车开出所占车位，为其排除妨碍。如果物业服务公司怠于履行自己的管理职责，造成业主损失的，应向业主承担赔偿责任。

0270 住户擅自停车占用通道，物业服务公司为疏通道路而损坏车辆应赔偿吗？

根据《物业管理条例》（2018修订）第45条的规定，对物业管理区域内违反有关治安、环保、物业装饰装修和使用等方面法律、法规规定的行为，物业服务企业应当制止，并及时向有关行政管理部门报告。有关行政管理部门在接到物业服务企业的报告后，应当依法对违法行为予以制止或者依法处理。因此，物业服务公司有权在法律规定和物业服务合同约定的情况下，对小区内的公共事务进行管理，对小区内的违章行为进行纠正。物业服务公司在紧急情况下为维护小区的正常管理秩序疏通道路而损坏车辆的行为不存在过错，对于物业服务公司采取谨慎合理的措施移开违章车辆造成损失的，其不承担侵权责任。

0271 物业服务企业可否将物业管理用房出租用作经营？

物业公司只能依据物业服务合同的约定使用物业管理用房，非经业主大会同意，物业服务企业不得擅自改变物业管理用房的用途。根据《民法典》第274条的规定，建筑区划内的道路，属于业主共有，但属于城镇公共道路的除外。建筑区划内的绿地，属于业主共有，但属于城镇公共绿地或者明示属于个人的除外。建筑区划内的其他公共场所、公用设施和物业服务用房，属于业主共有。根据《物业管理条例》(2018 修订) 第 62 条的规定，违反本条例的规定，未经业主大会同意，物业服务企业擅自改变物业管理用房的用途的，由县级以上地方人民政府房地产行政主管部门责令限期改正，给予警告，并处 1 万元以上 10 万元以下的罚款；有收益的，所得收益用于物业管理区域内物业共用部位、共用设施设备的维修、养护，剩余部分按照业主大会的决定使用。

0272 小区没有聘用物业服务公司，公共设施爆炸致人伤害时，居委会要负责吗？

根据《城市居民委员会组织法》第 3 条第 2 项的规定，居民委员会的任务：办理本居住地区居民的公共事务和公益事业。因此，小区没有成立业主委员会或委托专门物业服务公司进行管理之前，居委会应进行相应的监督和指导，排除共用设备设施的安全隐患，否则应对怠于履行义务致人损害承担连带赔偿责任。

业主委员会

0273 业主委员会是否有权解聘物业服务企业？

无权。《物业管理条例》(2018 修订) 第 11 条第 4 项规定，选聘和解聘物业服务企业，由业主共同决定。第 15 条规定，业主委员会是业主大会的执行机构，履行下列职责：(1) 召集业主大会会议，报告物业管理的实施情况；(2) 代表业主与业主大会选聘的物业服务企业签订物业服务合同；(3) 及时了解业主、物业使用人的意见和建议，监督和协助物业服务企业履行物业服务合同；(4) 监督管理规约的实施；(5) 业主大会赋予的其他职责。因此，业主委员会只是业主大会的执行机构，负责执行业主大会的决议和业主大会授权的具体事宜，无权直接决定是否解聘和选聘物业服务企业。业主作为委托人可以根据与物业服务企业签订的物业服务合同行使解除权。物业服务企业的选择要经过业主共同决定，采取少数服从多数的民主决议程序决定。

0274 业主委员会能否从事经营活动？

根据《物业管理条例》(2018 修订) 第 19 条第 1 款的规定，业主大会、业主委员会应当依法履行职责，不得作出与物业管理无关的决定，不得从事与物业管理无关的活动。由于业主委员会没有进行工商登记，因此不能从事与物业管理无关并且与业主利益无关的经营活动，但是其可以将所管理的属于全体业主的设施设备等委托他人经营或租赁。

0275 业主委员会可以擅自决定聘用其他工作人员吗？

业主委员会是业主自我管理、自我服务，办理本小区涉及物业管理的公共事务的自治性组织。业主委员会只是业主大会的执行机构，不享有自治管理规范决定权。业主委员会本身属于非营利的社会组织，其本身没有财产来源，也无收入用于支付聘用人员的工资。具体地说，业主委员会聘用其他工作人员，并支付工资，必然要从业主的共同收益中进行支付，这就损害了业主的合法利益，况且聘用其他工作人员也超出了其工作权限范围。根据《物业管理条例》(2018 修订) 第 16 条第 2 款和第 3 款的规定，业主委员会委员应当由热心公益事业、责任心强、具有一定组织能力的业主担任。业主委员会主任、副主任在业主委员会成员中推选产生。从该规定可以看出,业主委员会成员本身必须是业主,其他工作人员不能成为业主委员会成员。

由于其精力有限,聘用其他工作人员进行日常事务的管理似乎也符合常理。但根据目前法律规范来看,业主委员会没有专职的委员,业主委员会成员本身就是代表业主利益、为业主服务的,按照物业管理规范履行职责,而不应聘请其他工作人员替代其本身职责。当然业主大会表决通过,同意聘用人员从事专职服务工作,也是可以的。

0276 管理规约(业主公约)有什么效力?

根据《物业管理条例》(2018 修订)第 17 条的规定,管理规约应当对有关物业的使用、维护、管理,业主的共同利益,业主应当履行的义务,违反管理规约应当承担的责任等事项依法作出约定。管理规约对全体业主具有约束力。因此,管理规约(业主公约)由业主大会制定和修改,是全体业主意志的体现,一般自业主大会或者业主代表大会审议通过之日起生效。

0277 业主对物业管理有哪些权利?

根据《物业管理条例》(2018 修订)第 6 条的规定,房屋的所有权人为业主。业主在物业管理活动中,享有下列权利:(1)按照物业服务合同的约定,接受物业服务企业提供的服务;(2)提议召开业主大会会议,并就物业管理的有关事项提出建议;(3)提出制定和修改管理规约、业主大会议事规则的建议;(4)参加业主大会会议,行使投票权;(5)选举业主委员会成员,并享有被选举权;(6)监督业主委员会的工作;(7)监督物业服务企业履行物业服务合同;(8)对物业共用部位、共用设施设备和相关场地使用情况享有知情权和监督权;(9)监督物业共用部位、共用设施设备专项维修资金的管理和使用;(10)法律、法规规定的其他权利。

0278 业主委员会有权决定将草坪绿地改建为停车位吗?

小区绿地是小区整体环境的一部分,也是许多购房人购房时要考虑的因素之一。生活中,因破坏小区绿地引起的纠纷也比较多。

根据《民法典》第 274 条的规定,建筑区划内的道路,属于业主共有,但属于城镇公共道路的除外。建筑区划内的绿地,属于业主共有,但属于城镇公共绿地或者明示属于个人的除外。建筑区划内的其他公共场所、公用设施和物业服务用房,属于业主共有。因此,小区绿地除非开发商在出售时明示为个人外,应属于小区全体业主共有,任何人不能随意破坏。根据《物业管理条例》(2018 修订)第 50 条的规定,业主、物业服务企业不得擅自占用、挖掘物业管理区域内的道路、场地,损害业主的共同利益。因维修物业或者公共利益,业主确需临时占用、挖掘道路、场地的,应当征得业主委员会和物业服务企业的同意;物业服务企业确需临时占用、挖掘道路、场地的,应当征得业主委员会的同意。业主、物业服务企业应当将临时占用、挖掘的道路、场地,在约定期限内恢复原状。业主依法确需改变公共建筑和共用设施用途的,应当在依法办理有关手续后告知物业服务企业;物业服务企业确需改变公共建筑和共用设施用途的,应当征得业主委员会同意后,由物业服务企业依法办理有关手续。

0279 业主委员会可以对不交纳物业服务费的业主提起诉讼吗?

根据《物业管理条例》(2018 修订)第 64 条的规定,违反物业服务合同约定,业主逾期不交纳物业服务费用的，业主委员会应当督促其限期交纳；逾期仍不交纳的，物业服务企业可以向人民法院起诉。因此，业主大会和业主委员会对拒付物业费等行为有权要求行为人赔偿损失，对违反规定拒付物业费的业主，业主委员会可以要求其及时交纳。但由于业主委员会目前的起诉主体资格仅限于特定的涉及业主公共利益的事项，而不涉及物业费催收事宜。因此，业主拖欠物业服务费时，业主委员会有权督促其交纳，但无权直接起诉欠费业主。

0280 业主委员会张贴通知指责物业服务公司贪污，而内容失实应承担责任吗？

根据《民法典》第110条第2款的规定，法人、非法人组织享有名称权、名誉权、荣誉权等权利。因此，擅自采取张贴通知的不当方式，指责物业服务公司存在贪污、内部管理混乱等问题，导致物业服务公司声誉降低，已经构成侵权，应承担相应的赔偿责任。

业主大会

0281 业主大会会议如何召集？

业主大会会议，不论是定期会议还是临时会议，皆须经一定程序由有权召集人召集，其所作的决议方才发生法律上的效力。根据《物业管理条例》(2018修订)第15条第1项的规定，业主委员会是业主大会的执行机构，履行下列职责：召集业主大会会议，报告物业管理的实施情况。此规定适用于平常业主大会会议的召集情况，而对业主大会第一次会议的召集，该条例则未作规定。根据《物业管理条例》(2018修订)第14条第1款和第2款的规定，召开业主大会会议，应当于会议召开15日以前通知全体业主。住宅小区的业主大会会议，应当同时告知相关的居民委员会。此所谓“通知”或“告知”，并未明确是书面的通知、告知或口头或其他方式的通知或告知，但在解释上应认为系以书面通知或告知为原则。此外，因急迫情事召开临时会议时，解释上应认为可以公告方式进行通知或告知。

0282 小区里必须有业主大会吗？

不是。根据《物业管理条例》(2018修订)第9条的规定，一个物业管理区域成立一个业主大会。物业管理区域的划分应当考虑物业的共用设施设备、建筑物规模、社区建设等因素。具体办法由省、自治区、直辖市制定。第10条的规定，同一个物业管理区域内的业主，应当在物业所在地的区、县人民政府房地产行政主管部门或者街道办事处、乡镇人民政府的指导下成立业主大会，并选举产生业主委员会。但是，只有一个业主的，或者业主人数较少且经全体业主一致同意，决定不成立业主大会的，由业主共同履行业主大会、业主委员会职责。

0283 业主大会和业主委员会有什么关系？

业主大会是由物业管理区域内全体业主组成，代表和维护物业管理区域内全体业主在物业管理活动中的合法权益，业主委员会则是业主大会的执行机构，负责对具体事务的执行。业主委员会委员是从业主中选举产生，一般由热心公益事业、责任心强、具有一定组织能力的业主担任。业主大会负责选举、更换业主委员会委员，并监督业主委员会的工作，业主委员会在业主大会赋予的权限内完成相应工作。业主大会、业主委员会应当依法履行职责，不得作出与物业管理无关的决定，不得从事与物业管理无关的活动。

0284 业主大会上业主如何行使表决权？

根据《民法典》第278条的规定，下列事项由业主共同决定:(1)制定和修改业主大会议事规则;(2)制定和修改管理规约;(3)选举业主委员会或者更换业主委员会成员;(4)选聘和解聘物业服务企业或者其他管理人;(5)使用建筑物及其附属设施的维修资金;(6)筹集建筑物及其附属设施的维修资金;(7)改建、重建建筑物及其附属设施;(8)改变共有部分的用途或者利用共有部分从事经营活动;(9)有关共有和共同管理权利的其他重大事项。业主共同决定事项,应当由专有部分面积占比2/3以上的业主且人数占比2/3以上的业主参与表决。决定前款第6项至第8项规定的事项,应当经参与表决专有部分面积3/4以上的业主且参与表决人数3/4以上的业主同意。决定前款其他事项,应当经参与表决专有部分面积过半数的业主且参与表决人数过半数的业主同意。

根据《最高人民法院关于审理建筑物区分所有权纠纷案件适用法律若干问题的解释》(2020修正)第9条的规定,《民法典》第278条第2款规定的业主人数可以按照专有部分的数量计算,一个专有部分按一人计算。但建设单位尚未出售和虽已出售但尚未交付的部分,以及同一买受人拥有一个以上专有部分的,按一人计算。按此规定,业主人数原则上应当按照专有部分的数量计算,但在一人(包括建设单位)拥有数个专有部分的情况中,如果同时复计人数将导致该人享有双重优势,因此不复计。

对于专有部分面积和建筑物总面积的认定,根据《最高人民法院关于审理建筑物区分所有权纠纷案件适用法律若干问题的解释》(2020修正)第8条的规定,《民法典》第278条第2款和第283条规定的专有部分面积可以按照不动产登记簿记载的面积计算;尚未进行物权登记的,暂按测绘机构的实测面积计算;尚未进行实测的,暂按房屋买卖合同记载的面积计算。

0285 业主大会会议决议对谁有约束力?

由于业主委员会系业主大会的常设机构和执行机构,执行业主大会的决定事项,因此,业主大会的决议不但可以约束业主,而且对业主委员会也有约束力。关于决议的效力范围,根据《民法典》第280条第1款的规定,业主大会或者业主委员会的决定,对业主具有约束力。必须注意的是,对全体业主具有约束力的业主大会的决定,必须是依法设立的业主大会作出的,且必须是业主大会依据法定程序作出的,同时应符合法律、法规及规章的规定,不违背社会公德,不损害社会公共利益、国家利益和他人的合法权益的决定。此三点必须同时具备,才对全体业主具有约束力,否则没有约束力。

0286 业主大会决议对业主继受人是否有约束力?

业主继受人包括概括继受人与特定继受人,前者如继承人、营业合并人或财产概括承受人,后者包括区分所有权的买受人、受赠人等移转继受人以及区分所有建筑物的承租人、借用人等设定继受人。业主大会或业主委员会的决定,不仅约束业主,而且约束区分所有权的买受人、互易人和受赠人,业主死亡后的继承人、受遗赠人,区分所有建筑物的承租人、借用人。根据《最高人民法院关于审理建筑物区分所有权纠纷案件具体应用法律若干问题的解释》(2020修正)第16条第2款的规定,专有部分的承租人、借用人等物业使用人,根据法律、法规、管理规约、业主大会或者业主委员会依法作出的决定,以及其与业主的约定,享有相应权利,承担相应义务。

0287 如果业主大会决议违法,业主如何行使撤销权?

如果业主大会作出的决议是违法的,《物

业管理条例》(2018 修订)和《民法典》规定了两种撤销制度:

(1)行政撤销。根据《物业管理条例》(2018 修订)第 19 条第 2 款的规定,业主大会、业主委员会作出的决定违反法律、法规的,物业所在地的区、县人民政府房地产行政主管部门或者街道办事处、乡镇人民政府,应当责令限期改正或者撤销其决定,并通告全体业主。此所谓"撤销"系行政法上的撤销,其撤销权力人是作为行政机关的物业服务企业所在地区、县人民政府房地产行政主管部门或者街道办事处、乡镇人民政府。

(2)请求人民法院撤销。根据《民法典》第 280 条第 2 款的规定,业主大会或者业主委员会作出的决定侵害业主合法权益的,受侵害的业主可以请求人民法院予以撤销。根据《物业管理条例》(2018 修订)第 12 条第 5 款的规定,业主大会或者业主委员会作出的决定侵害业主合法权益的,受侵害的业主可以请求人民法院予以撤销。这在理论上称为请求法院撤销。须注意的是,业主行使此撤销权须符合下列条件:一是业主大会的决定违法,例如没有按照法定程序作出决定;二是业主大会的决定侵害了业主合法权益,例如决定将明确属于某特定业主的绿地作为全体业主共有的停车位;三是此类撤销权属于受侵害的业主,未受侵害的业主不享有此项权利;四是此类撤销权的行使须通过诉讼的方式,即受侵害的业主请求人民法院予以撤销业主大会的决定。

根据《最高人民法院关于审理建筑物区分所有权纠纷案件具体应用法律若干问题的解释》(2020 修正)第 12 条的规定,业主以业主大会或者业主委员会作出的决定侵害其合法权益或者违反了法律规定的程序为由,依据《民法典》第 280 条第 2 款的规定请求人民法院撤销该决定的,应当在知道或者应当知道业主大会或者业主委员会作出决定之日起 1 年内行使。应注意的是,此处行使撤销权的 1 年的期间在性质上为除斥期间,其不存在中止、中断和延长的问题,系不变的固定期间。

0288 业主大会决议对未参加会议的业主是否具有约束力?

依据《民法典》、《物业管理条例》(2018 修订)、《最高人民法院关于审理建筑物区分所有权纠纷案件具体应用法律若干问题的解释》(2020 修正)的相关规定,只要业主大会召开程序合法,大会表决符合法定人数,且具有投票权的业主参加,形成的决议就是合法有效的,对全体业主均具有约束力;没有参加业主大会不能成为否定业主大会决定的理由,若认为业主大会决议侵害了自己的合法权益,可以在知道或者应当知道业主大会作出决定之日起 1 年内依法向人民法院起诉要求撤销该决议。

0289 通知部分业主召开业主大会是否合法?

根据《物业管理条例》(2018 修订)第 12 条第 1 款的规定,业主大会会议可以采用集体讨论的形式,也可以采用书面征求意见的形式;但是,应当有物业管理区域内专有部分占建筑物总面积过半数的业主且占总人数过半数的业主参加。也就是说,业主大会开会形式多样,但必须符合法定的人数,业主大会召开必须满足最低人数或投票权的限定,只有这样才能体现大多数人的利益,以保障所作出的决议的科学性、合理性。否则,形成的决议属于无效。如果业主委员会召开业主大会程序违法,其作出的决议又涉及每个业主的切身利益,当其作出的决定侵害业主合法权益时,受侵害的业主可以请求人民法院予以撤销。

0290 让业主填写"征求意见表"符合业主大会召开的条件吗?

由于一个小区的业主人数不等,少则几十

户，多则上千户，因此要求每个小区的每位业主都集中到一起开会讨论，很难找到适合场地和合适时间，也不切实际。因此，根据《物业管理条例》(2018修订)第12条第1款的规定，业主大会会议可以采用集体讨论的形式，也可以采用书面征求意见的形式；但是，应当有物业管理区域内专有部分占建筑物总面积过半数的业主且占总人数过半数的业主参加。也就是说，填写"征求意见表"也属于召开业主大会的一种形式。

业主的权利和义务

0291 业主能否在共用部分堆放杂物？

不可以。根据《民法典》第271条的规定，业主对建筑物内的住宅、经营性用房等专有部分享有所有权，对专有部分以外的共有部分享有共有和共同管理的权利。因此，全体业主都有义务维护共用部位的整洁完好，每一个业主在使用共用部位时要考虑其他业主的合法使用，不能损害其他业主的合法权益。物业服务企业作为物业的管理者，在接到业主投诉后或发现问题时，应按照物业管理合同或业主公约的规定处理，要求业主清理杂物、恢复原状、排除妨碍。如果因为乱堆杂物对他人造成伤害的，业主还要承担相应的民事责任。

0292 业主在承重墙上钻孔，邻居有权起诉制止吗？

根据《民法典》第295条的规定，不动产权利人挖掘土地、建造建筑物、铺设管线以及安装设备等，不得危及相邻不动产的安全。第92条的规定，不动产权利人因用水、排水、通行、铺设管线等利用相邻不动产的，应当尽量避免对相邻的不动产权利人造成损害。不动产所有权人或用益物权人之间存在相邻关系，因为相邻关系的存在，不动产所有权人对自己权利的行使要受到一定的限制，不能对他人权利造成侵害。根据《物业管理条例》(2018修订)第7条第2项的规定，业主在物业管理活动中，履行下列义务：遵守物业管理区域内物业共用部位和共用设施设备的使用、公共秩序和环境卫生的维护等方面的规章制度。如果业主违反法律法规的规定对房屋进行装修、改造而给其他所有者对其所有物的享有造成妨碍或危险，其应该排除妨碍、消除危险，造成损失的应该同时赔偿损失。在邻里纠纷案件中，为避免当事人双方矛盾激化，妥善解决纠纷，应从情理的角度对双方进行劝导。首先应当协商解决，但如果协商不成，双方可通过诉讼途径解决纠纷。

0293 业主车辆受损，辱骂攻击保安构成侵权吗？

根据《民法典》第110条第1款的规定，自然人享有生命权、身体权、健康权、姓名权、肖像权、名誉权、荣誉权、隐私权、婚姻自主权等权利。对于怀疑他人恶意损害自己财产的，应向公安机关报案或采取相应的防范措施。业主辱骂攻击保安的行为，可能构成名誉权、身体权、健康权等侵权。

0294 物业服务企业在绿地非法建车棚，业主有权要求拆除吗？

有权。物业服务企业的这种行为是不合法的，小区建设应当按照城建规划进行，绿地和相关公共设施需要经相应的规划批准方可建筑，一旦规划确定，不得随意变更。根据《民法典》第274条的规定，建筑区划内的道路，属于业主共有，但属于城镇公共道路的除外。建筑区划内的绿地，属于业主共有，但属于城镇公共绿地或者明示属于个人的除外。建筑区划内的其他公共场所、公用设施和物业服务用房，属于业主共有。业主可以要求物业管理部门拆除此非法建筑，或者向城建等部门反映要求拆除，或者由业主委员会代表业主、业主大会解聘该物业服务企业并要求其承担赔偿责任。

0295 小区内的商业广告收益应该归谁所有?

根据《民法典》第271条的规定,业主对建筑物内的住宅、经营性用房等专有部分享有所有权,对专有部分以外的共有部分享有共有和共同管理的权利。根据《物业管理条例》(2018修订)第54条的规定,利用物业共用部位、共用设施设备进行经营的,应当在征得相关业主、业主大会、物业服务企业的同意后,按照规定办理有关手续。业主所得收益应当主要用于补充专项维修资金,也可以按照业主大会的决定使用。居住小区的公共配套设施归全体业主共有,任何单位和个人要想经营这些公共配套设施,必须征得所有权人的同意,且广告的收益也应由业主大会共同讨论决定。

0296 小区停车位可以出租给小区以外的人使用吗?

《民法典》第275条规定,建筑区划内,规划用于停放汽车的车位、车库的归属,由当事人通过出售、附赠或者出租等方式约定。占用业主共有的道路或者其他场地用于停放汽车的车位,属于业主共有。第276条规定,建筑区划内,规划用于停放汽车的车位、车库应当首先满足业主的需要。根据《最高人民法院关于审理建筑物区分所有权纠纷案件具体应用法律若干问题的解释》(2020修正)第6条的规定,建筑区划内在规划用于停放汽车的车位之外,占用业主共有道路或者其他场地增设的车位,应当认定为《民法典》第275条第2款所称的车位。

根据上述规定,车库、车位的权利归属分为两种情形:一是属于业主共有。如果车库、车位为小区的配套设施且售房时将之计入销售成本,或者是占用业主共有的道路或者其他场地用于停放汽车的车位,属于业主共有。二是可以由开发商通过约定的方式确定。除属于业主所有的外,开发商可以将车库以销售或赠与、出租等方式进行约定权利归属。但不管车库、车位权利属于谁所有,应当首先满足业主的需要。该规定实际是对开发商出租、出售车库、车位的限制。因为作为小区的配套规划,其本意就是要满足业主的生活需要,开发商在对车位进行出售、出租等处分时,首先应考虑业主的需求。根据《最高人民法院关于审理建筑物区分所有权纠纷案件具体应用法律若干问题的解释》(2020修正)第5条的规定,建设单位按照配置比例将车位、车库,以出售、附赠或者出租等方式处分给业主的,应当认定其行为符合《民法典》第276条有关"应当首先满足业主的需要"的规定。前款所称配置比例是指规划确定的建筑区划内规划用于停放汽车的车位、车库与房屋套数的比例。

一些小区开始入住时会有剩余的车位,从经济利益出发,一般都会委托物业服务企业对外出租,而有的出租期限又比较长,这样后买车的业主就会出现有车无法停放的情形,对此相关部门应予以重视。可以借鉴《广东省物业管理条例》的规定。根据《广东省物业管理条例》第54条第1款和第2款的规定,物业管理区域内,规划用于停放汽车的车位、车库,应当首先满足本区域业主的需要。物业管理区域内规划用于停放汽车的车位、车库,建设单位应当首先出租给本区域业主、物业使用人。在满足本区域业主、物业使用人需要后,建设单位将车位、车库出租给本区域业主、物业使用人以外的其他人的,其租赁合同期限不得超过6个月。该规定充分保障了业主的合法权益。

0297 小区的会所对外营业扰民,业主应如何维权?

会所一般是指规划部门批准的商业配套用房,它主要用于向业主提供商业、娱乐、文体等配套服务。会所作为小区的配套设施,经营者在依法自主经营的前提下,应遵守业主公约,不得损害业主的合法权益;会所经营中对业主造成损害的,业主可以向相关行政主管部门投诉,要求予以查处。业主对侵害自己合法权益的行为,也可以依法向人民法院提起诉讼。因该会所在小区内,其应遵守小区业主大会、业主委员会制定的管理规约,服从小区物业服务企业的管理。根据《物业管理条例》(2018修订)第45条的规定,对物业管理区域内违反有关治安、环保、物业装饰装修和使用等方面法律、法规规定的行为,物业服务企业应当制止,并及时向有关行政管理部门报告。有关行政管理部门在接到物业服务企业的报告后,应当依法对违法行为予以制止或者依法处理。会所经营者夜间经营产生的噪声等干扰了业主的正常休息和生活,业主可以根据《物业管理条例》(2018修订)的相关规定要求物业服务企业予以制止,同时,物业服务企业应向相关行政管理部门报告。有关行政管理部门在接到物业服务企业的报告后,应当依法对违法行为予以制止或者依法处理。根据《娱乐场所管理条例》第7条的规定,娱乐场所不得设在下列地点:(1)居民楼、博物馆、图书馆和被核定为文物保护单位的建筑物内;(2)居民住宅区和学校、医院、机关周围;(3)车站、机场等人群密集的场所;(4)建筑物地下一层以下;(5)与危险化学品仓库毗连的区域。娱乐场所的边界噪声,应当符合国家规定的环境噪声标准。因此,如果小区会所开设的是娱乐场所,则明显违反了该规定,业主对其违法经营行为,可以要求相关部门查处。只要业主有充分证据证明会所营业给业主生活、休息带来不便和侵害,业主向人民法院起诉要求会所经营者排除妨碍、消除影响、赔偿损失的,基本上会得到人民法院的支持。

0298 买了车位,还要交车位管理费吗?

是的。车位管理费类似于物业管理费。购买车位后,业主获得了车位的所有权。但是,车位的保洁、保安、照明等仍需要物业服务企业进行管理。因此,买了车位的业主仍要交纳车位管理费。

0299 一楼业主将房子改成经营早餐的铺子,可以吗?

应当经有利害关系的业主同意。业主对于建筑物内的住宅享有所有权,有自主使用的权限,并且该住宅作为业主的财产,享有住宅安宁权和相关隐私权,不容他人随意侵犯。但因为一栋建筑物内不同业主的住宅是相邻的个体,那么业主之间要相互体谅和照顾,不能认为在自己的专有部分内就可以为所欲为。根据《民法典》第279条的规定,业主不得违反法律、法规以及管理规约,将住宅改变为经营性用房。业主将住宅改变为经营性用房的,除遵守法律、法规以及管理规约外,应当经有利害关系的业主一致同意。

0300 业主在小区养狗要注意什么?

业主在小区养狗要注意:

(1)首先看业主、开发商或及物业服务企业签订的合同中有无关于养狗的规定,其次看管理规约中有无约定。如果在物业服务合同或管理规约中明确规定不得养狗,则业主应当遵守。

(2)养狗要符合公安部的有关规定。即便小区的物业服务合同或管理规约允许养狗,业主也需要遵守法律法规的有关规定,办理养狗证。

(3)饲养宠物不能妨害其他业主的合法权益。如果发生狗伤人的事件,养狗的业主要按照《民法典》的规定承担侵权赔偿责任。

0301 下水道堵塞找不出肇事者,应由共有人共同承担责任吗?

根据《物业管理条例》(2018修订)第55

条的规定，物业存在安全隐患，危及公共利益及他人合法权益时，责任人应当及时维修养护，有关业主应当给予配合。责任人不履行维修养护义务的，经业主大会同意，可以由物业服务企业维修养护，费用由责任人承担。业主应维护小区共用设备设施的正常使用。进行装修装饰的，应遵守相关房屋管理法律法规的规定和物业管理规约的约定，不能损害小区全体业主的共同利益。如果在几户业主共有的建筑物部分发生损害，不知道具体肇事人的情况下，应该由共有业主共同承担责任。

0302 供电局临时停电导致的电器损失由谁来承担责任?

视情况而定。根据《民法典》第 652 条的规定，供电人因供电设施计划检修、临时检修、依法限电或者用电人违法用电等原因，需要中断供电时，应当按照国家有关规定事先通知用电人；未事先通知用电人中断供电，造成用电人损失的，应当承担损害赔偿责任。

0303 供电局有权因为用电人不交电费而停止供电吗?

有权。根据《民法典》第 654 条第 1 款的规定，用电人应当按照国家有关规定和当事人的约定及时支付电费。用电人逾期不支付电费的，应当按照约定支付违约金。经催告用电人在合理期限内仍不支付电费和违约金的，供电人可以按照国家规定的程序中止供电。

租房

0304 哪些房屋不能出租?

根据《商品房屋租赁管理办法》第 6 条的规定，有下列情形之一的房屋不得出租：(1)属于违法建筑的；(2)不符合安全、防灾等工程建设强制性标准的；(3)违反规定改变房屋使用性质的；(4)法律、法规规定禁止出租的其他情形。第 21 条的规定，违反本办法第 6 条规定的，由直辖市、市、县人民政府建设(房地产)主管部门责令限期改正，对没有违法所得的，可处以 5000 元以下罚款；对有违法所得的，可以处以违法所得 1 倍以上 3 倍以下，但不超过 30,000 元的罚款。

0305 什么是出租人的瑕疵担保义务?

出租人的瑕疵担保义务，是指出租人必须保证在租赁期间内承租人能够正常使用租赁房屋，如果合同中承租人对房屋有特殊要求，出租人还需要满足该特殊要求。现实生活中，租赁房屋存在“墙皮表面破损”等瑕疵是在所难免的，如果承租人没有特别要求，只要不影响房屋正常安全使用，出租人就不违反瑕疵担保义务。

根据《民法典》第 708 条的规定，出租人应当按照约定将租赁物交付承租人，并在租赁期间保持租赁物符合约定的用途。因此，出租人应当自始至终(从租赁房屋交付时至租赁合同终止时)确保租赁房屋满足合同约定的要求，保证承租人能够正常使用租赁房屋。这里“保证正常使用”不仅包括房屋本身不存在裂缝漏雨等重大缺陷，还包括租赁房中的门窗、电路、水管、暖气等基本设施能够正常工作，此外，合同中明确约定由房东提供的家具电器也应该包括在内。为了保证承租人能够使用房屋，仅确保租赁房屋本身能够正常使用是不够的，根据《民法典》第 723 条第 1 款的规定，因第三人主张权利，致使承租人不能对租赁物使用、收益的，承租人可以请求减少租金或者不支付租金。因此，出租人还应当保证承租人在租赁期内使用房屋不会受到第三人权利的阻碍，出租人交付的房屋上不能存在影响承租人占有使用房屋的第三人权利，如第三人的所有权、第三人的使用权（一屋二租）、第三人的抵押权。

0306 未经消防验收的房屋是否可以出租？

消防验收涉及房屋的使用安全，根据《消防法》第13条第2款的规定，依法应当进行消防验收的建设工程，未经消防验收或者消防验收不合格的，禁止投入使用；其他建设工程经依法抽查不合格的，应当停止使用。因此，出租未经消防验收的房屋，属于违反法律关于房屋使用条件强制性规定的行为。

我国过去的司法实践认为，出租未经消防验收的房屋，租赁合同一律无效。但是，随着司法实践的深入，最高人民法院意识到，已建成的房屋价值较大，且未经消防验收不等于消防验收一定不合格，如果将此类租赁合同一律认定为无效，有损经济效率原则。根据《民法典》第724条的规定，有下列情形之一，非因承租人原因致使租赁物无法使用的，承租人可以解除合同：（1）租赁物被司法机关或者行政机关依法查封、扣押；（2）租赁物权属有争议；（3）租赁物具有违反法律、行政法规关于使用条件的强制性规定情形。这就是说，出租未经消防验收的房屋，承租人在房屋无法使用时（例如，消防机关发现该建筑未经消防验收，采取强制措施导致房屋不能使用），为保护承租人的合法利益，法律首先认为租赁合同有效，而承租人有权据此向人民法院提出合同解除之诉。但如果该房屋存在重大消防安全隐患，从一开始就不能安全使用的，那这类房屋自始不能出租。

0307 可以将阳台、厨房等租给他人作为房间吗？

群租现象在城市里比较普遍，出租人为了最大获利，承租人为了最少支出，往往会把一个房子里的各个空间充分利用进行租住。但根据《商品房屋租赁管理办法》第8条的规定，出租住房的，应当以原设计的房间为最小出租单位，人均租住建筑面积不得低于当地人民政府规定的最低标准。厨房、卫生间、阳台和地下储藏室不得出租供人员居住。第22条的规定，违反本办法第8条规定的，由直辖市、市、县人民政府建设（房地产）主管部门责令限期改正，逾期不改正的，可处以5000元以上30,000元以下罚款。

0308 房屋租赁的期限有什么特殊规定？最长租期为多久？

《民法典》第705条规定，租赁期限不得超过20年。超过20年的，超过部分无效。租赁期间届满，当事人可以续订租赁合同，但是，约定的租赁期限自续订之日起不得超过20年。第734条第1款规定，租赁期间届满，承租人继续使用租赁物，出租人没有提出异议的，原租赁合同继续有效，但租赁期限为不定期。我国房屋租赁合同的租赁期限最长为20年，如果约定的租期超过20年，则超过部分无效；租赁关系存续20年时，租赁合同被视为期限届满，当事人需要续订合同，续订的期限同样最长为20年。如果20年期满后当事人没有续订，承租人仍使用租赁房屋的，则租赁变为不定期，双方可以随时解除租赁合同。

综上可见，法律允许多次续租最终达到承租人可以无限期使用房屋的效果，但是不允许当事人一次性约定“一辈子”的租期。此处，立法者不仅仅是为了防止双方串通，“以租代买”规避房屋土地流转税，也意在给租赁双方一个重新考虑的机会，因为就个人利益而言，市场上房屋租金价格不断变化，一锤子买卖难免使其中一方利益受损。

0309 房屋租赁合同一般需要约定哪些内容？

房屋租赁当事人应当依法订立租赁合同。房屋租赁合同的内容由当事人双方约定，一般应当包括房屋租赁当事人的姓名(名称)和住所;房屋的坐落、面积、结构、附属设施,家具和家电等室内设施状况;租金和押金数额、支付方式;租赁用途和房屋使用要求;房屋和室内设施的安全性能;租赁期限;房屋维修责任;物业服务、水、电、燃气等相关费用的缴纳;争议解决办法和违约责任;其他约定。此外,为了应对城市拆迁的问题,房屋租赁当事人还应当在房屋租赁合同中约定房屋被征收或者拆迁时的处理办法。

0310 租房合同必须白纸黑字写下来吗?

不一定。根据《民法典》第 707 条的规定,租赁期限 6 个月以上的,应当采用书面形式。当事人未采用书面形式,无法确定租赁期限的,视为不定期租赁。因此,一般 6 个月以下的可以不采用书面形式订立租赁合同。

0311 原书面租赁合同期满后,出租人与承租人口头续租是否有效?

根据《民法典》第 707 条的规定,租赁期限 6 个月以上的,应当采用书面形式。当事人未采用书面形式,无法确定租赁期限的,视为不定期租赁。续租实际上是对原租赁合同中租赁期限的协议变更,结合此条的规定,如果此次续租后,整个房屋租赁期限为 6 个月以下的,则按照原来合同的约定和本次续租约定的期限履行;如果此次续租后,整个房屋租赁期限为 6 个月以上的,则除租赁期限应当视为不定期以外,其余内容按照原合同约定履行。

0312 房屋租赁合同中"天价违约金"的约定是否有效?

根据《民法典》第 585 条的规定,当事人可以约定一方违约时应当根据违约情况向对方支付一定数额的违约金,也可以约定因违约产生的损失赔偿额的计算方法。约定的违约金低于造成的损失的,人民法院或者仲裁机构可以根据当事人的请求予以增加;约定的违约金过分高于造成的损失的,人民法院或者仲裁机构可以根据当事人的请求予以适当减少。当事人就迟延履行约定违约金的,违约方支付违约金后,还应当履行债务。由此可知,即便当事人在房屋租赁合同中约定了"天价违约金",在该数额明显高于实际损失的情况下,若对方当事人提出异议,法院是有可以进行调整的。

0313 一方违约且支付违约金后,守约方是否一定可以要求其继续履行合同?

根据《民法典》第 580 条的规定,当事人一方不履行非金钱债务或者履行非金钱债务不符合约定的,对方可以要求履行,但有下列情形之一的除外:(1)法律上或者事实上不能履行;(2)债务的标的不适于强制履行或者履行费用过高;(3)债权人在合理期限内未要求履行。第 585 条第 3 款的规定,当事人就迟延履行约定违约金的,违约方支付违约金后,还应当履行债务。因此,在不具备前三种情形的情况下,违约方支付违约金,守约方仍可以要求其继续履行合同。

0314 租赁合同中守约方能否同时主张违约金和定金?

根据《民法典》第 588 条第 1 款的规定,当事人既约定违约金,又约定定金的,一方违约时,对方可以选择适用违约金或者定金条款。因此,二者不可以同时主张。

0315 守约方能否同时主张违约金与损害赔偿金?

根据《民法典》第 585 条第 1~2 款的规

定，当事人可以约定一方违约时应当根据违约情况向对方支付一定数额的违约金，也可以约定因违约产生的损失赔偿额的计算方法。约定的违约金低于造成的损失的，人民法院或者仲裁机构可以根据当事人的请求予以增加；约定的违约金过分高于造成的损失的，人民法院或者仲裁机构可以根据当事人的请求予以适当减少。因此，一般情况下，当事人不可以同时主张违约金与损害赔偿金。

0316 当事人未办理房屋租赁合同登记备案手续是否影响租赁合同的效力？

根据《民法典》第502条的规定，依法成立的合同，自成立时生效，但是法律另有规定或者当事人另有约定的除外。依照法律、行政法规的规定，合同应当办理批准等手续的，依照其规定。未办理批准等手续影响合同生效的，不影响合同中履行报批等义务条款以及相关条款的效力。应当办理申请批准等手续的当事人未履行义务的，对方可以请求其承担违反该义务的责任。依照法律、行政法规的规定，合同的变更、转让、解除等情形应当办理批准等手续的，适用前款规定。因此，如果当事人没有约定房屋租赁合同必须登记才生效，租赁合同自签订之时起生效，未办理登记备案手续并不影响租赁合同的有效性；如果当事人约定了登记备案为生效条件，一方已经履行了主要义务，对方也接受了的（例如，承租人将租金交给出租人，出租人收下租金的），即使没有登记备案，租赁合同从履行时起发生效力。

综上，当事人未办理登记备案手续对租赁合同的效力影响有限，只有在当事人约定登记备案为租赁合同生效要件，而实际未办理登记手续也未履行合同时，租赁合同才会无效。

0317 因房屋租赁发生纠纷，当事人应该去哪个法院起诉？

根据《民事诉讼法》第33条第1项的规定，下列案件，由本条规定的人民法院专属管辖：因不动产纠纷提起的诉讼，由不动产所在地人民法院管辖。根据《最高人民法院关于适用〈中华人民共和国民事诉讼法〉的解释》第28条第2款的规定，农村土地承包经营合同纠纷、房屋租赁合同纠纷、建设工程施工合同纠纷、政策性房屋买卖合同纠纷，按照不动产纠纷确定管辖。因此，因房屋租赁发生纠纷，当事人应该去租赁房屋所在地人民法院提起诉讼。

0318 小区的管理规约对于承租人是否有效？业主对承租人违反小区管理规约的行为是否要承担连带责任？

物业的使用人要受小区的管理规约的约束，因为承租人是物业的直接使用人，因此小区的管理规约对承租人同样有效。尽管业主并没有违反小区的管理规约，但为了督促业主约束非业主使用人遵守小区的管理规约，根据《物业管理条例》（2018修订）第47条的规定，物业使用人在物业管理活动中的权利义务由业主和物业使用人约定，但不得违反法律、法规和管理规约的有关规定。物业使用人违反本条例和管理规约的规定，有关业主应当承担连带责任。因此，业主对非业主使用人违反业主公约的行为要承担连带责任。

0319 什么情况下出租人有权提前收回房屋？

契约精神是现代民事交往的重要理念，因此，各国民法都体现了“契约必守”的原则。根据《民法典》第465条第2款的规定，依法成立的合同，仅对当事人具有法律约束力，但是法律另有规定的除外。当事人应当按照约定履行自己的义务，不得擅自变更或解除合同。依法成立的合同，受到法律保护。因此，租赁双方签订房屋租赁合同以后，要按照合同约定履行自己的义务。通常情况下，租期届满前，出租人无权收回房屋，无故提前收回房屋属于出租人的违约行为，需承担违约责任。但这并不是绝对的，当出租人有权解除租赁合同时，其提前收回房屋的行为不会受到法律的责难。

如果租赁双方在合同中约定解除事由的，则事由发生时出租人就可提前收回房屋。如果双方没有约定的，则根据法律的规定，出租人在下列情况可以提前收回房屋：

（1）承租人无故不支付或者迟延支付租金的。根据《民法典》第722条的规定，承租人无正当理由未支付或者迟延支付租金的，出租人可以要求承租人在合理期限内支付；承租人逾期不支付的，出租人可以解除合同。由于出租人在租赁关系中最基本的权利就是收取租金，因此承租人无故不支付租金的行为属于根本违约，出租人有权解除合同收回房屋。如果承租人因一时经济困难，无法及时支付的，出租人可以给予一定的宽限期，待到合理宽限期满仍不支付的，出租人可以解除合同。

（2）被法律视为不定期租赁的，出租人可以"提前"收回房屋。根据《民法典》第730条的规定，当事人对租赁期限没有约定或者约定不明确，依照本法第510条的规定仍不能确定的，视为不定期租赁；当事人可以随时解除合同，但是应当在合理期限之前通知对方。这种情况下，在承租人看来出租人是"提前"收回了房屋，但实际上，双方对期限的约定在法律意义上不成立，因而出租人并没有提前收回房屋，只是行使了随时解除合同的权利。

（3）承租人未经出租人同意擅自转租的。根据《民法典》第716条第2款的规定，承租人未经出租人同意转租的，出租人可以解除合同。这里需要注意的是，虽然法律赋予了出租人得知承租人擅自转租后，单方解除合同的权利，但是这一权利必须在合理期限内行使，否则不能再以此为理由提前收回房屋。

（4）根据《民法典》第711条的规定，承租人未按照约定的方法或者未根据租赁物的性质使用租赁物，致使租赁物受到损失的，出租人可以解除合同并要求赔偿损失。因此，在承租人未按照约定或正当用途使用房屋，或者承租人擅自变动房屋建筑主体和承重结构或者扩建，出租人要求恢复原貌而不予理睬时，出租人不但可以提前收回房屋，还可以就造成房屋毁损的后果要求承租人赔偿损失。

上述情况，出租人有权提前收回房屋，不用承担违约责任。

0320 什么情况下承租人有权提前退租？

房屋租赁关系中，出租人与承租人的法律地位平等、权利义务对等，因此，"契约必守"的原则不仅仅约束承租人，同样约束出租人。同出租人一样，承租人期满前无故提前退租属于违约行为，需承担违约责任，但满足一定条件的，可以不受责难地解除合同，提前退租。

如果租赁双方在合同中约定解除事由的，则事由发生时承租人就可提前退租。如果双方没有约定的，则根据法律的规定，承租人在下列情况可以提前退租：

（1）根据《民法典》第708条的规定，出租人应当按照约定将租赁物交付承租人，并在租赁期间保持租赁物符合约定的用途。因此，出租人拒不交付或不按约定条件交付租赁房屋，导致承租人合同目的无法实现的，承租人可以解除合同提前退租。

（2）因不可归责于承租人的原因，致使房屋损毁，租赁合同目的无法实现的。根据《民法典》第729条的规定，因不可归责于承租人的事由，致使租赁物部分或者全部毁损、灭失的，承租人可以要求减少租金或者不支付租金；因租赁物部分或者全部毁损、灭失，致使不能实现合同目的的，承租人可以解除合同。一方面，房屋毁损可能是由于不可抗力造成的，例如地震、洪水等，承租人在签订租赁合同时是无法预见、无法避免、无法克服的，此种情况下承租人可以解除合同提前退租。另一方面，房屋毁损可能是由于第三人的行为造成的，如果承租人不存在房屋管理上的过错，也可以要求解除合同提前退租。

(3)被法律视为不定期租赁的。根据《民法典》第730条的规定，当事人对租赁期限没有约定或者约定不明确，依照本法第510条的规定仍不能确定的，视为不定期租赁；当事人可以随时解除合同，但是应当在合理期限之前通知对方。同出租人一样，被法律视为不定期租赁的，承租人也可随时解除合同，"提前"退租。

(4)租赁房屋危及承租人的安全或者健康的。根据《民法典》第731条的规定，租赁物危及承租人的安全或者健康的，即使承租人订立合同时明知该租赁物质量不合格，承租人仍然可以随时解除合同。法律将保护生命健康放在首要位置，因此，如果危及承租人生命健康的，不论承租人订立合同时是否明知该瑕疵的存在，均可随时解除合同。

(5)因司法机关或者行政机关依法查封租赁房屋导致承租人不能使用的。此处房屋被查封可能是因出租人导致的，也可能是因承租人导致的，只要无法继续使用，承租人均可要求解除合同。但如果是因为承租人不正当使用房屋(如在租赁房屋内从事违法活动)，导致租赁房屋被查封，给出租人带来损失的，应由承租人赔偿。

(6)租赁房屋有权属争议，导致租赁房屋无法使用的。

(7)违反法律、法规对房屋使用条件的强制性规定，导致房屋无法使用的。

上述情况，承租人有权提前退租，不承担违约责任。

0321 提前退租需要办理什么手续?

提前退租，是承租人提前结束租赁合同的一种做法。因此，首先，承租人应当和出租人达成解除租赁合同的协议，否则就构成违约。其次，租赁合同经双方协商一致解除后，承租人应当向出租人退还出租房屋及房屋内设施，结算相关费用，如押金、水、电、煤以及宽带；如果房屋因承租人使用不当而有所损坏，承租人还应当承担赔偿责任。最后，如果租房的时候进行了房屋租赁登记备案，那么退房的时候也要到同一机构办理注销登记备案手续。

0322 房屋出租人和中介公司是什么关系?

既可以是中介合同关系，也可以是委托合同关系。根据《民法典》第961条的规定，中介合同是中介人向委托人报告订立合同的机会或者提供订立合同的媒介服务，委托人支付报酬的合同。此种情况下，房屋出租人和中介公司是中介合同的关系。第919条的规定，委托合同是委托人和受托人约定，由受托人处理委托人事务的合同。如果房屋出租人是委托中介公司帮助寻找承租人，处理相关房屋租赁过程中的相关事宜，并约定对于中介公司在委托范围内作出的行为，由出租人承担法律后果的，那么，出租人和中介公司签订的是委托合同，也就是说，他们是授权委托的关系。

0323 中介公司可以收看房费吗?

不可以。如果房屋租赁中介机构促成房屋租赁双方达成合同，可以按照双方的约定一次性收取中介服务费，并应当向委托人开具发票。除此之外，中介机构不得收取委托合同以外的任何财物如押金、信息费、咨询费。因此，中介公司带承租人看房，不得先收取看房费，更不能在承租人不租赁该房的情况下拒不退还看房费。

0324 房屋权利人能否认中介公司和承租人签订的租赁合同效力吗?

(1)一般情况下,如果中介公司是作为房屋权利人的代理人和承租人签订了租赁合同,并出示了房屋权利人的有效授权书和相关证件,足以证明是房屋权利人的代理人,且代理内容属于授权书上所写的授权范围,那么房屋权利人就无权否认合同的效力。

(2)根据《民法典》第 171 条第 1 款的规定,行为人没有代理权、超越代理权或者代理权终止后,仍然实施代理行为,未经被代理人追认的,对被代理人不发生效力。

(3)根据《民法典》第 172 条第 1 款的规定,行为人没有代理权、超越代理权或者代理权终止后,仍然实施代理行为,相对人有理由相信行为人有代理权的,代理行为有效。

0325 房屋租赁中介惯常使用的陷阱有哪些?

中介公司是营利机构,有时为了赚取利润会不惜设置陷阱坑害顾客,以下列举几种房屋中介惯常使用的手法:

(1)中介诱使出租人频频毁约和成交,赚取多笔中介费用。有时候出租人不了解房屋租赁市场的租金价格水平,求助中介权衡,中介为了谋取不正当利益,可能给出一个在合理范围内但低于同等条件下房屋租金的租金价格。由于该价格相对划算,中介很快就能找到承租人,签约后赚取中介费用。在交付房屋前,中介迅速联系其他有意租房的人达成高租金的租房意向,并以高租金诱惑出租人将第一份租赁合同毁约后,与新的承租人签约,从而再次赚取中介费。由于两份租赁合同多月累积的租金差减去违约赔偿金后出租人还有得赚,这就成为中介能够诱惑出租人毁约成功的原因。因此,找中介租房子时,一旦房屋价格便宜,定金收取又较低的时候,承租人就要小心被毁约。

(2)小中介"偷"房源,未经出租人授权出租房屋及签订合同。通常,规模较小的中介资金实力弱、服务质量差,不能得到出租人的信任,因此,缺少房源信息。部分小中介为了增加成交数量赚取利益,便采取了四处"偷"房源的策略。"偷"房源这种事情在中介业内早已不是新鲜事了,小中介先去房源信息丰富的中介处假意称自己有意求租,然后看房子的过程中想方设法与出租人接触并留下联系方式,看完房子以后借口自己不满意离开,此后便将该房屋作为自己的房源信息,到处拉拢顾客。对于此类中介,承租人一定要小心,因为这类中介并未得到出租人的授权,没有资格代出租人签订租赁合同。因此,未见到出租人授权委托书时,承租人坚决不能将租金交给这类中介。

(3)中介利用格式合同设置免责陷阱。中介机构在房屋租赁过程中通常扮演居间人的角色,居间人和委托人之间存在居间合同。通常情况下,与中介订立居间合同的是承租人。目前的房屋市场中,中介机构通常会事先拟订好一份样本合同,签订时只需填写当事人姓名,无须对合同条款进行协商,这类合同被称为"格式合同"。《民法典》第 496 条规定,格式条款是当事人为了重复使用而预先拟定,并在订立合同时未与对方协商的条款。采用格式条款订立合同的,提供格式条款的一方应当遵循公平原则确定当事人之间的权利和义务,并采取合理的方式提请对方注意免除或者限制其责任的条款,按照对方的要求,对该条款予以说明。第 497 条规定,格式条款具有本法第一篇第六章第三节和本法第 506 条规定的无效情形,或者提供格式条款一方不合理地免除或者减轻其责任、加重对方责任、排除对方主要权利;或者提供格式条款一方排除对方主要权利，该格式条款无效。由于格式合同由中介单方事先拟定，为了防止顾客受到不公平格式条款的侵权，《民法典》《消费者权益保护法》等法律都对格式合同作了专门的限制规定。但为了避免诉讼麻烦，在签订中介合同时，承租人要注意阅读中介各项“不退款不负责”的声明，有什么不妥之处应及时提出修改，以免日后维权受阻。

(4)中介未经出租人同意溢价转租。有些信用度较低的中介机构为了盈利，不惜损害租赁双方的利益，实务中由于中介溢价转租而引起的纠纷屡见不鲜。这种陷阱的原理是，中介机构先派内部人员伪装成承租人与出租人接触并以各种手段进行杀价，最终以低价从出租人手中把房屋承租下来。此后中介机构在未经出租人同意的情况下，擅自提高租金溢价转租他人，从而赚取差价。根据《民法典》第716条第2款的规定，承租人未经出租人同意转租的，出租人可以解除合同。因此，一旦出租人发现房屋在自己事先不知情的情况下被溢价转租，其有权解除合同，收回房屋。此时，无辜的次承租人将遭受损失。因此，碰到中介转租房屋的情况，次承租人一定要确保出租人书面同意了转租行为。同时，根据《房地产经纪管理办法》第18条的规定，房地产经纪服务实行明码标价制度。房地产经纪机构应当遵守价格法律、法规和规章规定，在经营场所醒目位置标明房地产经纪服务项目、服务内容、收费标准以及相关房地产价格和信息。房地产经纪机构不得收取任何未予标明的费用；不得利用虚假或者使人误解的标价内容和标价方式进行价格欺诈；一项服务可以分解为多个项目和标准的，应当明确标示每一个项目和标准，不得混合标价、捆绑标价。《房地产经纪执业规则》第30条第2款的规定，房地产经纪机构不得收取任何未予标明或者服务合同约定以外的费用；在未对标的房屋进行装饰装修、增配家具家电等投入的情况下，不得以低价购进(租赁)、高价售出(转租)等方式赚取差价；不得利用虚假信息骗取中介费、服务费、看房费等费用。

0326 中介机构在房屋租赁过程中介绍假房屋权利人给承租人，承租人可以要求中介机构承担责任吗？

可以。中介机构有义务核实向委托人提供的资料的真实性，因此，如果出租人是假的，那么中介机构就存在过错，承租人可以要求中介机构承担责任，赔偿损失。

0327 合同租赁期内，谁负有房屋的维修义务？

租赁房屋的维修义务是出租人瑕疵担保义务的派生，《民法典》第712条规定，出租人应当履行租赁物的维修义务，但是当事人另有约定的除外。第713条规定，承租人在租赁物需要维修时可以要求出租人在合理期限内维修。出租人未履行维修义务的，承租人可以自行维修，维修费用由出租人负担。因维修租赁物影响承租人使用的，应当相应减少租金或者延长租期。因此，如果租赁双方没有在合同中另行约定，则租赁房屋的维修义务应由出租人承担。

出租人履行维修义务，既可以是由承租人提出的，也可以是出租人主动承担的。出租人主动承担是指为了防止租赁房屋过快老化折旧，出租人平时主动维护房屋。承租人提出维修要求的，一般是指在租赁期内，房屋及设施出现问题需要维修时，承租人向出租人提出维修的要求。接到维修通知后，出租人应在合理的期限内进行维修。这里“合理期限”的长短应当根据房屋的损坏程度、需要维修的紧迫程度、出租人的维修能力等具体情况确定。

如果出租人拒绝维修或不能在合理的期限内进行维修的，承租人可以自行修理，由此支出的费用应由出租人负担，承租人有权要求出租人偿还或者从租金中扣除。无论是出租人进行的维修，还是承租人自己进行的维修，只要影响了承租人对租赁房屋正常使用收益的，承租人均有权要求出租人相应地减少租金或者延长租赁期限。

0328 什么情况下出租人可以不负修缮责任？

合同约定或承租人有过错的情况下。根据《民法典》第 712 条的规定，出租人应当履行租赁物的维修义务，但是当事人另有约定的除外。因此，一般情况下，由出租人承担维修义务，但约定由承租人维修的除外。根据《商品房屋租赁管理办法》第 10 条第 2 款的规定，承租人因使用不当等原因造成承租房屋和设施损坏的，承租人应当负责修复或者承担赔偿责任。

0329 房屋发生转租后，“次承租人”的权利有何限制？

经出租人同意，承租人将房屋转租给第三人的，该第三人称为“次承租人”。形象地讲，转租是在原租赁合同的“下游”建立一个新的租赁合同，下游的水流有多大取决于上游。因此，次承租人的权利受到原租赁合同的限制，其特征是：（1）房屋转租期间，原租赁合同变更，影响转租合同履行的，转租合同随之变更；（2）原租赁合同解除的，转租合同随之解除；（3）次承租人的权利不会大于承租人的权利。

实际生活中，次承租人在签订转租合同前，应当认真阅读原租赁合同条款，尤其要查看原租赁合同租赁期限何时届满。根据《民法典》第 717 条的规定，承租人经出租人同意将租赁物转租给第三人，转租期限超过承租人剩余租赁期限的，超过部分的约定对出租人不具有法律约束力，但是出租人与承租人另有约定的除外。因此，即便转租行为是经过出租人同意的，次承租人的权利也只能小于或等于承租人，转租期限超过原租赁合同剩余租赁期限的，超过部分无效，除非出租人对超过的部分也表示同意。

0330 承租人擅自转租的，出租人为什么要尽早主张权利？

为了保障次承租人的权利，让转租状态不至于长时间处于不安定的状态，根据《民法典》第 718 条的规定，出租人知道或者应当知道承租人转租，但是在 6 个月内未提出异议的，视为出租人同意转租。

法律从来不保护“躺在权利上睡觉”的人，出租人如果明知转租事实的存在，而长期不表示异议，那么次承租人就有理由相信出租人默许了转租行为。如果允许怠于行使异议权的出租人很久以后跳出来将次承租人扫地出门，不仅对次承租人不公平且有碍于次承租人及时找擅自转租的承租人索赔。因此，出租人在知道或者应当知道转租事实后，应尽早主张权利，否则 6 个月后就不能再表示自己不同意转租。

0331 承租人可以将房屋转租吗？

取得出租人同意可以。大城市里作二房东的承租人不在少数，但转租房屋必须经出租人同意后才可以。根据《民法典》第 716 条的规定，承租人经出租人同意，可以将租赁物转租给第三人。承租人转租的，承租人与出租人之间的租赁合同继续有效，第三人对租赁物造成损失的，承租人应当赔偿损失。承租人未经出租人同意转租的，出租人可以解除合同。根据《商品房屋租赁管理办法》第 11 条的规定，承租人转租房屋的，应当经出租人书面同意。承租人未经出租人书面同意转租的，出租人可以解除租赁合同，收回房屋并要求承租人赔偿损失。

0332 哪些房屋不能转租？

根据《民法典》第716条第1款的规定，承租人经出租人同意，可以将租赁物转租给第三人。承租人转租的，承租人与出租人之间的租赁合同继续有效，第三人对租赁物造成损失的，承租人应当赔偿损失。房屋转租是指承租人在租赁期间将其承租房屋的部分或者全部再出租的行为，包括以联营、承包经营和合作经营等名义，将承租房屋交付他人使用并获得租金性质的保底收益的，均为房屋转租。同时，根据《上海市房屋租赁条例》第30条的规定，有下列情形之一的房屋不得转租：（1）承租人拖欠租金的；（2）承租人在承租房屋内擅自搭建的；（3）预租的商品房。另外，应当注意，根据《商品房租赁管理办法》第11条第2款的规定，承租人未经出租人书面同意转租的，出租人可以解除租赁合同，收回房屋并要求承租人赔偿损失。

0333 合租合同应当注意哪些问题？

合租者租用的不是独立成套的房屋，因此，在与出租人签订的租赁合同中应当明确约定合租人个人租用的部分，以及使用共用部分的范围、条件和要求，以免产生纠纷。如果合租者之间对共用部分产生争议，争议一方可以要求他们的出租人解决纠纷，出租人应当在合理时间内协调处理。

0334 租赁期满承租人拒不搬出，出租人可以采取什么措施？

根据《民法典》第733条的规定，租赁期限届满，承租人应当返还租赁物。返还的租赁物应当符合按照约定或者租赁物的性质使用后的状态。因此，如果承租人到期后却拒不搬出，出租人可以要求其腾房；此外出租人还可以申请法院强制执行，并要求其承担租期届满后的房屋占用费用及违约金。如果承租人确有困难，经与出租人协商一致后，可以适当延长租赁期限或减小承租面积。

0335 出租房屋不符合约定，承租人一定可以解除合同吗？

不一定。根据《民法典》第708条的规定，出租人应当按照约定将租赁物交付承租人，并在租赁期限保持租赁物符合约定的用途。出租人有义务按照合同的规定交付房屋，并在租赁期间保持房屋符合合同的规定，但承租人是否能解除合同，要依据合同的规定以及违反约定的程度来确定。也就是说，如果交付的房屋与合同规定严重不符，或者出租人违反合同义务构成了根本违约，承租人才可以解除合同；如果只是一些常规的不影响房屋使用功能的问题，不构成解约的理由，只是如何维修的问题。

0336 没有约定租期的租赁合同怎么解除？

可随时解除。根据《民法典》第730条的规定，当事人对租赁期限没有约定或者约定不明确，依照本法第510条的规定仍不能确定的，视为不定期租赁；当事人可以随时解除合同，但出租人解除合同应当在合理期限之前通知承租人。

0337 什么是承租人对承租房屋的优先购买权？

根据《民法典》第726条第1款的规定，出租人出卖租赁房屋的，应当在出卖之前的合理期限内通知承租人，承租人享有以同等条件优先购买的权利；但是，房屋按份共有人行使优先购买权或者出租人将房屋出卖给近亲属的除外。根据《商品房屋租赁管理办法》第13条的规定，房屋租赁期间出租人出售租赁房屋的，应当在出售前合理期限内通知承租人，承租人在同等条件下有优先购买权。承租人的优先购买权是一种选择权,承租人可以选择购买,也可以选择不购买。

0338 房屋权利人要卖房,承租人可以优先购买吗?

可以。根据《民法典》第 726 条第 1 款的规定,出租人出卖租赁房屋的,应当在出卖之前的合理期限内通知承租人,承租人享有以同等条件优先购买的权利;但是,房屋按份共有人行使优先购买权或者出租人将房屋出卖给近亲属的除外。根据《商品房屋租赁管理办法》第 13 条的规定,房屋租赁期间出租人出售租赁房屋的,应当在出售前合理期限内通知承租人,承租人在同等条件下有优先购买权。因此,如果出租人要卖掉房子,应当在合理期限内首先通知承租人。如果承租人给出的购买条件和有意购房者给出的购房条件相同,那么出租人必须把房子卖给承租人,这叫作承租人的"优先购买权"。当然,如果承租人出的价格比别人低,出租人就可以把房子卖给他人。

0339 共有人优先购买权和承租人优先购买权发生竞合时,何者优先?

《民法典》第 305 条规定,按份共有人可以转让其享有的共有的不动产或者动产份额。其他共有人在同等条件下享有优先购买的权利。第 726 条规定,出租人出卖租赁房屋的,应当在出卖之前的合理期限内通知承租人,承租人享有以同等条件优先购买的权利;但是,房屋按份共有人行使优先购买权或者出租人将房屋出卖给近亲属的除外。出租人履行通知义务后,承租人在 15 日内未明确表示购买的,视为承租人放弃优先购买权。

0340 出租人将房屋转让后,承租人还能继续租住吗?

可以。根据《民法典》第 725 条的规定,租赁物在承租人按照租赁合同占有期限内发生所有权变动的,不影响租赁合同的效力。因此,如果出租人要转让承租人承租的房屋,而承租人没有购买的话,那么承租人在原租赁合同规定的时间内,还可以按照原合同的条款继续租用这所房子,新房屋权利人没有权利让承租人搬走,这就是所谓的"买卖不破租赁"。此外,根据《商品房屋租赁管理办法》第 12 条第 1 款的规定,房屋租赁期间内,因赠与、析产、继承或者买卖转让房屋的,原房屋租赁合同仍继续有效。

0341 承租人能否为使用方便对房屋进行装修改造?

经出租人同意后可以。根据《民法典》第 715 条的规定,承租人经出租人同意,可以对租赁物进行改善或者增设他物。承租人未经出租人同意,对租赁物进行改善或者增设他物的,出租人可以要求承租人恢复原状或者赔偿损失。根据《商品房屋租赁管理办法》第 10 条的规定,承租人应当按照合同约定的租赁用途和使用要求合理使用房屋,不得擅自改动房屋承重结构和拆改室内设施,不得损害其他业主和使用人的合法权益。承租人因使用不当等原因造成承租房屋和设施损坏的,承租人应当负责修复或者承担赔偿责任。

0342 承租人擅自装修的,是否能以出租人"实际获利"为由,要求出租人承担装修发生的费用?

根据《民法典》第 715 条的规定,承租人经出租人同意,可以对租赁物进行改善或者增设他物。承租人未经出租人同意,对租赁物进行改善或者增设他物的,出租人可以要求承租人恢复原状或者赔偿损失。根据《最高人民法院关于审理城镇房屋租赁合同纠纷案件具体应用法律若干问题的解释》(2020 修正)第 11

条的规定,承租人未经出租人同意装饰装修或者扩建发生的费用,由承租人负担。出租人请求承租人恢复原状或者赔偿损失的,人民法院应予支持。因此,如果出租人愿意接受租赁房屋的装修,可以自愿给予承租人适当的补偿,法律不予干涉。但该补偿绝不是必需的,是否支付、支付多少由出租人自主决定。

0343 承租人经出租人同意装修租赁房屋的,租赁期限届满后,装修物应如何处理?

根据《最高人民法院关于审理城镇房屋租赁合同纠纷案件具体应用法律若干问题的解释》(2020修正)第8条的规定,承租人经出租人同意装饰装修,租赁期间届满或者合同解除时,除当事人另有约定外,未形成附合的装饰装修物,可由承租人拆除。因拆除造成房屋毁损的,承租人应当恢复原状。第10条的规定,承租人经出租人同意装饰装修,租赁期间届满时,承租人请求出租人补偿附合装饰装修费用的,不予支持。但当事人另有约定的除外。

0344 承租人经出租人同意装修租赁房屋的,租赁期内解除合同时,装修物应如何处理?

根据《最高人民法院关于审理城镇房屋租赁合同纠纷案件具体应用法律若干问题的解释》(2020修正)第9条的规定,承租人经出租人同意装饰装修,合同解除时,双方对已形成附合的装饰装修物的处理没有约定的,人民法院按照下列情形分别处理:(1)因出租人违约导致合同解除,承租人请求出租人赔偿剩余租赁期内装饰装修残值损失的,应予支持;(2)因承租人违约导致合同解除,承租人请求出租人赔偿剩余租赁期内装饰装修残值损失的,不予支持。但出租人同意利用的,应在利用价值范围内予以适当补偿;(3)因双方违约导致合同解除,剩余租赁期内的装饰装修残值损失,由双方根据各自的过错承担相应的责任;(4)因不可归责于双方的事由导致合同解除的,剩余租赁期内的装饰装修残值损失,由双方按照公平原则分担。法律另有规定的,适用其规定。

0345 承租人经出租人同意装修租赁房屋,此后发现合同无效的,装修物应如何处理?

根据《最高人民法院关于审理城镇房屋租赁合同纠纷案件具体应用法律若干问题的解释》(2020修正)第7条的规定,承租人经出租人同意装饰装修,租赁合同无效时,未形成附合的装饰装修物,出租人同意利用的,可折价归出租人所有;不同意利用的,可由承租人拆除。因拆除造成房屋毁损的,承租人应当恢复原状。已形成附合的装饰装修物,出租人同意利用的,可折价归出租人所有;不同意利用的,由双方各自按照导致合同无效的过错分担现值损失。

0346 如何确定租金支付的期限?

有约定依约定,无约定依法定。根据《民法典》第721条的规定,承租人应当按照约定的期限支付租金。对支付期限没有约定或者约定不明确,依照本法第510条的规定仍不能确定,租赁期间不满1年的,应当在租赁期间届满时支付;租赁期间1年以上的,应当在每届满1年时支付,剩余期间不满1年的,应当在租赁期间届满时支付。

0347 承租人延期交付租金或不支付租金的,出租人应该怎么办?

根据《民法典》第722条的规定,承租人无正当理由未支付或者迟延支付租金的,出租人可以要求承租人在合理期限内支付;承租人逾期不支付的，出租人可以解除合同。因此，出租人应在承租人逾期不支付租金时给其合理的补救机会要求其补足租金，若承租人无正当抗辩理由，也不支付租金，出租人可以解除合同。

0348 承租人拒不支付租金或到期不及时腾房的，出租人是否可以扣留承租人的物品？

一般情况下不可以，《民法典》中有关留置权的规定此处不能适用。

留置权是指债务人不履行到期债务，债权人可以留置已经合法占有的债务人的动产，并有权就该动产优先受偿。留置权是一种法定担保物权，无须当事人约定便可以产生，但是必须符合法定要件。根据《民法典》第 447 条的规定，债务人不履行到期债务，债权人可以留置已经合法占有的债务人的动产，并有权就该动产优先受偿。前款规定的债权人为留置权人，占有的动产为留置财产。第 448 条的规定，债权人留置的动产，应当与债权属于同一法律关系，但企业之间留置的除外。综合上述条款，留置权的法定要件为（1）留置物必须为动产；（2）债权已届清偿期；（3）债权人合法占有债务人的动产；（4）该动产与债权的发生属于同一法律关系。在房屋租赁中，出租人并没有合法占有承租人的物品，且承租人的物品与租金及费用的产生无关。因此，在合同没有约定的情况下，出租人不得擅自扣留承租人物品冲抵所欠费用。

0349 房屋因为自身原因毁损，租金还要付吗？

不需要。根据《民法典》第 729 条的规定，因不可归责于承租人的事由，致使租赁物部分或者全部毁损、灭失的，承租人可以要求减少租金或者不支付租金；因租赁物部分或者全部毁损、灭失，致使不能实现合同目的的，承租人可以解除合同。因此，房屋因自身原因毁损的，承租人可以解除合同，无须继续支付租金。

0350 租期未到，房屋的质量问题危及安全的，承租人能不能解除合同？

能。根据《民法典》第 731 条的规定，租赁物危及承租人的安全或者健康的，即使承租人订立合同时明知该租赁物质量不合格，承租人仍然可以随时解除合同。

0351 承租人死亡但其妻儿还在，出租人可否马上将房屋租给他人？

不能。根据《民法典》第 732 条的规定，承租人在房屋租赁期限死亡的，与其生前共同居住的人或者共同经营人可以按照原租赁合同租赁该房屋。根据《商品房屋租赁管理办法》第 12 条第 2 款的规定，承租人在房屋租赁期间死亡的，与其生前共同居住的人可以按照原租赁合同租赁该房屋。所以，生前共同居住的妻儿可以选择按照原租赁合同继续租赁房屋，出租人不可马上将房屋租给他人。

0352 租赁期间因第三人行为影响房屋正常使用的，承租人可以直接向该第三人行使哪些权利？

根据《民法典》第 462 条第 1 款的规定，占有的不动产或者动产被侵占的，占有人有权请求返还原物；对妨害占有的行为，占有人有权请求排除妨害或者消除危险；因侵占或者妨害造成损害的，占有人有权请求损害赔偿。因此，如果租赁期间有第三人影响承租人对房屋的正常使用，承租人可以以占有人的身份，直接要求该第三人停止侵权、排除妨害、消除危险，如果该第三人的侵权行为已经给承租人带来了损失，承租人还有权要求第三人赔偿损失。

0353 租赁期内新设立的房屋抵押权，一旦债权人要求实现抵押权，租赁关系是否继续有效？

根据《民法典》第405条的规定，抵押权设立前，抵押财产已经出租并转移占有的，原租赁关系不受该抵押权的影响。根据《最高人民法院关于审理城镇房屋租赁合同纠纷案件具体应用法律若干问题的解释》（2020修正）第14条的规定，租赁房屋在承租人按照租赁合同占有期限内发生所有权变动，承租人请求房屋受让人继续履行原租赁合同的，人民法院应予支持。但租赁房屋具有下列情形或者当事人另有约定的除外：（1）房屋在出租前已设立抵押权，因抵押权人实现抵押权发生所有权变动的；（2）房屋在出租前已被人民法院依法查封的。因此，如果承租人的租赁关系成立在前，不论租赁合同是否登记备案，均不受抵押权的影响，在抵押权实现后，承租人可以要求房屋受让人履行原租赁合同，承租人可以在支付租金的情况下继续占有使用房屋，直到原租赁合同期满。

征收补偿

0354 房屋被征收人具体指哪些人？

根据《国有土地上房屋征收与补偿条例》第2条的规定，为了公共利益的需要，征收国有土地上单位、个人的房屋，应当对被征收房屋所有权人（以下称被征收人）给予公平补偿。该条将被征收人定义为被征收房屋所有权人，具体而言包括以下几种：

（1）私有房屋的所有权人。在房屋征收与补偿的过程中，私有房屋的所有权人主要是指具有当地产权登记机关或者区县人民政府颁发的房屋产权证书的人，只有具有产权证书才能证明其享有合法的房屋所有权。

（2）公有房屋的管理人。这主要是指政府机关或者事业单位等，其使用的办公用房的产权属于国家。

（3）被征收房屋的代管人。房屋代管分为国家代管和代理人代管。国家代管的对象是房屋所有权人下落不明且无合法的代管人或者房屋权属状况不明的私有房屋。代理人代管仅仅是一种民事代理现象，实际上的被征收人仍然是房屋的实际所有人。我们所说的被征收房屋代管人仅指国家代管的情形。

0355 谁来监督房屋征收实施单位的征收行为？

根据《国有土地上房屋征收与补偿条例》第5条的规定，房屋征收部门可以委托房屋征收实施单位，承担房屋征收与补偿的具体工作。房屋征收实施单位不得以营利为目的。房屋征收部门对房屋征收实施单位在委托范围内实施的房屋征收与补偿行为负责监督，并对其行为后果承担法律责任。

因此，房屋征收实施单位的征收行为由房屋征收部门监督，并且房屋征收实施单位的征收行为的法律后果也由房屋征收部门承担。这是因为房屋征收部门与房屋征收实施单位之间是一种行政委托法律关系，根据法律规定委托方应当负责监督受委托方实施行政行为，而且被委托方以委托方名义实施的委托行为，行为效果归属于委托方。

0356 什么情况下可以征收城市房屋？

根据《国有土地上房屋征收与补偿条例》第8条的规定，为了保障国家安全、促进国民经济和社会发展等公共利益的需要，有下列情形之一，确需要征收房屋的，由市、县级人民政府作出房屋征收决定:(1)国防和外交的需要;(2)由政府组织实施的能源、交通、水利等基础设施建设的需要;(3)由政府组织实施的科技、教育、文化、卫生、体育、环境和资源保护、防灾减灾、文物保护、社会福利、市政公用等公共事业的需要;(4)由政府组织实施的保障性安居工程建设的需要;(5)由政府依照城乡规划法有关规定组织实施的对危房集中、基础设施落后等地段进行旧城区改建的需要;(6)法律、行政法规规定的其他公共利益的需要。第9条的规定,依照本条例第8条规定,确需征收房屋的各项建设活动,应当符合国民经济和社会发展规划、土地利用总体规划、城乡规划和专项规划。保障性安居工程建设、旧城区改建,应当纳入市、县级国民经济和社会发展年度计划。制订国民经济和社会发展规划、土地利用总体规划、城乡规划和专项规划,应当广泛征求社会公众意见,经过科学论证。因此,城市房屋的征收既要有合法的情形,还要经过一系列规范的程序才能启动进行。

0357 哪些部门有权作出征收决定?

根据《国有土地上房屋征收与补偿条例》第12条第1款的规定,市、县级人民政府作出房屋征收决定前,应当按照有关规定进行社会稳定风险评估;房屋征收决定涉及被征收人数量较多的,应当经政府常务会议讨论决定。第13条第1款的规定,市、县级人民政府作出房屋征收决定后应当及时公告。公告应当载明征收补偿方案和行政复议、行政诉讼权利等事项。

因此,只有市、县级人民政府才有权作出征收决定,即房屋征收的主体是市、县级人民政府,而不是房屋征收实施单位,后者是负责进行具体的组织实施工作。这种权力分配的好处就在于,决定机关的级别越高,公正性就越强,决策过程就会更加民主。

0358 房屋征收决定的作出者与具体实施者有什么区别?

房屋征收部门是市、县级人民政府,而房屋征收实施单位是由房屋征收部门确定的组织实施本行政区域的房屋征收与补偿的工作部门。根据《国有土地上房屋征收与补偿条例》第5条的规定,房屋征收部门可以委托房屋征收实施单位,承担房屋征收与补偿的具体工作。房屋征收实施单位不得以营利为目的。房屋征收部门对房屋征收实施单位在委托范围内实施的房屋征收与补偿行为负责监督,并对其行为后果承担法律责任。

房屋征收部门作出征收决定后由房屋征收实施单位具体执行,因此,房屋征收部门与房屋征收实施单位之间是一种行政委托法律关系,被委托方以委托方名义实施的委托行为,行为效果归属于委托方。

0359 房屋征收决定生效后,被征收人享有哪些权利?

房屋征收决定自公告之日起生效。生效之后,被征收人即享有以下权利:

第一,异议权。根据《国有土地上房屋征收与补偿条例》第14条的规定,被征收人对市、县级人民政府作出的房屋征收决定不服的,可以依法申请行政复议,也可以依法提起行政诉讼。

第二,占有、使用和收益权。根据《国有土地上房屋征收与补偿条例》第27条的规定,实施房屋征收应当先补偿、后搬迁。作出房屋征收决定的市、县级人民政府对被征收人给予补偿后,被征收人应当在补偿协议约定或者补偿决定确定的搬迁期限内完成搬迁。任何单位和个人不得采取暴力、威胁或者违反规定中断供水、供热、供气、供电和道路通行等非法方式迫使被征收人搬迁。禁止建设单位参与搬迁活动。因此,在市、县人民政府对被征收人给予补偿之前，以及给予补偿后但在补偿协议约定或者补偿决定确定的期限之前，被征收人仍享有对被征收的房屋占有、使用和收益的权利。例如，被征收人可以继续住在被征收的房屋内；如被征收的房屋在被征收前已经出租的，那么该承租人可以继续使用该房屋，被征收人可以向承租人收取租金。当然，这种权利也要受到一定的限制。根据《国有土地上房屋征收与补偿条例》第16条第1款的规定，房屋征收范围确定后，不得在房屋征收范围内实施新建、扩建、改建房屋和改变房屋用途等不当增加补偿费用的行为；违反规定实施的，不予补偿。

第三，求偿权。根据《国有土地上房屋征收与补偿条例》第2条的规定，为了公共利益的需要，征收国有土地上单位、个人的房屋，应当对被征收房屋所有权人（以下简称被征收人）给予公平补偿。因此，被征收人有权向征收人索要征收补偿和安置费用。比如，某市人民政府因修建马路的需要，征收李某的房屋，李某可以向房屋征收部门要求给予相应的补偿。

0360 市、县级人民政府作出征收决定后，被征收人可以反对吗？

可以。根据《国有土地上房屋征收与补偿条例》第14条的规定，被征收人对市、县级人民政府作出的房屋征收决定不服的，既可以依法申请行政复议，也可以依法提起行政诉讼。

0361 被征收人对征收补偿方案有异议的怎么办？

根据《国有土地上房屋征收与补偿条例》第11条第2款的规定，因旧城区改建需要征收房屋，多数被征收人认为征收补偿方案不符合本条例规定的，市、县级人民政府应当组织由被征收人和公众代表参加的听证会，并根据听证会情况修改方案。

0362 征收范围确定后，还能改建房屋吗？

不能，根据《国有土地上房屋征收与补偿条例》第16条的规定，房屋征收范围确定后，不得在房屋征收范围内实施新建、扩建、改建房屋和改变房屋用途等不当增加补偿费用的行为；违反规定实施的，不予补偿。房屋征收部门应当将前款所列事项书面通知有关部门暂停办理相关手续。暂停办理相关手续的书面通知应当载明暂停期限。暂停期限最长不得超过1年。

0363 被征收人对房屋评估有异议怎么办？

根据《国有土地上房屋征收与补偿条例》第19条第2款的规定，对评估确定的被征收房屋价值有异议的，可以向房地产价格评估机构申请复核评估。对复核结果有异议的，可以向房地产价格评估专家委员会申请鉴定。

在实际生活中，被征收人和征收部门对被征收房屋的价值协商不一致或者被征收人对房屋评估有异议的情形屡见不鲜。这个时候，被征收人选择合适恰当的维权方式就显得十分重要。根据上述《国有土地上房屋征收与补偿条例》的规定，被征收人对房屋评估有异议的情况下有两种维权途径：一是向房地产价格评估机构申请复核评估；二是向房地产价格评估专家委员会申请鉴定。但需要注意的是，这两种途径有先后顺序，申请复核是申请鉴定的前置程序，即只有先向房地产价格评估机构申请复核评估之后，对复核结果有异议的，才可以向房地产价格评估专家委员会申请鉴定。

0364 征收决定下达后，为了多拿补偿可以紧急盖房吗？

不可以。根据《国有土地上房屋征收与补

偿条例》第16条第1款的规定，房屋征收范围确定后，不得在房屋征收范围内实施新建、扩建、改建房屋和改变房屋用途等不当增加补偿费用的行为；违反规定实施的，不予补偿。

0365 房屋征收补偿协议的具体内容有哪些？

根据《国有土地上房屋征收与补偿条例》第25条第1款的规定，房屋征收部门与被征收人依照本条例的规定，就补偿方式、补偿金额和支付期限、用于产权调换房屋的地点和面积、搬迁费、临时安置费或者周转用房、停产停业损失、搬迁期限、过渡方式和过渡期限等事项，订立补偿协议。

0366 补偿协议签订后，被征收人可以反悔吗？

不可以。根据《国有土地上房屋征收与补偿条例》第25条第2款的规定，补偿协议订立后，一方当事人不履行补偿协议约定的义务的，另一方当事人可以依法提起诉讼。因为补偿协议的签订，实际在房屋征收部门与被征收人之间形成了合同关系，双方均应遵守合同约定，违约将承担相应的违约责任。

0367 被征收人与房屋征收部门长期达不成拆迁协议，怎么办？

根据《国有土地上房屋征收与补偿条例》第26条第1款的规定，房屋征收部门与被征收人在征收补偿方案确定的签约期限内达不成补偿协议，或者被征收房屋所有权人不明确的，由房屋征收部门报请作出房屋征收决定的市、县级人民政府依照本条例的规定，按照征收补偿方案作出补偿决定，并在房屋征收范围内予以公告。

0368 被征收人已经选择了一种补偿方式，还能再改选另一种补偿方式吗？

根据《国有土地上房屋征收与补偿条例》第21条第1款的规定，被征收人可以选择货币补偿，也可以选择房屋产权调换。但有时候被征收人选择了货币补偿后，又觉得不合适，想再变更为产权调换的补偿方式；或者先选择了产权调换的补偿方式，但后来又想改为货币补偿的方式。那么依据相关规定，被征收人在房屋征收补偿方式的选择上能反悔吗？

房屋征收补偿协议本质上是一种合同。因此，依据《民法典》的相关规定，被征收人与征收人就房屋征收的补偿方式问题，在自愿平等和意思表示真实的基础上达成一致并签署补偿协议之后，该协议即生效，对双方皆有约束力。任何一方反悔都属违约行为，都要承担相应的违约责任。但如果双方经协商一致后均同意就原补偿协议中补偿方式条款进行更改的，能够被法律所认可。所以，如果被征收人已经选择了一种补偿方式，经房屋征收部门同意，更改原补偿方式条款就可以再选另外一种补偿方式了。

0369 选择产权调换的补偿方式时，被征收人能要求就近安排住房吗？

依据相关规定，被征收人选择房屋产权调换的，市、县级人民政府应当提供用于产权调换的房屋，并与被征收人计算、结清被征收房屋价值与用于产权调换房屋价值的差价。因旧城区改建征收个人住宅，被征收人选择在改建地段进行房屋产权调换的，作出房屋征收决定的市、县级人民政府应当提供改建地段或者就近地段的房屋。很显然，被征收人选择产权调换补偿的，可以要求就近安排住房。

0370 房屋征收补偿包括哪几项内容？

根据《国有土地上房屋征收与补偿条例》

第17条的规定，作出房屋征收决定的市、县级人民政府对被征收人给予的补偿包括：(1)被征收房屋价值的补；(2)因征收房屋造成的搬迁、临时安置的补偿；(3)因征收房屋造成的停产停业损失的补偿。市、县级人民政府应当制定补助和奖励办法，对被征收人给予补助和奖励。具体来说补偿主要包括以下3方面的内容：

(1)被征收房屋价值的补偿。根据《国有土地上房屋征收与补偿条例》第19条第1款的规定，对被征收房屋价值的补偿，不得低于房屋征收决定公告之日被征收房屋类似房地产的市场价格。被征收房屋的价值，由具有相应资质的房地产价格评估机构按照房屋征收评估办法评估确定。也就是说，要给予被征收房屋等价的经济补偿。这里的补偿包括被征收的房屋和其占用的土地使用权的补偿，以及被征收房屋的内部装饰装修价值的补偿。老百姓面临拆迁的时候一定要充分主张权利，同时需要注意的是，被征收的房屋包括被征收房屋及其附属物。附属物就是指与房屋主体建筑有关的附属建筑物或者构筑物等建筑如窗户、车库、装修部分。

(2)因征收房屋造成的搬迁、临时安置的补偿费用。根据《国有土地上房屋征收与补偿条例》第22条的规定，因征收房屋造成搬迁的，房屋征收部门应当向被征收人支付搬迁费；选择房屋产权调换的，产权调换房屋交付前，房屋征收部门应当向被征收人支付临时安置费或者提供周转用房。因为在征收房屋的过程中，被征收人要把房屋里的东西进行搬迁，因此其利益会在征收过程中遭受损失，所以政府必须依法给予被征收人搬迁补偿。如果被征收人选择房屋产权调换的，产权调换房屋交付之前，房屋征收的部门应当向被征收人支付临时安置费或者提供周转使用房屋。需要强调的是，如果房屋征收部门向被征收人提供了周转房屋，那么就不需要向被征收人支付临时安置补偿。

(3)因征收房屋造成的停产停业损失的补偿。根据《国有土地上房屋征收与补偿条例》第23条的规定，对因征收房屋造成停产停业损失的补偿，根据房屋被征收前的效益、停产停业期限等因素确定。具体办法由省、自治区、直辖市制定。随着市场经济的发展，很多房屋都是用于商业等目的，因此征收的房屋包括很多非住宅房屋，一旦开始征收就必须让其停产停业，这样就给他们的市场经济活动造成很大的损失，如果不给予他们适当的补偿将会产生许多不稳定因素。因此《国有土地上房屋征收与补偿条例》明确规定，要补偿停产停业损失。这种清晰明确的规定可以最大限度地维护被征收人的合法权益，因此被征收人在面临房屋征收时，如果涉及非住宅房屋的，一定要积极主张这部分权利。

0371 被征收人可以选择哪些补偿方式？

根据《国有土地上房屋征收与补偿条例》第21条的规定，被征收人可以选择货币补偿，也可以选择房屋产权调换。被征收人选择房屋产权调换的，市、县级人民政府应当提供用于产权调换的房屋，并与被征收人计算、结清被征收房屋价值与用于产权调换房屋价值的差价。因旧城区改建征收个人住宅，被征收人选择在改建地段进行房屋产权调换的，作出房屋征收决定的市、县级人民政府应当提供改建地段或者就近地段的房屋。

0372 房屋征收部门可不可以通过断水、断电等方式要求被征收人搬迁？

不可以。根据《国有土地上房屋征收与补偿条例》第27条第3款的规定，任何单位和个人不得采取暴力、威胁或者违反规定中断供水、供热、供气、供电和道路通行等非法方式迫使被征收人搬迁。禁止建设单位参与搬迁活动。第 31 条的规定，采取暴力、威胁或者违反规定中断供水、供热、供气、供电和道路通行等非法方式迫使被征收人搬迁，造成损失的，依法承担赔偿责任；对直接负责的主管人员和其他直接责任人员，构成犯罪的，依法追究刑事责任；尚不构成犯罪的，依法给予处分；构成违反治安管理行为的，依法给予治安管理处罚。

0373 被征收人坚持不搬迁，会有什么法律后果？

根据《国有土地上房屋征收与补偿条例》第 28 条第 1 款的规定，被征收人在法定期限内不申请行政复议或者不提起行政诉讼，在补偿决定规定的期限内又不搬迁的，由作出房屋征收决定的市、县级人民政府依法申请人民法院强制执行。

0374 申请强制拆迁的条件是什么？

根据《国有土地上房屋征收与补偿条例》第 28 条第 1 款的规定，被征收人在法定期限内不申请行政复议或者不提起行政诉讼，在补偿决定规定的期限内又不搬迁的，由作出房屋征收决定的市、县级人民政府依法申请人民法院强制执行。由此可见，进行房屋强制拆迁的条件主要包括以下两个方面：

第一，实体条件。首先，申请主体是作出房屋征收决定的市、县级人民政府，房屋征收实施单位无权申请强制执行。其次，必须是被征收人在补偿决定规定的期限内拒不搬迁，如果不存在补偿决定，仅仅存在补偿协议，那么房屋征收部门只能通过民事诉讼的方式予以解决，不可直接申请强制执行手段。

第二，程序条件。被征收人在法定期限内不申请行政复议或行政诉讼的，作出房屋征收决定的市、县级人民政府才能依法申请人民法院强制执行。因此，申请强制拆迁应当在被征收人可以申请复议或行政诉讼的期限届满后才可提出。

0375 强制拆迁一般由谁来组织实施？

根据《国有土地上房屋征收与补偿条例》第 28 条第 1 款的规定，被征收人在法定期限内不申请行政复议或者不提起行政诉讼，在补偿决定规定的期限内又不搬迁的，由作出房屋征收决定的市、县级人民政府依法申请人民法院强制执行。该条将准予房屋征收强制执行的权力赋予人民法院，但实践中具体的组织实施工作并非完全由法院来承担，一般情况下，要遵循裁执分离的规定。根据《最高人民法院关于办理申请人民法院强制执行国有土地上房屋征收补偿决定案件若干问题的规定》第 9 条的规定，人民法院裁定准予执行的，一般由作出征收补偿决定的市、县级人民政府组织实施，也可以由人民法院执行。

0376 违法建筑能不能获得拆迁补偿？

不能。根据《国有土地上房屋征收与补偿条例》第 24 条第 2 款的规定，市、县级人民政府作出房屋征收决定前，应当组织有关部门依法对征收范围内未经登记的建筑进行调查、认定和处理。对认定为合法建筑和未超过批准期限的临时建筑的，应当给予补偿；对认定为违法建筑和超过批准期限的临时建筑的，不予补偿。

0377 征收人违反补偿协议，被征收人提起民事诉讼还是行政诉讼？

根据《国有土地上房屋征收与补偿条例》第 25 条第 2 款的规定，补偿协议订立后，一方当事人不履行补偿协议约定的义务的，另一方当事人可以依法提起诉讼。该条款并没有明确规定一方违约时，另一方提起的是民事诉讼还是行政诉讼。但是，根据《最高人民法院关于受理房屋拆迁、补偿、安置等案件问题的批复》第1条和第2条的规定，公民、法人或者其他组织对人民政府或者城市房屋主管行政机关依职权作出的有关房屋拆迁、补偿、安置等问题的裁决不服，依法向人民法院提起诉讼的，人民法院应当作为行政案件受理。拆迁人与被拆迁人因房屋补偿，安置等问题发生争议，或者双方当事人达成协议后，一方或者双方当事人反悔，未经行政机关裁决，仅就房屋补偿、安置等问题，依法向人民法院提起诉讼的，人民法院应当作为民事案件受理。根据上述批复可知，对行政裁决不服提起的是行政诉讼，对房屋补偿协议等问题发生争议提起的是民事诉讼。

交通出行

机动车、机动车驾驶人

0378 机动车来历证明包括哪些？

合法使用机动车的前提是机动车的来源合法，只有机动车是合法拥有的，才能进行登记、抵押、买卖等后续行为。在我国，个人证明机动车来源合法，主要可以通过以下几种途径：

（1）购买的汽车。其来历证明是全国统一的机动车销售发票或者二手车交易发票。

（2）法律文书强制转移的汽车。其主要包括经人民法院调解、裁定、判决或仲裁机构仲裁裁决转移的机动车。来历证明包括生效的《调解书》《裁定书》《判决书》《仲裁裁决书》，以及相应的《协助执行通知书》。

（3）继承、赠与、中奖、协议离婚和协议抵偿债务的机动车，其来历证明是继承、赠与、中奖、协议离婚、协议抵偿债务的相关文书和公证机关出具的《公证书》。

0379 办理机动车登记应提交哪些材料？

根据《道路交通安全法》第9条第1款的规定，申请机动车登记，应当提交以下证明、凭证：（1）机动车所有人的身份证明；（2）机动车来历证明；（3）机动车整车出厂合格证明或者进口机动车进口凭证；（4）车辆购置税的完税证明或者免税凭证；（5）法律、行政法规规定应当在机动车登记时提交的其他证明、凭证。具体而言，办理登记应当提交以下证明、凭证：（1）能够用于证明机动车所有人本人身份的证明文件，如身份证、户口本、营业执照、社团登记证书等；（2）能够证明机动车来源合法并已经办理了国家规定的必要手续的各种证明，如购买机动车的发票等；（3）机动车整车出厂合格证明或者进口机动车进口凭证，前者是指机动车整车生产企业对其出厂的机动车经验合格后出具的证明文件，后者是指证明进口机动车符合国家关于机动车进口管理各项规定的各种证明文件；（4）车辆购置税的完税证明或者免税凭证；（5）机动车第三者责任强制保险凭证；（6）车船税纳税或者免税证明；（7）其他法律、行政法规规定应当在机动车登记时提交的其他证明、凭证。

0380 尚未登记的机动车可以上路行驶吗？

在满足一定条件下是可以的。根据《道路交通安全法》第8条的规定，国家对机动车实行登记制度。机动车经公安机关交通管理部门登记后，方可上道路行驶。尚未登记的机动车，需要临时上道路行驶的，应当取得临时通行牌证。

0381 哪些情况需要办理机动车变更登记？

根据《道路交通安全法》第12条的规定，

有下列情形之一的,应当办理相应的登记:(1)机动车所有权发生转移的;(2)机动车登记内容变更的;(3)机动车用作抵押的;(4)机动车报废的。

根据《道路交通安全法实施条例》第6条第1款的规定,已经注册登记的机动车有下列情形之一的,机动车所有人应当向登记该机动车的公安机关交通管理部门申请变更登记:(1)改变机动车车身颜色的;(2)更换发动机的;(3)更换车身或者车架的;(4)因质量有问题,制造厂更换整车的;(5)营运机动车改为非营运机动车或者非营运机动车改为营运机动车的;(6)机动车所有人的住所迁出或者迁入公安机关交通管理部门管辖区域的。

0382 办理机动车变更登记需要提交哪些材料?

根据《道路交通安全法实施条例》第6条的规定,已经注册登记的机动车有下列情形之一的,机动车所有人应当向登记该机动车的公安机关交通管理部门申请变更登记:(1)改变机动车车身颜色的;(2)更换发动机的;(3)更换车身或者车架的;(4)因质量有问题,制造厂更换整车的;(5)营运机动车改为非营运机动车或者非营运机动车改为营运机动车的;(6)机动车所有人的住所迁出或者迁入公安机关交通管理部门管辖区域的。申请机动车变更登记,应当提交下列证明、凭证,属于前款第1项、第2项、第3项、第4项、第5项情形之一的,还应当交验机动车;属于前款第2项、第3项情形之一的,还应当同时提交机动车安全技术检验合格证明:(1)机动车所有人的身份证明;(2)机动车登记证书;(3)机动车行驶证。机动车所有人的住所在公安机关交通管理部门管辖区域内迁移、机动车所有人的姓名(单位名称)或者联系方式变更的,应当向登记该机动车的公安机关交通管理部门备案。

0383 如何办理机动车抵押登记?

根据《机动车登记规定》第23条的规定,申请抵押登记的,机动车所有人应当填写申请表,由机动车所有人和抵押权人共同申请,并提交下列证明、凭证:(1)机动车所有人和抵押权人的身份证明;(2)机动车登记证书;(3)机动车所有人和抵押权人依法订立的主合同和抵押合同。车辆管理所应当自受理之日起1日内,审查提交的证明、凭证,在机动车登记证书上签注抵押登记的内容和日期。

0384 哪些情形下不予办理抵押登记?

根据《机动车登记规定》第26条的规定,有本规定第9条第1项、第7项、第8项、第9项或者第20条第2项规定情形之一的,不予办理抵押登记。具体来说,有下列情形之一的,不予办理抵押登记:(1)机动车所有人提交的证明、凭证无效的;(2)机动车达到国家规定的强制报废标准的;(3)机动车被人民法院、人民检察院、行政执法部门依法查封、扣押的;(4)机动车属于被盗抢的;(5)属于海关监管的机动车,海关未解除监管或者批准转让的。

0385 申请解除抵押登记时应提交哪些证明材料?

根据《机动车登记规定》第24条的规定,申请解除抵押登记的,机动车所有人应当填写申请表,由机动车所有人和抵押权人共同申请,并提交下列证明、凭证:(1)机动车所有人和抵押权人的身份证明;(2)机动车登记证书。人民法院调解、裁定、判决解除抵押的,机动车所有人或者抵押权人应当填写申请表,提交机动车登记证书、人民法院出具的已经生效的调解书、裁定书或者判决书,以及相应的协助执行通知书。车辆管理所应当自受理之日起1日内,审查提交的证明、凭证,在机动车登记证书上签注解除抵押登记的内容和日期。

0386 哪些情形下不予办理解除抵押登记?

根据《机动车登记规定》第26条的规定,对机动车所有人提交的证明、凭证无效,或者机动车被人民法院、人民检察院、行政执法部门依法查封、扣押的,不予办理解除抵押登记。

0387 开报废车上路会有什么后果?

根据《道路交通安全法》第100条第1款和第2款的规定,驾驶拼装的机动车或者已达到报废标准的机动车上道路行驶的,公安机关交通管理部门应当予以收缴,强制报废。对驾驶前款所列机动车上道路行驶的驾驶人,处200元以上2000元以下罚款,并吊销机动车驾驶证。

0388 机动车上路行驶应带好哪些凭证?

应带好机动车行驶证、驾驶证、机动车号牌等相关凭证。根据《道路交通安全法》第11条第1款和第2款的规定,驾驶机动车上道路行驶,应当悬挂机动车号牌,放置检验合格标志、保险标志,并随车携带机动车行驶证。机动车号牌应当按照规定悬挂并保持清晰、完整,不得故意遮挡、污损。

0389 机动车在哪些情形下应当强制报废?

根据《机动车强制报废标准规定》第4条的规定,已注册机动车有下列情形之一的应当强制报废,其所有人应当将机动车交售给报废机动车回收拆解企业。由报废机动车回收拆解企业按规定进行登记、拆解、销毁等处理,并将报废机动车登记证书、号牌、行驶证交公安机关交通管理部门注销:(1)达到本规定第5条规定使用年限的;(2)经修理和调整仍不符合机动车安全技术国家标准对在用车有关要求的;(3)经修理和调整或者采用控制技术后,向大气排放污染物或者噪声仍不符合国家标准对在用车有关要求的;(4)在检验有效期届满后连续3个机动车检验周期内未取得机动车检验合格标志的。

0390 具备什么条件可以驾驶机动车?

依法取得机动车驾驶证。根据《道路交通安全法》第19条第1~4款的规定,驾驶机动车,应当依法取得机动车驾驶证。申请机动车驾驶证,应当符合国务院公安部门规定的驾驶许可条件;经考试合格后,由公安机关交通管理部门发给相应类别的机动车驾驶证。持有境外机动车驾驶证的人,符合国务院公安部门规定的驾驶许可条件,经公安机关交通管理部门考核合格的,可以发给中国的机动车驾驶证。驾驶人应当按照驾驶证载明的准驾车型驾驶机动车;驾驶机动车时,应当随身携带机动车驾驶证。

0391 机动车驾驶培训由什么机构负责?

由有资格的驾驶培训学校负责。根据《道路交通安全法》第20条第1款的规定,机动车的驾驶培训实行社会化,由交通主管部门对驾驶培训学校、驾驶培训班实行资格管理,其中专门的拖拉机驾驶培训学校、驾驶培训班由农业(农业机械)主管部门实行资格管理。

0392 机动车登记证书、号牌丢失或损毁该怎么办?

根据《道路交通安全法实施条例》第11条的规定,机动车登记证书、号牌、行驶证丢失或者损毁,机动车所有人申请补发的,应当向公安机关交通管理部门提交本人身份证明和申请材料。公安机关交通管理部门经与机动车登记档案核实后，在收到申请之日起 15 日内补发。

0393 机动车驾驶证丢失需要重新考取驾驶证吗？

不需要。根据《道路交通安全法实施条例》第 27 条的规定，机动车驾驶证丢失、损毁，机动车驾驶人申请补发的，应当向公安机关交通管理部门提交本人身份证明和申请材料。公安机关交通管理部门经与机动车驾驶证档案核实后，在收到申请之日起 3 日内补发。

0394 机动车驾驶证的有效期是多久？

分为 6 年、10 年和长期有效三种情况。根据《道路交通安全法实施条例》第 22 条第 1 款的规定，机动车驾驶证的有效期为 6 年，本条例另有规定的除外。第 26 条第 1 款的规定，机动车驾驶人在机动车驾驶证的 6 年有效期内，每个记分周期均未达到 12 分的，换发 10 年有效期的机动车驾驶证；在机动车驾驶证的 10 年有效期内，每个记分周期均未达到 12 分的，换发长期有效的机动车驾驶证。

0395 机动车驾驶员的记分制度有什么作用？

加强管理，保障交通安全。根据《道路交通安全法实施条例》第 23 条第 1 款的规定，公安机关交通管理部门对机动车驾驶人的道路交通安全违法行为除给予行政处罚外，实行道路交通安全违法行为累积记分（以下简称记分）制度，记分周期为 12 个月。对在 1 个记分周期内记分达到 12 分的，由公安机关交通管理部门扣留其机动车驾驶证，该机动车驾驶人应当按照规定参加道路交通安全法律、法规的学习并接受考试。考试合格的，记分予以清除，发还机动车驾驶证；考试不合格的，继续参加学习和考试。

0396 驾驶员记分达到 12 分就不能再开车了吗？

是的。但可以通过一定途径恢复驾驶。根据《道路交通安全法实施条例》第 28 条的规定，机动车驾驶人在机动车驾驶证丢失、损毁、超过有效期或者被依法扣留、暂扣期间以及记分达到 12 分的，不得驾驶机动车。第 23 条第 1 款的规定，对在 1 个记分周期内记分达到 12 分的，由公安机关交通管理部门扣留其机动车驾驶证，该机动车驾驶人应当按照规定参加道路交通安全法律、法规的学习并接受考试。考试合格的，记分予以清除，发还机动车驾驶证；考试不合格的，继续参加学习和考试。

0397 实习期内有何特殊规定？

根据《道路交通安全法实施条例》第 22 条第 2 款和第 3 款的规定，机动车驾驶人初次申领机动车驾驶证后的 12 个月为实习期。在实习期内驾驶机动车的，应当在车身后部粘贴或者悬挂统一式样的实习标志。机动车驾驶人在实习期内不得驾驶公共汽车、营运客车或者执行任务的警车、消防车、救护车、工程救险车以及载有爆炸物品、易燃易爆化学物品、剧毒或者放射性等危险物品的机动车；驾驶的机动车不得牵引挂车。根据《机动车驾驶证申领和使用规定》第 75 条第 2 款和第 3 款的规定，驾驶人在实习期内驾驶机动车上高速公路行驶，应当由持相应或者更高准驾车型驾驶证 3 年以上的驾驶人陪同。其中，驾驶残疾人专用小型自动挡载客汽车的，可以由持有小型自动挡载客汽车以上准驾车型驾驶证的驾驶人陪同。在增加准驾车型后的实习期内，驾驶原准驾车型的机动车时不受上述限制。

0398 酒后不能驾车，那么酒后可以骑摩托车吗？

不可以。根据《道路交通安全法》第119条第3项的规定，“机动车”是指以动力装置驱动或者牵引，上道路行驶的供人员乘用或者用于运送物品以及进行工程专项作业的轮式车辆。摩托车上安装了动力装置驱动，属于机动车的范畴。因此，机动车驾驶员饮酒后，同样不可以驾驶摩托车。

0399 什么情况下，后面行驶的车辆不得超车？

根据《道路交通安全法》第43条的规定，同车道行驶的机动车，后车应当与前车保持足以采取紧急制动措施的安全距离。有下列情形之一的，不得超车：(1)前车正在左转弯、掉头、超车的；(2)与对面来车有会车可能的；(3)前车为执行紧急任务的警车、消防车、救护车、工程救险车的；(4)行经铁路道口、交叉路口、窄桥、弯道、陡坡、隧道、人行横道、市区交通流量大的路段等没有超车条件的。

交通事故责任认定

0400 在什么“路”上发生的事故算道路交通事故？

根据《道路交通安全法》第119条第1项的规定，“道路”，是指公路、城市道路和虽在单位管辖范围但允许社会机动车通行的地方，包括广场、公共停车场等用于公众通行的场所。具体包括以下几种：(1)公路如国道、省道、县道和乡道；(2)城市道路，是指城市提供车辆、行人通行，具备一定技术条件的道路、桥梁及其附属设施；(3)属于单位管辖范围，但允许社会机动车辆通行的道路，如港区公路、机场道路，凡是社会机动车可以自由通行的，均按照道路进行管理；(4)广场，指城市规划在道路用地范围内，专供公众集会、休憩、步行和交通集散的场地；(5)公共停车场。

0401 行人违反交通规则横穿马路被撞，司机可否减轻责任？

可以。行人违反交通规则横穿马路，其在主观上存在过错。根据《道路交通安全法》第36条的规定，根据道路条件和通行需要，道路划分为机动车道、非机动车道和人行道的，机动车、非机动车、行人实行分道通行。没有划分机动车道、非机动车道和人行道的，机动车在道路中间通行，非机动车和行人在道路两侧通行。行人没有在人行道上行走横穿马路违法了法律规定，存在过错。根据《民法典》第1173条的规定，被侵权人对同一损害的发生或者扩大有过错的，可以减轻侵权人的责任。此种情形属于民法上的过失相抵。所谓过失相抵，是指受害人对损害的发生或者损害结果的扩大存在过错的，可依法减轻或免除侵权人的损害赔偿责任。

0402 卧路自杀被撞死，责任如何承担？

生命权是每个自然人至关重要的一项人身权利，而人身权利和财产权利有一个重要区别：在不侵犯他人的权利的情况下，权利人可以任意处分自己的财产，处分权是财产权的一项重要内容；人身权则不同，任何人无权处分自己的人身权利，包括健康权和生命权。所以，自残和自杀的行为是违法的，但对自行实施的这种违法行为，法律并不处罚，个别情况除外(如《兵役法》中规定的为逃避兵役而自残的行为需要受到法律制裁)。

根据《道路交通安全法》第76条第2款的规定，交通事故的损失是由非机动车驾驶人、行人故意碰撞机动车造成的，机动车一方不承担赔偿责任。因此，对选择机动车作为自杀工具的人，如果机动车驾驶人没有任何过错，则机动车一方不承担赔偿责任。

0403 行人撞上静态车致死，交通事故责任如何承担？

交通事故的定义在我国涉及4个要素：机动车、在道路上、造成人身伤亡或者财产损失、原因是机动车有过错或发生意外。因此，就行人撞上静态车致死，主要考虑车辆的属性以及车辆所处的环境。首先，至少有一方是机动车。如果完全是非机动车、行人间的事故则不属于交通事故。其次，发生在道路上。车辆只要在道路上，无论处于运行状态还是静止状态都可能发生《道路交通安全法》所调整的交通事故，但如果车辆是在车库里等非道路环境下，则不属于交通事故。可见，即使是停放在道路上的静态车，发生交通事故的仍适用《道路交通安全法》规定的责任分配原则。因为即使车辆处于静止状态，但它所处的环境仍是运动状态，车辆作为体积大、硬度强的物体，对于其他道路使用者仍然构成一种危险。所以当它与非机动车、行人相撞时，仍适用无过错责任，除非是行人故意碰撞车辆造成交通事故，否则机动车一方都要承担责任。

0404 城市道路两侧被停车泊位占用，是否合理？

随着我国城市汽车保有量的增加，停车难成为重大问题，我们经常可以看到城市道路两侧被停车泊位占据，在一定情况下，这样的做法是允许的。根据《道路交通安全法》第33条的规定，新建、改建、扩建的公共建筑、商业街区、居住区、大（中）型建筑等，应当配建、增建停车场；停车泊位不足的，应当及时改建或者扩建；投入使用的停车场不得擅自停止使用或者改作他用。在城市道路范围内，在不影响行人、车辆通行的情况下，政府有关部门可以施划停车泊位。

0405 当事人在交通事故中死亡，是否就不需要承担责任了？

不能一概而论，视具体情况而定。如果死者生前确实有违章行为，并因此引发交通事故，那么认定其应当承担相应的责任是合理的，不能因当事人死亡就免除责任。

0406 车辆之间发生交通事故，责任怎么分配？

根据《道路交通安全法》第76条第1款第1项的规定，机动车发生交通事故造成人身伤亡、财产损失的，由保险公司在机动车第三者责任强制保险责任限额范围内予以赔偿；不足的部分，按照下列规定承担赔偿责任：机动车之间发生交通事故的，由有过错的一方承担赔偿责任；双方都有过错的，按照各自过错的比例分担责任。根据《道路交通事故处理程序规定》第60条的规定，公安机关交通管理部门应当根据当事人的行为对发生道路交通事故所起的作用以及过错的严重程度，确定当事人的责任：（1）因一方当事人的过错导致道路交通事故的，承担全部责任；（2）因两方或者两方以上当事人的过错发生道路交通事故的，根据其行为对事故发生的作用以及过错的严重程度，分别承担主要责任、同等责任和次要责任；（3）各方均无导致道路交通事故的过错，属于交通意外事故的，各方均无责任。一方当事人故意造成道路交通事故的，他方无责任。

0407 学车时，发生了交通事故谁来承担责任？

学员在学习驾驶技能的过程中，还没有取得驾驶证，练习驾驶时都有教练员随车指导，这是出于安全的考虑。因此，对于尚在学习中的学员，还不能按照驾驶人的标准来要求，根据《道路交通安全法实施条例》第20条第2款的规定，在道路上学习驾驶，应当按照公安机关交通管理部门指定的路线、时间进行。在道路上学习机动车驾驶技能应当使用教练车，在教练员随车指导下进行，与教学无关的人员不得乘坐教练车。学员在学习驾驶中有道路交通安全违法行为或者造成交通事故的，由教练员承担责任。

0408 未成年人造成交通事故谁来承担责任？

由其监护人承担。根据《民法典》第1188条的规定，无民事行为能力人、限制民事行为能力人造成他人损害的，由监护人承担侵权责任。监护人尽到监护责任的，可以减轻其侵权责任。有财产的无民事行为能力人、限制民事行为能力人造成他人损害的，从本人财产中支付赔偿费用；不足部分，由监护人赔偿。

0409 员工在工作过程中发生交通事故，谁来负责？

《民法典》第1191条规定，用人单位的工作人员因执行工作任务造成他人损害的，由用人单位承担侵权责任。用人单位承担侵权责任后，可以向有故意或者重大过失的工作人员追偿。劳务派遣期间，被派遣的工作人员因执行工作任务造成他人损害的，由接受劳务派遣的用工单位承担侵权责任；劳务派遣单位有过错的，承担相应的责任。第1192条规定，个人之间形成劳务关系，提供劳务一方因劳务造成他人损害的，由接受劳务一方承担侵权责任。接受劳务一方承担侵权责任后，可以向有故意或者重大过失的提供劳务的一方追偿。提供劳务一方因劳务受到损害的，根据双方各自的过错承担相应的责任。提供劳务期间，因第三人的行为造成提供劳务一方损害的，提供劳务一方有权请求第三人承担侵权责任，也有权请求接受劳务一方给予补偿。接受劳务一方补偿后，可以向第三人追偿。《最高人民法院关于审理人身损害赔偿案件适用法律若干问题的解释》(2020修正)第3条规定，依法应当参加工伤保险统筹的用人单位的劳动者，因工伤事故遭受人身损害，劳动者或者其近亲属向人民法院起诉请求用人单位承担民事赔偿责任的，告知其按《工伤保险条例》的规定处理。因用人单位以外的第三人侵权造成劳动者人身损害，赔偿权利人请求第三人承担民事赔偿责任的，人民法院应予支持。

此外，属于《国家赔偿法》赔偿事由的，依照《国家赔偿法》的规定处理。

0410 驾私车出公差发生车祸谁赔偿？

单位工作人员驾私车出公差应认定为职务行为，因该行为产生的相应损失应由工作人员所在单位来赔偿。但根据民法上的公平原则，单位在承担责任后，可以根据该工作人员在事故中的过错情况进行追偿。

0411 救护车途中发生交通事故致运送的病人死亡，该提起何种诉讼主张赔偿？

当个人人身在遇到伤害等紧急情况下会拨打“120”寻求医疗服务，“120”方应允并出车接病人就诊，双方合意性质明显。寻求帮助人拨打电话为要约，“120”出车接诊为承诺，双方以行为方式缔结了事实上的医疗合同关系，因此，救护车在伤员运输途中发生交通事故，此种情形发生违约责任和侵权责任的竞合，受害人可以选择提起违约之诉或侵权之诉。如果受害人选择提起侵权诉讼，则其负有举证责任，受害人须证明其所受到的伤害与交通事故之间具有因果关系，因为病人是非健康人，在致其伤害或死亡的各种因素中，哪一个是在事故中造成的，受害方很难举证。但如果提起违约诉讼，则无须对所受伤害与交通事故之间存在因果关系承担举证责任，而院方提供了相应的证据，才能减轻或免除其责任。所以，在此种情形下，受害人提起医疗合同纠纷违约之诉较为适宜。

0412 借的机动车发生事故，车主需要承担责任吗？

在有过错的情况下，需要承担责任。根据《民法典》第 1209 条的规定，因租赁、借用等情形机动车所有人、管理人与使用人不是同一人时，发生交通事故造成损害，属于该机动车一方责任的，由机动车使用人承担赔偿责任；机动车所有人、管理人对损害的发生有过错的，承担相应的赔偿责任。因此，开车人是事故的直接责任人，理应根据其过错责任自行承担赔偿责任。但如果车辆所有人管理不善或者明知而碍于情面将车借给没有驾照的人，由此引发交通事故的，车辆所有人也应承担相应赔偿责任。

0413 被盗车发生交通事故，车主需要承担责任吗？

不需要承担责任。根据《最高人民法院关于被盗机动车辆肇事后由谁承担损害赔偿责任问题的批复》的规定，使用盗窃的机动车辆肇事，造成被害人物质损失的，肇事人应当依法承担损害赔偿责任，被盗机动车辆的所有人不承担损害赔偿责任。根据《民法典》第 1215 条的规定，盗窃、抢劫或者抢夺的机动车发生交通事故造成损害的，由盗窃人、抢劫人或者抢夺人承担赔偿责任。盗窃人、抢劫人或者抢夺人与机动车使用人不是同一人，发生交通事故造成损害，属于该机动车一方责任的，由盗窃人、抢劫人或者抢夺人与机动车使用人承担连带责任。保险人在机动车强制保险责任限额范围内垫付抢救费用的，有权向交通事故责任人追偿。

0414 搭“顺风车”致伤找谁赔偿？

对于搭乘“顺风车”这一情形而言，第一种观点认为：车辆所有人同意他人无偿搭乘便意味着与搭乘人之间形成了一种无偿客运合同关系，对于无偿搭乘人应承担在运输过程中保障其人身和财产安全的义务；第二种观点认为：搭乘者与车辆所有人之间并无客运合同关系，而是一种好意施惠的关系，并不发生私法上的效果意思。但无论是无偿客运合同关系，还是好意施惠关系，无偿搭乘人的无偿搭乘行为都不能够作为车辆所有人的免责事由，但因为该行为是无偿的，所以只有在车辆所有人存在故意或者重大过失时，才需承担责任。同时，如果车辆所有人并不知道无偿搭乘人的搭乘行为，则车辆所有人无须对其承担赔偿责任。

0415 搭“醉车”被撞，搭车人有没有责任？

根据《民法典》第 1190 条第 2 款的规定，完全民事行为能力人因醉酒、滥用麻醉药品或者精神药品对自己的行为暂时没有意识或者失去控制造成他人损害的，应当承担侵权责任。因此，明知车辆驾驶人处于醉酒状态而驾驶车辆，搭车人应当能够预见到酒后驾车容易导致交通事故的后果，却纵容醉酒者驾车，还乘坐该车，说明搭车人本身对损害后果的发生就具有过错，因此应承担一定责任。

0416 挂靠车辆发生事故，挂靠单位是否担责？

所谓挂靠，是指车辆为个人出资购买，但为了服从当地对车辆管理的要求或运输经营的需要，而将车辆挂靠于某个具有运输经营权的公司，前者以后者的名义进行经营活动，而后者向前者收取一定得挂靠费用。现实生活中营运车辆挂靠现象极为普遍。根据《民法典》第1211条的规定，以挂靠形式从事道路运输经营活动的机动车，发生交通事故造成损害，属于该机动车一方责任的，由挂靠人和被挂靠人承担连带责任。

0417 套牌机动车发生交通事故造成损害应由谁承担赔偿责任？

套牌机动车上路是《道路交通安全法》所禁止的违法行为，其破坏了交通管理的秩序。根据《最高人民法院关于审理道路交通事故损害赔偿案件适用法律若干问题的解释》第3条的规定，套牌机动车发生交通事故造成损害，属于该机动车 方责任，当事人请求由套牌机动车的所有人或者管理人承担赔偿责任的，人民法院应予支持；被套牌机动车所有人或者管理人同意套牌的，应当与套牌机动车的所有人或者管理人承担连带责任。

0418 拼装车、已达到报废标准的机动车或者依法禁止行驶的其他机动车发生交通事故应由谁承担赔偿责任？

根据《最高人民法院关于审理道路交通事故损害赔偿案件适用法律若干问题的解释》第4条的规定，拼装车、已达到报废标准的机动车或者依法禁止行驶的其他机动车被多次转让，并发生交通事故造成损害，当事人请求由所有的转让人和受让人承担连带责任的，人民法院应予支持。

0419 单纯因为机动车质量问题造成的交通事故由谁负责？

交通事故如果只是因为汽车质量原因造成的，驾驶人本身并没有操作上的失误，也没有违反交通安全规定，那么驾驶人本人实际也是事故的受害人。根据《消费者权益保护法》第40条第1款和第2款的规定，消费者在购买、使用商品时，其合法权益受到损害的，可以向销售者要求赔偿。销售者赔偿后，属于生产者的责任或者属于向销售者提供商品的其他销售者的责任的，销售者有权向生产者或者其他销售者追偿。消费者或者其他受害人因商品缺陷造成人身、财产损害的，可以向销售者要求赔偿，也可以向生产者要求赔偿。属于生产者责任的，销售者赔偿后，有权向生产者追偿。属于销售者责任的，生产者赔偿后，有权向销售者追偿。因此，车主可以向两个单位要求损害赔偿：一个是汽车的制造者，也就是生产商；另一个是汽车的承销商，也就是经销公司。

0420 违章占道导致交通事故由谁来负责？

根据《道路交通安全法》第31条的规定，未经许可，任何单位和个人不得占用道路从事非交通活动。第104条的规定，未经批准，擅自挖掘道路、占用道路施工或者从事其他影响道路交通安全活动的，由道路主管部门责令停止违法行为，并恢复原状，可以依法给予罚款；致使通行的人员、车辆及其他财产遭受损失的，依法承担赔偿责任。有前款行为，影响道路交通安全活动的，公安机关交通管理部门可以责令停止违法行为，迅速恢复交通。因此，对于这种违法行为造成道路上通行的人员、车辆及其他财产遭受损失的，违章占道的人应当承担赔偿责任。

0421 因为违规道路施工导致交通事故发生，谁来负责？

由负有相关职责的单位负责。根据《道路交通安全法》第105条的规定，道路施工作业或者道路出现损毁，未及时设置警示标志、未采取防护措施，或者应当设置交通信号灯、交通标志、交通标线而没有设置或者应当及时变更交通信号灯、交通标志、交通标线而没有及时变更，致使通行的人员、车辆及其他财产遭受损失的，负有相关职责的单位应当依法承担赔偿责任。

0422 处理交通事故时，哪些情况下交警需要回避？

根据《道路交通安全法》第 83 条的规定，交通警察调查处理道路交通安全违法行为和交通事故，有下列情形之一的，应当回避：(1)是本案的当事人或者当事人的近亲属；(2)本人或者其近亲属与本案有利害关系；(3)与本案当事人有其他关系，可能影响案件的公正处理。

0423 发生哪些交通事故，当事人必须报警处理？

根据《道路交通事故处理程序规定》第 13 条的规定，发生死亡事故、伤人事故的，或者发生财产损失事故且有下列情形之一的，当事人应当保护现场并立即报警：(1)驾驶人无有效机动车驾驶证或者驾驶的机动车与驾驶证载明的准驾车型不符的；(2)驾驶人有饮酒、服用国家管制的精神药品或者麻醉药品嫌疑的；(3)驾驶人有从事校车业务或者旅客运输，严重超过额定乘员载客，或者严重超过规定时速行驶嫌疑的；(4)机动车无号牌或者使用伪造、变造的号牌的；(5)当事人不能自行移动车辆的；(6)一方当事人离开现场的；(7)有证据证明事故是由一方故意造成的。驾驶人必须在确保安全的原则下，立即组织车上人员疏散到路外安全地点，避免发生次生事故。驾驶人已因道路交通事故死亡或者受伤无法行动的，车上其他人员应当自行组织疏散。第 14 条的规定，发生财产损失事故且有下列情形之一，车辆可以移动的，当事人应当组织车上人员疏散到路外安全地点，在确保安全的原则下，采取现场拍照或者标划事故车辆现场位置等方式固定证据，将车辆移至不妨碍交通的地点后报警：(1)机动车无检验合格标志或者无保险标志的；(2)碰撞建筑物、公共设施或者其他设施的。第 15 条的规定，载运爆炸性、易燃性、毒害性、放射性、腐蚀性、传染病病原体等危险物品车辆发生事故的，当事人应当立即报警，危险物品车辆驾驶人、押运人应当按照危险物品安全管理法律、法规、规章以及有关操作规程的规定，采取相应的应急处置措施。

0424 现场未报警，事后还可要求交通管理部门处理吗？

可以。根据《道路交通事故处理程序规定》第 18 条的规定，发生道路交通事故后当事人未报警，在事故现场撤除后，当事人又报警请求公安机关交通管理部门处理的，公安机关交通管理部门应当按照本规定第 16 条规定的记录内容予以记录，并在 3 日内作出是否接受案件的决定。经核查道路交通事故事实存在的，公安机关交通管理部门应当受理，制作受案登记表；经核查无法证明道路交通事故事实存在，或者不属于公安机关交通管理部门管辖的，应当书面告知当事人，并说明理由。

0425 什么是道路交通事故认定书？主要包括哪些内容？

道路交通事故认定书是公安机关交通管理部门根据交通事故现场勘验、检查、调查情况和有关的检验、鉴定结论，分析查明交通事故的基本事实、成因和当事人的责任之后所出具的法律文书。道路交通事故认定书是证据的一种，双方当事人都可以作为支持自己主张的证据。但不得因不服公安机关交通管理部门出具的道路交通事故认定书的认定，而向人民法院提起行政诉讼。

根据《道路交通事故处理程序规定》第64条的规定,道路交通事故认定书应当载明以下内容:(1)道路交通事故当事人、车辆、道路和交通环境等基本情况;(2)道路交通事故发生经过;(3)道路交通事故证据及事故形成原因分析;(4)当事人导致道路交通事故的过错及责任或者意外原因;(5)作出道路交通事故认定的公安机关交通管理部门名称和日期。道路交通事故认定书应当由交通警察签名或者盖章,加盖公安机关交通管理部门道路交通事故处理专用章。

0426 交警部门拒不作出交通事故认定书该怎么办?

交警部门对已经发生的交通事故拒不作出道路交通事故认定书的,当事人可以向人民法院起诉,判令交警部门履行职责。交警部门在明知已经发生了交通事故,且在有关当事人再三请求下,拒不作出道路交通事故认定书的行为,属于违法不履行职责的行政不作为行为。根据《最高人民法院关于贯彻执行〈中华人民共和国行政诉讼法〉若干问题的解释》的相关规定,交警部门对交通事故责任的认定是一种具体行政行为,应当属于行政诉讼的受案范围。

0427 交通事故认定书应多长时间作出?

根据《道路交通安全法实施条例》第93条的规定,公安机关交通管理部门对经过勘验、检查现场的交通事故应当在勘察现场之日起10日内制作交通事故认定书。对需要进行检验、鉴定的,应当在检验、鉴定结果确定之日起5日内制作交通事故认定书。根据《道路交通事故处理程序规定》第62条第1款的规定,公安机关交通管理部门应当自现场调查之日起10日内制作道路交通事故认定书。交通肇事逃逸案件在查获交通肇事车辆和驾驶人后10日内制作道路交通事故认定书。对需要进行检验、鉴定的,应当在检验报告、鉴定意见确定之日起5日内制作道路交通事故认定书。第66条第1款的规定,交通肇事逃逸案件尚未侦破,受害一方当事人要求出具道路交通事故认定书的,公安机关交通管理部门应当在接到当事人书面申请后10日内,根据本规定第61条确定各方当事人责任,制作道路交通事故认定书,并送达受害方当事人。道路交通事故认定书应当载明事故发生的时间、地点、受害人情况及调查得到的事实,以及受害方当事人的责任。第69条的规定,伤人事故符合下列条件,各方当事人一致书面申请快速处理的,经县级以上公安机关交通管理部门负责人批准,可以根据已经取得的证据,自当事人申请之日起5日内制作道路交通事故认定书:(1)当事人不涉嫌交通肇事、危险驾驶犯罪的;(2)道路交通事故基本事实及成因清楚,当事人无异议的。

0428 不服交警部门的道路交通事故认定书,该怎么办?

根据《道路交通事故处理程序规定》第71条第1款的规定,当事人对道路交通事故认定或者出具道路交通事故证明有异议的,可以自道路交通事故认定书或者道路交通事故证明送达之日起3日内提出书面复核申请。当事人逾期提交复核申请的,不予受理,并书面通知申请人。

0429 对交警的处罚不服应该怎样处理?

交警对违反交通管理法律法规行为的当事人进行处罚,属于具体行政行为,当事人对其处罚不服的,可以依法向该机关的本级人民政府申请行政复议，也可以向上级主管公安机关申请行政复议。申请行政复议当事人无须交纳任何费用。此外，当事人在法定期限内也可以向人民法院直接提起行政诉讼，提起行政诉讼需缴纳诉讼费。

0430 交通事故“私了”有何讲究？

根据《道路交通安全法实施条例》第86条的规定，机动车与机动车、机动车与非机动车在道路上发生未造成人身伤亡的交通事故，当事人对事实及成因无争议的，在记录交通事故的时间、地点、对方当事人的姓名和联系方式、机动车牌号、驾驶证号、保险凭证号、碰撞部位，并共同签名后，撤离现场，自行协商损害赔偿事宜。当事人对交通事故事实及成因有争议的，应当迅速报警。第87条的规定，非机动车与非机动车或者行人在道路上发生交通事故，未造成人身伤亡，且基本事实及成因清楚的，当事人应当先撤离现场，再自行协商处理损害赔偿事宜。当事人对交通事故事实及成因有争议的，应当迅速报警。

因此，未造成人身伤亡的交通事故属于法律法规允许“私了”的交通事故，双方可以填写自行解决协议书，该协议可以视为公安交通管理部门的责任认定书、调解书，可作为交通事故车辆的保险索赔证明。

0431 交通事故发生后，如何申请公安机关交通管理部门调解？

交通事故发生后，可以要求公安机关交通管理部门调解解决。根据《道路交通安全法实施条例》第94条的规定，当事人对交通事故损害赔偿有争议，各方当事人一致请求公安机关交通管理部门调解的，应当在收到交通事故认定书之日起10日内提出书面调解申请。对交通事故致死的，调解从办理丧葬事宜结束之日起开始；对交通事故致伤的，调解从治疗终结或者定残之日起开始；对交通事故造成财产损失的，调解从确定损失之日起开始。根据《道路交通事故处理程序规定》第86条第1款的规定，当事人申请公安机关交通管理部门调解的，应当在收到道路交通事故认定书、道路交通事故证明或者上一级公安机关交通管理部门维持原道路交通事故认定的复核结论之日起10日内一致书面申请。

0432 什么情况的交通事故不适宜调解？

根据《道路交通安全法实施条例》第96条的规定，对交通事故损害赔偿的争议，当事人向人民法院提起民事诉讼的，公安机关交通管理部门不再受理调解申请。公安机关交通管理部门调解期间，当事人向人民法院提起民事诉讼的，调解终止。

0433 调解不成或当事人不履行的，可以向法院起诉吗？

可以。根据《道路交通事故处理程序规定》第22条第2款的规定，当事人自行协商达成协议后未履行的，可以申请人民调解委员会调解或者向人民法院提起民事诉讼。第86条第2款的规定，当事人申请公安机关交通管理部门调解，调解未达成协议的，当事人可以依法向人民法院提起民事诉讼，或者申请人民调解委员会进行调解。

0434 交通肇事逃逸，在法律上会有什么相应处罚？

《道路交通安全法》第99条第1款第3项规定，有下列行为之一的，由公安机关交通管理部门处200元以上2000元以下罚款：造成交通事故后逃逸，尚不构成犯罪的。第101条第2款规定，造成交通事故后逃逸的，由公安机关交通管理部门吊销机动车驾驶证，且终生不得重新取得机动车驾驶证。

如果已经构成交通肇事罪，肇事逃逸是交通肇事罪从重处罚的情节。根据《刑法》第133条的规定，违反交通运输管理法规，因而发生重大事故，致人重伤、死亡或者使公私财产遭受重大损失的，处3年以下有期徒刑或者拘役；交通运输肇事后逃逸或者有其他特别恶劣情节的，处3年以上7年以下有期徒刑；因逃逸致人死亡的，处7年以上有期徒刑。

0435 发生交通事故，过错方肯定构成交通肇事罪吗？

不是。根据《刑法》第133条的规定，违反交通运输管理法规，因而发生重大事故，致人重伤、死亡或者使公私财产遭受重大损失的，处3年以下有期徒刑或者拘役；交通运输肇事后逃逸或者有其他特别恶劣情节的，处3年以上7年以下有期徒刑；因逃逸致人死亡的，处7年以上有期徒刑。因此，交通肇事罪指违反交通运输管理法规，因而发生重大事故，致人重伤、死亡或者使公私财产遭受重大损失的情形。需要注意的是，如果行为人没有违反交通运输管理法规的行为，或者交通事故没有达到致人重伤、死亡或者使公私财产遭受重大损失的程度，均不能成立交通肇事罪。

0436 交通肇事者将被害人带离现场后隐藏或遗弃有何后果？

行为人在交通肇事后为逃避法律追究，将被害人带离事故现场后隐藏或者遗弃，致使被害人无法得到救助而死亡或者严重残疾的，应当认定为故意杀人罪或者故意伤害罪。

交通事故损害赔偿

0437 交通事故中财产赔偿的数额怎样计算？

根据《最高人民法院关于审理道路交通事故损害赔偿案件适用法律若干问题的解释》（2020修正）第12条的规定，因道路交通事故造成下列财产损失，当事人请求侵权人赔偿的，人民法院应予支持：（1）维修被损坏车辆所支出的费用、车辆所载物品的损失、车辆施救费用；（2）因车辆灭失或者无法修复，为购买交通事故发生时与被损坏车辆价值相当的车辆重置费用；（3）依法从事货物运输、旅客运输等经营性活动的车辆，因无法从事相应经营活动所产生的合理停运损失；（4）非经营性车辆因无法继续使用，所产生的通常替代性交通工具的合理费用。因此，交通事故中，如果车辆或其他物品有局部损害，并且这种损害是可以修复的，应当赔偿修复该损伤的费用；如果车辆或物品所受损伤是无法修复的，应当赔偿等价的重置费用；如果该车辆或物品是受害方谋生的工具，交通事故所致的损伤及修理影响了他们的正常经济收入，此时可要求加害方对此间接经济损失给予适当赔偿；如果车辆是非经营性车辆，受害方还能就其使用通常替代性交通工具的合理费用提出主张。

0438 交通事故中人身损害赔偿包括哪些内容？

在交通事故中，受害人受到人身伤害，可以就医疗支出的各项费用以及因受伤而减少的收入向加害方提出索赔。《民法典》第1179条规定，侵害他人造成人身损害的，应当赔偿医疗费、护理费、交通费、营养费、住院伙食补助费等为治疗和康复支出的合理费用，以及因误工减少的收入。造成残疾的，还应当赔偿残疾生活辅助具费和残疾赔偿金。造成死亡的，还应当赔偿丧葬费和死亡赔偿金。具体包括以下项目：（1）医疗费，包括抢救费、住院期间的诊疗费、医药费以及康复费等后续治疗费用；（2）住院伙食补助费及营养费，住院伙食补助费的计算主要以交通事故发生地的国家机关工作人员的出差补助为标准，营养费根据受害人的伤残情况参照医疗机构的意见确定；

(3)护理费,受害人因受伤住院需要人护理,不论是请专门的护工,还是由家人或亲属看护,都需要考虑这笔费用;(4)误工费,受害人因为身体受伤,无法正常进行工作,造成的这部分经济损失是可以要求赔偿的;(5)交通费,这需要根据受害人及其必要的陪护人员因就医或者转院治疗实际发生的费用计算;(6)住宿费,包括受害人的住院费以及必要的护理人员的住宿费用;(7)如果交通事故致人残疾的,除上述费用外,加害方还应支付残疾赔偿金、残疾辅助器具费、被扶养人生活费,以及因康复护理、继续治疗实际发生的必要的康复费、护理费、后续治疗费;(8)如果交通事故中造成人员死亡,除人身伤害赔偿的一般项目外,受害人家人或近亲属还可要求对方赔偿丧葬费、被扶养人生活费、死亡补偿费,以及受害人家属办理丧葬事宜支出的交通费、住宿费和误工损失等相关合理费用。第1183条第1款规定,侵害自然人人身权益造成严重精神损害的,被侵权人有权请求精神损害赔偿。

0439 在交通事故中,受害人及其亲属可以要求精神损害赔偿吗?

可以。根据《最高人民法院关于确定民事侵权精神损害赔偿责任若干问题的解释》(2020修正)第1条的规定,因人身权益或者具有人身意义的特定物受到侵害,自然人或者其近亲属向人民法院提起诉讼请求精神损害赔偿的,人民法院应当依法予以受理。

0440 道路交通事故中的抢救费谁来付?

《机动车交通事故责任强制保险条例》第22条第1款规定,有下列情形之一的,保险公司在机动车交通事故责任强制保险责任限额范围内垫付抢救费用,并有权向致害人追偿:(1)驾驶人未取得驾驶资格或者醉酒的;(2)被保险机动车被盗抢期间肇事的;(3)被保险人故意制造道路交通事故的。第24条第1项规定,国家设立道路交通事故社会救助基金(以下简称救助基金)。有下列情形之一时,道路交通事故中受害人人身伤亡的丧葬费用、部分或者全部抢救费用,由救助基金先行垫付,救助基金管理机构有权向道路交通事故责任人追偿:抢救费用超过机动车交通事故责任强制保险责任限额的。第31条规定,保险公司可以向被保险人赔偿保险金,也可以直接向受害人赔偿保险金。但是,因抢救受伤人员需要保险公司支付或者垫付抢救费用的,保险公司在接到公安机关交通管理部门通知后,经核对应当及时向医疗机构支付或者垫付抢救费用。因抢救受伤人员需要救助基金管理机构垫付抢救费用的,救助基金管理机构在接到公安机关交通管理部门通知后,经核对应当及时向医疗机构垫付抢救费用。

因此可见,交通事故的抢救费首先由保险公司在交强险范围内垫付,超过交强险范围的,由救助基金垫付,满足一定条件,两者均有权向肇事者追偿。

0441 交通事故中医疗费包括哪些具体费用?

所谓医疗费,是指发生交通事故后,由于受害人在遭受人身损害后进行抢救,接受医学上的检查、治疗与康复所必须支出的费用。具体来说,医疗费包括以下项目:(1)挂号费。包括医院门诊挂号费、专家门诊挂号费等。(2)检查费、治疗费等。根据伤情的需要经治疗医院同意进行的检查、治疗等费用。(3)医药费。必须确系治疗因伤害人的侵害行为所致伤害的医药费。(4)住院费。受害人根据治疗医院的要求需住院观察、治疗的费用。但医院发出出院通知单后,受害人无正当理由故意延长住院时间而发生的费用不予赔偿。

(5)后续治疗费。包括功能恢复性训练费和适当的整容费等。受害人在遭受人身损害之后,除需要对伤情进行治疗外,如果受害人的器官功能遭受损伤的,还需要进行各种康复治疗,由此产生的后续治疗费属于医疗费范畴。

0442 交通事故中误工费如何计算?

误工费是指交通事故发生后,事故中遭受人身损害的受害人,从受害人遭受损害到恢复治愈,因无法从事正常工作或劳动,而失去或减少的劳动收入。根据《最高人民法院关于审理人身损害赔偿案件适用法律若干问题的解释》(2020修正)第7条的规定,误工费根据受害人的误工时间和收入状况确定。误工时间根据受害人接受治疗的医疗机构出具的证明确定。受害人因伤致残持续误工的,误工时间可以计算至定残日前1天。受害人有固定收入的,误工费按照实际减少的收入计算。受害人无固定收入的,按照其最近3年的平均收入计算;受害人不能举证证明其最近3年的平均收入状况的,可以参照受诉法院所在地相同或者相近行业上一年度职工的平均工资计算。

误工费的计算公式:

(1)有固定收入人员的误工费赔偿金额=正常情况下劳动工作收入-事故受伤后的劳动收入;

(2)无固定收入,但能够举证证明其最近3年的平均收入状况的人员的误工费赔偿金=最近3年收入总和÷3年÷12个月÷30天×误工时间;

(3)无固定收入,且不能举证证明其最近3年平均收入状况的人员的误工费赔偿金=受诉法院所在地相近行业上一年度职工的平均工资÷12个月÷30天×误工时间。

0443 交通事故中护理费如何计算?

护理费是指受害人因遭受相当程度的人身损害,其行动能力和自理能力有了一定程度的降低,为了帮助其进行正常的生活,在医疗诊治和修养康复期间,根据医院的意见或司法鉴定,委派专人对其进行护理,照料其生活而因此所需支出的费用。根据《最高人民法院关于审理人身损害赔偿案件适用法律若干问题的解释》(2020修正)第8条的规定,护理费根据护理人员的收入状况、护理人数和护理期限确定。护理人员有收入的,参照误工费的规定计算;护理人员没有收入或者雇佣护工的,参照当地护工从事同等级别护理的劳务报酬标准计算。护理人数原则上为1人,但医疗机构或者鉴定机构有明确意见的,可以参照确定护理人员人数。护理期限应计算至受害人恢复生活自理能力时止。受害人因残疾不能恢复生活自理能力的,可以根据其年龄、健康状况等因素确定合理的护理期限,但最长不超过20年。受害人定残后的护理,应当根据其护理依赖程度并结合配制残疾辅助器具的情况确定护理级别。

0444 交通事故中交通费包括哪些项目?

交通费是指事故受害人和必要的陪护人员因就医或者转院治疗等实际发生的必要费用。根据《最高人民法院关于审理人身损害赔偿案件适用法律若干问题的解释》(2020修正)第9条的规定,交通费根据受害人及其必要的陪护人员因就医或者转院治疗实际发生的费用计算。交通费应当以正式票据为凭;有关凭据应当与就医地点、时间、人数、次数相符合。具体赔偿范围包括:(1)受害人在发生交通事故后到医院治疗期间从交通事故发生地到医院之间的救护车费等交通费;如果没有住院治疗,则还有治疗期间从住处到医院来往的交通费用,还包括必要的护理人员的交通费用;(2)受害人治疗期间因转院发生的交通费用;(3)受害人伤残鉴定时从住处到伤残鉴定机构的交通费用,包括鉴定过程中必要的陪护人员的交通费用。

0445 交通事故中住宿费与伙食费包括哪些项目？

根据《最高人民法院关于审理人身损害赔偿案件适用法律若干问题的解释》（2020修正）第10条的规定，住院伙食补助费可以参照当地国家机关一般工作人员的出差伙食补助标准予以确定。受害人确有必要到外地治疗，因客观原因不能住院，受害人本人及其陪护人员实际发生的住宿费和伙食费，其合理部分应予赔偿。

住宿费，是指交通事故伤残者确有必要到外地就医、配置残具，参加事故处理人员等所需的住宿费。在计算住宿费的范围时，应注意以下几点：（1）受害人到外地就医就诊等待检查结果或需等待床位等客观原因不能住院，受害人本人及其陪护人员实际发生的住宿费，其合理部分应予赔偿；（2）受害人需要转院治疗的，往返途中受害人及陪护人员的住宿费应予赔偿；（3）住宿天数应当结合在外地治疗的情况或者处理事故的情况来计算，受害人不能以在外地就医或者家属以处理事故为由长期在外地居住；（4）受害人还应提出确有必要到外地治疗的证据，例如当地没有足够的治疗条件或者当地治疗水平不能满足要求。

伙食费包括受害人的住院伙食费、补助费和受害人及其陪护人员在外地就医花费的伙食费。其中，住院伙食补助费是指交通事故中的受害人，在遭受人身损害后，在住院期间支出的合理的伙食费用。在计算伙食费的范围时，应注意以下几点：（1）住院伙食补助费补助的是住院的受害人，对于陪护人员来说，因为在赔偿金额中已经计算了其护理费，所以陪护人员的伙食费应当包含在护理费中，不能重复要求赔偿；（2）住院伙食补助费参照当地国家机关一般工作人员出差伙食补助标准予以确定；（3）受害人确有必要到外地治疗的，因客观原因不能住院，受害人本人及其陪护人员实际发生的伙食费，其合理部分应予赔偿。就标准来说可以按照住院补助标准计算。

0446 交通事故中，什么情况下需要赔偿营养费？

营养费，是指受害人因交通事故受伤而确需补充营养食品，由治疗机构或鉴定机构根据受害人伤情提出意见，作为辅助治疗手段支出的费用。根据《最高人民法院关于审理人身损害赔偿案件适用法律若干问题的解释》（2020修正）第11条的规定，营养费根据受害人伤残情况参照医疗机构的意见确定。通常情况下，受害人经过司法鉴定，法院参照司法鉴定报告的意见确定营养费数额。

0447 交通事故中残疾赔偿金如何计算？

残疾赔偿金，是指受害人受伤后，虽经合理治疗仍未能痊愈，所遗留的顽固性或永久性的功能障碍，导致其不能胜任正常的工作和劳动而给予的赔偿费。根据《最高人民法院关于审理人身损害赔偿案件适用法律若干问题的解释》（2020修正）第12条的规定，残疾赔偿金根据受害人丧失劳动能力程度或者伤残等级，按照受诉法院所在地上一年度城镇居民人均可支配收入或者农村居民人均纯收入标准，自定残之日起按20年计算。但60周岁以上的，年龄每增加1岁减少1年；75周岁以上的，按5年计算。受害人因伤致残但实际收入没有减少，或者伤残等级较轻但造成职业妨害严重影响其劳动就业的，可以对残疾赔偿金作相应调整。

在计算残疾赔偿金的范围时，应注意以下几点：（1）残疾赔偿金的赔偿依据是受害人丧失劳动能力的程度或者伤残等级。这种赔偿需要专门的鉴定机构进行鉴定才能得知。如果伤残等级较轻但对受害人的职业造成妨害，严重影响受害人就业收入的，可以适当提高残疾赔偿金的数额。如果受害人虽有伤残但实际收入没有减少，可以对残疾赔偿金作相应的调整，在一定幅度内减少残疾赔偿金的总额。(2)残疾赔偿金的赔偿标准一般按照上一年度城镇居民人均可支配收入或农村人均纯收入标准计算。另外，采取就高不就低的原则，如果交通事故受伤人员举证证明其住所地或经常居住地的城镇居民人均可支配收入或者农村居民人均纯收入高于受诉法院所在地标准的，残疾赔偿金可以按照其住所地或经常居住地的相关标准计算。

残疾赔偿金的计算公式：残疾赔偿金=受诉法院所在地上一年度城镇居民人均可支配收入(农村居民人均纯收入)标准×伤残赔偿指数×赔偿年限。

(1)60周岁以下人员的残疾赔偿金=受诉法院所在地上一年度城镇居民人均可支配收入(农村居民人均纯收入)标准×伤残赔偿指数×20年；

(2)60~74周岁之间人员的残疾赔偿金=受诉法院所在地上一年度居民人均可支配收入(农村居民人均纯收入)标准×伤残赔偿指数×[20-(实际年龄-60)]年；

(3)75周岁以上人员的残疾赔偿金=受诉法院所在地上一年度城镇居民人均可支配收入(农村居民人均纯收入)标准×伤残赔偿指数×5年。

0448 主张交通事故中残疾辅助器具费的注意事项有哪些?

残疾辅助器具费，是指在交通事故中，因伤致残的受害人为补偿其遭受创伤的肢体器官功能，辅助其实现生活自理或从事生产劳动而购买、配置的生活辅助器具所花的费用。根据《最高人民法院关于审理人身损害赔偿案件适用法律若干问题的解释》(2020修正)第13条的规定，残疾辅助器具费按照普通适用器具的合理费用标准计算。伤情有特殊需要的，可以参照辅助器具配制机构的意见确定相应的合理费用标准。辅助器具的更换周期和赔偿期限参照配制机构的意见确定。在计算残疾辅助器具费时，应注意以下几点：(1)残疾辅助器具费的赔偿应当是伤情需要，即必须是根据医生的诊断确实属于残疾，需要辅助器具才能正常生活和工作。(2)残疾辅助器具的配置标准是“普通”，也即只需要稳定性和安全性，确实具有对受害人的器官功能起到辅助作用的器具即可。受害人不能因为由加害人承担赔偿责任便购买豪华型的器具，否则，多花费的钱会被法院认定为扩大的损失而不予支持。如果伤情确实有特殊需要，那么受害人可以参照残疾辅助器具配置机构的意见来确定相应的合理费用。(3)残疾辅助器具费用的继续赔偿。这种情况出现在受害人的康复期限超过医疗机构认定的康复期限时，受害人可以主张加害人继续支付法院之前没有判令加害人负担的受害人的残疾辅助器具费用。

0449 交通事故中被扶养人生活费如何计算?

被扶养人的生活费，是指受害人在交通事故中死亡或因伤残致其劳动能力丧失，造成受害人生前或丧失劳动能力以前，受其扶养的人无生活来源，影响了现实生活，交通事故责任人按照一定的标准给予受其扶养的无生活来源的人的赔偿。根据《最高人民法院关于审理人身损害赔偿案件适用法律若干问题的解释》(2020修正)第17条的规定，被扶养人生活费根据扶养人丧失劳动能力程度，按照受诉法院所在地上一年度城镇居民人均消费性支出和农村居民人均年生活消费支出标准计算。被扶养人为未成年人的，计算至18周岁；被扶养人无劳动能力又无其他生活来源的，计算20年。但60周岁以上的，年龄每增加1岁减少1

年;75 周岁以上的,按 5 年计算。被扶养人是指受害人依法应当承担扶养义务的未成年人或者丧失劳动能力又无其他生活来源的成年近亲属。被扶养人还有其他扶养人的,赔偿义务人只赔偿受害人依法应当负担的部分。被扶养人有数人的,年赔偿总额累计不超过上一年度城镇居民人均消费性支出额或者农村居民人均年生活消费支出额。

因此,在认定被扶养人生活费的范围时,应注意以下几点:(1)在认定被扶养人时,对虽然无劳动能力,但有经济来源的人,不应赔偿死者生前被扶养人生活费。但在受害人死亡或丧失劳动能力前不需要其实际扶养,在受害人受害后丧失了生活来源或在受害人受害后出生的子女,应当被认定为被扶养人而支付其生活费。(2)如果受害人扶养的被扶养人不只有受害人这一个扶养人,受害人往往只需要负担被扶养人的一部分生活费,因此,侵害人也只需要赔付受害人应当承担的那部分扶养费。但如果受害人是唯一扶养人的,侵害人应当承担被扶养人的全部生活费。(3)在事故发生后至赔偿前被扶养人死亡的,不应赔偿被扶养人的生活费,但应对这段时间的生活费给予适当的补偿。

被扶养人生活费按照上一年度城镇居民人均消费性支出和农村人均年生活消费性支出标准计算。被扶养人为未成年人的,计算至 18 周岁;被扶养人无劳动能力又无其他生活来源的,计算 20 年;但 60 周岁以上的,年龄每增加 1 岁减少 1 年;75 周岁以上的,按 5 年计算。具体计算公式如下:

(1)不满 18 周岁的被扶养人生活费=受诉法院所在地上一年度城镇居民人均消费支出(农村居民人均年生活消费支出)×(18-被扶养人实际年龄)÷对被扶养人承担扶养义务的人数×伤残赔偿指数(如果受害人死亡的,按 100%计算);

(2)18~60 周岁的被扶养人无劳动能力又无其他生活来源的生活费=受诉法院所在地上一年度城镇居民人均消费支出(农村居民人均年生活消费支出)×20 年÷对被扶养人承担扶养义务的人数×伤残赔偿指数(如果受害人死亡的,按 100%计算);

(3)60~74 周岁的被扶养人无劳动能力又无其他生活来源的生活费=受诉法院所在地上一年度城镇居民人均消费支出(农村居民人均年生活消费支出)×[20-(被扶养人实际年龄-60)]÷对被扶养人承担扶养义务的人数×伤残赔偿指数(如果受害人死亡的,按 100%计算);

(4)75 周岁被扶养人无劳动能力又无其他生活来源的生活费=受诉法院所在地上一年度城镇居民人均消费支出(农村居民人均年生活消费支出)×5 年÷对被扶养人承担扶养义务的人数×伤残赔偿指数(如果受害人死亡的,按 100%计算)。

0450 交通事故中丧葬费如何计算?

丧葬费,是指交通事故致人死亡的,死者的法定继承人或者承担丧葬义务的人为办理丧葬事宜支出的费用。丧葬费的范围包括为安葬死者支出的必要费用,包括运尸费、火化费、购买普通骨灰盒费、一期骨灰存放费、雇请抬丧人员所支付的劳务费,必要的交通费等。根据《最高人民法院关于审理人身损害赔偿案件适用法律若干问题的解释》(2020 修正)第 14 条的规定,丧葬费按照受诉法院所在地上一年度职工月平均工资标准,以 6 个月总额计算。

丧葬费的计算公式:

丧葬费=受诉法院所在地上一年度月平均工资(元/月)×6 个月。

值得注意的是,该计算公式是法定的标准,即使办理死者丧葬事宜所花费的费用超过受诉法院所在地上一年度职工平均工资标准的 6 个月总额,加害人也无须支付超出部分,而是由死者家属自行承担。

0451 交通事故中死亡赔偿金如何计算?

死亡赔偿金,是指交通事故致人死亡的,事故的相关负责人按照一定的标准给予死者家属一定数额的赔偿。根据《最高人民法院关于审理人身损害赔偿案件适用法律若干问题的解释》(2020修正)第15条的规定,死亡赔偿金按照受诉法院所在地上一年度城镇居民人均可支配收入或农村居民人均纯收入标准,按20年计算。但60周岁以上的,年龄每增加1岁减少1年;75周岁以上的,按5年计算。第18条第1款的规定,赔偿权利人举证证明其住所地或者经常居住地城镇居民人均可支配收入或者农村居民人均纯收入高于受诉法院所在地标准的,残疾赔偿金或者死亡赔偿金可以按照其住所地或者经常居住地的相关标准计算。

具体来说计算公式如下:

(1)60周岁以下人员的死亡赔偿金=上一年度城镇居民人均可支配收入(农村居民人均纯收入)×20年;

(2)60~74周岁人员的死亡赔偿金=上一年度城镇居民人均可支配收入(农村居民人均纯收入)×[20-(实际年龄-60)]年;

(3)75周岁以上人员的死亡赔偿金=上一年度城镇居民人均可支配收入(农村居民人均纯收入)×5年。

机动车保险

0452 机动车必须投保吗?

是的,但并非所有险种都必须投保。根据《机动车交通事故责任强制保险条例》第2条第1款的规定,在中华人民共和国境内道路上行驶的机动车的所有人或者管理人,应当依照《道路交通安全法》的规定投保机动车交通事故责任强制保险。因此,只有机动车交通事故责任险属于强制保险的范畴,其他险种可以由机动车所有人自由选择。当然,不同的附加险是以不同的基本险种为基础的,有的附加险,在没有投保相应的基本险时是不能投保的。至于车辆损失险尽管不是强制险种,但目前一般车主都选择投保此险种,这对车主应当说是有益的,当车辆发生保险范围内的损失时,可以获得修复车辆所需费用或赔偿。

0453 什么是机动车交通事故责任强制保险?不投保有什么后果?

根据《机动车交通事故责任强制保险条例》第3条的规定,本条例所称机动车交通事故责任强制保险,是指由保险公司对被保险机动车发生道路交通事故造成本车人员、被保险人以外的受害人的人身伤亡、财产损失,在责任限额内予以赔偿的强制性责任保险。第38条第1款的规定,机动车所有人、管理人未按照规定投保机动车交通事故责任强制保险的,由公安机关交通管理部门扣留机动车,通知机动车所有人、管理人依照规定投保,处依照规定投保最低责任限额应缴纳的保险费的2倍罚款。

0454 什么是第三者责任险?

第三者责任险是指被保险人或其允许的合法驾驶人员在使用被保险机动车过程中发生意外事故,致使第三者(不包括被保险机动车本车上人员、投保人、被保险人和保险人)遭受人身伤亡或财产直接损毁,依法应当由被保险人承担的经济责任,由保险公司负责赔偿。

0455 交强险与第三者责任险有何区别?

交强险与第三者责任险在赔偿原则、赔偿范围等方面存在本质的区别:(1)交强险为国家规定的强制性保险,根据《机动车交通事故责任强制保险条例》第 2 条第 1 款的规定，在中华人民共和国境内道路上行驶的机动车的所有人或者管理人，应当依照《道路交通安全法》的规定投保机动车交通事故责任强制保险。而第三者责任险不具有强制性，投保人与保险公司在自愿、平等的条件下订立保险合同。(2) 交强险实行的是“无过错责任”原则，即发生保险事故时，交强险不仅承担被保险人有责任时依法应由被保险人承担的损害赔偿责任，而且还要承担被保险人无责任时其相应的损害赔偿责任。而第三者责任险采取的是过错责任原则，即保险公司根据被保险人在交通事故中所承担的事故责任来确定其赔偿责任，在被保险人无责任或者无过错的情况下，保险人不承担赔偿责任。(3) 交强险的保障范围广，第三者责任险的保障范围相对狭窄。出于有效控制风险的考虑，第三者责任险规定了较多的责任免除事项和免赔率(额)。而交强险的保险责任几乎涵盖了所有道路交通风险，且不设免赔率和免赔额。(4) 交强险不以营利为目的，实行全国统一的保险条款和基础费率，银保会按照交强险业务总体上“不盈利不亏损”的原则审批费率。各公司从事交强险业务的将实行与其他商业保险业务分开管理、单独核算。而第三者责任险是以营利为目的，属于商业保险业务，各家保险公司可以在一定的范围内自行决定优惠的幅度。

0456 购买了对应的险种就一定能得到对应的赔偿吗?

不一定。因为保险公司会在保险合同中约定“责任免除”事项。保险公司不予赔偿的情形主要有：(1) 地震、战争、军事冲突、恐怖活动、暴乱、扣押、罚没、查封、政府征用、核反应、核污染、核辐射；(2) 发生交通事故时无公安交通管理部门核发的行驶证、号牌或者临时号牌、临时移动证，未在规定检验期限内进行机动车安全技术检验或检验未通过；(3) 未依法取得驾驶证、驾驶证审验未合格、饮酒、吸毒；(4) 受害人与被保险人恶意串通。

0457 投保后，投保人是否可以不关注车辆安全了?

不是。投保后，投保人仍需关注车辆安全。根据《保险法》第 51 条第 1 款和第 3 款的规定，被保险人应当遵守国家有关消防、安全、生产操作、劳动保护等方面的规定，维护保险标的的安全。投保人、被保险人未按照约定履行其对保险标的的安全应尽的责任的，保险人有权要求增加保险费或者解除合同。

0458 发生交通事故后，向保险公司索赔时要做哪些准备?

机动车发生交通事故后，被保险人(也就是机动车的投保人)有权向自己投保的保险公司索赔。被保险人应当向保险公司提供保险单、事故证明、事故调解结案书、损失清单和各种有关费用的单据，以便保险公司进行审查核实。被保险人要保证在索赔时提供的单据真实可靠，否则若存在任何欺骗行为，保险公司有权拒绝赔偿和追回已赔偿的款项。

0459 交通事故发生车辆损坏后，办理保险索赔的程序是什么?

发生交通事故造成车辆损坏后，被保险人需要做好以下工作，向保险公司进行索赔：(1) 及时报案，同时保护好现场，并向保险公司报告，告知其车辆损失的情况并提出索赔的请求；(2) 在理赔人员到场后，认真填写有关表格及材料；(3) 协助理赔人员检查受损车辆，持有关单证到保险公司指定的修理厂修理车辆；(4) 向保险公司提供索赔必需的证明材料，包括事故发生的性质、原因、损失程度等情况的证明材料；(5) 证明材料经理赔人员核实无误后办理结案手续，携带有关证件领取赔偿金。

0460 投保人为减少保险事故损失而支付的必要合理费用由谁承担?

由保险人承担。根据《保险法》第57条第2款的规定,保险事故发生后,被保险人为防止或减少保险标的的损失所支付的必要的、合理的费用,由保险人承担;保险人所承担的费用数额在保险标的损失赔偿金额以外的另行计算,最高不超过保险金额的数额。

0461 为查明保险事故原因和损失程度所支付的费用由谁承担?

查明保险事故的性质、原因和保险标的的损失程度,是明确保险人承担的责任范围、划清除外责任、最终确定应该支付的保险费所必须履行的程序,是保险人理赔工作的一部分。根据《保险法》第64条的规定,保险人、被保险人为查明和确定保险事故的性质、原因和保险标的的损失程度所支付的必要的、合理的费用,由保险人承担。

0462 如何确定事故后投保车辆残值的权利归属?

保险事故发生后,造成投保车辆全部灭失的情况较少,大多数受损的投保车辆还会留有残值,保险标的残值的权利归属根据保险人履行保险赔偿责任的情况确定。根据《保险法》第59条的规定,保险事故发生后,保险人已支付了全部保险金额,并且保险金额等于保险价值的,受损保险标的的全部权利归于保险人;保险金额低于保险价值的,保险人按照保险金额与保险价值的比例取得受损保险标的的部分权利。

0463 被侵权人因道路交通事故死亡,无近亲属或者近亲属不明的,应该如何处理?

根据《最高人民法院关于审理道路交通事故损害赔偿案件适用法律若干问题的解释》(2020修正)第23条的规定,被侵权人因道路交通事故死亡,无近亲属或者近亲属不明,未经法律授权的机关或者有关组织向人民法院起诉主张死亡赔偿金的,人民法院不予受理。侵权人以已向未经法律授权的机关或者有关组织支付死亡赔偿金为理由,请求保险公司在交强险责任限额范围内予以赔偿的,人民法院不予支持。被侵权人因道路交通事故死亡,无近亲属或者近亲属不明,支付被侵权人医疗费、丧葬费等合理费用的单位或者个人,请求保险公司在交强险责任限额范围内予以赔偿的,人民法院应予支持。

0464 未依法投保交强险的机动车发生交通事故造成损害应如何赔偿?

根据《最高人民法院关于审理道路交通事故损害赔偿案件适用法律若干问题的解释》(2020修正)第16条的规定,未依法投保交强险的机动车发生交通事故造成损害,当事人请求投保义务人在交强险责任限额范围内予以赔偿的,人民法院应予支持。投保义务人和侵权人不是同一人,当事人请求投保义务人和侵权人在交强险责任限额范围内承担连带责任的,人民法院应予支持。

0465 肇事车辆逃逸,事故责任难以划分的情况下,保险公司应该承担责任吗?

保险公司承担赔偿责任并不以事故责任划分清楚为前提条件,根据《民法典》第1216条的规定,机动车驾驶人发生交通事故后逃逸,该机动车参加强制保险的,由保险人在机动车强制保险责任限额范围内予以赔偿;机动车不明、该机动车未参加强制保险或者抢救费用超过机动车强制保险责任限额,需要支付被侵权人人身伤亡的抢救、丧葬等费用的,由道路交通事故社会救助基金垫付。道路交通事故社会救助基金垫付后,其管理机构有权向交通事故责任人追偿。从该条规定可以看出,肇事车辆逃逸后,保险公司并不能以此拒绝承担责任,其仍应在交强险责任限额内承担责任。

0466 车辆买卖未通知保险公司,发生事故能否拒赔?

根据《最高人民法院关于审理道路交通事故损害赔偿案件适用法律若干问题的解释》(2020 修正)第 20 条第 1 款的规定,机动车所有权在交强险合同有效期内发生变动,保险公司在交通事故发生后,以该机动车未办理交强险合同变更手续为由主张免除赔偿责任的,人民法院不予支持。

0467 在保险期内发生改装、使用性质改变的机动车发生交通事故的,应如何赔偿?

根据《最高人民法院关于审理道路交通事故损害赔偿案件适用法律若干问题的解释》(2020 修正)第 20 条第 2 款的规定,机动车在交强险合同有效期内发生改装、使用性质改变等导致危险程度增加的情形,发生交通事故后,当事人请求保险公司在责任限额范围内予以赔偿的,人民法院应予支持。

0468 车辆的牌照是临时的,保险公司能拒赔吗?

保险公司提供的保险合同中往往有一项免责事由,即发生保险事故时保险车辆没有公安交通管理部门核发的行驶证和号牌。根据《道路交通安全法》第 8 条的规定,国家对机动车实行登记制度。机动车经公安机关交通管理部门登记后,方可上道行驶。尚未登记的机动车,需要临时上道路行驶的,应当取得临时通行牌照。可见,临时号牌也是国家法律允许上路行驶的牌照,投保人并未违反这项免责条款。因此,保险公司不能拒赔。

0469 车上人员责任险赔偿金归谁享有?

车上人员责任险,指的是被保险人允许的合格驾驶员在使用保险车辆过程中发生保险事故,致使车内乘客人身伤亡,依法应由被保险人承担的赔偿责任,保险公司会按照保险合同进行赔偿。如果车上人员并未死亡,由其本人享有;如果车上人员死亡,由其合法继承人享有。

0470 被保险人没有及时通知保险人,如何理赔?

根据《保险法》第 21 条的规定,投保人、被保险人或者受益人知道保险事故发生后,应当及时通知保险人。故意或者因重大过失未及时通知,致使保险事故的性质、原因、损失程度等难以确定的,保险人对无法确定的部分,不承担赔偿或者给付保险金的责任,但保险人通过其他途径已经及时知道或者应当及时知道保险事故发生的除外。因此,对被保险人没有及时通知保险人的理赔问题,只要被保险人不是"故意"或"重大过失"未及时通知,保险公司都应当理赔。即使有故意或重大过失,保险公司也只是对不确定的部分免责,如果保险公司不经过通知也知道的话,就要在全部保险限额内承担赔偿责任。

0471 盗贼无照驾车出险,保险公司是否赔偿?

不赔偿。根据《机动车交通事故责任强制

保险条例》第22条第1款第2项和第2款的规定，有下列情形的，保险公司在机动车交通事故责任强制保险责任限额范围内垫付抢救费用，并有权向致害人追偿：被保险机动车被盗抢期间肇事的。有前款所列情形之一，发生道路交通事故的，造成受害人的财产损失，保险公司不承担赔偿责任。因此，盗贼无照驾车出险，保险公司仅在交强险责任限额范围内垫付抢救费用，而不最终承担赔偿责任；造成受害人财产损失的，不承担赔偿责任。

0472 车辆损失险如何理赔？

车辆损失险是被保险人或其允许的合格驾驶员因碰撞、倾覆、火灾、爆炸等非免赔事项造成保险车辆的损失，保险人负责赔偿的一种商业保险。保险公司按照其责任比例，在赔偿限额内减去免赔额理赔，其典型的保险条款为"保险人依据保险车辆驾驶员在事故中所负责任比例，相应承担赔偿责任"。而理赔的顺序是"事故—定损—修理（付修理款）—理赔"，即发生交通事故后，被保险人应当及时通知保险公司，索赔时向保险人提供保险单、事故证明、事故责任认定书、损失清单和有关费用单据。如经公安交通管理部门调解的，还应当提供相关事故调解书；如经法院判决、调解的，还应当提供民事判决书、调解书。保险公司根据上述单证确定被保险人的损失和保险公司的赔付额。如果车辆能够修理的，在保险公司指定并经投保人认可的修理车点进行修理，保险公司支付其在赔付限额内的修理费用；如果无法修理，保险公司才予以赔付。

0473 全车盗抢险如何理赔？

全车盗抢险是机动车保险的附加险种，该险种赔偿的损失包括全车被盗窃、被抢劫、被抢夺的损失以及在被盗窃、被抢劫、被抢夺期间受到损坏或车上零部件、附属设备丢失需要修复的合理费用。经县级以上公安刑侦部门立案侦查，证实满3个月未查明下落的，保险车辆全车被盗窃、被抢劫、被抢夺后受到损坏或因此造成车上零部件、附属设备丢失需要修复的合理费用，由保险公司赔偿。

根据全车盗抢险条款的规定，保险人赔偿后，如果被盗抢的保险车辆找回，应将该车辆归还被保险人，同时收回相应的赔款。但如果被保险人不愿意收回原车，则车辆的所有权归保险人。也就是说，被保险人具备要车或者要保险金的选择权。

0474 拼车出事故，能够适用机动车强制保险吗？

根据《机动车交通事故责任强制保险条例》第3条的规定，本条例所称机动车交通事故责任强制保险，是指由保险公司对被保险机动车发生道路交通事故造成本车人员、被保险人以外的受害人的人身伤亡、财产损失，在责任限额内予以赔偿的强制性责任保险。在拼车关系中，一般情况下搭车人都属于"本车人员"的范畴，无法通过交强险或第三者责任险得到赔偿。仅当所拼车辆发生交通事故时，搭车人所受的损害才属于其他车辆投保的交强险或第三者责任险的承保范围，因此，能够得到赔偿以及得到多少赔偿要取决于对方车辆的保险情况。

0475 被保险人能否就保险人未赔偿部分向第三者索赔？

可以。根据《保险法》第60条第1款和第3款的规定，因第三者对保险标的的损害而造成保险事故的，保险人自向被保险人赔偿保险金之日起，在赔偿金额范围内代位行使被保险人对第三者请求赔偿的权利。保险人依照本条第1款规定行使代位请求赔偿的权利，不影响被保险人就未取得赔偿的部分向第三者请求赔偿的权利。此条规定主要是保证被保险人在因第三者的损害造成保险事故时能够全部获得赔偿。

0476 车主已从交通事故责任人处获偿，保险人是否还需赔偿？

如果被保险人从第三者那里获得足额的赔偿，保险人不需要再承担赔偿责任。根据《保险法》第60条第2款的规定，保险事故发生后，被保险人已经从第三者取得损害赔偿的，保险人赔偿保险金时，可以相应扣减被保险人从第三者已取得的赔偿金额。

0477 保险人赔偿前，车主可否放弃对交通事故责任人索赔的权利？

可以，但是车主放弃对交通事故责任人索赔的权利后，保险人不承担赔偿保险金的责任。根据《保险法》第61条第1款的规定，保险事故发生后，保险人未赔偿保险金之前，被保险人放弃对第三者请求赔偿的权利的，保险人不承担赔偿保险金的责任。这主要是因为，在保险事故发生后，保险人未赔偿保险金之前，如果被保险人放弃了请求第三者赔偿的权利，保险人就会失去代位求偿权，有过错的第三者就会逃避赔偿责任。

0478 保险人赔偿后，车主可否擅自放弃对事故责任人索赔的权利？

不可以。根据《保险法》第61条第2款的规定，保险人向被保险人赔偿保险金后，被保险人未经保险人同意放弃对第三者请求赔偿的权利的，该行为无效。代位求偿权是法律赋予保险人的一种权利，当保险人依照保险合同向被保险人支付了赔偿金后，被保险人所享有的向第三者请求赔偿的权利自动转移给保险人，被保险人的放弃行为不会发生法律上的效果。

0479 被保险人的过错致使保险人不能行使代位求偿权时，保险人有何权利？

根据《保险法》第61条第3款的规定，被保险人故意或者因重大过失致使保险人不能行使代位请求赔偿的权利的，保险人可以扣减或者要求返还相应的保险金。

0480 保险人行使代位求偿权时，被保险人有什么义务？

保险人行使代位求偿权时，必须取得第三者造成损害的有关证明，并取得保险标的的有关资料，作为向第三者请求赔偿的依据。因此，为了方便保险人行使代位求偿权，根据《保险法》第63条的规定，保险人向第三者行使代位请求赔偿权利时，被保险人应当向保险人提供必要的文件和所知道的有关情况。

0481 保险人在什么情况下不得行使代位求偿权？

根据《保险法》第62条的规定，除被保险人的家庭成员或者其组成人员故意造成本法第60条第1款规定的保险事故外，保险人不得对被保险人的家庭成员或者其组成人员行使代位请求赔偿的权利。

旅客运输规则

0482 承运人故意绕行，多产生的费用旅客能否拒绝支付？

可以。根据《民法典》第813条的规定，旅客、托运人或者收货人应当支付票款或者运输费用。承运人未按照约定路线或者通常路线运输增加票款或者运输费用的，旅客、托运人或者收货人可以拒绝支付增加部分的票款或者运输费用。

0483 旅客在发车后能否退票？

不能。根据《民法典》第816条的规定，

旅客因自己的原因不能按照客票记载的时间乘坐的，应当在约定的时间内办理退票或者变更手续；逾期办理的，承运人可以不退票款，并不再承担运输义务。

0484 旅客偷偷携带违禁物品上车会有什么后果？

根据《民法典》第818条的规定，旅客不得随身携带或者在行李中夹带易燃、易爆、有毒、有腐蚀性、有放射性以及有可能危及运输工具上人身和财产安全的危险物品或者其他违禁物品。旅客违反前款规定的，承运人可以将危险物品或者违禁物品卸下、销毁或者送交有关部门。旅客坚持携带或者夹带危险物品或者违禁物品的，承运人应当拒绝运输。

0485 交通工具变化能不能因此加收费用？

不能。根据《民法典》第821条的规定，承运人擅自降低服务标准的，应当根据旅客的请求退票或者减收票款；提高服务标准的，不得加收票款。

0486 无票乘车发生事故能不能要求承运人赔偿？

不一定。根据《民法典》第823条的规定，承运人应当对运输过程中旅客的伤亡承担损害赔偿责任；但伤亡是旅客自身健康原因造成的或者承运人证明伤亡是旅客故意、重大过失造成的除外。前款规定适用于按照规定免票、持优待票或者经承运人许可搭乘的无票旅客。但如果是逃票乘车，则不属于上述范围，因此发生事故不能获得赔偿。

关于校车的特殊规定

0487 个体客运可以从事校车服务吗？

根据《校车安全管理条例》第9条第2款的规定，县级以上地方人民政府根据本地区实际情况，可以制定管理办法，组织依法取得道路旅客运输经营许可的个体经营者提供校车服务。由此可以看出，个体客运经营者可以从事校车服务，但应当经过许可，否则就是非法运营。

0488 取得校车使用许可应当符合哪些条件？

根据《校车安全管理条例》第14条的规定，使用校车应当依照本条例的规定取得许可。取得校车使用许可应当符合下列条件：(1)车辆符合校车安全国家标准，取得机动车检验合格证明，并已经在公安机关交通管理部门办理注册登记；(2)有取得校车驾驶资格的驾驶人；(3)有包括行驶线路、开行时间和停靠站点的合理可行的校车运行方案；(4)有健全的安全管理制度；(5)已经投保机动车承运人责任保险。上述条件是取得校车使用许可的硬性条件，只有上述条件全部符合才可以取得校车使用许可。

0489 校车驾驶人取得校车驾驶资格应该符合哪些条件？

根据《校车安全管理条例》第23条的规定，校车驾驶人应当依照本条例的规定取得校车驾驶资格。取得校车驾驶资格应该符合下列条件：(1)取得相应准驾车型驾驶证并具有3年以上驾驶经历，年龄在25周岁以上、不超过60周岁；(2)最近连续3个记分周期内没有被记满分记录；(3)无致人死亡或者重伤的交通事故责任记录；(4)无饮酒后驾驶或者醉酒驾驶机动车记录，最近1年内无驾驶客运车辆超员、超速等严重交通违法行为记录；(5)无犯罪记录；(6)身心健康，无传染性疾病，无癫痫、精神病等可能危及行车安全的疾病病史，无酗酒、吸毒行为记录。

0490 **校车通行有哪些优先权?**

根据《校车安全管理条例》第31条的规定,公安机关交通管理部门应当加强对校车行驶线路的道路交通秩序管理。遇交通拥堵的,交通警察应当指挥疏导运载学生的校车优先通行。校车运载学生,可以在公共交通专用车道以及其他禁止社会车辆通行但允许公共交通车辆通行的路段行驶。第33条的规定,校车在道路上停车上下学生,应当靠道路右侧停靠,开启危险报警闪光灯,打开停车指示标志。校车在同方向只有一条机动车道的道路上停靠时,后方车辆应当停车等待,不得超越。校车在同方向有两条以上机动车道的道路上停靠时,校车停靠车道后方和相邻机动车道上的机动车应当停车等待,其他机动车道上的机动车应当减速通过。校车后方停车等待的机动车不得鸣喇叭或者使用灯光催促校车。

0491 **载有学生的校车的驾驶时速是如何规定的?**

根据《校车安全管理条例》第34条第2款的规定,学校和校车服务提供者不得要求校车驾驶人超员、超速驾驶校车。第35条的规定,载有学生的校车在高速公路上行驶的最高时速不得超过80公里,在其他道路上行驶的最高时速不得超过60公里。道路交通安全法律法规规定或者道路上限速标志、标线标明的最高时速低于前款规定的,从其规定。载有学生的校车在急弯、陡坡、窄路、窄桥以及冰雪、泥泞的道路上行驶,或者遇有雾、雨、雪、沙尘、冰雹等低能见度气象条件时,最高时速不得超过20公里。

0492 **使用拼装或者达到报废标准的机动车接送学生的,应如何处罚?**

根据《校车安全管理条例》第44条的规定,使用拼装或者达到报废标准的机动车接送学生的,由公安机关交通管理部门收缴并强制报废机动车;对驾驶人处2000元以上5000元以下的罚款,吊销其机动车驾驶证;对车辆所有人处8万元以上10万元以下的罚款,有违法所得的予以没收。

0493 **校车驾驶人不再符合驾驶校车的资格时,怎么办?**

根据《校车安全管理条例》第49条的规定,校车驾驶人违反道路交通安全法律法规被依法处罚或者发生道路交通事故,不再符合本条例规定的校车驾驶人条件的,由公安机关交通管理部门取消校车驾驶资格,并在机动车驾驶证上签注。

Part 2

生老病死

出生

计划生育

0494 准生证什么时候办?

关于准生证的办理时间,并没有一个确切的规定,如果双方都已经达到法定结婚年龄,且初婚初育,办理准生证一般不会有问题,建议在怀孕后带齐资料到相关部门办理即可。在外地工作的流动人口,应按照《流动人口计划生育工作条例》的相关规定办理准生证。由于各地政策规定不同,准生证什么时候办,具体时间还要根据当地政策规定。夫妻双方要及时到当地计生部门了解清楚准生证办理的时间和相关手续,切勿耽误。

0495 流动人口如何办理生育服务证?

《流动人口计划生育工作条例》第7条规定,流动人口中的成年育龄妇女(以下简称成年育龄妇女)在离开户籍所在地前,应当凭本人居民身份证到户籍所在地的乡(镇)人民政府或者街道办事处办理婚育证明;已婚的,办理婚育证明还应当出示结婚证。婚育证明应当载明成年育龄妇女的姓名、年龄、居民身份证号码、婚姻状况、配偶信息、生育状况、避孕节育情况等内容。流动人口户籍所在地的乡(镇)人民政府、街道办事处应当及时出具婚育证明。第16条规定,育龄夫妻生育第一个子女的,可以在现居住地的乡(镇)人民政府或者街道办事处办理生育服务登记。办理生育服务登记,应当提供下列证明材料:(1)夫妻双方的居民身份证;(2)结婚证;(3)女方的婚育证明和男方户籍所在地的乡(镇)人民政府或者街道办事处出具的婚育情况证明材料。育龄夫妻现居住地的乡(镇)人民政府或者街道办事处应当自收到女方的婚育证明和男方的婚育情况证明材料之日起7个工作日内,向育龄夫妻户籍所在地的乡(镇)人民政府或者街道办事处核实有关情况。育龄夫妻户籍所在地的乡(镇)人民政府或者街道办事处应当自接到核实要求之日起15个工作日内予以反馈。核查无误的,育龄夫妻现居住地的乡(镇)人民政府或者街道办事处应当在接到情况反馈后即时办理生育服务登记;情况有误、不予办理的,应当书面说明理由。现居住地的乡(镇)人民政府或者街道办事处应当自办理生育服务登记之日起15个工作日内向育龄夫妻户籍所在地的乡(镇)人民政府或者街道办事处通报办理结果。

0496 一对夫妻能生育几个子女?

根据《人口与计划生育法》(2021修正)第18条第1款和第2款的规定,国家提倡适龄婚育、优生优育。一对夫妻可以生育三个子女。符合法律、法规规定条件的,可以要求安排再生育子女。具体办法由省、自治区、直辖市人民代表大会或者其常务委员会规定。

0497 少数民族是否就可以不实行计划生育了?

不是。根据《人口与计划生育法》第18条第3款和第4款的规定,少数民族也要实行计划生育,具体办法由省、自治区、直辖市人民代表大会或者其常务委员会规定。夫妻双方户籍所在地的省、自治区、直辖市之间关于再生育子女的规定不一致的,按照有利于当事人的原则适用。

0498 符合法律、法规规定生育子女的夫妻可以获得哪些奖励和福利待遇?

根据《人口与计划生育法》(2021修正)第

25条的规定，符合法律、法规规定生育子女的夫妻，可以获得延长生育假的奖励或者其他福利待遇。国家支持有条件的地方设立父母育儿假。

0499 在国家提倡一对夫妻生育一个子女期间响应国家政策只生育了一个孩子的夫妻还能享有原来的奖励吗？

根据《人口与计划生育法》（2021修正）第31条的规定，在国家提倡一对夫妻生育一个子女期间，自愿终身只生育一个子女的夫妻，国家发给《独生子女父母光荣证》。获得《独生子女父母光荣证》的夫妻，按照国家和省、自治区、直辖市有关规定享受独生子女父母奖励。法律、法规或者规章规定给予获得《独生子女父母光荣证》的夫妻奖励的措施中由其所在单位落实的，有关单位应当执行。在国家提倡一对夫妻生育一个子女期间，按照规定应当享受计划生育家庭老年人奖励扶助的，继续享受相关奖励扶助，并在老年人福利、养老服务等方面给予必要的优先和照顾。

0500 生育之前能不能自己查胎儿的性别？

除非医学需要，否则不能。根据《人口与计划生育法》（2021修正）第39条的规定，严禁利用超声技术和其他技术手段进行非医学需要的胎儿性别鉴定；严禁非医学需要的选择性别的人工终止妊娠。

0501 医院私下查胎儿性别有什么责任吗？

根据《人口与计划生育法》（2021修正）第40条第2项的规定，违反本法规定，利用超声技术和其他技术手段为他人进行非医学需要的胎儿性别鉴定或者选择性别的人工终止妊娠的，由卫生健康主管部门责令改正，给予警告，没收违法所得；违法所得1万元以上的，处违法所得2倍以上6倍以下的罚款；没有违法所得或者违法所得不足1万元的，处1万元以上3万元以下的罚款；情节严重的，由原发证机关吊销执业证书；构成犯罪的，依法追究刑事责任。

0502 在国家提倡一对夫妻生育一个子女期间只生育了一个子女的夫妻，如果独生子女发生意外，国家有什么保护措施？

根据《人口与计划生育法》（2021修正）第32条的规定，获得《独生子女父母光荣证》的夫妻，独生子女发生意外伤残、死亡的，按照规定获得扶助。县级以上各级人民政府建立、健全对上述人群的生活、养老、医疗、精神慰藉等全方位帮扶保障制度。

0503 国家通过哪些社会保障体系促进计划生育？

根据《人口与计划生育法》（2021修正）第24条的规定，国家建立、健全基本养老保险、基本医疗保险、生育保险和社会福利等社会保障制度，促进计划生育。国家鼓励保险公司举办有利于计划生育的保险项目。

0504 国家对怀孕、生育和哺乳期妇女有什么保护政策？

根据《人口与计划生育法》（2021修正）第26条的规定，妇女怀孕、生育和哺乳期间，按照国家有关规定享受特殊劳动保护并可以获得帮助和补偿。国家保障妇女就业合法权益,为因生育影响就业的妇女提供就业服务。公民实行计划生育手术,享受国家规定的休假。

0505 国家从哪些方面减轻家庭生育、养育、教育负担?

根据《人口与计划生育法》(2021 修正)第27条的规定,国家采取财政、税收、保险、教育、住房、就业等支持措施,减轻家庭生育、养育、教育负担。

0506 国家通过哪些方面推动建立普惠托育服务体系?

根据《人口与计划生育法》(2021 修正)第28条的规定,县级以上各级人民政府综合采取规划、土地、住房、财政、金融、人才等措施,推动建立普惠托育服务体系,提高婴幼儿家庭获得服务的可及性和公平性。国家鼓励和引导社会力量兴办托育机构,支持幼儿园和机关、企业事业单位、社区提供托育服务。托育机构的设置和服务应当符合托育服务相关标准和规范。托育机构应当向县级人民政府卫生健康主管部门备案。

0507 拒绝、阻碍卫生健康主管部门及其工作人员依法执行公务有什么后果?

根据《人口与计划生育法》(2021 修正)第45条的规定,拒绝、阻碍卫生健康主管部门及其工作人员依法执行公务的,由卫生健康主管部门给予批评教育并予以制止;构成违反治安管理行为的,依法给予治安管理处罚;构成犯罪的,依法追究刑事责任。

0508 在执行计划生育政策时权益被侵犯怎么办?

可以申请行政复议或提起行政诉讼。根据《人口与计划生育法》(2021 修正)第46条的规定,公民、法人或者其他组织认为行政机关在实施计划生育管理过程中侵犯其合法权益,可以依法申请行政复议或者提起行政诉讼。

出生证明

0509 什么是出生证明?

出生证明即出生医学证明,是由医院出具的、能够证明婴儿出生时间、性别、出生地、生父母等,并具有一定证明力的书面材料,长期有效,并可作为婴儿登记户口的依据。婴儿出生证明主要是针对医院新生儿的详细情况进行记录。

0510 如何办理出生证明?

在医疗机构、保健机构出生的婴儿,可以持接生单位证明,带父母身份证到妇幼保健站办理出生证明。根据《卫生部(已撤销)办公厅关于对在医疗保健机构外分娩的婴儿发放出生医学证明问题的函》第1条的规定,由县级以上卫生行政部门制定的《出生医学证明》管理机构出具此类《出生医学证明》。第2条的规定,管理机构在出具《出生医学证明》时,应要求婴儿父母或监护人出具下列证明材料:(1)由婴儿父母或监护人出具的"亲子关系声明";(2)该婴儿与其父母(监护人)亲子关系的旁证。旁证为家庭接生员出具的接生情况证明(同时附家庭接生员考核合格证书复印件),或婴儿父母或监护人任何一方户籍所在地居民(村民)委员会或单位出具的证明,或亲子鉴定证明。这些证明材料应由出具《出生医学证明》的机构保存。

0511 什么情况下出生证明是无效的?

根据《关于〈出生医学证明〉管理的补充规定》第5条的规定,填写《出生医学证明》要求内容准确、字迹清楚、严禁涂改。有下列情形之一的,《出生医学证明》视为无效:(1)《出生医学证明》手写时未用钢笔或碳素笔的;(2)《出生医学证明》被涂改的、填写字迹不清的、有关项目填写不真实的;(3)私自拆切《出生医学证明》副页的;(4)《出生医学证明》未加盖出生医学证明专用章的;(5)《出生医学证明》为非法印制的。

0512 出生证明无效怎么办?

根据《关于〈出生医学证明〉管理的补充规定》第6条的规定,因签发单位的责任导致原《出生医学证明》无效的,签发单位应及时换发有效的《出生医学证明》。因当事人的责任而导致原《出生医学证明》无效的,可向原签发单位申请换发。《出生医学证明》换发后,原件自换发之日起作废,并由原签发单位存档保留。

0513 出生证明遗失怎么补办?

可申请补发。根据《关于〈出生医学证明〉管理的补充规定》第7条的规定,《出生医学证明》因遗失、被盗等丧失原始凭证的情况要求补发的,取得原签发单位有关出生医学记录证明材料后,向所在地县(区)级以上卫生行政部门申请补发。县(区)级以上卫生行政部门接到申请后,经核实,情况属实的给予补发《出生医学证明》并加盖出生医学证明专用章。补发办法如下:(1)未报户口前遗失《出生医学证明》者,补发《出生医学证明》正副页;(2)已办理户籍手续后遗失《出生医学证明》者,只补发《出生医学证明》正页。补发《出生医学证明》只适用于1996年1月1日(边远贫困地区自1996年3月1日)以后出生的婴儿。具体的补发程序由各地根据本地实际情况制定。

户口申报

0514 如何进行新生婴儿户口登记?

根据《户口登记条例》第7条的规定,婴儿出生后1个月以内,由户主、亲属、抚养人或者邻居向婴儿常住地户口登记机关申报出生登记。弃婴,由收养人或者育婴机关向户口登记机关申报出生登记。

0515 新生儿在申报出生登记前死亡的,还需要申报登记吗?

需要。根据《户口登记条例》第9条的规定,婴儿出生后,在申报出生登记前死亡的,应当同时申报出生、死亡两项登记。

0516 未满18周岁的公民可否变更姓名?

根据《户口登记条例》第18条第1项的规定,未满18周岁的人需要变更姓名的时候,由本人或者父母、收养人向户口登记机关申请变更登记。因此,未满18周岁的公民可以变更姓名。

看病就医

一般医疗常识

0517 医疗机构主要有哪些?

医疗机构,是指依法定程序设立的从事疾病诊断、治疗活动的卫生机构的总称。根据《医疗机构管理条例》第2条的规定,本条例适用从事疾病诊断、治疗活动的医院、卫生院、疗养院、门诊部、诊所、卫生所(室)以及急救站等医疗机构。

0518 如何识别是不是合格的医疗机构?

看医疗机构是否登记并取得医疗机构执业许可证,其活动是否按核准登记的诊疗科目开展诊疗活动。根据《医疗机构管理条例》第15条的规定,医疗机构执业,必须进行登记,领取《医疗机构执业许可证》。第24条的规定,任何单位或者个人,未取得《医疗机构执业许可证》,不得开展诊疗活动。第27条的规定,医疗机构必须按照核准登记的诊疗科目开展诊疗活动。

0519 患者享有的知情权到底包括什么?

根据《医疗事故处理条例》第10条第1款和第2款的规定,患者有权复印或者复制其门诊病历、住院志、体温单、医嘱单、化验单(检验报告)、医学影像检查资料、特殊检查同意书、手术同意书、手术及麻醉记录单、病理资料、护理记录以及国务院卫生行政部门规定的其他病历资料。患者依照前款规定要求复印或者复制病历资料的,医疗机构应当提供复印或者复制服务并在复印或者复制的病历资料上加盖证明印记。复印或者复制病历资料时,应当有患者在场。第11条的规定,在医疗活动中,医疗机构及其医务人员应当将患者的病情、医疗措施、医疗风险等如实告知患者,及时解答其咨询;但是,应当避免对患者产生不利后果。第13条的规定,医务人员在医疗活动中发生或者发现医疗事故、可能引起医疗事故的医疗过失行为或者发生医疗事故争议的,应当立即向所在科室负责人报告,科室负责人应当及时向本医疗机构负责医疗服务质量监控的部门或者专(兼)职人员报告;负责医疗服务质量监控的部门或者专(兼)职人员接到报告后,应当立即进行调查、核实,将有关情况如实向本医疗机构的负责人报告,并向患者通报、解释。

根据《医疗纠纷预防和处理条例》第13条的规定,医务人员在诊疗活动中应当向患者说明病情和医疗措施。需要实施手术,或者开展临床试验等存在一定危险性、可能产生不良后果的特殊检查、特殊治疗的,医务人员应当及时向患者说明医疗风险、替代医疗方案等情况,并取得其书面同意;在患者处于昏迷等无法自主作出决定的状态或者病情不宜向患者说明等情形下,应当向患者的近亲属说明,并取得其书面同意。紧急情况下不能取得患者或者其近亲属意见的,经医疗机构负责人或者授权的负责人批准,可以立即实施相应的医疗措施。第16条的规定,患者有权查阅、复制其门诊病历、住院志、体温单、医嘱单、化验单(检验报告)、医学影像检查资料、特殊检查同意书、手术同意书、手术及麻醉记录、病理资料、护理记录、医疗费用以及国务院卫生主管部门规定的其他属于病历的全部资料。患者要求复制病历资料的,医疗机构应当提供复制服务,并在复制的病历资料上加盖证明印记。复制病历资料时,应当有患者或者其近亲属在场。医疗机构应患者的要求为其复制病历资料,可以收取工本费,收费标准应当公开。患者死亡的,其近亲属可以依照本条例的规定,查阅、复制病历资料。

0520 病人能否保管病历资料?

根据《医疗事故处理条例》第8条的规定,医疗机构应当按照国务院卫生行政部门规定的要求,书写并妥善保管病历资料。因抢救急危患者,未能及时书写病历的,有关医务人员应当在抢救结束后6小时内据实补记,并加以注明。第16条的规定,发生医疗事故争议时,死亡病例讨论记录、疑难病例讨论记录、上级医师查房记录、会诊意见、病程记录应当在医患双方在场的情况下封存和启封。封存的病历资料可以是复印件，由医疗机构保管。根据《医疗纠纷预防和处理条例》第15条的规定，医疗机构及其医务人员应当按照国务院卫生主管部门的规定，填写并妥善保管病历资料。因紧急抢救未能及时填写病历的，医务人员应当在抢救结束后6小时内据实补记，并加以注明。任何单位和个人不得篡改、伪造、隐匿、毁灭或者抢夺病历资料。第24条第1款的规定，发生医疗纠纷需要封存、启封病历资料的，应当在医患双方在场的情况下进行。封存的病历资料可以是原件，也可以是复制件，由医疗机构保管。因此，按照相关法律规定，病人的病历资料由医疗机构按照国务院卫生主管部门的规定妥善保管，病人可以复制、查阅其病历资料。

0521 医院篡改病历的，有什么后果？

根据《医疗事故处理条例》第9条的规定，严禁涂改、伪造、隐匿、销毁或者抢夺病历资料。第58条第2项的规定，医疗机构或者其他有关机构违反本条例的规定，有下列情形之一的，由卫生行政部门责令改正，给予警告；对负有责任的主管人员和其他直接责任人员依法给予行政处分或者纪律处分；情节严重的，由原发证部门吊销其执业证书或者资格证书：（2）涂改、伪造、隐匿、销毁病历资料的。根据《医疗纠纷预防和处理条例》第15条第3款的规定，任何单位和个人不得篡改、伪造、隐匿、毁灭或者抢夺病历资料。第45条的规定，医疗机构篡改、伪造、隐匿、毁灭病历资料的，对直接负责的主管人员和其他直接责任人员，由县级以上人民政府卫生主管部门给予或者责令给予降低岗位等级或者撤职的处分，对有关医务人员责令暂停6个月以上1年以下执业活动；造成严重后果的，对直接负责的主管人员和其他直接责任人员给予或者责令给予开除的处分，对有关医务人员由原发证部门吊销执业证书；构成犯罪的，依法追究刑事责任。

0522 急救患者的病历应该在什么时候书写？

应及时书写，但是根据《医疗纠纷预防和处理条例》第15条第2款的规定，因紧急抢救未能及时填写病历的，医务人员应当在抢救结束后6小时内据实补记，并加以注明。

0523 医院保存病历的时间通常有多长？

根据《医疗机构管理条例实施细则》第53条的规定，医疗机构的门诊病历的保存期不得少于15年；住院病历的保存期不得少于30年。

0524 处方药能不能在药店自己购买？

不能。根据《处方管理办法》第4条第2款的规定，处方药应当凭医师处方销售、调剂和使用。

0525 能不能根据处方第二天再行配药？

根据《处方管理办法》第18条的规定，处方开具当日有效。特殊情况下需延长有效期的，由开具处方的医师注明有效期限，但有效期最长不得超过3天。

0526 能不能通过处方把一个月的用药开好？

根据《处方管理办法》第19条第1款的规定，处方一般不得超过7日用量；急诊处方一般不得超过3日用量；对于某些慢性病、老年病或特殊情况，处方用量可适当延长，但医师应当注明理由。

0527 处方中开出麻醉药品需要什么条件?

根据《处方管理办法》第 21 条的规定,门(急)诊癌症疼痛患者和中、重度慢性疼痛患者需长期使用麻醉药品和第一类精神药品的,首诊医师应当亲自诊查患者,建立相应的病历,要求其签署《知情同意书》。病历中应当留存下列材料复印件:(1)二级以上医院开具的诊断证明;(2)患者户籍簿、身份证或者其他相关有效身份证明文件;(3)为患者代办人员身份证明文件。第 22 条的规定,除需长期使用麻醉药品和第一类精神药品的门(急)诊癌症疼痛患者和中、重度慢性疼痛患者之外,麻醉药品注射剂仅限于医疗机构内使用。

0528 不认真履行转诊义务,医院应否赔偿?

根据《医疗机构管理条例》第 31 条的规定,医疗机构对危重病人应当立即抢救。对限于设备或者技术条件不能诊治的病人,应当及时转诊。医疗机构在履行转诊义务时,由于患者尚未终止契约之意思表示,如果产生不良后果,仍应以违反转诊义务为由追究医院的责任。此外,医院在履行转诊义务时应注意以下几点:(1)对危急患者必须作急救处置。(2)转诊只限在设备或技术条件不能诊治的情况下。究竟如何理解"设备或者技术条件",是判断医疗机构是否应该转诊的关键,在有些情况下,医院以没有床位为由要求转诊,明显牵强。"设备或者技术条件"应理解为患者在诊治过程中不可或缺的,无法替代的医学设备和医学诊疗技能。(3)必须做到及时转诊。(4)医疗机构只能建议转诊,患者或患者家属具有最终决定权。但在病情极不稳定或随时有危及生命可能的情况下,无论是否转诊,均应签署一份书面文件,说明患者或患者家属是在临床医师的充分说明和理解基础上作出的最终决定。

0529 什么叫医疗注意义务?

医疗注意义务是指医师在实行医疗行为过程中,依据法律、规章和诊疗护理常规,保持足够的小心谨慎,以预见医疗行为结果和避免损害结果发生的义务。它要求医师在医疗行为的实施过程中对患者生命与健康利益具有高度责任心,在对患者人格尊重及对医疗工作敬业忠诚和技能上追求精益求精的同时,对每一环节的医疗行为所具有的危险性加以注意。医师的注意义务一般表现为对相关的法律和规章所规定的具体医疗行为的操作规程和医疗惯例是否遵守和执行。因此,为了避免诊疗行为所带来的损害,医师在治疗之前必须对一切可能发生的损害后果有所认识,并且采取措施防止损害的发生。

0530 医生动手术前收红包合理合法吗?

不合理也不合法。根据《执业医师法》第 27 条的规定,医师不得利用职务之便,索取、非法收受患者财物或者牟取其他不正当利益。

0531 医疗机构利用患者就诊的照片打广告可以吗?

患者在医疗机构就诊享有基本的民事权利,包括肖像权、姓名权和隐私权。未经本人同意,医疗机构不得为了宣传其医疗服务而利用患者的肖像。同时,医疗机构也不得披露患者的姓名和病情,尤其是有损患者名誉的病情。

0532 医院可以公开艾滋病或乙肝患者名单吗?

未经患者同意,医院不得公开传染病患者名单,否则医院可能承担侵权责任和/或行政处罚。根据《民法典》第1226条的规定，医疗机构及其医务人员应当对患者的隐私和个人信息保密。泄露患者隐私和个人信息，或者未经患者同意公开其病历资料的，应当承担侵权责任。根据《最高人民法院关于确定民事侵权精神损害赔偿责任若干问题的解释》（2020修正）第1条的规定，因人身权益或者具有人身意义的特定物受到侵害，自然人或者其近亲属向人民法院提起诉讼请求精神损害赔偿的，人民法院应当依法予以受理。根据《传染病防治法》第69条第7项的规定，医疗机构违反本法规定，有下列情形的，由县级以上人民政府卫生行政部门责令改正，通报批评，给予警告；造成传染病传播、流行或者其他严重后果的，对负有责任的主管人员和其他直接责任人员，依法给予降级、撤职、开除的处分，并可以依法吊销有关责任人员的执业证书；构成犯罪的，依法追究刑事责任：故意泄露传染病病人、病原携带者、疑似传染病病人、密切接触者涉及个人隐私的有关信息、资料的。

0533 患者在医疗机构死亡的，尸体应如何处置？

根据《医疗纠纷预防和处理条例》第27条的规定，患者在医疗机构内死亡的，尸体应当立即移放太平间或者指定的场所，死者尸体存放时间一般不得超过14日。逾期不处理的尸体，由医疗机构在向所在地县级人民政府卫生主管部门和公安机关报告后，按照规定处理。

0534 什么叫误诊？

误诊即错误的诊断，在教科书中或临床上尚缺乏严格的分类。我们结合现行临床上比较通用的分类，并根据误诊性质和程度的不同，试将误诊分为下述五个类型：诊断错误、延误诊断、漏误诊断、病因判断错误、疾病性质判断错误。诊断的目的在于确定疾病的本质，并随之选择有针对性的治疗，使病情向好的方面转化。因此，把不正确的诊断看作是错误的，把不及时、不全面的诊断也同样看作是错误的。关于错误诊断的分类，除了目前已被临床普遍接受的“错误诊断”“延误诊断”“漏误诊断”三种之外，上述病因判断错误、疾病性质判断错误及对新发生疾病和并发症的漏诊误诊，虽然与前三种误诊有程度上的区别，但是都能给病人带来不良的后果，所以也应当包括在误诊研究之列，否则就不利于临床医疗质量的提高。判断某个疾病是否被误诊，也应该像诊断一个疾病一样，有个相对的标准。但是，由于误诊的原因复杂，不仅涉及医务人员和医疗设备，还有病员及疾病本身的特殊性等因素，所以难以制订一个准确地判定是否误诊的标准。

0535 什么是医疗机构的安全保障义务？

安全保障义务具体是指经营者在经营场所对消费者、潜在的消费者或者其他进入服务场所的人的人身、财产安全依法承担的安全保障义务。其义务主体为服务场所的经营者，包括服务场所的所有者、管理者、承包经营者等对该场所负有法定安全保障义务或者具有事实上控制力的公民、法人或其他社会组织。与此相对应的权利主体是：（1）消费者；（2）潜在的消费者；（3）实际进入该服务场所的任何人。该权利义务的主要内容是：在特定的服务场所，权利人的人身和财产安全应当得到保障，义务人应当对这种人身和财产安全履行相应的积极作为或者消极不作为义务。作为对外提供医疗服务的机构，由于患者本来就处于不健康状态，故医院对患者人身安全的关注及保障程度，应当比普通经营场所更加细致周到；医院对其室内的地面材质、升降起伏状况和湿滑程度等环境设施应有充分了解，并通过设置警示标志、人员提示和辅助、及时清洁干燥地面等恰当的管理措施消除隐患，杜绝意外事件发生。医院“小心地滑”之类温馨提示牌不能完全说明已尽合理限度范围安全保障义务，还应保障设施、设备不存安全隐患等。当出现公众滑倒，医院应加以改进，如服务人员及时用干布清洁地面，切忌再用湿布拖地导致地面更湿滑；为防止损失扩大，应及时扶摔倒者救治，必要时转诊；如该损害后果确属医院重视程度欠缺、管理及服务失当、安全保障义务履行瑕疵，则院方将承担相应责任。

医疗纠纷处理

0536 什么是医疗纠纷？

根据《医疗纠纷预防和处理条例》第2条的规定，本条例所称医疗纠纷，是指医患双方因诊疗活动引发的争议。

0537 发生医疗纠纷，医疗机构应当告知患者或者其近亲属哪些事项？

根据《医疗纠纷预防和处理条例》第23条的规定，发生医疗纠纷，医疗机构应当告知患者或者其近亲属下列事项：(1)解决医疗纠纷的合法途径；(2)有关病历资料、现场实物封存和启封的规定；(3)有关病历资料查阅、复制的规定。患者死亡的，还应当告知其近亲属有关尸检的规定。

0538 发生医疗纠纷，可以通过哪些途径解决？

根据《医疗纠纷预防和处理条例》第22条的规定，发生医疗纠纷，医患双方可以通过下列途径解决：(1)双方自愿协商；(2)申请人民调解；(3)申请行政调解；(4)向人民法院提起诉讼；(5)法律、法规规定的其他途径。

0539 发生医疗纠纷如何封存病史？

根据《医疗纠纷预防和处理条例》第24条的规定，发生医疗纠纷需要封存、启封病历资料的，应当在医患双方在场的情况下进行。封存的病历资料可以是原件，也可以是复制件，由医疗机构保管。病历尚未完成需要封存的，对已完成病历先行封存；病历按照规定完成后，再对后续完成部分进行封存。医疗机构应当对封存的病历开列封存清单，由医患双方签字或者盖章，各执1份。病历资料封存后医疗纠纷已经解决，或者患者在病历资料封存满3年未再提出解决医疗纠纷要求的，医疗机构可以自行启封。

0540 疑似输液、输血、注射、用药等引起不良后果的，如何处理？

根据《医疗纠纷预防和处理条例》第25条的规定，疑似输液、输血、注射、用药等引起不良后果的，医患双方应当共同对现场实物进行封存、启封，封存的现场实物由医疗机构保管。需要检验的，应当由双方共同委托依法具有检验资格的检验机构进行检验；双方无法共同委托的，由医疗机构所在地县级人民政府卫生主管部门指定。疑似输血引起不良后果，需要对血液进行封存保留的，医疗机构应当通知提供该血液的血站派员到场。现场实物封存后医疗纠纷已经解决，或者患者在现场实物封存满3年未再提出解决医疗纠纷要求的，医疗机构可以自行启封。

0541 患者死亡，多长时间内可以要求尸检？

根据《医疗纠纷预防和处理条例》第26条第1款的规定，患者死亡，医患双方对死因有异议的，应当在患者死亡后48小时内进行尸检；具备尸体冻存条件的，可以延长至7日。

0542 患者死亡，如果家属不同意尸检有什么后果？

根据《医疗纠纷预防和处理条例》第26条第1款的规定，尸检应当经死者近亲属同意并签字，拒绝签字的，视为死者近亲属不同意进行尸检。不同意或者拖延尸检，超过规定时间，影响对死因判定的，由不同意或者拖延的一方承担责任。

0543 医患双方选择协商解决医疗纠纷的，怎么操作？

根据《医疗纠纷预防和处理条例》第30条的规定，医患双方选择协商解决医疗纠纷的，应当在专门场所协商，不得影响正常医疗秩序。医患双方人数较多的，应当推举代表进行协商，每方代表人数不超过5人。协商解决医疗纠纷应当坚持自愿、合法、平等的原则，尊重当事人的权利，尊重客观事实。医患双方应当文明、理性表达意见和要求，不得有违法行为。协商确定赔付金额应当以事实为依据，防止畸高或者畸低。对分歧较大或者索赔数额较高的医疗纠纷，鼓励医患双方通过人民调解的途径解决。医患双方经协商达成一致的，应当签署书面和解协议书。

0544 如何申请医疗纠纷人民调解？

根据《医疗纠纷预防和处理条例》第31条的规定，申请医疗纠纷人民调解的，由医患双方共同向医疗纠纷人民调解委员会提出申请；一方申请调解的，医疗纠纷人民调解委员会在征得另一方同意后进行调解。申请人可以以书面或者口头形式申请调解。书面申请的，申请书应当载明申请人的基本情况、申请调解的争议事项和理由等；口头申请的，医疗纠纷人民调解员应当当场记录申请人的基本情况、申请调解的争议事项和理由等，并经申请人签字确认。医疗纠纷人民调解委员会获悉医疗机构内发生重大医疗纠纷，可以主动开展工作，引导医患双方申请调解。当事人已经向人民法院提起诉讼并且已被受理，或者已经申请卫生主管部门调解并且已被受理的，医疗纠纷人民调解委员会不予受理；已经受理的，终止调解。

0545 如何申请医疗纠纷行政调解？

根据《医疗纠纷预防和处理条例》第40条的规定，医患双方申请医疗纠纷行政调解的，应当参照本条例第31条第1款、第2款的规定向医疗纠纷发生地县级人民政府卫生主管部门提出申请。卫生主管部门应当自收到申请之日起5个工作日内作出是否受理的决定。当事人已经向人民法院提起诉讼并且已被受理，或者已经申请医疗纠纷人民调解委员会调解并且已被受理的，卫生主管部门不予受理；已经受理的，终止调解。卫生主管部门应当自受理之日起30个工作日内完成调解。需要鉴定的，鉴定时间不计入调解期限。超过调解期限未达成调解协议的，视为调解不成。

0546 什么是医疗事故？

根据《医疗事故处理条例》第2条的规定，本条例所称医疗事故，是指医疗机构及其医务人员在医疗活动中，违反医疗卫生管理法律、行政法规、部门规章和诊疗护理规范、常规，过失造成患者人身损害的事故。

0547 只要对患者造成了损害就构成医疗事故吗？

不一定。根据《医疗事故处理条例》第33条的规定，有下列情形之一的，不属于医疗事故：(1)在紧急情况下为抢救垂危患者生命而采取紧急医学措施造成不良后果的；(2)在医疗活动中由于患者病情异常或者患者体质特殊而发生医疗意外的；(3)在现有医学科学技术条件下，发生无法预料或者不能防范的不良后果的；(4)无过错输血感染造成不良后果的；(5)因患方原因延误诊疗导致不良后果的；(6)因不可抗力造成不良后果的。根据《民法典》第1224条的规定，患者在诊疗活动中受到损害，有下列情形之一的，医疗机构不承担赔偿责任：(1)患者或者其近亲属不配合医疗机构进行符合诊疗规范的诊疗；(2)医务人员在抢救生命垂危的患者等紧急情况下已经尽到合理诊疗义务；(3)限于当时的医疗水平难以诊疗。前款第1项情形中，医疗机构及其医务人员也有过错的，应当承担相应的赔偿责任。

0548 手术后遗症是否属于医疗事故？

手术后遗症是否属于医疗事故主要看是否符合医疗事故的定义，也就是说，必须是因为医务人员在医疗活动中的过失行为而造成的手术后遗症才属于医疗事故。因此，根据《医疗事故处理条例》第33条第3项和《民法典》第1224条的相关规定，非因医疗机构及其医务人员的过错导致的手术后遗症，就不属于医疗事故。

0549 由江湖术士看病导致的损害能不能构成医疗事故？

不构成。江湖术士看病属于非法行医，根据《医疗事故处理条例》第61条的规定，非法行医，造成患者人身损害，不属于医疗事故，触犯刑律的，依法追究刑事责任；有关赔偿，由受害人直接向人民法院提起诉讼。

0550 医院“见死不救”属于医疗事故吗？

属于。根据《执业医师法》第24条的规定，对急危患者，医师应当采取紧急措施进行诊治；不得拒绝急救处置。公民依法享有生命健康权。医疗机构及其医务人员在患者出现生命危险时应当提供及时、有效、积极、足够的救济。

0551 医疗事故等级如何划分？

根据《医疗事故处理条例》第4条的规定，根据对患者人身造成的损害程度，医疗事故分为4级：(1)一级医疗事故：造成患者死亡、重度残疾的；(2)二级医疗事故：造成患者中度残疾、器官组织损伤导致严重功能障碍的；(3)三级医疗事故：造成患者轻度残疾、器官组织损伤导致一般功能障碍的；(4)四级医疗事故：造成患者明显人身损害的其他后果的。具体分级标准由国务院卫生行政部门制定。

0552 发生医疗纠纷需要鉴定时，启动方式有哪些？

根据《医疗纠纷预防和处理条例》第34条第1款的规定，医疗纠纷人民调解委员会调解医疗纠纷，需要进行医疗损害鉴定以明确责任的，由医患双方共同委托医学会或者司法鉴定机构进行鉴定，也可以经医患双方同意，由医疗纠纷人民调解委员会委托鉴定。第41条第1款的规定，卫生主管部门调解医疗纠纷需要进行专家咨询的，可以从本条例第35条规定的专家库中抽取专家；医患双方认为需要进行医疗损害鉴定以明确责任的，参照本条例第34条的规定进行鉴定。除上述两种情况之外，还有司法机关在司法过程中的委托鉴定。如公安机关、检察机关出于侦查案件的需要，可以委托医学会鉴定；人民法院在审理案件的过程中，为了查清事实、确定因果联系和法律责任，同样可以委托医学会进行医疗事故鉴定。

0553 进行医疗事故鉴定时，应提供哪些材料？

根据《医疗事故处理条例》第28条的规定，负责组织医疗事故技术鉴定工作的医学会应当自受理医疗事故技术鉴定之日起5日内通知医疗事故争议双方当事人提交进行医疗事故技术鉴定所需的材料。当事人应当自收到医学会的通知之日起10日内提交有关医疗事故技术鉴定的材料、书面陈述及答辩。医疗机构提交的有关医疗事故技术鉴定的材料应当包括下列内容:(1)住院患者的病程记录、死亡病例讨论记录、疑难病例讨论记录、会诊意见、上级医师查房记录等病历资料原件;(2)住院患者的住院志、体温单、医嘱单、化验单(检验报告)、医学影像检查资料、特殊检查同意书、手术同意书、手术及麻醉记录单、病理资料、护理记录等病历资料原件;(3)抢救急危患者,在规定时间内补记的病历资料原件;(4)封存保留的输液、注射用物品和血液、药物等实物,或者依法具有检验资格的检验机构对这些物品、实物作出的检验报告;(5)与医疗事故技术鉴定有关的其他材料。在医疗机构建有病历档案的门诊、急诊患者,其病历资料由医疗机构提供;没有在医疗机构建立病历档案的,由患者提供。医患双方应当依照本条例的规定提交相关材料。医疗机构无正当理由未依照本条例的规定如实提供相关材料,导致医疗事故技术鉴定不能进行的,应当承担责任。

0554 医学会、司法鉴定机构作出的医疗损害鉴定意见应当载明哪些内容?

根据《医疗纠纷预防和处理条例》第36条的规定,医学会、司法鉴定机构作出的医疗损害鉴定意见应当载明并详细论述下列内容:(1)是否存在医疗损害以及损害程度;(2)是否存在医疗过错;(3)医疗过错与医疗损害是否存在因果关系;(4)医疗过错在医疗损害中的责任程度。

0555 医疗纠纷都需要进行医疗鉴定吗?

不是。如果满足以下几种情况,医疗事故争议无须鉴定:(1)医患双方对医疗事实过程和医疗事故等级认识一致;(2)造成医疗事故的医疗过失行为明显,损害后果简单确切,无须技术鉴别;(3)卫生行政部门经审查认为双方协商认定的医疗事故事实和等级符合条例和卫生行政部门的有关规定;(4)当事人未向卫生行政部门提出调解申请或者只就争议赔偿数额申请进行调解。

0556 医疗事故可以到外地委托司法鉴定吗?

可以。根据《医疗事故处理条例》第21条的规定,设区的市级地方医学会和省、自治区、直辖市直接管辖的县(市)地方医学会负责组织首次医疗事故技术鉴定工作。省、自治区、直辖市地方医学会负责组织再次鉴定工作。必要时,中华医学会可以组织疑难、复杂并在全国有重大影响的医疗事故争议的技术鉴定工作。医疗事故鉴定一般由医疗机构所在地、受诉法院所在地的医学会进行。如果当地存在不当干扰,当事人可以申请受诉法院委托外地的司法鉴定机构进行。

0557 单方委托的司法鉴定结论,对方不认可,怎么办?

根据《最高人民法院关于民事诉讼证据的若干规定》(2019修正)第41条的规定,对于一方当事人就专门性问题自行委托有关机构或者人员出具的意见,另一方当事人有证据或者理由足以反驳并申请鉴定的,人民法院应予准许。

0558 什么情况下可以要求专家鉴定组成员回避?

根据《医疗纠纷预防和处理条例》第37条的规定,咨询专家、鉴定人员有下列情形之一的,应当回避,当事人也可以以口头或者书面形式申请其回避:(1)是医疗纠纷当事人或者当事人的近亲属;(2)与医疗纷纷有利害关系；（3）与医疗纠纷当事人有其他关系，可能影响医疗纠纷公正处理。

0559 对首次医疗事故鉴定结论不服的，如何申请再次鉴定？

根据《医疗事故技术鉴定暂行办法》第40条的规定，任何一方当事人对首次医疗事故技术鉴定结论不服的，可以自收到首次医疗事故技术鉴定书之日起15日内，向原受理医疗事故争议处理申请的卫生行政部门提出再次鉴定的申请，或由双方当事人共同委托省、自治区、直辖市医学会组织再次鉴定。

0560 医疗鉴定时可否隐藏对自己不利的证据材料？

不可以。根据《医疗事故处理条例》第30条第2款的规定，双方当事人应当按照本条例的规定如实提交进行医疗事故技术鉴定所需要的材料，并积极配合调查。当事人任何一方不予配合，影响医疗事故技术鉴定的，由不予配合的一方承担责任。

0561 医疗事故赔偿数额怎样确定？

根据《医疗事故处理条例》第49条的规定，医疗事故赔偿，应当考虑下列因素，确定具体赔偿数额：（1）医疗事故等级；（2）医疗过失行为在医疗事故损害后果中的责任程度；（3）医疗事故损害后果与患者原有疾病状况之间的关系。不属于医疗事故的，医疗机构不承担赔偿责任。

0562 患者发生医疗事故后，能否向医院提出精神损害赔偿？

可以。根据《最高人民法院关于确定民事侵权精神损害赔偿责任若干问题的解释》（2020修正）第1条的规定，因人身权益或者具有人身意义的特定物受到侵害，自然人或者其近亲属向人民法院提起诉讼请求精神损害赔偿的，人民法院应当依法予以受理。根据《医疗事故处理条例》第50条第11项的规定，医疗事故赔偿，按照下列项目和标准计算，（11）精神损害抚慰金：按照医疗事故发生地居民年平均生活费计算。造成患者死亡的，赔偿年限最长不超过6年；造成患者残疾的，赔偿年限最长不超过3年。

0563 什么情况下不能由县级卫生行政部门处理医疗事故争议？

根据《医疗事故处理条例》第38条第2款的规定，有下列情形之一的，县级人民政府卫生行政部门应当自接到医疗机构的报告或者当事人提出医疗事故争议处理申请之日起7日内移送上一级人民政府卫生行政部门处理：（1）患者死亡；（2）可能为二级以上的医疗事故；（3）国务院卫生行政部门和省、自治区、直辖市人民政府卫生行政部门规定的其他情形。

0564 医疗事故争议的当事人同时提出行政处理申请和起诉怎么处理？

根据《医疗事故处理条例》第40条的规定，当事人既向卫生行政部门提出医疗事故争议处理申请，又向人民法院提起诉讼的，卫生行政部门不予受理；卫生行政部门已经受理的，应当终止处理。

0565 医学会在哪些情况下不受理医疗事故技术鉴定？

根据《医疗事故技术鉴定暂行办法》第13条的规定，有下列情形之一的，医学会不予受理医疗事故技术鉴定：（1）当事人一方直接向医学会提出鉴定申请的；（2）医疗事故争议涉及多个医疗机构，其中一所医疗机构所在地的医学会已经受理的；（3）医疗事故争议已经人民法院调解达成协议或判决的；（4）当事人已向人民法院提起民事诉讼的（司法机关委托的除外）；（5）非法行医造成患者身体健康损害的；（6）卫生部（已撤销）规定的其他情形。

0566 什么情况会导致医疗事故鉴定中止？

根据《医疗事故技术鉴定暂行办法》第1179条的规定，有下列情形之一的，医学会中止组织医疗事故技术鉴定：（1）当事人未按规定提交有关医疗事故技术鉴定材料的；（2）提供的材料不真实的；（3）拒绝缴纳鉴定费的；（4）卫生部（已撤销）规定的其他情形。

0567 什么情况会导致医疗事故鉴定终止？

根据《医疗事故技术鉴定暂行办法》第38条的规定，因当事人拒绝配合，无法进行医疗事故技术鉴定的，应当终止本次鉴定，由医学会告知移交鉴定的卫生行政部门或共同委托鉴定的双方当事人，说明不能鉴定的原因。第44条的规定，在受理医患双方共同委托医疗事故技术鉴定后至专家鉴定组作出鉴定结论前，双方当事人或者一方当事人提出停止鉴定的，医疗事故技术鉴定终止。

0568 医疗事故技术鉴定人员收受贿赂怎么处理？

依法处理。根据《医疗事故处理条例》第57条的规定，参加医疗事故技术鉴定工作的人员违反本条例的规定，接受申请鉴定双方或者一方当事人的财物或者其他利益，出具虚假医疗事故技术鉴定书，造成严重后果的，依照《刑法》关于受贿罪的规定，依法追究刑事责任；尚不够刑事处罚的，由原发证部门吊销其执业证书或者资格证书。

0569 医疗损害鉴定是否需要收费？

要。根据《医疗纠纷预防和处理条例》第34第4款的规定，鉴定费预先向医患双方收取，最终按照责任比例承担。

0570 医疗事故赔偿包括哪些项目以及如何计算？

医疗事故属于侵权行为。根据《民法典》第1179条的规定，侵害他人造成人身损害的，应当赔偿医疗费、护理费、交通费、营养费、住院伙食补助费等为治疗和康复支出的合理费用，以及因误工减少的收入。造成残疾的，还应当赔偿残疾生活辅助具费和残疾赔偿金；造成死亡的，还应当赔偿丧葬费和死亡赔偿金。根据《医疗事故处理条例》第50条的规定，医疗事故赔偿，按照下列项目和标准计算：（1）医疗费：按照医疗事故对患者造成的人身损害进行治疗所发生的医疗费用计算，凭据支付，但不包括原发病医疗费用。结案后确实需要继续治疗的，按照基本医疗费用支付。（2）误工费：患者有固定收入的，按照本人因误工减少的固定收入计算，对收入高于医疗事故发生地上一年度职工年平均工资3倍以上的，按照3倍计算；无固定收入的，按照医疗事故发生地上一年度职工年平均工资计算。（3）住院伙食补助费：按照医疗事故发生地国家机关一般工作人员的出差伙食补助标准计算。（4）陪护费：患者住院期间需要专人陪护的，按照医疗事故发生地上一年度职工年平均工资计算。（5）残疾生活补助费：根据伤残等级，按照医疗事故发生地居民年平均生活费计算，自定残之月起最长赔偿30年；但是，60周岁以上的，不超过15年；70周岁以上的，不超过5年。（6）残疾用具费：因残疾需要配置补偿功能器具的，凭医疗机构证明，按照普及型器具的费用计算。（7）丧葬费：按照医疗事故发生地规定的丧葬费补助标准计算。（8）被扶养人生活费：以死者生前或者残疾者丧失劳动能力前实际扶养且没有劳动能力的人为限，按照其户籍所在地或者居所地居民最低生活保障标准计算。对不满16周岁的，扶养到16周岁。对年满16周岁但无劳动能力的，扶养20年；但是，60周岁以上的，不超过15年；70周岁以上的，不超过5年。（9）交通费：按照患者实际必需的交通费用计算，凭据支付。（10）住宿费：按照医疗事故发生地国家机关一般工作人员的出差住宿补助标准计算，凭据支付。（11）精神损害抚慰金：按照医疗事故发生地居民年平均生活费计算。造成患者死亡的，赔偿年限最长不超过6年；造成患者残疾的，赔偿年限最长不超过3年。

0571 医疗事故赔偿金的结算方式是什么？

根据《医疗事故处理条例》第52条的规定，医疗事故赔偿费用，实行一次性结算，由承担医疗事故责任的医疗机构支付。《最高人民法院关于审理人身损害赔偿案件适用法律若干问题的解释》（2020修正）第20条规定，赔偿义务人请求以定期金方式给付残疾赔偿金、被扶养人生活费、残疾辅助器具费的，应当提供相应的担保。人民法院可以根据赔偿义务人的给付能力和提供担保的情况，确定以定期金方式给付相关费用。但一审法庭辩论终结前已经发生的费用、死亡赔偿金以及精神损害抚慰金，应当一次性给付。根据《民法典》第1187条的规定，损害发生后，当事人可以协商赔偿费用的支付方式。协商不一致的，赔偿费用应当一次性支付；一次性支付确有困难的，可以分期支付，但是被侵权人有权请求提供相应的担保。

0572 医疗事故赔偿中“医疗费”这一项目具体是指什么？

这一项往往是发生医疗事故纠纷后患者主张的最基本的赔偿项目，只要因为院方的行为造成了人身损害，医院就应当支付患者治疗产生的医疗费。根据《医疗事故处理条例》第50条第1项的规定，医疗事故中医疗费的赔偿，按照医疗事故对患者造成的人身损害进行治疗所发生的医疗费用计算，凭据支付，但不包括原发病医疗费用。结案后确实需要继续治疗的，按照基本医疗费用支付。根据《最高人民法院关于审理人身损害赔偿案件适用法律若干问题的解释》（2020修正）第6条的规定，医疗费根据医疗机构出具的医药费、住院费等收款凭证，结合病历和诊断证明等相关证据确定。赔偿义务人对治疗的必要性和合理性有异议的，应当承担相应的举证责任。医疗费的赔偿数额，按照一审法庭辩论终结前实际发生的数额确定。器官功能恢复训练所必要的康复费、适当的整容费以及其他后续治疗费，赔偿权利人可以待实际发生后另行起诉。但根据医疗证明或者鉴定结论确定必然发生的费用，可以与已经发生的医疗费一并予以赔偿。“医疗费”包含以下几项费用：（1）挂号费；（2）医药费；（3）检查费（如血液检查费用、透视费用、CT费用、B超费用、彩超费）；（4）治疗费（指受害人在医疗机构接受治疗时所支付的费用如手术、矫形、换药、打针、化疗等费用）；（5）住院费（指按住院标准入院而由医院收取的床位费、水电费等费用）；（6）其他费用如器官移植、专家会诊的费用。

0573 患者亲属为处理医疗事故所花费用能否要求赔偿？

可以。根据《医疗事故处理条例》第51条的规定，参加医疗事故处理的患者近亲属所需交通费、误工费、住宿费，参照本条例第50条的有关规定计算，计算费用的人数不超过2人。医疗事故造成患者死亡的，参加丧葬活动的患者的配偶和直系亲属所需交通费、误工费、住宿费，参照本条例第50条的有关规定计算，计算费用的人数不超过2人。

0574 什么是"精神损害赔偿"？

"精神损害赔偿"是患者因医疗事故导致人身受到损害，为弥补其本人或其家属受到的严重精神创伤，采用金钱方式给予的抚慰性质赔偿。这项赔偿是被《民法典》和《最高人民法院关于确定民事侵权精神损害赔偿责任若干问题的解释》（2020 修正）所认可的。

0575 精神损害赔偿如何计算？

根据《最高人民法院关于确定民事侵权精神损害赔偿责任若干问题的解释》（2020 修正）第 5 条的规定，精神损害的赔偿数额根据以下因素确定：（1）侵权人的过错程度，但是法律另有规定的除外；（2）侵权行为的目的、方式、场合等具体情节；（3）侵权行为所造成的后果；（4）侵权人的获利情况；（5）侵权人承担责任的经济能力；（6）受理诉讼法院所在地的平均生活水平。根据《民法典》第 1173 条的规定，被侵权人对同一损害的发生或者扩大有过错的，可以减轻侵权人的责任。根据《医疗事故处理条例》第 50 条第 11 项的规定，精神损害抚慰金：按照医疗事故发生地居民年平均生活费计算。造成患者死亡的，赔偿年限最长不超过 6 年；造成患者残疾的，赔偿年限最长不超过 3 年。

0576 院方和患者双方均有过错，导致医疗纠纷，能获得怎样的赔偿？

根据《医疗事故处理条例》第 49 条第 1 款的规定，医疗事故赔偿，应当考虑下列因素，确定具体赔偿数额：（1）医疗事故等级；（2）医疗过失行为在医疗事故损害后果中的责任程度；（3）医疗事故损害后果与患者原有疾病状况之间的关系。根据《民法典》第 1173 条的规定，被侵权人对同一损害的发生或者扩大有过错的，可以减轻侵权人的责任。

0577 患儿家属拒绝医院提出的治疗方案，在患儿死亡后要求医院赔偿，医院应当赔偿吗？

根据《民法典》第 1224 条第 1 款第 1 项的规定，患者在诊疗活动中受到损害，有下列情形的，医疗机构不承担赔偿责任：患者或者其近亲属不配合医疗机构进行符合诊疗规范的诊疗。因此，患儿在治疗期间，医院的正常诊疗行为遭到家属拒绝而没能顺利进行，导致患儿死亡的，医院不需要承担赔偿责任。

0578 对于复杂病情，医院按照相关诊疗规定进行救治，但病人死亡，院方是否可以不赔偿患者损失？

根据《民法典》第 1224 条第 1 款第 3 项的规定，患者在诊疗活动中受到损害，有下列情形的，医疗机构不承担赔偿责任：限于当时的医疗水平难以诊疗。如果医院在诊疗过程中采取的检查和治疗符合规范，不存在违反法律、行政法规、部门规章和诊疗护理规范、常规的行为，即使患者死亡，也不能要求医疗机构超越其客观的认知水平，因此，医院不承担法律责任，也无须对患者家属进行赔偿。

0579 病人生命垂危，医生在未取得患者本人或近亲属同意的情况下进行的紧急救治，后病人死亡，医院是否需要对病人家属进行赔偿？

根据《民法典》第 1220 条的规定，因抢救生命垂危的患者等紧急情况，不能取得患者或者其近亲属意见的，经医疗机构负责人或者授权的负责人批准，可以立即实施相应的医疗措施。根据《民法典》第 1224 条第 1 款第 2 项的规定，患者在诊疗活动中受到损害，有下列情形的，医疗机构不承担赔偿责任：医务人员在抢救生命垂危的患者等紧急情况下已经尽到合理诊疗义务。

0580 哪些情况下可以推定医疗机构有过错?

根据《民法典》第 1222 条的规定,患者在诊疗活动中受到损害,有下列情形之一的,推定医疗机构有过错:(1)违反法律、行政法规、规章以及其他有关诊疗规范的规定;(2)隐匿或者拒绝提供与纠纷有关的病历资料;(3)伪造、篡改或者违法销毁病历资料。

0581 医疗事故纠纷中,患者如何举证才能获得赔偿?

证明患者与医疗机构之间存在就诊关系,应提供病历、诊断证明书、挂号或医疗的收费单据。

证明患者受到的健康损害,应提供医院的诊断证明书、病历资料;如果构成伤残,可以申请进行伤残等级鉴定;如果患者死亡,应提供死亡证明书等法定机构出具的有法律效力的证明文件。

证明患者的物质损失,需提供相关费用的票据证明材料。

证明精神损害,需提供伤残等级证明、死亡证明来证明医疗事故造成严重后果,同时可以在院方过错程度、手段、行为方式、医疗机构承担责任经济能力方面搜寻证据来提高赔偿数额。

证明医疗机构有过错,首先应参考当时的病历资料;其次可以申请医疗事故的鉴定,将鉴定意见作为证据,还可以申请专家证人出庭作证。

现实中,一些医疗机构属于私人诊所,不能提供病历和正规的收费票据,或者患者因为不注意保留证据,导致票据和病历等遗失的,可以采用证人证言以及录音录像的方式提供证据。

0582 因医疗器械存在质量问题而导致的医疗事故,患者应该向谁索赔?可以主张何种赔偿?

如果医疗器械的质量问题造成了损害结果,则根据《民法典》第 1223 条的规定,因药品、消毒产品、医疗器械的缺陷,或者输入不合格的血液造成患者损害的,患者可以向药品上市许可持有人、生产者、血液提供机构请求赔偿,也可以向医疗机构请求赔偿。患者向医疗机构请求赔偿的,医疗机构赔偿后,有权向负有责任的药品上市许可持有人、生产者、血液提供机构追偿。同时,根据《产品质量法》第 43 条的规定,因产品存在缺陷造成人身、他人财产损害的,受害人可以向产品的生产者要求赔偿,也可以向产品的销售者要求赔偿。属于产品的生产者的责任,产品的销售者赔偿的,产品的销售者有权向产品的生产者追偿。属于产品的销售者的责任,产品的生产者赔偿的,产品的生产者有权向产品的销售者追偿。

0583 实施节育手术的过程中,对患者造成损害,如何处理?

根据《医疗事故处理条例》第 60 条第 2 款的规定,县级以上城市从事计划生育技术服务的机构依照《计划生育技术服务管理条例》的规定开展与计划生育有关的临床医疗服务,发生的计划生育技术服务事故,依照本条例的有关规定处理;但是,其中不属于医疗机构的县级以上城市从事计划生育技术服务的机构发生的计划生育技术服务事故,由计划生育行政部门行使依照本条例有关规定由卫生行政部门承担的受理、交由负责医疗事故技术鉴定工作的医学会组织鉴定和赔偿调解的职能;对发生计划生育技术服务事故的该机构及其有关责任人员,依法进行处理。

疫苗接种

0584 疫苗接种单位应该具有哪些条件?

根据《疫苗流通和预防接种管理条例》第21条的规定,接种单位应当具备下列条件:(1)具有医疗机构执业许可证件;(2)具有经过县级人民政府卫生主管部门组织的预防接种专业培训并考核合格的执业医师、执业助理医师、护士或者乡村医生;(3)具有符合疫苗储存、运输管理规范的冷藏设施、设备和冷藏保管制度。承担预防接种工作的城镇医疗卫生机构,应当设立预防接种门诊。

0585 接种疫苗时,医务人员应该做哪些工作?

根据《疫苗流通和预防接种管理条例》第25条的规定,医疗卫生人员在实施接种前,应当告知受种者或者其监护人所接种疫苗的品种、作用、禁忌、不良反应以及注意事项,询问受种者的健康状况以及是否有接种禁忌等情况,并如实记录告知和询问情况。受种者或者其监护人应当了解预防接种的相关知识,并如实提供受种者的健康状况和接种禁忌等情况。医疗卫生人员应当对符合接种条件的受种者实施接种,并依照国务院卫生主管部门的规定,记录疫苗的品种、生产企业、最小包装单位的识别信息、有效期、接种时间、实施接种的医疗卫生人员、受种者等内容。接种记录保存时间不得少于5年。对于因有接种禁忌而不能接种的受种者,医疗卫生人员应当对受种者或者其监护人提出医学建议。

0586 什么是疫苗的预防接种证制度?

根据《疫苗流通和预防接种管理条例》第26条的规定,国家对儿童实行预防接种证制度。在儿童出生后1个月内,其监护人应当到儿童居住地承担预防接种工作的接种单位为其办理预防接种证。接种单位对儿童实施接种时,应当查验预防接种证,并作好记录。儿童离开原居住地期间,由现居住地承担预防接种工作的接种单位负责对其实施接种。预防接种证的格式由省、自治区、直辖市人民政府卫生主管部门制定。

0587 学校发现未依照国家免疫规划受种的儿童,应该怎么办?

根据《疫苗流通和预防接种管理条例》第27条的规定,儿童入托、入学时,托幼机构、学校应当查验预防接种证,发现未依照国家免疫规划受种的儿童,应当向所在地的县级疾病预防控制机构或者儿童居住地承担预防接种工作的接种单位报告,并配合疾病预防控制机构或者接种单位督促其监护人在儿童入托、入学后及时到接种单位补种。

0588 接种疫苗收费吗?

根据《疫苗流通和预防接种管理条例》第30条的规定,接种单位接种第一类疫苗不得收取任何费用。接种单位接种第二类疫苗可以收取服务费、接种耗材费,具体收费标准由所在地的省、自治区、直辖市人民政府价格主管部门核定。

0589 什么是预防接种异常反应?

根据《疫苗流通和预防接种管理条例》第40条的规定,预防接种异常反应,是指合格的疫苗在实施规范接种过程中或者实施规范接种后造成受种者机体组织器官、功能损害,相关各方均无过错的药品不良反应。

0590 不属于预防接种异常反应的情况有哪些?

根据《疫苗流通和预防接种管理条例》第

41条的规定，下列情形不属于预防接种异常反应：（1）因疫苗本身特性引起的接种后一般反应；（2）因疫苗质量不合格给受种者造成的损害；（3）因接种单位违反预防接种工作规范、免疫程序、疫苗使用指导原则、接种方案给受种者造成的损害；（4）受种者在接种时正处于某种疾病的潜伏期或者前驱期，接种后偶合发病；（5）受种者有疫苗说明书规定的接种禁忌，在接种前受种者或者其监护人未如实提供受种者的健康状况和接种禁忌等情况，接种后受种者原有疾病急性复发或者病情加重；（6）因心理因素发生的个体或者群体的心因性反应。

0591 因预防接种异常反应造成受种者死亡、严重残疾或者器官组织损伤的情况，如何补偿？

根据《疫苗流通和预防接种管理条例》第46条的规定，因预防接种异常反应造成受种者死亡、严重残疾或者器官组织损伤的，应当给予一次性补偿。因接种第一类疫苗引起预防接种异常反应需要对受种者予以补偿的，补偿费用由省、自治区、直辖市人民政府财政部门在预防接种工作经费中安排。因接种第二类疫苗引起预防接种异常反应需要对受种者予以补偿的，补偿费用由相关的疫苗生产企业承担。国家鼓励建立通过商业保险等形式对预防接种异常反应受种者予以补偿的机制。预防接种异常反应具体补偿办法由省、自治区、直辖市人民政府制定。

0592 因疫苗质量不合格给受种者造成损害如何处理？

根据《疫苗流通和预防接种管理条例》第47条的规定，因疫苗质量不合格给受种者造成损害的，依照药品管理法的有关规定处理；因接种单位违反预防接种工作规范、免疫程序、疫苗使用指导原则、接种方案给受种者造成损害的，依照《医疗事故处理条例》的有关规定处理。

人身保险

0593 在发生医疗事故后，患者能否同时获得医疗保险赔偿和医疗损害赔偿？

根据《保险法》第46条的规定，被保险人因第三者的行为而发生死亡、伤残或者疾病等保险事故的，保险人向被保险人或者受益人给付保险金后，不享有向第三者追偿的权利，但被保险人或者受益人仍有权向第三者请求赔偿。这种保险合同的关系同医疗事故损害赔偿的关系在法律上属于不同性质的法律关系，患者如果参加了医疗保险，可以报销一部分医疗费，但医院并不能因此免除自己的责任。因此，获得医疗保险赔偿的患者，依旧可以向医院索取医疗事故的损害赔偿。

0594 人身保险中，投保人可以为任何人投保吗？

不可以。根据《保险法》第12条第1款的规定，人身保险的投保人在保险合同订立时，对被保险人应当具有保险利益。第31条的规定，投保人对下列人员具有保险利益：（1）本人；（2）配偶、子女、父母；（3）前项以外与投保人有抚养、赡养或者扶养关系的家庭其他成员、近亲属；（4）与投保人有劳动关系的劳动者。除前款规定外，被保险人同意投保人为其订立合同的，视为投保人对被保险人具有保险利益。订立合同时，投保人对被保险人不具有保险利益的，合同无效。

0595 保险合同何时生效?

根据《保险法》第13条第3款的规定,依法成立的保险合同,自成立时生效。投保人和保险人可以对合同的效力约定附条件或者附期限。

0596 投保人未履行如实告知义务有什么后果?

根据《保险法》第16条的规定,订立保险合同,保险人就保险标的或者被保险人的有关情况提出询问的,投保人应当如实告知。投保人故意或者因重大过失未履行前款规定的如实告知义务,足以影响保险人决定是否同意承保或者提高保险费率的,保险人有权解除合同。前款规定的合同解除权,自保险人知道有解除事由之日起,超过30日不行使而消灭。自合同成立之日起超过2年的,保险人不得解除合同;发生保险事故的,保险人应当承担赔偿或者给付保险金的责任。投保人故意不履行如实告知义务的,保险人对于合同解除前发生的保险事故,不承担赔偿或者给付保险金的责任,并不退还保险费。投保人因重大过失未履行如实告知义务,对保险事故的发生有严重影响的,保险人对于合同解除前发生的保险事故,不承担赔偿或者给付保险金的责任,但应当退还保险费。保险人在合同订立时已经知道投保人未如实告知的情况的,保险人不得解除合同;发生保险事故的,保险人应当承担赔偿或者给付保险金的责任。保险事故是指保险合同约定的保险责任范围内的事故。

0597 投保人不如实申报被保险人年龄会有什么后果?

根据《保险法》第32条的规定,投保人申报的被保险人年龄不真实,并且其真实年龄不符合合同约定的年龄限制的,保险人可以解除合同,并按照合同约定退还保险单的现金价值。保险人行使合同解除权,适用本法第16条第3款、第6款的规定。投保人申报的被保险人年龄不真实,致使投保人支付的保险费少于应付保险费的,保险人有权更正并要求投保人补交保险费,或者在给付保险金时按照实付保险费与应付保险费的比例支付。投保人申报的被保险人年龄不真实,致使投保人支付的保险费多于应付保险费的,保险人应当将多收的保险费退还投保人。

0598 能否为无民事行为能力人投保以死亡为给付保险金条件的人身险?

根据《保险法》第33条的规定,投保人不得为无民事行为能力人投保以死亡为给付保险金条件的人身保险,保险人也不得承保。父母为其未成年子女投保的人身保险,不受前款规定限制。但是,因被保险人死亡给付的保险金总和不得超过国务院保险监督管理机构规定的限额。无民事行为能力人是指不满8周岁的未成年人和不能辨认自己行为的精神病人。

0599 以死亡为给付保险金条件的保险合同有特殊限制吗?

根据《保险法》第34条的规定,以死亡为给付保险金条件的合同,未经被保险人同意并认可保险金额的,合同无效。按照以死亡为给付保险金条件的合同所签发的保险单,未经被保险人书面同意,不得转让或者质押。父母为其未成年子女投保的人身保险,不受本条第1款规定限制。

0600 如何支付人身保险的保险费?

根据《保险法》第35条的规定,投保人可以按照合同约定向保险人一次支付全部保险费或者分期支付保险费。

在人身保险中,有的是短期保险如疾病保

险，一般在签订保险合同中一次付清保险费。有的是长期保险如人寿保险则分期支付。

0601 投保人支付首期保险费后，延期支付当期保险费，保险合同就无效吗？

不是。根据《保险法》第36条的规定，合同约定分期支付保险费，投保人支付首期保险费后，除合同另有约定外，投保人自保险人催告之日起超过30日未支付当期保险费，或者超过约定的期限60日未支付当期保险费的，合同效力中止，或者由保险人按照合同约定的条件减少保险金额。被保险人在前款规定期限内发生保险事故的，保险人应当按照合同约定给付保险金，但可以扣减欠交的保险费。

0602 投保人未按期支付当期保险费导致保险合同效力中止会产生什么后果？

根据《保险法》第37条的规定，合同效力依照本法第36条规定中止的，经保险人与投保人协商并达成协议，在投保人补交保险费后，合同效力恢复。但是，自合同效力中止之日起满2年双方未达成协议的，保险人有权解除合同。保险人依照前款规定解除合同的，应当按照合同约定退还保险单的现金价值。

0603 投保人不支付人寿保险的保险费，保险公司可以起诉投保人吗？

根据《保险法》第38条的规定，保险人对人寿保险的保险费，不得用诉讼方式要求投保人支付。

0604 人身保险的受益人由谁指定？

根据《保险法》第39条的规定，人身保险的受益人由被保险人或者投保人指定。投保人指定受益人时须经被保险人同意。投保人为与其有劳动关系的劳动者投保人身保险，不得指定被保险人及其近亲属以外的人为受益人。被保险人为无民事行为能力人或者限制民事行为能力人的，可以由其监护人指定受益人。

0605 受益人为数人时，如何确定受益顺序和受益份额？

根据《保险法》第40条的规定，被保险人或者投保人可以指定一人或者数人为受益人。受益人为数人的，被保险人或者投保人可以确定受益顺序和受益份额；未确定受益份额的，受益人按照相等份额享有受益权。

0606 谁可以变更人身保险合同中的受益人？

根据《保险法》第41条的规定，被保险人或者投保人可以变更受益人并书面通知保险人。保险人收到变更受益人的书面通知后，应当在保险单或者其他保险凭证上批注或者附贴批单。投保人变更受益人时须经被保险人同意。

0607 哪些情况下保险金将作为被保险人的遗产？

根据《保险法》第42条规定，被保险人死亡后，有下列情形之一的，保险金作为被保险人的遗产，由保险人依照《继承法》的规定履行给付保险金的义务：(1)没有指定受益人，或者受益人指定不明无法确定的；(2)受益人先于被保险人死亡，没有其他受益人的；(3)受益人依法丧失受益权或者放弃受益权，没有其他受益人的。受益人与被保险人在同一事件中死亡，且不能确定死亡先后顺序的，推定受益人死亡在先。

0608 保险金成为被保险人的遗产，应该怎么继承？

保险金作为被保险人的遗产，首先要对被

保险人生前的债务进行清偿以及对被保险人生前欠缴的税款进行补缴，清偿和补缴之后的余额才能在其继承人之间进行分配。对于保险金的继承，根据《民法典》第1127条的规定，遗产按照下列顺序继承：第一顺序：配偶、子女、父母；第二顺序：兄弟姐妹、祖父母、外祖父母。继承开始后，由第一顺序继承人继承，第二顺序继承人不继承；没有第一顺序继承人继承的，由第二顺序继承人继承。本篇所称子女，包括婚生子女、非婚生子女、养子女和有扶养关系的继子女。本篇所称父母，包括生父母、养父母和有扶养关系的继父母。本篇所称兄弟姐妹，包括同父母的兄弟姐妹、同父异母或者同母异父的兄弟姐妹、养兄弟姐妹、有扶养关系的继兄弟姐妹。此外，一般来说，同一顺序继承人之间应为等额分配。

0609 投保人故意造成被保险人死亡、伤残，保险公司是否承担责任？

根据《保险法》第43条第1款的规定，投保人故意造成被保险人死亡、伤残或者疾病的，保险人不承担给付保险金的责任。投保人已交足2年以上保险费的，保险人应当按照合同约定向其他权利人退还保险单的现金价值。

0610 受益人故意造成被保险人死亡或者伤残会有什么后果？

在人身保险中，受益人因被保险人或者投保人的指定行为而获得受益权。如果受益人谋害被保险人以使保险事故发生，这种行为是危害被保险人的身体或者生命的犯罪行为，不仅应当受到刑法的制裁，而且也应当不再享有受益权。因此，根据《保险法》第43条第2款的规定，受益人故意造成被保险人死亡、伤残、疾病的，或者故意杀害被保险人未遂的，该受益人丧失受益权。

0611 被保险人自杀，保险公司如何承担保险责任？

根据《保险法》第44条的规定，以被保险人死亡为给付保险金条件的合同，自合同成立或者合同效力恢复之日起2年内，被保险人自杀的，保险人不承担给付保险金的责任，但被保险人自杀时为无民事行为能力人的除外。保险人依照前款规定不承担给付保险金责任的，应当按照合同约定退还保险单的现金价值。

0612 被保险人故意犯罪导致其自身伤残或死亡，保险公司是否承担保险责任？

不承担。根据《保险法》第45条的规定，因被保险人故意犯罪或者抗拒依法采取的刑事强制措施导致其伤残或者死亡的，保险人不承担给付保险金的责任。投保人已交足2年以上保险费的，保险人应当按照合同约定退还保险单的现金价值。

0613 被保险人因第三者的行为而发生死亡、伤残或者疾病等保险事故的，保险人是否享有追偿权？

根据《保险法》第46条的规定，被保险人因第三者的行为而发生死亡、伤残或者疾病等保险事故的，保险人向被保险人或者受益人给付保险金后，不享有向第三者追偿的权利，但被保险人或者受益人仍有权向第三者请求赔偿。

0614 保险公司可以既经营财产险又经营人身险吗？

一般不可以。根据《保险法》第95条第2款的规定，保险人不得兼营人身保险业务和财产保险业务。但是，经营财产保险业务的保险公司经国务院保险监督管理机构批准，可以经营短期健康保险业务和意外伤害保险业务。保险公司应当在国务院保险监督管理机构依法批准的业务范围内从事保险经营活动。

0615 保险标的的危险程度显著增加，应该怎么办？

根据《保险法》第 52 条的规定，在合同有效期内，保险标的的危险程度显著增加的，被保险人应当按照合同约定及时通知保险人，保险人可以按照合同约定增加保险费或者解除合同。保险人解除合同的，应当将已收取的保险费，按照合同约定扣除自保险责任开始之日起至合同解除之日止应收的部分后，退还投保人。被保险人未履行前款规定的通知义务的，因保险标的的危险程度显著增加而发生的保险事故，保险人不承担赔偿保险金的责任。

0616 哪些情况下，保险人应当降低保费？

根据《保险法》第 53 条的规定，有下列情形之一的，除合同另有约定外，保险人应当降低保险费，并按日计算退还相应的保险费：(1)据以确定保险费率的有关情况发生变化，保险标的的危险程度明显减少的；(2)保险标的的保险价值明显减少的。

与死亡相关的常识

0617 怎样办理死亡登记？

根据《户口登记条例》第 8 条的规定，公民死亡，城市在葬前，农村在一个月内，由户主、亲属、抚养人或者邻居向户口登记机关申报死亡登记，注销户口。公民如果在暂住地死亡，由暂住地户口登记机关通知常住地户口登记机关注销户口。公民因意外事故致死或者死因不明，户主、发现人应当立即报告当地公安派出所或者乡、镇人民委员会。

0618 申请宣告失踪或者宣告死亡应当向什么法院提出？

根据《民事诉讼法》第 183 条第 1 款的规定，公民下落不明满 2 年，利害关系人申请宣告其失踪的，向下落不明人住所地基层人民法院提出。第 184 条第 1 款的规定，公民下落不明满 4 年，或者因意外事故下落不明满 2 年，或者因意外事故下落不明，经有关机关证明该公民不可能生存，利害关系人申请宣告其死亡的，向下落不明人住所地基层人民法院提出。

0619 申请宣告失踪或者宣告死亡应当提交什么证据？

根据《民事诉讼法》第 183 条第 2 款的规定，申请宣告失踪的，申请书应当写明失踪的事实、时间和请求，并附有公安机关或者其他有关机关关于该公民下落不明的书面证明。第 184 条第 2 款的规定，申请宣告死亡的，申请书应当写明下落不明的事实、时间和请求，并附有公安机关或者其他有关机关关于该公民下落不明的书面证明。

0620 宣告失踪和宣告死亡需要经过什么程序？

根据《民事诉讼法》第 185 条的规定，人民法院受理宣告失踪、宣告死亡案件后，应当发出寻找下落不明人的公告。宣告失踪的公告期间为 3 个月，宣告死亡的公告期间为 1 年。因意外事故下落不明，经有关机关证明该公民不可能生存的，宣告死亡的公告期间为 3 个月。公告期间届满，人民法院应当根据被宣告失踪、宣告死亡的事实是否得到确认，作出宣告失踪、宣告死亡的判决或者驳回申请的判决。

0621 被宣告失踪或死亡的公民重新出现时怎么办?

根据《民事诉讼法》第 186 条的规定,被宣告失踪、宣告死亡的公民重新出现,经本人或者利害关系人申请,人民法院应当作出新判决,撤销原判决。《民法典》第 45 条第 1 款规定,失踪人重新出现,经本人或者利害关系人申请,人民法院应当撤销失踪宣告。第 50 条规定,被宣告死亡的人重新出现,经本人或者利害关系人申请,人民法院应当撤销死亡宣告。

继承

0622 遗产应该如何分割?

根据《民法典》第 1123 条的规定,继承开始后,按照法定继承办理;有遗嘱的,按照遗嘱继承或者遗赠办理;有遗赠扶养协议的,按照协议办理。第 1124 条的规定,继承开始后,继承人放弃继承的,应当在遗产处理前,作出放弃继承的表示;没有表示的,视为接受继承。受遗赠人应当在知道受遗赠后 60 日内,作出接受或者放弃受遗赠的表示;到期没有表示的,视为放弃受遗赠。第 1150 条的规定,继承开始后,知道被继承人死亡的继承人应当及时通知其他继承人和遗嘱执行人。继承人中无人知道被继承人死亡或者知道被继承人死亡而不能通知的,由被继承人生前所在单位或者住所地的居民委员会、村民委员会负责通知。第 1151 条的规定,存有遗产的人,应当妥善保管遗产,任何组织或者个人不得侵吞或者争抢。第 1153 条的规定,夫妻共同所有的财产,除有约定的外,遗产分割时,应当先将共同所有的财产的一半分出为配偶所有,其余的为被继承人的遗产。遗产在家庭共有财产之中的,遗产分割时,应当先分出他人的财产。第 1154 条的规定,有下列情形之一的,遗产中的有关部分按照法定继承办理:(1)遗嘱继承人放弃继承或者受遗赠人放弃受遗赠;(2)遗嘱继承人丧失继承权或者受遗赠人丧失受遗赠权;(3)遗嘱继承人、受遗赠人先于遗嘱人死亡或者终止;(4)遗嘱无效部分所涉及的遗产;(5)遗嘱未处分的遗产。第 1155 条的规定,遗产分割时,应当保留胎儿的继承份额。胎儿娩出时是死体的,保留的份额按照法定继承办理。第 1156 条的规定,遗产分割应当有利于生产和生活需要,不损害遗产的效用。不宜分割的遗产,可以采取折价、适当补偿或者共有等方法处理。第 1157 条的规定,夫妻一方死亡后另一方再婚的,有权处分所继承的财产,任何组织或者个人不得干涉。第 1160 条的规定,无人继承又无人受遗赠的遗产,归国家所有,用于公益事业;死者生前是集体所有制组织成员的,归所在集体所有制组织所有。第 1161 条的规定,继承人以所得遗产实际价值为限清偿被继承人依法应当缴纳的税款和债务。超过遗产实际价值部分,继承人自愿偿还的不在此限。继承人放弃继承的,对被继承人依法应当缴纳的税款和债务可以不负偿还责任。第 1162 条的规定,执行遗赠不得妨碍清偿遗赠人依法应当缴纳的税款和债务。

0623 哪些人属于法定继承人?

法定继承是指按照法律规定的继承人范围、继承人顺序、遗产分配原则的一种继承方式。由于这种继承只是在没有遗嘱时发生法律效力,故又称无遗嘱继承。法定继承中对法定继承人范围、法定继承顺序、继承份额以及遗产分配原则等任何组织和公民均无权予以改变。根据《民法典》第 1127 条的规定,被继承人的配偶、子女、父母、兄弟姐妹、祖父母、外祖父母都是法定继承人。子女，包括婚生子女、非婚生子女、养子女和有扶养关系的继子女。父母，包括生父母、养父母和有扶养关系的继父母。兄弟姐妹，包括同父母的兄弟姐妹、同父异母或者同母异父的兄弟姐妹、养兄弟姐妹、有扶养关系的继兄弟姐妹。

0624 法定继承顺序如何确定？

法定继承顺序，是法律规定的继承人继承遗产的先后次序，具有强制性。根据《民法典》第1127条的规定，遗产按照下列顺序继承：第一顺序：配偶、子女、父母；第二顺序：兄弟姐妹、祖父母、外祖父母。继承开始后，由第一顺序继承人继承，第二顺序继承人不继承；没有第一顺序继承人继承的，由第二顺序继承人继承。

0625 适用法定继承的情形，遗产是不是一定依法定继承人人数平均分配？

根据《民法典》第1130条的规定，同一顺序继承人继承遗产的份额，一般应当均等。对生活有特殊困难又缺乏劳动能力的继承人，分配遗产时，应当予以照顾。对被继承人尽了主要扶养义务或者与被继承人共同生活的继承人，分配遗产时，可以多分。有扶养能力和有扶养条件的继承人，不尽扶养义务的，分配遗产时，应当不分或者少分。继承人协商同意的，也可以不均等。

0626 遗嘱继承可以指定法定继承人之外的人吗？

根据《民法典》第1133条的规定，自然人可以依照本法规定立遗嘱处分个人财产，并可以指定遗嘱执行人。自然人可以立遗嘱将个人财产指定由法定继承人的一人或者数人继承。自然人可以立遗嘱将个人财产赠与国家、集体或者法定继承人以外的组织、个人。所以，指定法定继承人之外的人继承属于遗赠。

0627 养子女可以继承生父母的遗产吗？

根据《民法典》第1111条的规定，自收养关系成立之日起，养父母与养子女间的权利义务关系，适用本法关于父母子女关系的规定；养子女与养父母的近亲属间的权利义务关系，适用本法关于子女与父母的近亲属关系的规定。养子女与生父母及其他近亲属间的权利义务关系，因收养关系的成立而消除。根据最高人民法院《关于适用〈中华人民共和国民法典〉继承编的解释（一）》第10条的规定，被收养人对养父母尽了赡养义务，同时又对生父母扶养较多的，除可依《民法典》第1127条的规定继承养父母的遗产外，还可依《民法典》第1131条的规定分得生父母的适当的遗产。因此，一般而言，养子女与生父母之间没有了法律上规定的子女与父母之间的种种权利义务，其中包括继承，所以，养子女一般是不能继承生父母的遗产的。但如果子女对生父母扶养较多的，也可以适当分得生父母的遗产。

0628 继子女可以继承生父母的遗产吗？

根据《民法典》第1072条第2款的规定，继父或者继母和受其抚养教育的继子女间的权利义务关系，适用本法关于父母子女关系的规定。因此，继父或继母和受其抚养教育的继子女互相成为第一法定顺序的继承人。由于继父母和继子女之间形成的是拟制血亲，继子女和生父母的权利义务并不因此而解除，所以继子女即使继承了继父母的遗产，也并不丧失继承其生父母遗产的权利。

0629 继兄弟姐妹之间有没有继承权？

根据《民法典》第1127条第1款和第5款的规定，遗产按照下列顺序继承：第一顺序：配偶、子女、父母；第二顺序：兄弟姐妹、祖父母、外祖父母。本篇所称兄弟姐妹，包括同父母的兄弟姐妹、同父异母或者同母异父的兄弟姐妹、养兄弟姐妹、有扶养关系的继兄弟姐妹。因此，继兄弟姐妹之间的继承关系，只有在继兄弟姐妹之间有扶养关系时才存在。

0630 非婚生子女有继承权吗？

有。根据《民法典》第1071条的规定，非婚生子女享有与婚生子女同等的权利，任何组织或者个人不得加以危害和歧视。因此，非婚生子女的地位视同于婚生子女，享有与婚生子女同等的权利，都有法定的第一顺序继承权。

0631 父母可以订立遗嘱剥夺子女的继承权吗？

根据《民法典》第1123条的规定，继承开始后，按照法定继承办理；有遗嘱的，按照遗嘱继承或者遗赠办理；有遗赠扶养协议的，按照协议办理。决定遗产由谁继承是财产所有权人的权利，因此父母有权按自己的意志处分自己的财产，可以将自己的财产分给子女，也可以将财产赠与法定继承人之外的人。

0632 相互有继承关系的人同时死亡的，死亡时间如何确定？

如果能够确定他们死亡时间的，应当按照死亡的先后时间确定如何继承。如果不能确定死亡先后时间的，则根据《民法典》第1121条的规定，继承从被继承人死亡时开始。相互有继承关系的数人在同一事件中死亡，难以确定死亡时间的，推定没有其他继承人的人先死亡。都有其他继承人，辈份不同的，推定长辈先死亡；辈份相同的，推定同时死亡，相互不发生继承。

这样的规定是为了尽可能使所有遗产找到最合适的继承人。

例如，如夫妻两人（无子女）同乘一机，飞机失事，男方无继承人，女方父母健在，则推定男方先死亡，由女方父母继承；如母女两人同乘一机，飞机失事，母亲尚有其他子女，女儿仅有一子，则推定母亲先死亡，外孙可以按法定继承外祖母部分遗产和母亲的全部遗产；如姐妹两人同乘一机，推定同时死亡，由各自的继承人分别继承。

0633 在外债未偿还的情况下，遗产先还债还是先维持继承人的生活？

根据《民法典》第1159条的规定，分割遗产，应当清偿被继承人依法应当缴纳的税款和债务；但是，应当为缺乏劳动能力又没有生活来源的继承人保留必要的遗产。

0634 遗嘱订立后可以变更和撤销吗？

可以。公民有权立遗嘱，同样也有权变更和撤销遗嘱。根据《民法典》第1142条的规定，遗嘱人可以撤回、变更自己所立的遗嘱。立遗嘱后，遗嘱人实施与遗嘱内容相反的民事法律行为的，视为对遗嘱相关内容的撤回。立有数份遗嘱，内容相抵触的，以最后的遗嘱为准。

0635 口头遗嘱在什么情况下能算数？

根据《民法典》第1138条的规定，遗嘱人在危急情况下，可以立口头遗嘱。口头遗嘱应当有两个以上见证人在场见证。危急情况消除后，遗嘱人能够用书面或者录音形式立遗嘱的，所立的口头遗嘱无效。

0636 立遗嘱之后又把财产都赠送给他人或者出售了，遗嘱还有效吗？

在这种情况下，原遗嘱视为被撤销或部分

被撤销。根据《民法典》第 1142 条第 2 款的规定,立遗嘱后,遗嘱人实施与遗嘱内容相反的民事法律行为的,视为对遗嘱相关内容的撤回。

0637 有数份不同遗嘱的,其效力高低如何确定?

根据《民法典》第 1142 条的规定,遗嘱人可以撤回、变更自己所立的遗嘱。立遗嘱后,遗嘱人实施与遗嘱内容相反的民事法律行为的,视为对遗嘱相关内容的撤回。立有数份遗嘱,内容相抵触的,以最后的遗嘱为准。

0638 遗嘱如何执行?

根据《民法典》第 1133 条的规定,自然人可以依照本法规定立遗嘱处分个人财产,并可以指定遗嘱执行人。自然人可以立遗嘱将个人财产指定由法定继承人的一人或者数人继承。自然人可以立遗嘱将个人财产赠与国家、集体或者法定继承人以外的组织、个人。第 1150 条的规定,继承开始后,知道被继承人死亡的继承人应当及时通知其他继承人和遗嘱执行人。继承人中无人知道被继承人死亡或者知道被继承人死亡而不能通知的,由被继承人生前所在单位或者住所地的居民委员会、村民委员会负责通知。因此,遗嘱执行人执行遗嘱时,应当按照遗嘱人的意愿忠实地履行自己的职责。指定的遗嘱执行人如为法定继承人,则该继承人不得拒绝;若指定的遗嘱执行人为法定继承人以外的人,则只有该人同意承担遗嘱执行的义务时,才为遗嘱执行人。遗嘱人在遗嘱中没有指定遗嘱执行人时,遗嘱应由继承人执行;继承人为多人时,则共同为遗嘱执行人。继承人也可以共同推举一人或几人作为代表执行遗嘱。遗嘱执行人必须是有完全民事行为能力人。如果没有指定遗嘱执行人,又没有继承人,或者继承人没有资格作遗嘱执行人,则应由遗嘱人生前所在单位或者继承地点的基层组织作为遗嘱执行人。

0639 为胎儿所留遗产份额属于谁?

根据《民法典》第 1155 条的规定,遗产分割时,应当保留胎儿的继承份额。胎儿娩出时是死体的,保留的份额按照法定继承办理。根据《最高人民法院关于适用〈中华人民共和国民法典〉继承编的解释(一)》第 31 条第 2 款的规定,为胎儿保留的遗产份额,如胎儿出生后死亡的,由其继承人继承;如胎儿娩出时是死体的,由被继承人的继承人继承。所以,为胎儿所留遗产份额应该属于谁与胎儿出生之后的存活状况有关,如若胎儿出生之后死亡的,由胎儿的继承人即其父母继承为胎儿保留的份额;如若胎儿出生时是死胎的,则由原先被继承人的继承人继承为胎儿所保留的份额,即将保留部分在继承人之间重新分割。

0640 遗嘱误将他人财物进行分配该如何处理?

立遗嘱人只能处分其名下或者虽不在其名下但是属于立遗嘱人的财物。根据《最高人民法院关于适用〈中华人民共和国民法典〉继承编的解释(一)》第 26 条的规定,遗嘱人以遗嘱处分了国家、集体或者他人财产的,应当认定该部分遗嘱无效。对于遗嘱部分无效的情况,并不意味着遗嘱全部无效,对无效部分以外的遗产处理内容仍然属于有效部分。

0641 哪些情形会导致遗嘱无效?

遗产分割按照遗嘱进行的一个最基本前提是遗嘱必须有效。根据《民法典》第 1134 条、第 1135 条、第 1136 条、第 1137 条、第 1138 条、第 1142 条、第 1143 条和《最高人民法院关于适用〈中华人民共和国民法典〉继承编的解释(一)》第 25 条、第 26 条的规定,下列遗嘱无效:(1)无行为能力人或者限制行为能力人所立的遗嘱无效；(2)遗嘱必须表示遗嘱人的真实意思，受胁迫、欺骗所立的遗嘱无效；(3)伪造的遗嘱无效；(4)遗嘱被篡改的，篡改的内容无效；(5)遗嘱人以遗嘱处分了属于国家、集体或他人所有的财产，遗嘱的这部分，应认定无效；(6)遗嘱因欠缺形式要件而无效，如自书遗嘱非遗嘱人亲笔书写而无效，代书遗嘱无见证人、无法定人数的见证人，或见证人身份不适而无效等；(7)遗嘱内容违反继承法强制性规定而无效，如遗嘱未保留缺乏劳动能力又没有生活来源的继承人的遗产份额的；(8)遗嘱人生前变更或撤销遗嘱而导致被变更或被撤销的遗嘱无效，如遗嘱人生前的行为与遗嘱的意思表示相反，而使遗嘱处分的财产在继承开始前灭失、部分灭失或所有权转移、部分转移的，遗嘱视为被撤销或部分被撤销。

0642 遗嘱人之前订立公证遗嘱，事后声明废弃公证遗嘱是否有效？

根据原《继承法》第 20 条第 3 款的规定，自书、代书、录音、口头遗嘱，不得撤销、变更公证遗嘱。也就是说，根据《继承法》公证遗嘱只能通过新的公证遗嘱才能推翻。2021 年 1 月 1 日起，《继承法》失效，根据《民法典》第 1142 条的规定，遗嘱人可以撤回、变更自己所立的遗嘱。立遗嘱后，遗嘱人实施与遗嘱内容相反的民事法律行为的，视为对遗嘱相关内容的撤回。立有数份遗嘱，内容相抵触的，以最后的遗嘱为准。由此可见，《民法典》生效后，公证遗嘱不再有优先效力，现在对于已经订立的公证遗嘱，可以通过事后声明来废弃。

0643 扶养人或遗赠人不履行遗赠扶养协议的，怎么办？

和遗嘱继承不同，遗赠抚养协议是互享权利互负义务的。根据《最高人民法院关于适用〈中华人民共和国民法典〉继承编的解释(一)》第 40 条的规定，继承人以外的组织或者个人与自然人签订遗赠扶养协议后，无正当理由不履行，导致协议解除的，不能享有受遗赠的权利，其支付的供养费用一般不予补偿；遗赠人无正当理由不履行，导致协议解除的，则应当偿还继承人以外的组织或者个人已支付的供养费用。

0644 遗嘱附有义务时，继承人可以不履行义务而继承遗产吗？

不可以。根据《民法典》第 1144 条的规定，遗嘱继承或者遗赠附有义务的，继承人或者受遗赠人应当履行义务。没有正当理由不履行义务的，经利害关系人或者有关组织请求，人民法院可以取消其接受附义务部分遗产的权利。

0645 遗嘱人将房子留给了一个继承人，其他财产未明确分配，这个继承人还能继承其他财产吗？

根据《民法典》第 1154 条第 5 项的规定，遗嘱未处分的遗产，按照法定继承办理。遗嘱继承人依遗嘱取得遗产后，如果是法定继承人，仍有权按照法定继承取得遗嘱未处分的其他遗产。

0646 保险金能否作为被保险人遗产？

视具体情况而定。根据《最高人民法院关于保险金能否作为被保险人遗产的批复》第 1 条的规定，根据我国保险法规有关条文规定的精神，人身保险金能否列入被保险人的遗产，取决于被保险人是否指定了受益人。指定了受益人的，被保险人死亡后，其人身保险金应付给受益人；未指定受益人的，被保险人死亡后，其人身保险金应作为遗产处理，可以用来清偿债务或者赔偿。第 2 条的规定，财产保险与人身保险不同。财产保险不存在指定受益人的问题。因而，财产保险金属于被保险人的遗产。

0647 抚恤金能否作为遗产继承？

视具体情况而定。根据《民法典》第1122条的规定，遗产是自然人死亡时遗留的个人合法财产。我国抚恤金主要有两种：(1)伤残抚恤金，发放对象为革命伤残军人、因公致残的职工等，发给伤残者本人的抚恤金属于伤残者本人所有，一旦伤残者亡故，此部分抚恤金就成为遗留下来的合法财产，继承人可以依法继承。(2)死亡抚恤金，发放对象是革命烈士、因公牺牲人的家属，发给死者家属的抚恤金是有关单位给予其家属的物质帮助和精神安慰，从发给之日起该种抚恤金已成为家属的个人财产，而非死者的遗产。

0648 对于房产等不便分割的遗产如何继承？

根据《民法典》第1156条的规定，遗产分割应当有利于生产和生活需要，不损害遗产的效用。不宜分割的遗产，可以采取折价、适当补偿或者共有等方法处理。对于房产等不便分割的遗产，主要有以下几种分割的方式：(1)变价分割。对不宜实物分割的遗产，可以将其变卖，换取价金，再由各继承人按照自己应得的遗产份额的比例，对价金进行分割，各自取得与应得遗产份额相对应的价金。(2)补偿分割。对不宜分割的遗产，如果继承人中有人愿意取得该遗产，则由该继承人取得该遗产的所有权。取得遗产所有权的继承人按照其他继承人应继承份额的比例，分别补偿给其他继承人相应的价金。(3)保留共有比例。遗产不宜实物分割，继承人又都想取得遗产，或继承人愿意继续保持遗产共有状况的，则可将其作为共同所有的财产，由各继承人按各自应得的遗产份额，确定对该项财产所应享有的权利与应分担的义务。

0649 结婚后买的房屋，登记在妻子一人名下，妻子死亡，夫妻有三个子女，妻子父母已经死亡，该房屋应当如何法定继承？

该房屋属于夫妻共同财产。其中丈夫虽然没有登记，但是丈夫属于隐性共有人，属于妻子的遗产是该房屋的一半。归第一顺位继承人继承的实际上是一半的房屋。最终经过法定继承后，该房屋的登记情况为丈夫5/8，三个子女各1/8。

0650 妻子婚前的一个人的房屋，妻子死亡，夫妻有三个子女，妻子父母已经死亡，该房屋应当如何法定继承？

该房屋属于妻子的个人财产，不是夫妻共同财产。归第一顺位继承人继承的遗产实际上是全部房屋。最终经过法定继承后，该房屋的登记情况为丈夫1/4，三个子女各1/4。

0651 房屋产权人死亡，继承人可以在未过户的情况下直接出售吗？

房屋登记在丈夫和妻子两人名下，丈夫死亡，妻子还有其他继承人无法直接将房屋出售，亦无法办理房屋过户手续，因为不动产登记中心需要全部房屋权利人到场签字方可办理过户手续。所以，需要继承人先办理遗产继承手续，将房屋变更登记产权人后，新的房屋权利人可将房屋出售。

0652 房屋登记在丈夫和妻子两人名下。丈夫死亡，假如丈夫生前立有公证遗嘱，将房屋全部归妻子继承，是不是凭借遗嘱公证书就直接可以将房屋登记到妻子名下？

遗嘱公证和遗产继承手续是两件不同的事情。只凭借遗嘱公证，无法直接将房屋登记到妻子名下，需要再办理遗产继承手续。涉及房产的遗产继承手续，公证处和不动产登记中心都可以办理，上述两部门仍然需要其他继承人（如丈夫的父母），到场进行确认并配合办理遗产继承手续。若其他继承人不予配合的，妻子需要通过诉讼方式解决。

0653 对于孤寡老人的遗产能否直接占为己有？

不能。《民法典》第1158条规定，自然人可以与继承人以外的组织或者个人签订遗赠扶养协议。按照协议，该组织或者个人承担该自然人生养死葬的义务，享有受遗赠的权利。第1160条规定，无人继承又无人受遗赠的遗产，归国家所有用于公益事业；死者生前是集体所有制组织成员的，归所在集体所有制组织所有。因此，涉及孤寡老人的遗产，如果孤寡老人与他人订立有遗赠扶养协议的，按照协议，扶养人承担该孤寡老人的生养死葬义务后享有受遗赠的权利；如果没有遗赠抚养协议的，则遗产归国家所有，孤寡老人生前是集体所有制组织成员的，其遗产归所在集体所有制组织成员所有。所以，即使是没有人继承的孤寡老人的遗产，也不能直接占为己有。

0654 何种情况下继承人丧失继承权？

根据《民法典》第1125条的规定，继承人有下列行为之一的，丧失继承权：（1）故意杀害被继承人；（2）为争夺遗产而杀害其他继承人；（3）遗弃被继承人，或者虐待被继承人情节严重；（4）伪造、篡改、隐匿或者销毁遗嘱，情节严重；（5）以欺诈、胁迫手段迫使或者妨碍被继承人设立、变更或者撤回遗嘱，情节严重。继承人有前款第3项至第5项行为，确有悔改表现，被继承人表示宽恕或者事后在遗嘱中将其列为继承人的，该继承人不丧失继承权。受遗赠人有本条第1款规定行为的，丧失受遗赠权。

0655 未进行婚姻登记的双方互相有继承权吗？

视具体情况而定。《最高人民法院关于适用〈中华人民共和国民法典〉婚姻家庭编的解释（一）》第3条规定，当事人提起诉讼仅请求解除同居关系的，人民法院不予受理；已经受理的，裁定驳回起诉。当事人因同居期间财产分割或者子女抚养纠纷提起诉讼的，人民法院应当受理。第7条规定，未依据《民法典》第1049条规定办理结婚登记而以夫妻名义共同生活的男女，提起诉讼要求离婚的，应当区别对待：（1）1994年2月1日民政部《婚姻登记管理条例》公布实施以前，男女双方已经符合结婚实质要件的，按事实婚姻处理。（2）1994年2月1日民政部《婚姻登记管理条例》公布实施以后，男女双方符合结婚实质要件的，人民法院应当告知其补办结婚登记。未补办结婚登记的，依据本解释第3条规定处理。第8条规定，未依据《民法典》第1049条规定办理结婚登记而以夫妻名义共同生活的男女，一方死亡，另一方以配偶身份主张享有继承权的，依据本解释第7条的原则处理。综上所述，1994年2月1日前成立的事实婚姻，夫妻双方互相有继承权，1994年2月1日后未办理结婚登记而同居的男女，相互间无继承权。

0656 夫死妻再嫁，能不能带走所继承的遗产？

能。妻子继承丈夫的遗产后，该遗产就成为妻子的合法财产，妻子对该财产的权利不因改嫁而改变，妻子自然可以带走。根据《民法典》第1157条的规定，夫妻一方死亡后另一方再婚的，有权处分所继承的财产，任何组织或者个人不得干涉。因此，夫死妻嫁的，有权带走自己从死亡配偶处合法继承的财产。

0657 没有遗嘱，长孙能继承爷爷的遗产吗？

根据《民法典》第1128条的规定，被继承人的子女先于被继承人死亡的，由被继承人的子女的晚辈直系血亲代位继承。代位继承人一般只能继承他的父亲或者母亲有权继承的遗产份额。因此，长孙只有在其父亲先于爷爷死亡的情况下，才可以代位父亲继承爷爷的遗产。

0658 父亲在继承祖父遗产之前不幸身亡，祖父的遗产怎么继承？

根据《民法典》第1152条的规定，继承开始后，继承人于遗产分割前死亡，并没有放弃继承的，该继承人应当继承的遗产转给其继承人，但是遗嘱另有安排的除外。因此，父亲在祖父遗产分割之前死亡，其应继承的遗产转由父亲的合法继承人继承。

0659 继承人放弃继承，遗产怎么处理？

根据《民法典》第1124条的规定，继承开始后，继承人放弃继承的，应当在遗产处理前，以书面形式作出放弃继承的表示；没有表示的，视为接受继承。受遗赠人应当在知道受遗赠后60日内，作出接受或者放弃受遗赠的表示；到期没有表示的，视为放弃受遗赠。继承人中的一人或数人放弃继承权后，其应继承份额则由同一顺序的其他继承人继承；如果第一顺序的继承人都放弃继承权，则由第二顺序的继承人继承。在所有继承人都放弃继承权的情况下，如果又没有受赠人和酌情分得遗产人，其遗产则归国家或集体所有。

0660 继承人以外的人能否分得遗产？

可以。根据《民法典》第1131条的规定，对继承人以外的依靠被继承人扶养的人，或者继承人以外的对被继承人扶养较多的人，可以分给适当的遗产。

0661 如何认定被继承人尽了主要赡养和扶养义务？

对被继承人生活提供了主要经济来源，或在劳务等方面给予了主要扶助的，就可以认定为尽了主要赡养义务或主要扶养义务，并依此继承遗产。

0662 出嫁的女儿有与儿子平等的继承权吗？

根据《宪法》第48条第1款的规定，中华人民共和国妇女在政治的、经济的、文化的、社会的和家庭的生活等方面享有同男子平等的权利。根据《民法典》第1126条的规定，继承权男女平等。所以，即使女儿已经出嫁，也享有跟儿子平等的继承权。

0663 遗产分割协议该如何写？

遗产分割协议，一般应包括下列内容：(1)各继承人和有关人员(如未成年继承人的监护人)的姓名、性别、出生日期、住址和职业以及与被继承人的亲属关系等；(2)遗产人(被继承人)的姓名、性别、出生时间、死亡时间和地点等；(3)被分割遗产的名称、数量、地点等；(4)具体分割方案；(5)如果遗产人生前负有债务，应写明各继承人应承担的债务份额和偿还方式等；(6)遗产分割后的交付方式、具体时间及违约责任等；(7)放弃继承权或拒受遗赠或已死亡等特殊情况；(8)其他有关事项；(9)协议的各方当事人亲笔签名或盖章或按手印，并注明订协议日期。

0664 父母能不能代未成年子女拒绝他人遗赠？

不能。根据《民法典》第35条第1款的规定，监护人应当按照最有利于被监护人的原则履行监护职责。监护人除为维护被监护人利益外,不得处分被监护人的财产。未成年子女是无民事行为能力人或者限制民事行为能力人,如果父母是未成年子女的法定代理人,则父母一般不能代未成年子女拒绝他人遗赠。如果父母代未成年子女作出的决定明显损害未成年子女利益的,也应认定为无效。

0665 有遗赠扶养协议又有遗嘱时如何处理?

根据《最高人民法院关于贯彻执行〈中华人民共和国继承法〉若干问题的意见》第3条的规定,被继承人生前与他人订有遗赠扶养协议,同时又立有遗嘱的,继承开始后,如果遗赠扶养协议与遗嘱没有抵触,遗产分别按协议和遗嘱处理;如果有抵触,按协议处理,与协议抵触的遗嘱全部或部分无效。

0666 无能力支付子女抚养费却放弃遗产继承可以吗?

不可以。根据《最高人民法院关于贯彻执行〈中华人民共和国继承法〉若干问题的意见》第32条的规定,继承人因放弃继承权,致其不能履行法定义务的,放弃继承权的行为无效。因此,在继承人无能力支付子女抚养费时,不能放弃继承权。

0667 放弃继承权后后悔了怎么办?

视具体情况而定。根据《最高人民法院关于贯彻执行〈中华人民共和国继承法〉若干问题的意见》第36条的规定,遗产处理前或者在诉讼进行中,继承人对放弃继承反悔的,由人民法院根据其提出的具体理由,决定是否承认。遗产处理后,继承人对放弃继承反悔的,不予承认。

Part 3

婚姻家庭

婚前

0668 解除婚约之后，彩礼如何处理？

根据《最高人民法院关于适用〈中华人民共和国民法典〉婚姻家庭编的解释（一）》第5条的规定，当事人请求返还按照习俗给付的彩礼的，如果查明属于以下情形，人民法院应当予以支持：（1）双方未办理结婚登记手续的；（2）双方办理结婚登记手续但确未共同生活的；（3）婚前给付并导致给付人生活困难的。适用前款第2、3项的规定，应当以双方离婚为条件。依据上述规定，在未办理结婚登记手续的情况下当事人可以要求返还彩礼，或在离婚时，如果当事人婚后确未与配偶共同生活或者婚前给付彩礼致其生活困难的，亦可以要求返还彩礼。

0669 同居期间双方共同购置的财产，分手后如何处理？

同居，是指两个人出于某种目的而暂时居住在一起，多为情侣之间。根据《最高人民法院关于人民法院审理未办结婚登记而以夫妻名义同居生活案件的若干意见》第10条的规定，解除非法同居关系时，同居生活期间双方共同所得的收入和购置的财产，按一般共有财产处理。同居生活前，一方自愿赠送给对方的财物可比照赠与关系处理；一方向另一方索取的财物，可参照最高人民法院（84）法办字第112号《关于贯彻执行民事政策法律若干问题的意见》第（18）条规定的精神处理。由此可见，同居期间共同购置的财产因为共有人并没有产生家庭关系，所以应该属于按份共有，而不应适用《民法典》关于共同共有的相关规定。

0670 同居关系解除后，双方在同居期间共同生活产生的债务如何处理？

根据《最高人民法院关于人民法院审理未办结婚登记而以夫妻名义同居生活案件的若干意见》第11条的规定，解除非法同居关系时，同居期间为共同生产、生活而形成的债权、债务，可按共同债权、债务处理。依照该条规定，只有为共同生产、生活而形成的债务才按共同债务处理。对于共同债务，应当由双方承担连带偿还责任，债权人可以向其中任何一方主张债权。

0671 同居分手后，一方父母所给财物算谁的？

现实生活中，一方父母给另一方财物的现象也很多，一旦发生变故则可能会产生不同的法律结果：（1）一方父母赠与对方大宗财物是以附带结婚为条件的。从法律上讲，在条件没有完成时即受赠人不履行赠与合同约定的义务时，受赠人承担归还财物的义务。此类案件的关键之处在于诉讼中的证明，一旦不能证明附带义务（结婚为目的）的存在，法律上很难支持赠送财物一方父母的正当要求。因此，提醒人们注意，在附条件赠与财物尤其是高额财物时，最好要保留书面凭据或有相应言语表达（当然，言语表达在诉讼过程中很难证明）。（2）一方父母在赠与对方财物时并没有附带义务，或者没有证据证明这样的赠与是附条件的。那么从法律角度上讲，该方父母在恋人分手后要求对方归还所赠与财物的要求很难获得法院的支持。

0672 同居多年后分手可以索要青春损失费吗？

同居关系结束之后一方向另一方索要青春损失费等以求获得一定的补偿，这样的纠纷并不少见。但“青春损失费”根本不是一个具有法律意义的词汇，在我国法律中无法找到相关依据。此外，这种情况也不属于《最高人民法院关于确定民事侵权精神损害赔偿责任若干问题的解释》(2020修正)中精神损害抚慰金补偿的范围。因此，这样的要求是不能得到法律的支持的。

0673 双方同居期间所生小孩分手后归谁抚养？

根据《最高人民法院关于人民法院审理未办结婚登记而以夫妻名义同居生活案件的若干意见》第9条的规定，解除非法同居关系时，双方所生的非婚生子女，由哪一方抚养，双方协商；协商不成时，应根据子女的利益和双方的具体情况判决。哺乳期内的子女，原则上应由母方抚养，如父方条件好，母方同意，也可由父方抚养。子女为限制民事行为能力人的，应征求子女本人的意见。一方将未成年的子女送他人收养，须征得另一方的同意。根据上述规定，哺乳期子女抚养权原则上应该属于母方所有，除非存在特殊情况，比如父方条件好或者母方不适合抚养的，也可以由父方抚养，但必须经母方同意。司法实践中，法院判决非婚生子女抚养权一般考虑以下情况：(1)双方的经济状况；(2)双方的文化水平高低；(3)双方将来环境对子女的影响；(4)子女对待抚养问题的意见。法院一般会综合考虑以上因素，本着有利于子女身心健康成长的原则，作出相应的判决。

0674 恋爱期间女方怀孕后人工流产的，分手后女方能否要求精神损害赔偿？

恋爱关系或者同居关系不同于夫妻关系，不像夫妻那样彼此负有相互扶助的义务，也不存在可以请求精神损害赔偿的法律依据，所以，对于精神损害赔偿的诉讼请求，法院不会支持。那女方在恋爱期间怀孕后人工流产是否属于一般侵权行为呢？依据法律规定，只有侵权行为中的侵权者才必须承担精神损害赔偿。侵权行为的一个必备法律要件是侵权人存在故意或过失的主观过错，对于恋爱或同居的男女而言，发生性行为系双方自愿，因此，这种行为一般不属于侵权行为。即便造成了损害后果，但由于男方并不具备侵权的主客观要件，故对损害结果，女方不能要求男方承担精神损害赔偿责任。

最近几年全国各地出现了侵犯贞操权的判决。法院判决侵权人赔偿被侵权人精神损害赔偿，该类案件有以下共同的特点：都有采取暴力、胁迫或者隐瞒已婚事实等欺骗手段，以玩弄异性为目的，明显违背公序良俗，与异性发生两性关系。侵犯贞操权的案子主要是精神损害赔偿，对于有财产损失的，如导致女性怀孕的情况，也可以要求医药费等实际损失。

结婚

0675 结婚应满足哪些实质条件？

根据《民法典》第1046条的规定，结婚应当男女双方完全自愿，禁止任何一方对另一方加以强迫，禁止任何组织或者个人加以干涉。第1047条的规定，结婚年龄，男不得早于22周岁，女不得早于20周岁。第1048条的规定，直系血亲或者三代以内的旁系血亲禁止结婚。

0676 举行婚礼后就意味着双方成为合法夫妻了吗？

不是。根据《民法典》第1049条的规定，要求结婚的男女双方应当亲自到婚姻登记机关申请结婚登记。符合本法规定的，予以登记，发给结婚证。完成结婚登记，即确立婚姻关系。未办理结婚登记的，应当补办登记。因此，举行婚礼只是一种民间仪式，并不意味着双方成为合法夫妻，只有进行了结婚登记，取得了结婚证，才是法律上的合法夫妻，受法律的保护。

0677 哪些疾病不能结婚？

根据《民法典》第1053条第1款的规定，一方患有重大疾病的，应当在结婚登记前如实告知另一方；不如实告知的，另一方可以向人民法院请求撤销婚姻。因此，只要如实将患病情况告知对方，不存在不可以结婚的疾病。

0678 结婚必须进行婚前体检吗？

不是。《婚姻登记条例》修改了强制婚前体检的规定。因此，自2003年10月开始，结婚双方是否进行婚前体检，完全由结婚双方自主决定，国家并没有强制要求。但从双方健康角度出发，还是建议婚前进行详细的身体检查。

0679 远房亲戚可以结婚吗？

不一定。并非所有的亲戚之间都不能结婚。出于优生优育的目的，根据《民法典》第1048条的规定，直系血亲或者三代以内的旁系血亲禁止结婚。因此，除了直系血亲和三代以内的旁系血亲禁止结婚外，其他亲戚之间是可以结婚的。

0680 正在服刑或接受劳动教养的人能否结婚？

正在服刑或接受劳动教养的人能否结婚，法律没有明确规定。但是根据《民法典》第1049条的规定，要求结婚的男女双方应当亲自到婚姻登记机关申请结婚登记。符合本法规定的，予以登记，发给结婚证。完成结婚登记，即确立婚姻关系。未办理结婚登记的，应当补办登记。正在服刑期间的人因为丧失了人身自由，无法亲自实施结婚这一法律行为，而结婚行为因具有人身属性不能由他人代理，因此在实践中基本无法操作。此外，人民法院决定缓刑、假释的人，可以结婚。

0681 母亲能否反对未到20周岁的女儿与他人结婚？

可以。根据《民法典》第1047条的规定，结婚年龄，男不得早于22周岁，女不得早于20周岁。未到法定婚龄结婚违反了《民法典》，是不受法律保护的无效婚姻，因此母亲可以反对未到20周岁的女儿与他人结婚。

0682 使用虚假身份证办理结婚登记的婚姻是否有效？

根据《民法典》第1051条的规定，有下列情形之一的，婚姻无效：（1）重婚；（2）有禁止结婚的亲属关系；（3）未到法定婚龄。本案的情形不属于上述三种情形之一，所以依法不能申请宣告婚姻无效。根据《最高人民法院关于适用〈中华人民共和国民法典〉婚姻家庭编的解释（一）》第17条的规定，当事人以《民法典》第1051条规定的三种无效婚姻以外的情形请求确认婚姻无效的，人民法院应当判决驳回当事人的诉讼请求。当事人以结婚登记程序存在瑕疵为由提起民事诉讼，主张撤销结婚登记的，告知其可以依法申请行政复议或者提起行政诉讼。根据《婚姻登记条例》第7条的规定，婚姻登记机关应当对结婚登记当事人出具的证件、证明材料进行审查并询问相关情况。因此，婚姻登记机关未对虚假身份证进行合理的审查，结婚登记程序存在瑕疵，故应依法申请行政复议或者提起行政诉讼，请求撤销婚姻登记。

0683 遗失结婚证如何补办？

根据《婚姻登记条例》第17条的规定，结

婚证、离婚证遗失或者损毁的，当事人可以持户口簿、身份证向原办理婚姻登记的机关或者一方当事人常住户口所在地的婚姻登记机关申请补领。婚姻登记机关对当事人的婚姻登记档案进行查证，确认属实的，应当为当事人补发结婚证、离婚证。因此，结婚证、离婚证遗失的，当事人应持户口簿、身份证向当地婚姻登记机关申请补办。

0684 同居多年未领结婚证也未补办结婚证的男女是否可以按照夫妻关系起诉离婚？

根据《民法典》第1049条的规定，要求结婚的男女双方应当亲自到婚姻登记机关申请结婚登记。符合本法规定的，予以登记，发给结婚证。完成结婚登记，即确立婚姻关系。未办理结婚登记的，应当补办登记。《最高人民法院关于适用〈中华人民共和国民法典〉婚姻家庭编的解释（一）》第6条规定，男女双方依据《民法典》第1049条规定补办结婚登记的，婚姻关系的效力从双方均符合民法典所规定的结婚的实质要件时起算。第7条规定，未依据《民法典》第1049条规定办理结婚登记而以夫妻名义共同生活的男女，提起诉讼要求离婚的，应当区别对待：（1）1994年2月1日民政部《婚姻登记管理条例》公布实施以前，男女双方已经符合结婚实质要件的，按事实婚姻处理。（2）1994年2月1日民政部《婚姻登记管理条例》公布实施以后，男女双方符合结婚实质要件的，人民法院应当告知其补办结婚登记。未补办结婚登记的，依据本解释第3条规定处理。

0685 什么情况下算作重婚？

认定重婚，关键要看是否构成另一夫妻关系。依据有关司法解释，重婚有两种情况：一是法律上重婚，即有配偶的人与他人到婚姻登记机关进行结婚登记。二是事实上重婚，即有配偶的人与他人以夫妻名义共同生活。重婚罪是刑事自诉案件。根据《刑法》第258条的规定，有配偶而重婚的，或者明知他人有配偶而与之结婚的，处2年以下有期徒刑或者拘役。

0686 离婚后，双方又自愿复婚，需要再办理手续吗？

离婚后，男女双方自愿恢复夫妻关系的，按照申请结婚登记办理。男女双方持离婚后未再婚的证件，共同到婚姻登记机关申请登记，并退回离婚证。

0687 婚姻在什么情形下会被撤销或宣告无效？

根据《民法典》第1051条的规定，有下列情形之一的，婚姻无效：（1）重婚；（2）有禁止结婚的亲属关系；（3）未到法定婚龄。第1052条的规定，因胁迫结婚的，受胁迫的一方可以向人民法院请求撤销婚姻。请求撤销婚姻的，应当自胁迫行为终止之日起1年内提出。被非法限制人身自由的当事人请求撤销婚姻的，应当自恢复人身自由之日起1年内提出。

0688 婚姻被撤销或宣告无效后的财产如何处理？

根据《民法典》第1054条的规定，无效的或者被撤销的婚姻自始没有法律约束力，当事人不具有夫妻的权利和义务。同居期间所得的财产，由当事人协议处理；协议不成的，由人民法院根据照顾无过错方的原则判决。对重婚导致的无效婚姻的财产处理，不得侵害合法婚姻当事人的财产权益。当事人所生的子女，适用本法关于父母子女的规定。婚姻无效或者被撤销的，无过错方有权请求损害赔偿。

0689 婚姻被撤销或宣告无效后的所生子女如何处置？

被撤销或宣告无效的婚姻当事人所生子女与父母之间的关系，适用《民法典》有关父母子女关系的规定，父母子女间的权利和义务不受父母婚姻无效的影响。在婚姻被撤销或宣告无效时，有关子女的抚养归属、抚养费的负担、探望权等问题，应与婚生子女同等对待，按《民法典》有关离婚后子女抚养的规定处理。人民法院审理撤销婚姻或宣告婚姻无效案件涉及子女抚养的，可以调解。调解达成协议的，另行制作调解书。对子女抚养问题的判决不服的，当事人可以上诉。

0690 受胁迫结婚的一方可以采取哪些方式维护自己的权利？

婚姻自由是我国婚姻法的一个基本原则，也是宪法赋予公民的基本权利。结婚与否，与谁结婚必须男女双方完全自愿，不允许一方或任何第三方加以干涉。因此，受胁迫一方在一定的时间内可以请求撤销婚姻，以此来维护自己的权利。根据《民法典》第 1052 条的规定，因胁迫结婚的，受胁迫的一方可以向人民法院请求撤销婚姻。请求撤销婚姻的，应当自胁迫行为终止之日起 1 年内提出。被非法限制人身自由的当事人请求撤销婚姻的，应当自恢复人身自由之日起 1 年内提出。当然，如果超出这个 1 年期间，撤销权就丧失了，受胁迫人只能通过离婚来解除婚姻关系。

0691 一方婚后患病能否申请婚姻无效？

根据《民法典》第 1051 条的规定，有下列情形之一的，婚姻无效：(1) 重婚；(2) 有禁止结婚的亲属关系；(3) 未到法定婚龄。

0692 无效婚姻的诉讼可以调解吗？

根据《最高人民法院关于适用〈中华人民共和国民法典〉婚姻家庭编的解释(一)》第 11 条的规定，人民法院受理请求确认婚姻无效案件后，原告申请撤诉的，不予准许。对婚姻效力的审理不适用调解，应当依法作出判决。涉及财产分割和子女抚养的，可以调解。调解达成协议的，另行制作调解书；未达成调解协议的，应当一并作出判决。由此可见，我国对婚姻效力的审理只能判决不能调解。不过，如果对有关财产分割和子女抚养问题的部分存在异议的，可以就该部分内容达成调解。

0693 哪些人可以申请宣告婚姻关系无效？

根据《民法典》第 1045 条第 2 款的规定，配偶、父母、子女、兄弟姐妹、祖父母、外祖父母、孙子女、外孙子女为近亲属。

0694 父母可以代替受胁迫结婚的子女申请撤销婚姻关系吗？

一般而言，父母不能代替子女申请撤销婚姻关系。根据《最高人民法院关于适用〈中华人民共和国民法典〉婚姻家庭编的解释(一)》第 18 条第 2 款的规定，因受胁迫而请求撤销婚姻的，只能是受胁迫一方的婚姻关系当事人本人。所以，除了婚姻关系当事人之外，其余人包括父母在内都不能代替申请撤销婚姻关系。

0695 遭人贩卖成为他人妻子的，这种婚姻关系是否能撤销？

根据《最高人民法院关于适用〈中华人民共和国民法典〉婚姻家庭编的解释(一)》第 18 条第 1 款的规定，行为人以给另一方当事人或者其近亲属的生命、身体、健康、名誉、财产等方面造成损害为要挟，迫使另一方当事人违背真实意愿结婚的，可以认定为《民法典》第 1052 条所称的“胁迫”。被人贩卖后成为他人妻子的，一般都是受胁迫的情形，这种婚姻关系是可以撤销的。但是要注意时效，一般应在婚姻登记之日起1年内提出，如果被非法限制人身自由的，应当自恢复人身自由之日起1年内提出。时效经过之后，就不能再提出撤销婚姻关系的申请。

离婚

0696 离婚都要去法院吗？

不是。我国现行法律规定的离婚有两种：一是夫妻双方协商一致，通过行政登记程序离婚，也叫登记离婚；二是一方提出离婚，经过法院诉讼，最后调解或判决离婚。因此，离婚不是必须要去法院，可以通过协议方式办理离婚。涉及诉讼离婚的，根据《民法典》第1076条第1款的规定，夫妻双方自愿离婚的，应当签订书面离婚协议，并亲自到婚姻登记机关申请离婚登记。第1078条的规定，婚姻登记机关查明双方确实是自愿离婚，并已经对子女抚养、财产以及债务处理等事项协商一致的，予以登记，发给离婚证。而在涉外离婚中，因为有些国家只承认法院判决的离婚，最好通过诉讼程序由法院判决离婚。

0697 只要两个人一起去婚姻登记机关就可以离婚吗？

不一定。根据《婚姻登记条例》第12条的规定，办理离婚登记的当事人有下列情形之一的，婚姻登记机关不予受理：(1)未达成离婚协议的；(2)属于无民事行为能力人或者限制民事行为能力人的；(3)其结婚登记不是在中国内地办理的。

0698 夫妻一方若为无民事行为能力人，如何离婚？

根据《婚姻登记条例》第12条第2项的规定，办理离婚登记的当事人有下列情形之一的，婚姻登记机关不予受理：属于无民事行为能力人或者限制民事行为能力人的。因此，一方若为无民事行为能力人，不能通过协议方式离婚，只能诉讼离婚。

0699 无民事行为能力人的配偶虐待无民事行为能力的一方，其他有监护资格的人可以要求变更监护关系吗？

《最高人民法院关于适用〈中华人民共和国民法典〉婚姻家庭编的解释（一）》第62条的规定，无民事行为能力人的配偶有《民法典》第36条第1款规定行为，其他有监护资格的人可以要求撤销其监护资格，并依法指定新的监护人，变更后的监护人代理无民事行为能力一方提起离婚诉讼的，人民法院应予受理。《民法典》第36条第1款规定，监护人有下列情形之一的，人民法院根据有关个人或者组织的申请，撤销其监护人资格，安排必要的临时监护措施，并按照最有利于被监护人的原则依法指定监护人：(1)实施严重损害被监护人身心健康的行为；(2)怠于履行监护职责，或者无法履行监护职责且拒绝将监护职责部分或者全部委托给他人，导致被监护人处于危困状态；(3)实施严重侵害被监护人合法权益的其他行为。

0700 夫妻感情破裂要求离婚的如何判断？

根据《民法典》第1079条第2和第3款的规定，人民法院审理离婚案件，应当进行调解；如果感情确已破裂，调解无效的，应当准予离婚。有下列情形之一，调解无效的，应当准予离婚：(1)重婚或者与他人同居；(2)实施家庭暴力或虐待、遗弃家庭成员；(3)有赌博、吸毒等恶习屡教不改；(4)因感情不和分居满2年的；(5)其他导致夫妻感情破裂的情形。在以上情形下，法院会认定夫妻感情破裂而判决离婚。

0701 夫妻双方只要分居 2 年就可以自动离婚吗？

不是，还是要去民政局登记离婚领取离婚证或者到法院诉讼离婚。《民法典》第 1076 条规定，夫妻双方自愿离婚的，应当签订书面离婚协议，并亲自到婚姻登记机关申请离婚登记。离婚协议应当载明双方自愿离婚的意思表示和对子女抚养、财产以及债务处理等事项协商一致的意见。第 1079 条第 1 款规定，夫妻一方要求离婚的，可以由有关组织进行调解或者直接向人民法院提起离婚诉讼。因此，夫妻双方可以选择：(1)至婚姻登记机关协议离婚；(2)向人民法院提起离婚诉讼。在诉讼离婚中，"因感情不和分居满 2 年"是判断夫妻感情破裂的依据之一，也是法院判决离婚的依据之一，但并不是说夫妻双方只要分居满 2 年就可以自动离婚。

0702 办理离婚登记需要什么材料？

根据《婚姻登记条例》第 11 条的规定，办理离婚登记的内地居民应当出具下列证件和证明材料：(1)本人的户口簿、身份证；(2)本人的结婚证；(3)双方当事人共同签署的离婚协议书。办理离婚登记的香港居民、澳门居民、台湾居民、华侨、外国人除应当出具前款第 2 项、第 3 项规定的证件、证明材料外，香港居民、澳门居民、台湾居民还应当出具本人的有效通行证、身份证，华侨、外国人还应当出具本人的有效护照或者其他有效国际旅行证件。离婚协议书应当载明双方当事人自愿离婚的意思表示以及对子女抚养、财产及债务处理等事项协商一致的意见。

除上述材料外，双方当事人各需提交 2 张大 1 寸单人近期半身免冠彩色照片。

0703 如何书写离婚协议书？

离婚协议书的撰写通常可以参考以下格式：

男方：(写明姓名、性别、年龄、民族、籍贯、职业或者工作单位和职务、住址、联系电话)

女方：(写明姓名、性别、年龄、民族、籍贯、职业或者工作单位和职务、住址、联系电话)

双方经过充分考虑、协商，现就离婚问题达成协议如下(简述双方离婚的原因)：

(1)双方在感情上已经完全破裂，没有和好的可能。因此，双方均同意解除婚姻关系。

(2)明确子女的抚养归属权及抚养费(含生活费、教育费等)的负担，并写明给付上述费用的具体时间、方式(是分期给付还是一次性给付)。另外，还应当就非直接抚养一方对子女的探望权作出时间、地点等明确的约定。

(3)夫妻共同财产的分割(应包括对房产、家具电器、交通工具、现金存款、有价证券、股权等共同财产的分割)。

(4)对债权债务的处理(对夫妻关系存续期间产生的共同的债权、债务的享有和承担的具体处理)。

男方(签字)：　　　　女方(签字)：

____年____月____日　　____年____月____日

以上格式仅供参考，若双方对上述某些内容未达成一致的，可以暂不约定，待离婚后再协商解决或向法院提起诉讼。

0704 离婚协议签了就有效吗？

不一定。离婚协议，是双方均表示离婚，并对离婚后财产如何处理、子女归谁抚养等相关问题，达成共同意思所签订的协议。根据《最高人民法院关于适用〈中华人民共和国民法典〉婚姻家庭编的解释(一)》第 69 条第 1 款的规定，当事人达成的以协议离婚或者到人民法院调解离婚为条件的财产以及债务处理协议，如果双方离婚未成，一方在离婚诉讼中反悔的，人民法院应当认定该财产以及债务处理协议没有生效，并根据实际情况依照《民法典》第1087条和第1089条的规定判决。因此，离婚协议以“离婚”为生效条件，若离了婚，协议内容有效；若还没有离婚，协议就不能生效。所以，在民政局登记离婚之前，当事人都是可以对离婚协议反悔的。

0705 如果有几份离婚协议，其效力如何认定？

如双方签订了多份离婚协议，应按以下原则认定：

（1）在没有离婚的前提下，几份离婚协议均不生效；

（2）在办妥离婚登记手续领取离婚证的前提下，其后签署的离婚协议（补充协议）如果和民政局登记的离婚协议有不一致的或者有新增内容，以其后签署的离婚协议（补充协议）为准。如果有几份离婚协议（补充协议）的，内容不一致的，以最后一份为准。

0706 离婚协议中财产分割不明确的怎么办？

在离婚协议中对财产分割约定不清楚的情况下，双方可以再进行协商，就约定不清楚的财产进行分割。如果双方无法协商达成一致，可以离婚后财产纠纷为由向人民法院提起诉讼。

0707 协议离婚后，一方不履行协议怎么办？

根据《最高人民法院关于适用〈中华人民共和国民法典〉婚姻家庭编的解释（一）》第69条第2款的规定，当事人依照《民法典》第1076条签订的离婚协议中关于财产以及债务处理的条款，对男女双方具有法律约束力。登记离婚后当事人因履行上述协议发生纠纷提起诉讼的，人民法院应当受理。当然，如果对方不履行离婚协议中关于子女抚养的约定，同样可以向人民法院起诉，请求人民法院责令被告履行协议。

0708 离婚后反悔可以去法院起诉吗？

可以。根据《民法典》第1076条第1款的规定，夫妻双方自愿离婚的，应当签订书面离婚协议，并亲自到婚姻登记机关申请离婚登记。第1078条的规定，婚姻登记机关查明双方确实是自愿离婚，并已经对子女抚养、财产以及债务处理等事项协商一致的，予以登记，发给离婚证。第1083条的规定，离婚后，男女双方自愿恢复夫妻关系的，应当到婚姻登记机关重新进行结婚登记。《最高人民法院关于适用〈中华人民共和国民法典〉婚姻家庭编的解释（一）》第69条第2款规定，当事人依照《民法典》第1076条签订的离婚协议中关于财产以及债务处理的条款，对男女双方具有法律约束力。登记离婚后当事人因履行上述协议发生纠纷提起诉讼的，人民法院应当受理。第70条第1款规定，夫妻双方协议离婚后就财产分割问题反悔，请求撤销财产分割协议的，人民法院应当受理。由此可见，一旦双方在民政局领取离婚证后，婚姻关系即刻解除，一方翻悔的也不能就婚姻关系恢复再次向法院起诉，但因财产分割协议履行有纠纷的，可以起诉。

0709 如何确定离婚案件的起诉地？

根据《民事诉讼法》第21条第1款的规定，对公民提起的民事诉讼，由被告住所地人民法院管辖；被告住所地与经常居住地不一致的，由经常居住地人民法院管辖。根据《最高人民法院关于适用〈中华人民共和国民事诉讼法〉的解释》第12条的规定，夫妻一方离开住所地超过1年，另一方起诉离婚的案件，可以由原告住所地人民法院管辖。夫妻双方离开住所地超过1年，一方起诉离婚的案件，由被告经常居住地人民法院管辖；没有经常居住地的，由原告起诉时被告居住地人民法院管辖。第 13 条的规定，在国内结婚并定居国外的华侨，如定居国法院以离婚诉讼须由婚姻缔结地法院管辖为由不予受理，当事人向人民法院提出离婚诉讼的，由婚姻缔结地或者一方在国内的最后居住地人民法院管辖。第 14 条的规定，在国外结婚并定居国外的华侨，如定居国法院以离婚诉讼须由国籍所属国法院管辖为由不予受理，当事人向人民法院提出离婚诉讼的，由一方原住所地或者在国内的最后居住地人民法院管辖。第 15 条的规定，中国公民一方居住在国外，一方居住在国内，无论哪一方向人民法院提起离婚诉讼，国内一方住所地人民法院都有权管辖。国外一方在居住国法院起诉，国内一方向人民法院起诉的，受诉人民法院有权管辖。第 16 条的规定，中国公民双方在国外但未定居，一方向人民法院起诉离婚的，应由原告或者被告原住所地人民法院管辖。

"住所地"是指公民的户籍所在地。

"经常居住地"是指公民离开住所地至起诉时已连续居住一年以上的地方，但公民住院就医的地方除外。

0710 诉讼离婚的程序是怎样的？

诉讼离婚的程序是：（1）起草起诉状；（2）准备诉讼所需要的双方身份信息和证据；（3）向有管辖权的法院递交起诉状、双方身份信息和证据；（4）法院决定是否受理该诉讼；（5）法院受理该离婚诉讼案件之后，在法定时间内向对方发送起诉状副本及证据副本；（6）法院安排开庭时间并向双方发送传票；（7）开庭：双方均可以委托律师或者法律允许的其他人士代理诉讼；（8）法院依照原告方的诉讼请求和双方提交的证据情况对是否准予离婚，以及如何分割财产，子女抚养等问题作出判决。

0711 离婚诉讼原告担负哪些举证责任？

根据《最高人民法院关于适用〈中华人民共和国民事诉讼法〉的解释》第 90 条的规定，当事人对自己提出的诉讼请求所依据的事实或者反驳对方诉讼请求所依据的事实，应当提供证据加以证明，但法律另有规定的除外。在作出判决前，当事人未能提供证据或者证据不足以证明其事实主张的，由负有举证证明责任的当事人承担不利的后果。因此原告方需从以下几方面承担举证责任：（1）原被告系夫妻关系、子女身份关系，证明夫妻感情确已破裂的证据；（2）夫妻关系存续期间共有财产的种类、数额、范围的证据，应注明存放的地点及方式等；（3）财产分割的理由，如对家庭的贡献、对房屋等财产取得的贡献、房屋的实际居住情况等；（4）子女抚育费的数额和双方实际承担能力的证据等；（5）要求婚姻损害赔偿的证据等；（6）要求对方少分或不分夫妻共同财产的证据，如对方隐藏、转移、变卖、毁损夫妻共同财产，或者伪造债务企图侵占另一方财产的相关证据。

0712 法院判决离婚需要跟当事人家人商量吗？

不需要。根据《民法典》第 1041 条的规定，实行婚姻自由、一夫一妻、男女平等的婚姻制度。保护妇女、未成年人、老年人、残疾人的合法权益。婚姻自由，包括结婚自由和离婚自由，离婚诉讼解决的是夫妻双方而非其父母、近亲属之间的纠纷。因此，法院对不涉及限制民事行为能力人和无民事行为能力人的离婚案件，虽然依法慎重审理，但一般不会主动征求当事人家人的意见，更不会根据双方父母、近亲属的意见来进行判决。

0713 夫妻一方要求离婚，一方要求宣告婚姻无效，如何处理？

根据《最高人民法院关于适用〈中华人民共和国民法典〉婚姻家庭编的解释（一）》第13条的规定，人民法院就同一婚姻关系分别受理了离婚和请求确认婚姻无效案件的，对于离婚案件的审理，应当待请求确认婚姻无效案件作出判决后进行。

0714 夫妻一方失踪好几年，另一方能不能要求离婚？

能。根据《民法典》第1079条第4款的规定，一方被宣告失踪，另一方提出离婚诉讼的，应当准予离婚。但法律对宣告失踪有明确的定义，根据《民法典》第40条的规定，自然人下落不明满2年的，利害关系人可以向人民法院申请宣告该自然人为失踪人。第41条的规定，自然人下落不明的时间从其失去音讯之日起计算。战争期间下落不明的，下落不明的时间自战争结束之日或者有关机关确定的下落不明之日起计算。

0715 女方怀孕的时候男方可以提出离婚吗？

绝大多数情况下不可以。根据《民法典》第1082条的规定，女方在怀孕期间、分娩后1年内或者终止妊娠后6个月内，男方不得提出离婚；但是，女方提出离婚或者人民法院认为确有必要受理男方离婚请求的除外。但是，对于女方来说没有相同限制，女方怀孕期间可以提出离婚。此外，人民法院认为确有必要受理男方离婚要求的，也可以离婚。人民法院认为"确有必要受理男方离婚请求的"，一般是指：（1）女方有重大过错严重伤害夫妻感情的情况，如女方与他人重婚、姘居导致怀孕分娩等情况，男方感情上无法谅解；（2）女方实施家庭暴力，男方感到人身安全受到严重威胁等；（3）其他人民法院认为确有必要的情况。

0716 军婚就意味着离不了婚吗？

不是。根据《民法典》第1081条的规定，现役军人的配偶要求离婚，应当征得军人同意，但是军人一方有重大过错的除外。根据《最高人民法院关于适用〈中华人民共和国民法典〉婚姻家庭编的解释（一）》第64条的规定，《民法典》第1081条所称的"军人一方有重大过错"，可以依据《民法典》第1079条第3款前3项规定及军人有其他重大过错导致夫妻感情破裂的情形予以判断。此外，双方都是现役军人的不适用这一限制，现役军人本人提出离婚的不在此限，并且双方也可以合意离婚。

0717 丈夫被宣告死亡的能否离婚？

婚姻关系自动消灭。根据《民法典》第51条的规定，被宣告死亡的人的婚姻关系，自死亡宣告之日起消除。死亡宣告被撤销的，婚姻关系自撤销死亡宣告之日起自行恢复。但是，其配偶再婚或者向婚姻登记机关书面声明不愿意恢复的除外。所以，如果婚姻关系一方被宣告死亡，另一方无须离婚，婚姻关系便自动消灭，另一方可以继承遗产并与他人再婚。

0718 被宣告死亡的丈夫重新出现，婚姻关系还存续吗？

需视不同情形而定。根据《民法典》第51条的规定，被宣告死亡的人的婚姻关系，自死亡宣告之日起消除。死亡宣告被撤销的，婚姻关系自撤销死亡宣告之日起自行恢复。但是，其配偶再婚或者向婚姻登记机关书面声明不愿意恢复的除外。

0719 夫妻双方谁先提出离婚谁就吃亏吗？

不是。按照我国《民法典》的规定，如果

夫妻感情确已破裂，无法再继续共同生活下去，夫妻任何一方都有权提出离婚。"原告"和"被告"只是诉讼当事人、诉讼地位的代名词，并不说明谁是谁非，当然也就不影响离婚时的财产处理。在家庭财产的处理上，根据《民法典》第1087条的规定，离婚时，夫妻的共同财产由双方协议处理；协议不成时，由人民法院根据财产的具体情况，按照照顾子女、女方和无过错方权益的原则判决。对夫或妻在家庭土地承包经营中享有的权益等，应当依法予以保护。

0720 离婚时，一方隐藏夫妻共同财产或伪造债务怎么办？

根据《民法典》第1092条的规定，夫妻一方隐藏、转移、变卖、毁损、挥霍夫妻共同财产，或者伪造夫妻共同债务企图侵占另一方财产的，在离婚分割夫妻共同财产时，对该方可以少分或者不分。离婚后，另一方发现有上述行为的，可以向人民法院提起诉讼，请求再次分割夫妻共同财产。根据《最高人民法院关于适用〈中华人民共和国民法典〉婚姻家庭编的解释(一)》第84条的规定，当事人依据《民法典》第1092条的规定向人民法院提起诉讼，请求再次分割夫妻共同财产的诉讼时效期间为3年，从当事人发现之日起计算。因此，离婚时一方隐藏夫妻共同财产或伪造债务，可以少分或不分，但受3年诉讼时效的限制。

0721 离婚时，双方对尚未取得所有权的房屋如何分割？

根据《最高人民法院关于适用〈中华人民共和国民法典〉婚姻家庭编的解释(一)》第77条的规定，离婚时双方对尚未取得所有权或者尚未取得完全所有权的房屋有争议且协商不成的，人民法院不宜判决房屋所有权的归属，应当根据实际情况判决由当事人使用。当事人就前款规定的房屋取得完全所有权后，有争议的，可以另行向人民法院提起诉讼。

0722 离婚后一方经济困难能否得到帮助？

能。根据《民法典》第1090条的规定，离婚时，如果一方生活困难，有负担能力的另一方应当给予适当帮助。具体办法由双方协议；协议不成的，由人民法院判决。

0723 什么情况下离婚可以要求对方赔偿？

根据《民法典》第1091条的规定，有下列情形之一，导致离婚的，无过错方有权请求损害赔偿：(1)重婚；(2)与他人同居；(3)实施家庭暴力；(4)虐待、遗弃家庭成员；(5)有其他重大过错。

0724 丈夫可以因为妻子擅自做人工流产而请求损害赔偿吗？

不可以。根据《最高人民法院关于适用〈中华人民共和国民法典〉婚姻家庭编的解释(一)》第23条的规定，夫以妻擅自中止妊娠侵犯其生育权为由请求损害赔偿的，人民法院不予支持；夫妻双方因是否生育发生纠纷，致使感情确已破裂，一方请求离婚的，人民法院经调解无效，应依照《民法典》第1079条第3款第5项的规定处理。

0725 离婚时，过错小的一方可以向过错大的一方要求损害赔偿吗？

根据《最高人民法院关于适用〈中华人民共和国民法典〉婚姻家庭编的解释(一)》第90条的规定，夫妻双方均有《民法典》第1091条规定的过错情形，一方或者双方向对方提出离婚损害赔偿请求的，人民法院不予支持。

0726 不离婚能获得离婚损害赔偿吗？

不能。根据《最高人民法院关于适用〈中华人民共和国民法典〉婚姻家庭编的解释（一）》第87条第2款和第3款的规定，人民法院判决不准离婚的案件，对于当事人基于《民法典》第1091条提出的损害赔偿请求，不予支持。在婚姻关系存续期间，当事人不起诉离婚而单独依据《民法典》第1091条提起损害赔偿请求的，人民法院不予受理。

0727 "第三者"导致离婚的，能不能找"第三者"要求赔偿？

不能。根据《最高人民法院关于适用〈中华人民共和国民法典〉婚姻家庭编的解释（一）》第87条第1款的规定，承担《民法典》第1091条规定的损害赔偿责任的主体，为离婚诉讼当事人中无过错方的配偶。所以，离婚损害赔偿的提出者和赔偿者都只能是婚姻关系中的一方，"第三者"不是婚姻关系中的主体，无须对此承担赔偿责任。

0728 离婚时没要求损害赔偿，离婚后还能再起诉要求吗？

需视不同情形而定。根据《最高人民法院关于适用〈中华人民共和国民法典〉婚姻家庭编的解释（一）》第88条的规定，人民法院受理离婚案件时，应当将《民法典》第1091条等规定中当事人的有关权利义务，书面告知当事人。在适用《民法典》第1091条时，应当区分以下不同情况：（1）符合《民法典》第1091条规定的无过错方作为原告基于该条规定向人民法院提起赔偿请求的，必须在离婚诉讼的同时提出。（2）符合《民法典》第1091条规定的无过错方作为被告的离婚诉讼案件，如果被告不同意离婚也不基于该条规定提起损害赔偿请求的，可以就此单独提起诉讼。（3）无过错方作为被告的离婚诉讼案件，一审时被告未基于《民法典》第1091条规定提出损害赔偿请求，二审期间提出的，人民法院应当进行调解；调解不成的，告知当事人另行起诉，双方当事人同意由第二审人民法院一并审理的，第二审人民法院可以一并裁判。

0729 通过假离婚分割财产逃避债务行得通吗？

行不通。根据《最高人民法院关于适用〈中华人民共和国民法典〉婚姻家庭编的解释（一）》第35条第1款的规定，当事人的离婚协议或者人民法院生效判决、裁定、调解书已经对夫妻财产分割问题作出处理的，债权人仍有权就夫妻共同债务向男女双方主张权利。因此，只要是夫妻共同债务，不管真离婚还是假离婚，法院都有权责令或强制离婚夫妻对债务承担连带清偿责任。

0730 只要没离婚，妻子就有义务回家吗？

没有。丈夫在夫妻吵架离婚时，把回娘家的妻子接回家，这种试图重归于好的想法是积极的，但公民的人身自由不受侵犯，丈夫必须经过妻子的同意才能接其回家。妻子有权决定自己的行动，如果强行"抢"妻子回家，不仅难以使妻子回心转意，倘若构成限制人身自由的违法犯罪行为，将会受到法律制裁。

0731 骚扰前妻属于违法犯罪行为吗？

可能涉嫌违法犯罪。夫妻双方一旦解除了婚姻关系，双方就恢复了再婚自由，相互间不再具有忠诚、扶养、同居等义务，财产上经过分配也不再有共有的关系。离婚后，男方如果侵犯其前妻的人身权利或财产权利，当然会构成违法行为，情节严重的，还会构成犯罪。

夫妻间的财产关系

0732 夫妻一方能否检查另一方的银行账户?

根据《储蓄管理条例》第 32 条的规定,储蓄机构及其工作人员对储户的储蓄情况负有保密责任。储蓄机构不代任何单位和个人查询、冻结或者划拨储蓄存款,国家法律、行政法规另有规定的除外。根据《个人存款账户实名制规定》第 8 条的规定,金融机构及其工作人员负有为个人存款账户的情况保守秘密的责任。金融机构不得向任何单位或者个人提供有关个人存款账户的情况,并有权拒绝任何单位或者个人查询、冻结、扣划个人在金融机构的款项;但是,法律另有规定的除外。由于个人储蓄存款和个人账户是涉及个人隐私的材料,实践中,为了保护持卡人的隐私,即使是配偶要求银行也往往会拒绝持卡人之外的任何人查询。

0733 夫妻约定财产制是否具有法律效力?

有法律效力。根据《民法典》第 1065 条第 1 款和第 2 款的规定,男女双方可以约定婚姻关系存续期间所得的财产以及婚前财产归各自所有、共同所有或部分各自所有、部分共同所有。约定应当采用书面形式。没有约定或约定不明确的,适用本法第 1062 条、第 1063 条的规定。夫妻对婚姻关系存续期间所得的财产以及婚前财产的约定,对双方具有法律约束力。

0734 夫妻可以约定所有财产全部归一方所有吗?

不可以。根据《民法典》第 1065 条第 1 款的规定,男女双方可以约定婚姻关系存续期间所得的财产以及婚前财产归各自所有、共同所有或部分各自所有、部分共同所有。约定应当采用书面形式。没有约定或约定不明确的,适用本法第 1062 条、第 1063 条的规定。

0735 如何办理婚前财产公证?

办理婚前财产公证首先需要准备好以下材料:(1)个人的身份证明,如身份证、户口簿,已婚夫妻需要带上结婚证;(2)与约定内容有关的财产所有权证明;(3)双方已经草拟好的协议书。协议书的内容一般包括:当事人的姓名、性别、职业、住址等个人基本情况;财产的名称、数量、价值、状况、归属;上述婚前财产的使用、维修、处分的原则等。一般双方当事人的签名和订约日期空缺,待公证员对协议进行审查和修改后,再在公证员面前签字。

准备好材料后,双方必须共同亲自到公证处提出公证申请,填写公证的申请表格。一般不允许委托他人代理或是一个人来办婚前财产公证。

公证申请被公证员受理后,公证员就财产协议的内容,审查财产的权利证明;查问当事人的订约是否受到欺骗或误导。当事人应如实回答公证员的提问,公证员会履行必要的法律告知义务,告诉当事人签订财产协议后承担的法律义务和法律后果,当事人配合公证员作完公证谈话笔录,并在笔录上签字确认。

最后,双方当事人在公证员的面前在婚前财产协议书上签名。婚前财产公证的办证程序便履行完毕,当事人于规定期限日凭收费单据领取公证书即可。

0736 哪些财产属于夫妻共同财产?

根据《民法典》第 1062 条的规定,夫妻在婚姻关系存续期间所得的下列财产,为夫妻的共同财产,归夫妻共同所有:(1)工资、奖金、劳务报酬;(2)生产、经营、投资的收益;(3)知识产权的收益;(4)继承或者受赠的财产,但是本法第1063条第3项规定的除外；（5）其他应当归共同所有的财产。另外，根据《最高人民法院关于适用〈中华人民共和国民法典〉婚姻家庭编的解释（一）》第25条的规定，婚姻关系存续期间，下列财产属于《民法典》第1062条规定的“其他应当归共同所有的财产”：（1）一方以个人财产投资取得的收益；（2）男女双方实际取得或者应当取得的住房补贴、住房公积金；（3）男女双方实际取得或者应当取得的养老保险金、破产安置补偿费。

0737 哪些财产属于个人财产？

根据《民法典》第1063条的规定，下列财产为夫妻一方的个人财产：（1）一方的婚前财产；（2）一方因受到人身损害获得的赔偿或者补偿；（3）遗嘱或者赠与合同中确定只归一方的财产；（4）一方专用的生活用品；（5）其他应当归一方的财产。根据《最高人民法院关于适用〈中华人民共和国民法典〉婚姻家庭编的解释（一）》第26条的规定，夫妻一方个人财产在婚后产生的收益，除孳息和自然增值外，应认定为夫妻共同财产。因此，个人财产在婚后产生的孳息和自然增值也是个人财产。

0738 离婚前写的书，离婚后取得的稿费是不是夫妻共同财产？

是夫妻共同财产。根据《最高人民法院关于适用〈中华人民共和国民法典〉婚姻家庭编的解释（一）》第24条的规定，《民法典》第1062条第1款第3项规定的“知识产权的收益”，是指婚姻关系存续期间，实际取得或者已经明确可以取得的财产性收益。如果书稿在离婚前就已经写完，即使稿费是离婚后取得，也应当认定夫妻共同财产。

0739 私房钱属于夫妻双方共同财产吗？

不一定。要看私房钱的来源，只要私房钱不属于法定的夫妻一方的个人财产，在没有约定的情况下，都应当属于夫妻共同财产。

0740 住房公积金和养老保险金是不是夫妻共同财产？

是的。根据《最高人民法院关于适用〈中华人民共和国民法典〉婚姻家庭编的解释（一）》第25条第2项的规定，婚姻关系存续期间，男女双方实际取得或者应当取得的住房补贴、住房公积金，属于《民法典》第1062条规定的“其他应当归共同所有的财产”。所以，即使离婚时一方的住房公积金、养老保险金没有实际取得，也应当计入夫妻共同财产范围。

0741 女方的嫁妆是个人财产吗？

根据《民法典》第1062条第4项的规定，夫妻在婚姻关系存续期间，继承或者受赠的财产归夫妻共同所有，但本法第1063条第3项规定的除外。第1063条第3项的规定，遗嘱或者赠与合同中确定只归一方的财产，为夫妻一方的个人财产。结婚登记前的嫁妆应认定为是女方家人对女方的婚前个人赠与；结婚登记后的嫁妆，如果没有明确表示是对哪一方的个人赠与，应认定为是对夫妻双方共同赠与，属于夫妻共同财产。

0742 夫妻一方专用的奢侈品属于个人财产还是夫妻共同财产？

根据《民法典》第1063条第4项的规定，一方专用的生活用品，为夫妻一方的财产。一方专用的生活用品是指日常生活中自己使用的物品，如衣物、鞋帽、化妆品等。因为奢侈品不是日常生活必需品，因此，除非该专用奢侈品是一方以其婚前个人财产购置、接受单方赠与或者夫妻间有明确约定归一方所有的，否则一般认定为夫妻共同财产。

0743 夫妻一方在结婚前已经是公司股东，结婚后对公司新增资本认缴出资，这部分出资属于夫妻共同财产吗？

根据《最高人民法院关于适用〈中华人民共和国民法典〉婚姻家庭编的解释(一)》第25条第1项的规定，婚姻关系存续期间，一方以个人财产投资取得的收益，属于《民法典》第1062条规定的“其他应当归共同所有的财产”。因此，股东婚后对新增资本的认缴出资，虽然基于原股东身份，但可以认定为是一方在婚姻关系存续期间以个人财产投资产生的收益，也应当认定为夫妻共同财产。

0744 如何判断债权是不是婚内财产？

根据《北京市高级人民法院关于审理婚姻纠纷案件若干疑难问题的参考意见》第42条的规定，婚前一方享有的确定可以实现的债权，婚后实际取得的，应认定为婚前财产；婚姻关系存续期间发生并确定可以实现的债权，离婚后实际取得的，应认定为婚内财产。

0745 一方婚前支付首付、按揭借款购得并登记在自己名下的房产，婚后共同还贷，房屋归谁？

根据《最高人民法院关于适用〈中华人民共和国民法典〉婚姻家庭编的解释(一)》第78条的规定，夫妻一方婚前签订不动产买卖合同，以个人财产支付首付款并在银行贷款，婚后用夫妻共同财产还贷，不动产登记于首付款支付方名下的，离婚时该不动产由双方协议处理。依前款规定不能达成协议的，人民法院可以判决该不动产归登记一方，尚未归还的贷款为不动产登记一方的个人债务。双方婚后共同还贷支付的款项及其相对应财产增值部分，离婚时应根据《民法典》第1087条第1款规定的原则，由不动产登记一方对另一方进行补偿。

0746 一方婚前支付首付、按揭借款购得并登记在自己名下的房产，婚后还贷，什么情况下离婚时，不需要给对方补偿？

根据《最高人民法院关于适用〈中华人民共和国民法典〉婚姻家庭编的解释(一)》第78条的规定，夫妻一方婚前签订不动产买卖合同，以个人财产支付首付款并在银行贷款，婚后用夫妻共同财产还贷的，双方婚后共同还贷支付的款项及其相对应财产增值部分，离婚时应根据《民法典》第1087条第1款规定的原则，由产权登记一方对另一方进行补偿。

如果婚后还贷的资金是来源于一方个人财产或者是一方父母的财产，不是夫妻共同财产还贷的，离婚时，产权登记一方则不需要对另一方进行补偿。

0747 由一方婚前承租、婚后用共同财产购买的房屋，登记在一方名下的，是夫妻共同财产吗？

根据《最高人民法院关于适用〈中华人民共和国民法典〉婚姻家庭编的解释(一)》第27条的规定，由一方婚前承租、婚后用共同财产购买的房屋，登记在一方名下的，应当认定为夫妻共同财产。

0748 父母出资购买的房屋是夫妻共同财产吗？

需视不同情形而定。根据《最高人民法院关于适用〈中华人民共和国民法典〉婚姻家庭编的解释(一)》第29条的规定，当事人结婚前，父母为双方购置房屋出资的，该出资应当认定为对自己子女的个人赠与，但父母明确表示赠与双方的除外。当事人结婚后，父母为双方购置房屋出资的，依照约定处理；没有约定或者约定不明确的，按照《民法典》第1062条第1款第4项规定的原则处理。《民法典》第

1062条第1款第4项规定，夫妻在婚姻关系存续期间继承或者受赠的财产，为夫妻的共同财产，归夫妻共同所有。但是本法第1063条第3项规定的除外。第1063条第3项规定，遗嘱或者赠与合同中确定只归一方的财产为夫妻一方的个人财产。

0749 军人退伍时拿到的费用都归军人个人所有吗？

不是。根据《最高人民法院关于适用〈中华人民共和国民法典〉婚姻家庭编的解释(一)》第30条的规定，军人的伤亡保险金、伤残补助金、医药生活补助费属于个人财产。第71条的规定，人民法院审理离婚案件，涉及分割发放到军人名下的复员费、自主择业费等一次性费用的，以夫妻婚姻关系存续年限乘以年平均值，所得数额为夫妻共同财产。前款所称年平均值，是指将发放到军人名下的上述费用总额按具体年限均分得出的数额。其具体年限为人均寿命70岁与军人入伍时实际年龄的差额。

0750 一方婚前财产，是否会随着生活年限的增加而变成夫妻共同财产？

根据《最高人民法院关于适用〈中华人民共和国民法典〉婚姻家庭编的解释(一)》第31条的规定，《民法典》第1063条规定为夫妻一方的个人财产，不因婚姻关系的延续而转化为夫妻共同财产。但当事人另有约定的除外。因此，任何一方的婚前财产，只要能证明是个人财产，不会随着婚姻存续时间的增长而转变成夫妻共同财产。

0751 夫妻一方婚前向另一方借钱的，婚后是否需要偿还？

根据《民法典》第188条的规定，向人民法院请求保护民事权利的诉讼时效期间为3年。法律另有规定的，依照其规定。诉讼时效期间自权利人知道或者应当知道权利受到损害以及义务人之日起计算。法律另有规定的，依照其规定。但是自权利受到损害之日起超过20年的，人民法院不予保护；有特殊情况的，人民法院可以根据权利人的申请决定延长。婚前夫妻一方向另一方借款，如果债权一方向债务一方主张权利未过诉讼时效，债务一方应当偿还，而且用于偿还的钱款理应是债务一方的婚前个人财产。但是婚前一方向另一方借款主要用于婚后夫妻共同生活且有证据证明的，此债务可能会被认定为夫妻共同债务，则债务无须清偿。

0752 夫妻一方婚前借钱婚后花，另一方是否应还款？

根据《最高人民法院关于适用〈中华人民共和国民法典〉婚姻家庭编的解释(一)》第33条的规定，债权人就一方婚前所负个人债务向债务人的配偶主张权利的，人民法院不予支持。但债权人能够证明所负债务用于婚后家庭共同生活的除外。因此，夫妻一方婚前的借款一般属于个人债务，但如果该借款用于夫妻婚后共同生活，且夫妻对于婚后财产并无特殊约定的，债权人也可以要求另一方对其配偶婚前的借款进行偿还。

0753 夫妻购买房子以孩子为产权人要经过什么程序？

父母为未成年孩子购买房子的具体程序是父母代理子女选房，就合同的各项条款与开发商达成协议并签订《商品房买卖合同》。如果是一次性付款，由于小孩是限制民事行为能力人，购房时需父母代理，需带上孩子的出生证、孩子和监护人的图章，在买受人一栏和签字的地方写上小孩的名字，在法定代理人签字的地方签上自己的名字。房屋买卖合同就成立了，房屋产权人就是未成年的小孩。如果向银行申请贷款，只能由未成年人的父母来申请。还需要办理两份公证：监护权公证和不可撤销的承诺书公证，主要是为了证明父母买房给孩子完全是自愿行为以及父母向银行做按揭还钱的保证（关于未成年人能否贷款，各地区银行规定不同，请具体咨询贷款银行）。

0754 以子女的名义购房可能存在的问题有哪些？

虽然以子女的名义购房可能起到规避将来开征的遗产税，但是这样做也会使父母遇到下列问题：首先，处置未成年人名下的房屋有严格的限制。根据《民法典》第 35 条第 1 款的规定，监护人应当按照最有利于被监护人的原则履行监护职责。监护人除为维护被监护人利益外，不得处分被监护人的财产。因此，除非父母承诺将所获得的款项用于孩子的读书、留学、治病等事项，并办理公证手续，否则登记机关将不予办理过户或抵押登记手续。其次，孩子名下的房产父母离婚时不能纳入财产分割范围。虽然父母离婚时无权处分该房产，父母离婚后，父母中抚养孩子的一方可以与孩子共同生活在孩子名下的房屋中。

0755 离婚时，双方对夫妻共同财产中的房屋价值及归属无法达成协议时，法院会如何处理？

根据《最高人民法院关于适用〈中华人民共和国民法典〉婚姻家庭编的解释（一）》第 76 条的规定，双方对夫妻共同财产中的房屋价值及归属无法达成协议时，人民法院按以下情形分别处理：（1）双方均主张房屋所有权并且同意竞价取得的，应当准许；（2）一方主张房屋所有权的，由评估机构按市场价格对房屋作出评估，取得房屋所有权的一方应当给予另一方相应的补偿；（3）双方均不主张房屋所有权的，根据当事人的申请拍卖房屋，就所得价款进行分割。

0756 夫妻共同居住的公房，在什么情况下，离婚双方均可承租？

根据《最高人民法院关于审理离婚案件中公房使用、承租若干问题的解答》第 2 条的规定，夫妻共同居住的公房，具有下列情形之一的，离婚后，双方均可承租：（1）婚前由一方承租的公房，婚姻关系存续 5 年以上的；（2）婚前一方承租的本单位的房屋，离婚时，双方均为本单位职工的；（3）一方婚前借款投资建房取得的公房承租权，婚后夫妻共同偿还借款的；（4）婚后一方或双方申请取得公房承租权的；（5）婚前一方承租的公房，婚后因该承租房屋拆迁而取得房屋承租权的；（6）夫妻双方单位投资联建或联合购置的共有房屋的；（7）一方将其承租的本单位的房屋，交回本单位或交给另一方单位后，另一方单位另给调换房屋的；（8）婚前双方均租有公房，婚后合并调换房屋的；（9）其他应当认定为夫妻双方均可承租的情形。该解答虽于 2021 年 1 月 1 日起失效，但是没有出台新的规定替代，发生在失效前的事实，还是适用当时的规定。

0757 离婚时，对夫妻双方均可承租的公房如何处理？

根据《最高人民法院关于审理离婚案件中公房使用、承租若干问题的解答》第 3 条的规定，对夫妻双方均可承租的公房，应依照下列原则予以处理：（1）照顾抚养子女的一方；（2）男女双方在同等条件下，照顾女方；（3）照顾残疾或生活困难的一方；（4）照顾无过错一方。第 4 条的规定，对夫妻双方均可承租的公房而由一方承租的，承租方对另一方可给予适当的经济补偿。

0758 离婚时，直管公房和自管公房的承租权各自如何处理？

根据《北京市高级人民法院关于审理婚姻纠纷案件若干疑难问题的参考意见》第36条的规定，离婚案件中涉及公房承租权处理，属于直管公房的，可在判决中明确承租权以及承租关系的变更。属于自管公房的，夫妻只有一方在产权单位工作，一般应把承租权确定在产权单位工作的人名下，另一方获得补偿；但经产权单位同意的，可以确定由另一方承租或共同承租。

0759 离婚时，一方对另一方婚前承租的公房无权承租的，可否暂时居住？

根据《最高人民法院关于审理离婚案件中公房使用、承租若干问题的解答》第6条的规定，离婚时，一方对另一方婚前承租的公房无权承租而解决住房确有困难的，人民法院可调解或判决其暂时居住，暂住期限一般不超过2年。暂住期间，暂住方应交纳与房屋租金等额的使用费及其他必要的费用。

0760 夫妻双方均可承租的公房能够隔开分室居住使用的，可否由双方分别租住？

根据《最高人民法院关于审理离婚案件中公房使用、承租若干问题的解答》第5条的规定，夫妻双方均可承租的公房，如其面积较大能够隔开分室居住使用的，可由双方分别租住；对可以另调房屋分别租住或承租方给另一方解决住房的，可予准许。

0761 离婚时，一方对另一方婚前承租的公房无权承租而另行租房经济上确有困难的，如何处理？

根据《最高人民法院关于审理离婚案件中公房使用、承租若干问题的解答》第7条的规定，离婚时，一方对另一方婚前承租的公房无权承租，另行租房经济上确有困难的，如承租公房一方有负担能力，应给予一次性经济帮助。

0762 离婚时以成本价购买的登记在一方名下的公有住房如何分割？

根据《北京市高级人民法院关于审理婚姻纠纷案件若干疑难问题的参考意见》第31条的规定，婚姻关系存续期间用夫妻共同财产以成本价购买的登记在一方名下的公有住房应认定为夫妻共有财产，在离婚时应综合考虑房产来源、夫妻双方工龄折扣、是否影响另一方福利分房资格等因素予以公平分割。

0763 离婚时，约定服务条件尚未实现的房产如何分割？

根据《北京市高级人民法院关于审理婚姻纠纷案件若干疑难问题的参考意见》第34条的规定，夫妻一方在婚后通过与用人单位约定服务条件取得的房产为夫妻共同财产，但离婚时服务条件尚未实现的一般应判归约定服务条件的一方。

0764 一方在婚前申请，以个人财产支付房屋价款，婚后取得房产证的经济适用房是夫妻共同财产吗？

不是。根据《北京市高级人民法院关于审理婚姻纠纷案件若干疑难问题的参考意见》第32条第2款的规定，经济适用房、两限房由一方在婚前申请，以个人财产支付房屋价款，婚后取得房产证的，应认定为一方个人财产。

0765 婚后以夫妻双方名义申请，以夫妻共同财产支付房屋价款，离婚后取得房产证的经济适用房是夫妻共同财产吗？

是。根据《北京市高级人民法院关于审

理婚姻纠纷案件若干疑难问题的参考意见》第32条第2款的规定，婚后以夫妻双方名义申请，以夫妻共同财产支付房屋价款，离婚后取得房产证的，应认定为夫妻共同财产。

0766 离婚时，小产权房如何分割？

根据《北京市高级人民法院关于审理婚姻纠纷案件若干疑难问题的参考意见》第35条的规定，对于已被有权机关认定为违法建筑的小产权房，不予处理；但违法建筑已经行政程序合法化的，可以对其所有权归属作出处理。对于虽未经行政准建，但长期存在且未受到行政处罚的房屋，可以对其使用作出处理。在处理使用时，人民法院应向当事人释明变更相关诉讼请求。在处理相关房屋的使用归属时，能分割的进行分割，不能分割的可采用协商、竞价、询价等方式进行给予适当补偿。在涉小产权房分割案件中，应在判决论理部分中明确使用处理的判决内容不代表对小产权房合法性的认定，不能以此对抗行政处罚、不能作为产权归属证明或拆迁依据等。

0767 离婚时，夫妻共同出资取得"部分产权"的房屋如何分割？

需视不同情形而定。根据《最高人民法院关于审理离婚案件中公房使用、承租若干问题的解答》第9条的规定，对夫妻共同出资而取得"部分产权"的房屋，人民法院可参照上述有关解答，予以妥善处理。但分得房屋"部分产权"的一方，一般应按所得房屋产权的比例，依照离婚时当地政府有关部门公布的同类住房标准价，给予对方一半价值的补偿。第10条的规定，对夫妻双方均争房屋"部分产权"的，如双方同意或者双方经济、住房条件基本相同，可采取竞价方式解决。竞价方式解决的，原则上需要双方同意。

0768 夫妻一方单方将财产送人可以吗？

需要区分情况来考虑。赠与物如果属于夫妻单方的个人财产，则赠与人可以自由处置，不需征得配偶的同意。赠与物如果属于夫妻共同财产，根据《民法典》第1060条的规定，夫妻一方因家庭日常生活需要而实施的民事法律行为，对夫妻双方发生效力，但是夫妻一方与相对人另有约定的除外。夫妻之间对一方可以实施的民事法律行为范围的限制，不得对抗善意相对人。因此，对于小额的共同财产，夫妻一方单方即可决定是否赠与他人，而对于大额的共同财产，则需夫妻双方共同决定并取得对方的同意。

0769 夫妻共同债务的范畴是什么？

根据《最高人民法院关于审理涉及夫妻债务纠纷案件适用法律有关问题的解释》第1条的规定，夫妻双方共同签字或者夫妻一方事后追认等共同意思表示所负的债务，应当认定为夫妻共同债务。

0770 夫妻一方因侵权行为致人损害产生的债务是夫妻共同债务吗？

根据《北京市高级人民法院关于审理婚姻纠纷案件若干疑难问题的参考意见》第39条的规定，夫妻一方因侵权行为致人损害产生的债务，一般认定为一方个人债务。但该侵权行为系因家庭劳动、经营等家事活动产生或其收益归家庭使用的，应认定为夫妻共同债务。

0771 夫妻一方对外担保之债是夫妻共同债务吗？

判断担保之债是不是夫妻共同债务，可以从以下几点来看：

首先，如果取得了担保收益并用于家庭生活或共同生产经营的，那么该担保之债就属于夫妻共同债务。如果提供的是无偿担保，没有获得任何的担保收益，或者取得的担保收益未用于家庭生活或共同生产经营的，则为个人债务。

其次，即使未取得担保收益或担保收益未用于夫妻共同生活，只要配偶对一方对外担保之债表示共同承担，则该债务也构成夫妻共同债务。常见的形式是配偶在“担保人”一栏处共同签字，或者直接确认“担保之债为夫妻共同债务”。

0772 结婚期间由夫妻一方借的债务是否都由双方共同偿还？

不是。根据《民法典》第1064条的规定，夫妻双方共同签名或者夫妻一方事后追认等共同意思表示所负的债务，以及夫妻一方在婚姻关系存续期间以个人名义为家庭日常生活需要所负的债务，属于夫妻共同债务。夫妻一方在婚姻关系存续期间以个人名义超出家庭日常生活需要所负的债务，不属于夫妻共同债务；但是，债权人能够证明该债务用于夫妻共同生活、共同生产经营或者基于夫妻双方共同意思表示的除外。第1065条第3款的规定，夫妻对婚姻关系存续期间所得的财产约定归各自所有，夫或者妻一方对外所负的债务，相对人知道该约定的，以夫或者妻一方的个人财产清偿。

0773 离婚诉讼中，夫妻一方出具的无证据表明另一方事先知晓的大额债务凭据，可以作为认定夫妻共同债务的依据吗？

不一定。根据《北京市高级人民法院关于审理婚姻纠纷案件若干疑难问题的参考意见》第40条的规定，离婚诉讼中对于夫妻一方出具无证据表明另一方事先知晓的大额债务凭据，并据以要求认定夫妻共同债务的，人民法院应根据案情结合债权人债务人双方关系、转款记录、借款时家庭财务情况等对债务真实性及性质进行判断。

0774 离婚诉讼中，夫妻一方出具的，确定婚姻关系存续期间一方所欠债务的生效判决书，可以作为认定夫妻共同债务的依据吗？

《北京市高级人民法院关于审理婚姻纠纷案件若干疑难问题的参考意见》第41条规定，离婚诉讼中，夫妻一方出具的确定婚姻关系存续期间一方所欠债务的生效法律文书，并据以主张该债务为夫妻共同债务的。如法律文书主文中对债务属于共同债务还是个人债务性质有明确认定，依该认定确定；如法律文书主文未对债务性质进行认定，则可根据本文件第38条对债务性质进行认定。第38条的规定，符合《最高人民法院关于适用〈中华人民共和国婚姻法〉若干问题的解释（二）》第24条规定情形的，应推定为按夫妻共同债务处理。现该解释已失效，如法律文书主文未对债务性质进行认定，应该按照《民法典》第1064条的规定处理。

0775 夫妻离婚后，结婚前借的债务都由借款一方来还吗？

不一定。个人婚前债务原则上认定为夫妻一方的个人债务，由借款人来还。但这并不是绝对的。如果债权人能够证明所欠债务是用于婚后共同生活的，共同生产经营或者基于夫妻双方共同意思表示的，比如用于购买双方共同居住的房屋，则应当认定为共同债务，由夫妻共同偿还。

0776 离婚协议或者离婚判决中明确了夫妻共同债务的分担比例，其中一方对债权人承担的是按份清偿责任还是连带清偿责任？

承担连带清偿责任。根据《最高人民法院关于适用〈中华人民共和国民法典〉婚姻家庭编的解释（一）》第35条的规定，当事人的离婚协议或者人民法院的生效判决、裁定、调解书已经对夫妻财产分割问题作出处理的，债权人仍有权就夫妻共同债务向男女双方主张权利。一方就夫妻共同债务承担清偿责任后，主张由另一方按照离婚协议或者人民法院的法律文书承担相应债务的，人民法院应予支持。

0777 夫妻一方死亡，另一方还要继续还债吗？

根据《最高人民法院关于适用〈中华人民共和国民法典〉婚姻家庭编的解释（一）》第36条的规定，夫或妻一方死亡的，生存一方应当对婚姻关系存续期间的共同债务承担连带清偿责任。

0778 婚姻关系存续期间夫妻一方可以要求分割共同财产吗？

只有在特殊情况下可以。根据《最高人民法院关于适用〈中华人民共和国民法典〉婚姻家庭编的解释（一）》第38条的规定，婚姻关系存续期间，除《民法典》第1066条规定情形以外，夫妻一方请求分割共同财产的，人民法院不予支持。《民法典》第1066条规定的情形为：（1）一方有隐藏、转移、变卖、毁损、挥霍夫妻共同财产或者伪造夫妻共同债务等严重损害夫妻共同财产利益行为的；（2）一方负有法定扶养义务的人患重大疾病需要医治，另一方不同意支付相关医疗费用的。

0779 夫妻一方同意将婚前房产赠与另一方又反悔的怎么处理？

根据《最高人民法院关于适用〈中华人民共和国民法典〉婚姻家庭编的解释（一）》第32条的规定，婚前或者婚姻关系存续期间，当事人约定将一方所有的房产赠与另一方或者共有，赠与方在赠与房产变更登记之前撤销赠与，另一方请求判令继续履行的，人民法院可以按照《民法典》第658条的规定处理。根据《民法典》第658条第1款的规定，赠与人在赠与财产的权利转移之前可以撤销赠与。因此，如果赠与没有办理房产变更登记，则同意赠与的一方可以翻悔撤销。

0780 夫妻一方擅自出售共有房屋的怎么办？

根据《最高人民法院关于适用〈中华人民共和国民法典〉婚姻家庭编的解释（一）》第28条的规定，一方未经另一方同意出售夫妻共同所有的房屋，第三人善意购买、支付合理对价并已办理不动产登记，另一方主张追回该房屋的，人民法院不予支持。夫妻一方擅自处分共同所有的房屋造成另一方损失，离婚时另一方请求赔偿损失的，人民法院应予支持。也就是说，如果买受人符合善意取得的条件，则房产不可追回，遭受损失的另一方只可在离婚时就此向法院提起诉讼并要求赔偿损失。如果买受人不符合善意取得的条件，另一方则可以向法院起诉要求追回该房产。

0781 用夫妻共同财产出资购买的以一方父母名义参加房改且产权登记在一方父母名下的房屋是夫妻共同财产吗？

不属于夫妻共同财产。根据《最高人民法院关于适用〈中华人民共和国民法典〉婚姻家庭编的解释（一）》第79条的规定，婚姻关系存续期间，双方用夫妻共同财产出资购买以一方父母名义参加房改的房屋，产权登记在一方父母名下，离婚时另一方主张按照夫妻共同财产对该房屋进行分割的，人民法院不予支持。购买该房屋时的出资，可以作为债权处理。

0782 离婚时，夫妻一方可以要求分割养老保险金吗？

根据《最高人民法院关于适用〈中华人民共和国民法典〉婚姻家庭编的解释（一）》第80条的规定，离婚时夫妻一方尚未退休、不符合领取基本养老金条件，另一方请求按照夫妻共同财产分割基本养老金的，人民法院不予支持；婚后以夫妻共同财产缴付基本养老保险费，离婚时一方主张将养老金账户中婚姻关系存续期间个人实际缴纳部分及利息作为夫妻共同财产分割的，人民法院应予支持。

0783 离婚时，夫或妻可以要求分割另一方继承的，尚未在继承人间实际分割的遗产吗？

根据《最高人民法院关于适用〈中华人民共和国民法典〉婚姻家庭编的解释（一）》第81条的规定，婚姻关系存续期间，夫妻一方作为继承人依法可以继承的遗产，在继承人之间尚未实际分割，起诉离婚时另一方请求分割的，人民法院应当告知当事人在继承人之间实际分割遗产后另行起诉。

0784 离婚时夫妻一方在有限公司持有的股权由于未满年限不能转让而未分割，离婚之后还能再起诉请求分割吗？

可以。根据《最高人民法院关于适用〈中华人民共和国民法典〉婚姻家庭编的解释（一）》第83条的规定，离婚后，一方以尚有夫妻共同财产未处理为由向人民法院起诉请求分割的，经审查该财产确属离婚时未涉及的夫妻共同财产，人民法院应当依法予以分割。

0785 离婚时夫妻共同财产中以一方名义在有限责任公司的出资额如何分割？

根据《最高人民法院关于适用〈中华人民共和国民法典〉婚姻家庭编的解释（一）》第73条的规定，人民法院审理离婚案件，涉及分割夫妻共同财产中以一方名义在有限责任公司的出资额，另一方不是该公司股东的，按以下情形分别处理：（1）夫妻双方协商一致将出资额部分或者全部转让给该股东的配偶，其他股东过半数同意，并且其他股东均明确表示放弃优先购买权的，该股东的配偶可以成为该公司股东；（2）夫妻双方就出资额转让份额和转让价格等事项协商一致后，其他股东半数以上不同意转让，但愿意以同等条件购买该出资额的，人民法院可以对转让出资所得财产进行分割。其他股东半数以上不同意转让，也不愿意以同等条件购买该出资额的，视为其同意转让，该股东的配偶可以成为该公司股东。

用于证明前款规定的股东同意的证据，既可以是股东会议材料，也可以是当事人通过其他合法途径取得的股东的书面声明材料。

0786 离婚时夫妻共同财产中以一方名义在合伙企业中的出资额如何分割？

根据《最高人民法院关于适用〈中华人民共和国民法典〉婚姻家庭编的解释（一）》第74条的规定，人民法院审理离婚案件，涉及分割夫妻共同财产中以一方名义在合伙企业中的出资，另一方不是该企业合伙人的，当夫妻双方协商一致，将其合伙企业中的财产份额全部或者部分转让给对方时，按以下情形分别处理：（1）其他合伙人一致同意的，该配偶依法取得合伙人地位；（2）其他合伙人不同意转让，在同等条件下行使优先购买权的，可以对转让所得的财产进行分割;(3)其他合伙人不同意转让,也不行使优先购买权,但同意该合伙人退伙或者削减部分财产份额的,可以对结算后的财产进行分割;(4)其他合伙人既不同意转让,也不行使优先购买权,又不同意该合伙人退伙或者削减部分财产份额的,视为全体合伙人同意转让,该配偶依法取得合伙人地位。

0787 夫妻离婚应该怎么处理以一方名义投资设立的独资企业?

根据《最高人民法院关于适用〈中华人民共和国民法典〉婚姻家庭编的解释(一)》第75条的规定,夫妻以一方名义投资设立个人独资企业的,人民法院分割夫妻在该个人独资企业中的共同财产时,应当按照以下情形分别处理:(1)一方主张经营该企业的,对企业资产进行评估后,由取得企业资产所有权一方给予另一方相应的补偿;(2)双方均主张经营该企业的,在双方竞价基础上,由取得企业资产所有权的一方给予另一方相应的补偿;(3)双方均不愿意经营该企业的,按照《个人独资企业法》等有关规定办理。

父母与子女关系

0788 起诉否定亲子关系举证的证明责任如何分配?

根据《最高人民法院关于适用〈中华人民共和国民法典〉婚姻家庭编的解释(一)》第39条的规定,父或者母向人民法院起诉请求否认亲子关系,并已提供必要证据予以证明,另一方没有相反证据又拒绝做亲子鉴定的,人民法院可以认定否认亲子关系一方的主张成立。

父或者母以及成年子女起诉请求确认亲子关系,并提供必要证据予以证明,另一方没有相反证据又拒绝做亲子鉴定的,人民法院可以认定确认亲子关系一方的主张成立。

0789 "父债子偿"一定有道理吗?

不一定。父与子是两个独立的民事主体,从法律角度讲,子女没有代替父亲偿还债务的法律义务。但在两种情况下,子女应当代替父亲偿还债务:根据《民法典》第538条的规定,债务人以放弃其债权、放弃债权担保、无偿转让财产等方式无偿处分财产权益,或者恶意延长其到期债权的履行期限,影响债权人的债权实现的,债权人可以请求人民法院撤销债务人的行为。因此,接受父亲的赠与,造成父亲的债务不能偿还的情况,子女有义务在接受赠与的范围内为父亲偿还债务。根据《民法典》第1161条的规定,继承人以所得遗产实际价值为限清偿被继承人依法应当缴纳的税款和债务。超过遗产实际价值部分,继承人自愿偿还的不在此限。继承人放弃继承的,对被继承人依法应当缴纳的税款和债务可以不负清偿责任。

0790 离婚后未成年子女应当由哪方抚养?

根据《民法典》第1084条的规定,父母与子女间的关系,不因父母离婚而消除。离婚后,子女无论由父或者母直接抚养,仍是父母双方的子女。离婚后,父母对于子女仍有抚养、教育、保护的权利和义务。离婚后,不满2周岁的子女,以由母亲直接抚养为原则。已满2周岁的子女,父母双方对抚养问题协议不成的,由人民法院根据双方的具体情况,按照最有利于未成年子女的原则判决。子女已满8周岁的,应当尊重其真实意愿。《最高人民法院关于适用〈中华人民共和国民法典〉婚姻家庭编的解释(一)》第44条规定,离婚案件涉及未成年子女抚养的，对不满2周岁的子女，按照《民法典》第1084条第3款规定的原则处理。母亲有下列情形之一，父亲请求直接抚养的，人民法院应予支持：(1)患有久治不愈的传染性疾病或者其他严重疾病，子女不宜与其共同生活；(2)有抚养条件不尽抚养义务，而父亲要求子女随其生活；(3)因其他原因，子女确不宜随母亲生活。第45条规定，父母双方协议不满2周岁子女由父亲直接抚养，并对子女健康成长无不利影响的，人民法院应予支持。第46条规定，对已满2周岁的未成年子女，父母均要求直接抚养，一方有下列情形之一的，可予优先考虑：(1)已做绝育手术或者因其他原因丧失生育能力；(2)子女随其生活时间较长，改变生活环境对子女健康成长明显不利；(3)无其他子女，而另一方有其他子女；(4)子女随其生活，对子女成长有利，而另一方患有久治不愈的传染性疾病或者其他严重疾病，或者有其他不利于子女身心健康的情形，不宜与子女共同生活。第48条规定，在有利于保护子女利益的前提下，父母双方协议轮流直接抚养子女的，人民法院应予支持。

0791 继父母与生父母离婚时，可否获得继子女的抚养权？

根据《最高人民法院关于适用〈中华人民共和国民法典〉婚姻家庭编的解释(一)》第54条的规定，生父与继母离婚或者生母与继父离婚时，对曾受其抚养教育的继子女，继父或者继母不同意继续抚养的，仍应由生父或者生母抚养。可见，只要继父母同意继续抚养继子女，也可以由其抚养。

0792 判决离婚后就和子女一刀两断了吗？

不可以。《民法典》第1058条规定，夫妻双方共同承担对未成年子女抚养、教育和保护的义务。第1067条规定，父母不履行抚养义务的，未成年子女或者不能独立生活的成年子女，有要求父母给付抚养费的权利。成年子女不履行赡养义务的，缺乏劳动能力或者生活困难的父母，有要求成年子女给付赡养费的权利。第1084条规定，父母与子女间的关系，不因父母离婚而消除。离婚后，子女无论由父或者母直接抚养，仍是父母双方的子女。离婚后，父母对于子女仍有抚养、教育、保护的权利和义务。离婚后，不满2周岁的子女，以由母亲直接抚养为原则。已满2周岁的子女，父母双方对抚养问题协议不成的，由人民法院根据双方的具体情况，按照最有利于未成年子女的原则判决。第1085条规定，离婚后，子女由一方直接抚养的，另一方应当负担部分或者全部抚养费。负担费用的多少和期限的长短，由双方协议；协议不成时，由人民法院判决。关于子女生活费和教育费的协议或判决，不妨碍子女在必要时向父母任何一方提出超过协议或判决原定数额的合理要求。根据《最高人民法院关于人民法院审理离婚案件处理子女抚养问题的若干具体意见》第16条的规定，一方要求变更子女抚养关系有下列情形之一的，应予支持：(1)与子女共同生活的一方因患严重疾病或因伤残无力继续抚养子女的；(2)与子女共同生活的一方不尽抚养义务或有虐待子女行为，或其与子女共同生活对子女身心健康确有不利影响的；(3)10周岁以上未成年子女，愿随另一方生活，该方又有抚养能力的；(4)有其他正当理由需要变更的。第18条的规定，子女要求增加抚育费有下列情形之一，父或母有给付能力的，应予支持：(1)原定抚育费数额不足以维持当地实际生活水平的；(2)因子女患病、上学，实际需要已超过原定数额的；(3)有其他正当理由应当增加的。

0793 子女的抚养费用根据何种标准确定？

根据《民法典》第1085条的规定，离婚后，子女由一方直接抚养的,另一方应负担部分或者全部抚养费。负担费用的多少和期限的长短,由双方协议;协议不成时,由人民法院判决。关于子女生活费和教育费的协议或判决,不妨碍子女在必要时向父母任何一方提出超过协议或判决原定数额的合理要求。根据《最高人民法院关于适用〈中华人民共和国民法典〉婚姻家庭编的解释(一)》第42条的规定,《民法典》第1067条所称"抚养费",包括子女生活费、教育费、医疗费等费用。根据《最高人民法院关于人民法院审理离婚案件处理子女抚养问题的若干具体意见》第7条的规定,子女抚育费的数额,可根据子女的实际需要、父母双方的负担能力和当地的实际生活水平确定。有固定收入的,抚育费一般可按其月总收入的20%~30%的比例给付。负担2个以上子女抚育费的,比例可适当提高,但一般不得超过月总收入的50%。无固定收入的,抚育费的数额可依据当年总收入或同行业平均收入,参照上述比例确定。有特殊情况的,可适当提高或降低上述比例。

0794 什么情况下子女可以要求增加抚养费?

根据《最高人民法院关于适用〈中华人民共和国民法典〉婚姻家庭编的解释(一)》第58条的规定,具有下列情形之一,子女要求有负担能力的父或者母增加抚养费的,人民法院应予支持:(1)原定抚养费数额不足以维持当地实际生活水平;(2)因子女患病、上学,实际需要已超过原定数额;(3)有其他正当理由应当增加。

0795 离婚后一方没有经济收入如何支付孩子的抚养费?

以其财物折抵。根据《最高人民法院关于适用〈中华人民共和国民法典〉婚姻家庭编的解释(一)》第51条的规定,父母一方无经济收入或者下落不明的,可以用其财物折抵抚养费。只要是属于应当支付抚养费的一方的财物,都可以用来折抵子女的抚养费用。

0796 抚养费一定要给到18周岁为止吗?

不一定。一般来说,抚养费的给付期限至子女18周岁为止。16周岁以上不满18周岁,以其劳动收入为主要生活来源,并能维持当地一般生活水平的,父母可以停止给付抚养费。根据《民法典》第1067条的规定,父母不履行抚养义务时,未成年子女或者不能独立生活的成年子女,有要求父母付给抚养费的权利。根据《最高人民法院关于适用〈中华人民共和国民法典〉婚姻家庭编的解释(一)》第41条的规定,尚在校接受高中及其以下学历教育,或者丧失、部分丧失劳动能力等非因主观原因而无法维持正常生活的成年子女,可以认定为《民法典》第1067条规定的"不能独立生活的成年子女"。

0797 如果一方拒绝支付抚养费怎么办?

在婚姻关系存续期间,可以向人民法院起诉。根据《最高人民法院关于适用〈中华人民共和国民法典〉婚姻家庭编的解释(一)》第43条的规定,婚姻关系存续期间,父母双方或者一方拒不履行抚养子女义务,未成年子女或者不能独立生活的成年子女请求支付抚养费的,人民法院应予支持。在已经离婚的情况下,如果抚养费已经由法院判决或者裁定确定,另一方可以申请法院强制执行,其他单位和个人应当协助执行。如果抚养费只是依据双方签订的离婚协议,则另一方只能先向法院提起诉讼,以约定抚养费的协议为依据,要求法院判对方履行抚养义务。

0798 因被欺骗而多年抚养妻子婚外情出生的孩子，可否追回抚养费？

可以。根据民法的诚信原则，应当退还实际支付的抚养费。同时地方规定可以参见《北京市高级人民法院关于审理婚姻纠纷案件若干疑难问题的参考意见》第5条的规定，夫妻一方因另一方隐瞒真相而受欺诈抚养了另一方与他人所生育子女，受欺诈抚养方请求另一方返还实际支出的抚养费用的，人民法院应予以支持；受欺诈抚养方请求的精神损害赔偿等费用，可酌情予以支持。

0799 离婚后，未成年子女伤害他人由谁来赔偿？

由与未成年子女共同生活的一方赔偿，确有困难的，可由另一方共同承担。根据《民法典》第1188条的规定，无民事行为能力人、限制民事行为能力人造成他人损害的，由监护人承担侵权责任。监护人尽到监护职责的，可以减轻其侵权责任。有财产的无民事行为能力人、限制民事行为能力人造成他人损害的，从本人财产中支付赔偿费用；不足部分，由监护人赔偿。可见，在对外关系上，作为法定监护人，不管父母是否离婚，均应当共同承担侵权责任。当然，不管父或母哪一方能够证明尽到监护责任的，在对外责任范围上都可以作为整体的减责事由。但在对内关系上，则仍有区分的必要，需要综合双方的过错、履行监护职责的情况等因素，公平确定双方的责任大小。

0800 离婚后，与子女生活一方是否有权禁止另一方探望子女？

无权。根据《民法典》第1086条的规定，离婚后，不直接抚养子女的父或母，有探望子女的权利，另一方有协助的义务。行使探望权利的方式、时间由当事人协议；协议不成时，由人民法院判决。父或母探望子女，不利于子女身心健康的，由人民法院依法中止探望；中止的事由消失后，应当恢复探望。

0801 离婚后，什么情况下可以变更子女抚养关系？

根据《最高人民法院关于适用〈中华人民共和国民法典〉婚姻家庭编的解释（一）》第56条的规定，具有下列情形之一，父母一方要求变更子女抚养关系的，人民法院应予支持：（1）与子女共同生活的一方因患严重疾病或者因伤残无力继续抚养子女；（2）与子女共同生活的一方不尽抚养义务或有虐待子女行为，或者其与子女共同生活对子女身心健康确有不利影响；（3）已满8周岁的子女，愿随另一方生活，该方又有抚养能力；（4）有其他正当理由需要变更。第57条的规定，父母双方协议变更子女抚养关系的，人民法院应予支持。

0802 未婚先孕生的孩子由谁来抚养？

由其亲生父母抚养。根据《民法典》第1071条的规定，非婚生子女享有与婚生子女同等的权利，任何组织或者个人不得加以危害和歧视。不直接抚养非婚生子女的生父或者生母，应当负担未成年子女或者不能独立生活的成年子女的抚养费。因此，非婚生子女与婚生子女的地位一样，也应当由亲生父母来尽抚养义务。即使孩子跟随的一方又与他人结婚，他人愿意承担孩子的抚养费用，另一方也不能不尽抚养义务；只是可以酌情减少，直至子女能够独立生活为止。

0803 放弃继承权就可以不赡养父母吗？

不可以。根据《民法典》第1067条第2款的规定，成年子女不履行赡养义务的，缺乏劳动能力或者生活困难的父母，有要求子女付给赡养费的权利。对于子女来说，作为第一顺序继承人继承父母的财产是法定的权利，权利是可以放弃的，而赡养父母是一种法定的义务，该义务与继承的权利并无必然联系，不能因为继承权利的放弃而逃避赡养父母的义务。

0804 外孙子女有义务赡养外公外婆吗？

视情况而定。根据《民法典》第1074条第2款的规定，有负担能力的孙子女、外孙子女，对于子女已经死亡或子女无力赡养的祖父母、外祖父母，有赡养的义务。

0805 兄弟之间以协议形式约定自己只赡养父亲或者母亲一方是否可行？

不可行。根据《民法典》第1067条第2款的规定，成年子女不履行赡养义务的，缺乏劳动能力的或者生活困难的父母，有要求子女付给赡养费的权利。子女对父母的赡养义务是法定的，不能因为兄弟之间订立赡养协议而约定免除其中某个人或某几人对父或者母的赡养义务。根据《民法典》第153条第1款的规定，违反法律、行政法规的强制性规定的民事法律行为无效。但是，该强制性规定不导致该民事法律行为无效的除外。违背公序良俗的民事法律行为无效。兄弟之间订立自己只赡养父亲或母亲其中一方的赡养协议因违法而无效，子女不能以此类协议拒绝赡养老人。子女拒绝履行赡养义务时，无劳动能力的或生活困难的父母，有要求子女付给赡养费的权利。

0806 继父母都应当抚养继子女吗？继子女都应当赡养继父母吗？

视不同情况而定。根据《民法典》第1072条的规定，继父母与继子女间，不得虐待或者歧视。继父或者继母和受其抚养教育的继子女间的权利义务关系，适用本法关于父母子女关系的规定。由于继父母和继子女之间没有真正的血缘关系，因此法律不强制要求继父母对继子女有抚养义务，也不强制要求继子女对继父母有赡养义务。但是，如果继父母与继子女生活在一起，继父母对其进行了抚养教育，双方之间形成等同于亲生父母与子女之间的抚养关系，则继父母应当继续抚养继子女，为其提供必要的生活条件等，待继父母年老时，继子女也应当对继父母履行赡养义务。

0807 父母急需赡养费来维持生活怎么办？

父母急需赡养费而子女拒不支付时，双方不得不对峙法庭，但如果等待法庭判决，父母可能因经济困难难以维持基本的生活，因此，根据《民事诉讼法》第106条的规定，人民法院对下列案件，根据当事人的申请，可以裁定先予执行：追索赡养费、扶养费、抚育费、抚恤金、医疗费用的。此时，父母可以在法院判决之前，请求法院先予执行，要求子女先支付一定数额来应急。

0808 追索赡养费到哪个法院起诉？

满足一定条件的，可在原告所在地的法院起诉。一般来说，起诉管辖的原则是“原告就被告”，但根据《最高人民法院关于适用〈中华人民共和国民事诉讼法〉的解释》第9条的规定，追索赡养费、抚育费、扶养费案件的几个被告住所地不在同一辖区的，可以由原告住所地人民法院管辖。

0809 继父母可以收养继子女吗？

可以。根据《民法典》第1103条的规定，继父或者继母经继子女的生父母同意，可以收养继子女，并可以不受本法第1093条第3项、第1094条第3项、第1098条和第1100条第1款规定的限制。正是因为继父母与继子女之间是姻亲关系，因此继父母收养继子女的，可以突破《民法典》的相关规定，只要继父或者继母经继子女的生父母同意，就可以收养继子女。

0810 收养子女需要具备什么条件？

根据《民法典》第1093条的规定，下列未成年人，可以被收养：(1)丧失父母的孤儿；(2)查找不到生父母的未成年人；(3)生父母有特殊困难无力抚养的子女。第1094条的规定，下列个人、组织可以作送养人：(1)孤儿的监护人；(2)儿童福利机构；(3)有特殊困难无力抚养子女的生父母。第1098条的规定，收养人应当同时具备下列条件：(1)无子女或者只有1名子女；(2)有抚养、教育和保护被收养人的能力；(3)未患有在医学上认为不应当收养子女的疾病；(4)无不利于被收养人健康成长的违法犯罪记录；(5)年满30周岁。第1099条的规定，收养三代以内同辈旁系血亲的子女，可以不受本法第1093条第3项、第1094条第3项、第1102条规定的限制。华侨收养三代以内同辈旁系血亲的子女，还可以不受本法第1098条第1项的限制。第1100条的规定，无子女的收养人可以收养2名子女；有子女的收养人只能收养1名子女。收养孤儿、残疾未成年人或者儿童福利机构抚养的查找不到生父母的未成年人，可以不受前款和本法第1098条第1项规定的限制。第1102条的规定，无配偶者收养异性子女的，收养人与被收养人的年龄应当相差40周岁以上。

0811 夫妻一方单方面收养子女有效吗？

需视另一方知晓后的态度而定。根据《民法典》第1101条的规定，有配偶者收养子女，应当夫妻共同收养。根据《中国公民收养子女登记办法》第4条第2款的规定，夫妻共同收养子女的，应当共同到收养登记机关办理登记手续；一方因故不能亲自前往的，应当书面委托另一方办理登记手续，委托书应当经过村民委员会或者居民委员会证明或者经过公证。第12条的规定，收养关系当事人弄虚作假骗取收养登记的，收养关系无效，由收养登记机关撤销登记，收缴收养登记证。因此，如果另一方后来知道收养的事实表示默示或者同意的，收养对夫妻双方都有效。如果另一方后来明确表示不同意的，收养关系不成立。

0812 能不能收养两名以上的子女？

根据《民法典》第1100条的规定，无子女的收养人可以收养2名子女；有子女的收养人只能收养1名子女。收养孤儿、残疾未成年人或者儿童福利机构抚养的查找不到生父母的未成年人，可以不受前款和本法第1098条第1款的限制。

0813 抚养孤儿两年了是不是就算收养了？

不是。根据《民法典》第1105条第1～2款的规定，收养应当向县级以上人民政府民政部门登记。收养关系自登记之日起成立。收养查找不到生父母的未成年人的，办理登记的民政部门应当在登记前予以公告。所以，即使抚养孤儿2年，在登记之前也不构成法律上的收养关系。

0814 被收养的子女对亲生父母还有赡养义务吗？

没有义务，但可以自愿赡养。根据《民法典》第1111条的规定，自收养关系成立之日起，养父母与养子女间的权利义务关系，适用本法关于父母子女关系的规定；养子女与养父母的近亲属间的权利义务关系，适用本法关于子女与父母的近亲属关系的规定。养子女与生父母及其他近亲属间的权利义务关系，因收养关系的成立而消除。因此，子女被收养之后，与亲生父母之间的法律上的权利义务就已经完全解除，父母对子女不再有抚养义务，子女也没有赡养亲生父母的义务，但如果子女对亲生父母自愿赡养，法律并不禁止。

0815 养父母离婚，未与养子女生活的一方还需要抚养养子女吗？

视不同情况而定。根据《民法典》第1111条的规定，自收养关系成立之日起，养父母与养子女间的权利义务关系，适用本法关于父母子女关系的规定；养子女与养父母的近亲属间的权利义务关系，适用本法关于子女与父母的近亲属关系的规定。养子女与生父母及其他近亲属间的权利义务关系，因收养关系的成立而消除。在没有解除收养关系前，应按照法律关于父母子女的规定承担养子女的抚养费。

0816 收养关系可以解除吗？

收养人在被收养人成年以前，不得解除收养关系，但存在一些例外：(1)收养人、送养人双方协议解除的，如果养子女年满10周岁以上，应当征得本人同意。(2)收养人不履行抚养义务，有虐待、遗弃等侵害未成年养子女合法权益行为的，送养人有权要求解除养父母与养子女间的收养关系。(3)养父母与成年养子女关系恶化、无法共同生活的，可以协议解除收养关系。不能达成协议的，可以向人民法院起诉。当事人协议解除收养关系的，应当到民政部门办理解除收养关系的登记。

0817 收养关系解除后，子女与亲生父母的关系自动恢复吗？

不一定。根据《民法典》第1117条的规定，收养关系解除后，养子女与养父母以及其他近亲属间的权利义务关系即行消除，与生父母及其他近亲属间的权利义务关系自行恢复。但是，成年养子女与生父母及其他近亲属间的权利义务关系是否恢复，可以协商确定。

0818 成年养子女与养父母解除收养关系后还需要赡养吗？

不一定。根据《民法典》第1118条的规定，收养关系解除后，经养父母抚养的成年养子女，对缺乏劳动能力又缺乏生活来源的养父母，应当给付生活费。因养子女成年后虐待、遗弃养父母而解除收养关系的，养父母可以要求养子女补偿收养期间支出的抚养费。生父母要求解除收养关系的，养父母可以要求生父母适当补偿收养期间支出的抚养费，但是，因养父母虐待、遗弃养子女而解除收养关系的除外。

0819 因为经济困难将孩子交由朋友抚养是否构成收养？

不构成。根据《民法典》第1107条的规定，孤儿或者生父母无力抚养的子女，可以由生父母的亲属、朋友抚养；抚养人与被抚养人的关系不适用收养关系。

0820 为了生儿子传宗接代，父亲单独把女儿送养可以吗？

不可以。根据《民法典》第1094条的规定，下列个人、组织可以作送养人：(1)孤儿的监护人；(2)社会福利机构；(3)有特殊困难无力抚养子女的生父母。第1097条的规定，生父母送养子女，应当双方共同送养。生父母一方不明或者查找不到的，可以单方送养。因此，如果生父亲是为生儿子传宗接代把女儿送养，并非因为特殊困难无力抚养女儿，那这种做法是行不通的。

0821 母亲死亡，父亲要将孩子送养，外公外婆有没有权利要求抚养孩子？

有权。根据《民法典》第1108条的规定，配偶一方死亡，另一方送养未成年子女的，死亡一方的父母有优先抚养的权利。所以，外公外婆有权制止父亲送养孩子而由自己抚养。

0822 什么情况下兄、姐对弟、妹有扶养义务？

根据《民法典》第 1075 条第 1 款的规定，有负担能力的兄、姐，对于父母已经死亡或父母无力抚养的未成年的弟、妹，有扶养的义务。

0823 什么情况下弟、妹对兄、姐有扶养义务？

根据《民法典》第 1075 条第 2 款的规定，由兄、姐扶养长大的有负担能力的弟、妹，对于缺乏劳动能力又缺乏生活来源的兄、姐，有扶养的义务。

家庭暴力

0824 什么行为属于家庭暴力？

“家庭暴力”是指行为人以殴打、捆绑、残害、强行限制人身自由或者其他手段，给其家庭成员的身体、精神等方面造成一定伤害后果的行为。

这里的家庭暴力与一般的社会意义上的家庭暴力不同，这里强调必须造成一定伤害后果。

0825 家庭暴力有哪些类型？

根据《涉及家庭暴力婚姻案件审理指南》第 3 条的规定，根据有关国际公约、国外立法例以及被普遍认可的学界理论研究成果，家庭暴力包括身体暴力、性暴力、精神暴力和经济控制 4 种类型：（1）身体暴力是加害人通过殴打或捆绑受害人、或限制受害人人身自由等使受害人产生恐惧的行为；（2）性暴力是加害人强迫受害人以其感到屈辱、恐惧、抵触的方式接受性行为，或残害受害人性器官等性侵犯行为；（3）精神暴力是加害人以侮辱、谩骂或者不予理睬、不给治病、不肯离婚等手段对受害人进行精神折磨，使受害人产生屈辱、恐惧、无价值感等作为或不作为行为；（4）经济控制是加害人通过对夫妻共同财产和家庭收支状况的严格控制，摧毁受害人自尊心、自信心和自我价值感，以达到控制受害人的目的。

0826 如何区分一般夫妻纠纷与家庭暴力？

根据《涉及家庭暴力婚姻案件审理指南》第 7 条的规定，一般夫妻纠纷中也可能存在轻微暴力甚至因失手而造成较为严重的身体伤害，但其与家庭暴力有着本质的区别。家庭暴力的核心是权力和控制。加害人存在通过暴力伤害达到目的的主观故意，大多数家庭暴力行为呈现周期性，并且不同程度地造成受害人的身体或心理伤害后果，导致受害一方因为恐惧而屈从于加害方的意愿。而一般夫妻纠纷不具有上述特征。

0827 发生家庭暴力可请求哪些部门予以救助？

《反家庭暴力法》第 13 条规定，家庭暴力受害人及其法定代理人、近亲属可以向加害人或者受害人所在单位、居民委员会、村民委员会、妇女联合会等单位投诉、反映或者求助。有关单位接到家庭暴力投诉、反映或者求助后，应当给予帮助、处理。家庭暴力受害人及其法定代理人、近亲属也可以向公安机关报案或者依法向人民法院起诉。单位、个人发现正在发生的家庭暴力行为，有权及时劝阻。第 14 条规定，学校、幼儿园、医疗机构、居民委员会、村民委员会、社会工作服务机构、救助管理机构、福利机构及其工作人员在工作中发现无民事行为能力人、限制民事行为能力人遭受或者疑似遭受家庭暴力的，应当及时向公安机关报案。公安机关应当对报案人的信息予以保密。第 15 条规定，公安机关接到家庭暴力报案后应当及时出警，制止家庭暴力，按照有关规定调查取证，协助受害人就医、鉴定伤情。无民事行为能力人、限制民事行为能力人因家庭暴力身体受到严重伤害、面临人身安全威胁或者处于无人照料等危险状态的，公安机关应当通知并协助民政部门将其安置到临时庇护场所、救助管理机构或者福利机构。

0828 涉及家庭暴力的婚姻案件如何保护受害人的人身安全？

根据《涉及家庭暴力婚姻案件审理指南》第 23 条的规定，在涉及家庭暴力的婚姻案件审理过程中，普遍存在受害人的人身安全受威胁、精神受控制的情况，甚至存在典型的“分手暴力”现象，严重影响诉讼活动的正常进行。因此，人民法院有必要对被害人采取保护性措施，包括以裁定的形式采取民事强制措施，保护受害人的人身安全，确保诉讼程序的严肃性和公正性。

0829 在涉及家庭暴力的婚姻案件中，法院能将受害人的联系方式告诉加害人吗？

根据《涉及家庭暴力婚姻案件审理指南》第 24 条的规定，人民法院应对受害人的有关信息保密，特别是不能将受害人的行踪及联系方式告诉加害人，以防止加害人继续威胁、恐吓或伤害受害人。人民法院可以要求受害人留下常用的联系方式。

0830 在涉及家庭暴力的婚姻案件中，庭审时受害人可以缺席吗？

根据《涉及家庭暴力婚姻案件审理指南》第 25 条的规定，有证据证明存在家庭暴力且受害人处于极度恐惧之中的，正常的开庭审理可能导致受害人重新受制于加害人的，或可能使受害人的人身安全处于危险之中的，人民法院可以应受害人的申请，单独听取其口头陈述意见，并提交书面意见。该案开庭时，其代理人可以代为出庭。

0831 什么是人身安全保护裁定？

根据《涉及家庭暴力婚姻案件审理指南》第 26 条第 1 款的规定，人身安全保护裁定是一种民事强制措施，是人民法院为了保护家庭暴力受害人及其子女和特定亲属的人身安全、确保民事诉讼程序的正常进行而作出的裁定。

0832 人身安全保护裁定有哪些内容？

根据《涉及家庭暴力婚姻案件审理指南》第 27 条的规定，人民法院作出的人身安全保护裁定，可以包括下列内容中的一项或多项：(1)禁止被申请人殴打、威胁申请人或申请人的亲友；(2)禁止被申请人骚扰、跟踪申请人，或者与申请人或者可能受到伤害的未成年子女进行不受欢迎的接触；(3)人身安全保护裁定生效期间，一方不得擅自处理价值较大的夫妻共同财产；(4)有必要的并且具备条件的，可以责令被申请人暂时搬出双方共同的住处；(5)禁止被申请人在距离下列场所 200 米内活动：申请人的住处、学校、工作单位或其他申请人经常出入的场所；(6)必要时，责令被申请人自费接受心理治疗；(7)为保护申请人及其特定亲属人身安全的其他措施。第 28 条的规定，申请人申请并经审查确有必要的，人身安全保护裁定可以附带解决以下事项：(1)申请人没有稳定的经济来源，或者生活确有困难的，责令被申请人支付申请人在保护裁定生效期间的生活费以及未成年子女抚养费、教育费等；(2)责令被申请人支付申请人因被申请人的暴力行为而接受治疗的支出费用、适当的心理治疗费及其他必要的费用。被申请人的暴力行为造成的财产损失，留待审理后通过判决解决。

0833 人身安全保护裁定的有效期是多久？

根据《涉及家庭暴力婚姻案件审理指南》第29条的规定，人身安全保护裁定分为紧急保护裁定和长期保护裁定。紧急保护裁定有效期为15天，长期保护裁定有效期为3~6个月。确有必要并经分管副院长批准的，可以延长至12个月。

0834 人身安全保护措施应该向哪个法院申请？

根据《涉及家庭暴力婚姻案件审理指南》第30条的规定，人身安全保护措施的申请由受害人经常居住地、加害人经常居住地或家庭暴力行为发生地的人民法院受理。2个以上同级人民法院都有管辖权的，由最初受理的人民法院管辖。

0835 什么时候可以申请人身安全保护措施？

根据《涉及家庭暴力婚姻案件审理指南》第31条第1款和第2款的规定，人身安全保护裁定的申请，应当以书面形式提出；紧急情况下，可以口头申请。口头申请应当记录在案，并由申请人以签名、摁手印等方式确认。人身安全保护裁定的申请，可以在离婚诉讼提起之前、诉讼过程中或者诉讼终结后的6个月内提出。

0836 诉前提出人身安全保护裁定申请后，未起诉离婚的，人身安全保护裁定会失效吗？

根据《涉及家庭暴力婚姻案件审理指南》第31条第3款的规定，诉前提出申请的，当事人应当在人民法院签发人身保护裁定之后15日之内提出离婚诉讼。逾期没有提出离婚诉讼的，人身安全保护裁定自动失效。

0837 申请人身安全保护需满足哪些条件？

根据《涉及家庭暴力婚姻案件审理指南》第32条第1款和第2款的规定，申请人身安全保护裁定，应当符合下列条件：(1)申请人是受害人；(2)有明确的被申请人姓名、通信住址或单位；(3)有具体的请求和事实、理由；(4)有一定证据表明曾遭受家庭暴力或正面临家庭暴力威胁。受害人因客观原因无法自行申请的，由受害人近亲属或其他相关组织代为申请。相关组织和国家机关包括受害人所在单位、居(村)委会、庇护所、妇联组织、公安机关或检察机关等。

0838 申请人身安全保护的证据有哪些？

根据《涉及家庭暴力婚姻案件审理指南》第32条第3款的规定，申请人身安全保护措施的证据，可以是伤照、报警证明、证人证言、社会机构的相关记录或证明、加害人保证书、加害人带有威胁内容的手机短信等。

0839 法院收到人身安全保护申请后多久作出裁定？

根据《涉及家庭暴力婚姻案件审理指南》第34条第1款的规定，人民法院收到申请后，应当在48小时内作出是否批准的裁定。

0840 什么情况下法院会作出人身安全保护裁定？

根据《涉及家庭暴力婚姻案件审理指南》第34条第2款的规定，人民法院经审查或听证确信存在家庭暴力危险,如果不采取人身安全保护措施将使受害人的合法权益受到难以弥补的损害的,应当作出人身安全保护裁定。

0841 人身安全保护裁定何时生效?

根据《涉及家庭暴力婚姻案件审理指南》第36条第1款的规定,人身安全保护裁定自送达之日起生效。

0842 人身安全保护裁定如何执行?

根据《涉及家庭暴力婚姻案件审理指南》第36条第2款和第3款的规定,人民法院将人身安全保护裁定抄送辖区公安机关的同时,函告辖区的公安机关保持警觉,履行保护义务。公安机关拒不履行必要的保护义务,造成申请人伤害后果的,受害人可以以公安机关不作为为由提起行政诉讼,追究相关责任。人民法院应当监督被申请人履行人身安全保护裁定。被申请人在人身安全裁定生效期间,继续骚扰受害人、殴打或者威胁受害人及其亲属、威逼受害人撤诉或放弃正当权益,或有其他拒不履行生效裁定行为的,人民法院可以根据《民事诉讼法》第102条相关规定,视其情节轻重处以罚款、拘留。构成犯罪的,移送公安机关处理或者告知受害人可以提起刑事自诉。

0843 被申请人对人身安全保护裁定不服怎么办?

根据《涉及家庭暴力婚姻案件审理指南》第37条第2款的规定,被申请人对人身安全保护裁定不服的,可以在收到人身安全保护裁定之日起5日内向签发裁定的人民法院申请复议1次。人民法院在收到复议申请之日起5日内作出复议裁定。复议期间不停止人身安全保护裁定的执行。

0844 如何申请撤销人身安全保护裁定?

根据《涉及家庭暴力婚姻案件审理指南》第38条的规定,申请人、被申请人可以在收到人身安全紧急保护措施的裁定后3日内,请求人民法院举行延长或撤销紧急保护裁定的听证。人民法院认为有必要举行听证的,应当在听证前3日将听证通知送达申请人和被申请人。特殊情况下,人民法院可以根据需要随时安排听证。听证一律不公开进行。但是,经法院许可,双方当事人均可由1~2位亲朋陪伴出庭。陪伴当事人出庭听证的亲朋有妨碍诉讼秩序的除外。听证通知合法送达后,申请人无正当理由拒不到庭的,一般情况下可以视为申请人放弃申请,但是,经核实受害人受到加害人胁迫或恐吓的除外。被申请人无正当理由拒不到庭的,不影响听证的进行。

0845 只要申请人申请撤回人身安全保护措施,法院就会准许吗?

不是。根据《涉及家庭暴力婚姻案件审理指南》第39条的规定,申请人提出申请后很快撤回申请的,或者经合法送达听证通知后不出席听证的,经审查,如存在以下因素,人民法院应当保持警觉,判断其是否因施暴人的威胁、胁迫所致。存在以下因素的,不予批准:(1)被申请人有犯罪前科的;(2)被申请人曾有严重家庭暴力行为的;(3)被申请人自行或与申请人共同来申请撤销的;(4)申请人的撤销申请无正当理由的或不符合逻辑的;等等。

0846 加害人的口头、书面悔过或保证,可以作为加害人实施家庭暴力的证据吗?

根据《涉及家庭暴力婚姻案件审理指南》第42条的规定,加害人在诉讼前作出的口头、书面悔过或保证,可以作为加害人实施家庭暴力的证据。加害人在诉讼期间因其加害行为而对受害人作出的口头、书面道歉或不再施暴的保证，如无其他实质性的、具体的悔过行动，不应当被认为是真心悔改，也不应当被认为是真正放弃暴力沟通方式的表现，而应当被认为是继续控制受害人的另一有效手段，因此不应作为加害人悔改，或双方感情尚未破裂的证据。家庭暴力加害人同时伴有赌博、酗酒、吸毒等恶习，之前作出的口头、书面悔过或保证可以视为其不思悔改的重要证据。加害人的口头、书面道歉或保证应记录在案。

0847 未成年子女的证言可以作为认定家庭暴力的证据吗？

根据《涉及家庭暴力婚姻案件审理指南》第43条的规定，家庭暴力具有隐蔽性。家庭暴力发生时，除了双方当事人和其子女之外，一般无外人在场。因此，子女通常是父母家庭暴力唯一的证人。其证言可以视为认定家庭暴力的重要证据。借鉴德国、日本的立法例，具备相应的观察能力、记忆能力和表达能力的2周岁以上的未成年子女提供与其年龄、智力和精神状况相当的证言，一般应当认定其证据效力。法院判断子女证言的证明力大小时，应当考虑到其有可能受到一方或双方当事人的不当影响，同时应当采取措施最大限度地减少作证可能给未成年子女带来的伤害。

0848 夫妻互殴时如何判断哪方是施暴人？

根据《涉及家庭暴力婚姻案件审理指南》第50条的规定，夫妻互殴情况下，人民法院应当综合以下因素正确判断是否存在家庭暴力：(1)双方的体能和身高等身体状况；(2)双方互殴的原因，如一方先动手，另一方自卫；或一方先动手，另一方随手抄起身边的物品反击；(3)双方对事件经过的陈述；(4)伤害情形和严重程度对比，如一方掐住对方的脖子，相对方挣扎中抓伤对方的皮肤；(5)双方或一方之前曾有过施暴行为等。

0849 在涉及家庭暴力的离婚案件中，如何分割夫妻财产？

根据《涉及家庭暴力婚姻案件审理指南》第54条第2款的规定，法院在审理婚姻家庭案件中，如果发现存在家庭暴力，应当意识到当事人双方之间存在权力失衡或者协商能力悬殊的现象。法院依法分割夫妻共同财产时，应当充分考虑家庭暴力因素，以利于女性离婚后在尽可能短的时间内恢复工作和学习的能力，找回自信、独立性和自主决策的能力，更好地承担家庭和社会责任。第55条的规定，在加害人自认或法院认定的家庭暴力案件中，受害人需要治疗的、因家庭暴力失去工作或者影响正常工作的，以及在财产利益方面受到不利影响的，在财产分割时应得到适当照顾。第56条的规定，受害人向加害人提供接受高等教育的机会和资金支持，或支持加害人开拓事业而牺牲自己利益的，无论当初自愿与否，如果这种牺牲可能导致受害人离婚后生活和工作能力下降、收入减少、生活条件降低的，在财产分割时应当获得适当照顾。第57条的规定，在家务劳动、抚育子女、照料老人等方面付出较多的当事人，在财产分割时可以适当予以照顾或补偿。第58条的规定，符合上述第55条、第56条、第57条规定情况的受害人分割共有财产的份额一般不低于70%；针对加害人隐藏或转移财产的情况，分割夫妻共同财产时，受害方的份额一般不低于80%。

0850 在涉及家庭暴力的离婚案件中，子女由哪方抚养？

加害方不宜直接抚养子女。根据《涉及家

庭暴力婚姻案件审理指南》第63条的规定，考虑到家庭暴力行为的习得性特点，在人民法院认定家庭暴力存在的案件中，如果双方对由谁直接抚养子女不能达成一致意见，未成年子女原则上应由受害人直接抚养。但受害人自身没有基本的生活来源保障，或者患有不适合直接抚养子女的疾病的除外。不能直接认定家庭暴力，但根据间接证据，结合双方在法庭上的表现、评估报告或专家意见，法官通过自由心证，断定存在家庭暴力的可能性非常大的，一般情况下，可以判决由受害方直接抚养子女。有证据证明一方不仅实施家庭暴力，而且还伴有赌博、酗酒、吸毒恶习的，不宜直接抚养子女。

0851 哪些情况下人民法院可以裁定中止加害人的子女探视权？

根据《涉及家庭暴力婚姻案件审理指南》第66条第2款的规定，加害人有下列情形之一，受害人提出申请的，人民法院可以裁定中止加害人的子女探视权：(1)在未成年子女面前诋毁、恐吓或殴打承担直接抚养义务的受害人的；(2)利用探视权继续控制受害人的；(3)利用探视权对受害人进行跟踪、骚扰、威胁的；(4)利用探视权继续对受害人和/或未成年子女施暴的；(5)法院认为有必要的其他情形。

0852 哪些情况下法院可以恢复家庭暴力加害人的子女探视权？

根据《涉及家庭暴力婚姻案件审理指南》第67条的规定，加害人有下列情形之一的，法院可以考虑恢复其探视权：(1)完成加害人心理矫治，并且有心理机构盖章、治疗师签名的其已经能够控制暴力冲动的证明；(2)法院认为有必要的其他情形。

未成年人保护

0853 父母去世，可以由别人成为未成年人的监护人吗？

可以。根据《民法典》第27条的规定，父母是未成年子女的监护人。未成年人的父母已经死亡或者没有监护能力的，由下列有监护能力的人按顺序担任监护人：(1)祖父母、外祖父母；(2)兄、姐；(3)其他愿意担任监护人的个人或者组织，但是须经未成年人住所地的居民委员会、村民委员会或者民政部门同意。

0854 父母可以随意处分未成年子女的财产吗？

不可以。根据《民法典》第35条第1款和第2款的规定，监护人应当按照最有利于被监护人的原则履行监护职责。监护人除为维护被监护人利益外，不得处分被监护人的财产。未成年人的监护人履行监护职责，在作出与被监护人利益有关的决定时，应当根据被监护人的年龄和智力状况，尊重被监护人的真实意愿。因此，父母不可以随意使用未成年人的财产，更不可以将未成年人的财产赠送他人、出售或者作其他对未成年人不利的处分。

0855 父母可以用子女的财产来赔偿其造成的损失吗？

可以。根据《民法典》第1188条第2款的规定，有财产的无民事行为能力人、限制民事行为能力人造成他人损害的，从本人财产中支付赔偿费用；不足部分，由监护人赔偿。

0856 父母可以披露未成年子女的隐私吗？

不可以。根据《未成年人保护法》(2020修订)第4条第3项的规定，保护未成年人，应当坚持最有利于未成年人的原则。处理涉及未成年人事项,应当保护未成年人隐私权和个人信息。未成年人不想让别人知道的事情,如早恋、未成年人被收养的事实,都是未成年人的隐私。不管父母是否以正当的方式发现了子女的隐私,不管这隐私是好是坏,父母都应当为子女保密,而不能披露子女的隐私。

0857 父母可以随意拆看未成年子女的信件吗?

一般不可以。根据《未成年人保护法》(2020 修订)第 63 条的规定,任何组织或者个人不得隐匿、毁弃、非法删除未成年人的信件、日记、电子邮件或者其他网络通讯内容。除下列情形外,任何组织或者个人不得开拆、查阅未成年人的信件、日记、电子邮件或者其他网络通讯内容:(1)无民事行为能力未成年人的父母或者其他监护人代未成年人开拆、查阅;(2)因国家安全或者追查刑事犯罪依法进行检查;(3)紧急情况下为了保护未成年人本人的人身安全。

0858 父母可以让未成年子女一个人单独居住吗?

一般不可以。根据《未成年人保护法》(2020 修订)第 21 条第 2 款的规定,未成年人的父母或者其他监护人不得使未满 16 周岁的未成年人脱离监护单独生活。而已满 16 周岁的未成年人,身心相对都比较成熟,而且有些已经接受完义务教育,有些以自己的劳动收入为主要经济来源,有能力自己照顾自己。因此,年满 16 周岁的未成年人可以离开父母一个人单独居住。

0859 未成年人有哪些不良行为,父母应当教育阻止?

《预防未成年人犯罪法》(2020 修订)第 28 条规定,本法所称不良行为,是指未成年人实施的不利于其健康成长的下列行为:(1)吸烟、饮酒;(2)多次旷课、逃学;(3)无故夜不归宿、离家出走;(4)沉迷网络;(5)与社会上具有不良习性的人交往,组织或者参加实施不良行为的团伙;(6)进入法律法规规定未成年人不宜进入的场所;(7)参与赌博、变相赌博,或者参加封建迷信、邪教等活动;(8)阅览、观看或者收听宣扬淫秽、色情、暴力、恐怖、极端等内容的读物、音像制品或者网络信息等;(9)其他不利于未成年人身心健康成长的不良行为。第 29 条规定,未成年人的父母或者其他监护人发现未成年人有不良行为的,应当及时制止并加强管教。

0860 未成年人离家出走,父母应该怎么办?

根据《预防未成年人犯罪法》(2020 修订)第 35 条的规定,未成年人无故夜不归宿、离家出走的,父母或者其他监护人、所在的寄宿制学校应当及时查找,必要时向公安机关报告。收留夜不归宿、离家出走未成年人的,应当及时联系其父母或者其他监护人、所在学校;无法取得联系的,应当及时向公安机关报告。

0861 未成年人享有知识产权吗?

知识产权兼具人身权和财产权的双重属性,它是指公民、法人对自己创造的智力活动成果依法享有的人身权利和财产权利,它包括著作权、专利权、商标权及其他科技成果权。根据《民法典》第 123 条的规定,民事主体依法享有知识产权。未成年人也是独立的民事主体,所以,未成年人也像成年人一样享有知识产权。例如,未成年人创作的文学作品,就享有著作权。

0862 未成年人的发明创造可以申请专利吗?

可以。根据《民法典》第 123 条的规定,民事主体依法享有知识产权。未成年人也是独立的民事主体,所以,未成年人的创造发明可以申请专利。

0863 未成年子女不听话,父母可以随便打骂吗?

不可以。根据《未成年人保护法》(2020 修订)第 15 条的规定,未成年人的父母或者其他监护人应当学习家庭教育知识,接受家庭教育指导,创造良好、和睦、文明的家庭环境。共同生活的其他成年家庭成员应当协助未成年人的父母或者其他监护人抚养、教育和保护未成年人。第 17 条第 1 项的规定,未成年人的父母或者其他监护人不得虐待、遗弃、非法送养未成年人或者对未成年人实施家庭暴力。因此,父母应该为未成年子女创造良好的生活环境,掌握正确的教育方法,让未成年子女可以快乐健康地成长。

0864 父母认为未成年子女没前途,可以与其断绝关系吗?

不可以。父母和子女间基于血亲而建立的关系无法断绝。根据《民法典》第 1067 条第 1 款的规定,父母不履行抚养义务的,未成年子女或者不能独立生活的成年子女,有要求父母给付抚养费的权利。根据《未成年人保护法》(2020 修订)第 108 条的规定,未成年人的父母或者其他监护人不依法履行监护职责或者严重侵犯被监护的未成年人合法权益的,人民法院可以根据有关人员或者单位的申请,依法作出人身安全保护令或者撤销监护人资格。被撤销监护人资格的父母或者其他监护人应当依法继续负担抚养费用。同时,基于民法的原则,权利人可以放弃自己的权利,而义务人不能放弃自己的义务,父母对未成年子女的教育抚养义务是法定义务,即使因为父母的不当行为被撤销监护资格,仍不能免除抚养义务。

0865 母亲与成年儿子无法和睦相处,双方可以断绝母子关系吗?

不可以。父母和子女间基于血亲而建立的关系无法断绝。同时,基于民法的原则,权利人可以放弃自己的权利,而义务人不能放弃自己的义务也不能要求权利人放弃权利。根据《民法典》第 1067 条第 2 款的规定,成年子女不履行赡养义务的,缺乏劳动能力或者生活困难的父母,有要求成年子女给付赡养费的权利。父母可以放弃被成年子女赡养的权利,但是不能要求成年子女放弃相应的权利。

0866 老师能体罚学生吗?

不能。根据《未成年人保护法》(2020 修订)第 27 条的规定,学校、幼儿园的教职员工应当尊重未成年人人格尊严,不得对未成年人实施体罚、变相体罚或者其他侮辱人格尊严的行为。第 119 条的规定,学校、幼儿园、婴幼儿照护服务等机构及其教职员工违反本法第 27 条、第 28、第 39 条规定的,由公安、教育、卫生健康、市场监督管理等部门按照职责分工责令改正;拒不改正或者情节严重的,对直接负责的主管人员和其他直接责任人员依法给予处分。

0867 未成年学生旷课、逃学,学校应该怎么办?

《预防未成年人犯罪法》(2020 修订)第 34 条规定,未成年学生旷课、逃学的,学校应当及时联系其父母或者其他监护人,了解有关情况;无正当理由的,学校和未成年学生的父母或者其他监护人应当督促其返校学习。第 35 条规定 ,未成年人无故夜不归宿、离家出走的，父母或者其他监护人、所在的寄宿制学校应当及时查找，必要时向公安机关报告。收留夜不归宿、离家出走未成年人的，应当及时联系其父母或者其他监护人、所在学校；无法取得联系的，应当及时向公安机关报告。

0868 未成年人可以进入娱乐场所吗？

不可以。根据《未成年人保护法》（2020 修订）第 58 条的规定，学校、幼儿园周边不得设置营业性娱乐场所、酒吧、互联网上网服务营业场所等不适宜未成年人活动的场所。营业性歌舞娱乐场所、酒吧、互联网上网服务营业场所等不适宜未成年人活动场所的经营者，不得允许未成年人进入；游艺娱乐场所设置的电子游戏设备，除国家法定节假日外，不得向未成年人提供。经营者应当在显著位置设置未成年人禁入、限入标志；对难以判明是否是未成年人的，应当要求其出示身份证件。

0869 发现未成年人有不良行为，怎么办？

未成年人的不良行为，是指轻微违法或违背社会公德的行为，如旷课、夜不归宿、打架斗殴、辱骂他人、参与赌博或者变相赌博。《预防未成年人犯罪法》（2020 修订）第 29 条规定，未成年人的父母或者其他监护人发现未成年人有不良行为的，应当及时制止并加强管教。第 30 条规定，公安机关、居民委员会、村民委员会发现本辖区内未成年人有不良行为的，应当及时制止，并督促其父母或者其他监护人依法履行监护职责。第 31 条规定，学校对有不良行为的未成年学生，应当加强管理教育，不得歧视；对拒不改正或者情节严重的，学校可以根据情况予以处分或者采取以下管理教育措施：（1）予以训导；（2）要求遵守特定的行为规范；（3）要求参加特定的专题教育；（4）要求参加校内服务活动；（5）要求接受社会工作者或者其他专业人员的心理辅导和行为干预；（6）其他适当的管理教育措施。第 39 条规定，未成年人的父母或者其他监护人、学校、居民委员会、村民委员会发现有人教唆、胁迫、引诱未成年人实施严重不良行为的，应当立即向公安机关报告。公安机关接到报告或者发现有上述情形的，应当及时依法查处；对人身安全受到威胁的未成年人，应当立即采取有效保护措施。第 40 条规定，公安机关接到举报或者发现未成年人有严重不良行为的，应当及时制止，依法调查处理，并可以责令其父母或者其他监护人消除或者减轻违法后果，采取措施严加管教。第 41 条规定，对有严重不良行为的未成年人，公安机关可以根据具体情况，采取以下矫治教育措施：（1）予以训诫；（2）责令赔礼道歉、赔偿损失；（3）责令具结悔过；（4）责令定期报告活动情况；（5）责令遵守特定的行为规范，不得实施特定行为、接触特定人员或者进入特定场所；（6）责令接受心理辅导、行为矫治；（7）责令参加社会服务活动；（8）责令接受社会观护，由社会组织、有关机构在适当场所对未成年人进行教育、监督和管束；（9）其他适当的矫治教育措施。第 43 条规定，对有严重不良行为的未成年人，未成年人的父母或者其他监护人、所在学校无力管教或者管教无效的，可以向教育行政部门提出申请，经专门教育指导委员会评估同意后，由教育行政部门决定送入专门学校接受专门教育。

0870 未成年人谈恋爱期间发生越轨行为一定会被追究刑事责任吗？

视情况而定。如果少女满 14 周岁，且少男少女之间的越轨行为是自愿的行为，并不构成犯罪。但是，根据《刑法》第 17 条第 2 款的规定，已满 14 周岁不满 16 周岁的人，犯故意杀人、故意伤害致人重伤或者死亡、强奸、抢劫、贩卖毒品、放火、爆炸、投放危险物质罪的，应当负刑事责任。第 236 条第 2 款的规定，奸淫不满 14 周岁的幼女的，以强奸论，从重处罚。因此，如果少女不满 14 周岁，那么，即使她是自愿的，只要男方已经满 14 周岁的，且知道或应当知道少女不满 14 周岁，一般都构成强奸罪，需要承担刑事责任。如果男方不满 14 周岁的，不予追究刑事责任。

Part 4

劳动就业

应聘求职

0871 什么是劳动者？

劳动者是指达到法定年龄，具有劳动能力，依据法律或合同的规定，在用人单位的管理下从事劳动并获取劳动报酬的自然人（中外自然人）。但并不是所有自然人都是合法的劳动者，根据我国法律的规定，公民在年满16周岁时，同时产生劳动权利能力和劳动行为能力后才能成为合法的劳动者。但文艺、体育和特种工艺单位在依照国家有关规定，并保障其接受义务教育的权利的前提下，可以招用未满十六周岁的未成年人作为劳动者。

0872 是否所有的劳动者都受《劳动法》的保护？

不是。根据《劳动法》第2条的规定，在中华人民共和国境内的企业、个体经济组织（以下统称用人单位）和与之形成劳动关系的劳动者，适用本法。根据原劳动部《关于贯彻执行〈中华人民共和国劳动法〉若干问题的意见》第4条的规定，公务员和比照实行公务员制度的事业组织和社会团体的工作人员，以及农村劳动者（乡镇企业职工和进城务工、经商的农民除外）、现役军人和家庭保姆等不适用劳动法。根据第33条第1款《最高人民法院关于审理劳动争议案件适用法律问题的解释（一）》的规定，外国人、无国籍人未依法取得就业证件即与中华人民共和国境内的用人单位签订劳动合同，当事人请求确认与用人单位存在劳动关系的，人民法院不予支持。

0873 劳动关系与劳务关系有什么区别？

劳动关系是用人单位与劳动者个人之间依法签订劳动合同，劳动者接受用人单位的管理，从事用人单位安排的工作，成为用人单位的成员，从用人单位领取报酬，且受《劳动法》《劳动合同法》等法律、法规调整的法律关系。而劳务关系是劳务提供者与用工者根据口头或书面约定，由劳务提供者向用工者提供一次性或者特定的劳务服务，用工者依约向劳务提供者支付劳务报酬，且受《民法典》调整的法律关系。

0874 承揽关系与雇佣关系有什么区别？

承揽关系是承揽人按照定作人的要求完成工作，交付工作成果，定作人给付报酬的一种合同关系。应完成工作并交付成果的一方为承揽人，应接受承揽人的工作成果并给付报酬的一方为定作人。承揽人所完成的工作成果为定作物。承揽人在完成工作中具有独立性，定作人只有在不影响承揽人工作的前提下，才能对承揽人的工作情况进行指示、监督和检查。承揽人自行承担风险独立完成工作。雇佣关系是指受雇人向雇佣人提供劳务，雇佣人支付相应报酬的一种合同关系。如当事人之间存在控制、支配或从属关系，由一方指定工作场所，提供工具或设备，限定工作时间，定期给付劳务报酬，所提供的劳务是接受劳务一方生产经营活动的组成部分的，可以认定为雇佣关系。

0875 用人单位可否以应聘者为传染病病原携带者为由拒绝录用？

根据《就业促进法》第30条的规定，用人单位招用人员，不得以是传染病病原携带者为由拒绝录用。但是，经医学鉴定传染病病原携带者在治愈前或者排除传染嫌疑前，不得从事法律、行政法规和国务院卫生行政部门规定禁止从事的易使传染病扩散的工作。

0876 用人单位可以以该工作需要值夜班为由拒绝女性劳动者吗?

妇女享有与男子平等的就业权利。在录用职工时,除国家规定的不适合妇女的工种或者岗位外,不得以性别为由拒绝录用妇女或者提高对妇女的录用标准。这里所称"国家规定的不适合妇女的工种或者岗位"主要在《女职工劳动保护特别规定》的附录中一一列明,单纯值夜班并不是拒绝女性劳动者的理由。

0877 用人单位可否要求劳动者提供担保或扣押相关证件?

不可以。实践中,有些用人单位为防止劳动者在工作中给用人单位造成损失时,不赔偿就不辞而别的情况,常常利用自己的强势地位,在招用劳动者时要求劳动者提供担保或者向劳动者收取风险抵押金。也有些用人单位通过扣押劳动者的居民身份证或者其他证件如居住证、资格证书或其他证明个人身份的证件,以达到掌控劳动者的目的。这些行为都是违法的。根据《劳动合同法》第9条的规定,用人单位招用劳动者,不得扣押劳动者的居民身份证和其他证件,不得要求劳动者提供担保或者以其他名义向劳动者收取财物。因此,违反规定扣押劳动者证件或者要求提供担保、保证金的,用人单位需要承担相应的法律后果。

0878 用人单位招用人员时,应当依法如实告知劳动者哪些情况?

根据《劳动合同法》第8条的规定,用人单位招用劳动者时,应当如实告知劳动者工作内容、工作条件、工作地点、职业危害、安全生产状况、劳动报酬,以及劳动者要求了解的其他情况;用人单位有权了解劳动者与劳动合同直接相关的基本情况,劳动者应当如实说明。因此,用人单位应当向劳动者披露的信息是与劳动合同订立或与员工日后工作内容相关的信息,与此无关的信息,用人单位没有义务披露,如商业秘密。

0879 用人单位招聘时隐瞒或披露虚假信息将承担什么责任?

用人单位有向劳动者披露与劳动合同订立相关的信息的义务,不履行真实披露义务即不依法进行信息披露或者披露信息不真实的,用人单位应当承担相应的法律责任。概括而言,主要包括以下几个方面:(1)导致劳动合同全部或部分无效,隐瞒重要信息或披露信息不真实都属于欺诈,因此导致劳动者在违背真实意思表示的情况下订立劳动合同的,劳动合同无效或者部分无效;(2)劳动者有权拒绝接受,针对用人单位未向劳动者披露或披露与内容不一致的相关要素,劳动者可以拒绝接受,如劳动者发现存在职业危害但是用人单位并未事先告知的,劳动者可以拒绝从事有职业危害的工作;(3)劳动者有权解除劳动合同,用人单位披露信息不真实的,劳动者可以以签订劳动合同违背其真实意思为由解除劳动合同,用人单位不仅不得拒绝,还应当向劳动者支付解除劳动合同的经济补偿金;(4)劳动者可以向用人单位索赔,若用人单位不依法披露信息或披露不实信息,导致劳动者遭受损失的,用人单位还应当承担相应的赔偿责任。

0880 劳动者在应聘时应如实告知哪些信息?

根据《劳动合同法》第8条的规定,用人单位招用劳动者时,应当如实告知劳动者工作内容、工作条件、工作地点、职业危害、安全生产状况、劳动报酬,以及劳动者要求了解的其他情况;用人单位有权了解劳动者与劳动合同直接相关的基本情况,劳动者应当如实说明。因此,关于劳动者的披露义务法律并未明确规定,只是概述为"与劳动合同直接相关的基本情况"，实践中主要包括下列各项：(1)劳动者的基本信息如年龄、婚姻状况、文化程度、有效联系地址；(2)劳动者的身体状况，主要内容为是否患有不适宜从事本岗位的疾病，是否患有传染病等；(3)劳动者的专业知识及工作技能；(4)劳动者的工作经历及工作业绩；(5)劳动者的奖惩情况；(6)劳动者的就业现状等。

0881 劳动者隐瞒或披露虚假信息将承担什么责任？

劳动者仅对与劳动合同直接相关的基本情况负有披露义务，对于与劳动合同无关的信息如劳动者的个人隐私，与劳动能力无关的生理缺陷等，用人单位无权了解，劳动者可以拒绝披露，用人单位不得以此为由不予录用。

劳动者向用人单位披露的与劳动合同直接相关的信息大多属于重要信息，这些信息必须真实、完整。劳动者隐瞒相关信息或者披露虚假信息的，应当承担如下法律后果：(1)劳动合同无效，劳动者隐瞒相关信息或提供虚假信息，属于欺诈，若因欺诈行为导致违背用人单位真实意思签订劳动合同的，劳动合同无效或者部分无效。(2)用人单位可以解除劳动合同，用人单位有权了解劳动者与劳动合同直接相关的基本情况，劳动者应当如实说明。若劳动者对与劳动合同直接相关的基本情况有所隐瞒或恶意欺骗用人单位，用人单位可以解除劳动合同，且无须支付经济补偿金。(3)赔偿损失，劳动者的隐瞒或欺诈行为导致用人单位遭受损失的，应当承担相应的赔偿责任。

0882 到职业中介找工作需要注意哪些问题？

根据《就业服务与就业管理规定》第53条的规定，职业中介机构应当在服务场所明示营业执照、职业中介许可证、服务项目、收费标准、监督机关名称和监督电话等，并接受劳动保障行政部门及其他有关部门的监督检查。因此，劳动者到职业中介所找工作的时候，一定要注意看该所是否有职业中介许可证、营业执照、服务项目、收费标准、监督机关名称和监督电话等重要的相关信息。是否公示以上内容是判断中介所是否合规的重要标志，对违反上述规定的中介所，劳动者可以向职业中介所所在地的劳动行政部门举报。

0883 外国人在中国就业需要具备哪些条件？

根据《外国人在中国就业管理规定》第2条的规定，本规定所称外国人，是指依照《中华人民共和国国籍法》规定不具有中国国籍的人员。该规定所称外国人在中国就业，指没有取得定居权的外国人在中国境内依法从事社会劳动并获取劳动报酬的行为。第3条第2款的规定，该规定不适用于外国驻华使、领馆和联合国驻华代表机构、其他国际组织中享有外交特权与豁免的人员。第7条的规定，外国人在中国就业须具备下列条件：(1)年满18周岁，身体健康；(2)具有从事其工作所必需的专业技能和相应的工作经历；(3)无犯罪记录；(4)有确定的聘用单位；(5)持有有效护照或能代替护照的其他国际旅行证件(以下简称代替护照的证件)。

0884 办理外国人就业许可证需要提供哪些材料？

根据《外国人在中国就业管理规定》第15条第1款的规定，用人单位应在被聘用的外国人入境后15日内，持许可证书、与被聘用的外国人签订的劳动合同及其有效护照或能代替护照的证件到原发证机关为外国人办理就业证，并填写《外国人就业登记表》。

0885 **用人单位申请外国人就业许可证的流程如何？**

外国人就业许可证申领流程如下：（1）用人单位自己或委托专门机构在外国人来华工作管理服务系统登记注册账号，在线提交许可申请，经批准后在线打印《外国人工作许可通知》；（2）外国人凭《外国人工作许可通知》及其他所需材料到中华人民共和国驻外使、领馆申请Z字签证、F字签证或R字签证；（3）外国人凭有效签证入境后15日内，用人单位在线申领《外国人工作许可证》，并至所在地外国人工作管理部门领取证件；（4）外国人凭有效签证入境后30日内，需至用人单位所在地公安机关出入境管理机构办理工作类居留证件。

各地具体操作流程略有不同，请以当地规定为准。

劳动合同

劳动合同的签订

0886 **什么是劳动合同？**

劳动合同是劳动者与用工单位之间确立劳动关系，明确双方权利和义务的协议。根据这个协议，劳动者加入企业、个体经济组织、民办非企业单位、国家机关、事业组织、社会团体等用人单位，成为该用人单位的一员，承担一定的工种、岗位或职务工作，并遵守所在用人单位的内部劳动规则和其他规章制度。用人单位应及时安排被录用的劳动者工作，按照劳动者提供劳动的数量和质量支付劳动报酬，并且根据劳动法律、法规规定和劳动合同的约定提供必要的劳动条件，保证劳动者享有劳动保护及社会保险、福利等权利和待遇。

0887 **劳动合同和劳务合同一样吗？**

劳动合同与劳务合同，一字之差，许多人分辨不清二者有何区别，其实劳动合同与劳务合同之间差异非常大，主要有以下几个方面：（1）适用的法律不同。劳动合同适用的法律为《劳动法》《劳动合同法》等，劳务合同适用的法律为《民法典》。（2）签订的形式不同。劳动合同必须是书面合同，且必须自用工之日起1个月内签订书面劳动合同。用人单位自用工之日起超过1个月不满1年未与劳动者订立书面劳动合同的，应当向劳动者每月支付2倍的工资。用人单位自用工之日起满1年不与劳动者订立书面劳动合同的，视为用人单位与劳动者已订立无固定期限劳动合同。而劳务合同既可以是书面合同，也可以是口头合同。（3）合同主体不同。劳动合同的主体一方是劳动者，另一方必然是用人单位。而劳务合同既可以发生在公民和法人之间，也可以发生在公民之间或法人之间。（4）缴纳社保不同。在签订劳动合同的情况下，企业要缴纳政府规定的五险一金。在签订劳务合同的情况下，企业无须为劳务提供者缴纳社保。（5）缴纳的个人所得税不同。劳动合同是工资，国家有最低工资的限定，不能低于最低工资。居民个人的工资、薪金所得和劳务报酬所得均计入居民个人综合所得，其中居民个人的工资、薪金所得，直接计入纳税所得额，居民个人的劳务报酬所得以收入减除20%的费用后的余额计入纳税所得额（本题不讨论非居民个人纳税问题）。（6）解决纠纷的程序不同。劳动合同纠纷要先行经过劳动争议仲裁，未经过劳动争议仲裁机构的前置处理，人民法院不予受理。而劳务合同是民事合同，纠纷发生后当事人无须经过仲裁，可直接向人民法院起诉。

0888 **劳动合同有哪些种类？**

根据《劳动合同法》第12条的规定，劳动合同分为固定期限劳动合同、无固定期限劳动合同和以完成一定工作任务为期限的劳动合同。第13条的规定，固定期限劳动合同，是指用人单位与劳动者约定合同终止时间的劳动合同。用人单位与劳动者协商一致，可以订立固定期限劳动合同。第14条第1款的规定，无固定期限劳动合同，是指用人单位与劳动者约定无确定终止时间的劳动合同。第15条的规定，以完成一定工作任务为期限的劳动合同，是指用人单位与劳动者约定以某项工作的完成为合同期限的劳动合同。用人单位与劳动者协商一致，可以订立以完成一定工作任务为期限的劳动合同。

0889 签订以完成一定工作任务为期限的劳动合同与固定期限劳动合同有什么不同？

以完成一定工作任务为期限的劳动合同因任务完成而终止劳动合同时也需要支付经济补偿金，因此，很多用人单位认为，签订以完成一定任务为期限的劳动合同与签订固定期限的劳动合同没有区别。其实不然，在某些情况下，签订以完成一定任务为期限的劳动合同对用人单位仍然更为有利。例如，某公司承包了大楼，大楼预计半年完工，于是公司与工人签订了半年的劳动合同。由于各种原因，半年过后大楼没有建成，于是该公司又与工人签订了三个月的劳动合同，但三个月后大楼仍然没有盖完。此时，若无特殊情况，该公司只能与工人签订无固定期限的劳动合同，这对公司来说是不利的。如果公司与劳动者签订了固定期限的劳动合同，在大楼提前建设完毕的情况下，公司也不能与工人提前解除劳动合同。因此，在适合签订以完成一定任务为期限的劳动合同的情况下，用人单位最好签订以完成一定工作任务为期限的劳动合同。

0890 以完成一定工作任务为期限的劳动合同主要适用哪些情形？

一般在下列情况下，用人单位与劳动者可以签署以完成一定工作任务为期限的劳动合同：

(1)以完成单项工作任务为期限的劳动合同，如开发某个软件；

(2)以项目承包的形式完成承包任务的劳动合同，如某个房子的装修，安装某个设备；

(3)因季节原因用工的劳动合同，如遇到秋季收获庄稼临时雇用工人；

(4)其他双方约定的以完成一定工作任务为期限的劳动合同。

0891 哪些用人单位招用劳动者要签订劳动合同？

根据《劳动合同法》第2条的规定，中华人民共和国境内的企业、个体经济组织、民办非企业单位等组织(以下简称用人单位)与劳动者建立劳动关系，订立、履行、变更、解除或者终止劳动合同，适用本法。国家机关、事业单位、社会团体和与其建立劳动关系的劳动者，订立、履行、变更、解除或者终止劳动合同，依照该法执行。根据《劳动合同法实施条例》第3条的规定，依法成立的会计师事务所、律师事务所等合伙组织和基金会，属于劳动合同法规定的用人单位。

0892 用人单位招用退休人员，是否需要签订劳动合同？

不需要。已享受养老保险待遇的离退休人员被再次聘用的，与用人单位不建立劳动关系，双方不订立劳动合同，而是订立书面聘用协议，双方关系为劳务合同关系。

0893 在校大学生兼职的是否需要签订劳动合同?

不一定。根据《关于贯彻执行〈中华人民共和国劳动法〉若干问题的意见》第12条的规定,在校生利用业余时间勤工助学,不视为就业,未建立劳动关系,可以不签订劳动合同。根据上述条款,一般来说,在校大学生利用业余时间勤工俭学,不视为就业的,无法建立劳动关系。

0894 劳动合同可以口头说说就达成吗?

不可以。《劳动合同法》颁布之后,劳动合同必须以书面形式订立。根据《劳动合同法》第10条的规定,建立劳动关系,应当订立书面劳动合同。已建立劳动关系,未同时订立书面劳动合同的,应当自用工之日起1个月内订立书面劳动合同。用人单位与劳动者在用工前订立劳动合同的,劳动关系自用工之日起建立。

0895 劳动合同什么时候算生效?

自双方协商一致并在合同上签字或盖章时生效。根据《劳动合同法》第16条第1款的规定,劳动合同由用人单位与劳动者协商一致,并经用人单位与劳动者在劳动合同文本上签字或者盖章生效。

0896 和用人单位建立劳动关系是从实际用工的时候开始?还是从签订劳动合同的时候开始?

根据《劳动合同法》第7条的规定,用人单位自用工之日起即与劳动者建立劳动关系。用人单位应当建立职工名册备查。所以,在实际用工却还没有签订劳动合同的情况下,劳动关系的建立是从实际用工的时候开始。

0897 签好劳动合同必须要经过劳动合同鉴证吗?

不需要。劳动合同鉴证是指劳动行政主管部门审查、证明劳动合同真实性、合法性的一项行政监督措施,劳动行政主管部门鼓励和提倡用人单位和劳动者进行劳动合同鉴证。但劳动合同的鉴证不是必需的,是否鉴证与劳动合同的效力无关。劳动争议仲裁委员会不能以劳动合同未经鉴证为由不受理相关的劳动争议。

0898 用人单位没有与劳动者签订书面合同,劳动者的报酬怎么算?

根据《劳动合同法》第11条的规定,用人单位未在用工的同时订立书面劳动合同,与劳动者约定的劳动报酬不明确的,新招用的劳动者的劳动报酬按照集体合同规定的标准执行;没有集体合同或者集体合同未规定的,实行同工同酬。

0899 劳动者没签字或确认的劳动合同,是否对劳动者有约束力?

根据《劳动合同法》第16条第1款的规定,劳动合同由用人单位与劳动者协商一致,并经用人单位与劳动者在劳动合同文本上签字或者盖章生效。无劳动者本人签字或确认的劳动合同,无论在形式上还是在意思表达上,都不具备劳动合同成立的要件,因此对劳动者没有约束力。

0900 劳动合同上未加盖用人单位公章是否有效?

双方签字或者盖章是劳动合同成立的必要条件,有权代表用人单位在劳动合同上签字的人是单位法定代表人或者其授权代理人。用人单位未在劳动合同上加盖公章,但是有其法定代表人或用人单位授权的人的签字,又或者有用人单位其他合理印章(如人事专用章)的,且符合合同生效的要件的,应当认定劳动合同有效。

0901 假冒学历签订的劳动合同是否有效?

诚实信用是劳动合同签订的一项重要原则,主要表现在合同签订过程中不能编造虚假信息,欺诈合同相对人。根据《劳动法》第18条的规定,下列劳动合同无效:(1)违反法律、行政法规的劳动合同;(2)采取欺诈、威胁等手段订立的劳动合同。无效的劳动合同,从订立的时候起,就没有法律约束力。确认劳动合同部分无效的,如果不影响其余部分的效力,其余部分仍然有效。劳动合同的无效,由劳动争议仲裁委员会或者人民法院确认。根据《劳动合同法》第8条的规定,用人单位招用劳动者时,应当如实告知劳动者工作内容、工作条件、工作地点、职业危害、安全生产状况、劳动报酬,以及劳动者要求了解的其他情况;用人单位有权了解劳动者与劳动合同直接相关的基本情况,劳动者应当如实说明。第26条的规定,下列劳动合同无效或者部分无效:(1)以欺诈、胁迫的手段或者乘人之危,使对方在违背真实意思的情况下订立或者变更劳动合同的;(2)用人单位免除自己的法定责任、排除劳动者权利的;(3)违反法律、行政法规强制性规定的。对劳动合同的无效或者部分无效有争议的,由劳动争议仲裁机构或者人民法院确认。很多时候,学历被认为是与劳动合同直接相关的基本情况之一,劳动者应如实告知,劳动者利用虚假的学历证明骗取用人单位的信任,签订的劳动合同无效。

0902 使用虚假姓名与用人单位签订的劳动合同是否有效?

劳动关系的确立要求用人单位与劳动者双方都要向对方提供真实的情况。用人单位决定是否与劳动者订立劳动合同的考量标准,应当是劳动者是否符合单位设定的录用条件。如果劳动者不提供真实姓名与用人单位签订劳动合同,则劳动者未向用人单位提供有关自身的真实情况,用人单位的知情权受到侵害。劳动者的行为属欺诈行为。《劳动合同法》第26条规定,以欺诈的手段使对方在违背真实意思的情况下订立或者变更的劳动合同无效。因此,劳动者以虚假的姓名与用人单位签订的劳动合同应属无效。

0903 可以用艺名来签订劳动合同吗?

可以。我国《劳动法》《劳动合同法》等都没有禁止劳动者使用英文名、艺名来签订劳动合同,如果员工还有其他法律承认的名字,如别名、英文名,也可以用来签订劳动合同。只要是员工自愿签订的,且有其他证明文件或证据证明该名字的确是该员工的,劳动合同就有效,对劳动者就有约束力。

0904 即将毕业的大学生是否可以与用人单位签订劳动合同?

近年来,即将毕业的大学生与用人单位签订劳动合同后,用人单位又以大学生未领毕业证,仍是学生,不具备劳动关系主体资格为由否定合同效力的情形较为常见。在此情况下,双方签订的劳动合同是否有效,直接关系到即将毕业大学生的合法权益。即将毕业的大学生因在高校已完成或基本完成学业,其属于适格的劳动关系主体,因此,即将毕业的大学生与用人单位建立劳动关系应当不受限制。这既是落实国家促进就业政策的需要,也是保障劳动者合法权益的需要。故即将毕业的大学生与用人单位签订的劳动合同有效。

0905 用人单位与童工签订的劳动合同是否有效?

童工是指未满16周岁的未成年人,使用童工是我国法律严格禁止的。童工作为未成年人参与生产劳动,一方面其体力、智力等均达不到相应的要求,另一方面对其身心也会造成极大的损害。根据《劳动法》第94条的规定,用人单位非法招用未满16周岁的未成年人的,由劳动行政部门责令改正,处以罚款;情节严重的,由市场监督管理部门吊销营业执照。因此,童工与用人单位签订的劳动合同因违反法律强制性规定而无效。

0906 用人单位与劳动者签订的合同中关于“工伤责任自负”的条款是否有效?

一些用人单位以自身处于用工优势地位和劳动者法律意识淡薄、缺乏自我保护意识为前提,与劳动者签订“如出现工伤事故,劳动者责任自负,用人单位不负赔偿责任”等类似的责任免除条款,严重侵害了劳动者的合法权益。根据《劳动合同法》第26条第1款第2项的规定,下列劳动合同无效或者部分无效:用人单位免除自己的法定责任、排除劳动者权利的。为劳动者提供劳动安全保障、缴纳工伤保险是用人单位的法定义务。劳动合同中关于“工伤责任自负”的条款明显违反法律的强制性规定,应属无效条款。

0907 签劳动合同时,用人单位可以要求保管劳动者的毕业证书吗?

不可以。根据《劳动合同法》第84条第1款的规定,用人单位违反该法规定,扣押劳动者居民身份证等证件的,由劳动行政部门责令限期退还劳动者本人,并依照有关法律规定给予处罚。

0908 签了一式两份的劳动合同,用人单位能否要求由其统一保管?

不可以。按照《劳动合同法》第16条第2款的规定,劳动合同文本由用人单位和劳动者各执一份。第81条的规定,用人单位提供的劳动合同文本未载明本法规定的劳动合同必备条款或者用人单位未将劳动合同文本交付劳动者的,由劳动行政部门责令改正;给劳动者造成损害的,应当承担赔偿责任。

0909 劳动合同的必备条款包含哪些?

根据《劳动合同法》第17条第1款的规定,劳动合同应当具备以下条款:(1)用人单位的名称、住所和法定代表人或者主要负责人;(2)劳动者的姓名、住址和居民身份证或者其他有效身份证件号码;(3)劳动合同期限;(4)工作内容和工作地点;(5)工作时间和休息休假;(6)劳动报酬;(7)社会保险;(8)劳动保护、劳动条件和职业危害防护;(9)法律、法规规定应当纳入劳动合同的其他事项。

0910 劳动合同还可以包括哪些其他条款?

根据《劳动合同法》第17条第2款的规定,劳动合同除前款规定的必备条款外,用人单位与劳动者可以约定试用期、培训、保守秘密、补充保险和福利待遇等其他事项。因此,除必备条款外,用人单位与劳动者还可以就试用期、培训、保守秘密、补充保险、福利待遇、劳动纪律等事项进行约定。这些条款,不是必须具备的,可以在劳动合同中约定,也可以不约定。但一旦约定了,双方就要遵守相应的规定。社会生活千变万化,劳动合同种类和当事人的情况也非常复杂,法律只能对劳动合同的条款进行概括,无法穷尽劳动合同的所有内容,当事人也可以根据需要在法律规定的可备条款之外对有关条款作新的补充性约定。

0911 劳动合同中关于劳动报酬与劳动条件等标准约定不明确的时候怎么办?

根据《劳动合同法》第 18 条的规定,劳动合同对劳动报酬和劳动条件等标准约定不明确,引发争议的,用人单位与劳动者可以重新协商;协商不成的,适用集体合同规定;没有集体合同或者集体合同未规定劳动报酬的,实行同工同酬;没有集体合同或者集体合同未规定劳动条件等标准的,适用国家有关规定。因此在劳动报酬与劳动条件等标准约定不明确从而引发争议的情况下,用人单位与劳动者可以先协商,协商不成的,可以参考集体合同的规定,如果无参考标准的,用人单位在确定劳动者报酬时应当遵循同工同酬的原则,也要按照国家有关规定来确定劳动条件的标准,如根据《劳动法》《劳动合同法》之外的其他法律、法规对劳动条件等事项作出相关规定。

0912 劳动合同约定合同期间不得结婚生育,有效吗?

此条款无效。根据《劳动合同法》第 26 条第 1 款第 3 项的规定,下列劳动合同无效或者部分无效:违反法律、行政法规强制性规定的。结婚生育是《民法典》赋予公民的权利,任何人不得强行干预。

0913 劳动者被迫签订劳动合同,应该找谁确认劳动合同无效呢?

劳动争议仲裁委员会或人民法院。根据《劳动法》第 18 条第 3 款的规定,劳动合同的无效,由劳动争议仲裁委员会或者人民法院确认。因此,除了劳动争议仲裁委员会或者人民法院外,其他任何组织、个人或当事人双方都无权确定劳动合同全部或部分无效。

0914 劳动合同被确认无效,劳动者可否拿到实际工作时间的报酬?

可以。根据《劳动合同法》第 28 条的规定,劳动合同被确认无效,劳动者已付出劳动的,用人单位应当向劳动者支付劳动报酬。劳动报酬的数额,参照本单位相同或者相近岗位劳动者的劳动报酬确定。

0915 集体合同可以代替个人的劳动合同吗?

不能一概而言。根据《劳动合同法》第 51 条第 1 款的规定,企业职工一方与用人单位通过平等协商,可以就劳动报酬、工作时间、休息休假、劳动安全卫生、保险福利等事项订立集体合同。集体合同草案应当提交职工代表大会或者全体职工讨论通过。第 55 条的规定,集体合同中劳动报酬和劳动条件等标准不得低于当地人民政府规定的最低标准;用人单位与劳动者订立的劳动合同中劳动报酬和劳动条件等标准不得低于集体合同规定的标准。因此,集体合同是对于劳动报酬、工作时间、加班休假、保险福利、职工培训、劳动安全、女职工特殊保护等方面的规定形成了一个基本标准。用人单位与劳动者个人签订个人劳动合同时,在劳动报酬和劳动条件等各方面的规定不能低于集体合同中的基本标准。个人劳动合同约定的内容如果低于这个标准,则应按集体合同的规定执行;个人劳动合同约定的内容如果高于这个标准,则按照个人劳动合同的约定执行。

0916 集体合同什么时候生效?

在劳动行政部门收到集体合同文本之日起 15 日内未提出异议后生效。根据《劳动合同法》第 54 条的规定,集体合同订立后,应当报送劳动行政部门;劳动行政部门自收到集体合同文本之日起 15 日内未提出异议的,集体合同即行生效。依法订立的集体合同对用人单位和劳动者具有约束力。行业性、区域性集体合同对当地本行业、本区域的用人单位和劳动者具有约束力。

0917 集体劳动合同出现争议，应该怎么处理？

需视不同情形而定。根据《劳动合同法》第56条的规定，用人单位违反集体合同，侵犯职工劳动权益的，工会可以依法要求用人单位承担责任；因履行集体合同发生争议，经协商解决不成的，工会可以依法申请仲裁、提起诉讼。

劳动合同的试用期

0918 用人单位可以随意约定试用期的长短吗？

不可以。根据《劳动合同法》第19条第1款的规定，劳动合同期限3个月以上不满1年的，试用期不得超过1个月；劳动合同期限1年以上不满3年的，试用期不得超过2个月；3年以上固定期限和无固定期限的劳动合同，试用期不得超过6个月。

0919 试用期是否包含在劳动合同期限内？

是的。根据《劳动合同法》第19条第4款的规定，试用期包含在劳动合同期限内。劳动合同仅约定试用期的，试用期不成立，该期限为劳动合同期限。

0920 对同一劳动者可否约定两次试用期？

根据《劳动合同法》第19条第2款的规定，同一用人单位与同一劳动者只能约定一次试用期。所以，当约定了试用期的用工合同终止或解除后，用人单位再次与同一劳动者签订劳动合同，或者调换其工作岗位、更换工种的，均不能再次约定试用期。

0921 试用期的工资只有转正工资的一半，合理吗？

不合理也不合法。根据《劳动合同法》第20条的规定，劳动者在试用期的工资不得低于本单位相同岗位最低档工资或者劳动合同约定工资的80%，并不得低于用人单位所在地的最低工资标准。

0922 任何劳动合同都需要约定试用期吗？

不是。首先，劳动合同属于私法领域，且法律并未要求劳动合同必须约定试用期，因此当事人可以约定劳动合同期限不包含试用期。其次，根据《劳动合同法》第19条第3款的规定，以完成一定工作任务为期限的劳动合同或者劳动合同期限不满3个月的，不得约定试用期。

0923 试用期内用人单位可以随时开除劳动者吗？

不可以。根据《劳动合同法》第21条的规定，在试用期中，除劳动者有本法第39条和第40条第1项、第2项规定的情形外，用人单位不得解除劳动合同。用人单位在试用期解除劳动合同的，应当向劳动者说明理由。因此，即便是试用期，用人单位也不能随意解除劳动合同，必须满足一定条件，用人单位才能解除劳动合同。

0924 试用期内，劳动者可以随时走人吗？

不可以。根据《劳动合同法》第37条的规定，劳动者提前30日以书面形式通知用人单位，可以解除劳动合同。劳动者在试用期内提前3日通知用人单位，可以解除劳动合同。第38条第2款的规定，用人单位以暴力、威胁或者非法限制人身自由的手段强迫劳动者劳动的，或者用人单位违章指挥、强令冒险作业危及劳动者人身安全的，劳动者可以立即解除劳动合同，不需事先告知用人单位。

0925 用人单位和劳动者约定的试用期过长，劳动者可否要求赔偿？

可以。根据《劳动合同法》第83条的规定，用人单位违反本法规定与劳动者约定试用期的，由劳动行政部门责令改正；违法约定的试用期已经履行的，由用人单位以劳动者试用期满月工资为标准，按已经履行的超过法定试用期的期间向劳动者支付赔偿金。

0926 用人单位安排1年的学徒期是否合法？

学徒工是我国计划经济时代遗留下来的一种新工人培训方式，正是依靠这种工人培养机制，培养出大量的熟练工人。1995年《劳动法》公布实施，全面实行劳动合同制，但是，学徒的培训方式并没有退出历史舞台，2008年《劳动合同法》公布实施，也没有对学徒期问题作出禁止性的规定，所以劳动合同中学徒期的约定并不违反法律的规定。但应当注意的问题是，学徒只是一种培训方式，学徒期也不是试用期，因此，不能以此为由，不与劳动者(学徒工)签订劳动合同，也不能与劳动者(学徒工)签订过长试用期的劳动合同，剥夺其作为劳动者应当享有的权利。

0927 试用期满签订劳动合同是否合法？

根据《劳动合同法》第10条的规定，建立劳动关系，应当订立书面劳动合同。已建立劳动关系，未同时订立书面劳动合同的，应当自用工之日起1个月内订立书面劳动合同。用人单位与劳动者在用工前订立劳动合同的，劳动关系自用工之日起建立。因此，用人单位可以先签合同后用工，也可以在用工的1个月内签订劳动合同，但是，不能不与劳动者签订劳动合同。根据《劳动合同法》第19条第4款的规定，试用期包含在劳动合同期限内。劳动合同仅约定试用期的，试用期不成立，该期限为劳动合同期限。因此，如果用人单位约定试用期满后与劳动者签订劳动合同，就意味着用人单位并未将试用期作为劳动合同的组成部分，那这一试用期的约定是不成立的，该期限应当直接认定为劳动合同期限。

0928 试用期是否也应该为员工缴纳社会保险？

很多企业在试用期内并不为员工缴纳社会保险，而是在员工正式转正以后才开始为员工缴纳社会保险，其实这种做法是错误的。根据《劳动合同法》第19条第4款的规定，试用期包含在劳动合同期限内。劳动合同仅约定试用期的，试用期不成立，该期限为劳动合同期限。因此，试用期属于劳动合同期限的范围，员工就有权享受各项社会保险，即养老保险、工伤保险、医疗保险、生育保险和失业保险。如果单位没有在职工试用期期间缴纳社会保险，可以在正式签订劳动合同之后为职工补缴。根据《劳动法》第72条的规定，社会保险基金按照保险类型确定资金来源，逐步实行社会统筹。用人单位和劳动者必须依法参加社会保险，缴纳社会保险费。因此，从《劳动法》该条的规定可以看出，用人单位和劳动者只要建立了劳动关系就应当依法参加社会保险，缴纳社会保险费。

无固定期限劳动合同

0929 无固定期限劳动合同不可以解除吗?

不是。无固定期限劳动合同相对于有固定期限劳动合同而言,只是未在合同中约定履行期限的一种劳动合同。它除了未约定合同履行期限的具体范围外,具备其他一般劳动合同的所有属性,当然也存在劳动合同的终止和解除情形。因此,只要出现《劳动合同法》规定的解除劳动合同的情形,无论用人单位还是劳动者,都有权依法解除劳动合同。

0930 劳动者在用人单位连续工作满10年就应当签订无固定期限劳动合同吗?

不是。根据《劳动合同法》第14条第2款第1项的规定,用人单位与劳动者协商一致,可以订立无固定期限劳动合同。有下列情形的,劳动者提出或者同意续订、订立劳动合同的,除劳动者提出订立固定期限劳动合同外,应当订立无固定期限劳动合同:劳动者在该用人单位连续工作满10年的。因此,根据上述条款,劳动者在该用人单位连续工作满10年只是双方签订无固定期限劳动合同的一个前提条件,双方还是可以协商一致签订固定期限劳动合同。

0931 连续订立2次3年劳动合同后,单位能拒绝签订无固定期限劳动合同吗?

在满足一定条件时可以拒绝。根据《劳动合同法》第14条第2款第3项的规定,用人单位与劳动者协商一致,可以订立无固定期限劳动合同。有下列情形之一,劳动者提出或者同意续订、订立劳动合同的,除劳动者提出订立固定期限劳动合同外,应当订立无固定期限劳动合同:连续订立2次固定期限劳动合同,且劳动者没有本法第39条和第40条第1项、第2项规定的情形,续订劳动合同的。

0932 在单位工作1年以上,单位仍然不签书面合同怎么办?

根据《劳动合同法》第14条第3款的规定,用人单位自用工之日起满1年不与劳动者订立书面劳动合同的,视为用人单位与劳动者已订立无固定期限劳动合同。第82条的规定,用人单位自用工之日起超过1个月不满1年未与劳动者订立书面劳动合同的,应当向劳动者每月支付2倍的工资。用人单位违反本法规定不与劳动者订立无固定期限劳动合同的,自应当订立无固定期限劳动合同之日起向劳动者每月支付2倍的工资。

劳动合同的履行

0933 用人单位变更工作地点怎么办?

工作地点是劳动合同的核心内容,《劳动合同法》将其列为劳动合同的必备条款,是劳资双方建立劳动关系最重要的因素之一。而在实际运作中,有时会出现用人单位的住所地或实际经营地址发生变化的情况,有时还会出现用人单位新建分部或厂房等情况,往往需要劳动者随之变化工作地点。此时一旦单位在合同期内因生产经营需要或其他原因调整劳动者工作地点的,双方应协商一致,用人单位应尽量提供相应的便捷措施以方便劳动者,如提供班车接送劳动者上下班等。而劳动者对于用人单位合理的变更要求应给予尽可能的理解,但如果确因客观情况发生重大变化如工作地点由一个市区搬迁到另一个市区,而劳动者已在原市区买房定居,涉及孩子上学等诸多因素,导致合同的确无法履行,双方又无法就变更合同达成协议的,则可按解除劳动合同处理,用人单位需要支付经济补偿金。

0934 用人单位变更了名称，是否需要解除或变更劳动合同？

不需要。根据《劳动合同法》第33条的规定，用人单位变更名称、法定代表人、主要负责人或者投资人等事项，不影响劳动合同的履行。

0935 用人单位被其他单位合并，会不会影响劳动合同的履行？

劳动合同可以继续履行。根据《劳动合同法》第34条的规定，用人单位发生合并或者分立等情况，原劳动合同继续有效，劳动合同由承继其权利和义务的用人单位继续履行。

0936 劳动者应征入伍，劳动合同应该怎么处理？

职工应征入伍后，企业应当与其继续保持劳动关系，但双方可以变更原劳动合同中具体的权利与义务条款。根据《兵役法》第55条第2款的规定，义务兵和服现役不满12年的士官入伍前是机关、团体、企业事业单位工作人员或者职工的，服役期间保留人事关系或者劳动关系；退出现役后可以选择复职复工。根据《军人抚恤优待条例》第33条第2款的规定，义务兵和初级士官入伍前是国家机关、社会团体、企业事业单位职工（含合同制人员）的，退出现役后，允许复工复职，并享受不低于本单位同岗位（工种）、同工龄职工的各项待遇；服现役期间，其家属继续享受该单位职工家属的有关福利待遇。因此，义务兵退伍后还应当享受优待政策。对于国家的这一规定，用人单位应当充分理解并全面执行，作为社会主义大家庭的一员，不能只考虑本单位的小团体利益，而不考虑国家利益。据此，在劳动者应征入伍的情况下，用人单位应当与应征入伍的职工保持劳动关系，可以协商中止劳动关系，而不解除劳动合同。

0937 用人单位的管理人员违章指挥，劳动者有权拒绝吗？

劳动者有权拒绝。根据《劳动合同法》第32条的规定，劳动者拒绝用人单位管理人员违章指挥、强令冒险作业的，不视为违反劳动合同。劳动者对危害生命安全和身体健康的劳动条件，有权对用人单位提出批评、检举和控告。

0938 用人单位将员工集中住宿，不允许外出，强迫工作，怎么办？

劳动者可以立即解除劳动合同。根据《劳动合同法》第38条第2款的规定，用人单位以暴力、威胁或者非法限制人身自由的手段强迫劳动者劳动的，或者用人单位违章指挥、强令冒险作业危及劳动者人身安全的；劳动者可以立即解除劳动合同，不需事先告知用人单位。

0939 变更劳动合同必须要采用书面形式吗？

变更劳动合同应当采用书面形式。根据《劳动合同法》第35条的规定，用人单位与劳动者协商一致，可以变更劳动合同约定的内容。变更劳动合同，应当采用书面形式。变更后的劳动合同文本由用人单位和劳动者各执一份。

劳动合同的解除

0940 协商一致解除劳动合同时，劳动者先提出与用人单位先提出一样吗？

不一样。根据《劳动合同法》第36条的规定，用人单位与劳动者协商一致，可以解除劳动合同。第46条第2项的规定，有下列情形之一的，用人单位应当向劳动者支付经济补偿：用人单位依照本法第36条规定向劳动者提出解除劳动合同并与劳动者协商一致解除劳动合同的。因此，如果用人单位先提出协商一致解除劳动合同，需要支付经济补偿金；如果劳动者先提出协商一致解除劳动合同，用人单位则可以不支付经济补偿金。

0941 劳动者是否一定要有合适的理由才能提出辞职？

不是。根据《劳动合同法》第37条的规定，劳动者提前30日以书面形式通知用人单位，可以解除劳动合同。劳动者在试用期内提前3日通知用人单位，可以解除劳动合同。因此，通常没有强求劳动者一定要有合适的辞职理由，但如果因为劳动者个人原因解除劳动合同而违反了劳动合同中的相关约定（如关于服务期的约定和竞业限制），构成违约的，劳动者应承担相应的违约责任，支付用人单位违约金。

0942 劳动者辞职时可以口头告知用人单位吗？

在劳动关系中，劳动者相对于用人单位而言始终处于弱势地位，从保护劳动者权益出发，法律赋予了劳动者单方解除劳动合同的权利。根据《劳动合同法》第37条的规定，劳动者提前30日以书面形式通知用人单位，可以解除劳动合同。劳动者在试用期内提前3日通知用人单位，可以解除劳动合同。因此，过了试用期的劳动者必须以书面形式通知用人单位解除劳动合同，试用期内的劳动者可以口头通知用人单位解除劳动合同。当然，建议劳动者不论是在试用期内还是在正式用工期内都以书面形式通知用人单位为好，因为这一时间的确定直接关系到解除预告期的起算时间，也关系到劳动者的工资等利益，所以必须采用慎重的方式来表达。

0943 劳动者违反规章制度，用人单位就可以解除劳动合同吗？

不是。根据《劳动合同法》第38条第1款第4项的规定，用人单位有下列情形的，劳动者可以解除劳动合同：用人单位的规章制度违反法律、法规的规定，损害劳动者权益的。第39条第2项的规定，劳动者有下列情形的，用人单位可以解除劳动合同：严重违反用人单位的规章制度的。因此，劳动者严重违反用人单位规章制度的，用人单位才可以解除劳动合同。但如果用人单位的规章制度违反法律、法规的规定，劳动者不仅可以不遵守此类规章制度，在其损害劳动者权益时，法律还赋予了劳动者解除劳动合同的权利。

0944 劳动者在外兼职，用人单位可以解除劳动合同吗？

不一定。根据《劳动合同法》第39条第4项的规定，劳动者有下列情形的，用人单位可以解除劳动合同：劳动者同时与其他用人单位建立劳动关系，对完成本单位的工作任务造成严重影响，或者经用人单位提出，拒不改正的。因此，在劳动者的兼职工作是同时与其他用人单位建立劳动关系，对完成本单位的工作任务造成严重影响，或者经用人单位提出反对意见，拒不改正的情况下，用人单位才可以解除劳动合同。

0945 劳动者在考核中位列最后，用人单位可以解除劳动合同吗？

根据《劳动合同法》第40条第2项的规定，有下列情形的，用人单位提前30日以书面形式通知劳动者本人或者额外支付劳动者1个月工资后，可以解除劳动合同：劳动者不能胜任工作，经过培训或者调整工作岗位，仍不能胜任工作的。因此，劳动者在考核中位列最后而不能胜任工作的，公司应当给予劳动者培训或换岗工作的机会，仍然不能胜任工作时，才可以解除劳动合同。

0946 劳动者被法院宣告失踪了，用人单位可以解除劳动合同吗？

宣告失踪是指自然人离开自己的住所，下落不明达到法定期限，经利害关系人申请，由人民法院对下落不明满一定期限的人宣告为失踪人的制度。为消除因自然人长期下落不明所造成的不利影响，法律通过宣告失踪制度，宣告下落不明人为失踪人，并为其设立财产代管人，目的在于结束失踪人财产关系的不确定状态，保护失踪人及利害关系人的利益。因此，当劳动者被法院宣告失踪之后，他的很多财产关系都在法律意义上结束了，对于用人单位而言，这个时候完全可以终止劳动合同，而不需要去解除劳动合同。如果被人民法院宣告死亡、宣告失踪的劳动者重新出现，劳动合同期限未满的，应当继续履行；因情况变化确实无法履行的，如劳动者的技能严重落伍无法适应工作，用人单位在支付一定经济补偿金后可以解除劳动合同。

0947 劳动者触犯《刑法》但被免予起诉，用人单位能否解除劳动合同？

劳动者被依法追究刑事责任的，用人单位可以解除劳动合同，根据《劳动合同法》第39条第6项的规定，劳动者有下列情形的，用人单位可以解除劳动合同：被依法追究刑事责任的。根据劳动部《关于贯彻执行〈中华人民共和国劳动法〉若干问题的意见》第29条的规定，劳动者被依法追究刑事责任的，用人单位可依据劳动法第25条解除劳动合同。“被依法追究刑事责任”是指：被人民检察院免予起诉的、被人民法院判处刑罚的、被人民法院依据刑法第32条免予刑事处分的。劳动者被人民法院判处拘役、3年以下有期徒刑缓刑的，用人单位可以解除劳动合同。因此，虽然被免予刑事起诉，但用人单位仍然可以解除劳动合同。

0948 出现什么情形，用人单位可以进行大规模裁减人员？

根据《劳动合同法》第41条第1款的规定，有下列情形之一，需要裁减人员20人以上或者裁减不足20人但占企业职工总数10%以上的，用人单位提前30日向工会或者全体职工说明情况，听取工会或者职工的意见后，裁减人员方案经向劳动行政部门报告，可以裁减人员：(1)依照企业破产法规定进行重整的；(2)生产经营发生严重困难的；(3)企业转产、重大技术革新或者经营方式调整，经变更劳动合同后，仍需裁减人员的；(4)其他因劳动合同订立时所依据的客观经济情况发生重大变化，致使劳动合同无法履行的。

0949 用人单位裁减人员必须经过什么程序？

如果企业裁减人员20人以下，且占企业职工总数又在10%以下的，符合《劳动合同法》规定的条件，企业可自行进行裁员。如果企业裁减人员20人以上或者裁减虽不足20人但占企业职工总数10%以上的，必须经过以下的程序后，才能进行裁员：(1)提前30日向工会或者全体职工说明情况，并提供有关生产经营状况的资料；(2)提出裁减人员方案，内容包括被裁减人员名单，裁减时间及实施步骤，符合法律、法规规定和集体合同约定的被裁减人员经济补偿办法；(3)将裁减人员方案征求工会或者职工的意见，并对方案进行修改和完善；(4)向当地劳动行政部门报告裁减人员方案，并听取劳动行政部门的意见；(5)由用人单位正式公布裁减人员方案，与被裁减人员办理解除劳动合同手续，按照有关规定向被裁减人员本人支付经济补偿金，出具相关证明。

0950 用人单位裁减人员应当优先留用哪些劳动者？

根据《劳动合同法》第41条第2款的规定，裁减人员时，应当优先留用下列人员：(1)与本单位订立较长期限的固定期限劳动合同的；(2)与本单位订立无固定期限劳动合同的；(3)家庭无其他就业人员，有需要扶养的老人或者未成年人的。

0951 解除劳动合同后，用人单位扣押劳动者档案怎么办？

可以申请劳动仲裁，对仲裁结果不服的，可向法院起诉。根据《劳动合同法》第50条第1款的规定，用人单位应当在解除或者终止劳动合同时出具解除或者终止劳动合同的证明，并在15日内为劳动者办理档案和社会保险关系转移手续。在救济方面，劳动者离职后，因社会保险或档案关系等移转手续办理与原单位产生争议的，可以作为劳动争议申请劳动仲裁；如对仲裁结果不服，还可以到人民法院起诉。

服务期、竞业限制与违约金

0952 哪些情形下用人单位可以约定劳动者支付违约金？

用人单位只有在劳动者违反服务期或者竞业限制时才能约定要求劳动者支付违约金。根据《劳动合同法》第22条第2款的规定，劳动者违反服务期约定的，应当按照约定向用人单位支付违约金。违约金的数额不得超过用人单位提供的培训费用。用人单位要求劳动者支付的违约金不得超过服务期尚未履行部分所应分摊的培训费用。第23条第2款的规定，对负有保密义务的劳动者，用人单位可以在劳动合同或者保密协议中与劳动者约定竞业限制条款，并约定在解除或者终止劳动合同后，在竞业限制期限内按月给予劳动者经济补偿。劳动者违反竞业限制约定的，应当按照约定向用人单位支付违约金。第25条的规定，除本法第22条和第23条规定的情形外，用人单位不得与劳动者约定由劳动者承担违约金。也就是说，劳动者只有在违反服务期约定或违反竞业限制约定时，才必须按照约定向用人单位支付违约金。除此之外，用人单位不得与劳动者约定由劳动者承担违约金。

0953 用人单位可以随意与劳动者约定服务期吗？

不可以，必须是提供专项培训费用、进行专业技术培训才可以。根据《劳动合同法》第22条第1款的规定，用人单位为劳动者提供专项培训费用，对其进行专业技术培训的，可以与该劳动者订立协议，约定服务期。

0954 针对服务期限的违约金如何确定数额？

以用人单位提供的培训费用为限。根据《劳动合同法》第22条第2款的规定，劳动者违反服务期约定的，应当按照约定向用人单位支付违约金。违约金的数额不得超过用人单位提供的培训费用。用人单位要求劳动者支付的违约金不得超过服务期尚未履行部分所应分摊的培训费用。

0955 什么叫竞业限制？

竞业限制，又称为竞业回避、竞业避让，是用人单位对员工采取的以保护其商业秘密和与知识产权相关保密事项为目的的一种法律措施，是根据法律规定或双方约定，在劳动关系解除或终止后的一定时期内，限制员工在离职后从事与本单位相同或相近似的竞争业务，包括不得在与本单位生产或者经营同类产品、从事同类业务的有竞争关系或其他利害关系的用人单位任职，也不得自己开业生产或者经营同类产品、从事同类业务。

0956 用人单位可以要求与哪些劳动者签订竞业限制条款或协议?

根据《劳动合同法》第 24 条第 1 款的规定,竞业限制的人员限于用人单位的高级管理人员、高级技术人员和其他负有保密义务的人员。竞业限制的范围、地域、期限由用人单位与劳动者约定,竞业限制的约定不得违反法律、法规的规定。具体而言,可以与用人单位签订竞业限制合同的主体主要包括以下几类人员:(1)高级管理人员。如总经理、副总经理、厂长、各部门的负责人等高级管理层人员。(2)高级技术人员。如用人单位的研究与开发人员等。(3)掌握特定信息的人员。如了解用人单位的生产计划、进度的市场计划和调度人员,管理重要档案的档案保管人员等。用人单位可根据工作岗位的具体职能与之签订不同内容的竞业限制协议。

0957 竞业限制条款里可以要求劳动者保守用人单位薪酬秘密吗?

根据《劳动合同法》第 23 条第 1 款的规定,用人单位与劳动者可以在劳动合同中约定保守用人单位的商业秘密和与知识产权相关的保密事项。竞业限制条款通常是出于维护用人单位的利益而制定的,内容通常是用人单位的商业秘密和与知识产权相关的事项,用人单位不能任意扩大适用范围,如果信息并不能被明确地归类为商业秘密或者与知识产权相关的事项,竞业限制条款将不具有约束力。

0958 竞业限制条款或协议中的范围、地域和期限怎么确定?

竞业限制协议中,竞业限制的范围、地域、期限均由用人单位与劳动者约定,但竞业限制的约定不得违反法律、法规的规定。比如从地域上来说,如果劳动者到与原单位距离远到完全没有竞争可能性的单位运用原来的专长工作,也不应当认为劳动者违反了竞业限制。另外,根据《劳动合同法》第 24 条第 2 款的规定,在解除或者终止劳动合同后,前款规定的人员到与本单位生产或者经营同类产品、从事同类业务的有竞争关系的其他用人单位,或者自己开业生产或者经营同类产品、从事同类业务的竞业限制期限,不得超过 2 年。

0959 保密协议中约定了竞业限制但未约定经济补偿,劳动者履行了竞业限制义务该如何受到补偿?

根据《最高人民法院关于审理劳动争议案件适用法律问题的解释(一)》第 36 条的规定,当事人在劳动合同或者保密协议中约定了竞业限制,但未约定解除或者终止劳动合同后给予劳动者经济补偿,劳动者履行了竞业限制义务,要求用人单位按照劳动者在劳动合同解除或者终止前 12 个月平均工资的 30%按月支付经济补偿的,人民法院应予支持。前款规定的月平均工资的 30%低于劳动合同履行地最低工资标准的,按照劳动合同履行地最低工资标准支付。

0960 劳动者违反竞业限制约定,向用人单位支付违约金后就可以不再继续履行竞业限制的义务吗?

根据《最高人民法院关于审理劳动争议案件适用法律问题的解释(一)》第 40 条的规定,劳动者违反竞业限制约定,向用人单位支付违约金后,用人单位要求劳动者按照约定继续履行竞业限制义务的,人民法院应予支持。因此,只要是在竞业限制的履行期限内,用人单位支付了补偿金,劳动者就需要遵守竞业限制的约定,不可"花钱免义务"。

0961 签订竞业禁止协议就意味着劳动者以后不可以再从事类似的工作了吗?

不是,是有时间限制的。按照《劳动合同法》第24条第2款的规定,在解除或者终止劳动合同后,前款规定的人员到与本单位生产或者经营同类产品、从事同类业务的有竞争关系的其他用人单位,或者自己开业生产或者经营同类产品、从事同类业务的竞业限制期限,不得超过2年。

经济补偿金

0962 用人单位被依法宣告破产的,是否要向劳动者支付经济补偿金?

《劳动合同法》第44条第4项规定,有下列情形的,劳动合同终止:用人单位被依法宣告破产的。第46条第6项规定,有下列情形的,用人单位应当向劳动者支付经济补偿:依照本法第44条第4项、第5项规定终止劳动合同的。根据《企业破产法》第107条第1款的规定,人民法院依照本法规定宣告债务人破产的,应当自裁定作出之日起5日内送达债务人和管理人,自裁定作出之日起10日内通知已知债权人,并予以公告。用人单位一旦被依法宣告破产,就进入破产清算程序,用人单位的主体资格消失,意味着劳动合同一方主体资格消失,劳动合同归于终止,在这种情况下,用人单位应当支付经济补偿金。

0963 用人单位被吊销营业执照、责令关闭、撤销或者用人单位决定提前解散的,是否要向劳动者支付补偿金?

《劳动合同法》第44条第5项规定,有下列情形的,劳动合同终止:用人单位被吊销营业执照、责令关闭、撤销或者用人单位决定提前解散的。第46条第6项规定,有下列情形的,用人单位应当向劳动者支付经济补偿:依照本法第44条第4项、第5项规定终止劳动合同的。因此,用人单位被吊销营业执照、责令关闭、撤销或者用人单位决定提前解散的,意味着劳动合同一方主体资格消失,劳动合同归于终止,在这种情况下,用人单位应当支付经济补偿金。

0964 以完成一定任务为期限的劳动合同因任务完成而终止的,用人单位是否也需要向劳动者支付经济补偿金?

根据《劳动合同法实施条例》第22条的规定,以完成一定工作任务为期限的劳动合同因任务完成而终止的,用人单位应当依照劳动合同法第47条的规定向劳动者支付经济补偿。

0965 劳动合同正常期满,也有可能获得经济补偿吗?

是的。《劳动合同法》第44条第1项的规定,有下列情形的,劳动合同终止:劳动合同期满的。第46条第5项规定,有下列情形之一的,用人单位应当向劳动者支付经济补偿:除用人单位维持或者提高劳动合同约定条件续订劳动合同,劳动者不同意续订的情形外,依照本法第44条第1项规定终止固定期限劳动合同的。

0966 经济补偿金是怎么计算的?

根据《劳动合同法》第47条的规定,经济补偿按劳动者在本单位工作的年限,每满1年支付1个月工资的标准向劳动者支付。6个月以上不满1年的,按1年计算;不满6个月的,向劳动者支付半个月工资的经济补偿。劳动者月工资高于用人单位所在直辖市、设区的市级人民政府公布的本地区上年度职工月平均工资3倍的,向其支付经济补偿的标准按职工月平均工资3倍的数额支付,向其支付经济补偿的年限最高不超过12年。本条所称月工资是指劳动者在劳动合同解除或者终止前12个月的平均工资。

0967 只要被无故解除劳动合同就有双倍赔偿吗?

是的。根据《劳动合同法》第48条的规定,用人单位违反本法规定解除或者终止劳动合同,劳动者要求继续履行劳动合同的,用人单位应当继续履行;劳动者不要求继续履行劳动合同或者劳动合同已经不能继续履行的,用人单位应当依照本法第87条规定支付赔偿金。第87条的规定,用人单位违反本法规定解除或者终止劳动合同的,应当依照本法第47条规定的经济补偿标准向劳动者支付赔偿金。

0968 劳动关系从2008年1月1日前延续至今,经济补偿金应如何计算?

2008年1月1日之前的经济补偿金依当时规定计算,之后的依《劳动合同法》第46条规定计算,两者相加即可。根据《劳动合同法》第97条第3款的规定,存续的劳动合同在本法施行后解除或者终止,依照本法第46条规定应当支付经济补偿的,经济补偿年限自本法施行之日起计算;本法施行前按照当时有关规定,用人单位应当向劳动者支付经济补偿的,按照当时有关规定执行。

0969 经济补偿金中的工作年限从何时开始计算?

劳动者在单位工作的年限,应当自劳动者在该用人单位开始工作之日起计算,如果由于各种原因,用人单位未与劳动者及时签订劳动合同的,不影响工作年限的计算。如果劳动者连续为同一用人单位提供劳动,先后签订了几份劳动合同,工作年限应该自劳动者首次在该用人单位开始工作之日起计算。

0970 劳动者在同一用人单位工作时间有间隔的工作年限如何计算?

如果劳动者在同一用人单位有间隔的,应该以最后连续工作的时间为准,不能累计计算。例如,张某在2009年6月1日至12月1日在某公司工作,后因各种原因,张某离开公司,2014年12月1日至2018年11月30日张某又在该公司工作,那么张某在该公司的工作年限就应该是4年,而不是4年6个月。

0971 企业分立、合并后工作年限如何计算?

根据《劳动合同法实施条例》第10条的规定,劳动者非因本人原因从原用人单位被安排到新用人单位工作的,劳动者在原用人单位的工作年限合并计算为新用人单位的工作年限。原用人单位已经向劳动者支付经济补偿的,新用人单位在依法解除、终止劳动合同计算支付经济补偿的工作年限时,不再计算劳动者在原用人单位的工作年限。

0972 如何认定经济补偿金计算标准中的月工资?

根据《劳动合同法》第47条的规定,经济补偿按劳动者在本单位工作的年限,每满1年支付1个月工资的标准向劳动者支付。6个月以上不满1年的,按1年计算;不满6个月的,向劳动者支付半个月工资的经济补偿。劳动者月工资高于用人单位所在直辖市、设区的市级人民政府公布的本地区上年度职工月平均工资3倍的,向其支付经济补偿的标准按职工月平均工资3倍的数额支付,向其支付经济补偿的年限最高不超过12年。本条所称月工资是指劳动者在劳动合同解除或者终止前12个月的平均工资。根据《劳动合同法实施条例》第27条的规定,《劳动合同法》第47条规定的经济补偿的月工资按照劳动者应得工资计算,包括计时工资或者计件工资以及奖金、津贴和补贴等货币性收入。劳动者在劳动合同解除或者终止前12个月的平均工资低于当地最低工资标准的,按照当地最低工资标准计算。劳动者工作不满12个月的,按照实际工作的月数计算平均工资。

0973 经济补偿金是否需要交纳个人所得税?

根据《财政部、国家税务总局关于个人所得税法修改后有关优惠政策衔接问题的通知》第5条第1项的规定,关于解除劳动关系、提前退休、内部退养的一次性补偿收入的政策:个人与用人单位解除劳动关系取得一次性补偿收入(包括用人单位发放的经济补偿金、生活补助费和其他补助费),在当地上年职工平均工资3倍数额以内的部分,免征个人所得税;超过3倍数额的部分,不并入当年综合所得,单独适用综合所得税率表,计算纳税。

0974 用人单位不按规定支付经济补偿金怎么办?

可以通过行政手段处理。根据《劳动合同法》第85条第4项的规定,用人单位有下列情形的,由劳动行政部门责令限期支付劳动报酬、加班费或者经济补偿;劳动报酬低于当地最低工资标准的,应当支付其差额部分;逾期不支付的,责令用人单位按应付金额50%以上100%以下的标准向劳动者加付赔偿金:解除或者终止劳动合同,未依照本法规定向劳动者支付经济补偿的。

除了以上的行政手段,劳动者还可以通过劳动仲裁及法院诉讼的方式,向用人单位主张经济补偿金。

劳务派遣与非全日制用工

0975 用人单位招人后直接将劳动者派到其他单位工作,合法吗?

如果是劳务派遣公司,则这种行为合法。用人单位招人不用人,而直接将劳动者派到其他单位工作在法律上被称为劳务派遣。这是一种新型的用工方式,《劳动合同法》第一次通过法律的形式对劳务派遣用工形式进行了确认和规范,因而劳务派遣行为是合法的。根据《劳动合同法》第92条第1款的规定,违反本法规定,未经许可,擅自经营劳务派遣业务的,由劳动行政部门责令停止违法行为,没收违法所得,并处违法所得1倍以上5倍以下的罚款;没有违法所得的,可以处5万元以下的罚款。由此可见,这里的用人单位必须是符合法律规定的劳务派遣公司,一般的用人单位是不能进行劳务派遣活动的。

0976 哪些岗位可以采用劳务派遣的用工形式?

根据《劳务派遣暂行规定》第3条第1款和第2款的规定,用工单位只能在临时性、辅助性或者替代性的工作岗位上使用被派遣劳动者。前款规定的临时性工作岗位是指存续时间不超过6个月的岗位;辅助性工作岗位是指为主营业务岗位提供服务的非主营业务岗位;替代性工作岗位是指用工单位的劳动者因脱产学习、休假等原因无法工作的一定期间内,可以由其他劳动者替代工作的岗位。

0977 使用劳务派遣的劳动者在数量上是否有限制?

根据《劳务派遣暂行规定》第3条第3款的规定,用工单位决定使用被派遣劳动者的辅助性岗位,应当经职工代表大会或者全体职工讨论,提出方案和意见,与工会或者职工代表平等协商确定,并在用工单位内公示。第 4 条第 1 款和第 2 款的规定,用工单位应当严格控制劳务派遣用工数量,使用的被派遣劳动者数量不得超过其用工总量的 10%。前款所称用工总量是指用工单位订立劳动合同人数与使用的被派遣劳动者人数之和。

0978 劳务派遣协议的内容应当包含哪些?

根据《劳务派遣暂行规定》第 7 条的规定,劳务派遣协议应当载明下列内容:(1)派遣的工作岗位名称和岗位性质;(2)工作地点;(3)派遣人员数量和派遣期限;(4)按照同工同酬原则确定的劳动报酬数额和支付方式;(5)社会保险费的数额和支付方式;(6)工作时间和休息休假事项;(7)被派遣劳动者工伤、生育或者患病期间的相关待遇;(8)劳动安全卫生以及培训事项;(9)经济补偿等费用;(10)劳务派遣协议期限;(11)劳务派遣服务费的支付方式和标准;(12)违反劳务派遣协议的责任;(13)法律、法规、规章规定应当纳入劳务派遣协议的其他事项。

0979 劳务派遣单位应当对被派遣劳动者履行哪些义务?

根据《劳务派遣暂行规定》第 8 条的规定,劳务派遣单位应当对被派遣劳动者履行下列义务:(1)如实告知被派遣劳动者劳动合同法第 8 条规定的事项、应遵守的规章制度以及劳务派遣协议的内容;(2)建立培训制度,对被派遣劳动者进行上岗知识、安全教育培训;(3)按照国家规定和劳务派遣协议约定,依法支付被派遣劳动者的劳动报酬和相关待遇;(4)按照国家规定和劳务派遣协议约定,依法为被派遣劳动者缴纳社会保险费,并办理社会保险相关手续;(5)督促用工单位依法为被派遣劳动者提供劳动保护和劳动安全卫生条件;(6)依法出具解除或者终止劳动合同的证明;(7)协助处理被派遣劳动者与用工单位的纠纷;(8)法律、法规和规章规定的其他事项。

0980 劳务派遣单位可以与劳动者签订非全日制用工合同吗?

根据《劳动合同法》第 58 条第 2 款的规定,劳务派遣单位应当与被派遣劳动者订立 2 年以上的固定期限劳动合同,按月支付劳动报酬;被派遣劳动者在无工作期间,劳务派遣单位应当按照所在地人民政府规定的最低工资标准,向其按月支付报酬。根据《劳务派遣暂行规定》第 5 条的规定,劳务派遣单位应当依法与被派遣劳动者订立 2 年以上的固定期限书面劳动合同。根据《劳动合同法实施条例》第 30 条的规定,劳务派遣单位不得以非全日制用工形式招用被派遣劳动者。因此,劳务派遣单位不可以与劳动者签订非全日制用工合同,而要与劳动者签订 2 年以上固定期限的书面劳动合同。

0981 劳务派遣公司是中介机构吗?

不是。劳务派遣公司不是中介机构,它是法律上的用人单位,应当履行用人单位对劳动者的义务。

0982 劳务派遣公司与劳动者签订合同有特殊规定吗?

根据《劳动合同法》第 58 条的规定,劳务派遣单位是该法所称用人单位,应当履行用人单位对劳动者的义务。劳务派遣单位与被派遣劳动者订立的劳动合同,除应当载明本法第 17 条规定的事项外,还应当载明被派遣劳动者的用工单位以及派遣期限、工作岗位等情况。劳务派遣单位应当与被派遣劳动者订立 2 年以上的固定期限劳动合同,按月支付劳动报酬;被派遣劳动者在无工作期间,劳务派遣单位应当按照所在地人民政府规定的最低工资标准，向其按月支付报酬。

0983 劳务派遣公司和实际用工单位协商，由实际用工单位按月向劳动者发放报酬可以吗？

2014年3月1日，《劳务派遣暂行规定》实施以后，不可以这样约定。《劳务派遣暂行规定》明确了劳动者的报酬需要由劳务派遣单位按月发放，无论劳动者是不是在被派遣期间。根据《劳动合同法》第58条第2款的规定，劳务派遣单位应当与被派遣劳动者订立2年以上的固定期限劳动合同，按月支付劳动报酬；被派遣劳动者在无工作期间，劳务派遣单位应当按照所在地人民政府规定的最低工资标准，向其按月支付报酬。

0984 劳务派遣公司可以向劳动者收取费用吗？

劳务派遣单位和用工单位均不得向被派遣劳动者收取费用。劳务派遣单位是被派遣劳动者的用人单位，而不是为该劳动者介绍工作的职业中介机构。虽然，劳务派遣单位是以派遣劳动者作为经营范围的公司，其必然需要有收入来源。但是，这种收入来源只能是依据与用工单位订立的劳务派遣协议的约定向用工单位收取一定的服务费用，而不能向被派遣劳动者收取任何费用。

0985 劳务派遣单位克扣用工单位支付给劳动者的报酬怎么处理？

劳务派遣单位不得克扣用工单位按照劳务派遣协议支付给被派遣劳动者的劳动报酬。根据《劳动合同法》第92条第2款的规定，劳务派遣单位、用工单位违反本法有关劳务派遣规定的，由劳动行政部门责令限期改正；逾期不改正的，以每人5000元以上10,000元以下的标准处以罚款，对劳务派遣单位，吊销其劳务派遣业务经营许可证。用工单位给被派遣劳动者造成损害的，劳务派遣单位与用工单位承担连带赔偿责任。

0986 劳务派遣中，谁为劳动者上各种社会保险呢？

由劳务派遣单位履行这一义务。法律上劳务派遣单位是员工的劳动关系相对方。根据《劳务派遣暂行规定》第8条第4项的规定，劳务派遣单位应当对被派遣劳动者履行下列义务：按照国家规定和劳务派遣协议约定，依法为被派遣劳动者缴纳社会保险费，并办理社会保险相关手续。

0987 跨区域派遣中可否以社保水平低的区域为劳动者缴纳社保？

不可以。在现实生活中，很多劳动者是跨区域派遣的，因此，就存在劳务派遣单位为节省成本而按照社会保险水平低的区域为派遣劳动者缴纳社会保险，这极大损害派遣劳动者的利益，是法律所禁止的。根据《劳务派遣暂行规定》第18条的规定，劳务派遣单位跨地区派遣劳动者的，应当在用工单位所在地为被派遣劳动者参加社会保险，按照用工单位所在地的规定缴纳社会保险费，被派遣劳动者按照国家规定享受社会保险待遇。第19条的规定，劳务派遣单位在用工单位所在地设立分支机构的，由分支机构为被派遣劳动者办理参保手续，缴纳社会保险费。劳务派遣单位未在用工单位所在地设立分支机构的，由用工单位代劳务派遣单位为被派遣劳动者办理参保手续，缴纳社会保险费。第20条的规定，劳务派遣单位、用工单位违反《劳动合同法》和《劳动合同法实施条例》有关劳务派遣规定的，按照劳动合同法第92条规定执行。根据《劳动合同法》第92条第2款的规定，劳务派遣单位、用工单位违反该法有关劳务派遣规定的，由劳动行政部门责令限期改正；逾期不改正的，以每人5000元以上10,000元以下的标准处以罚款，对劳务派遣单位，吊销其劳务派遣业务经营许可证。用工单位给被派遣劳动者造成损害的，劳务派遣单位与用工单位承担连带赔偿责任。

0988 用人单位将劳动者退回派遣单位的条件是什么？

根据《劳务派遣暂行规定》第12条第1款的规定，有下列情形之一的，用工单位可以将被派遣劳动者退回劳务派遣单位：（1）用工单位有《劳动合同法》第40条第3项、第41条规定情形的；（2）用工单位被依法宣告破产、吊销营业执照、责令关闭、撤销、决定提前解散或者经营期限届满不再继续经营的；（3）劳务派遣协议期满终止的。第13条的规定，被派遣劳动者有《劳动合同法》第42条规定情形的，在派遣期限届满前，用工单位不得依据本规定第12条第1款第1项规定将被派遣劳动者退回劳务派遣单位；派遣期限届满的，应当延续至相应情形消失时方可退回。

0989 劳动者被劳务派遣后，用工单位可以二次派遣吗？

不可以。根据《劳动合同法》第62条第2款的规定，用工单位不得将被派遣劳动者再派遣到其他用人单位。

0990 被派遣的劳动者工资只有正式员工的60%，合理吗？

不合理，应该同工同酬。根据《劳动合同法》第63条第1款的规定，被派遣劳动者享有与用工单位的劳动者同工同酬的权利。用工单位应当按照同工同酬原则，对被派遣劳动者与本单位同类岗位的劳动者实行相同的劳动报酬分配办法。用工单位无同类岗位劳动者的，参照用工单位所在地相同或者相近岗位劳动者的劳动报酬确定。

0991 被派遣的劳动者表现不好，用工单位能直接开除他吗？

不可以。因为劳动关系存在于被派遣的劳动者和劳务派遣单位之间，所以只能由劳务派遣单位来解除。根据《劳动合同法》第65条第2款的规定，被派遣劳动者有本法第39条和第40条第1项、第2项规定情形的，用工单位可以将劳动者退回劳务派遣单位，劳务派遣单位依照本法有关规定，可以与劳动者解除劳动合同。

0992 被派遣的劳动者权益受到侵害，应该向谁主张权利要求呢？

根据《劳动合同法》第58条第1款的规定，劳务派遣单位是本法所称用人单位，应当履行用人单位对劳动者的义务。劳务派遣单位与被派遣劳动者订立的劳动合同，除应当载明本法第17条规定的事项外，还应当载明被派遣劳动者的用工单位以及派遣期限、工作岗位等情况。由此可见，劳务派遣单位与劳动者形成劳动关系。因此，劳动者因履行劳务派遣合同产生劳动争议而起诉，以劳务派遣单位为被告；争议内容涉及用工单位的，以劳务派遣单位和用工单位为共同被告。

0993 用人单位为了用工方便，可以自设劳务派遣公司吗？

根据《劳动合同法》第67条的规定，用人单位不得设立劳务派遣单位向本单位或者所属单位派遣劳动者。这里的“所属单位”可以理解为：（1）母公司与子公司的关系；（2）集团公司与下属公司的关系；（3）具有关联性质的公司关系。根据《劳动合同法实施条例》第28条的规定，用人单位或者其所属单位出资或者合伙设立的劳务派遣单位，向本单位或者所属单位派遣劳动者的，属于《劳动合同法》第67条规定的不得设立的劳务派遣单位。

0994 什么是非全日制用工？

根据《劳动合同法》第68条的规定，非全日制用工，是指以小时计酬为主，劳动者在同一用人单位一般平均每日工作时间不超过4小时，每周工作时间累计不超过24小时的用工形式。

0995 用人单位对小时工可以按月结算工资吗？

不可以。根据《劳动合同法》第72条第2款的规定，非全日制用工劳动报酬结算支付周期最长不能超过15日。也就是说，用工单位支付小时工工资的结算周期不能超过15天，所以，不能按月结算。

0996 劳动者在用人单位做小时工，可以随时走人吗？

可以。非全日制用工的主要特点就是灵活。根据《劳动合同法》第71条的规定，非全日制用工双方当事人任何一方都可以随时通知对方终止用工。终止用工，用人单位不向劳动者支付经济补偿。

0997 非全日制劳动合同终止时用人单位要支付经济补偿吗？

根据《劳动合同法》第71条的规定，非全日制用工双方当事人任何一方都可以随时通知对方终止用工。终止用工，用人单位不向劳动者支付经济补偿。由此可见，由于非全日制用工具有弹性大、非全时、流动性的特点，且劳动报酬结算周期短，难以实行全日制用工的经济补偿制度，因而非全日制用工终止，用人单位不向劳动者支付经济补偿。

工资工时

工资问题

0998 工资包括哪些组成部分？

根据《劳动部关于贯彻执行〈中华人民共和国劳动法〉若干问题的意见》第53条的规定，劳动法中的“工资”是指用人单位依据国家有关规定或劳动合同的约定，以货币形式直接支付给本单位劳动者的劳动报酬，一般包括计时工资、计件工资、奖金、津贴和补贴、延长工作时间的工资报酬以及特殊情况下支付的工资等。

0999 用人单位包吃包住，实际支付的报酬就可以低于最低工资标准吗？

不可以。根据《劳动部关于贯彻执行〈中华人民共和国劳动法〉若干问题的意见》第54条的规定，《劳动法》第48条中的“最低工资”是指劳动者在法定工作时间内履行了正常劳动义务的前提下，由其所在单位支付的最低劳动报酬。最低工资不包括延长工作时间的工资报酬，以货币形式支付的住房和用人单位支付的伙食补贴，中班、夜班、高温、低温、井下、有毒、有害等特殊工作环境和劳动条件下的津贴，国家法律、法规、规章规定的社会保险福利待遇。

1000 劳动报酬可以通过有价证券支付吗？

不可以。根据《劳动法》第50条的规定，工资应当以货币形式按月支付给劳动者本人。不得克扣或者无故拖欠劳动者的工资。根据《工资支付暂行规定》第5条的规定，工资应当以法定货币支付。不得以实物及有价证券替代货币支付。

1001 劳动报酬只能支付给劳动者本人吗？支付时需要注意什么？

不是绝对的。根据《工资支付暂行规定》第6条的规定，用人单位应将工资支付给劳动者本人。劳动者本人因故不能领取工资时，可由其亲属或委托他人代领。用人单位可委托银行代发工资。用人单位必须书面记录支付劳动者工资的数额、时间、领取者的姓名以及签字，并保存2年以上备查。用人单位在支付工资时应向劳动者提供一份其个人的工资清单。

1002 用人单位应在何时向员工支付工资？

需要视具体情况而定。根据《工资支付暂行规定》第7条的规定，工资必须在用人单位与劳动者约定的日期支付。如遇节假日或休息日，则应提前在最近的工作日支付。工资至少每月支付一次，实行周、日、小时工资制的可按周、日、小时支付工资。第8条的规定，对完成一次性临时劳动或某项具体工作的劳动者，用人单位应按有关协议或合同规定在其完成劳动任务后即支付工资。第9条的规定，劳动关系双方依法解除或终止劳动合同时，用人单位应在解除或终止劳动合同时一次付清劳动者工资。

1003 劳动者作为证人在工作时间出庭，用人单位可以扣工资吗？

不可以。根据《工资支付暂行规定》第10条的规定，劳动者在法定工作时间内依法参加社会活动期间，用人单位应视同其提供了正常劳动而支付工资。社会活动包括：依法行使选举权或被选举权；当选代表出席乡（镇）、区以上政府、党派、工会、青年团、妇女联合会等组织召开的会议；出任人民法庭证明人；出席劳动模范、先进工作者大会；《工会法》规定的不脱产工会基层委员会委员因工会活动占用的生产或工作时间；其他依法参加的社会活动。

1004 哪些情况下用人单位延期支付工资不属于无故拖欠工资？

一般情况下，用人单位无正当理由延期支付工资，属于无故拖欠工资的行为，但也存在例外情况。根据《工资支付暂行规定》第18条第1项的规定，各级劳动行政部门有权监察用人单位工资支付的情况。用人单位有下列侵害劳动者合法权益行为的，由劳动行政部门责令其支付劳动者工资和经济补偿，并可责令其支付赔偿金：克扣或者无故拖欠劳动者工资的。根据《对〈工资支付暂行规定〉有关问题的补充规定》第4条的规定，规定第18条所称“无故拖欠”系指用人单位无正当理由超过规定付薪时间未支付劳动者工资。不包括：（1）用人单位遇到非人力所能抗拒的自然灾害、战争等原因，无法按时支付工资；（2）用人单位确因生产经营困难、资金周转受到影响，在征得本单位工会同意后，可暂时延期支付劳动者工资，延期时间的最长限制可由各省、自治区、直辖市劳动行政部门根据各地情况确定。其他情况下拖欠工资均属无故拖欠。

1005 哪些情况下用人单位减发工资不属于克扣工资？

一般情况下，用人单位无正当理由扣减劳动者应得的工资，属于克扣工资的行为，但也存在例外情况。根据《工资支付暂行规定》第15条的规定，用人单位不得克扣劳动者工资。有下列情况之一的，用人单位可以代扣劳动者工资：（1）用人单位代扣代缴的个人所得税（根据2019年1月1日实施的新《个人所得税法实施条例》，用人单位的代扣代缴修改为预扣预缴申报）；（2）用人单位代扣代缴的应由劳动者个人负担的各项社会保险费用；（3）法院判决、裁定中要求代扣的抚养费、赡养费；（4）法律、法规规定可以从劳动者工资中扣除的其他费用。根据《对〈工资支付暂行规定〉有关问题的补充规定》第3条的规定，规定第15条中所称“克扣”系指用人单位无正当理由扣减劳动者应得工资（在劳动者已提供正常劳动的前提下用人单位按劳动合同规定的标准应当支付给劳动者的全部劳动报酬）。不包括以下减发工资的情况：（1）国家的法律、法规中有明确规定的；（2）依法签订的劳动合同中有明确规定的；（3）用人单位依法制定并经职代会批准的厂规、厂纪中有明确规定的；（4）企业工资总额与经济效益相联系，经济效益下浮时，工资必须下浮的（但支付给劳动者工资不得低于当地最低工资标准）；（5）因劳动者请事假等相应减发工资等。

1006 劳动者给用人单位造成损失，可以扣劳动者工资吗？

可以。根据《工资支付暂行规定》第16条的规定，因劳动者本人原因给用人单位造成经济损失的，用人单位可按照劳动合同的约定要求其赔偿经济损失。经济损失的赔偿，可从劳动者本人的工资中扣除。但每月扣除的部分不得超过劳动者当月工资的20%。若扣除后的剩余工资部分低于当地月最低工资标准，则按最低工资标准支付。

1007 用人单位拖欠工资，劳动者怎么快速讨薪？

可向当地人民法院申请支付令。根据《劳动合同法》第30条第2款的规定，用人单位拖欠或者未足额支付劳动报酬的，劳动者可以依法向当地人民法院申请支付令，人民法院应当依法发出支付令。具体来说，支付令由劳动者向有管辖权的基层人民法院，通常是向用人单位所在地的基层人民法院申请，申请书上写明请求给付劳动报酬的数额和所根据的事实、证据，提供单位所在地址、法定代表人和联系方式即可。如果单位不提出异议的，劳动者便可以申请法院强制执行。

1008 关于劳动报酬的约定不明确时怎么办？

在实践中，很多用人单位与劳动者建立劳动关系不订立劳动合同，对劳动报酬的具体事项，包括金额、支付方式和时间等，仅仅作了口头约定，或者约定不明确，很容易发生争议。根据《劳动合同法》第11条的规定，用人单位未在用工的同时订立书面劳动合同，与劳动者约定的劳动报酬不明确的，新招用的劳动者的劳动报酬按照集体合同规定的标准执行；没有集体合同或者集体合同未规定的，实行同工同酬。

1009 哪些情形下劳动者可以申请支付令？

有下列情况之一的，劳动者可以申请支付令：（1）根据《劳动合同法》第30条第2款的规定，用人单位拖欠或者未足额支付劳动报酬的，劳动者可以依法向当地人民法院申请支付令，人民法院应当依法发出支付令。（2）根据《劳动争议调解仲裁法》第16条的规定，因支付拖欠劳动报酬、工伤医疗费、经济补偿或者赔偿金事项达成调解协议，用人单位在协议约定期限内不履行的，劳动者可以持调解协议书依法向人民法院申请支付令。人民法院应当依法发出支付令。

1010 申请支付令必须具备哪些条件？

根据《民事诉讼法》第214条的规定，债权人请求债务人给付金钱、有价证券，符合下列条件的，可以向有管辖权的基层人民法院申请支付令：(1)债权人与债务人没有其他债务纠纷的；(2)支付令能够送达债务人的。申请书应当写明请求给付金钱或者有价证券的数量和所根据的事实、证据。因此，在劳动者与用人单位没有其他债务纠纷，且支付令能够送达用人单位的情况下，劳动者可以向人民法院申请支付令。

1011 用人单位收到支付令既不提出异议又不履行怎么办？

根据《民事诉讼法》第216条的规定，人民法院受理申请后，经审查债权人提供的事实、证据，对债权债务关系明确、合法的，应当在受理之日起15日内向债务人发出支付令；申请不成立的，裁定予以驳回。债务人应当自收到支付令之日起15日内清偿债务，或者向人民法院提出书面异议。债务人在前款规定的期间不提出异议又不履行支付令的，债权人可以向人民法院申请执行。因此，劳动者提起支付令之后，用人单位应当自收到支付令之日起15日内清偿债务，或者向人民法院提出书面异议。如用人单位收到支付令超过15日，既不提出异议也不履行支付令，劳动者可以向人民法院申请强制执行。

1012 用人单位破产的，劳动者的工资怎么办？

根据《企业破产法》第113条第1款第1项的规定，破产财产在优先清偿破产费用和共益债务后，优先清偿破产人所欠职工的工资和医疗、伤残补助、抚恤费用，所欠的应当划入职工个人账户的基本养老保险、基本医疗保险费用，以及法律、行政法规规定应当支付给职工的补偿金。因此，用人单位破产的，在优先清偿破产费用和共益债务后，进行破产财产分配时应当首先支付破产企业所欠职工的工资和劳动保险费用，支付后若还有剩余，才能清偿破产企业所欠税款和其他普通破产债务。

1013 以经营状况不好为由降低劳动者工资是否违法？

不一定。工资报酬是《劳动法》《劳动合同法》所规定的劳动合同的必备条款。当劳动合同明确约定工资支付的标准时，用人单位必须严格履行。当然，若存在如下情形，用人单位有权对约定的工资标准做适当的调整：(1)用人单位与劳动者进行充分、平等的协商，可以对劳动合同约定的工资待遇做相应的调整；(2)劳动合同中约定了有关工资标准调整、变更的事项，待约定事项出现时，用人单位可以对工资待遇进行调整；(3)用人单位依据法定程序可以制定并公布本单位相应的工资支付规则，明确规定工资调整的范围、条件、方法等事项。对于相应的规章制度，可以作为劳动合同的附件，与劳动合同一同遵守。此时，用人单位可以按照规章制度对工资待遇做相应的调整，但无论如何调整，在降低工资待遇时都不得低于当地最低工资标准。如果劳动者认为用人单位无正当理由扣减劳动者应得工资的，有权向劳动行政部门举报，也可以依法申请调解、仲裁，对仲裁裁决不服的，可以向人民法院提起诉讼。

1014 奖金能否折抵加班费？

对于奖金，由于是用人单位的内部激励机制，是对劳动者的一种奖励，法律并没有强制性规定必须支付。

但是，如果劳动合同或者用人单位的规章制度明确规定了有关奖金的问题，用人单位必须按照约定支付，不能将奖金与加班费混同。

工作时间与休假

1015 我国工时制度有哪些形式？

工时制度是指关于劳动者的工作时间及其计算的制度。根据我国《劳动法》的规定，工时制度有3种：标准工时制度、综合计算工时工作制、不定时工作制。

1016 哪些劳动者可以实行综合计算工时制度？

根据《关于企业实行不定时工作制和综合计算工时工作制的审批办法》第5条的规定，企业对符合下列条件之一的职工，可实行综合计算工时工作制，即分别以周、月、季、年等为周期，综合计算工作时间，但其平均日工作时间和平均周工作时间应与法定标准工作时间基本相同：(1)交通、铁路、邮电、水运、航空、渔业等行业中因工作性质特殊，需连续作业的职工；(2)地质及资源勘探、建筑、制盐、制糖、旅游等受季节和自然条件限制的行业的部分职工；(3)其他适合实行综合计算工时工作制的职工。

1017 哪些劳动者可以实行不定时工作制度？

根据《关于企业实行不定时工作制和综合计算工时工作制的审批办法》第4条的规定，企业对符合下列条件之一的职工，可以实行不定时工作制：(1)企业中的高级管理人员、外勤人员、推销人员、部分值班人员和其他因工作无法按标准工作时间衡量的职工；(2)企业中的长途运输人员、出租汽车司机和铁路、港口、仓库的部分装卸人员以及因工作性质特殊，需机动作业的职工；(3)其他因生产特点、工作特殊需要或职责范围的关系，适合实行不定时工作制的职工。

1018 实行标准工时制度的用人单位，对延长工作时间有何限制？

根据《劳动法》第41条的规定，用人单位由于生产经营需要，经与工会和劳动者协商后可以延长工作时间，一般每日不得超过1小时；因特殊原因需要延长工作时间的，在保障劳动者身体健康的条件下延长工作时间每日不得超过3小时，但是每月不得超过36小时。

1019 实行不定时工作制的用人单位，对延长工作时间有限制吗？

无明确限制，但应保证职工的休息休假权。经批准实行不定时工作制的职工，不受劳动法关于日延长工作时间标准和月延长工作时间标准的限制。根据《关于企业实行不定时工作制和综合计算工时工作制的审批办法》第6条的规定，对于实行不定时工作制和综合计算工时工作制等其他工作和休息办法的职工，企业应根据《劳动法》第1章、第4章有关规定，在保障职工身体健康并充分听取职工意见的基础上，采用集中工作、集中休息、轮休调休、弹性工作时间等适当方式，确保职工的休息休假权利和生产、工作任务的完成。

1020 什么情况下，用人单位可以延长工作时间？

根据《劳动法》第41条的规定，用人单位由于生产经营需要，经与工会和劳动者协商后可以延长工作时间，一般每日不得超过1小时；因特殊原因需要延长工作时间的，在保障劳动者身体健康的条件下延长工作时间每日不得超过3小时，但每月不得超过36小时。第42条的规定，有下列情形之一的，延长工作时间不受本法第41条规定的限制：(1)发生自然灾害、事故或者因其他原因，威胁劳动者生命健康和财产安全，需要紧急处理的；(2)生产设备、交通运输线路、公共设施发生故障，影响生产和公共利益,必须及时抢修的;(3)法律、行政法规规定的其他情形。

1021 用人单位在什么情形下应当缩短劳动者的工作时间?

目前我国实行缩短工作时间的劳动者有以下几种:

(1)从事矿山、井下、高山、高温、低温、有毒有害,特别繁重或过度紧张的劳动的职工,实行每日工作少于8小时的工作时间;

(2)从事夜班工作的劳动者;

(3)在哺乳期工作的女职工;

(4)其他依法可以缩短工作日工作制的职工。如在特殊条件下从事劳动和有特殊情况,需要在每周工作40小时的基础上再适当缩短工作时间的,应在保证完成生产和工作任务的前提下,根据《劳动法》第36条的规定,由企业根据实际情况决定。

1022 用人单位安排加班只需直接通知劳动者就可以了吗?

用人单位安排劳动者加班,需要注意以下一些问题:首先,用人单位的加班安排必须事出有因,即需要符合可以延长工作时间的条件;其次,用人单位决定安排劳动者加班,应把安排加班的理由、涉及人数、时间长短等情况向工会说明,征得工会同意;再次,用人单位安排劳动者加班的,应进一步和劳动者协商,加班需在劳动者自愿的情形下进行,用人单位不得强迫劳动者加班;最后,用人单位安排的加班时间长度必须符合法律的限制性规定,不得无限制要求劳动者加班。当然,如果在突然出现紧急事件,危害公共安全和公众利益的情况下,法律允许用人单位直接通知劳动者就可安排加班并突破上述的限制。

1023 用人单位不能安排哪些劳动者加班?

国家对于加班人员也有一定的限制。根据《劳动法》第61条的规定,不得安排女职工在怀孕期间从事国家规定的第3级体力劳动强度的劳动和孕期禁忌从事的劳动。对怀孕7个月以上的女职工,不得安排其延长工作时间和夜班劳动。第63条的规定,不得安排女职工在哺乳未满1周岁的婴儿期间从事国家规定的第3级体力劳动强度的劳动和哺乳期禁忌从事的其他劳动,不得安排其延长工作时间和夜班劳动。

1024 用人单位占用周末开会或培训算加班吗?

识别加班的要点有如下三点:(1)加班是用人单位要求的;(2)加班的内容体现用人单位的意志;(3)在标准工作时间之外。因此,如果用人单位占用周末组织员工开会或者培训,其内容与工作密切相关,事实上是与上述3条标准都很符合的。所以,这样的培训和会议在周末进行应该都是属于加班,可以按照有关规定要求单位给予加班工资。如果用人单位想避免这种情况发生,最好在工作时间进行这些培训与会议。另外,举一反三,如用人单位在双休日举办员工文体活动等单位牵头操办,并要求员工参加的活动,都应该可以算作加班。

1025 加班工资怎么计算?

依加班日性质的不同而有所不同。根据《劳动法》第44条的规定,有下列情形之一的,用人单位应当按照下列标准支付高于劳动者正常工作时间工资的工资报酬:(1)安排劳动者延长工作时间的,支付不低于工资的150%的工资报酬;(2)休息日安排劳动者工作又不能安排补休的,支付不低于工资的200%的工资报酬;(3)法定休假日安排劳动者工作的,支付不低于工资的300%的工资报酬。

1026 劳动者再婚,还可以享受婚假吗?

可以。根据《劳动和社会保障部办公厅关于对再婚职工婚假问题的复函》的答复,根据《民法典》和国家有关职工婚丧假的规定精神,再婚者与初婚者的法律地位相同,用人单位对再婚职工应当参照国家有关规定,给予同初婚职工一样的婚假待遇。

1027 带薪年休假最多多少天?

和劳动者的工作年限相关。根据《职工带薪年休假条例》第3条的规定,职工累计工作已满1年不满10年的,年休假5天;已满10年不满20年的,年休假10天;已满20年的,年休假15天。国家法定休假日、休息日不计入年休假的假期。

1028 什么情况下不能享受当年的带薪年休假?

共有五种情形不享受带薪年休假。根据《职工带薪年休假条例》第4条的规定,职工有下列情形之一的,不享受当年的年休假:(1)职工依法享受寒暑假,其休假天数多于年休假天数的;(2)职工请事假累计20天以上且单位按照规定不扣工资的;(3)累计工作满1年不满10年的职工,请病假累计2个月以上的;(4)累计工作满10年不满20年的职工,请病假累计3个月以上的;(5)累计工作满20年以上的职工,请病假累计4个月以上的。

1029 什么样的劳动者可以享受探亲假?

根据《国务院关于职工探亲待遇的规定》第2条的规定,凡在国家机关、人民团体和全民所有制企业、事业单位工作满1年的固定职工,与配偶不住在一起,又不能在公休假日团聚的,可以享受本规定探望配偶的待遇;与父亲、母亲都不住在一起,又不能在公休假日团聚的,可以享受本规定探望父母的待遇。但是,职工与父亲或与母亲一方能够在公休假日团聚的,不能享受本规定探望父母的待遇。

1030 探亲假的期间包括路途上的时间吗?

探亲假的期间不包括路途上的时间。根据《国务院关于职工探亲待遇的规定》第3条第2款的规定,探亲假期是指职工与配偶、父、母团聚的时间,另外,根据实际需要给予路程假。上述假期均包括公休假日和法定节日在内。

1031 劳动者因为工作原因无法享受年休假,有补偿吗?

有。根据《职工带薪年休假条例》第5条第3款的规定,单位确因工作需要不能安排职工休年休假的,经职工本人同意,可以不安排职工休年休假。对职工应休未休的年休假天数,单位应当按照该职工日工资收入的300%支付年休假工资报酬。

社会保险

工伤及工伤保险

1032 工伤保险对劳动者有哪些帮助和作用?

工伤保险制度对劳动者的意义主要体现在以下三点:(1)保障了劳动者在工作中遭受事故伤害和患职业病后获得医疗救治、生活保障、经济补偿和医疗及职业康复的权利,是维护职工合法权益的必要措施;(2)能够保障劳动者在发生工伤后,劳动者本人或其家属在生活发生困难时的基本生活需要，防止受工伤的劳动者或其家属陷入生活贫困状况，在一定程度上解除了劳动者及其家属的后顾之忧；(3)保障了受伤害劳动者及其家属的合法权益，是社会对劳动者所做的社会贡献的肯定，有利于增强劳动者的工作积极性。

1033 工伤保险费由谁来缴纳？

根据《工伤保险条例》第10条的规定，用人单位应当按时缴纳工伤保险费。职工个人不用缴纳工伤保险费。用人单位缴纳工伤保险费的数额为本单位职工工资总额乘以单位缴费费率之积。对难以按照工资总额缴纳工伤保险费的行业，其缴纳工伤保险费的具体方式，由国务院社会保险行政部门规定。

1034 劳动者如何确认是否已经缴纳工伤保险？

劳动者可以查询缴费记录。根据《工伤保险条例》第3条的规定，工伤保险费的征缴按照《社会保险费征缴暂行条例》关于基本养老保险费、基本医疗保险费、失业保险费的征缴规定执行。第4条第1款的规定，用人单位应当将参加工伤保险的有关情况在本单位内公示。根据《社会保险费征缴暂行条例》第16条的规定，社会保险经办机构应当建立缴费记录，其中基本养老保险、基本医疗保险并应当按照规定记录个人账户。社会保险经办机构负责保存缴费记录，并保证其完整、安全。社会保险经办机构应当至少每年向缴费个人发送一次基本养老保险、基本医疗保险个人账户通知单。缴费单位、缴费个人有权按照规定查询缴费记录。第17条的规定，缴费单位应当每年向本单位职工公布本单位全年社会保险费缴纳情况，接受职工监督。社会保险经办机构应当定期向社会公告社会保险费征收情况，接受社会监督。

1035 劳务关系是否需要缴纳工伤保险，提供劳务一方发生伤亡怎么办？

劳务关系不需要缴纳工伤保险。根据《工伤保险条例》第2条的规定，中华人民共和国境内的企业、事业单位、社会团体、民办非企业单位、基金会、律师事务所、会计师事务所等组织和有雇工的个体工商户(以下简称用人单位)应当依照本条例规定参加工伤保险，为本单位全部职工或者雇工(以下简称职工)缴纳工伤保险费。中华人民共和国境内的企业、事业单位、社会团体、民办非企业单位、基金会、律师事务所、会计师事务所等组织的职工和个体工商户的雇工，均有依照本条例的规定享受工伤保险待遇的权利。由此可以看出，仅劳动关系适用工伤保险，劳务关系不适用工伤保险。因此，如果劳务关系中提供劳务的一方发生伤亡，不能主张工伤保险待遇，但可以根据《民法典》要求赔偿。

1036 用人单位不给劳动者缴纳工伤保险，将面临怎样的处罚？

根据《工伤保险条例》第62条的规定，用人单位依照本条例规定应当参加工伤保险而未参加的，由社会保险行政部门责令限期参加，补缴应当缴纳的工伤保险费，并自欠缴之日起，按日加收0.05%的滞纳金；逾期仍不缴纳的，处欠缴数额1倍以上3倍以下的罚款。依照本条例规定应当参加工伤保险而未参加工伤保险的用人单位职工发生工伤的，由该用人单位按照本条例规定的工伤保险待遇项目和标准支付费用。用人单位参加工伤保险并补缴应当缴纳的工伤保险费、滞纳金后，由工伤保险基金和用人单位依照本条例的规定支付新发生的费用。

1037 工伤认定申请后发现劳动关系存在争议怎么办？

社会保险行政部门受理工伤认定申请后，

发现劳动关系存在争议且无法确认的，应告知当事人可以向劳动人事争议仲裁委员会申请仲裁。在此期间，作出工伤认定决定的时限中止，并书面通知申请工伤认定的当事人。劳动关系依法确认后，当事人应将有关法律文书送交受理工伤认定申请的社会保险行政部门，该部门自收到生效法律文书之日起恢复工伤认定程序。

1038 劳动者工作结束后打扫工作场地，不慎被工具砸伤，属于工伤吗？

属于工伤。工伤的基本含义是因为工作受到的伤害，根据《工伤保险条例》第14条的规定，职工有下列情形之一的，应当认定为工伤：(1)在工作时间和工作场所内，因工作原因受到事故伤害的；(2)工作时间前后在工作场所内，从事与工作有关的预备性或者收尾性工作受到事故伤害的；(3)在工作时间和工作场所内，因履行工作职责受到暴力等意外伤害的；(4)患职业病的；(5)因工外出期间，由于工作原因受到伤害或者发生事故下落不明的；(6)在上下班途中，受到非本人主要责任的交通事故或者城市轨道交通、客运轮渡、火车事故伤害的；(7)法律、行政法规规定应当认定为工伤的其他情形。

1039 劳动者在参与市政府号召的抢险救灾活动中受伤，属于工伤吗？

属于工伤。根据《工伤保险条例》第15条的规定，职工有下列情形之一的，视同工伤：(1)在工作时间和工作岗位，突发疾病死亡或者在48小时之内经抢救无效死亡的；(2)在抢险救灾等维护国家利益、公共利益活动中受到伤害的；(3)职工原在军队服役，因战、因公负伤致残，已取得革命伤残军人证，到用人单位后旧伤复发的。职工有前款第1项、第2项情形的，按照本条例的有关规定享受工伤保险待遇；职工有前款第3项情形的，按照本条例的有关规定享受除一次性伤残补助金以外的工伤保险待遇。

1040 劳动者醉酒受伤，是否算工伤呢？

不属于工伤。根据《工伤保险条例》第16条的规定，职工符合本条例第14条、第15条的规定，但是有下列情形之一的，不得认定为工伤或者视同工伤：(1)故意犯罪的；(2)醉酒或者吸毒的；(3)自残或者自杀的。

1041 上下班途中，因“违章驾车”而受伤算工伤吗？

不一定。根据《工伤保险条例》第14条第6项的规定，职工有下列情形的，应当认定为工伤：在上下班途中，受到非本人主要责任的交通事故或者城市轨道交通、客运轮渡、火车事故伤害的。这里强调的是只有“非本人主要责任”的交通事故伤害才能认定为工伤。违章驾驶与负主要责任是不同范畴。违章驾驶是对违法行为性质的判断，而负主要责任则是考量双方行为对事故发生影响所应承担的法律责任程度；违章驾驶并非均产生违章者负主要责任的法律后果，当双方均存在违章时，需考量双方行为对事故发生的影响，进而判断承担主要责任的违章者。

1042 个体工商户的雇工能享受工伤待遇吗？

可以。根据《工伤保险条例》第2条的规定，中华人民共和国境内的企业、事业单位、社会团体、民办非企业单位、基金会、律师事务所、会计师事务所等组织和有雇工的个体工商户（以下简称用人单位）应当依照本条例规定参加工伤保险，为本单位全部职工或者雇工（以下简称职工）缴纳工伤保险费。中华人民共和国境内的企业、事业单位、社会团体、民办非企业单位、基金会、律师事务所、会计师事务所等组织的职工和个体工商户的雇工，均有依照本条例的规定享受工伤保险待遇的权利。所以个体工商户的雇工能享受工伤待遇。

1043 公务员因工受伤，是否享受工伤保险待遇？

这一情形不在工伤保险范畴内解决。根据《工伤保险条例》第 65 条的规定，公务员和参照《公务员法》管理的事业单位、社会团体的工作人员因工作遭受事故伤害或者患职业病的，由所在单位支付费用。具体办法由国务院社会保险行政部门会同国务院财政部门规定。

1044 无营业执照单位的劳动者因工受伤，怎么处理？

由用人单位一次性赔偿。根据《工伤保险条例》第 66 条的规定，无营业执照或者未经依法登记、备案的单位以及被依法吊销营业执照或者撤销登记、备案的单位的职工受到事故伤害或者患职业病的，由该单位向伤残职工或者死亡职工的近亲属给予一次性赔偿，赔偿标准不得低于本条例规定的工伤保险待遇。具体办法由国务院社会保险行政部门规定。前款规定的伤残职工或者死亡职工的近亲属就赔偿数额与单位发生争议的，按照处理劳动争议的有关规定处理。

1045 用人单位使用童工，对其工伤怎么负责？

根据《工伤保险条例》第 66 条的规定，用人单位不得使用童工，用人单位使用童工造成童工伤残、死亡的，由该单位向童工或者童工的近亲属给予一次性赔偿，赔偿标准不得低于本条例规定的工伤保险待遇。具体办法由国务院社会保险行政部门规定。前款规定的童工或者童工的近亲属就赔偿数额与单位发生争议的，按照处理劳动争议的有关规定处理。

1046 申报工伤有时效限制吗？

申报工伤有时效限制。根据《工伤保险条例》第 17 条的规定，职工发生事故伤害或者按照《职业病防治法》规定被诊断、鉴定为职业病，所在单位应当自事故伤害发生之日或者被诊断、鉴定为职业病之日起 30 日内，向统筹地区社会保险行政部门提出工伤认定申请。遇有特殊情况，经报社会保险行政部门同意，申请时限可以适当延长。用人单位未按前款规定提出工伤认定申请的，工伤职工或者其近亲属、工会组织在事故伤害发生之日或者被诊断、鉴定为职业病之日起 1 年内，可以直接向用人单位所在地统筹地区社会保险行政部门提出工伤认定申请。按照本条第 1 款规定应当由省级社会保险行政部门进行工伤认定的事项，根据属地原则由用人单位所在地的设区的市级社会保险行政部门办理。用人单位未在本条第 1 款规定的时限内提交工伤认定申请，在此期间发生符合本条例规定的工伤待遇等有关费用由该用人单位负担。

1047 对社会保险行政部门作出的工伤认定决定不服怎么办？

可以。依法申请行政复议或者提起行政诉讼。根据《工伤认定办法》第 23 条的规定，职工或者其近亲属、用人单位对不予受理决定不服或者对工伤认定决定不服的，可以依法申请行政复议或者提起行政诉讼。大家可能会担心，一旦工伤认定决定下了之后，如果劳动者还在进行行政复议、行政诉讼的程序，治疗费用是否会马上停付？其实，为了充分保护劳动者的权益，根据《工伤保险条例》第 31 条的规定，社会保险行政部门作出认定为工伤的决定后发生行政复议、行政诉讼的，行政复议和行政诉讼期间不停止支付工伤职工治疗工伤的医疗费用。

1048 对是否属于工伤有不同主张，由谁来提供证据？

根据《工伤保险条例》第19条第2款的规定，职工或者其近亲属认为是工伤，用人单位不认为是工伤的，由用人单位承担举证责任。根据《工伤认定办法》第17条的规定，职工或者其近亲属认为是工伤，用人单位不认为是工伤的，由该用人单位承担举证责任。用人单位拒不举证的，社会保险行政部门可以根据受伤害职工提供的证据或者调查取得的证据，依法作出工伤认定决定。

1049 凡是工伤都需要劳动能力鉴定吗？

不是。根据《工伤保险条例》第21条的规定，职工发生工伤，经治疗伤情相对稳定后存在残疾、影响劳动能力的，应当进行劳动能力鉴定。第22条的规定，劳动能力鉴定是指劳动功能障碍程度和生活自理障碍程度的等级鉴定。劳动功能障碍分为十个伤残等级，最重的为一级，最轻的为十级。生活自理障碍分为三个等级：生活完全不能自理、生活大部分不能自理和生活部分不能自理。劳动能力鉴定标准由国务院社会保险行政部门会同国务院卫生行政部门等部门制定。

1050 劳动者对劳动能力鉴定结论不服怎么办？

可以自收到鉴定结论之日起15日内向省级劳动能力鉴定委员会提出再次鉴定申请。根据《工伤保险条例》第26条的规定，申请鉴定的单位或者个人对设区的市级劳动能力鉴定委员会作出的鉴定结论不服的，可以在收到该鉴定结论之日起15日内向省、自治区、直辖市劳动能力鉴定委员会提出再次鉴定申请。省、自治区、直辖市劳动能力鉴定委员会作出的劳动能力鉴定结论为最终结论。

1051 劳动者在工伤医疗时必须到指定的医院吗？

一般情况下是的。根据《工伤保险条例》第30条的规定，职工因工作遭受事故伤害或者患职业病进行治疗，享受工伤医疗待遇。职工治疗工伤应当在签订服务协议的医疗机构就医，情况紧急时可以先到就近的医疗机构急救。治疗工伤所需费用符合工伤保险诊疗项目目录、工伤保险药品目录、工伤保险住院服务标准的，从工伤保险基金支付。工伤保险诊疗项目目录、工伤保险药品目录、工伤保险住院服务标准，由国务院社会保险行政部门会同国务院卫生行政部门、食品药品监督管理部门等部门规定。职工住院治疗工伤的伙食补助费，以及经医疗机构出具证明，报经办机构同意，工伤职工到统筹地区以外就医所需的交通、食宿费用从工伤保险基金支付，基金支付的具体标准由统筹地区人民政府规定。工伤职工治疗非工伤引发的疾病，不享受工伤医疗待遇，按照基本医疗保险办法处理。工伤职工到签订服务协议的医疗机构进行工伤康复的费用，符合规定的，从工伤保险基金支付。

1052 停工留薪期有多长？

根据《工伤保险条例》第33条第2款的规定，停工留薪期一般不超过12个月。伤情严重或者情况特殊，经设区的市级劳动能力鉴定委员会确认，可以适当延长，但延长不得超过12个月。工伤职工评定伤残等级后，停发原待遇，按照本章的有关规定享受伤残待遇。工伤职工在停工留薪期满后仍需治疗的，继续享受工伤医疗待遇。

1053 劳动者在停工留薪期间的工资怎么发?

由其所在单位依其原工资福利待遇按月支付。根据《工伤保险条例》第 33 条的规定,职工因工作遭受事故伤害或者患职业病需要暂停工作接受工伤医疗的,在停工留薪期内,原工资福利待遇不变,由所在单位按月支付。停工留薪期一般不超过 12 个月。伤情严重或者情况特殊,经设区的市级劳动能力鉴定委员会确认,可以适当延长,但延长不得超过 12 个月。工伤职工评定伤残等级后,停发原待遇,按照本章的有关规定享受伤残待遇。工伤职工在停工留薪期满后仍需治疗的,继续享受工伤医疗待遇。生活不能自理的工伤职工在停工留薪期需要护理的,由所在单位负责。

1054 什么情况下工伤职工不能再享受工伤待遇?

根据《工伤保险条例》第 42 条的规定,工伤职工有下列情形之一的,停止享受工伤保险待遇:(1)丧失享受待遇条件的;(2)拒不接受劳动能力鉴定的;(3)拒绝治疗的。

1055 劳动者被外单位借调期间发生工伤,工伤保险责任由谁承担?

由原单位承担。根据《工伤保险条例》第 43 条第 3 款的规定,职工被借调期间受到工伤事故伤害的,由原用人单位承担工伤保险责任,但原用人单位与借调单位可以约定补偿办法。

1056 劳动者被派遣到国外工作,工伤保险责任由谁承担?

视目的地情况不同而不同。根据《工伤保险条例》第 44 条的规定,职工被派遣出境工作,依据前往国家或者地区的法律应当参加当地工伤保险的,参加当地工伤保险,其国内工伤保险关系中止;不能参加当地工伤保险的,其国内工伤保险关系不中止。

养老保险

1057 养老保险就是退休金吗?

不是。养老保险是社会保险的险种之一,是国家立法规定的,为解决劳动者在达到国家规定的解除劳动义务的劳动年龄界限,或因年老丧失劳动能力退出劳动岗位后的基本生活而建立的一种社会保险制度。我国的养老保险分 3 个层次:基本养老保险、企业补充养老保险和个人储蓄性养老保险。其中,基本养老保险是国家强制实行的,用人单位和劳动者都必须参加。养老保险费用来源,一般由国家、单位和个人三方或单位和个人双方共同负担。

1058 哪些用人单位需要为员工缴纳基本养老保险?

根据《社会保险法》第 10 条的规定,职工应当参加基本养老保险,由用人单位和职工共同缴纳基本养老保险费。无雇工的个体工商户、未在用人单位参加基本养老保险的非全日制从业人员以及其他灵活就业人员可以参加基本养老保险,由个人缴纳基本养老保险费。公务员和参照《公务员法》管理的工作人员养老保险的办法由国务院规定。

1059 法定退休年龄是如何规定的?

法定退休年龄,是国家法律、法规规定的,解除劳动者劳动义务,开始享受养老保险待遇的年龄界限。根据国务院《关于工人退休、退职的暂行办法》第 1 条的规定,全民所有制企业、事业单位和党政机关、群众团体的工人,符合下列条件之一的,应该退休:(1)男年满 60 周岁,女年满 50 周岁,连续工龄满 10 年的;(2)从事井下、高空、高温、特别繁重体力劳动或者其他有害身体健康的工作,男年满 55 周岁、女年满45周岁，连续工龄满10年的。本项规定也适用于工作条件与工人相同的基层干部；(3)男年满50周岁，女年满45周岁，连续工龄满10年，由医院证明，并经劳动鉴定委员会确认，完全丧失劳动能力的；(4)因工致残，由医院证明，并经劳动鉴定委员会确定，完全丧失劳动能力的。

1060 什么时候可以领取基本养老金呢？

根据《社会保险法》第16条的规定，参加基本养老保险的个人，达到法定退休年龄时累计缴费满15年的，按月领取基本养老金。参加基本养老保险的个人，达到法定退休年龄时累计缴费不足15年的，可以缴费至满15年，按月领取基本养老金；也可以转入新型农村社会养老保险或者城镇居民社会养老保险，按照国务院规定享受相应的养老保险待遇。

1061 企业效益不好可以少缴职工养老保险费吗？

企业不能以效益不好为由，少缴职工养老保险费。根据《劳动法》第72条的规定，社会保险基金按照保险类型确定资金来源，逐步实行社会统筹。用人单位和劳动者必须依法参加社会保险，缴纳社会保险费。根据《社会保险费征缴暂行条例》第4条第1款的规定，缴费单位、缴费个人应当按时足额缴纳社会保险费。按时缴纳养老保险费是单位的法定义务，不得因任何理由少缴或不缴。

1062 劳动者可以查询单位的基本养老保险缴费记录吗？

可以。根据《社会保险法》第4条的规定，中华人民共和国境内的用人单位和个人依法缴纳社会保险费，有权查询缴费记录、个人权益记录，要求社会保险经办机构提供社会保险咨询等相关服务。个人依法享受社会保险待遇，有权监督本单位为其缴费情况。根据《社会保险费征缴暂行条例》第16条的规定，社会保险经办机构应当建立缴费记录，其中基本养老保险、基本医疗保险并应当按照规定记录个人账户。社会保险经办机构负责保存缴费记录，并保证其完整、安全。社会保险经办机构应当至少每年向缴费个人发送1次基本养老保险、基本医疗保险个人账户通知单。缴费单位、缴费个人有权按照规定查询缴费记录。

医疗保险

1063 劳动者患病之后可以享受的医疗期有多长？

依劳动者实际工作年限和在本单位工作年限不同而不同。根据《企业职工患病或非因工负伤医疗期规定》第2条的规定，医疗期是指企业职工因患病或非因工负伤停止工作治病休息不得解除劳动合同的时限。第3条的规定，企业职工因患病或非因工负伤，需要停止工作医疗时，根据本人实际参加工作年限和在本单位工作年限，给予3个月到24个月的医疗期：(1)实际工作年限10年以下的，在本单位工作年限5年以下的为3个月；5年以上的为6个月。(2)实际工作年限10年以上的，在本单位工作年限5年以下的为6个月；5年以上10年以下的为9个月；10年以上15年以下的为12个月；15年以上20年以下的为18个月；20年以上的为24个月。

1064 劳动者患病后医疗期如何计算？

根据《企业职工患病或非因工负伤医疗期规定》第4条的规定，医疗期3个月的按6个月内累计病休时间计算；6个月的按12个月内累计病休时间计算；9个月的按15个月内累计病休时间计算；12个月的按18个月内累计病休时间计算；18个月的按24个月内累计病休时间计算；24个月的按30个月内累计病休时间计算。同时，根据原劳动部《关于贯彻〈企业职工患病或非因工负伤医疗期规定〉的通知》第1条的规定，(1)医疗期计算应从病休第一天开始，累计计算。例如：应享受3个月医疗期的职工，如果从1995年3月5日起第一次病休，那么，该职工的医疗期应在3月5日至9月5日之间确定，在此期间累计病休3个月即视为医疗期满。其他依此类推。(2)病休期间，公休、假日和法定节日包括在内。

1065 劳动者患病请假期间有工资吗?

有。根据《关于贯彻执行〈中华人民共和国劳动法〉若干问题的意见》第59条的规定，职工患病或非因工负伤治疗期间，在规定的医疗期内由企业按有关规定支付其病假工资或疾病救济费，病假工资或疾病救济费可以低于当地最低工资标准支付，但不能低于最低工资标准的80%。

1066 用人单位可以强制为职工指定定点医疗机构就医吗?

根据《城镇职工基本医疗保险定点医疗机构管理暂行办法》第2条的规定，本办法所称的定点医疗机构，是指经统筹地区劳动保障行政部门审查，并经社会保险经办机构确定的，为城镇职工基本医疗保险参保人员提供医疗服务的医疗机构。第8条的规定，参保人员在获得定点资格的医疗机构范围内，提出个人就医的定点医疗机构选择意向，由所在单位汇总后，统一报送统筹地区社会保险经办机构。社会保险经办机构根据参保人的选择意向统筹确定定点医疗机构。由此可见，用人单位无权为职工强制指定定点医疗机构，只能向职工提出建议，供职工参考。

1067 用人单位不按规定办理基本医疗保险登记的，怎么办?

由劳动保障行政部门责令限期改正。根据《社会保险法》第84条的规定，用人单位不办理社会保险登记的，由社会保险行政部门责令限期改正；逾期不改正的，对用人单位处应缴社会保险费数额1倍以上3倍以下的罚款，对其直接负责的主管人员和其他直接责任人员处500元以上3000元以下的罚款。

1068 用人单位不按规定缴纳基本医疗保险费，怎么办?

用人单位不按规定缴纳基本医疗保险费的，劳动者可以向相关部门举报，由社会保险征收机构责令其限期缴纳。根据《社会保险法》第86条的规定，用人单位未按时足额缴纳社会保险费的，由社会保险费征收机构责令其限期缴纳或者补足，并自欠缴之日起，按日加收0.05%的滞纳金；逾期仍不缴纳的，由有关行政部门处欠缴数额1倍以上3倍以下的罚款。

1069 参加基本医疗保险意味着所有的医疗费用都可以报销吗?

不是。根据《社会保险法》第30条的规定，下列医疗费用不纳入基本医疗保险基金支付范围：(1)应当从工伤保险基金中支付的；(2)应当由第三人负担的；(3)应当由公共卫生负担的；(4)在境外就医的。医疗费用依法应当由第三人负担，第三人不支付或者无法确定第三人的，由基本医疗保险基金先行支付。基本医疗保险基金先行支付后，有权向第三人追偿。

1070 劳动者在用工的试用期内患病可否享受医疗保险待遇?

按照我国现行《劳动法》的规定，劳动关系是从订立劳动合同起确立的，只要劳动者与用人单位签订劳动合同，无论试用期多长，劳动者在性质上就已经属于用人单位的员工。

有的用人单位没有与劳动者签订劳动合同，但是，劳动者已经到用人单位工作并领取报酬，两者的关系就属于事实劳动关系。事实劳动关系在法律适用上与通过订立书面合同建立起来的劳动合同关系应该是没有区别的。无论用人单位与是否劳动者签订劳动合同，只要约定了试用期的，在试用期内，劳动者就已经属于用人单位的员工，故劳动者在试用期内同样应当享受国家规定的医疗保险待遇。

1071 职工非因工致残或患有难以治疗的疾病，在医疗期内医疗终结仍不能工作的，用人单位应如何处理？

根据《企业职工患病或非因工负伤医疗期规定》第6条的规定，企业职工非因工致残和经医生或医疗机构认定患有难以治疗的疾病，在医疗期内医疗终结，不能从事原工作，也不能从事用人单位另行安排的工作的，应当由劳动鉴定委员会参照工伤与职业病致残程度鉴定标准进行劳动能力的鉴定。被鉴定为一至四级的，应当退出劳动岗位，终止劳动关系，办理退休、退职手续，享受退休、退职待遇；被鉴定为五至十级的，医疗期内不得解除劳动合同。

失业保险

1072 哪些用人单位和劳动者应当参加失业保险？

根据《社会保险法》第44条的规定，职工应当参加失业保险，由用人单位和职工按照国家规定共同缴纳失业保险费。根据《失业保险条例》第2条的规定，城镇企业事业单位、城镇企业事业单位职工依照本条例的规定，缴纳失业保险费。城镇企业事业单位失业人员依照本条例的规定，享受失业保险待遇。本条所称城镇企业，是指国有企业、城镇集体企业、外商投资企业、城镇私营企业以及其他城镇企业。

1073 失业保险费如何缴纳？

失业保险费一般由单位和个人共同缴纳。根据《失业保险条例》第6条的规定，城镇企业事业单位按照本单位工资总额的2%缴纳失业保险费。城镇企业事业单位职工按照本人工资的1%缴纳失业保险费。城镇企业事业单位招用的农民合同制工人本人不缴纳失业保险费。

1074 失业人员享受哪些失业保险待遇？

根据《失业保险条例》第16条第3款的规定，失业保险金由社会保险经办机构按月发放。社会保险经办机构为失业人员开具领取失业保险金的单证，失业人员凭单证到指定银行领取失业保险金。第19条的规定，失业人员在领取失业保险金期间患病就医的，可以按照规定向社会保险经办机构申请领取医疗补助金。医疗补助金的标准由省、自治区、直辖市人民政府规定。第20条的规定，失业人员在领取失业保险金期间死亡的，参照当地对在职职工的规定，对其家属一次性发给丧葬补助金和抚恤金。第21条的规定，单位招用的农民合同制工人连续工作满1年，本单位并已缴纳失业保险费，劳动合同期满未续订或者提前解除劳动合同的，由社会保险经办机构根据其工作时间长短，对其支付一次性生活补助金。补助的办法和标准由省、自治区、直辖市人民政府规定。第23条的规定，失业人员符合城市居民最低生活保障条件的，按照规定享受城市居民最低生活保障待遇。

1075 失业保险金的标准和期限有限制吗？

是的。根据《失业保险条例》第17条的规定，失业人员失业前所在单位和本人按照规定累计缴费时间满1年不足5年的，领取失业保险金的期限最长为12个月;累计缴费时间满5年不足10年的,领取失业保险金的期限最长为18个月;累计缴费时间10年以上的,领取失业保险金的期限最长为24个月。重新就业后,再次失业的,缴费时间重新计算。再次失业领取失业保险金的期限可以与前次失业应领取而尚未领取的失业保险金的期限合并计算,但是最长不得超过24个月。第18条的规定,失业保险金的标准,按照低于当地最低工资标准、高于城市居民最低生活保障标准的水平,由省、自治区、直辖市人民政府确定。

1076 具备哪些条件劳动者才能申领失业保险金?

根据《失业保险条例》第14条第1款的规定,具备下列条件的失业人员,可以领取失业保险金:(1)按照规定参加失业保险,所在单位和本人已按照规定履行缴费义务满1年的;(2)非因本人意愿中断就业的;(3)已办理失业登记,并有求职要求的。

1077 失业人员参军的,还能继续领取失业保险金吗?

不能。根据《社会保险法》第51条第2项的规定,失业人员在领取失业保险金期间应征服兵役的,停止领取失业保险金,并同时停止享受其他失业保险待遇。

1078 失业人员达到法定退休年龄,还能领取失业保险金吗?

不能。根据《失业保险条例》第15条第4项的规定,失业人员在领取失业保险金期间享受基本养老保险待遇的,停止领取失业保险金,并同时停止享受其他失业保险待遇。

1079 失业人员不接受有关部门介绍的工作,还能继续领取失业保险金吗?

一般不能。根据《社会保险法》第51条第5项的规定,失业人员在领取失业保险金期间有下列情形的,停止领取失业保险金,并同时停止享受其他失业保险待遇:无正当理由,拒不接受当地人民政府指定部门或者机构介绍的适当工作或者提供的培训的。劳动者失业后,应通过各种渠道争取尽快重新就业,以实现其自身价值,自食其力并为社会做贡献,政府有关部门也应帮助劳动者及时重新就业。失业人员无正当理由,拒不接受有关部门或者机构介绍的工作的,应视为不积极重新就业,依法停发失业保险金,并同时停止享受其他失业保险待遇。

1080 申领失业保险金的步骤有哪些?

根据《失业保险条例》第16条的规定,申领失业保险金,应当按照以下步骤进行:(1)由其失业前所在的单位为其出具终止或解除劳动关系的证明。用人单位应当为失业人员出具解除或终止劳动关系的证明,证明应当注明失业人员的姓名、年龄等基本情况及解除或终止劳动关系的时间、原因等内容;并告知失业人员是否可以享受失业保险待遇,应当在多长时间内向哪个经办机构提出申领申请。(2)用人单位应自终止或者解除劳动关系之日起7日内将失业人员的名单报所在地社会保险经办机构备案。(3)失业人员持本人身份证明、单位出具的终止或解除劳动关系的证明等材料,及时到指定的社会保险经办机构办理失业登记。失业保险金自办理失业登记之日起计算。(4)社会保险经办机构对申领申请进行审核,经审核符合申领条件的,应当为失业人员办理失业登记手续。失业保险金自办理失业登记之日起计算。(5)领取失业保险金。失业保险金由社会保险经办机构按月发放。社会保险经办机构为失业人员开具领取失业保险金的单证，失业人员凭单证到指定银行领取失业保险金。

1081 劳动者在不同地区之间进行流动，失业保险关系怎么处理？

随之转迁。根据《社会保险法》第52条的规定，职工跨统筹地区就业的，其失业保险关系随本人转移，缴费年限累计计算。根据《失业保险条例》第22条的规定，城镇企业事业单位成建制跨统筹地区转移，失业人员跨统筹地区流动的，失业保险关系随之转迁。

生育保险

1082 城镇企业职工以外的其他劳动者，生育待遇如何解决？

根据《企业职工生育保险试行办法》第2条的规定，本办法适用于城镇企业及其职工。那么，城镇企业职工以外的劳动者，例如国家机关、人民团体、事业单位等非企业单位的职工，其生育待遇如何解决呢？根据《女职工劳动保护特别规定》第2条的规定，中华人民共和国境内的国家机关、企业、事业单位、社会团体、个体经济组织以及其他社会组织等用人单位及其女职工，适用本规定。第8条的规定，女职工产假期间的生育津贴，对已经参加生育保险的，按照用人单位上年度职工月平均工资的标准由生育保险基金支付；对未参加生育保险的，按照女职工产假前工资的标准由用人单位支付。女职工生育或者流产的医疗费用，按照生育保险规定的项目和标准，对已经参加生育保险的，由生育保险基金支付；对未参加生育保险的，由用人单位支付。

1083 劳动者个人要缴纳生育保险费吗？

不缴纳。根据《社会保险法》第53条的规定，职工应当参加生育保险，由用人单位按照国家规定缴纳生育保险费，职工不缴纳生育保险费。

1084 女职工生育所发生的费用，哪些可以从生育保险基金中支付？

根据《社会保险法》第54条的规定，用人单位已经缴纳生育保险费的，其职工享受生育保险待遇；职工未就业配偶按照国家规定享受生育医疗费用待遇。所需资金从生育保险基金中支付。生育保险待遇包括生育医疗费用和生育津贴。第55条的规定，生育医疗费用包括下列各项：(1)生育的医疗费用；(2)计划生育的医疗费用；(3)法律、法规规定的其他项目费用。第56条的规定，职工有下列情形之一的，可以按照国家规定享受生育津贴：(1)女职工生育享受产假；(2)享受计划生育手术休假；(3)法律、法规规定的其他情形。生育津贴按照职工所在用人单位上年度职工月平均工资计发。

1085 怀孕、生育、哺乳的女职工能享受哪些待遇？

怀孕、生育、哺乳的女职工可以享有以下待遇：

(1)保持劳动关系。根据《女职工劳动保护特别规定》第5条的规定，用人单位不得因女职工怀孕、生育、哺乳降低其工资、予以辞退、与其解除劳动或者聘用合同。

(2)更优的劳动条件和劳动待遇。根据《女职工劳动保护特别规定》第6条的规定，女职工在孕期不能适应原劳动的，用人单位应当根据医疗机构的证明，予以减轻劳动量或者安排其他能够适应的劳动。对怀孕7个月以上的女职工，用人单位不得延长劳动时间或者安排夜班劳动，并应当在劳动时间内安排一定的休息时间。怀孕女职工在劳动时间内进行产前检查，所需时间计入劳动时间。第9条的规定，对哺乳未满1周岁婴儿的女职工，用人单位不得延长劳动时间或者安排夜班劳动。用人单位应当在每天的劳动时间内为哺乳期女职工安排1小时哺乳时间；女职工生育多胞胎的，每多哺乳1个婴儿每天增加1小时哺乳时间。第10条的规定，女职工比较多的用人单位应当根据女职工的需要，建立女职工卫生室、孕妇休息室、哺乳室等设施，妥善解决女职工在生理卫生、哺乳方面的困难。

(3)享有产假。根据《女职工劳动保护特别规定》第7条的规定，女职工生育享受98天的产假，其中产前可以休假15天；难产的，增加产假15天；生育多胞胎的，每多生育1个婴儿，增加产假15天。女职工怀孕未满4个月流产的，享受15天产假；怀孕满4个月流产的，享受42天产假。产假期间，工资照发。

(4)获得生育保险待遇。根据《女职工劳动保护特别规定》第8条的规定，女职工产假期间的生育津贴，对已经参加生育保险的，按照用人单位上年度职工月平均工资的标准由生育保险基金支付；对未参加生育保险的，按照女职工产假前工资的标准由用人单位支付。女职工生育或者流产的医疗费用，按照生育保险规定的项目和标准，对已经参加生育保险的，由生育保险基金支付；对未参加生育保险的，由用人单位支付。

劳动者的保护

劳动者的职业病保护

1086 什么是职业病？

根据《职业病防治法》第2条第2款和第3款的规定，本法所称职业病，是指企业、事业单位和个体经济组织等用人单位的劳动者在职业活动中，因接触粉尘、放射性物质和其他有毒、有害因素而引起的疾病。职业病的分类和目录由国务院卫生行政部门会同国务院安全生产监督管理部门、国务院劳动保障行政部门制定、调整并公布。

被认定为职业病需要满足以下几个条件：(1)患病主体必须是企业、事业单位或者个体经济组织中的劳动者；(2)必须是在从事职业活动的过程中产生的；(3)必须是因接触粉尘、放射性物质和其他有毒有害物质等职业危害因素而引起的；(4)必须是国家公布的职业病分类和目录所列的职业病。

1087 用人单位应当采取哪些职业病防治管理措施？

根据《职业病防治法》第20条的规定，用人单位应当采取下列职业病防治管理措施：(1)设置或者指定职业卫生管理机构或者组织，配备专职或者兼职的职业卫生管理人员，负责本单位的职业病防治工作；(2)制定职业病防治计划和实施方案；(3)建立、健全职业卫生管理制度和操作规程；(4)建立、健全职业卫生档案和劳动者健康监护档案；(5)建立、健全工作场所职业病危害因素监测及评价制度；(6)建立、健全职业病危害事故应急救援预案。

1088 用人单位未告知劳动者工作过程中可能产生职业病危害，劳动者可否终止劳动合同？

劳动者可以终止劳动合同。根据《职业病防治法》第33条的规定，用人单位与劳动者订立劳动合同(含聘用合同，下同)时，应当将工作过程中可能产生的职业病危害及其后果、职业病防护措施和待遇等如实告知劳动者，并在劳动合同中写明，不得隐瞒或者欺骗。劳动者在已订立劳动合同期间因工作岗位或者工作内容变更，从事与所订立劳动合同中未告知的存在职业病危害的作业时，用人单位应当依照前款规定，向劳动者履行如实告知的义务，并协商变更原劳动合同相关条款。用人单位违反前两款规定的，劳动者有权拒绝从事存在职业病危害的作业，用人单位不得因此解除与劳动者所订立的劳动合同。

1089 劳动者上岗前的职业健康检查费用由谁承担？

由用人单位承担。根据《职业病防治法》第 35 条第 1 款的规定，对从事接触职业病危害的作业的劳动者，用人单位应当按照国务院安全生产监督管理部门、国务院卫生行政部门的规定组织上岗前、在岗期间和离岗时的职业健康检查，并将检查结果书面告知劳动者。职业健康检查费用由用人单位承担。

1090 申请职业病诊断需要提交什么材料？

根据《职业病诊断与鉴定管理办法》第 21 条的规定，职业病诊断需要以下材料：(1)劳动者职业史和职业病危害接触史（包括在岗时间、工种、岗位、接触的职业病危害因素名称等）；(2)劳动者职业健康检查结果；(3)工作场所职业病危害因素检测结果；(4)职业性放射性疾病诊断还需要个人剂量监测档案等资料；(5)与诊断有关的其他资料。

1091 对职业病鉴定有异议怎么办？

根据《职业病防治法》第 52 条的规定，当事人对职业病诊断有异议的，可以向作出诊断的医疗卫生机构所在地地方人民政府卫生行政部门申请鉴定。职业病诊断争议由设区的市级以上地方人民政府卫生行政部门根据当事人的申请，组织职业病诊断鉴定委员会进行鉴定。当事人对设区的市级职业病诊断鉴定委员会的鉴定结论不服的，可以向省、自治区、直辖市人民政府卫生行政部门申请再鉴定。

女性劳动者的特殊保护

1092 限制女职工结婚、生育的劳动合同是否有效？

无效。根据《妇女权益保障法》第 23 条第 2 款的规定，各单位在录用女职工时，应当依法与其签订劳动（聘用）合同或者服务协议，劳动（聘用）合同或者服务协议中不得规定限制女职工结婚、生育的内容。因此，如果在劳动合同中出现此种限制女性职工结婚、生育的内容，该条规定因为违反上述法律规定而无效。

1093 同一工作岗位，男女工资却截然不同，此种做法是否合法？

不合法。根据《妇女权益保障法》第 24 条的规定，实行男女同工同酬。妇女在享受福利待遇方面享有与男子平等的权利。根据《劳动法》第 46 条第 1 款的规定，工资分配应当遵循按劳分配原则，实行同工同酬。当然，这也并不意味着同一岗位的男女职工每一个月所拿到的工资必须是完全相同的。由于每个人在工作当中的出勤、绩效、加班等情况不是完全相同的，出现工资差异也是可以理解的。

1094 用人单位不能安排经期妇女从事哪些工作？

根据《妇女权益保障法》《劳动法》等相关法律法规的规定，女性在经期受法律的特殊保护。根据《劳动法》第 60 条的规定，不得安排女职工在经期从事高处、低温、冷水作业和国家规定的第三级体力劳动强度的劳动。根据原劳动部办公厅《关于劳动法若干条文的说明》第 60 条的规定，不得安排女职工在经期从事高处、低温、冷水作业和国家规定的第三级体力劳动强度的劳动。本条中的“高处作业”

是指二级高处作业，即凡在坠落高度基准面5米以上（含5米）有可能坠落的高处进行的作业。“低温作业”是指在劳动生产过程中，其工作地点平均气温等于或低于5℃的作业。“冷水作业”是指在劳动生产过程中，操作人员接触冷水温度等于或小于12℃的作业。

此外，根据《女职工劳动保护特别规定》附录第2条的规定，女职工在经期禁忌从事的劳动范围：（1）冷水作业分级标准中规定的第二级、第三级、第四级冷水作业；（2）低温作业分级标准中规定的第二级、第三级、第四级低温作业；（3）体力劳动强度分级标准中规定的第三级、第四级体力劳动强度的作业；（4）高处作业分级标准中规定的第三级、第四级高处作业。

1095 怀孕期间的妇女享有哪些特殊劳动保护？

根据《女职工劳动保护特别规定》附录第3条的规定，女职工在孕期禁忌从事的劳动范围：（1）作业场所空气中铅及其化合物、汞及其化合物、苯、镉、铍、砷、氰化物、氮氧化物、一氧化碳、二硫化碳、氯、己内酰胺、氯丁二烯、氯乙烯、环氧乙烷、苯胺、甲醛等有毒物质浓度超过国家职业卫生标准的作业；（2）从事抗癌药物、己烯雌酚生产，接触麻醉剂气体等的作业；（3）非密封源放射性物质的操作，核事故与放射事故的应急处置；（4）高处作业分级标准中规定的高处作业；（5）冷水作业分级标准中规定的冷水作业；（6）低温作业分级标准中规定的低温作业；（7）高温作业分级标准中规定的第三级、第四级的作业；（8）噪声作业分级标准中规定的第三级、第四级的作业；（9）体力劳动强度分级标准中规定的第三级、第四级体力劳动强度的作业；（10）在密闭空间、高压室作业或者潜水作业，伴有强烈振动的作业，或者需要频繁弯腰、攀高、下蹲的作业。凡是在孕期从事上述规定的禁忌范围的女职工，都可以要求用人单位给其调换工作岗位。

1096 用人单位拒不调整已怀孕的女性职工的工作岗位该怎么办？

根据《女职工劳动保护特别规定》第6条第1款的规定，女职工在孕期不能适应原劳动的，用人单位应当根据医疗机构的证明，予以减轻劳动量或者安排其他能够适应的劳动。第14条的规定，用人单位违反本规定，侵害女职工合法权益的，女职工可以依法投诉、举报、申诉，依法向劳动人事争议调解仲裁机构申请调解仲裁，对仲裁裁决不服的，依法向人民法院提起诉讼。

1097 产前检查能否算作劳动时间？

根据《女职工劳动保护特别规定》第6条第3款的规定，怀孕女职工在劳动时间内进行产前检查，所需时间计入劳动时间。

1098 女职工可享受的生育产假一共有多少天？

根据《女职工劳动保护特别规定》第7条第1款的规定，女职工生育享受98天产假，其中产前可以休假15天；难产的，增加产假15天；生育多胞胎的，每多生育1个婴儿，增加产假15天。也就是说，产假可以自产前15天开始，最少可以休98天；如果难产，则可以休113天；生育双胞胎的，可以休113天，三胞胎的可以休128天，依次类推。除此之外，根据《人口与计划生育法》第25条的规定，符合法律、法规规定生育子女的夫妻，可以获得延长生育假的奖励或者其他福利待遇。各地规定不一，具体可参照所在省份的相关人口与计划生育管理条例。

1099 女职工在流产后还能否享有产假？

根据《女职工劳动保护特别规定》第7条

第 2 款的规定，女职工怀孕未满 4 个月流产的，享受 15 天产假；怀孕满 4 个月流产的，享受 42 天产假。

1100 职场母亲如何能够保证母乳喂养？

根据《女职工劳动保护特别规定》第 9 条第 2 款的规定，用人单位应当在每天的劳动时间内为哺乳期女职工安排 1 小时哺乳时间；女职工生育多胞胎的，每多哺乳 1 个婴儿每天增加 1 小时哺乳时间。第 10 条的规定，女职工比较多的用人单位应当根据女职工的需要，建立女职工卫生室、孕妇休息室、哺乳室等设施，妥善解决女职工在生理卫生、哺乳方面的困难。根据《女职工保健工作规定》第 12 条第 5 项的规定，有哺乳婴儿 5 名以上的单位，应逐步建立哺乳室。

1101 哺乳期禁忌从事哪些工作？

女职工在哺乳期间主要禁忌从事有毒有害物质的工作，避免接触能够从乳汁中排出化学物质的工作，以保证婴儿的身体健康。根据《女职工劳动保护特别规定》附录第 4 条的规定，女职工在哺乳期禁忌从事的劳动范围：(1)孕期禁忌从事的劳动范围的第 1 项、第 3 项、第 9 项；(2)作业场所空气中锰、氟、溴、甲醇、有机磷化合物、有机氯化合物等有毒物质浓度超过国家职业卫生标准的作业。用人单位如果明知女职工仍处于哺乳期而安排其从事上述工作，女职工可以拒绝。因从事上述工作给女职工和(或)婴儿的身体造成伤害的，用人单位应当予以赔偿。

1102 用人单位能否降低女性职工在孕期、产期或哺乳期的基本工资？

根据《女职工劳动保护特别规定》第 5 条的规定，用人单位不得因女职工怀孕、生育、哺乳降低其工资、予以辞退、与其解除劳动或者聘用合同。有些单位认为，孕期、产期或哺乳期的女性职工，既然已经享受了诸多好处，如工作岗位的调换、工作强度的降低或者休假，自己自然有权利降低其基本工资。这种观点显然违反上述法律规定。

1103 用人单位能否与“三期”期间的女性职工解除劳动合同？

根据《妇女权益保障法》第 27 条第 1 款的规定，任何单位不得因结婚、怀孕、产假、哺乳等情形，降低女职工的工资，辞退女职工，单方解除劳动(聘用)合同或者服务协议。但是，女职工要求终止劳动(聘用)合同或者服务协议的除外。因此，用人单位不得单方解除与“三期”期间的女性职工之间的劳动合同。但是，用人单位能够证明“三期”期间的女性职工符合《劳动合同法》第 39 条中规定的法定解除条件的，可以解除劳动关系。

其他特殊群体的劳动保护

1104 用人单位可否雇用童工？

根据《劳动法》第 15 条第 1 款的规定，禁止用人单位招用未满 16 周岁的未成年人。文艺、体育和特种工艺单位招用未满 16 周岁的未成年人，必须遵守国家有关规定，并保障其接受义务教育的权利。第 94 条的规定，用人单位非法招用未满 16 周岁的未成年人的，由劳动行政部门责令改正，处以罚款；情节严重的，由市场监督管理部门吊销营业执照。根据《禁止使用童工规定》第 2 条第 1 款的规定，国家机关、社会团体 、企业事业单位、民办非企业单位或者个体工商户(以下统称用人单位)均不得招用不满 16 周岁的未成年人(招用不满 16 周岁的未成年人，以下统称使用童工)。第 6 条的规定，用人单位使用童工的，由劳动保障行政部门按照每使用一名童工每月处 5000 元罚款的标准给予处罚；在使用有毒物品的作业场所使用童工的，按照《使用有毒物品作业场所劳动保护条例》规定的罚款幅度，或者按照每使用一名童工每月处5000元罚款的标准，从重处罚。劳动保障行政部门并应当责令用人单位限期将童工送回原居住地交其父母或者其他监护人，所需交通和食宿费用全部由用人单位承担。用人单位经劳动保障行政部门依照前款规定责令限期改正，逾期仍不将童工送交其父母或者其他监护人的，从责令限期改正之日起，由劳动保障行政部门按照每使用一名童工每月处1万元罚款的标准处罚，并由工商行政管理部门吊销其营业执照或者由民政部门撤销民办非企业单位登记；用人单位是国家机关、事业单位的，由有关单位依法对直接负责的主管人员和其他直接责任人员给予降级或者撤职的行政处分或者纪律处分。

1105 介绍童工就业的单位或个人应承担什么法律后果？

根据《禁止使用童工规定》第2条第2款的规定，禁止任何单位或者个人为不满16周岁的未成年人介绍就业。第7条的规定，单位或者个人为不满16周岁的未成年人介绍就业的，由劳动保障行政部门按照每介绍一人处5000元罚款的标准给予处罚；职业中介机构为不满16周岁的未成年人介绍就业的，并由劳动保障行政部门吊销其职业介绍许可证。

1106 雇用童工可能会承担什么刑事责任？

根据《刑法》第244条之一的规定，违反劳动管理法规，雇用未满16周岁的未成年人从事超强度体力劳动的，或者从事高空、井下作业的，或者在爆炸性、易燃性、放射性、毒害性等危险环境下从事劳动，情节严重的，对直接责任人员，处3年以下有期徒刑或者拘役，并处罚金；情节特别严重的，处3年以上7年以下有期徒刑，并处罚金。有前款行为，造成事故，又构成其他犯罪的，依照数罪并罚的规定处罚。

1107 能否以劳动者残疾为由减少劳动报酬或限制升职？

根据《残疾人保障法》第38条第2款的规定，在职工的招用、转正、晋级、职称评定、劳动报酬、生活福利、休息休假、社会保险等方面，不得歧视残疾人。因此，残疾人在就业以后经试用能够胜任岗位工作的，应该和健全人同工同酬，残疾职工凡是符合转正定级条件的，要同健全人一样按期转正定级。凡是残疾职工在单位顶岗工作的，要同健全职工一样，按本单位工资调整政策，予以调整工资。企业不得在本人没有申请的情况下，强行决定对残疾职工放长假，企业因亏损致使残疾职工被迫放长假的，应当同健全职工享受同等待遇。残疾职工因病在家休假，家庭生活又确实有困难的，有关部门应当给予特别照顾。

劳动争议解决

劳动争议调解

1108 有关劳动争议的调解协议达成之后单位不履行怎么办？

劳动者可持调解协议书向法院申请支付令。根据《劳动争议调解仲裁法》第16条的规定，因支付拖欠劳动报酬、工伤医疗费、经济补偿或者赔偿金事项达成调解协议，用人单位在协议约定期限内不履行的，劳动者可以持调解协议书依法向人民法院申请支付令。人民法院应当依法发出支付令。

1109 发生劳动争议后劳动者可以去哪里申请调解?

根据《劳动争议调解仲裁法》第10条第1款的规定,发生劳动争议,当事人可以到下列调解组织申请调解:(1)企业劳动争议调解委员会;(2)依法设立的基层人民调解组织;(3)在乡镇、街道设立的具有劳动争议调解职能的组织。

1110 劳动争议调解可以无限期拖下去吗?

不可以。根据《劳动争议调解仲裁法》第14条第3款的规定,自劳动争议调解组织收到调解申请之日起15日内未达成调解协议的,当事人可以依法申请仲裁。第15条的规定,达成调解协议后,一方当事人在协议约定期限内不履行调解协议的,另一方当事人可以依法申请仲裁。

劳动争议仲裁

1111 事业单位的工作人员可否申请劳动仲裁?

不一定。根据《劳动争议调解仲裁法》第2条的规定,中华人民共和国境内的用人单位与劳动者发生的下列劳动争议,适用本法:(1)因确认劳动关系发生的争议;(2)因订立、履行、变更、解除和终止劳动合同发生的争议;(3)因除名、辞退和辞职、离职发生的争议;(4)因工作时间、休息休假、社会保险、福利、培训以及劳动保护发生的争议;(5)因劳动报酬、工伤医疗费、经济补偿或者赔偿金等发生的争议;(6)法律、法规规定的其他劳动争议。第52条的规定,事业单位实行聘用制的工作人员与本单位发生劳动争议的,依照本法执行;法律、行政法规或者国务院另有规定的,依照其规定。

1112 劳动争议仲裁应该向哪个仲裁委员会提出?

劳动合同履行地或用人单位所在地的仲裁委员会。根据《劳动争议调解仲裁法》第21条第2款的规定,劳动争议由劳动合同履行地或者用人单位所在地的劳动争议仲裁委员会管辖。双方当事人分别向劳动合同履行地和用人单位所在地的劳动争议仲裁委员会申请仲裁的,由劳动合同履行地的劳动争议仲裁委员会管辖。

1113 劳务派遣的劳动者与单位发生纠纷应该以哪个单位为被申诉对象?

劳务派遣单位和用工单位。根据《劳动争议调解仲裁法》第22条第2款的规定,劳务派遣单位或者用工单位与劳动者发生劳动争议的,劳务派遣单位和用工单位为共同当事人。

1114 劳动争议发生后多长时间内可以申请仲裁?

一般情况下自当事人知道或者应当知道自己权利被侵害之日起1年内申请,但由于拖欠报酬发生争议且劳动关系尚未终止的不受此限;劳动关系已经终止的,从终止之日起1年内提出。根据《劳动争议调解仲裁法》第27条的规定,劳动争议申请仲裁的时效期间为1年。仲裁时效期间从当事人知道或者应当知道其权利被侵害之日起计算。前款规定的仲裁时效,因当事人一方向对方当事人主张权利,或者向有关部门请求权利救济,或者对方当事人同意履行义务而中断。从中断时起,仲裁时效期间重新计算。因不可抗力或者有其他正当理由,当事人不能在本条第1款规定的仲裁时效期间申请仲裁的,仲裁时效中止。从中止时效的原因消除之日起,仲裁时效期间继续计算。劳动关系存续期间因拖欠劳动报酬发生争议的，劳动者申请仲裁不受本条第 1 款规定的仲裁时效期间的限制；但是，劳动关系终止的，应当自劳动关系终止之日起 1 年内提出。

1115 劳动仲裁案件的审理期限有多长？

一般而言为受理之日起 45 日，复杂的可经批准延长。根据《劳动争议调解仲裁法》第 43 条的规定，仲裁庭裁决劳动争议案件，应当自劳动争议仲裁委员会受理仲裁申请之日起 45 日内结束。案情复杂需要延期的，经劳动争议仲裁委员会主任批准，可以延期并书面通知当事人，但是延长期限不得超过 15 日。逾期未作出仲裁裁决的，当事人可以就该劳动争议事项向人民法院提起诉讼。仲裁庭裁决劳动争议案件时，其中一部分事实已经清楚，可以就该部分先行裁决。

1116 劳动者在仲裁时申请先予执行能不能不提供担保？

能。根据《劳动争议调解仲裁法》第 44 条第 1 款和第 3 款的规定，仲裁庭对追索劳动报酬、工伤医疗费、经济补偿或者赔偿金的案件，根据当事人的申请，可以裁决先予执行，移送人民法院执行。劳动者申请先予执行的，可以不提供担保。

1117 劳动仲裁的裁决双方都可以起诉吗？

不一定。根据《劳动争议调解仲裁法》第 47 条的规定，下列劳动争议，除本法另有规定的外，仲裁裁决为终局裁决，裁决书自作出之日起发生法律效力：(1) 追索劳动报酬、工伤医疗费、经济补偿或者赔偿金，不超过当地月最低工资标准 12 个月金额的争议；(2) 因执行国家的劳动标准在工作时间、休息休假、社会保险等方面发生的争议。第 48 条的规定，劳动者对本法第 47 条规定的仲裁裁决不服的，可以自收到仲裁裁决书之日起 15 日内向人民法院提起诉讼。第 49 条的规定，用人单位有证据证明本法第 47 条规定的仲裁裁决有下列情形之一，可以自收到仲裁裁决书之日起 30 日内向劳动争议仲裁委员会所在地的中级人民法院申请撤销裁决：(1) 适用法律、法规确有错误的；(2) 劳动争议仲裁委员会无管辖权的；(3) 违反法定程序的；(4) 裁决所根据的证据是伪造的；(5) 对方当事人隐瞒了足以影响公正裁决的证据的；(6) 仲裁员在仲裁该案时有索贿受贿、徇私舞弊、枉法裁决行为的。人民法院经组成合议庭审查核实裁决有前款规定情形之一的，应当裁定撤销。仲裁裁决被人民法院裁定撤销的，当事人可以自收到裁定书之日起 15 日内就该劳动争议事项向人民法院提起诉讼。第 50 条的规定，当事人对本法第 47 条规定以外的其他劳动争议案件的仲裁裁决不服的，可以自收到仲裁裁决书之日起 15 日内向人民法院提起诉讼；期满不起诉的，裁决书发生法律效力。

1118 劳动仲裁收费吗？

不收费。根据《劳动争议调解仲裁法》第 53 条的规定，劳动争议仲裁不收费。劳动争议仲裁委员会的经费由财政予以保障。

Part 5

教育培训

学前教育

1119 我国实行的学校教育制度包括哪几个阶段?

我国学校教育制度包括学前教育、初等教育、中等教育和高等教育四个阶段。根据《教育法》第 17 条的规定,国家实行学前教育、初等教育、中等教育、高等教育的学校教育制度。国家建立科学的学制系统。学制系统内的学校和其他教育机构的设置、教育形式、修业年限、招生对象、培养目标等,由国务院或者由国务院授权教育行政部门规定。

1120 小朋友没有按国家免疫规划受种不能入托、入学吗?

不是的。根据《传染病防治法》第 15 条第 2 款的规定,国家对儿童实行预防接种证制度。国家免疫规划项目的预防接种实行免费。医疗机构、疾病预防控制机构与儿童的监护人应当相互配合,保证儿童及时接受预防接种。具体办法由国务院制定。根据《疫苗管理法》第 48 条第 1 款的规定,儿童入托、入学时,托幼机构、学校应当查验预防接种证,发现未按照规定接种免疫规划疫苗的,应当向儿童居住地或者托幼机构、学校所在地承担预防接种工作的接种单位报告,并配合接种单位督促其监护人按照规定补种。疾病预防控制机构应当为托幼机构、学校查验预防接种证等提供技术指导。

1121 小朋友入托前必须要进行健康检查吗?

是的,这是为了防止患有传染病的小朋友将疾病传染给其他小朋友。根据《托儿所幼儿园卫生保健管理办法》第 18 条的规定,儿童入托幼机构前应当经医疗卫生机构进行健康检查,合格后方可进入托幼机构。托幼机构发现在园(所)的儿童患疑似传染病时应当及时通知其监护人离园(所)诊治。患传染病的患儿治愈后,凭医疗卫生机构出具的健康证明方可入园(所)。儿童离开托幼机构 3 个月以上应当进行健康检查后方可再次入托幼机构。医疗卫生机构应当按照规定的体检项目开展健康检查,不得违反规定擅自改变。

1122 幼儿园可以建在化工园区周边吗?

化工园区属于污染区,不可以建幼儿园。根据《幼儿园管理条例》第 7 条的规定,举办幼儿园必须将幼儿园设置在安全区域内。严禁在污染区和危险区内设置幼儿园。

1123 幼儿园发生传染病疫情应当如何处理?

立即采取紧急救护措施,并报告当地教育行政部门或卫生行政部门,同时对相关班级进行重点消毒管理。根据《幼儿园管理条例》第 20 条的规定,幼儿园发生食物中毒、传染病流行时,举办幼儿园的单位或者个人应当立即采取紧急救护措施,并及时报告当地教育行政部门或卫生行政部门。根据《托儿所幼儿园卫生保健工作规范》第 1 部分第 1 条第 5 款的规定,加强园(所)的传染病预防控制工作。做好入园(所)儿童预防接种证的查验,配合有关部门按时完成各项预防接种工作。建立儿童传染病预防控制制度,做好晨午检,儿童缺勤要追查,因病缺勤要登记。明确传染病疫情报告人,发现传染病病人或疑似传染病人要早报告、早治疗,相关班级要重点消毒管理。做好园(所)内环境卫生、各项日常卫生和消毒工作。

1124 幼儿园必须要教小朋友背诵唐诗，学习汉语拼音、英语字母以及基本的数学运算吗？

根据《幼儿园管理条例》第16条的规定，幼儿园应当以游戏为基本活动形式。幼儿园可以根据本园的实际，安排和选择教育内容与方法，但不得进行违背幼儿教育规律，有损于幼儿身心健康的活动。根据《幼儿园工作规程》第25条的规定，幼儿园教育应当贯彻以下原则和要求：（1）德、智、体、美等方面的教育应当互相渗透，有机结合；（2）遵循幼儿身心发展的规律，符合幼儿的年龄特点，注重个体差异，因人施教，引导幼儿个性健康发展；（3）面向全体幼儿，热爱幼儿，坚持积极鼓励、启发诱导的正面教育；（4）综合组织健康、语言、社会、科学、艺术各领域的教育内容，渗透于幼儿一日生活的各项活动中，充分发挥各种教育手段的交互作用；（5）以游戏为基本活动，寓教育于各项活动之中；（6）创设与教育相适应的良好环境，为幼儿提供活动和表现能力的机会与条件。因此，幼儿园虽无法定义务，但是可以通过游戏的方式教小朋友背诵唐诗，学习汉语拼音、英语字母以及基本的数学运算，以促进小朋友身心全面发展。

1125 幼儿园可以让小朋友参加以营利为目的的活动吗？

不可以。根据《幼儿园工作规程》第47条的规定，幼儿园收费按照国家和地方的有关规定执行。幼儿园实行收费公示制度，收费项目和标准向家长公示，接受社会监督，不得以任何名义收取与新生入园相挂钩的赞助费。幼儿园不得以培养幼儿某种专项技能、组织或参与竞赛等为由，另外收取费用；不得以营利为目的组织幼儿表演、竞赛等活动。

1126 幼儿园老师体罚、变相体罚或侮辱小朋友应当如何处理？

由所在单位或者上级行政机关给予行政处分。根据《幼儿园管理条例》第17条的规定，严禁体罚和变相体罚幼儿。第28条第1款第1项和第2款的规定，违反本条例，体罚或变相体罚幼儿的单位或者个人，由教育行政部门对直接责任人员给予警告、罚款的行政处罚，或者由教育行政部门建议有关部门对责任人员给予行政处分。前款所列情形，情节严重，构成犯罪的，由司法机关依法追究刑事责任。根据《未成年人保护法》第63条的规定，学校、幼儿园、托儿所侵害未成年人合法权益的，由教育行政部门或者其他有关部门责令改正；情节严重的，对直接负责的主管人员和其他直接责任人员依法给予处分。学校、幼儿园、托儿所教职员工对未成年人实施体罚、变相体罚或者其他侮辱人格行为的，由其所在单位或者上级机关责令改正；情节严重的，依法给予处分。

1127 小朋友在幼儿园期间被陌生人接走丢失，幼儿园是否需要承担责任？

幼儿园让陌生人接走了小朋友，导致小朋友受到人身损害或者发生小朋友致他人人身损害的情形，幼儿园应当承担相应的赔偿责任，除非幼儿园能证明自己尽到了管理职责，才能免除其责任。根据《幼儿园工作规程》第12条的规定，幼儿园应当严格执行国家和地方幼儿园安全管理的相关规定，建立健全门卫、房屋、设备、消防、交通、食品、药物、幼儿接送交接、活动组织和幼儿就寝值守等安全防护和检查制度，建立安全责任制和应急预案。《民法典》第1199条规定，无民事行为能力人在幼儿园、学校或者其他教育机构学习、生活期间受到人身损害的，幼儿园、学校或者其他教育机构应当承担侵权责任；但是，能够证明尽到教育、管理职责的,不承担侵权责任。第1201条规定,无民事行为能力人或者限制民事行为能力人在幼儿园、学校或者其他教育机构学习、生活期间,受到幼儿园、学校或者其他教育机构以外的第三人人身损害的,由第三人承担侵权责任;幼儿园、学校或者其他教育机构未尽到管理职责的,承担相应的补充责任。幼儿园、学校或者其他教育机构承担补充责任后,可以向第三人追偿。

1128 施工队在幼儿园周围进行建筑施工干扰到幼儿园的,应当如何处理?

施工队在幼儿园周围进行建筑施工可能会干扰幼儿园正常的工作秩序,并且施工设施带有一定的危险性,此种情况下应当由教育行政部门直接或间接对直接责任人员给予行政处罚或行政处分。根据《幼儿园管理条例》第28条第1款第5项和第6项以及第2款的规定,违反本条例,具有下列情形之一的单位或者个人,由教育行政部门对直接责任人员给予警告、罚款的行政处罚,或者由教育行政部门建议有关部门对责任人员给予行政处分:干扰幼儿园正常工作秩序的;在幼儿园周围设置有危险、有污染或者影响幼儿园采光的建筑和设施的。前款所列情形,情节严重,构成犯罪的,由司法机关依法追究刑事责任。

1129 幼儿园老师可以在上课时间禁止小朋友上厕所吗?

幼儿园老师应当培养小朋友养成良好的大、小便习惯,但是因为小朋友身心发展尚未完全,因而不可以限制其上厕所的次数和时间,上课时间也不例外。根据《幼儿园工作规程》第22条的规定,幼儿园应当配备必要的设备设施,及时为幼儿提供安全卫生的饮用水。幼儿园应当培养幼儿良好的大小便习惯,不得限制幼儿便溺的次数、时间等。

1130 幼儿园老师全天都带小朋友在教室内做游戏合法吗?

不合法,幼儿园每天应当带领小朋友进行户外活动。根据《幼儿园工作规程》第23条的规定,幼儿园应当积极开展适合幼儿的体育活动,充分利用日光、空气、水等自然因素以及本地自然环境,有计划地锻炼幼儿肌体,增强身体的适应和抵抗能力。正常情况下,每日户外体育活动不得少于1小时。幼儿园在开展体育活动时,应当对体弱或有残疾的幼儿予以特殊照顾。根据《托儿所幼儿园卫生保健工作规范》第2部分第1条第3款的规定,应保证儿童每日充足的户外活动时间。全日制儿童每日不少于2小时,寄宿制儿童不少于3小时,寒冷、炎热季节可酌情调整。

义务教育

1131 适龄儿童、少年接受义务教育的权利由谁来保障?

适龄儿童、少年的父母或者其他监护人以及各级人民政府等有关社会组织和个人都有义务保障适龄儿童、少年接受九年义务教育。根据《教育法》第19条的规定,国家实行九年制义务教育制度。各级人民政府采取各种措施保障适龄儿童、少年就学。适龄儿童、少年的父母或者其他监护人以及有关社会组织和个人有义务使适龄儿童、少年接受并完成规定年限的义务教育。

1132 父母不让子女接受或完成九年义务教育应当如何处理?

发现父母不让子女接受或完成九年义务教育的情况,任何社会组织和个人均可向人民政府或相关部门提出检举或控告，由乡镇人民政府或者县级人民政府教育行政部门对相关人员给予批评教育，责令限期改正。根据《义务教育法》第5条的规定，各级人民政府及其有关部门应当履行本法规定的各项职责，保障适龄儿童、少年接受义务教育的权利。适龄儿童、少年的父母或者其他法定监护人应当依法保证其按时入学接受并完成义务教育。依法实施义务教育的学校应当按照规定标准完成教育教学任务，保证教育教学质量。社会组织和个人应当为适龄儿童、少年接受义务教育创造良好的环境。第9条第1款的规定，任何社会组织或者个人有权对违反本法的行为向有关国家机关提出检举或者控告。第58条的规定，适龄儿童、少年的父母或者其他法定监护人无正当理由未依照本法规定送适龄儿童、少年入学接受义务教育的，由当地乡镇人民政府或者县级人民政府教育行政部门给予批评教育，责令限期改正。

1133 孩子从几岁开始应当接受义务教育？

通常为6周岁或7周岁，身体不适等特殊情况除外。根据《义务教育法》第11条的规定，凡年满6周岁的儿童，其父母或者其他法定监护人应当送其入学接受并完成义务教育；条件不具备的地区的儿童，可以推迟到7周岁。适龄儿童、少年因身体状况需要延缓入学或者休学的，其父母或者其他法定监护人应当提出申请，由当地乡镇人民政府或者县级人民政府教育行政部门批准。

1134 有违法犯罪行为的未成年人也应当享受九年义务教育吗？

是的，九年义务教育适用于所有适龄儿童和少年，犯罪与否不是区分条件。根据《教育法》第40条的规定，国家、社会、家庭、学校及其他教育机构应当为有违法犯罪行为的未成年人接受教育创造条件。根据《义务教育法》第21条的规定，对未完成义务教育的未成年犯和被采取强制性教育措施的未成年人应当进行义务教育，所需经费由人民政府予以保障。

1135 适龄儿童、少年必须在户籍所在地就近入学接受义务教育吗？

不是的。根据《义务教育法》第12条第1款和第2款的规定，适龄儿童、少年免试入学。地方各级人民政府应当保障适龄儿童、少年在户籍所在地学校就近入学。父母或者其他法定监护人在非户籍所在地工作或者居住的适龄儿童、少年，在其父母或者其他法定监护人工作或者居住地接受义务教育的，当地人民政府应当为其提供平等接受义务教育的条件。具体办法由省、自治区、直辖市规定。

1136 现役军人的子女如何接受义务教育？

一般情况下，适龄儿童、少年应当在户籍所在地学校就近入学，但是，由于现役军人的特殊性，法律对其子女接受义务教育的问题进行了特殊规定。根据《义务教育法》第12条第3款的规定，县级人民政府教育行政部门对本行政区域内的军人子女接受义务教育予以保障。这是部队驻地县级人民政府教育行政部门的强制性义务，现役军人子女随军在部队住所地居住的，当地政府要给予军人子女免试就近入学的保障。

1137 县级以上人民政府或者其教育行政部门将辖区内的中小学校分为重点学校和非重点学校，合法吗？

不合法。《义务教育法》第22条第1款规

定，县级以上人民政府及其教育行政部门应当促进学校均衡发展，缩小学校之间办学条件的差距，不得将学校分为重点学校和非重点学校。第53条第1款第1项规定，县级以上人民政府或者其教育行政部门将学校分为重点学校和非重点学校的，由上级人民政府或者其教育行政部门责令限期改正、通报批评；情节严重的，对直接负责的主管人员和其他直接责任人员依法给予行政处分。

1138 接受义务教育的学生，需要缴纳学费吗？

公立学校不收，民办学校经核准，允许收取学费。根据《义务教育法》第2条的规定，国家实行九年义务教育制度。义务教育是国家统一实施的所有适龄儿童、少年必须接受的教育，是国家必须予以保障的公益性事业。实施义务教育，不收学费、杂费。国家建立义务教育经费保障机制，保证义务教育制度实施。因此，国家举办的实施义务教育的学校不允许收取学费。对于其他社会力量举办的承担义务教育任务的学校，即民办学校，是允许收取学费的。

1139 学校及其他教育机构向学生乱收费，需要承担什么法律责任？

退还所收费用，对直接负责的主管人员和其他责任人员依法给予行政处分。根据《义务教育法》第25条的规定，学校不得违反国家规定收取费用，不得以向学生推销或者变相推销商品、服务等方式谋取利益。第56条第1款和第2款的规定，学校违反国家规定收取费用的，由县级人民政府教育行政部门责令退还所收费用；对直接负责的主管人员和其他直接责任人员依法给予处分。学校以向学生推销或者变相推销商品、服务等方式谋取利益的，由县级人民政府教育行政部门给予通报批评；有违法所得的，没收违法所得；对直接负责的主管人员和其他直接责任人员依法给予处分。根据《教育法》第30条第5项的规定，学校及其他教育机构应当遵照国家有关规定收取费用并公开收费项目。《教育法》第78条规定，学校及其他教育机构违反国家有关规定向受教育者收取费用的，由教育行政部门或者其他有关行政部门责令退还所收费用；对直接负责的主管人员和其他直接责任人员，依法给予行政处分。

1140 杂技团、舞蹈团、体操队等可以招用应当接受义务教育的适龄儿童、少年吗？

经过合法程序审批后是可以招用的，但是要保障所招用的适龄儿童、少年接受义务教育的权利。根据《义务教育法》第14条的规定，禁止用人单位招用应当接受义务教育的适龄儿童、少年。根据国家有关规定经批准招收适龄儿童、少年进行文艺、体育等专业训练的社会组织，应当保证所招收的适龄儿童、少年接受义务教育；自行实施义务教育的，应当经县级人民政府教育行政部门批准。根据《国务院关于深入推进义务教育均衡发展的意见》第6条第5款的规定，根据国家有关规定经批准招收适龄儿童少年进行文艺、体育等专业训练的社会组织，要保障招收的适龄儿童少年接受义务教育。根据《禁止使用童工规定》第13条的规定，文艺、体育单位经未成年人的父母或者其他监护人同意，可以招用不满16周岁的专业文艺工作者、运动员。用人单位应当保障被招用的不满16周岁的未成年人的身心健康，保障其接受义务教育的权利。文艺、体育单位招用不满16周岁的专业文艺工作者、运动员的办法，由国务院劳动保障行政部门会同国务院文化、体育行政部门制定。学校、其他教育机构以及职业培训机构按照国家有关规定组织不满16周岁的未成年人进行不影响其人身安全和身心健康的教育实践劳动、职业技能培训劳动，不属于使用童工。

1141 学校可以以适龄儿童、少年残疾为由拒绝招收其入学吗?

不可以。《义务教育法》第19条规定，县级以上地方人民政府根据需要设置相应的实施特殊教育的学校(班)，对视力残疾、听力语言残疾和智力残疾的适龄儿童、少年实施义务教育。特殊教育学校(班)应当具备适应残疾儿童、少年学习、康复、生活特点的场所和设施。普通学校应当接收具有接受普通教育能力的残疾适龄儿童、少年随班就读，并为其学习、康复提供帮助。第57条第1项规定，学校有下列情形的，由县级人民政府教育行政部门责令限期改正;情节严重的，对直接负责的主管人员和其他直接责任人员依法给予处分:拒绝接收具有接受普通教育能力的残疾适龄儿童、少年随班就读的。

1142 视力残疾、听力语言残疾和智力残疾的适龄儿童、少年在接受义务教育时有什么特殊要求?

学校或班级应当具备适应上述适龄儿童、少年学习、康复、生活特点的场所和设施。根据《义务教育法》第19条的规定，县级以上地方人民政府根据需要设置相应的实施特殊教育的学校(班)，对视力残疾、听力语言残疾和智力残疾的适龄儿童、少年实施义务教育。特殊教育学校(班)应当具备适应残疾儿童、少年学习、康复、生活特点的场所和设施。普通学校应当接收具有接受普通教育能力的残疾适龄儿童、少年随班就读，并为其学习、康复提供帮助。

1143 学校及其他教育机构的老师可以使用地方语言教学吗?

根据《教育法》第12条的规定，国家通用语言文字为学校及其他教育机构的基本教育教学语言文字，学校及其他教育机构应当使用国家通用语言文字进行教育教学。民族自治地方以少数民族学生为主的学校及其他教育机构，从实际出发，使用国家通用语言文字和本民族或者当地民族通用的语言文字实施双语教育。国家采取措施，为少数民族学生为主的学校及其他教育机构实施双语教育提供条件和支持。因此，国家主要以汉语言文字为学校及其他教育机构的基本教学语言文字，应当推广使用全国通用的普通话和规范字。除以少数民族学生为主的学校及其他教育机构外，其他地区不可以使用方言教学。

1144 学校及其他教育机构的校长可以由外国公民担任吗?

不可以。根据《教育法》第31条第1款和第2款的规定，学校及其他教育机构的举办者按照国家有关规定，确定其所举办的学校或者其他教育机构的管理体制。学校及其他教育机构的校长或者主要行政负责人必须由具有中华人民共和国国籍、在中国境内定居、并具备国家规定任职条件的公民担任，其任免按照国家有关规定办理。学校的教学及其他行政管理，由校长负责。

1145 学校是否有义务将学生的学习成绩告知家长?

是的，但是必须以合适的方式告知学生家长。根据《教育法》第30条第4项的规定，学校及其他教育机构应当履行下列义务:以适当方式为受教育者及其监护人了解受教育者的学业成绩及其他有关情况提供便利。

1146 学校可以为了培养优秀学生分设重点班和非重点班吗?

不可以，实施义务教育的学校可以通过其

他方式培养优秀学生，但绝对不可以以此为由分设重点班和非重点班。根据《义务教育法》第22条第1款的规定，学校不得分设重点班和非重点班。第57条第2项的规定，学校有下列情形的，由县级人民政府教育行政部门责令限期改正；情节严重的，对直接负责的主管人员和其他直接责任人员依法给予处分：分设重点班和非重点班的。

1147 为了提高学生的学习成绩，学校可以向学生推销参考书吗？

提高学生学习成绩这一出发点固然为好，但是推销参考书毕竟是为了牟取私利，法律是明文禁止的。根据《义务教育法》第25条的规定，学校不得违反国家规定收取费用，不得以向学生推销或者变相推销商品、服务等方式谋取利益。第56条第2款的规定，学校以向学生推销或者变相推销商品、服务等方式谋取利益的，由县级人民政府教育行政部门给予通报批评；有违法所得的，没收违法所得；对直接负责的主管人员和其他直接责任人员依法给予处分。

1148 学生上课捣乱，学校可以将其开除吗？

学校应当对上课捣乱的学生进行批评教育，但是不得将其开除。根据《义务教育法》第27条的规定，对违反学校管理制度的学生，学校应当予以批评教育，不得开除。第57条第3项的规定，学校有下列情形的，由县级人民政府教育行政部门责令限期改正；情节严重的，对直接负责的主管人员和其他直接责任人员依法给予处分：违反本法规定开除学生的。

1149 学生天资聪颖，赶超学习进度很多，可以“跳级”吗？

我国《义务教育法》对“跳级”并未作出禁止性规定，因此，学生如若赶超学习进度很多，可以根据当地教育部门的相关法律法规（如有）及学校的相关政策，在符合条件的情况下选择“跳级”。

1150 学校发生食物中毒或疑似食物中毒事故应当如何处理？

立即报告上级部门，保留好食物，并协助卫生机构救治中毒或疑似中毒学生。根据《学校食品安全与营养健康管理规定》第50条的规定，学校应当建立集中用餐食品安全应急管理和突发事故报告制度，制定食品安全事故处置方案。发生集中用餐食品安全事故或者疑似食品安全事故时，应当立即采取下列措施：（1）积极协助医疗机构进行救治；（2）停止供餐，并按照规定向所在地教育、食品安全监督管理、卫生健康等部门报告；（3）封存导致或者可能导致食品及其原料、工具、用具、设备设施和现场，并按照食品安全监督管理部门要求采取控制措施；（4）配合食品安全监管部门进行现场调查处理；（5）配合相关部门对用餐师生进行调查，加强与师生家长联系，通报情况，做好沟通引导工作。

1151 校办工厂因经营不善而倒闭，学校是否应当偿还校办工厂欠下的债款？

校办工厂是财产独立的法人，学校不需要承担与其相关的民事责任，即便校办工厂倒闭，学校也不需要偿还其债款。根据《教育法》第32条第4款的规定，学校及其他教育机构兴办的校办产业独立承担民事责任。第59条的规定，国家采取优惠措施，鼓励和扶持学校在不影响正常教育教学的前提下开展勤工俭学和社会服务，兴办校办产业。

1152 学校校舍或者教育教学设施倒塌，应当由谁来承担法律责任？

学校的校舍和有关教育教学设施是否安

全，直接关系到学生、教师及其他人员的人身安全和健康。如果发生校舍或教育教学设施倒塌事件，需视情节轻重，对直接负责的主管人员和其他直接责任人员追究行政或刑事责任。根据《义务教育法》第24条第2款的规定，县级以上地方人民政府定期对学校校舍安全进行检查；对需要维修、改造的，及时予以维修、改造。第52条第3项的规定，县级以上地方人民政府有下列情形的，由上级人民政府责令限期改正；情节严重的，对直接负责的主管人员和其他直接责任人员依法给予行政处分：未定期对学校校舍安全进行检查，并及时维修、改造的。根据《教育法》第73条的规定，明知校舍或者教育教学设施有危险，而不采取措施，造成人员伤亡或者重大财产损失的，对直接负责的主管人员和其他直接责任人员，依法追究刑事责任。

1153 进城务工人员随迁子女就近入学，学校可以收取借读费吗？

不可以，国家对进城务工农民工随迁子女接受义务教育予以特殊照顾。根据《国务院关于做好免除城市义务教育阶段学生学杂费工作的通知》第2条第2款的规定，对符合当地政府规定接收条件的进城务工人员随迁子女，要按照相对就近入学的原则统筹安排在公办学校就读，免除学杂费，不收借读费。地方各级人民政府要按照预算内生均公用经费标准和实际接收人数，对接收进城务工人员随迁子女的公办学校足额拨付教育经费。

1154 我国对留守学生的义务教育问题有何特殊规定？

根据《国务院关于深入推进义务教育均衡发展的意见》第6条第2款的规定，建立健全农村留守义务教育学生关爱服务体系。把关爱留守学生工作纳入社会管理创新体系之中，构建学校、家庭和社会各界广泛参与的关爱网络，创新关爱模式。统筹协调留守学生教育管理工作，实行留守学生的普查登记制度和社会结对帮扶制度。加强对留守学生心理健康教育，建立留守学生安全保护预警与应急机制。优先满足留守学生进入寄宿制学校的需求。

1155 如果农村义务教育学校撤并遭到多数学生家长反对，学校还可以撤并吗？

不可以。根据《国务院办公厅关于规范农村义务教育学校布局调整的意见》第3条第2款的规定，坚决制止盲目撤并农村义务教育学校。多数学生家长反对或听证会多数代表反对，学校撤并后学生上学交通安全得不到保障，并入学校住宿和就餐条件不能满足需要，以及撤并后将造成学校超大规模或“大班额”问题突出的，均不得强行撤并现有学校或教学点。已经撤并的学校或教学点，确有必要的由当地人民政府进行规划、按程序予以恢复。

1156 学校可以选用自己学校省级优秀教师的讲义作为教科书吗？

讲义未经审定，不可以用来作为教科书使用。根据《义务教育法》第39条的规定，国家实行教科书审定制度。教科书的审定办法由国务院教育行政部门规定。未经审定的教科书，不得出版、选用。第57条第4款的规定，学校有下列情形的，由县级人民政府教育行政部门责令限期改正；情节严重的，对直接负责的主管人员和其他直接责任人员依法给予处分：学校选用未经审定的教科书的。

高等教育

1157 学校必须要通过平时考试来测验学生的学习水平吗？

不是的。根据《教育法》第 21 条的规定，国家实行国家教育考试制度。国家教育考试由国务院教育行政部门确定种类，并由国家批准的实施教育考试的机构承办。目前，国家教育考试的种类主要有以下三种：(1)入学考试如中考、高考、研究生入学考试；(2)水平考试如高中会考、计算机水平考试、外语等级考试；(3)文凭方面的考试如自学考试、学历文凭考试。

1158 考生在国家教育考试中作弊的后果是什么？

根据《教育法》第 79 条的规定，考生在国家教育考试中有下列行为之一的，由组织考试的教育考试机构工作人员在考试现场采取必要措施予以制止并终止其继续参加考试；组织考试的教育考试机构可以取消其相关考试资格或者考试成绩；情节严重的，由教育行政部门责令停止参加相关国家教育考试 1 年以上 3 年以下；构成违反治安管理行为的，由公安机关依法给予治安管理处罚；构成犯罪的，依法追究刑事责任：(1)非法获取考试试题或者答案的；(2)携带或者使用考试作弊器材、资料的；(3)抄袭他人答案的；(4)让他人代替自己参加考试的；(5)其他以不正当手段获得考试成绩的作弊行为。

1159 什么是学业证书？

学业证书是指经国家批准设立或者认可的学校及其他教育机构，对在该学校及其他教育机构正式注册并完成了规定学业的受教育者颁发的、表明其受教育程度及达到的专业知识水平和能力水平的凭证。根据《教育法》第 22 条的规定，国家实行学业证书制度。经国家批准设立或者认可的学校及其他教育机构按照国家有关规定，颁发学历证书或者其他学业证书。

1160 社会上有人通过各种渠道买到某学校的学业证书，该学校需要承担责任吗？

买卖的学业证书无效，学校的做法是违法的，需要承担法律责任。根据《教育法》第 82 条第 1 款的规定，学校或者其他教育机构违反本法规定，颁发学位证书、学历证书或者其他学业证书的，由教育行政部门或者其他有关行政部门宣布证书无效，责令收回或者予以没收；有违法所得的，没收违法所得；情节严重的，责令停止相关招生资格 1 年以上 3 年以下，直至撤销招生资格、颁发证书资格；对直接负责的主管人员和其他直接责任人员，依法给予处分。

1161 国家和社会可以对符合入学条件、家庭经济困难的学生提供哪些资助？

根据《教育法》第 38 条的规定，国家、社会对符合入学条件、家庭经济困难的儿童、少年、青年，提供各种形式的资助。具体而言，有奖学金、勤工助学、助学金、减免学杂费、信用助学贷款、校内无息借款、校内特殊困难补助等制度以及社会捐助形式的资助。国家高度重视家庭经济困难学生的就学问题，先后施行了一系列措施：比如，根据《高等教育法》第 55 条第 2 款的规定，国家设立高等学校学生勤工助学基金和贷学金，并鼓励高等学校、企业事业组织、社会团体以及其他社会组织和个人设立各种形式的助学金，对家庭经济困难的学生提供帮助。此外，国家还在《国务院关于建立健全普通本科高校高等职业学校和中等职业学校家庭经济困难学生资助政策体系的意见》中就明确要求完善国家奖学金制度、国家助学金制度、国家助学贷款政策等，以促进教育公平和社会公正。

1162 高等教育分为哪三类教育？

专科教育、本科教育和研究生教育。根据《高等教育法》第16条规定，高等学历教育分为专科教育、本科教育和研究生教育。高等学历教育应当符合下列学业标准：（1）专科教育应当使学生掌握本专业必备的基础理论、专门知识，具有从事本专业实际工作的基本技能和初步能力；（2）本科教育应当使学生比较系统地掌握本学科、专业必需的基础理论、基本知识，掌握本专业必要的基本技能、方法和相关知识，具有从事本专业实际工作和研究工作的初步能力；（3）硕士研究生教育应当使学生掌握本学科坚实的基础理论、系统的专业知识，掌握相应的技能、方法和相关知识，具有从事本专业实际工作和科学研究工作的能力。博士研究生教育应当使学生掌握本学科坚实宽广的基础理论、系统深入的专业知识、相应的技能和方法，具有独立从事本学科创造性科学研究工作和实际工作的能力。

1163 “大学”和“学院”有什么区别？

主要区别在于在校生的规模，除此之外，还存在学科与专业、师资队伍等方面的区别。《高等教育法》第25条第2款规定，大学或者独立设置的学院还应当具有较强的教学、科学研究力量，较高的教学、科学研究水平和相应规模，能够实施本科及本科以上教育。大学还必须设有三个以上国家规定的学科门类为主要学科。设立高等学校的具体标准由国务院制定。《普通本科学校设置暂行规定》规定，称为学院的，全日制在校生规模应在5000人以上。称为大学的，全日制在校生规模应在8000人以上，在校研究生数不低于全日制在校生总数的5%。

1164 高等学校的自主权表现在哪些方面？

我国《高等教育法》第32条至第38条规定了高等学校的自主权。根据《高等教育法》第32条的规定，高等学校根据社会需求、办学条件和国家核定的办学规模，制定招生方案，自主调节系科招生比例。第33条的规定，高等学校依法自主设置和调整学科、专业。第34条的规定，高等学校根据教学需要，自主制定教学计划、选编教材、组织实施教学活动。第35条的规定，高等学校根据自身条件，自主开展科学研究、技术开发和社会服务。国家鼓励高等学校同企业事业组织、社会团体及其他社会组织在科学研究、技术开发和推广等方面进行多种形式的合作。国家支持具备条件的高等学校成为国家科学研究基地。第36条的规定，高等学校按照国家有关规定，自主开展与境外高等学校之间的科学技术文化交流与合作。第37条的规定，高等学校根据实际需要和精简、效能的原则，自主确定教学、科学研究、行政职能部门等内部组织机构的设置和人员配备；按照国家有关规定，评聘教师和其他专业技术人员的职务，调整津贴及工资分配。第38条的规定，高等学校对举办者提供的财产、国家财政性资助、受捐赠财产依法自主管理和使用。高等学校不得将用于教学和科学研究活动的财产挪作他用。

1165 高校招生徇私舞弊怎么处理？

公民依法享有接受高等教育的权利，为了保证教育公平，高校招生应当公开透明，不得徇私舞弊。根据《教育法》第77条的规定，在招收学生工作中徇私舞弊的，由教育行政部门或者其他有关行政部门责令退回招收的人员；对直接负责的主管人员和其他直接责任人员，依法给予处分；构成犯罪的，依法追究刑事责任。根据《普通高等学校招生违规行为处理暂行办法》第6条第5项的规定，高校违反国家招生管理规定，有下列情形的，由主管教育行政部门责令限期改正，给予警告或者通报批评；情节严重的，给予减少招生计划、暂停特殊类型招生试点项目或者依法给予停止招生的处理。对直接负责的主管人员和其他直接责任人员，视情节轻重依法给予相应处分；涉嫌犯罪的，依法移送司法机关处理：在特殊类型招生中出台违反国家规定的报考条件，或者弄虚作假、徇私舞弊，录取不符合条件的考生的。

1166 我国承认在境外取得的学历证书、学位证书吗？

依我国缔结或者加入的国际条约或我国有关规定办理。根据《教育法》第70条的规定，中国对境外教育机构颁发的学位证书、学历证书及其他学业证书的承认，依照中华人民共和国缔结或者加入的国际条约办理，或者按照国家有关规定办理。教育部留学服务中心面向全国开展对国外学位证书和高等教育文凭的认证服务。

1167 哪些人可以参加高等教育自学考试？

我国公民均可以参加高等教育自学考试。根据《高等教育自学考试暂行条例》第2条规定，本条例所称高等教育自学考试，是对自学者进行以学历考试为主的高等教育国家考试，是个人自学、社会助学和国家考试相结合的高等教育形式。高等教育自学考试的任务，是通过国家考试促进广泛的个人自学和社会助学活动，推进在职专业教育和大学后继续教育，造就和选拔德才兼备的专门人才，提高全民族的思想道德、科学文化素质，适应社会主义现代化建设的需要。第3条的规定，中华人民共和国公民，不受性别、年龄、民族、种族和已受教育程度的限制，均可依照本条例的规定参加高等教育自学考试。

1168 依托普通高等教育培养的拟在军队任职的毕业生毕业后一定会在军队任职吗？

不一定。如果拟在军队任职的毕业生经考核不合格，不能留在军队，而要按照普通高等学校毕业生就业有关规定处理。根据《国务院、中央军委关于建立依托普通高等教育培养军队干部制度的决定》第4条第3款的规定，从普通高等学校选拔培养军队干部，要严格按照规定的条件和程序进行。普通高等学校要把优秀的人才推荐给军队。对培养对象，军地双方要共同把关并加强管理，搞好跟踪考察，实行全程筛选。直接接收毕业生入伍，必须先考核后接收，做到好中选优。毕业生到部队后，应根据其拟任职务的职责要求，在军队院校安排3个月至1年的培训，并纳入军队院校训练任务规划。在军队院校培训期间，经考核不适合在军队任职的，按照普通高等学校毕业生就业有关规定处理。

1169 高校可以自行调整本校的修业年限吗？

高校可以根据实际需要自行调整修业年限。根据《高等教育法》第17条的规定，专科教育的基本修业年限为2至3年，本科教育的基本修业年限为4至5年，硕士研究生教育的基本修业年限为2至3年，博士研究生教育的基本修业年限为3至4年。非全日制高等学历教育的修业年限应当适当延长。高等学校根据实际需要，可以对本学校的修业年限作出调整。

1170 **高校学生可以因为参加勤工俭学活动不上课吗？**

不可以。学生参加勤工俭学活动不得影响学业任务的完成。根据《高等教育法》第56条的规定，高等学校的学生在课余时间可以参加社会服务和勤工助学活动，但不得影响学业任务的完成。高等学校应当对学生的社会服务和勤工助学活动给予鼓励和支持，并进行引导和管理。

1171 **奖学金主要发给哪些学生？**

根据《高等教育法》第55条第1款的规定，国家设立奖学金，并鼓励高等学校、企业事业组织、社会团体以及其他社会组织和个人按照国家有关规定设立各种形式的奖学金，对品学兼优的学生、国家规定的专业的学生以及到国家规定的地区工作的学生给予奖励。

1172 **民办学校可以通过向学生家长筹集资金举办吗？**

不可以。根据《民办教育促进法实施条例》第8条的规定，民办学校的举办者应当按时、足额履行出资义务。民办学校存续期间，举办者不得抽逃出资，不得挪用办学经费。民办学校的举办者不得向学生、学生家长筹集资金举办民办学校，不得向社会公开募集资金举办民办学校。第16条第2项的规定，申请正式设立民办学校有下列情形的，审批机关不予批准，并书面说明理由：向学生、学生家长筹集资金举办民办学校或者向社会公开募集资金举办民办学校的。

1173 **招生时，有的学校宣传自己是民办警察学校，可信吗？**

不可信，不存在民办警察学校这样的民办学校。根据《民办教育促进法实施条例》第2条第1款的规定，国家机构以外的社会组织或者个人可以利用非国家财政性经费举办各级各类民办学校；但是，不得举办实施军事、警察、政治等特殊性质教育的民办学校。

1174 **民办学校发布虚假招生简章或者广告，骗取家长钱财应当如何处理？**

根据《民办教育促进法》第42条的规定，民办学校的招生简章和广告，应当报审批机关备案。第43条的规定，民办学校侵犯受教育者的合法权益，受教育者及其亲属有权向教育行政部门和其他有关部门申诉，有关部门应当及时予以处理。第62条第3项的规定，民办学校有下列行为的，由县级以上人民政府教育行政部门、人力资源社会保障行政部门或者其他有关部门责令限期改正，并予以警告；有违法所得的，退还所收费用后没收违法所得；情节严重的，责令停止招生、吊销办学许可证；构成犯罪的，依法追究刑事责任：发布虚假招生简章或者广告，骗取钱财的。

1175 **民办学校如何收取费用？**

根据《民办教育促进法》第38条的规定，民办学校收取费用的项目和标准根据办学成本、市场需求等因素确定，向社会公示，并接受有关主管部门的监督。非营利性民办学校收费的具体办法，由省、自治区、直辖市人民政府制定；营利性民办学校的收费标准，实行市场调节，由学校自主决定。民办学校收取的费用应当主要用于教育教学活动、改善办学条件和保障教职工待遇。

1176 **民办学校为了追求特色可以只开设“国学课”吗？**

法律对实施不同教育的民办学校开设的课程有不同规定，因此，对于民办学校是否可以只开设“国学课”不能一概而论。根据《民办教育促进法实施条例》第22条的规定，实施高等教育和中等职业技术学历教育的民办学校，可以按照办学宗旨和培养目标，自行设置专业、开设课程，自主选用教材。但是，民办学校应当将其所设置的专业、开设的课程、选用的教材报审批机关备案。实施高级中等教育、义务教育的民办学校，可以自主开展教育教学活动。但是，该民办学校的教育教学活动应当达到国务院教育行政部门制定的课程标准，其所选用的教材应当依法审定。实施学前教育的民办学校可以自主开展教育教学活动，但是，该民办学校不得违反有关法律、行政法规的规定。实施以职业技能为主的职业资格培训、职业技能培训的民办学校，可以按照国家职业标准的要求开展培训活动。

1177 民办学校因各种原因依法终止的，学生方面应当如何处理？

民办学校依法终止后，应当妥善安置学生，并退还应退的学费、杂费和其他费用。根据《民办教育促进法》第 57 条的规定，民办学校终止时，应当妥善安置在校学生。实施义务教育的民办学校终止时，审批机关应当协助学校安排学生继续就学。第 59 条第 1 款的规定，对民办学校的财产按照下列顺序清偿：(1) 应退受教育者学费、杂费和其他费用；(2) 应发教职工的工资及应缴纳的社会保险费用；(3) 偿还其他债务。

1178 民办学校或培训机构必须要履行对学生作出的承诺吗？

是的。学生在民办学校或培训机构就学，就代表其与学校签订了教育合同，即教育机构与受教育者或其委托培养人之间签订的，为实现一定的教育目的，约定教育机构向受教育者提供特定的教育服务，受教育者或其委托培养人向教育机构支付教育成本的民事协议。教育合同是《民法典》中的非典型性合同，属于无名合同，民办学校或培训机构一旦向学生作出承诺的意思表示，就表明学校愿意受其约束，因此就应当认真履行合同义务。

1179 校外培训机构只要有老师和场地就可以吗？

不是的，除了老师和场地，还必须具备组织机构和章程以及办学资金和经费来源。因此，家长在给孩子选择校外培训机构的时候，要谨慎考察所选择对象是否符合法律要求的必要条件。根据《教育法》第 27 条的规定，设立学校及其他教育机构，必须具备下列基本条件：(1) 有组织机构和章程；(2) 有合格的教师；(3) 有符合规定标准的教学场所及设施、设备等；(4) 有必备的办学资金和稳定的经费来源。

1180 学校能用教学楼为自身的债务进行抵押担保吗？

不可以。根据《民法典》第 399 条第 3 项的规定，学校、幼儿园、医疗机构等以公益目的成立的非营利法人的教育设施、医疗卫生设施和其他公益设施，不得抵押。根据《最高人民法院关于适用〈中华人民共和国民法典〉有关担保制度的解释》第 6 条第 1 款第 2 项的规定，以公益为目的的非营利性学校、幼儿园、医疗机构、养老机构等提供担保的，人民法院应当认定担保合同无效，但以教育设施、医疗卫生设施、养老服务设施和其他公益设施以外的不动产、动产或者财产权利设立担保物权的除外。学校的教学楼显然属于教育设施，不属于公益设施以外的财产，因而不可以抵押。

1181 民办高等教育机构可以以普通（成人）高等学校的名义进行招生吗？

不可以。根据《教育部关于进一步做好民办高等教育机构招生工作的意见》第 4 条的规定,民办高等教育机构不得将招生工作委托、承包给经营性的中介机构或个人;不得借用普通(成人)高等学校的名义招生;不得干扰基础教育的正常教学秩序。普通(成人)高等学校不得以联合办学或出借名义将学历教育学生转由民办高等教育机构代为进行教学和管理。

1182 民办学校学生与公办学校学生在国家助学体系当中的地位等同吗?

是的,国家高度重视民办教育的发展,因而通过各种措施保障民办学校学生的利益。根据《民办教育促进法》第5条的规定,民办学校与公办学校具有同等的法律地位,国家保障民办学校的办学自主权。国家保障民办学校举办者、校长、教职工和受教育者的合法权益。根据《教育部关于鼓励和引导民间资金进入教育领域促进民办教育健康发展的实施意见》第13条的规定,保障民办学校学生权益。民办学校学生与公办学校学生同等纳入国家助学体系,在政府资助、评奖评优、升学就业、社会优待等方面与同级同类公办学校学生享有同等权利。民办普惠性幼儿园与公办幼儿园在园儿童享受同等的资助政策。

1183 我国允许民间资金参与到中外合作办学中来吗?

民办教育是社会主义教育事业的重要组成部分,我国致力于拓宽民间资金参与教育事业发展的渠道,因此鼓励民间资金参与到中外合作办学中来。根据《教育部关于鼓励和引导民间资金进入教育领域促进民办教育健康发展的实施意见》第7条的规定,鼓励民间资金与我国境内学校合作,参与引进境外优质教育资源,依法举办高水平的中外合作办学机构。中外合作办学机构中境外资金的比例应低于50%。鼓励民间资金与我国境内学校合作赴境外办学,增强我国教育的国际竞争力。

1184 我国的民办学校都享受税收优惠政策吗?

是的,但是不同类型的民办学校所享受的税收优惠政策不同。根据《民办教育促进法》第47条的规定,民办学校享受国家规定的税收优惠政策;其中,非营利性民办学校享受与公办学校同等的税收优惠政策。根据《民办教育促进法实施条例》第38条第1款和第2款的规定,捐资举办的民办学校和出资人不要求取得合理回报的民办学校,依法享受与公办学校同等的税收及其他优惠政策。出资人要求取得合理回报的民办学校享受的税收优惠政策,由国务院财政部门、税务主管部门会同国务院有关行政部门制定。

1185 民办学校在招生时声称其举办者为公办学校,可信吗?

有一定的可信度,法律允许公办学校参与举办民办学校,但是,应当符合法律规定的条件。根据《民办教育促进法实施条例》第6条的规定,公办学校参与举办民办学校,不得利用国家财政性经费,不得影响公办学校正常的教育教学活动,并应当经主管的教育行政部门或者劳动和社会保障行政部门按照国家规定的条件批准。公办学校参与举办的民办学校应当具有独立的法人资格,具有与公办学校相分离的校园和基本教育教学设施,实行独立的财务会计制度,独立招生,独立颁发学业证书。参与举办民办学校的公办学校依法享有举办者权益,依法履行国有资产的管理义务,防止国有资产流失。实施义务教育的公办学校不得转为民办学校。

学生伤害事故处理

1186 学生发生伤害事故，学校应该怎么办？

根据《学生伤害事故处理办法》第 15 条的规定，发生学生伤害事故，学校应当及时救助受伤害学生，并应当及时告知未成年学生的监护人；有条件的，应当采取紧急救援等方式救助。第 16 条的规定，发生学生伤害事故，情形严重的，学校应当及时向主管教育行政部门及有关部门报告；属于重大伤亡事故的，教育行政部门应当按照有关规定及时向同级人民政府和上一级教育行政部门报告。第 22 条的规定，事故处理结束，学校应当将事故处理结果书面报告主管的教育行政部门；重大伤亡事故的处理结果，学校主管的教育行政部门应当向同级人民政府和上一级教育行政部门报告。

1187 学生在学校受到伤害，家长可以通过哪些途径要求学校承担责任？

学生家长可以通过协商、调解或诉讼方式解决，但不能无理取闹。根据《学生伤害事故处理办法》第 18 条的规定，发生学生伤害事故，学校与受伤害学生或者学生家长可以通过协商方式解决；双方自愿，可以书面请求主管教育行政部门进行调解。成年学生或者未成年学生的监护人也可以依法直接提起诉讼。第 36 条的规定，受伤害学生的监护人、亲属或者其他有关人员，在事故处理过程中无理取闹，扰乱学校正常教育教学秩序，或者侵犯学校、学校教师或者其他工作人员的合法权益的，学校应当报告公安机关依法处理；造成损失的，可以依法要求赔偿。

1188 学校可以以学生入学时签署的“安全协议”免除自己的责任吗？

不可以。根据《民法典》第 1200 条的规定，限制民事行为能力人在学校或者其他教育机构学习、生活期间受到人身损害，学校或者其他教育机构未尽到教育、管理职责的，应当承担侵权责任。因此，学校对于学生的教育、管理、保护义务是法定的，不能以“安全协议”免除自己的责任。

1189 学校设备损坏未及时修理而造成学生受伤，学校需要承担责任吗？

需要。学校应该保证其所提供的一切设施符合国家规定的标准，或者没有明显的不安全因素。根据《学生伤害事故处理办法》第 9 条第 1 项的规定，因下列情形造成的学生伤害事故，学校应当依法承担相应的责任：学校的校舍、场地、其他公共设施，以及学校提供给学生使用的学具、教育教学和生活设施、设备不符合国家规定的标准，或者有明显不安全因素的。

1190 患有精神病的教师造成学生受伤的，学校需要承担责任吗？

如果学校已知教师患有不适宜担任教育教学工作的疾病，如精神病、传染病，但未及时采取必要的措施来防止危害学生行为的发生，由此造成学生受到伤害的，学校需要承担相应的责任。根据《学生伤害事故处理办法》第 9 条第 5 项的规定，因下列情形造成的学生伤害事故，学校应当依法承担相应的责任：学校知道教师或者其他工作人员患有不适宜担任教育教学工作的疾病，但未采取必要措施的。

1191 学生在学校内突发疾病或受到伤害，学校需要承担责任吗？

学校发现学生的疾病后未根据实际情况及时采取相应措施，导致不良后果加重的，应当承担相应责任；但如果学校已经采取相应措施依然不能避免不良后果加重的，不需要承担责任。《学生伤害事故处理办法》第9条第8项规定，因下列情形造成的学生伤害事故，学校应当依法承担相应的责任：学生在校期间突发疾病或者受到伤害，学校发现，但未根据实际情况及时采取相应措施，导致不良后果加重的。第12条第3项规定，因下列情形之一造成的学生伤害事故，学校已履行了相应职责，行为并无不当的，无法律责任：(3)学生有特异体质、特定疾病或者异常心理状态，学校不知道或者难于知道的。为了让学生健康成长，建议有特异体质或患有特定疾病的学生家长将情况告知学校，以便学校随时关注且在事发时能及时采取救治措施。

1192 学生在学校里自杀，学校需要承担责任吗？

一般来说，学校并不需要对此承担责任。但是，如果学生之前已有一些反常行为，学校已经发现或本应发现，或者已有同学反映该生有自杀倾向，但学校并没有采取任何措施，如告知父母，则学校需要承担责任。根据《学生伤害事故处理办法》第12条第4项的规定，因下列情形造成的学生伤害事故，学校已履行了相应职责，行为并无不当的，无法律责任：学生自杀、自伤的。

1193 学生擅自离校期间受到伤害，学校需要承担责任吗？

一般情况下不承担。根据《学生伤害事故处理办法》第13条的规定，下列情形下发生的造成学生人身损害后果的事故，学校行为并无不当的，不承担事故责任；事故责任应当按有关法律法规或者其他有关规定认定：(1)在学生自行上学、放学、返校、离校途中发生的；(2)在学生自行外出或者擅自离校期间发生的；(3)在放学后、节假日或者假期等学校工作时间以外，学生自行滞留学校或者自行到校发生的；(4)其他在学校管理职责范围外发生的。因此，一般而言，学生擅自离校发生的伤害事故学校不承担事故责任，但是如果学校发现学生擅自离校却未及时告知其父母或其他监护人，导致学生因脱离监护人的保护而受到伤害的，学校应当承担责任。

1194 学生在危险性体育竞赛活动中意外受伤，学校需要承担责任吗？

如果学校采取了必要的安全措施、行为并无不当的，则无须承担责任。根据《学生伤害事故处理办法》第12条第5项的规定，因下列情形造成的学生伤害事故，学校已履行了相应职责，行为并无不当的，无法律责任：在对抗性或具有风险性的体育竞赛活动中发生意外伤害的。因为如踢足球时被其他同学踢伤，打垒球时被球砸伤等，这些活动的危险性是普遍存在而不可避免的，且学校也不能完全控制其发生，因此只要学校履行了相应义务，行为并无不当，就不用承担法律责任。

1195 老师没有尽到职责致使学生受伤，学生可以要求老师赔偿吗？

不可以。老师是学校雇佣来管理学生的，其工作存在失误，没有尽到监管职责，由此导致学生受伤的，应当由学校来承担责任。当然，学校在承担赔偿责任之后，可以依法向有关责任人员追偿。根据《学生伤害事故处理办法》第27条的规定，因学校教师或者其他工作人员在履行职务中的故意或者重大过失造成的学生伤害事故，学校予以赔偿后，可以向有关责任人员追偿。

1196 学校可以强制学生参加保险以规避伤害事故责任吗？

不可以，保险是自愿参加的。根据《学生

伤害事故处理办法》第 31 条的规定，学校有条件的，应当依据《保险法》的有关规定，参加学校责任保险。教育行政部门可以根据实际情况，鼓励中小学参加学校责任保险。提倡学生自愿参加意外伤害保险。在尊重学生意愿的前提下，学校可以为学生参加意外伤害保险创造便利条件，但不得从中收取任何费用。

1197 家长能否要求学校以解决升学为条件来承担伤害事故责任?

不可以。根据《学生伤害事故处理办法》第 26 条的规定，学校对学生伤害事故负有责任的，根据责任大小，适当予以经济赔偿，但不承担解决户口、住房、就业等与救助受伤害学生、赔偿相应经济损失无直接关系的其他事项。学校无责任的，如果有条件，可以根据实际情况，本着自愿和可能的原则，对受伤害学生给予适当的帮助。

1198 学生在校期间打架斗殴致使伤害事故发生，谁来承担赔偿责任?

成年学生由自己承担责任，未成年学生由其监护人承担责任。根据《学生伤害事故处理办法》第 28 条的规定，未成年学生对学生伤害事故负有责任的，由其监护人依法承担相应的赔偿责任。学生的行为侵害学校教师及其他工作人员以及其他组织、个人的合法权益，造成损失的，成年学生或者未成年学生的监护人应当依法予以赔偿。

1199 学校组织学生到军事博物馆参观学习，参观过程中学生触电受伤，学校是否需要承担责任?

如果学校事前未对学生进行相应的安全教育，并未在可预见的范围内采取必要的安全措施，那么学校应当依法承担相应的责任；但是如果学校事前已经这样做过，学生依然做出危险行为，那么学校是不需要承担责任的。根据《学生伤害事故处理办法》第 9 条第 4 项的规定，因下列情形之一造成的学生伤害事故，学校应当依法承担相应的责任：(4)学校组织学生参加教育教学活动或者校外活动，未对学生进行相应的安全教育，并未在可预见的范围内采取必要的安全措施的。

1200 学校包车组织学生到电影院观看爱国题材的电影，途中发生交通事故致使学生受伤，学校应当承担法律责任吗?

如果学校已经采取了必要的安全措施，则学校不需要承担责任，由交通事故当中有过错的当事人承担责任。根据《学生伤害事故处理办法》第 9 条第 4 项的规定，因下列情形造成的学生伤害事故，学校应当依法承担相应的责任：学校组织学生参加教育教学活动或者校外活动，未对学生进行相应的安全教育，并未在可预见的范围内采取必要的安全措施的。第 11 条的规定，学校安排学生参加活动，因提供场地、设备、交通工具、食品及其他消费与服务的经营者，或者学校以外的活动组织者的过错造成的学生伤害事故，有过错的当事人应当依法承担相应的责任。

1201 发生学生伤害事故，学校与受伤害学生或者学生家长可以私了吗?

可以。根据《学生伤害事故处理办法》第 18 条的规定，发生学生伤害事故，学校与受伤害学生或者学生家长可以通过协商方式解决；双方自愿，可以书面请求主管教育行政部门进行调解。成年学生或者未成年学生的监护人也可以依法直接提起诉讼。

1202 教师对学生进行故意伤害，学校应当承担责任吗?

因为这是教师的个人违法犯罪行为，应当

由教师自己承担责任。除非教师不适宜担任教育教学工作，那么学校需要承担责任。《学生伤害事故处理办法》第9条第5项规定，因下列情形造成的学生伤害事故，学校应当依法承担相应的责任：学校知道教师或者其他工作人员患有不适宜担任教育教学工作的疾病，但未采取必要措施的。第14条规定，因学校教师或者其他工作人员与其职务无关的个人行为，或者因学生、教师及其他个人故意实施的违法犯罪行为，造成学生人身损害的，由致害人依法承担相应的责任。

Part 6

休闲娱乐

旅游

1203 外出旅游，消费者如何选择旅行社？

选择一个好的旅行社是出行成功的开始，消费者应当选择具备“两证”的旅行社。根据《旅行社条例实施细则》第 26 条的规定，旅行社及其分社、服务网点，应当将《旅行社业务经营许可证》、《旅行社分社备案登记证明》或者《旅行社服务网点备案登记证明》，与营业执照一起，悬挂在经营场所的显要位置。因此，消费者外出旅游要事先前往旅行社营业场所查看“两证”，以确保旅行社资质合法。

1204 出国旅游，必须办理签证吗？

一般都需要。签证是一个国家的主权机关在本国或外国公民所持的护照或其他旅行证件上的签注、盖印，以表示允许其出入本国国境或者经过本国国境的手续。所以，出国旅游是否办理签证是由目的地国的法律规定的，建议消费者在出行前先向目的国驻华使领馆确认。

1205 出境旅游可以选择任何一个国家作为目的地吗？

目前还不可以，但是，随着我国对外经济贸易的发展，出境游的目的地国家会逐渐增加，可供选择的余地也会日益增多。根据《中国公民出国旅游管理办法》第 2 条的规定，出国旅游的目的地国家，由国务院旅游行政部门会同国务院有关部门提出，报国务院批准后，由国务院旅游行政部门公布。任何单位和个人不得组织中国公民到国务院旅游行政部门公布的出国旅游的目的地国家以外的国家旅游；组织中国公民到国务院旅游行政部门公布的出国旅游的目的地国家以外的国家进行涉及体育活动、文化活动等临时性专项旅游的，须经国务院旅游行政部门批准。根据《旅行社条例》第 25 条的规定，经营出境旅游业务的旅行社不得组织旅游者到国务院旅游行政主管部门公布的中国公民出境旅游目的地之外的国家和地区旅游。

1206 签订旅游合同，应该包含哪些内容？

根据《旅行社条例》第 28 条的规定，旅行社为旅游者提供服务，应当与旅游者签订旅游合同并载明下列事项：(1)旅行社的名称及其经营范围、地址、联系电话和旅行社业务经营许可证编号；(2)旅行社经办人的姓名、联系电话；(3)签约地点和日期；(4)旅游行程的出发地、途经地和目的地；(5)旅游行程中交通、住宿、餐饮服务安排及其标准；(6)旅行社统一安排的游览项目的具体内容及时间；(7)旅游者自由活动的时间和次数；(8)旅游者应当交纳的旅游费用及交纳方式；(9)旅行社安排的购物次数、停留时间及购物场所的名称；(10)需要旅游者另行付费的游览项目及价格；(11)解除或者变更合同的条件和提前通知的期限；(12)违反合同的纠纷解决机制及应当承担的责任；(13)旅游服务监督、投诉电话；(14)双方协商一致的其他内容。

1207 旅行社进行拼团必须经过旅游者同意吗？

是的。旅行社因报团人数未达到成行基准而不能成团时，必须要征得旅游者书面同意方可拼团。根据《旅游法》第 63 条的规定，旅行社招徕旅游者组团旅游，因未达到约定人数不能出团的，组团社可以解除合同。但是，境内旅游应当至少提前 7 日通知旅游者，出境旅游应当至少提前 30 日通知旅游者。因未达到约定人数不能出团的，组团社经征得旅游者书面同意，可以委托其他旅行社履行合同。组团社对旅游者承担责任，受委托的旅行社对组团社承担责任。旅游者不同意的，可以解除合同。因未达到约定的成团人数解除合同的，组团社应当向旅游者退还已收取的全部费用。

1208 导游可以私自组团吗？

不可以。根据《导游人员管理条例》第9条的规定，导游人员进行导游活动，必须经旅行社委派。导游人员不得私自承揽或者以其他任何方式直接承揽导游业务，进行导游活动。第19条的规定，导游人员未经旅行社委派，私自承揽或者以其他任何方式直接承揽导游业务，进行导游活动的，由旅游行政部门责令改正，处1000元以上3万元以下的罚款；有违法所得的，并处没收违法所得；情节严重的，由省、自治区、直辖市人民政府旅游行政部门吊销导游证并予以公告。

1209 参加低价旅游团，旅行社能否以弥补成本为由增加额外的收费项目？

未经旅游者同意，不可以。根据《旅行社条例》第27条的规定，旅行社不得以低于旅游成本的报价招徕旅游者。未经旅游者同意，旅行社不得在旅游合同约定之外提供其他有偿服务。

1210 旅行过程中，参加蹦极、漂流等危险项目时，应该注意什么？

出门在外，旅行者自身应做好事先预防工作，听从导游的安排和指示，不要擅自行动。对于旅行社而言，根据《旅游法》第80条的规定，旅游经营者应当就旅游活动中的下列事项，以明示的方式事先向旅游者作出说明或者警示：(1)正确使用相关设施、设备的方法；(2)必要的安全防范和应急措施；(3)未向旅游者开放的经营、服务场所和设施、设备；(4)不适宜参加相关活动的群体；(5)可能危及旅游者人身、财产安全的其他情形。根据《旅行社条例》第39条的规定，旅行社对可能危及旅游者人身、财产安全的事项，应当向旅游者作出真实的说明和明确的警示，并采取防止危害发生的必要措施。发生危及旅游者人身安全的情形的，旅行社及其委派的导游人员、领队人员应当采取必要的处置措施并及时报告旅游行政管理部门；在境外发生的，还应当及时报告中华人民共和国驻该国使领馆、相关驻外机构、当地警方。根据《旅行社条例实施细则》第45条第1款的规定，旅行社及其委派的导游人员、领队人员，应当对其提供的服务可能危及旅游者人身、财物安全的事项，向旅游者作出真实的说明和明确的警示。

1211 根据旅客的要求，旅行社可以将赌场体验纳入行程吗？

赌场体验是赌博的委婉说法，即便有旅客强烈要求，旅行社仍然不能安排类似的活动。根据《旅行社条例》第26条的规定，旅行社为旅游者安排或者介绍的旅游活动不得含有违反有关法律、法规规定的内容。根据《旅行社条例实施细则》第30条第3项的规定，《旅行社条例》第26条规定的旅行社不得安排的活动，主要包括：含有淫秽、赌博、涉毒内容的等。

1212 旅行社在组织居民参加出境旅游时，可以为减少费用而不要领队陪同吗？

不可以。根据《旅游法》第36条的规定，旅行社组织团队出境旅游或者组织、接待团队入境旅游，应当按照规定安排领队或者导游全程陪同。根据《旅行社条例》第30条的规定，旅行社组织中国内地居民出境旅游的，应当为旅游团队安排领队全程陪同。第 31 条的规定，旅行社为接待旅游者委派的导游人员，应当持有国家规定的导游证。取得出境旅游业务经营许可的旅行社为组织旅游者出境旅游委派的领队，应当取得导游证，具有相应的学历、语言能力和旅游从业经历，并与委派其从事领队业务的旅行社订立劳动合同。旅行社应当将本单位领队名单报所在地设区的市级旅游行政管理部门备案。第 56 条的规定，违反本条例的规定，旅行社组织中国内地居民出境旅游，不为旅游团队安排领队全程陪同的，由旅游行政管理部门责令改正，处 1 万元以上 5 万元以下的罚款；拒不改正的，责令停业整顿 1 个月至 3 个月。

1213 旅行社找的旅游当地地陪社没有经营资质，怎么办？

根据《旅行社条例》第 36 条的规定，旅行社需要对旅游业务作出委托的，应当委托给具有相应资质的旅行社，征得旅游者的同意，并与接受委托的旅行社就接待旅游者的事宜签订委托合同，确定接待旅游者的各项服务安排及其标准，约定双方的权利、义务。第 55 条第 4 项的规定，违反本条例的规定，旅行社将旅游业务委托给不具有相应资质的旅行社的，由旅游行政管理部门责令改正，处 2 万元以上 10 万元以下的罚款；情节严重的，责令停业整顿 1 个月至 3 个月。

1214 旅行社给旅客安排的景区没有合法经营资格，怎么办？

根据《旅行社条例实施细则》第 38 条的规定，旅行社招徕、组织、接待旅游者，其选择的交通、住宿、餐饮、景区等企业，应当符合具有合法经营资格和接待服务能力的要求。第 60 条的规定，违反本实施细则第 38 条的规定，旅行社为接待旅游者选择的交通、住宿、餐饮、景区等企业，不具有合法经营资格或者接待服务能力的，由县级以上旅游行政管理部门责令改正，没收违法所得，处违法所得 3 倍以下但最高不超过 3 万元的罚款，没有违法所得的，处 1 万元以下的罚款。

1215 旅游中，旅游者在旅行社定点购物场所遇货物质量问题找谁？

一般情况下，旅行社不得指定具体的购物场所，如发生旅行社定点场所购物质量问题的情形时，旅游者可要求旅行社办理退货并先行垫付退货货款。根据《旅游法》第 35 条的规定，旅行社不得以不合理的低价组织旅游活动，诱骗旅游者，并通过安排购物或者另行付费旅游项目获取回扣等不正当利益。旅行社组织、接待旅游者，不得指定具体购物场所，不得安排另行付费旅游项目。但是，经双方协商一致或者旅游者要求，且不影响其他旅游者行程安排的除外。发生违反前两款规定情形的，旅游者有权在旅游行程结束后 30 日内，要求旅行社为其办理退货并先行垫付退货货款，或者退还另行付费旅游项目的费用。

1216 导游强制要求旅客参加另行付费项目，怎么办？

根据《旅行社条例实施细则》第 44 条的规定，在旅游行程中，旅游者有权拒绝参加旅行社在旅游合同之外安排的购物活动或者需要旅游者另行付费的旅游项目。旅行社及其委派的导游人员和领队人员不得因旅游者拒绝参加旅行社安排的购物活动或者需要旅游者另行付费的旅游项目等情形，以任何借口、理由，拒绝继续履行合同、提供服务，或者以拒绝继续履行合同、提供服务相威胁。第 64 条的规定，违反本实施细则第 44 条第 2 款的规定，旅行社及其导游人员和领队人员拒绝继续履行合同、提供服务或者以拒绝继续履行合同、提供服务相威胁的，由县级以上旅游行政管理部门依照《条例》第 59 条的规定处罚。根据《旅行社条例》第 59 条的规定，违反本条例的规定，有下列情形之一的，对旅行社，由旅游行政管理部门或者工商行政管理部门责令改正，处 10 万元以上 50 万元以下的罚款；对导游人员、领队人员，由旅游行政管理部门责令改正，处 1 万元以上 5 万元以下的罚款；情节严重的，吊销旅行社业务经营许可证、导游证：(1)拒不履行旅游合同约定的义务的；(2)非因不可抗力改变旅游合同安排的行程的；(3)欺骗、胁迫旅游者购物或者参加需要另行付费的游览项目的。

1217 旅行社委托旅游目的地旅行社带团时发生了事故，造成旅客受伤怎么办？

应当由作出委托的旅行社向旅游者进行赔偿。根据《旅行社条例》第 37 条第 2 款的规定，接受委托的旅行社违约，造成旅游者合法权益受到损害的，作出委托的旅行社应当承担相应的赔偿责任。作出委托的旅行社赔偿后，可以向接受委托的旅行社追偿。

1218 旅行社可以和导游约定无底薪，按照带团数量进行提成吗？

不可以。根据《旅行社条例》第 32 条的规定，旅行社聘用导游人员、领队人员应当依法签订劳动合同，并向其支付不低于当地最低工资标准的报酬。第 58 条的规定，违反本条例的规定，旅行社不向其聘用的导游人员、领队人员支付报酬，或者所支付的报酬低于当地最低工资标准的，按照《劳动合同法》的有关规定处理。

1219 旅行社有权自行委托其他人代为履行与游客的合同义务吗？

旅行社作为旅游服务合同的一方当事人，如要改变合同条款，必须与旅游者协商一致，未经旅游者同意，无权委托他人履行合同义务。根据《旅行社条例实施细则》第 41 条的规定，旅游行程开始前，当发生约定的解除旅游合同的情形时，经征得旅游者的同意，旅行社可以将旅游者推荐给其他旅行社组织、接待，并由旅游者与被推荐的旅行社签订旅游合同。未经旅游者同意的，旅行社不得将旅游者转交给其他旅行社组织、接待。

1220 旅行中遭遇洪水导致旅游行程改变，旅游者可以向旅行社索赔吗？

不可以。根据《民法典》第 590 条的规定，当事人一方因不可抗力不能履行合同的，根据不可抗力的影响，部分或者全部免除责任，但是法律另有规定的除外。因不可抗力不能履行合同的，应当及时通知对方，以减轻可能给对方造成的损失，并应当在合理期限内提供证明。当事人迟延履行后发生不可抗力的，不免除其违约责任。根据《旅行社条例实施细则》第 43 条的规定，在旅游行程中，当发生不可抗力、危及旅游者人身、财产安全，或者非旅行社责任造成的意外情形，旅行社不得不调整或者变更旅游合同约定的行程安排时，应当在事前向旅游者作出说明；确因客观情况无法在事前说明的，应当在事后作出说明。根据《旅游法》第 67 条的规定，因不可抗力或者旅行社、履行辅助人已尽合理注意义务仍不能避免的事件，影响旅游行程的，按照下列情形处理：(1)合同不能继续履行的，旅行社和旅游者均可以解除合同。合同不能完全履行的，旅行社经向旅游者作出说明，可以在合理范围内变更合同；旅游者不同意变更的，可以解除合同。(2)合同解除的，组团社应当在扣除已向地接社或者履行辅助人支付且不可退还的费用后，将余款退还旅游者；合同变更的，因此增加的费用由旅游者承担，减少的费用退还旅游者。(3)危及旅游者人身、财产安全的，旅行社应当采取相应的安全措施，因此支出的费用，由旅行社与旅游者分担。(4)造成旅游者滞留的，旅行社应当采取相应的安置措施。因此增加的食宿费用，由旅游者承担；增加的返程费用，由旅行社与旅游者分担。因此，旅行中突然遭遇洪水属于不可抗力，因不可抗力导致旅行社违约的，即使给游客造成了损害，旅行社也无损害赔偿的法律义务。因为违约损害赔偿以过错责任原则为前提，而不可抗力表明当事人对违约事实的发生不具有过错，但游客可要求旅行社退还部分已交费用。

1221 旅游者和旅行社发生矛盾，怎么解决？

根据《旅游法》第92条的规定，旅游者与旅游经营者发生纠纷，可以通过下列途径解决：(1)双方协商；(2)向消费者协会、旅游投诉受理机构或者有关调解组织申请调解；(3)根据与旅游经营者达成的仲裁协议提请仲裁机构仲裁；(4)向人民法院提起诉讼。第94条的规定，旅游者与旅游经营者发生纠纷，旅游者一方人数众多并有共同请求的，可以推选代表人参加协商、调解、仲裁、诉讼活动。

1222 旅行过程中哪些事故可以通过旅行社责任保险承担责任？

根据《旅行社责任保险管理办法》第4条的规定，旅行社责任保险的保险责任，应当包括旅行社在组织旅游活动中依法对旅游者的人身伤亡、财产损失承担的赔偿责任和依法对受旅行社委派并为旅游者提供服务的导游或者领队人员的人身伤亡承担的赔偿责任。具体包括下列情形：(1)因旅行社疏忽或过失应当承担赔偿责任的；(2)因发生意外事故旅行社应当承担赔偿责任的；(3)国家旅游局(已撤销)会同中国保险监督管理委员会(已撤销)规定的其他情形。

1223 旅行社没有办理旅行社责任保险，应承担什么责任？

根据《旅游法》第97条第3项的规定，旅行社违反本法规定，未按照规定投保旅行社责任保险的，由旅游主管部门或者有关部门责令改正，没收违法所得，并处5000元以上5万元以下罚款；违法所得5万元以上的，并处违法所得1倍以上5倍以下罚款；情节严重的，责令停业整顿或者吊销旅行社业务经营许可证；对直接负责的主管人员和其他直接责任人员，处2000元以上2万元以下罚款。根据《旅行社条例》第49条的规定，违反本条例的规定，旅行社不投保旅行社责任险的，由旅游行政管理部门责令改正；拒不改正的，吊销旅行社业务经营许可证。

1224 旅行中遇到什么情况可以向旅游投诉管理机关投诉？

旅游者的合法权益受到损害都可以投诉。根据《旅行社条例》第43条的规定，旅行社损害旅游者合法权益的，旅游者可以向旅游行政管理部门、工商行政管理部门、价格主管部门、商务主管部门或者外汇管理部门投诉，接到投诉的部门应当按照其职责权限及时调查处理，并将调查处理的有关情况告知旅游者。根据《旅行社条例实施细则》第55条第1款的规定，因下列情形之一，给旅游者的合法权益造成损害的，旅游者有权向县级以上旅游行政管理部门投诉：(1)旅行社违反条例和本实施细则规定的；(2)旅行社提供的服务，未达到旅游合同约定的服务标准或者档次的；(3)旅行社破产或者其他原因造成旅游者预交旅游费用损失的。根据《旅游投诉处理办法》第8条的规定，投诉人可以就下列事项向旅游投诉处理机构投诉：(1)认为旅游经营者违反合同约定的；(2)因旅游经营者的责任致使投诉人人身、财产受到损害的；(3)因不可抗力、意外事故致使旅游合同不能履行或者不能完全履行,投诉人与被投诉人发生争议的;(4)其他损害旅游者合法权益的。

1225 法院判决旅行社支付旅客赔偿金,但旅行社拒绝赔偿,怎么办?

可以从旅行社的质量保证金账户上划拨赔偿款。根据《旅行社条例》第13条第1款和第2款的规定,旅行社应当自取得旅行社业务经营许可证之日起3个工作日内,在国务院旅游行政主管部门指定的银行开设专门的质量保证金账户,存入质量保证金,或者向作出许可的旅游行政管理部门提交依法取得的担保额度不低于相应质量保证金数额的银行担保。经营国内旅游业务和入境旅游业务的旅行社,应当存入质量保证金20万元;经营出境旅游业务的旅行社,应当增存质量保证金120万元。第16条的规定,人民法院判决、裁定及其他生效法律文书认定旅行社损害旅游者合法权益,旅行社拒绝或者无力赔偿的,人民法院可以从旅行社的质量保证金账户上划拨赔偿款。

1226 旅游者向旅游投诉管理机关投诉应如何正确进行?

旅游者在投诉时应当注意以下几点:

1. 选择正确的投诉机构。根据《旅游投诉处理办法》第5条的规定,旅游投诉由旅游合同签订地或者被投诉人所在地县级以上地方旅游投诉处理机构管辖。需要立即制止、纠正被投诉人的损害行为的,应当由损害行为发生地旅游投诉处理机构管辖。第9条第1款第3项和第2款的规定,下列情形不予受理:(3)不属于旅游投诉处理机构职责范围或者管辖范围的。属于前款第3项规定的情形的,旅游投诉处理机构应当及时告知投诉人向有管辖权的旅游投诉处理机构或者有关行政管理部门投诉。

2. 需要符合一定的条件。根据《旅游投诉处理办法》第10条的规定,旅游投诉应当符合下列条件:(1)投诉人与投诉事项有直接利害关系;(2)有明确的被投诉人、具体的投诉请求、事实和理由。

3. 提供符合规定的投诉材料。根据《旅游投诉处理办法》第11条的规定,旅游投诉一般应当采取书面形式,一式两份,并载明下列事项:(1)投诉人的姓名、性别、国籍、通讯地址、邮政编码、联系电话及投诉日期;(2)被投诉人的名称、所在地;(3)投诉的要求、理由及相关的事实根据。第12条的规定,投诉事项比较简单的,投诉人可以口头投诉,由旅游投诉处理机构进行记录或者登记,并告知被投诉人;对于不符合受理条件的投诉,旅游投诉处理机构可以口头告知投诉人不予受理及其理由,并进行记录或者登记。

1227 旅游者可以将之前在旅行社报名参加的旅游行程转让给朋友吗?

一般情况下,在旅游行程开始之前都是可以转让的。根据《旅游法》第64条的规定,旅游行程开始前,旅游者可以将包价旅游合同中自身的权利义务转让给第三人,旅行社没有正当理由的不得拒绝,因此增加的费用由旅游者和第三人承担。

1228 旅行社可以以旅游者患有传染病为由拒绝其参加旅行社报名吗?

为了其他旅游者的健康和安全,旅行社可以这样做。根据《旅游法》第66条第1款第1项和第2款的规定,旅游者有下列情形的,旅行社可以解除合同:患有传染病等疾病,可能危害其他旅游者健康和安全的。因前款规定情形解除合同的,组团社应当在扣除必要的费用后,将余款退还旅游者;给旅行社造成损失的，旅游者应当依法承担赔偿责任。

1229 旅游者出国旅游滞留不归，旅行社应当怎么办？

根据《旅行社条例》第 40 条第 1 款的规定，旅游者在境外滞留不归的，旅行社委派的领队人员应当及时向旅行社和中华人民共和国驻该国使领馆、相关驻外机构报告。旅行社接到报告后应当及时向旅游行政管理部门和公安机关报告，并协助提供非法滞留者的信息。根据《边境旅游暂行管理办法》第 12 条第 2 款的规定，旅游团成员如在境外滞留，有关承办旅行社须及时报告边防检查站和颁发出境证件的公安机关，并承担有关遣返费用。

1230 旅游者的财物在自由活动期间被盗窃，可否要求旅行社承担责任？

视情况而定。根据《最高人民法院关于审理旅游纠纷案件适用法律若干问题的规定》（2020 修正）第 17 条的规定，旅游者在自行安排活动期间遭受人身损害、财产损失，旅游经营者未尽到必要的提示义务、救助义务，旅游者请求旅游经营者承担相应责任的，人民法院应予支持。前款规定的自行安排活动期间，包括旅游经营者安排的在旅游行程中独立的自由活动期间、旅游者不参加旅游行程的活动期间以及旅游者经导游或者领队同意暂时离队的个人活动期间等。第 18 条的规定，旅游者在旅游行程中未经导游或者领队许可，故意脱离团队，遭受人身损害、财产损失，请求旅游经营者赔偿损失的，人民法院不予支持。

娱乐场所

1231 哪些属于我国法律法规规定的娱乐场所？

根据《文化部（已撤销）关于〈娱乐场所管理条例〉贯彻执行中若干问题的意见》第 1 条的规定，娱乐场所是指以营利为目的，并向公众开放、消费者自娱自乐的歌舞、游艺等场所，主要包括歌舞厅、卡拉 OK 场所等各类歌舞娱乐场所和以操作游戏、游艺设备进行娱乐的各类游艺娱乐场所。兼营娱乐项目的场所，其兼营部分适用《娱乐场所管理条例》规定。只对本单位内部员工开放的福利性娱乐场所和非营利性舞会、卡拉 OK 演唱等文化娱乐活动，不属于条例调整的范围。营利性保龄球馆、台球室、溜（旱）冰场等场所和大众健身娱乐场所的管理体制和制度由各地人民政府确定，可以参照《条例》制定管理办法。

1232 什么时候娱乐场所不得营业？

根据《娱乐场所管理条例》第 28 条的规定，每日凌晨 2 时至上午 8 时，娱乐场所不得营业。

1233 娱乐场所可以为电子游戏提供奖品吗？

可以的，但不允许以现金或有价证券作为奖品。根据《娱乐场所管理条例》第 19 条的规定，游艺娱乐场所不得设置具有赌博功能的电子游戏机机型、机种、电路板等游戏设施设备，不得以现金或者有价证券作为奖品，不得回购奖品。第 45 条的规定，娱乐场所违反本条例规定，有下列情形之一的，由县级公安部门没收违法所得和非法财物，并处违法所得 2 倍以上 5 倍以下的罚款；没有违法所得或者违法所得不足 1 万元的，并处 2 万元以上 5 万元以下的罚款；情节严重的，责令停业整顿 1 个月至 3 个月：（1）设置具有赌博功能的电子游戏机机型、机种、电路板等游戏设施设备的；（2）以现金、有价证券作为奖品，或者回购奖品的。

1234 如何举报电子游戏厅的不法行为?

视不法行为的类型向文化主管部门或公安部门等有关部门举报。根据《娱乐场所管理条例》第37条第1款的规定,任何单位或者个人发现娱乐场所内有违反本条例行为的,有权向文化主管部门、公安部门等有关部门举报。从具体分工来讲,文化部门、公安部门和工商行政管理部门负责不同的审核工作。根据《中央机构编制委员会办公室、信息产业部、公安部、文化部(已撤销)、国家工商行政管理局关于计算机信息网络经营服务场所和电子游戏厅管理职责分工的通知》第2条的规定,根据国务院部门的"三定"和国家有关规定,文化部(已撤销)作为文化市场主管部门,负责牵头会同相关部门加强对电子游戏厅经营活动的监督管理,负责审核电子游戏经营场所的经营项目和日常监督检查,并牵头、协同有关部门对电子游戏经营场所进行专项治理。公安部门负责电子游戏经营场所的消防、治安等安全方面的审核工作;依法打击、查处其赌博、淫秽、色情、渲染暴力等违法犯罪活动。工商行政管理部门负责核发电子游戏经营场所的营业执照;对有违法经营和严重违规经营活动的电子游戏经营场所,要吊销营业执照;对非法设置的电子游戏经营场所要予以取缔,并没收其违法所得及其从事违法经营所使用的器材等。

1235 娱乐场所设置闭路电视监控系统是否侵犯顾客利益?

营业性娱乐场所通常来往人员流量较大,为有效保障公众安全,加强对娱乐场所的管理,在合理位置设置闭路电视监控系统并不会侵犯顾客利益。根据《娱乐场所管理条例》第15条的规定,歌舞娱乐场所应当按照国务院公安部门的规定在营业场所的出入口、主要通道安装闭路电视监控设备,并应当保证闭路电视监控设备在营业期间正常运行,不得中断。歌舞娱乐场所应当将闭路电视监控录像资料留存30日备查,不得删改或者挪作他用。

1236 KTV强行搭售食品是否合法?

不合法。根据《娱乐场所管理条例》第29条的规定,娱乐场所提供娱乐服务项目和出售商品,应当明码标价,并向消费者出示价目表;不得强迫、欺骗消费者接受服务、购买商品。

1237 进入迪厅需要经过安检吗?

是的。根据《娱乐场所管理条例》第22条的规定,任何人不得非法携带枪支、弹药、管制器具或者携带爆炸性、易燃性、毒害性、放射性、腐蚀性等危险物品和传染病病原体进入娱乐场所。迪斯科舞厅应当配备安全检查设备,对进入营业场所的人员进行安全检查。

1238 歌舞厅纵容未成年人进入是否需要承担责任?

是的。《娱乐场所管理条例》第23条规定,歌舞娱乐场所不得接纳未成年人。除国家法定节假日外,游艺娱乐场所设置的电子游戏机不得向未成年人提供。第48条第3项规定,违反本条例规定,歌舞娱乐场所接纳未成年人的,由县级人民政府文化主管部门没收违法所得和非法财物,并处违法所得1倍以上3倍以下的罚款;没有违法所得或者违法所得不足1万元的,并处1万元以上3万元以下的罚款;情节严重的,责令停业整顿1个月至6个月。

1239 KTV可以提供营利性的陪唱服务吗?

不可以。根据《娱乐场所管理条例》第14条第4项的规定,娱乐场所及其从业人员不得实施下列行为,不得为进入娱乐场所的人员实施下列行为提供条件：提供或者从事以营利为目的的陪侍。第43条的规定，娱乐场所实施本条例第14条禁止行为的，由县级公安部门没收违法所得和非法财物，责令停业整顿3个月至6个月；情节严重的，由原发证机关吊销娱乐经营许可证，对直接负责的主管人员和其他直接责任人员处1万元以上2万元以下的罚款。

1240 娱乐场所的负责人指使服务员殴打没有付账的顾客，娱乐场所需要承担责任吗？

需要承担责任。根据《娱乐场所管理条例》第46条的规定，娱乐场所指使、纵容从业人员侵害消费者人身权利的，应当依法承担民事责任，并由县级公安部门责令停业整顿1个月至3个月；造成严重后果的，由原发证机关吊销娱乐经营许可证。

1241 娱乐场所必须要用正版音像制品吗？

是的。根据《娱乐场所管理条例》第18条第1款的规定，娱乐场所使用的音像制品或者电子游戏应当是依法出版、生产或者进口的产品。

1242 在居民楼内设立娱乐场所合法吗？

不合法，娱乐场所的设立地点法律有明确规定。根据《娱乐场所管理条例》第7条的规定，娱乐场所不得设立在下列地点：(1)居民楼、博物馆、图书馆和被核定为文物保护单位的建筑物内；(2)居民住宅区和学校、医院、机关周围；(3)车站、机场等人群密集的场所；(4)建筑物地下一层以下；(5)与危险化学品仓库毗连的区域。娱乐场所的边界噪声，应当符合国家规定的环境噪声标准。

1243 迪厅可以自行招聘保安人员吗？

不可以。根据《娱乐场所治安管理条例》第26条的规定，娱乐场所应当与保安服务企业签订保安服务合同，配备专业保安人员；不得聘用其他人员从事保安工作。

1244 为了更好地监控场所安全，歌舞厅可以设置便衣保安吗？

不可以，保安人员必须统一着装。根据《娱乐场所治安管理条例》第27条第1款的规定，营业期间，娱乐场所的从业人员应当统一着工作服，佩戴工作标志并携带居民身份证或者外国人就业可证。

其他娱乐

1245 在游乐场游玩时受到人身伤害可以要求经营者赔偿吗？

在一定条件下经营者需要承担相应的赔偿责任。根据《消费者权益保护法》第18条第1款的规定，经营者应当保证其提供的商品或者服务符合保障人身、财产安全的要求。对可能危及人身、财产安全的商品和服务，应当向消费者作出真实的说明和明确的警示，并说明和标明正确使用商品或者接受服务的方法以及防止危害发生的方法。

1246 网吧营业时间有限制吗？

是的。根据《互联网上网服务营业场所管理条例》第2条第1款的规定，本条例所称互联网上网服务营业场所，是指通过计算机等装置向公众提供互联网上网服务的网吧、电脑休闲室等营业性场所。第22条的规定，互联网上网服务营业场所每日营业时间限于8时至24时。网吧属于互联网上网服务营业场所，因此有营业时间限制。

1247 网吧能否建在学校周边?

不能。根据《互联网上网服务营业场所管理条例》第9条的规定,中学、小学校园周围200米范围内和居民住宅楼(院)内不得设立互联网上网服务营业场所。根据《国务院法制办公室(已撤销)对文化部(已撤销)关于提请解释〈互联网上网服务营业场所管理条例有关条文的函〉的复函》的相关规定,条例第9条中的"中学、小学"是指以未成年人为教育对象,实施中等和初等教育的学校,包括普通小学、普通中学和其他以未成年人为教育对象的实施中等和初等教育的各类学校。"200米范围内"是指自中学、小学围墙或者校园边界的任意一点向外沿直线延伸200米的区域。

1248 未成年人进入网吧但没有上网,网吧是否违法?

违法。根据《互联网上网服务营业场所管理条例》第21条的规定,互联网上网服务营业场所经营单位不得接纳未成年人进入营业场所。互联网上网服务营业场所经营单位应当在营业场所入口处的显著位置悬挂未成年人禁入标志。根据《国务院法制办公室(已撤销)对文化部(已撤销)关于提请就执行〈互联网上网服务营业场所管理条例有关问题进行解释的函〉的复函》第2条的规定,条例第21条中的"接纳",是指互联网上网服务营业场所接受未成年人进入营业场所的行为,无论未成年人是否上网。因此,即使未成年人没有上网,网吧接受其进入的行为仍然属于违法行为。

1249 网站可以删除论坛里网友发布的信息吗?

一定情况下可以。根据《民法典》第1195条第1款和第2款的规定,网络用户利用网络服务实施侵权行为的,权利人有权通知网络服务提供者采取删除、屏蔽、断开链接等必要措施。通知应当包括构成侵权的初步证据及权利人的真实身份信息。网络服务提供者接到通知后,应当及时将该通知转送相关网络用户,并根据构成侵权的初步证据和服务类型采取必要措施;未及时采取必要措施的,对损害的扩大部分与该网络用户承担连带责任。网络服务提供者知道网络用户利用其网络服务侵害他人民事权益,未采取必要措施的,与该网络用户承担连带责任。

1250 电子论坛的提供者泄露上网用户的个人信息怎么办?

上网用户可以要求电子论坛的提供者承担侵权责任。根据《民法典》第1194条的规定,网络用户、网络服务提供者利用网络侵害他人民事权益的,应当承担侵权责任。

1251 在电子公告服务(以下简称BBS)上散布谣言,扰乱社会秩序,需要承担什么责任?

根据《计算机信息网络国际联网安全保护管理办法》第5条第5项的规定,任何单位和个人不得利用国际联网制作、复制、查阅和传播下列信息:捏造或者歪曲事实,散布谣言,扰乱社会秩序的。第20条的规定,违反法律、行政法规,有本办法第5条、第6条所列行为之一的,由公安机关给予警告,有违法所得的,没收违法所得,对个人可以并处5000元以下的罚款,对单位可以并处1.5万元以下的罚款;情节严重的,并可以给予6个月以内停止联网、停机整顿的处罚,必要时可以建议原发证、审批机构吊销经营许可证或者取消联网资格;构成违反治安管理行为的,依照《治安管理处罚法》的规定处罚;构成犯罪的,依法追究刑事责任。

1252 版主是否需要对 BBS 中的信息负责？

是的。根据《信息产业部关于进一步做好互联网信息服务电子公告服务审批管理工作的通知》第 1 条的规定，网站开办 BBS 时应有相应人员对 BBS 实施有效管理。获准开展 BBS 的网站必须对获得批准的各个 BBS 栏目指定专职人员充当版主，每个栏目不得少于一个专职版主，并实行版主责任制。版主负责监管该栏目的信息内容，除采取必要的技术手段外，应对登载的信息负有人工过滤、筛选和监控的责任。一旦发现 BBS 的栏目中有违规内容，有关主管部门将追究网站和该栏目版主的责任并予以处理。版主的有关个人材料应报受理其专项审批的通信管理局备案。

1253 个人博客，即 blog 主页属于个人网站吗？是否需要备案？

目前大部分的个人 blog 主页都属于个人主页，而非个人网站，不需要到主管机关备案。根据《信息产业部关于进一步做好互联网信息服务电子公告服务审批管理工作的通知》第 3 条的规定，个人网站是指使用自己独有的域名、通过购买或租用服务器、以个人名义建立的网站；个人主页是指在他人网站页面上生成的个人专项或专栏，个人不拥有单独的域名和服务器。各通信管理局应对代理网站、个人网站实行备案制度，对个人主页无须办证或备案，而是作为 ICP 运营商的用户、通过 ICP 运营商对其进行管理。

1254 网络游戏中的私服、外挂是否违法？

违法。根据《文化部（已撤销）、信息产业部关于网络游戏发展和管理的若干意见》第 10 条的规定，加大对“私服”“外挂”等违法行为的打击力度。经营“私服”和“外挂”属于未经许可擅自利用互联网从事网络游戏经营活动的违法行为，要依照《无照经营查处取缔办法》予以取缔。加强对网吧的监管，取缔网吧中的“私服”“外挂”行为，通信管理部门要依据文化部门提供的书面认定处罚意见及网站 IP 地址等相关情况，按照互联网管理的行政法规的规定依法予以查处。根据《国家版权局关于网吧下载提供“外挂”是否承担法律责任的意见》的相关规定，网吧下载“外挂”程序并向顾客提供，或者明知下载“外挂”程序系顾客利用网吧服务器分配的空间所为，却不制止并继续向他人提供的，属于《著作权法》第 47 条（现第 53 条）第 6 项、第 7 项禁止的未经著作权人或者与著作权有关的权利人许可，故意避开或者破坏权利人为其作品、录音录像制品等采取的保护著作权或者与著作权有关的权利的技术措施，未经著作权人或者与著作权有关的权利人许可，故意删除或者改变作品录音录像制品等的权利管理电子信息的侵权行为。侵权行为同时损害公共利益的，可以由著作权行政管理部门责令停止侵权行为，没收违法所得，没收、销毁侵权复制品，并可以处以罚款；情节严重的，著作权行政管理部门还可以没收主要用于制作侵权复制品的材料、工具、设备等。网吧有足够的证据证明显示器提供的“外挂”程序非其下载，且确不知情的，应当删除下载的“外挂”程序。拒不删除的，可以故意侵权论处。

1255 歌曲和电影产生多长时间后不受法律保护？

歌曲和电影都属于作品，需视不同情形而定。《著作权法》第 22 条规定，作者的署名权、修改权、保护作品完整权的保护期不受限制。第 23 条规定，自然人的作品，其发表权、本法第 10 条第 1 款第 5 项至第 17 项规定的权利的保护期为作者终生及其死亡后 50 年，截止于作者死亡后第 50 年的 12 月 31 日；如果是合作作品，截止于最后死亡的作者死亡后第50年的12月31日。法人或者非法人组织的作品、著作权（署名权除外）由法人或者非法人组织享有的职务作品，其发表权的保护期为50年，截止于作品创作完成后第50年的12月31日；本法第10条第1款第5项至第17项规定的权利的保护期为50年，截止于作品首次发表后第50年的12月31日，但作品自创作完成后50年内未发表的，本法不再保护。视听作品，其发表权的保护期为50年，截止于作品创作完成后第50年的12月31日；本法第10条第1款第5项至第17项规定的权利的保护期为50年，截止于作品首次发表后第50年的12月31日，但作品自创作完成后50年内未发表的，本法不再保护。

1256 个人可以拍摄电影吗？

如果经过国家许可是可以的。根据《电影管理条例》第5条第1款的规定，国家对电影摄制、进口、出口、发行、放映和电影片公映实行许可制度。未经许可，任何单位和个人不得从事电影片的摄制、进口、发行、放映活动，不得进口、出口、发行、放映未取得许可证的电影片。

1257 外国公司是否可以独立在中国境内拍摄电影？

不可以。根据《电影管理条例》第18条的规定，电影制片单位经国务院广播电影电视行政部门批准，可以与境外电影制片者合作摄制电影片；其他单位和个人不得与境外电影制片者合作摄制电影片。电影制片单位和持有《摄制电影片许可证（单片）》的单位经国务院广播电影电视行政部门批准，可以到境外从事电影片摄制活动。境外组织或者个人不得在中华人民共和国境内独立从事电影片摄制活动。

1258 电影放映前插播太多广告，可以向电影院索赔吗？

是的。根据《国家广播电影电视总局、国家工商行政管理总局（已撤销）关于加强影片贴片广告管理的通知》第4条的规定，影片贴片广告一律加在《电影片公映许可证》画面之前，不得占用电影放映时间。根据《消费者权益保护法》第9条的规定，消费者享有自主选择商品或者服务的权利。消费者有权自主选择提供商品或者服务的经营者，自主选择商品品种或者服务方式，自主决定购买或者不购买任何一种商品、接受或者不接受任何一项服务。消费者在自主选择商品或者服务时，有权进行比较、鉴别和挑选。由于通知并未规定广告的数量和时长，而消费者购买电影票的主要目的又是观看电影，因此，如果电影放映前插播太多广告，就侵犯了消费者自主选择权，可以向电影院索赔。

1259 电视台播放广告有没有限制？

有。根据《广播电视管理条例》第21条的规定，广播电视发射台、转播台不得擅自播放自办节目和插播广告。第42条的规定，广播电台、电视台播放广告，不得超过国务院广播电视行政部门规定的时间。广播电台、电视台应当播放公益性广告。

1260 上网转载文章到自己博客会侵犯他人著作权吗？

不一定。根据《著作权法》第5条的规定，本法不适用于：(1)法律、法规，国家机关的决议、决定、命令和其他具有立法、行政、司法性质的文件，及其官方正式译文；(2)单纯事实消息；(3)历法、通用数表、通用表格和公式。也就是说，上网转载的文章为上述内容就不侵犯他人的著作权。另外，如果著作权保护期满，该作品就成为公共财产，任何人都能自由利用。

被转载文章有"转载声明"的，按照声明进行处理。如果有"转载请说明出处"的字样，表明作者是允许转载的，但是要备注文章出处；有"谢绝转载"的字样，表明作者是禁止转载的；有"转载请联系本网站"，需要转载的话，要和网站后台联系。

1261 将自己画的画出售，著作权也随之转移了吗？

不是的。根据《著作权法》第20条第1款的规定，作品原件所有权的转移，不改变作品著作权的归属，但美术、摄影作品原件的展览权由原件所有人享有。

1262 已经进入公共领域的作品，他人是不是就可以随意修改？

不是的。根据《著作权法》第22条的规定，作者的署名权、修改权、保护作品完整权的保护期不受限制。

1263 什么情况下使用他人作品，可以不经过许可并不支付报酬？

根据《著作权法》第24条第1款的规定，在下列情况下使用作品，可以不经著作权人许可，不向其支付报酬，但应当指明作者姓名、作品名称，并且不得影响该作品的正常使用，也不得不合理地损害著作权人的合法权益：(1)为个人学习、研究或者欣赏，使用他人已经发表的作品；(2)为介绍、评论某一作品或者说明某一问题，在作品中适当引用他人已经发表的作品；(3)为报道新闻，在报纸、期刊、广播电台、电视台等媒体中不可避免地再现或者引用已经发表的作品；(4)报纸、期刊、广播电台、电视台等媒体刊登或者播放其他报纸、期刊、广播电台、电视台等媒体已经发表的关于政治、经济、宗教问题的时事性文章，但著作权人声明不许刊登、播放的除外；(5)报纸、期刊、广播电台、电视台等媒体刊登或者播放在公众集会上发表的讲话，但作者声明不许刊登、播放的除外；(6)为学校课堂教学或者科学研究，翻译改编、汇编、播放或者少量复制已经发表的作品，供教学或者科研人员使用，但不得出版发行；(7)国家机关为执行公务在合理范围内使用已经发表的作品；(8)图书馆、档案馆、纪念馆、博物馆、美术馆、文化馆等为陈列或者保存版本的需要，复制本馆收藏的作品；(9)免费表演已经发表的作品，该表演未向公众收取费用，也未向表演者支付报酬，且不以营利为目的；(10)对设置或者陈列在公共场所的艺术作品进行临摹、绘画、摄影、录像；(11)将中国公民、法人或者非法人组织已经发表的以国家通用语言文字创作的作品翻译成少数民族语言文字作品在国内出版发行；(12)以阅读障碍者能够感知的无障碍方式向其提供已经发表的作品；(13)法律、行政法规规定的其他情形。

1264 公开表演他人的歌曲是否要得到著作权人同意？

一般情况下是的。根据《著作权法》第38条的规定，使用他人作品演出，表演者应当取得著作权人许可，并支付报酬。演出组织者组织演出，由该组织者取得著作权人许可，并支付报酬。但有一种情况除外，根据《著作权法》第24条第1款第9项的规定，在下列情况下使用作品，可以不经著作权人许可，不向其支付报酬，但应当指明作者姓名、作品名称，并且不得影响该作品的正常使用，也不得不合理地损害著作权人的合法权益：免费表演已经发表的作品，该表演未向公众收取费用，也未向表演者支付报酬，且不以营利为目的。

1265 什么情况下使用作品，可以不经过著作权人许可，但应当支付报酬？

《著作权法》主要规定了以下四种情况：（1）根据第25条第1款的规定，为实施义务教育和国家教育规划而编写出版教科书，可以不经著作权人许可，在教科书中汇编已经发表的作品片段或者短小的文字作品、音乐作品或者单幅的美术作品、摄影作品、图形作品，但应当按照规定向著作权人支付报酬，指明作者姓名或者名称、作品名称，并且不得侵犯著作权人依照本法享有的其他权利。（2）第35条第2款的规定，作品刊登后，除著作权人声明不得转载、摘编的外，其他报刊可以转载或者作为文摘、资料刊登，但应当按照规定向著作权人支付报酬。（3）第42条第2款的规定，录音制作者使用他人已经合法录制为录音制品的音乐作品制作录音制品，可以不经著作权人许可，但应当按照规定支付报酬；著作权人声明不许使用的不得使用。（4）第46条第2款的规定，广播电台、电视台播放他人已发表的作品，可以不经著作权人许可，但应当按照规定支付报酬。

1266 教育电视台可以播放经典的商业电影吗？

不可以。根据《广播电视管理条例》第44条的规定，教育电视台应当按照国家有关规定播放各类教育教学节目，不得播放与教学内容无关的电影、电视片。第50条第7项的规定，违反本条例规定，有下列行为之一的，由县级以上人民政府广播电视行政部门责令停止违法活动，给予警告，没收违法所得，可以并处2万元以下的罚款；情节严重的，由原批准机关吊销许可证：（7）教育电视台播放本条例第44条规定禁止播放的节目的。

1267 导演可以擅自提供自己的电影作品参加戛纳电影节吗？

不可以。根据《电影管理条例》第61条的规定，未经批准，擅自举办中外电影展、国际电影节，或者擅自提供电影片参加境外电影展、电影节的，由国务院广播电影电视行政部门责令停止违法活动，没收违法参展的电影片和违法所得；违法所得2万元以上的，并处违法所得5倍以上10倍以下的罚款；没有违法所得或者违法所得不足2万元的，并处2万元以上10万元以下的罚款。第64条第2款的规定，个人违反本条例，未经批准擅自从事电影片的制片、进口、发行业务，或者擅自举办中外电影展、国际电影节或者擅自提供电影片参加境外电影展、电影节的，5年内不得从事相关电影业务。

1268 电影院放映国产电影和国外电影的数量和时间有比例要求吗？

数量没有要求，但是时间有要求。根据《电影管理条例》第44条的规定，放映电影片，应当符合国家规定的国产电影片与进口电影片放映的时间比例。放映单位年放映国产电影片的时间不得低于年放映电影片时间总和的2/3。第59条第6项的规定，有下列行为的，由电影行政部门责令停止违法行为，没收违法经营的电影片和违法所得；违法所得5万元以上的，并处违法所得5倍以上10倍以下的罚款；没有违法所得或者违法所得不足5万元的，并处10万元以上30万元以下的罚款；情节严重的，并责令停业整顿或者由原发证机关吊销许可证：未按照规定的时间比例放映电影片，或者不执行国务院广播电影电视行政部门停止发行、放映决定的。

1269 网吧未经许可提供他人享有著作权的影视作品需要承担责任吗？

需要。根据《最高人民法院关于做好涉及网吧著作权纠纷案件审判工作的通知》第3条的规定，网吧经营者未经许可，通过网吧自行提供他人享有著作权的影视作品，侵犯他人信息网络传播权等权利的，应当根据原告的诉讼请求判决其停止侵权和赔偿损失。第4条的规定，网吧经营者能证明涉案影视作品是从有经营资质的影视作品提供者合法取得，根据取得时的具体情形不知道也没有合理理由应当知道涉案影视作品侵犯他人信息网络传播权等权利的，不承担赔偿损失的民事责任。但网吧经营者经权利人通知后，未及时采取必要措施的，应对损害的扩大部分承担相应的民事责任。

Part 7

投资创业

投资

1270 证券公司是否可以将客户身份证件提供给他人开户买卖股票?

不可以。根据《证券公司监督管理条例》第28条规定,证券公司受证券登记结算机构委托,为客户开立证券账户,应当按照证券账户管理规则,对客户申报的姓名或者名称、身份的真实性进行审查。同一客户开立的资金账户和证券账户的姓名或者名称应当一致。证券公司为证券资产管理客户开立的证券账户,应当自开户之日起3个交易日内报证券交易所备案。证券公司不得将客户的资金账户、证券账户提供给他人使用。第84条第4项规定,证券公司违反本条例的规定,有下列情形的,责令改正,给予警告,没收违法所得,并处以违法所得1倍以上5倍以下的罚款;没有违法所得或者违法所得不足3万元的,处以3万元以上30万元以下的罚款。对直接负责的主管人员和其他直接责任人员单处或者并处警告、3万元以上10万元以下的罚款;情节严重的,撤销任职资格或者证券从业资格:未按照规定程序了解客户的身份、财产与收入状况、证券投资经验和风险偏好。因此,证券公司不得将客户的身份证件提供给他人办理开户,买卖股票。根据《中国证券登记结算有限责任公司证券账户管理规则》第26条的规定,开户代理机构应当认真核实投资者身份,审核投资者身份证明文件的真实性和有效性,投资者与身份证明文件的人证一致性。开户代理机构应当认真审核投资者所提供业务申请材料的真实性、准确性、完整性、有效性,确保业务申请表与业务申请材料相关内容一致。开户代理机构应当确保录入账户系统的账户信息与投资者提供的业务申请表等材料一致。第66条的规定,开户代理机构违反本规则第26条规定,未按要求采取有效措施防止产生不合格账户的,本公司将口头警示或书面警示。为投资者违规开立证券账户提供便利的,本公司将通报批评或公开谴责,情节严重的,暂停开户代理机构或网点的开户代理业务资格。

1271 身份证被占用无法开户怎么办?

可以去证券登记公司先查询与身份证号码对应的股东账户号码,用身份证对其进行挂失,然后重新领取一个新的股东账户号码,就可以买卖股票了。

1272 股民因券商工作失误而致配股未能成交,能否索赔?

能。根据《民法典》第176条的规定,民事主体依照法律规定或者按照当事人约定,履行民事义务,承担民事责任。上市公司股东认购配股是股东的法定权利。这项权利具有财产性质,任何组织和个人因其作为或不作为致使股东配股权利未能得到有效实现,都要承担因此造成股东财产损失的法律责任。所以,不论券商故意还是过失(包括交易传输系统管理或维修不善等原因),致使股民下达的配股委托未实施或未成交,都应赔偿股民因配股未成造成的损失。

1273 2018年年底修订的《上市规则》,为什么将召开股东大会时需要股票停牌的规定删除?

从实践来看,上市公司股东大会审议事项已经预先向市场进行了公告,市场参与者对其已经有一定的认知。同时,股东大会审议的很多事项,对市场的影响也并不大。为提高市场效率,本次修订取消了上市公司股东大会召开当日全天例行停牌的规定,保留异常情况下公司申请停牌的安排。

1274 证券公司能不能用最低收益保证来吸引客户?

不能。根据《证券公司监督管理条例》第46条第1项的规定,证券公司从事证券资产管理业务,不得有下列行为:向客户作出保证其资产本金不受损失或者保证其取得最低收益的承诺。

1275 什么是上市公司应当向投资者公告的重大事件?

根据《证券法》(2019修正)第80条的规定,发生可能对上市公司、股票在国务院批准的其他全国性证券交易场所交易的公司的股票交易价格产生较大影响的重大事件,投资者尚未得知时,公司应当立即将有关该重大事件的情况向国务院证券监督管理机构和证券交易场所报送临时报告,并予公告,说明事件的起因、目前的状态和可能产生的法律后果。前款所称重大事件包括:(1)公司的经营方针和经营范围的重大变化;(2)公司的重大投资行为,公司在1年内购买、出售重大资产超过公司资产总额30%,或者公司营业用主要资产的抵押、质押、出售或者报废一次超过该资产的30%;(3)公司订立重要合同、提供重大担保或者从事关联交易,可能对公司的资产、负债、权益和经营成果产生重要影响;(4)公司发生重大债务和未能清偿到期重大债务的违约情况;(5)公司发生重大亏损或者重大损失;(6)公司生产经营的外部条件发生的重大变化;(7)公司的董事、1/3以上监事或者经理发生变动,董事长或者经理无法履行职责;(8)持有公司5%以上股份的股东或者实际控制人持有股份或者控制公司的情况发生较大变化,公司的实际控制人及其控制的其他企业从事与公司相同或者相似业务的情况发生较大变化;(9)公司分配股利、增资的计划,公司股权结构的重要变化,公司减资、合并、分立、解散及申请破产的决定,或者依法进入破产程序、被责令关闭;(10)涉及公司的重大诉讼、仲裁,股东大会、董事会决议被依法撤销或者宣告无效;(11)公司涉嫌犯罪被依法立案调查,公司的控股股东、实际控制人、董事、监事、高级管理人员涉嫌犯罪被依法采取强制措施;(12)国务院证券监督管理机构规定的其他事项。公司的控股股东或者实际控制人对重大事件的发生、进展产生较大影响的,应当及时将其知悉的有关情况书面告知公司,并配合公司履行信息披露义务。

1276 哪些人可以作为虚假陈述证券民事赔偿诉讼的原告和被告?

根据《最高人民法院关于审理证券市场因虚假陈述引发的民事赔偿案件的若干规定》第2条第1款的规定,本规定所称投资人,是指在证券市场上从事证券认购和交易的自然人、法人或者其他组织。第7条的规定,虚假陈述证券民事赔偿案件的被告,应当是虚假陈述行为人,包括:(1)发起人、控股股东等实际控制人;(2)发起人或者上市公司;(3)证券承销商;(4)证券上市推荐人;(5)会计师事务所、律师事务所、资产评估机构等专业中介服务机构;(6)上述第2~4项所涉单位中负有责任的董事、监事和经理等高级管理人员以及(5)项中直接责任人;(7)其他作出虚假陈述的机构或者自然人。因此,凡是认为自己受到了虚假陈述行为的侵害并发生了损失的投资人,都可以作为原告向人民法院提起赔偿之诉,而虚假陈述行为人则是被告。

1277 如何判断股民是因上市公司虚假陈述而导致损失的?

需满足三个条件。根据《最高人民法院关

于审理证券市场因虚假陈述引发的民事赔偿案件的若干规定》第18条的规定，投资人具有以下情形的，人民法院应当认定虚假陈述与损害结果之间存在因果关系：（1）投资人所投资的是与虚假陈述直接关联的证券；（2）投资人在虚假陈述实施日及以后，至揭露日或者更正日之前买入该证券；（3）投资人在虚假陈述揭露日或者更正日及以后，因卖出该证券发生亏损，或者因持续持有该证券而产生亏损。

1278 上市公司如何证明股民的损失与虚假陈述无关？

满足以下任何一个条件都可以认定二者之间不存在因果关系。根据《最高人民法院关于审理证券市场因虚假陈述引发的民事赔偿案件的若干规定》第19条的规定，被告举证证明原告具有以下情形的，人民法院应当认定虚假陈述与损害结果之间不存在因果关系：（1）在虚假陈述揭露日或者更正日之前已经卖出证券；（2）在虚假陈述揭露日或者更正日及以后进行的投资；（3）明知虚假陈述存在而进行的投资；（4）损失或者部分损失是由证券市场系统风险等其他因素所导致；（5）属于恶意投资、操纵证券价格的。

1279 进行内幕交易会有什么法律后果？

会受到没收违法所得、罚款、警告等处罚。《证券法》（2019修正）第53条规定，证券交易内幕信息的知情人和非法获取内幕信息的人，在内幕信息公开前，不得买卖该公司的证券，或者泄露该信息，或者建议他人买卖该证券。持有或者通过协议、其他安排与他人共同持有公司5%以上股份的自然人、法人、非法人组织收购上市公司的股份，本法另有规定的，适用其规定。内幕交易行为给投资者造成损失的，应当依法承担赔偿责任。第191条第1款规定，证券交易内幕信息的知情人或者非法获取内幕信息的人违反本法第53条的规定从事内幕交易的，责令依法处理非法持有的证券，没收违法所得，并处以违法所得1倍以上10倍以下的罚款；没有违法所得或者违法所得不足50万元的，处以50万元以上500万元以下的罚款。单位从事内幕交易的，还应当对直接负责的主管人员和其他直接责任人员给予警告，并处以20万元以上200万元以下的罚款。国务院证券监督管理机构工作人员从事内幕交易的，从重处罚。

1280 操纵证券市场会有什么法律后果？

会受到责令处理证券、没收违法所得、罚款、警告等处罚。根据《证券法》（2019修正）第192条的规定，违反本法规定，操纵证券市场的，责令依法处理非法持有的证券，没收违法所得，并处以违法所得1倍以上10倍以下的罚款；没有违法所得或者违法所得不足100万元的，处以100万元以上1000万元以下的罚款。单位操纵证券市场的，还应当对直接负责的主管人员和其他直接责任人员给予警告，并处以50万元以上500万元以下的罚款。

1281 证券公司将客户资金账户给他人使用有何法律责任？

需要承担责令改正、罚款、警告的法律责任。《证券法》（2019修正）第107条第2款规定，证券公司不得将投资者的账户提供给他人使用。第201条第2款规定，证券公司违反本法第107条第2款的规定，将投资者的账户提供给他人使用的，责令改正，给予警告，并处以10万元以上100万元以下的罚款。对直接负责的主管人员和其他直接责任人员给予警告，并处以20万元以下的罚款。

1282 证券公司诱使客户进行不必要交易需要承担责任吗？

需要。《证券法》(2019修正)第57条规定，禁止证券公司及其从业人员从事下列损害客户利益的行为：(1)违背客户的委托为其买卖证券；(2)不在规定时间内向客户提供交易的确认文件；(3)未经客户的委托，擅自为客户买卖证券，或者假借客户的名义买卖证券；(4)为牟取佣金收入，诱使客户进行不必要的证券买卖；(5)其他违背客户真实意思表示，损害客户利益的行为。违反前款规定给客户造成损失的，应当依法承担赔偿责任。第194条规定，证券公司及其从业人员违反本法第57条的规定，有损害客户利益的行为的，给予警告，没收违法所得，并处以违法所得1倍以上10倍以下的罚款；没有违法所得或者违法所得不足10万元的，处以10万元以上100万元以下的罚款；情节严重的，暂停或者撤销相关业务许可。

1283 证券公司挪用客户资金或者证券需要承担什么责任？

《证券法》(2019修正)第131条第2款规定，证券公司不得将客户的交易结算资金和证券归入其自有财产。禁止任何单位或者个人以任何形式挪用客户的交易结算资金和证券。证券公司破产或者清算时，客户的交易结算资金和证券不属于其破产财产或者清算财产。非因客户本身的债务或者法律规定的其他情形，不得查封、冻结、扣划或者强制执行客户的交易结算资金和证券。第208条规定，违反本法第131条的规定，将客户的资金和证券归入自有财产，或者挪用客户的资金和证券的，责令改正，给予警告，没收违法所得，并处以违法所得1倍以上10倍以下的罚款；没有违法所得或者违法所得不足100万元的，处以100万元以上1000万元以下的罚款；情节严重的，并处撤销相关业务许可或者责令关闭。对直接负责的主管人员和其他直接责任人员给予警告，并处以50万元以上500万元以下的罚款。

1284 基金作为遗产应当如何继承过户？

《证券非交易过户业务实施细则(适用于继承、捐赠等情形)》(2020修正)第4条规定，继承、法人资格丧失所涉证券过户的，由过入方作为申请人提交过户业务申请；捐赠、离婚、私募资产管理所涉证券过户的，由过出方、过入方作为申请人共同提交过户业务申请。第5条规定，继承所涉证券过户的，申请办理过户业务时需提交以下材料：(1)过户业务申请。(2)被继承人有效死亡证明。(3)证券权属证明文件(任意一项)：①通过人民法院确认证券权属的，需提交人民法院出具的生效法律文书；②通过人民调解委员会达成调解协议的，需提交调解协议和人民法院出具的确认文书；③通过公证机构公证的，需提交确认证券权属变更的公证文书；④本公司认可的其他证明文件。(4)过入方有效身份证明文件。(5)本公司要求的其他材料。

1285 基金分红是不是越多越好？

基金分红是指基金将收益的一部分以现金或折算成基金份额的形式派发给投资人，基金分的并不是额外收益，只是将基金收益的一部分落袋为安，分给投资人。分红与基金本身没有任何关系，分红只是营销手段，实际上是从基金净值里分出一部分钱给投资人，并没有给投资人增加任何收益。因此，也不存在分红越多基金越好的说法。

1286 “购买新基金性价比更高”的说法对吗？

不对。从理财的角度来看，新基金和老基

金本质上并没有差异，完全是同质性的产品。首先，新基金募集完成后需要在规定期限内建仓，买入股票、债券等，未来的涨跌完全取决于这些股票的走势，老基金也一样。其次，老基金更容易判断和优选，老基金由于面世已久，以往的业绩能体现管理人的投资管理能力和风险控制能力，投资者更容易根据它的历史记录来判断其发展趋势。

1287 基金持有人能否要求封闭式基金提前封转开？

可以。但基金持有人想修改基金契约，改变基金的运作方式，必须完成《证券投资基金法》规定的以下几个法律程序：（1）根据第78条的规定，按照基金合同的约定或者基金份额持有人大会的决议，基金可以转换运作方式或者与其他基金合并。（2）第83条的规定，基金份额持有人大会由基金管理人召集。基金份额持有人大会设立日常机构的，由该日常机构召集；该日常机构未召集的，由基金管理人召集。基金管理人未按规定召集或者不能召集时，由基金托管人召集。代表基金份额10%以上的基金份额持有人就同一事项要求召开基金份额持有人大会，而基金份额持有人大会的日常机构、基金管理人、基金托管人都不召集的，代表基金份额10%以上的基金份额持有人有权自行召集，并报国务院证券监督管理机构备案。（3）第84条的规定，召开基金份额持有人大会，召集人应当至少提前30日公告基金份额持有人大会的召开时间、会议形式、审议事项、议事程序和表决方式等事项。基金份额持有人大会不得就未经公告的事项进行表决。（4）第86条的规定，基金份额持有人大会应当有代表1/2以上基金份额的持有人参加，方可召开。参加基金份额持有人大会的持有人的基金份额低于前款规定比例的，召集人可以在原公告的基金份额持有人大会召开时间的3个月以后、6个月以内，就原定审议事项重新召集基金份额持有人大会。重新召集的基金份额持有人大会应当有代表1/3以上基金份额的持有人参加，方可召开。基金份额持有人大会就审议事项作出决定，应当经参加大会的基金份额持有人所持表决权的1/2以上通过；但是，转换基金的运作方式、更换基金管理人或者基金托管人、提前终止基金合同、与其他基金合并，应当经参加大会的基金份额持有人所持表决权的2/3以上通过。基金份额持有人大会决定的事项，应当依法报国务院证券监督管理机构备案，并予以公告。

1288 基金如何进行收益分配？

根据《公开募集证券投资基金运作管理办法》第37条的规定，封闭式基金的收益分配，每年不得少于1次，封闭式基金年度收益分配比例不得低于基金年度可供分配利润的90%。开放式基金的收益分配，由基金合同约定。第38条的规定，基金收益分配应当采用现金方式，但中国证监会规定的特殊基金品种除外。开放式基金的基金份额持有人可以事先选择将所获分配的现金收益，按照基金合同有关基金份额申购的约定转为基金份额；基金份额持有人事先未做出选择的，基金管理人应当支付现金。第56条第10项的规定，基金管理人从事基金运作活动，有下列情形的，中国证监会可以对基金管理人及其直接负责的主管人员和其他直接责任人员，采取相关行政监管措施并记入诚信档案；情节严重的，可单处或者并处警告、3万元以下罚款：未按照本办法第37条、第38条的规定进行收益分配。

1289 法人可以作为证券投资基金管理公司非主要股东吗？

可以，但是要满足一定的条件。根据《国务院关于证券投资基金管理公司有关问题的批复》第1条的规定，根据《证券投资基金法》第13条规定，国务院同意中国证券监督管理委员会对法人作为证券投资基金管理公司非主要股东的条件作如下规定：(1)注册资本、净资产不低于1亿元人民币，资产质量良好；(2)持续经营3个以上完整的会计年度，公司治理结构健全，内部监控制度完善；(3)最近3年没有因违法违规行为受到行政处罚或者刑事处罚；(4)没有挪用客户资产等损害客户利益的行为；(5)没有因违法违规行为正在被监管机构调查，或者正处于整改期间；(6)具有良好的社会信誉，最近3年在税务、工商等行政机关以及金融监管、自律管理、商业银行等机构无不良记录。

1290 **国务院证券监督管理机构可以直接撤销证券公司吗？**

在符合一定条件时，国务院证券监督管理机构是可以直接撤销证券公司的。根据《证券公司风险处置条例》第19条的规定，证券公司同时有下列情形的，国务院证券监督管理机构可以直接撤销该证券公司：(1)违法经营情节特别严重、存在巨大经营风险；(2)不能清偿到期债务，并且资产不足以清偿全部债务或者明显缺乏清偿能力；(3)需要动用证券投资者保护基金。

1291 **证券交易所风险基金的资金来源于哪些方面？**

主要来源于五个方面。根据《证券交易所风险基金管理暂行办法》第2条的规定，本办法所称证券交易所风险基金是指用于弥补证券交易所重大经济损失，防范与证券交易所业务活动有关的重大风险事故，以保证证券交易活动正常进行而设立的专项基金。第3条的规定，本基金来源：(1)按证券交易所收取交易经手费的20%提取，作为风险基金单独列账；(2)按证券交易所收取席位年费的10%提取，作为风险基金单独列账；(3)按证券交易所收取会员费10%的比例一次性提取，作为风险基金单独列账；(4)按本办法施行之日新股申购冻结资金利差账面余额的15%，一次性提取；(5)对违规会员的罚款、罚息收入。

一般问题

1292 **自主创业，一般可以选择哪几种类型？**

个人自主创业，比较常见的形式有个体工商户、个人独资企业、合伙企业和有限责任公司。

1293 **搞个体工商户对资本有没有最低要求？**

没有。根据《民法典》第54条的规定，自然人从事工商业经营，经依法登记，为个体工商户。个体工商户可以起字号。第56条第1款的规定，个体工商户的债务，个人经营的，以个人财产承担；家庭经营的，以家庭财产承担；无法区分的，以家庭财产承担。因此，法律并没有对其设立资本进行规定，个体工商户一旦经营出现亏损，必须以个人或者家庭财产对其债务承担无限责任。

1294 **家庭成员一起经营的个体工商户由家庭财产承担无限责任吗？**

根据《个体工商户条例》第2条第2款的规定，个体工商户可以个人经营，也可以家庭经营。两者在进行工商登记时会有所区分，根据《个体工商户登记管理办法》第8条的规定，组成形式，包括个人经营和家庭经营。家庭经营的，参加经营的家庭成员姓名应当同时备案。根据《民法典》第56条第1款的规定，个体工商户的债务，个人经营的，以个人财产承担;家庭经营的,以家庭财产承担;无法区分的,以家庭财产承担。因此,家庭成员一起经营的个体工商户通常由家庭财产承担无限责任。

1295 设立个人独资企业和一人有限责任公司出资有何要求?

没有要求。根据《个人独资企业法》第2条的规定,本法所称个人独资企业,是指依照本法在中国境内设立,由一个自然人投资,财产为投资人个人所有,投资人以其个人财产对企业债务承担无限责任的经营实体。根据《注册资本登记制度改革方案》第2条第1款的规定,实行注册资本认缴登记制。公司股东认缴的出资总额或者发起人认购的股本总额(公司注册资本)应当在工商行政管理机关登记。公司股东(发起人)应当对其认缴出资额、出资方式、出资期限等自主约定,并记载于公司章程。有限责任公司的股东以其认缴的出资额为限对公司承担责任,股份有限公司的股东以其认购的股份为限对公司承担责任。公司应当将股东认缴出资额或者发起人认购股份、出资方式、出资期限、缴纳情况通过市场主体信用信息公示系统向社会公示。公司股东(发起人)对缴纳出资情况的真实性、合法性负责。放宽注册资本登记条件。除法律、行政法规以及国务院决定对特定行业注册资本最低限额另有规定的外,取消有限责任公司最低注册资本3万元、一人有限责任公司最低注册资本10万元、股份有限公司最低注册资本500万元的限制。不再限制公司设立时全体股东(发起人)的首次出资比例,不再限制公司全体股东(发起人)的货币出资金额占注册资本的比例,不再规定公司股东(发起人)缴足出资的期限。公司实收资本不再作为工商登记事项。公司登记时,无须提交验资报告。

1296 夫妻一方创办个人独资企业,家庭共有财产要承担无限责任吗?

一般情况下不用承担,除非在设立登记时明确以家庭财产出资。根据《个人独资企业法》第18条的规定,个人独资企业投资人在申请企业设立登记时明确以其家庭共有财产作为个人出资的,应当依法以家庭共有财产对企业债务承担无限责任。

1297 合伙企业内部约定债务承担份额对外有效吗?

对外无效。根据《合伙企业法》第38条的规定,合伙企业对其债务,应先以其全部财产进行清偿。第39条的规定,合伙企业不能清偿到期债务的,合伙人承担无限连带责任。第40条的规定,合伙人由于承担无限连带责任,清偿数额超过本法第33条第1款规定的其亏损分担比例的,有权向其他合伙人追偿。

1298 有限合伙企业中,有限合伙人有什么限制和权利?

有限合伙人有如下限制:根据《合伙企业法》第64条的规定,有限合伙人可以用货币、实物、知识产权、土地使用权或者其他财产权利作价出资。有限合伙人不得以劳务出资。第65条的规定,有限合伙人应当按照合伙协议的约定按期足额缴纳出资;未按期足额缴纳的,应当承担补缴义务,并对其他合伙人承担违约责任。第68条第1款的规定,有限合伙人不执行合伙事务,不得对外代表有限合伙企业。同时,有限合伙人有如下权利:根据《合伙企业法》第70条的规定,有限合伙人可以同本有限合伙企业进行交易;但是,合伙协议另有约定的除外。第71条的规定,有限合伙人可以自营或者同他人合作经营与本有限合伙企业相竞争的业务;但是,合伙协议另有约定的除外。第72条的规定,有限合伙人可以将其在有限合伙企业中的财产份额出质；但是，合伙协议另有约定的除外。第 73 条的规定，有限合伙人可以按照合伙协议的约定向合伙人以外的人转让其在有限合伙企业中的财产份额，但应当提前 30 日通知其他合伙人。

1299 创办合伙企业一定要有书面的合伙协议吗？

是的，有书面合伙协议是设立合伙企业的必要条件。根据《合伙企业法》第 4 条的规定，合伙协议依法由全体合伙人协商一致、以书面形式订立。第 18 条的规定，合伙协议应当载明下列事项：(1) 合伙企业的名称和主要经营场所的地点；(2) 合伙目的和合伙经营范围；(3) 合伙人的姓名或者名称、住所；(4) 合伙人的出资方式、数额和缴付期限；(5) 利润分配、亏损分担方式；(6) 合伙事务的执行；(7) 入伙与退伙；(8) 争议解决办法；(9) 合伙企业的解散与清算；(10) 违约责任。

1300 合伙人可以用劳务出资吗？

一般而言可以，但有限合伙中的有限合伙人除外。根据《合伙企业法》第 16 条第 1 款和第 3 款的规定，合伙人可以用货币、实物、知识产权、土地使用权或者其他财产权利出资，也可以用劳务出资。合伙人以劳务出资的，其评估办法由全体合伙人协商确定，并在合伙协议中载明。第 64 条第 2 款的规定，有限合伙人不得以劳务出资。

1301 时下流行的特许加盟或者特许经营是什么？

根据《商业特许经营管理条例》第 3 条的规定，本条例所称商业特许经营（以下简称特许经营），是指拥有注册商标、企业标志、专利、专有技术等经营资源的企业（以下简称特许人），以合同形式将其拥有的经营资源许可其他经营者（以下简称被特许人）使用，被特许人按照合同约定在统一的经营模式下开展经营，并向特许人支付特许经营费用的经营活动。企业以外的其他单位和个人不得作为特许人从事特许经营活动。

1302 投资者可否把特许经营权转让他人？

根据《商业特许经营管理条例》第 18 条第 1 款的规定，未经特许人同意，被特许人不得向他人转让特许经营权。也就是说，转让必须经过特许人同意，对此特许人和投资者（被特许人）在签署协议时，最好明确被特许人是否有权转让特许经营权。

1303 特许人隐瞒信息或提供虚假信息，被特许人有权解除合同吗？

有权解除。根据《商业特许经营管理条例》第 23 条的规定，特许人向被特许人提供的信息应当真实、准确、完整，不得隐瞒有关信息，或者提供虚假信息。特许人向被特许人提供的信息发生重大变更的，应当及时通知被特许人。特许人隐瞒有关信息或者提供虚假信息的，被特许人可以解除特许经营合同。

1304 特许经营合同应包括哪些内容？

根据《商业特许经营管理条例》第 11 条的规定，从事特许经营活动，特许人和被特许人应当采用书面形式订立特许经营合同。特许经营合同应当包括下列主要内容：(1) 特许人、被特许人的基本情况；(2) 特许经营的内容、期限；(3) 特许经营费用的种类、金额及其支付方式；(4) 经营指导、技术支持以及业务培训等服务的具体内容和提供方式；(5) 产品或者服务的质量、标准要求和保证措施；(6) 产品或者服务的促销与广告宣传；(7) 特许经营中的消费者权益保护和赔偿责任的承担；(8)特许经营合同的变更、解除和终止；(9)违约责任；(10)争议的解决方式；(11)特许人与被特许人约定的其他事项。

1305 投资人可以单方面解除合同吗？

符合条件时可以单方面解除合同。根据《商业特许经营管理条例》第12条的规定，特许人和被特许人应当在特许经营合同中约定，被特许人在特许经营合同订立后一定期限内，可以单方解除合同。

1306 有限责任公司可以变更为股份有限公司吗？

可以。根据《公司法》第9条的规定，有限责任公司变更为股份有限公司，应当符合本法规定的股份有限公司的条件。股份有限公司变更为有限责任公司，应当符合本法规定的有限责任公司的条件。有限责任公司变更为股份有限公司的，或者股份有限公司变更为有限责任公司的，公司变更前的债权、债务由变更后的公司承继。

1307 一人有限责任公司财产与股东财产混淆了怎么办？

股东应当对公司债务承担连带责任。根据《公司法》第63条的规定，一人有限责任公司的股东不能证明公司财产独立于股东自己的财产的，应当对公司债务承担连带责任。

1308 设立公司需要经过哪些程序？

设立公司必须进行登记并依规定办理批准手续。根据《公司法》第6条第1款和第2款的规定，设立公司，应当依法向公司登记机关申请设立登记。符合本法规定的设立条件的，由公司登记机关分别登记为有限责任公司或者股份有限公司；不符合本法规定的设立条件的，不得登记为有限责任公司或者股份有限公司。法律、行政法规规定设立公司必须报经批准的，应当在公司登记前依法办理批准手续。

1309 设立公司要登记哪些事项？

根据《公司登记管理条例》第9条的规定，公司的登记事项包括：(1)名称；(2)住所；(3)法定代表人姓名；(4)注册资本；(5)公司类型；(6)经营范围；(7)营业期限；(8)有限责任公司股东或者股份有限公司发起人的姓名或者名称。

1310 公司的法定代表人应当由谁来担任？

根据《公司法》第13条的规定，公司法定代表人依照公司章程的规定，由董事长、执行董事或者经理担任，并依法登记。公司法定代表人变更，应当办理变更登记。

1311 公司法定代表人在执行公司职务时有何责任？

根据《公司法》第13条的规定，公司法定代表人依照公司章程的规定，由董事长、执行董事或者经理担任，并依法登记。公司法定代表人变更，应当办理变更登记。因此，公司法定代表人一般由董事长、执行董事或者经理担任，对外代表公司履行职务时，后果由公司承担；相应地，如果公司从事违反法律的行为，法定代表人也要承担相应的责任。但其行使与法定代表人身份无关的民事行为而产生的责任由自己承担。根据《民法典》第61条的规定，依照法律或者法人章程的规定，代表法人从事民事活动的负责人，为法人的法定代表人。法定代表人以法人名义从事的民事活动，其法律后果由法人承受。法人章程或者法人权力机构对法定代表人代表权的限制，不得对抗善意相对人。第62条的规定，法定代表人因执行职务造成他人损害的，由法人承担民事责任。法人承担民事责任后，依照法律或者法人章程的规定，可以向有过错的法定代表人追偿。同时，根据《公司法》第148条的规定，董事、高级管理人员不得有下列行为：(1)挪用公司资金；(2)将公司资金以其个人名义或者以其他个人名义开立账户存储；(3)违反公司章程的规定，未经股东会、股东大会或者董事会同意，将公司资金借贷给他人或者以公司财产为他人提供担保；(4)违反公司章程的规定或者未经股东会、股东大会同意，与本公司订立合同或者进行交易；(5)未经股东会或者股东大会同意，利用职务便利为自己或者他人谋取属于公司的商业机会，自营或者为他人经营与所任职公司同类的业务；(6)接受他人与公司交易的佣金归为己有；(7)擅自披露公司秘密；(8)违反对公司忠实义务的其他行为。董事、高级管理人员违反前款规定所得的收入应当归公司所有。第149条的规定，董事、监事、高级管理人员执行公司职务时违反法律、行政法规或者公司章程的规定，给公司造成损失的，应当承担赔偿责任。

1312 股东出资有哪些方式和限制？

根据《公司法》第27条的规定，股东可以用货币出资，也可以用实物、知识产权、土地使用权等可以用货币估价并可以依法转让的非货币财产作价出资；但是，法律、行政法规规定不得作为出资的财产除外。对作为出资的非货币财产应当评估作价，核实财产，不得高估或者低估作价。法律、行政法规对评估作价有规定的，从其规定。根据《公司登记管理条例》第14条的规定，股东的出资方式应当符合《公司法》第27条的规定，但是，股东不得以劳务、信用、自然人姓名、商誉、特许经营权或者设定担保的财产等作价出资。

1313 虚报注册资本、提交虚假材料或隐瞒主要事实取得公司登记要承担什么法律后果？

根据《公司法》第198条的规定，违反本法规定，虚报注册资本、提交虚假材料或者采取其他欺诈手段隐瞒重要事实取得公司登记的，由公司登记机关责令改正，对虚报注册资本的公司，处以虚报注册资本金额5%以上15%以下的罚款；对提交虚假材料或者采取其他欺诈手段隐瞒重要事实的公司，处以5万元以上50万元以下的罚款；情节严重的，撤销公司登记或者吊销营业执照。

1314 股东出资不到位应当承担什么法律后果？

公司股东虚假出资，未交付或者未按期交付作为出资的货币或者非货币财产的，要承担相应的法律责任。根据《公司法》第28条的规定，股东应当按期足额缴纳公司章程中规定的各自所认缴的出资额。股东以货币出资的，应当将货币出资足额存入有限责任公司在银行开设的账户；以非货币财产出资的，应当依法办理其财产权的转移手续。股东不按照前款规定缴纳出资的，除应当向公司足额缴纳外，还应当向已按期足额缴纳出资的股东承担违约责任。第199条的规定，公司的发起人、股东虚假出资，未交付或者未按期交付作为出资的货币或者非货币财产的，由公司登记机关责令改正，处以虚假出资金额5%以上15%以下的罚款。

1315 股东抽逃出资有什么法律后果？

根据《公司法》第35条的规定，公司成立后，股东不得抽逃出资。第200条的规定，公司的发起人、股东在公司成立后，抽逃其出资的，由公司登记机关责令改正，处以所抽逃出资金额5%以上15%以下的罚款。

1316 有限责任公司一定要设立董事会和监事会吗？

不一定。根据《公司法》第44条第1款的规定，有限责任公司设董事会，其成员为3人至13人；但是，本法第50条另有规定的除外。第50条第1款的规定，股东人数较少或者规模较小的有限责任公司，可以设1名执行董事，不设董事会。执行董事可以兼任公司经理。第51条第1款的规定，有限责任公司设监事会，其成员不得少于3人。股东人数较少或者规模较小的有限责任公司，可以设1至2名监事，不设监事会。

1317 公司年度报告应当包括哪些内容？

根据《公司登记管理条例》第57条的规定，公司应当于每年1月1日至6月30日，通过企业信用信息公示系统向公司登记机关报送上一年度年度报告，并向社会公示。年度报告公示的内容以及监督检查办法由国务院制定。根据《企业信息公示暂行条例》第9条的规定，企业年度报告内容包括：(1)企业通信地址、邮政编码、联系电话、电子邮箱等信息；(2)企业开业、歇业、清算等存续状态信息；(3)企业投资设立企业、购买股权信息；(4)企业为有限责任公司或者股份有限公司的，其股东或者发起人认缴和实缴的出资额、出资时间、出资方式等信息；(5)有限责任公司股东股权转让等股权变更信息；(6)企业网站以及从事网络经营的网店的名称、网址等信息；(7)企业从业人数、资产总额、负债总额、对外提供保证担保、所有者权益合计、营业总收入、主营业务收入、利润总额、净利润、纳税总额信息。前款第1项至第6项规定的信息应当向社会公示，第7项规定的信息由企业选择是否向社会公示。经企业同意，公民、法人或者其他组织可以查询企业选择不公示的信息。

1318 工商行政管理部门、工商行政管理部门以外的其他政府部门和企业向社会公示的企业状况的信息一样吗？

不一样。根据《企业信息公示暂行条例》第6条的规定，工商行政管理部门应当通过企业信用信息公示系统，公示其在履行职责过程中产生的下列企业信息：(1)注册登记、备案信息；(2)动产抵押登记信息；(3)股权出质登记信息；(4)行政处罚信息；(5)其他依法应当公示的信息。前款规定的企业信息应当自产生之日起20个工作日内予以公示。第7条第1款的规定，工商行政管理部门以外的其他政府部门(以下简称其他政府部门)应当公示其在履行职责过程中产生的下列企业信息：(1)行政许可准予、变更、延续信息；(2)行政处罚信息；(3)其他依法应当公示的信息。第10条第1款的规定，企业应当自下列信息形成之日起20个工作日内通过企业信用信息公示系统向社会公示：(1)有限责任公司股东或者股份有限公司发起人认缴和实缴的出资额、出资时间、出资方式等信息；(2)有限责任公司股东股权转让等股权变更信息；(3)行政许可取得、变更、延续信息；(4)知识产权出质登记信息；(5)受到行政处罚的信息；(6)其他依法应当公示的信息。

1319 个人独资企业和个体工商户的营业执照遗失应当如何处理？

在报刊上声明作废，并且要向登记机关申请补领。根据《个人独资企业登记管理办法》第31条第3款的规定，个人独资企业营业执照遗失的，应当在报刊上声明作废，并向登记机关申请补领。个人独资企业营业执照毁损的，应当向登记机关申请更换。根据《个体工商户登记管理办法》第27条的规定，营业执照遗失或毁损的，个体工商户应当向登记机关申请补领或者更换。营业执照遗失的，个体工商户还应当在公开发行的报刊上声明作废。

1320 个体工商户可以申请转变为个人独资企业吗？

可以。根据《个体工商户登记管理办法》第39条的规定，个体工商户申请转变为企业组织形式的，登记机关应当依法为其提供继续使用原名称字号、保持工商登记档案延续性等市场主体组织形式转变方面的便利，及相关政策、法规和信息咨询服务。

1321 公司设立分公司在申请登记时需要提交哪些材料？

根据《公司登记管理条例》第47条的规定，公司设立分公司的，应当自决定作出之日起30日内向分公司所在地的公司登记机关申请登记；法律、行政法规或者国务院决定规定必须报经有关部门批准的，应当自批准之日起30日内向公司登记机关申请登记。设立分公司，应当向公司登记机关提交下列文件：(1)公司法定代表人签署的设立分公司的登记申请书；(2)公司章程以及加盖公司印章的《企业法人营业执照》复印件；(3)营业场所使用证明；(4)分公司负责人任职文件和身份证明；(5)国家工商行政管理总局(已撤销)规定要求提交的其他文件。法律、行政法规或者国务院决定规定设立分公司必须报经批准，或者分公司经营范围中属于法律、行政法规或者国务院决定规定在登记前须经批准的项目的，还应当提交有关批准文件。第48条第2款的规定，分公司的公司登记机关准予登记的，发给《营业执照》。公司应当自分公司登记之日起30日内，持分公司的《营业执照》到公司登记机关办理备案。

1322 哪些企业法人需要申请营业登记？

不具备企业法人条件的企业和经营单位应当申请营业登记。根据《企业法人登记管理条例施行细则》第4条的规定，不具备企业法人条件的下列企业和经营单位，应当申请营业登记：(1)联营企业；(2)企业法人所属的分支机构；(3)外商投资企业设立的分支机构；(4)其他从事经营活动的单位。

卫生问题

1323 从事食品行业需要什么条件？

根据《食品安全法》第35条的规定，国家对食品生产经营实行许可制度。从事食品生产、食品销售、餐饮服务，应当依法取得许可。但是，销售食用农产品，不需要取得许可。县级以上地方人民政府食品安全监督管理部门应当依照《行政许可法》的规定，审核申请人提交的本法第33条第1款第1项至第4项规定要求的相关资料，必要时对申请人的生产经营场所进行现场核查；对符合规定条件的，准予许可；对不符合规定条件的，不予许可并书面说明理由。

1324 从事食品行业对从业人员有什么要求？

根据《食品安全法》第45条的规定，食品生产经营者应当建立并执行从业人员健康管理制度。患有国务院卫生行政部门规定的有碍食品安全疾病的人员，不得从事接触直接入口食品的工作。从事接触直接入口食品工作的食品生产经营人员应当每年进行健康检查，取得健康证明后方可上岗工作。

1325 食品生产者如何确保自己采购的原料合格，避免风险？

根据《食品安全法》第 50 条的规定，食品生产者采购食品原料、食品添加剂、食品相关产品，应当查验供货者的许可证和产品合格证明；对无法提供合格证明的食品原料，应当按照食品安全标准进行检验；不得采购或者使用不符合食品安全标准的食品原料、食品添加剂、食品相关产品。食品生产企业应当建立食品原料、食品添加剂、食品相关产品进货查验记录制度，如实记录食品原料、食品添加剂、食品相关产品的名称、规格、数量、生产日期或者生产批号、保质期、进货日期以及供货者名称、地址、联系方式等内容，并保存相关凭证。记录和凭证保存期限不得少于产品保质期满后 6 个月；没有明确保质期的，保存期限不得少于 2 年。

1326 食品经营者如何确保采购的食品安全，避免风险？

根据《食品安全法》第 53 条的规定，食品经营者采购食品，应当查验供货者的许可证和食品出厂检验合格证或者其他合格证明（以下简称合格证明文件）。食品经营企业应当建立食品进货查验记录制度，如实记录食品的名称、规格、数量、生产日期或者生产批号、保质期、进货日期以及供货者名称、地址、联系方式等内容，并保存相关凭证。记录和凭证保存期限应当符合本法第 50 条第 2 款的规定。实行统一配送经营方式的食品经营企业，可以由企业总部统一查验供货者的许可证和食品合格证明文件，进行食品进货查验记录。从事食品批发业务的经营企业应当建立食品销售记录制度，如实记录批发食品的名称、规格、数量、生产日期或者生产批号、保质期、销售日期以及购货者名称、地址、联系方式等内容，并保存相关凭证。记录和凭证保存期限应当符合本法第 50 条第 2 款的规定。

1327 申请餐饮服务许可必须具备什么条件？

根据《餐饮服务许可管理办法》第 9 条的规定，申请人向食品药品监督管理部门提出餐饮服务许可申请应当具备以下基本条件：（1）具有与制作供应的食品品种、数量相适应的食品原料处理和食品加工、贮存等场所，保持该场所环境整洁，并与有毒、有害场所以及其他污染源保持规定的距离；（2）具有与制作供应的食品品种、数量相适应的经营设备或者设施，有相应的消毒、更衣、洗手、采光、照明、通风、冷冻冷藏、防尘、防蝇、防鼠、防虫、洗涤以及处理废水、存放垃圾和废弃物的设备或者设施；（3）具有经食品安全培训、符合相关条件的食品安全管理人员，以及与本单位实际相适应的保证食品安全的规章制度；（4）具有合理的布局和加工流程，防止待加工食品与直接入口食品、原料与成品交叉污染，避免食品接触有毒物、不洁物；（5）国家食品药品监督管理局（已撤销）或者省、自治区、直辖市食品药品监督管理部门规定的其他条件。餐饮服务食品安全管理人员的条件和食品安全培训的有关要求由国家食品药品监督管理局（已撤销）制定。

1328 申请《餐饮服务许可证》需要提交什么材料？

根据《餐饮服务许可管理办法》第 10 条第 1 款的规定，申请《餐饮服务许可证》应当提交以下材料：（1）《餐饮服务许可证》申请书；（2）名称预先核准证明（已从事其他经营的可提供营业执照复印件）；（3）餐饮服务经营场所和设备布局、加工流程、卫生设施等示意图；（4）法定代表人（负责人或者业主）的身份证明（复印件），以及不属于本办法第 36 条、第

37条情形的说明材料;(5)食品安全管理人员符合本办法第9条有关条件的材料;(6)保证食品安全的规章制度;(7)国家食品药品监督管理局(已撤销)或者省、自治区、直辖市食品药品监督管理部门规定的其他材料。

1329 提交《餐饮服务许可证》申请材料后多长时间内能获知申请结果?

最多需要30个工作日可获知是否取得许可,最多需要40个工作日可以取得《餐饮服务许可证》。根据《餐饮服务许可管理办法》第15条的规定,食品药品监督管理部门应当自受理申请之日起20个工作日内做出行政许可决定。因特殊原因需要延长许可期限的,经本机关负责人批准,可以延长10个工作日,并应当将延长期限的理由告知申请人。第16条的规定,食品药品监督管理部门做出准予行政许可决定的,应当自做出决定之日起10个工作日内向申请人颁发《餐饮服务许可证》。

1330 《餐饮服务许可证》申请下来后就一直有效吗?

不是。根据《餐饮服务许可管理办法》第19条的规定,餐饮服务提供者需要延续《餐饮服务许可证》的,应当在《餐饮服务许可证》有效期届满30日前向原发证部门书面提出延续申请。逾期提出延续申请的,按照新申请《餐饮服务许可证》办理。第29条的规定,《餐饮服务许可证》有效期为3年。临时从事餐饮服务活动的,《餐饮服务许可证》有效期不超过6个月。

1331 《餐饮服务许可证》是随生产经营者走的吗?

不是,是随生产经营场所走的。根据《餐饮服务许可管理办法》第30条的规定,同一餐饮服务提供者在不同地点或者场所从事餐饮服务活动的,应当分别办理《餐饮服务许可证》。餐饮服务经营地点或者场所改变的,应当重新申请办理《餐饮服务许可证》。

1332 遗失《餐饮服务许可证》怎么办?

根据《餐饮服务许可管理办法》第24条的规定,餐饮服务提供者遗失《餐饮服务许可证》的,应当于遗失后60日内公开声明《餐饮服务许可证》遗失,向原发证部门申请补发。《餐饮服务许可证》毁损的,凭毁损的原证向原发证部门申请补发。

1333 消费者因不符合食品安全标准的食品受到损害的,应当如何维权?

根据《食品安全法》第148条的规定,消费者因不符合食品安全标准的食品受到损害的,可以向经营者要求赔偿损失,也可以向生产者要求赔偿损失。接到消费者赔偿要求的生产经营者,应当实行首负责任制,先行赔付,不得推诿;属于生产者责任的,经营者赔偿后有权向生产者追偿;属于经营者责任的,生产者赔偿后有权向经营者追偿。生产不符合食品安全标准的食品或者经营明知是不符合食品安全标准的食品,消费者除要求赔偿损失外,还可以向生产者或者经营者要求支付价款10倍或者损失3倍的赔偿金;增加赔偿的金额不足1000元的,为1000元。但是,食品的标签、说明书存在不影响食品安全且不会对消费者造成误导的瑕疵的除外。

1334 小餐馆可以设置最低消费吗?

不可以。根据《餐饮业经营管理办法(试行)》第12条的规定,禁止餐饮经营者设置最低消费。第21条第2款和第3款的规定,对于餐饮经营者违反本办法的行为,法律法规及规章有规定的,商务主管部门可提请有关部门依法处罚;没有规定的,由商务主管部门责令限期改正,其中有违法所得的,可处违法所得

3 倍以下罚款，但最高不超过 3 万元；没有违法所得的，可处 1 万元以下罚款；对涉嫌犯罪的，依法移送司法机关处理。商务、价格等主管部门应当自作出行政处罚决定之日起 20 个工作日内，公开行政处罚决定书的主要内容，但行政处罚决定书中涉及国家秘密、商业秘密、个人隐私的内容依法不予公开。

1335 食品经营者在进货时履行了查验义务还需要承担责任吗？

根据《食品安全法》第 136 条的规定，食品经营者履行了本法规定的进货查验等义务，有充分证据证明其不知道所采购的食品不符合食品安全标准，并能如实说明其进货来源的，可以免予处罚，但应当依法没收其不符合食品安全标准的食品；造成人身、财产或者其他损害的，依法承担赔偿责任。

1336 什么情况下应当注销《餐饮服务许可证》？

根据《餐饮服务许可管理办法》第 25 条的规定，有下列情形之一的，发证部门应当依法注销《餐饮服务许可证》：(1)《餐饮服务许可证》有效期届满未申请延续的，或者延续申请未被批准的；(2)餐饮服务提供者依法终止的；(3)《餐饮服务许可证》依法被撤销、撤回或者被吊销的；(4)餐饮服务提供者主动申请注销的；(5)依法应当注销《餐饮服务许可证》的其他情形。

1337 我国食品召回制度中食品经营者有何义务？

根据《食品安全法》第 63 条的规定，国家建立食品召回制度。食品生产者发现其生产的食品不符合食品安全标准或者有证据证明可能危害人体健康的，应当立即停止生产，召回已经上市销售的食品，通知相关生产经营者和消费者，并记录召回和通知情况。食品经营者发现其经营的食品有前款规定情形的，应当立即停止经营，通知相关生产经营者和消费者，并记录停止经营和通知情况。食品生产者认为应当召回的，应当立即召回。由于食品经营者的原因造成其经营的食品有前款规定情形的，食品经营者应当召回。食品生产经营者应当对召回的食品采取无害化处理、销毁等措施，防止其再次流入市场。但是，对因标签、标志或者说明书不符合食品安全标准而被召回的食品，食品生产者在采取补救措施且能保证食品安全的情况下可以继续销售；销售时应当向消费者明示补救措施。食品生产经营者应当将食品召回和处理情况向所在地县级人民政府食品药品监督管理部门报告；需要对召回的食品进行无害化处理、销毁的，应当提前报告时间、地点。食品安全监督管理部门认为必要的，可以实施现场监督。食品生产经营者未依照本条规定召回或者停止经营的，县级以上人民政府食品安全监督管理部门可以责令其召回或者停止经营。

消防问题

1338 装修营业场所时能否贪便宜使用不防火的材料？

不能。根据《消防法》第 26 条的规定，建筑构件、建筑材料和室内装修、装饰材料的防火性能必须符合国家标准；没有国家标准的，必须符合行业标准。人员密集场所室内装修、装饰，应当按照消防技术标准的要求，使用不燃、难燃材料。

1339 饭店开业前可以不进行消防申报吗？

不可以。根据《消防法》第 15 条的规定，公众聚集场所在投入使用、营业前，建设单位或者使用单位应当向场所所在地的县级以上地方人民政府消防救援机构申请消防安全检查。消防救援机构应当自受理申请之日起10个工作日内，根据消防技术标准和管理规定，对该场所进行消防安全检查。未经消防安全检查或者经检查不符合消防安全要求的，不得投入使用、营业。

1340 企业平时有哪些消防安全职责？

根据《消防法》第16条的规定，机关、团体、企业、事业等单位应当履行下列消防安全职责：(1)落实消防安全责任制，制定本单位的消防安全制度、消防安全操作规程，制定灭火和应急疏散预案；(2)按照国家标准、行业标准配置消防设施、器材，设置消防安全标志，并定期组织检验、维修，确保完好有效；(3)对建筑消防设施每年至少进行一次全面检测，确保完好有效，检测记录应当完整准确，存档备查；(4)保障疏散通道、安全出口、消防车通道畅通，保证防火防烟分区、防火间距符合消防技术标准；(5)组织防火检查，及时消除火灾隐患；(6)组织进行有针对性的消防演练；(7)法律、法规规定的其他消防安全职责。单位的主要负责人是本单位的消防安全责任人。第17条第2款的规定，消防安全重点单位除应当履行本法第16条规定的职责外，还应当履行下列消防安全职责：(1)确定消防安全管理人，组织实施本单位的消防安全管理工作；(2)建立消防档案，确定消防安全重点部位，设置防火标志，实行严格管理；(3)实行每日防火巡查，并建立巡查记录；(4)对职工进行岗前消防安全培训，定期组织消防安全培训和消防演练。

1341 能否为了方便将员工宿舍直接安排在生产车间？

不能。根据《安全生产法》第39条第1款的规定，生产、经营、储存、使用危险物品的车间、商店、仓库不得与员工宿舍在同一座建筑物内，并应当与员工宿舍保持安全距离。第102条第1项的规定，生产经营单位有下列行为的，责令限期改正，可以处5万元以下的罚款，对其直接负责的主管人员和其他直接责任人员可以处1万元以下的罚款；逾期未改正的，责令停产停业整顿；构成犯罪的，依照《刑法》有关规定追究刑事责任：生产、经营、储存、使用危险物品的车间、商店、仓库与员工宿舍在同一座建筑内，或者与员工宿舍的距离不符合安全要求的。

1342 能否在装修时拆除消防设施？

不能。根据《消防法》第28条的规定，任何单位、个人不得损坏、挪用或者擅自拆除、停用消防设施、器材，不得埋压、圈占、遮挡消火栓或者占用防火间距，不得占用、堵塞、封闭疏散通道、安全出口、消防车通道。人员密集场所的门窗不得设置影响逃生和灭火救援的障碍物。第60条第1款第2项和第2款的规定，单位违反本法规定，有下列行为的，责令改正，处5000元以上5万元以下罚款：损坏、挪用或者擅自拆除、停用消防设施、器材的。个人有前款第2项、第3项、第4项、第5项行为的，处警告或者500元以下罚款。

1343 营业场所占用、堵塞消防通道会有什么后果？

根据《消防法》第60条第1款第3项、第2款和第3款的规定，单位违反本法规定，有下列行为的，责令改正，处5000元以上5万元以下罚款：占用、堵塞、封闭疏散通道、安全出口或者有其他妨碍安全疏散行为的。个人有前款第2项、第3项、第4项、第5项行为之一的，处警告或者500元以下罚款。有本条第1款第3项、第4项、第5项、第6项行为，经责令改正拒不改正的，强制执行，所需费用由违法行为人承担。

1344 工厂的主要负责人负有哪些安全生产职责？

根据《安全生产法》第18条的规定，生产经营单位的主要负责人对本单位安全生产工作负有下列职责：(1)建立、健全本单位安全生产责任制；(2)组织制定本单位安全生产规章制度和操作规程；(3)组织制定并实施本单位安全生产教育和培训计划；(4)保证本单位安全生产投入的有效实施；(5)督促、检查本单位的安全生产工作，及时消除生产安全事故隐患；(6)组织制定并实施本单位的生产安全事故应急救援预案；(7)及时、如实报告生产安全事故。

1345 可以以高薪吸引工人签署减轻工厂在发生生产安全事故伤亡时需要承担的责任的合同吗？

即便工人愿意签署也不可以。根据《安全生产法》第49条第2款的规定，生产经营单位不得以任何形式与从业人员订立协议，免除或者减轻其对从业人员因生产安全事故伤亡依法应承担的责任。第103条的规定，生产经营单位与从业人员订立协议，免除或者减轻其对从业人员因生产安全事故伤亡依法应承担的责任的，该协议无效；对生产经营单位的主要负责人、个人经营的投资人处2万元以上10万元以下的罚款。

1346 发生安全事故时，单位需要缴纳多少罚款？

根据《安全生产法》第109条的规定，发生生产安全事故，对负有责任的生产经营单位除要求其依法承担相应的赔偿等责任外，由安全生产监督管理部门依照下列规定处以罚款：(1)发生一般事故的，处20万元以上50万元以下的罚款；(2)发生较大事故的，处50万元以上100万元以下的罚款；(3)发生重大事故的，处100万元以上500万元以下的罚款；(4)发生特别重大事故的，处500万元以上1000万元以下的罚款；情节特别严重的，处1000万元以上2000万元以下的罚款。

1347 发生安全事故时，工厂主要负责人需要承担责任吗？

如果主要负责人未履行安全生产管理职责，需要承担法律责任。根据《安全生产法》第92条的规定，生产经营单位的主要负责人未履行本法规定的安全生产管理职责，导致发生生产安全事故的，由安全生产监督管理部门依照下列规定处以罚款：(1)发生一般事故的，处上一年年收入30%的罚款；(2)发生较大事故的，处上一年年收入40%的罚款；(3)发生重大事故的，处上一年年收入60%的罚款；(4)发生特别重大事故的，处上一年年收入80%的罚款。

1348 哪些单位应当建立单位专职消防队？

根据《消防法》第39条的规定，下列单位应当建立单位专职消防队，承担本单位的火灾扑救工作：(1)大型核设施单位、大型发电厂、民用机场、主要港口；(2)生产、储存易燃易爆危险品的大型企业；(3)储备可燃的重要物资的大型仓库、基地；(4)第1项、第2项、第3项规定以外的火灾危险性较大、距离国家综合性消防救援队较远的其他大型企业；(5)距离国家综合性消防救援队较远、被列为全国重点文物保护单位的古建筑群的管理单位。

企业税收

1349 个人独资企业、合伙企业需要缴纳企业所得税吗？

不需要，因为个人独资企业、合伙企业需要缴纳个人所得税。根据《企业所得税法》第1条的规定，在中华人民共和国境内，企业和其他取得收入的组织（以下统称企业）为企业所得税的纳税人，依照本法的规定缴纳企业所得税。个人独资企业、合伙企业不适用本法。

1350 什么情况下个体工商户需要缴纳增值税？

个体工商户销售货物或者提供加工、修理修配劳务以及进口货物的，应当缴纳增值税。根据《增值税暂行条例》第1条的规定，在中华人民共和国境内销售货物或者加工、修理修配劳务（以下简称劳务），销售服务、无形资产、不动产以及进口货物的单位和个人，为增值税的纳税人，应当依照本条例缴纳增值税。

1351 纳税人如何办理开业税务登记？

根据《税务登记管理办法》第8条的规定，企业，企业在外地设立的分支机构和从事生产、经营的场所，个体工商户和从事生产、经营的事业单位（以下统称从事生产、经营的纳税人），向生产、经营所在地税务机关申报办理税务登记：（1）从事生产、经营的纳税人领取工商营业执照的，应当自领取工商营业执照之日起30日内申报办理税务登记，税务机关发放税务登记证及副本；（2）从事生产、经营的纳税人未办理工商营业执照但经有关部门批准设立的，应当自有关部门批准设立之日起30日内申报办理税务登记，税务机关发放税务登记证及副本；（3）从事生产、经营的纳税人未办理工商营业执照也未经有关部门批准设立的，应当自纳税义务发生之日起30日内申报办理税务登记，税务机关发放临时税务登记证及副本；（4）有独立的生产经营权、在财务上独立核算并定期向发包人或者出租人上交承包费或租金的承包承租人，应当自承包承租合同签订之日起30日内，向其承包承租业务发生地税务机关申报办理税务登记，税务机关发放临时税务登记证及副本；（5）境外企业在中国境内承包建筑、安装、装配、勘探工程和提供劳务的，应当自项目合同或协议签订之日起30日内，向项目所在地税务机关申报办理税务登记，税务机关发放临时税务登记证及副本。

1352 纳税人办理税务登记，应向税务机关提供哪些证件和资料？

根据《税务登记管理办法》第11条的规定，纳税人在申报办理税务登记时，应当根据不同情况向税务机关如实提供以下证件和资料：（1）工商营业执照或其他核准执业证件；（2）有关合同、章程、协议书；（3）组织机构统一代码证书；（4）法定代表人或负责人或业主的居民身份证、护照或者其他合法证件。其他需要提供的有关证件、资料，由省、自治区、直辖市税务机关确定。

1353 纳税申报的期限是如何规定的？对不按期申报的纳税人或扣缴义务人如何处理？

申报期限是法律、行政法规规定的或者税务机关依照法律、行政法规的规定确定的纳税人、扣缴义务人向税务机关申报应纳或应解缴税款的期限。根据《税收征收管理法》第31条的规定，纳税人、扣缴义务人按照法律、行政法规规定或者税务机关依照法律、行政法规的规定确定的期限，缴纳或者解缴税款。纳税人因有特殊困难，不能按期缴纳税款的，经省、自治区、直辖市国家税务局、地方税务局批准，可以延期缴纳税款，但是最长不得超过 3 个月。第 62 条的规定，纳税人未按照规定的期限办理纳税申报和报送纳税资料的，或者扣缴义务人未按照规定的期限向税务机关报送代扣代缴、代收代缴税款报告表和有关资料的，由税务机关责令限期改正，可以处 2000 元以下的罚款；情节严重的，可以处 2000 元以上 10,000 元以下的罚款。

1354 偷税行为包括哪些？后果是什么？

根据《税收征收管理法》第 63 条的规定，纳税人伪造、变造、隐匿、擅自销毁账簿、记账凭证，或者在账簿上多列支出或者不列、少列收入，或者经税务机关通知申报而拒不申报或者进行虚假的纳税申报，不缴或者少缴应纳税款的，是偷税。对纳税人偷税的，由税务机关追缴其不缴或者少缴的税款、滞纳金，并处不缴或者少缴的税款 50%以上 5 倍以下的罚款；构成犯罪的，依法追究刑事责任。扣缴义务人采取前款所列手段，不缴或者少缴已扣、已收税款，由税务机关追缴其不缴或者少缴的税款、滞纳金，并处不缴或者少缴的税款 50%以上 5 倍以下的罚款；构成犯罪的，依法追究刑事责任。

1355 什么是个体工商户税收的定期定额征收？

根据《个体工商户税收定期定额征收管理办法》第 2 条的规定，本办法所称个体工商户税收定期定额征收，是指税务机关依照法律、行政法规及本办法的规定，对个体工商户在一定经营地点、一定经营时期、一定经营范围内的应纳税经营额（包括经营数量）或所得额（以下简称定额）进行核定，并以此为计税依据，确定其应纳税额的一种征收方式。

1356 税务机关对定期定额征收的个体工商户如何核定纳税定额？

根据《个体工商户税收定期定额征收管理办法》第 7 条的规定，税务机关核定定额程序：（1）自行申报。定期定额户要按照税务机关规定的申报期限、申报内容向主管税务机关申报，填写有关申报文书。申报内容应包括经营行业、营业面积、雇佣人数和每月经营额、所得额以及税务机关需要的其他申报项目。本项所称经营额、所得额为预估数。（2）核定定额。主管税务机关根据定期定额户自行申报情况，参考典型调查结果，采取本办法第 6 条规定的核定方法核定定额，并计算应纳税额。（3）定额公示。主管税务机关应当将核定定额的初步结果进行公示，公示期限为 5 个工作日。公示地点、范围、形式应当按照便于定期定额户及社会各界了解、监督的原则，由主管税务机关确定。（4）上级核准。主管税务机关根据公示意见结果修改定额，并将核定情况报经县以上税务机关审核批准后，填制《核定定额通知书》。（5）下达定额。将《核定定额通知书》送达定期定额户执行。（6）公布定额。主管税务机关将最终确定的定额和应纳税额情况在原公示范围内进行公布。

1357 纳税人如何申请延期缴纳税款？

根据《税收征收管理法》第 31 条第 2 款的规定，纳税人因有特殊困难，不能按期缴纳税款的，经省、自治区、直辖市国家税务局、地方税务局批准，可以延期缴纳税款，但是最长不得超过 3 个月。根据《税收征收管理法实施细则》（2016 修正）第 42 条的规定，纳税人需要延期缴纳税款的，应当在缴纳税款期限届满前提出申请，并报送下列材料：申请延期缴纳税款报告，当期货币资金余额情况及所有银行存款账户的对账单，资产负债表，应付职工工资和社会保险费等税务机关要求提供的支出预算。税务机关应当自收到申请延期缴纳税款报告之日起20日内作出批准或者不予批准的决定;不予批准的,从缴纳税款期限届满之日起加收滞纳金。

1358 企业捐赠出去的收入都无须缴税吗?

不一定。根据《企业所得税法》第9条的规定,企业发生的公益性捐赠支出,在年度利润总额12%以内的部分,准予在计算应纳税所得额时扣除;超过年度利润总额12%的部分,准予结转以后3年内在计算应纳税所得额时扣除。因此,如果是赞助类的非公益性捐赠,不得扣除在应纳税所得额之外。

1359 什么是企业所得税的纳税年度?

根据《企业所得税法》第53条的规定,企业所得税按纳税年度计算。纳税年度自公历1月1日起至12月31日止。企业在一个纳税年度中间开业,或者终止经营活动,使该纳税年度的实际经营期不足12个月的,应当以其实际经营期为一个纳税年度。企业依法清算时,应当以清算期间作为一个纳税年度。

1360 纳税人因税务机关的行为受到损害,什么时候都可以要求赔偿吗?

不是。纳税人因税务机关的行为受到损害,可以请求国家赔偿,根据《国家赔偿法》第39条的规定,赔偿请求人请求国家赔偿的时效为2年,自其知道或者应当知道国家机关及其工作人员行使职权时的行为侵犯其人身权、财产权之日起计算,但被羁押等限制人身自由期间不计算在内。在申请行政复议或者提起行政诉讼时一并提出赔偿请求的,适用《行政复议法》《行政诉讼法》有关时效的规定。赔偿请求人在赔偿请求时效的最后6个月内,因不可抗力或者其他障碍不能行使请求权的,时效中止。从中止时效的原因消除之日起,赔偿请求时效期间继续计算。

1361 企业如何利用亏损结转进行纳税筹划?

根据《企业所得税法》第18条的规定,企业纳税年度发生的亏损,准予向以后年度结转,用以后年度的所得弥补,但结转年限最长不得超过5年。该条规定的弥补亏损期限,是指纳税人某一纳税年度发生亏损,准予用以后年度的应纳税所得弥补,1年弥补不足的,可以逐年连续弥补,弥补期最长不得超过5年,5年内不论盈利或亏损,都作为实际弥补年限计算。

1362 固定资产如何确定计税基础?

根据《企业所得税法实施条例》第58条的规定,固定资产按照以下方法确定计税基础:(1)外购的固定资产,以购买价款和支付的相关税费以及直接归属于使该资产达到预定用途发生的其他支出为计税基础;(2)自行建造的固定资产,以竣工结算前发生的支出为计税基础;(3)融资租入的固定资产,以租赁合同约定的付款总额和承租人在签订租赁合同过程中发生的相关费用为计税基础,租赁合同未约定付款总额的,以该资产的公允价值和承租人在签订租赁合同过程中发生的相关费用为计税基础;(4)盘盈的固定资产,以同类固定资产的重置完全价值为计税基础;(5)通过捐赠、投资、非货币性资产交换、债务重组等方式取得的固定资产,以该资产的公允价值和支付的相关税费为计税基础;(6)改建的固定资产,除《企业所得税法》第13条第1项和第2项规定的支出外,以改建过程中发生的改建支出增加计税基础。

1363 纳税人可以采取什么方式申报纳税?

邮寄或者数据电文方式。根据《税收征收

管理法实施细则》(2016修正)第30条的规定,税务机关应当建立、健全纳税人自行申报纳税制度。纳税人、扣缴义务人可以采取邮寄、数据电文方式办理纳税申报或者报送代扣代缴、代收代缴税款报告表。数据电文方式,是指税务机关确定的电话语音、电子数据交换和网络传输等电子方式。第31条的规定,纳税人采取邮寄方式办理纳税申报的,应当使用统一的纳税申报专用信封,并以邮政部门收据作为申报凭据。邮寄申报以寄出的邮戳日期为实际申报日期。纳税人采取电子方式办理纳税申报的,应当按照税务机关规定的期限和要求保存有关资料,并定期书面报送主管税务机关。

1364 税务机关可以委托其他单位对定期定额户征收税款吗?

县以上税务机关可以这样做,但必须签订委托代征协议。根据《个体工商户税收定期定额征收管理办法》第14条的规定,县以上税务机关可以根据当地实际情况,依法委托有关单位代征税款。税务机关与代征单位必须签订委托代征协议,明确双方的权利、义务和应当承担的责任,并向代征单位颁发委托代征证书。

1365 纳税人、扣缴义务人遗失税务登记证件应当如何处理?

根据《税务登记管理办法》第37条的规定,纳税人、扣缴义务人遗失税务登记证件的,应当自遗失税务登记证件之日起15日内,书面报告主管税务机关,如实填写《税务登记证件遗失报告表》,并将纳税人的名称、税务登记证件名称、税务登记证件号码、税务登记证件有效期、发证机关名称在税务机关认可的报刊上作遗失声明,凭报刊上刊登的遗失声明到主管税务机关补办税务登记证件。

个人所得税

1366 最近一次的个人所得税法律法规的修改是什么时候?主要修改了哪些内容?

最近一次的个人所得税法律法规的修改是2018年。主要修改包括了以下内容:(1)对工资薪金、劳务报酬、稿酬和特许权使用费等四项劳动性所得首次实行综合征税,个税起征点由每月3500元提高至每月5000元(每年60,000元);(2)首次增加子女教育支出、继续教育支出、大病医疗支出、住房贷款利息和住房租金等专项附加扣除;(3)增加反避税条款堵税收漏洞。个税法修正案拟首次增加反避税条款,针对个人不按独立交易原则转让财产、在境外避税地避税、实施不合理商业安排获取不当税收利益等避税行为,赋予税务机关按合理方法进行纳税调整的权力。

1367 什么是个人所得税的预扣预缴?

居民个人取得的工资、薪金所得属于综合所得的组成部分。对于居民个人取得工资、薪金所得应缴纳的个人所得税,从2019年1月1日起将按"累计预扣法"进行预扣预缴。根据《个人所得税法》第11条第1款的规定,居民个人取得综合所得,按年计算个人所得税;有扣缴义务人的,由扣缴义务人按月或者按次预扣预缴税款;需要办理汇算清缴的,应当在取得所得的次年3月1日至6月30日内办理汇算清缴。预扣预缴办法由国务院税务主管部门制定。因此,从2019年1月开始,居民个人取得综合所得,按年计算个人所得税;有扣缴义务人的,由扣缴义务人按月或者按次预扣预缴税款。

1368 预扣预缴办法与之前按月代扣代缴办法的区别?

预扣预缴办法是扣缴义务人在一个纳税年度内,以截至当前月份累计支付的工资薪金所得收入额减除累计基本减除费用、累计专项扣除、累计专项附加扣除和依法确定的累计其他扣除后的余额为预缴应纳税所得额,按照综合所得税率表,计算出累计应预扣预缴税额,减除已预扣预缴税额后的余额,作为本期应预扣预缴税额。本期应预扣预缴税额=(累计预缴应纳税所得额×税率-速算扣除数)-已累计预扣预缴税额。

代扣代缴办法是指按照税法规定,负有扣缴税款义务的单位和个人,负责对纳税人应纳的税款进行代扣代缴的一种方式。即由支付人在向纳税人支付款项时,从所支付的款项中依法直接扣收税款代为缴纳。其目的是对零星分散、不易控制的税源实行源泉控制。

1369 什么是汇算清缴?

汇算清缴是指所得税和其他某些实行预缴税款办法的税种,在年度终了后的税款汇总结算清缴工作。所得税等税种,通常按纳税人的全年应税收入额为计征依据,在年度终了后,按全年的应税收入额,依据税法规定的税率计算征税。为了保证税款及时、均衡入库,在实际工作中,一般采取分月、分季预缴税款,年终汇算清缴,多退少补的征收办法。分月、分季预缴,一般按纳税人本季度(月)的课税依据计算应纳税款,与全年决算的课税依据往往很难完全一致,所以在年度终了后,必须依据纳税人的财务决算进行汇总计算,清缴税款,对已预交的税款实行多退少补。

1370 非居民个人和外籍人士的区别?

非居民个人是个税法规定的一个名词。根据《个人所得税法》第1条第2款的规定,在中国境内无住所又不居住,或者无住所而一个纳税年度内在中国境内居住累计不满183天的个人,为非居民个人。而外籍个人并不是一个法律名词,通俗地说,外籍个人就是非中国国籍的人士。外籍个人一个纳税年度内在中国境内居住累计满183天后,就成了居民个人。所以,外籍个人可能是居民个人,也可能是非居民个人。

1371 《个人所得税法》为什么设定的非居民个人是居住不满183天?

经济全球化背景下,商品、资本、劳动力、技术和信息等生产要素的跨境流动日益频繁,各国经济相互依存关系不断加深。跨境自然人流动方面,跨境劳务活动不断增多,这直接引发了跨境劳务所得的征税权归属之争,即雇员居住国和劳务履行地国以各自税收主权为利益出发点展开的税收利益的博弈。

对于一项跨境劳务所得,不仅劳务提供者的居住国要予以征税,主张劳务所得来源于本国境内的国家也要行使税收管辖权。由此导致的国际税收管辖权冲突,仅仅依靠每个国家难以妥善处理,需要国家之间进行税务协调。通常情况下,各国通过双边税收协定予以解决,双边税收协定往往是以经济合作与发展组织(Organization for Economic Co-operation Development,OECD)税收协定范本作为参照。OECD范本第15条对跨国受雇所得做了专门阐述,其中第2款被称为183天规则,是一个例外条款,其适用与否直接关系到征税权的归属。

183天规则依据税收协定的约定,在一般情况下都确认此类跨国所得原则上应由居住国一方独占,作为所得来源国的缔约国另一方不应课税,但是在缔约国一方居民到缔约国另一方境内从事非独立劳务活动停留时间已经超过一定期限(183天)的情况下,应由所得来源国履行征税权。此项原则在一定程度上考虑了雇员居民国和所得来源国税收权益的合理分配,并能最大限度地避免或者消除双重征税。因此,183 天规则被各国广泛接受用以协调国家间跨国受雇所得的征税权划分问题。

1372 哪些个人所得应当缴纳个人所得税?

根据《个人所得税法》第 2 条的规定,下列各项个人所得,应当缴纳个人所得税:(1)工资、薪金所得;(2)劳务报酬所得;(3)稿酬所得;(4)特许权使用费所得;(5)经营所得;(6)利息、股息、红利所得;(7)财产租赁所得;(8)财产转让所得;(9)偶然所得。居民个人取得前款第 1 项至第 4 项所得(以下称综合所得),按纳税年度合并计算个人所得税;非居民个人取得前款第 1 项至第 4 项所得,按月或者按次分项计算个人所得税。纳税人取得前款第 5 项至第 9 项所得,依照本法规定分别计算个人所得税。

1373 哪些个人所得应当免征个人所得税?

根据《个人所得税法》第 4 条的规定,下列各项个人所得,免征个人所得税:(1)省级人民政府、国务院部委和中国人民解放军军以上单位,以及外国组织、国际组织颁发的科学、教育、技术、文化、卫生、体育、环境保护等方面的奖金;(2)国债和国家发行的金融债券利息;(3)按照国家统一规定发给的补贴、津贴;(4)福利费、抚恤金、救济金;(5)保险赔款;(6)军人的转业费、复员费、退役金;(7)按照国家统一规定发给干部、职工的安家费、退职费、基本养老金或者退休费、离休费、离休生活补助费;(8)依照有关法律规定应予免税的各国驻华使馆、领事馆的外交代表、领事官员和其他人员的所得;(9)中国政府参加的国际公约、签订的协议中规定免税的所得;(10)国务院规定的其他免税所得。前款第十项免税规定,由国务院报全国人民代表大会常务委员会备案。

1374 居民个人综合所得的专项扣除和专项附加扣除包括哪些项目?

根据《个人所得税法》第 6 条第 1 款第 1 项和第 4 款的规定,应纳税所得额的计算:居民个人的综合所得,以每一纳税年度的收入额减除费用 60,000 元以及专项扣除、专项附加扣除和依法确定的其他扣除后的余额,为应纳税所得额。本条第 1 款第 1 项规定的专项扣除,包括居民个人按照国家规定的范围和标准缴纳的基本养老保险、基本医疗保险、失业保险等社会保险费和住房公积金等;专项附加扣除,包括子女教育、继续教育、大病医疗、住房贷款利息或者住房租金、赡养老人等支出,具体范围、标准和实施步骤由国务院确定,并报全国人民代表大会常务委员会备案。

1375 非居民个人和居民个人在个人所得税专项抵扣方面有什么不同?

非居民个人无个人所得税专项抵扣、专项附加扣除和依法确定的其他扣除。根据《个人所得税法》第 6 条第 1 款第 1 项和第 2 项的规定,应纳税所得额的计算:(1)居民个人的综合所得,以每一纳税年度的收入额减除费用 60,000 元以及专项扣除、专项附加扣除和依法确定的其他扣除后的余额,为应纳税所得额。(2)非居民个人的工资、薪金所得,以每月收入额减除费用 5000 元后的余额为应纳税所得额;劳务报酬所得、稿酬所得、特许权使用费所得,以每次收入额为应纳税所得额。

1376 个人所得税应当在何时缴纳?

根据《个人所得税法》第 11 条的规定,居民个人取得综合所得，按年计算个人所得税；有扣缴义务人的，由扣缴义务人按月或者按次预扣预缴税款；需要办理汇算清缴的，应当在取得所得的次年3月1日至6月30日内办理汇算清缴。预扣预缴办法由国务院税务主管部门制定。居民个人向扣缴义务人提供专项附加扣除信息的，扣缴义务人按月预扣预缴税款时应当按照规定予以扣除，不得拒绝。非居民个人取得工资、薪金所得，劳务报酬所得，稿酬所得和特许权使用费所得，有扣缴义务人的，由扣缴义务人按月或者按次代扣代缴税款，不办理汇算清缴。第12条的规定，纳税人取得经营所得，按年计算个人所得税，由纳税人在月度或者季度终了后15日内向税务机关报送纳税申报表，并预缴税款；在取得所得的次年3月31日前办理汇算清缴。纳税人取得利息、股息、红利所得，财产租赁所得，财产转让所得和偶然所得，按月或者按次计算个人所得税，有扣缴义务人的，由扣缴义务人按月或者按次代扣代缴税款。

1377 个体工商户如何为自己的经营所得缴纳个人所得税？

根据《个人所得税法》第13条第1款的规定，纳税人取得应税所得没有扣缴义务人的，应当在取得所得的次月15日内向税务机关报送纳税申报表，并缴纳税款。因此，如果个体工商户要为自己的经营所得纳税，由于其没有扣缴义务人，应当由其按照法律规定自行缴纳。

1378 工资怎么缴个人所得税？

《个人所得税法》第2条规定，下列各项个人所得，应当缴纳个人所得税：(1)工资、薪金所得；(2)劳务报酬所得；(3)稿酬所得；(4)特许权使用费所得；(5)经营所得；(6)利息、股息、红利所得；(7)财产租赁所得；(8)财产转让所得；(9)偶然所得。居民个人取得前款第1项至第4项所得(以下简称综合所得)，按纳税年度合并计算个人所得税；非居民个人取得前款第1项至第4项所得，按月或者按次分项计算个人所得税。纳税人取得前款第5项至第9项所得，依照本法规定分别计算个人所得税。第3条第1项规定，个人所得税的税率：综合所得，适用3%至45%的超额累进税率(税率表附后)。第6条第1款第1项规定，应纳税所得额的计算：居民个人的综合所得，以每一纳税年度的收入额减除费用60,000元以及专项扣除、专项附加扣除和依法确定的其他扣除后的余额，为应纳税所得额。第6条第2款的规定，劳务报酬所得、稿酬所得、特许权使用费所得以收入减除20%的费用后的余额为收入额。稿酬所得的收入额减按70%计算。第6条第3款的规定，个人将其所得对教育、扶贫、济困等公益慈善事业进行捐赠，捐赠额未超过纳税人申报的应纳税所得额30%的部分，可以从其应纳税所得额中扣除；国务院规定对公益慈善事业捐赠实行全额税前扣除的，从其规定。第6条第4款的规定，本条第1款第1项规定的专项扣除，包括居民个人按照国家规定的范围和标准缴纳的基本养老保险、基本医疗保险、失业保险等社会保险费和住房公积金等；专项附加扣除，包括子女教育、继续教育、大病医疗、住房贷款利息或者住房租金、赡养老人等支出，具体范围、标准和实施步骤由国务院确定，并报全国人民代表大会常务委员会备案。因此，工资、薪金所得属于综合所得，综合所得适用超额累进税率，税率为3%～45%。以每一纳税年度的收入额减除费用60,000元以及专项扣除、专项附加扣除和依法确定的其他扣除后的余额，为应纳税所得额。

个人所得税税率表
（综合所得适用）

级数	全年应纳税所得额	税率/%
1	不超过 36,000 元的	3
2	超过 36,000 元至 144,000 元的部分	10
3	超过 144,000 元至 300,000 元的部分	20
4	超过 300,000 元至 420,000 元的部分	25
5	超过 420,000 元至 660,000 元的部分	30
6	超过 660,000 元至 960,000 元的部分	35
7	超过 960,000 元的部分	45

注1. 本表所称全年应纳税所得额是指依照本法第 6 条的规定，居民个人取得综合所得以每一纳税年度收入额减除费用 60,000 元以及专项扣除、专项附加扣除和依法确定的其他扣除后的余额。

2. 非居民个人取得工资、薪金所得，劳务报酬所得，稿酬所得和特许权使用费所得，依照本表按月换算后计算应纳税额。

1379 财产租赁所得，如何计算个人所得税应纳税所得额？

根据《个人所得税法》第 6 条第 1 款第 4 项的规定，应纳税所得额的计算：财产租赁所得，每次收入不超过 4000 元的，减除费用 800 元；4000 元以上的，减除 20% 的费用，其余额为应纳税所得额。

1380 股息所得，如何计算个人所得税应纳税所得额？

根据《个人所得税法》第 6 条第 1 款第 6 项的规定，应纳税所得额的计算：（6）利息、股息、红利所得和偶然所得，以每次收入额为应纳税所得额。

1381 什么情况下，税务机关有权按照合理方法进行个人所得税纳税调整？

根据《个人所得税法》第 8 条第 1 款的规定，有下列情形之一的，税务机关有权按照合理方法进行纳税调整：（1）个人与其关联方之间的业务往来不符合独立交易原则而减少本人或者其关联方应纳税额，且无正当理由；（2）居民个人控制的，或者居民个人和居民企业共同控制的设立在实际税负明显偏低的国家（地区）的企业，无合理经营需要，对应当归属于居民个人的利润不作分配或者减少分配；（3）个人实施其他不具有合理商业目的的安排而获取不当税收利益。

1382 个人共同取得同一项目收入时个人所得税怎么缴纳？

根据《个人所得税法实施条例》第 18 条的规定，2 个以上的个人共同取得同一项目收入的，应当对每个人取得的收入分别按照个人所得税法的规定计算纳税。

1383 对公益事业进行的捐赠还需要个人所得税纳税吗？

不需要。根据《个人所得税法实施条例》第 19 条的规定，《个人所得税法》第 6 条第 3 款所称个人将其所得对教育、扶贫、济困等公益慈善事业进行捐赠，是指个人将其所得通过中国境内的公益性社会组织、国家机关向教育、扶贫、济困等公益慈善事业的捐赠；所称应纳税所得额，是指计算扣除捐赠额之前的应纳税所得额。

1384 既在中国境内有收入，又在中国境外有收入，个人所得税怎么缴纳？

根据《个人所得税法》第 1 条的规定，在中国境内有住所，或者无住所而一个纳税年度内在中国境内居住累计满 183 天的个人，为居民个人。居民个人从中国境内和境外取得的所得，依照本法规定缴纳个人所得税。在中国境内无住所又不居住，或者无住所而一个纳税年度内在中国境内居住累计不满183天的个人，为非居民个人。非居民个人从中国境内取得的所得，依照本法规定缴纳个人所得税。纳税年度，自公历1月1日起至12月31日止。第7条的规定，居民个人从中国境外取得的所得，可以从其应纳税额中抵免已在境外缴纳的个人所得税税额，但抵免额不得超过该纳税人境外所得依照本法规定计算的应纳税额。根据《个人所得税实施条例》第20条的规定，居民个人从中国境内和境外取得的综合所得、经营所得，应当分别合并计算应纳税额；从中国境内和境外取得的其他所得，应当分别单独计算应纳税额。第21条的规定，《个人所得税法》第7条所称已在境外缴纳的个人所得税税额，是指居民个人来源于中国境外的所得，依照该所得来源国家（地区）的法律应当缴纳并且实际已经缴纳的所得税税额。《个人所得税法》第7条所称纳税人境外所得依照本法规定计算的应纳税额，是居民个人抵免已在境外缴纳的综合所得、经营所得以及其他所得的所得税税额的限额（以下简称抵免限额）。除国务院财政、税务主管部门另有规定外，来源于中国境外一个国家（地区）的综合所得抵免限额、经营所得抵免限额以及其他所得抵免限额之和，为来源于该国家（地区）所得的抵免限额。居民个人在中国境外一个国家（地区）实际已经缴纳的个人所得税税额，低于依照前款规定计算出的来源于该国家（地区）所得的抵免限额的，应当在中国缴纳差额部分的税款；超过来源于该国家（地区）所得的抵免限额的，其超过部分不得在本纳税年度的应纳税额中抵免，但是可以在以后纳税年度来源于该国家（地区）所得的抵免限额的余额中补扣。补扣期限最长不得超过5年。第22条的规定，居民个人申请抵免已在境外缴纳的个人所得税税额，应当提供境外税务机关出具的税款所属年度的有关纳税凭证。

1385 什么情况下可以减征个人所得税？

根据《个人所得税法》第5条的规定，有下列情形之一的，可以减征个人所得税，具体幅度和期限，由省、自治区、直辖市人民政府规定，并报同级人民代表大会常务委员会备案：（1）残疾、孤老人员和烈属的所得；（2）因自然灾害遭受重大损失的。国务院可以规定其他减税情形，报全国人民代表大会常务委员会备案。

1386 什么情况下需要纳税人办理个人所得税纳税申报？

个人所得税通常由支付所得的单位或者个人为扣缴义务人。根据《个人所得税法》第10条规定，有下列情形之一的，纳税人应当依法办理纳税申报：（1）取得综合所得需要办理汇算清缴；（2）取得应税所得没有扣缴义务人；（3）取得应税所得，扣缴义务人未扣缴税款；（4）取得境外所得；（5）因移居境外注销中国户籍；（6）非居民个人在中国境内从两处以上取得工资、薪金所得；（7）国务院规定的其他情形。扣缴义务人应当按照国家规定办理全员全额扣缴申报，并向纳税人提供其个人所得和已扣缴税款等信息。

1387 综合所得需要办理个人所得税汇算清缴的情形包括哪些？

根据《个人所得税法》第12条第1款规定，纳税人取得经营所得，按年计算个人所得税，由纳税人在月度或者季度终了后15日内向税务机关报送纳税申报表，并预缴税款；在取得所得的次年3月31日前办理汇算清缴。

根据《个人所得税法实施条例》第25条的规定，取得综合所得需要办理汇算清缴的情形包括：（1）从2处以上取得综合所得，且综合所得年收入额减除专项扣除的余额超过6万元；

(2)取得劳务报酬所得、稿酬所得、特许权使用费所得中一项或者多项所得,且综合所得年收入额减除专项扣除的余额超过 6 万元;(3)纳税年度内预缴税额低于应纳税额;(4)纳税人申请退税。纳税人申请退税,应当提供其在中国境内开设的银行账户,并在汇算清缴地就地办理税款退库。汇算清缴的具体办法由国务院税务主管部门制定。

1388 能用美元进行个人所得税纳税吗?

不能。根据《个人所得税法》第 16 条的规定,各项所得的计算,以人民币为单位。所得为人民币以外的货币的,按照人民币汇率中间价折合成人民币缴纳税款。根据《个人所得税法实施条例》第 32 条的规定,所得为人民币以外货币的,按照办理纳税申报或者扣缴申报的上一月最后 1 日人民币汇率中间价,折合成人民币计算应纳税所得额。年度终了后办理汇算清缴的,对已经按月、按季或者按次预缴税款的人民币以外货币所得,不再重新折算;对应当补缴税款的所得部分,按照上一纳税年度最后 1 日人民币汇率中间价,折合成人民币计算应纳税所得额。

1389 一定要付给个人所得税扣缴义务人 2%的手续费吗?

根据《个人所得税法》第 17 条的规定,对扣缴义务人按照所扣缴的税款,付给 2%的手续费。根据《个人所得税法实施条例》第 33 条的规定,税务机关按照《个人所得税法》第 17 条的规定付给扣缴义务人手续费,应当填开退还书;扣缴义务人凭退还书,按照国库管理有关规定办理退库手续。

1390 个人以非货币性资产投资,需要缴纳个人所得税吗?

需要。根据《财政部、国家税务总局关于个人非货币性资产投资有关个人所得税政策的通知》第 1 条的规定,个人以非货币性资产投资,属于个人转让非货币性资产和投资同时发生。对个人转让非货币性资产的所得,应按照"财产转让所得"项目,依法计算缴纳个人所得税。

1391 个体工商户如果有 2 处以上的经营机构,应当如何缴纳个人所得税?

根据《个体工商户个人所得税计税办法》第 40 条的规定,个体工商户有 2 处或 2 处以上经营机构的,选择并固定向其中 1 处经营机构所在地主管税务机关申报缴纳个人所得税。

1392 个人转让股权需要缴纳个人所得税吗?

需要。根据《股权转让所得个人所得税管理办法(试行)》第 4 条的规定,个人转让股权,以股权转让收入减除股权原值和合理费用后的余额为应纳税所得额,按"财产转让所得"缴纳个人所得税。合理费用是指股权转让时按照规定支付的有关税费。

1393 储蓄存款利息所得如何征收个人所得税?

根据 2007 年修订的《对储蓄存款利息所得征收个人所得税的实施办法》第 14 条的规定,储蓄存款在 1999 年 10 月 31 日前孳生的利息所得,不征收个人所得税;储蓄存款在 1999 年 11 月 1 日至 2007 年 8 月 14 日孳生的利息所得,按照 20%的比例税率征收个人所得税;储蓄存款在 2007 年 8 月 15 日后孳生的利息所得,按照 5%的比例税率征收个人所得税。

根据 2008 年颁布的《财政部、国家税务总局关于储蓄存款利息所得有关个人所得税政策的通知》规定,为配合国家宏观调控政策需要,经国务院批准,自 2008 年 10 月 9 日起,对储蓄存款利息所得暂免征收个人所得税。即储蓄存款在1999年10月31日前孳生的利息所得，不征收个人所得税；储蓄存款在1999年11月1日至2007年8月14日孳生的利息所得，按照20%的比例税率征收个人所得税；储蓄存款在2007年8月15日至2008年10月8日孳生的利息所得，按照5%的比例税率征收个人所得税；储蓄存款在2008年10月9日后（含10月9日）孳生的利息所得，暂免征收个人所得税。

电子商务

1394 什么是电子商务？

根据《电子商务法》第2条第2款的规定，本法所称电子商务，是指通过互联网等信息网络销售商品或者提供服务的经营活动。

1395 金融类产品和服务是否适用《电子商务法》？

不适用。根据《电子商务法》第2条第3款的规定，法律、行政法规对销售商品或者提供服务有规定的，适用其规定。金融类产品和服务，利用信息网络提供新闻信息、音视频节目、出版以及文化产品等内容方面的服务，不适用本法。

1396 电子商务经营者的义务是什么？

根据《电子商务法》第5条的规定，电子商务经营者从事经营活动，应当遵循自愿、平等、公平、诚信的原则，遵守法律和商业道德，公平参与市场竞争，履行消费者权益保护、环境保护、知识产权保护、网络安全与个人信息保护等方面的义务，承担产品和服务质量责任，接受政府和社会的监督。

1397 什么是电子商务经营者？

根据《电子商务法》第9条第1款的规定，本法所称电子商务经营者，是指通过互联网等信息网络从事销售商品或者提供服务的经营活动的自然人、法人和非法人组织，包括电子商务平台经营者、平台内经营者以及通过自建网站、其他网络服务销售商品或者提供服务的电子商务经营者。

1398 什么是电子商务平台经营者？

根据《电子商务法》第9条第2款的规定，本法所称电子商务平台经营者，是指在电子商务中为交易双方或者多方提供网络经营场所、交易撮合、信息发布等服务，供交易双方或者多方独立开展交易活动的法人或者非法人组织。

1399 什么是平台内经营者？

根据《电子商务法》第9条第3款的规定，本法所称平台内经营者，是指通过电子商务平台销售商品或者提供服务的电子商务经营者。

1400 开设淘宝店铺、微商的自然人经营者是否需要进行工商登记？

一般需要。根据《电子商务法》第10条的规定，电子商务经营者应当依法办理市场主体登记。但是，个人销售自产农副产品、家庭手工业产品，个人利用自己的技能从事依法无须取得许可的便民劳务活动和零星小额交易活动，以及依照法律、行政法规不需要进行登记的除外。

1401 《电子商务法》实施后，所有开设个人淘宝店的店家是否都必须依法纳税？

是的。根据《电子商务法》第11条的规

定，电子商务经营者应当依法履行纳税义务，并依法享受税收优惠。依照前条规定不需要办理市场主体登记的电子商务经营者在首次纳税义务发生后，应当依照税收征收管理法律、行政法规的规定申请办理税务登记，并如实申报纳税。

1402 买了淘宝商品，是否可以向卖家索要发票？

可以。根据《电子商务法》第 14 条的规定，电子商务经营者销售商品或者提供服务应当依法出具纸质发票或者电子发票等购货凭证或者服务单据。电子发票与纸质发票具有同等法律效力。

1403 淘宝店家的网络店铺首页必须公示营业执照等信息吗？

除不需要营业执照的电子商务经营者外，其他电子商务经营者都需要公示营业执照等信息。根据《电子商务法》第 15 条的规定，电子商务经营者应当在其首页显著位置，持续公示营业执照信息、与其经营业务有关的行政许可信息、属于依照本法第 10 条规定的不需要办理市场主体登记情形等信息，或者上述信息的链接标识。前款规定的信息发生变更的，电子商务经营者应当及时更新公示信息。

1404 淘宝店铺关闭前应当做什么事情？

根据《电子商务法》第 16 条的规定，电子商务经营者自行终止从事电子商务的，应当提前 30 日在首页显著位置持续公示有关信息。

1405 淘宝店家是否可以雇人刷单、刷好评？

不可以，刷单、刷好评的行为涉嫌虚假宣传。根据《电子商务法》第 17 条的规定，电子商务经营者应当全面、真实、准确、及时地披露商品或者服务信息，保障消费者的知情权和选择权。电子商务经营者不得以虚构交易、编造用户评价等方式进行虚假或者引人误解的商业宣传，欺骗、误导消费者。

1406 淘宝卖家是否应该向买家提供全面的商品或服务搜索结果？

是的。根据《电子商务法》第 18 条的规定，电子商务经营者根据消费者的兴趣爱好、消费习惯等特征向其提供商品或者服务的搜索结果的，应当同时向该消费者提供不针对其个人特征的选项，尊重和平等保护消费者合法权益。电子商务经营者向消费者发送广告的，应当遵守《广告法》的有关规定。

1407 淘宝卖家是否可以把搭售商品作为默认同意的选项？

不可以。根据《电子商务法》第 19 条的规定，电子商务经营者搭售商品或者服务，应当以显著方式提请消费者注意，不得将搭售商品或者服务作为默认同意的选项。

1408 物流破损、快递丢失等运输风险由谁承担？

一般由卖家承担。根据《电子商务法》第 20 条的规定，电子商务经营者应当按照承诺或者与消费者约定的方式、时限向消费者交付商品或者服务，并承担商品运输中的风险和责任。但是，消费者另行选择快递物流服务提供者的除外。

1409 电子商务经营者是否可以拖延归还消费者的押金？

消费者符合退还押金条件的，电子商务经营者应当及时退还。根据《电子商务法》第 21 条的规定，电子商务经营者按照约定向消费者收取押金的，应当明示押金退还的方式、程序，不得对押金退还设置不合理条件。消费者申请退还押金，符合押金退还条件的，电子商务经营者应当及时退还。

1410 电子商务平台经营者是否需要定期检验更新经营者的信息？

需要。根据《电子商务法》第 27 条第 1 款的规定，电子商务平台经营者应当要求申请进入平台销售商品或者提供服务的经营者提交其身份、地址、联系方式、行政许可等真实信息，进行核验、登记，建立登记档案，并定期核验更新。

1411 淘宝卖家的电商订单信息至少应该保存多久？

根据《电子商务法》第 31 条的规定，电子商务平台经营者应当记录、保存平台上发布的商品和服务信息、交易信息，并确保信息的完整性、保密性、可用性。商品和服务信息、交易信息保存时间自交易完成之日起不少于 3 年；法律、行政法规另有规定的，依照其规定。

1412 电子商务平台经营者是否可以随意改变其平台服务协议和交易规则？

不可以。根据《电子商务法》第 34 条第 1 款的规定，电子商务平台经营者修改平台服务协议和交易规则，应当在其首页显著位置公开征求意见，采取合理措施确保有关各方能够及时充分表达意见。修改内容应当至少在实施前 7 日予以公示。

1413 电子商务平台经营者是否可以干预卖家的交易价格？

电子商务平台经营者一般不得干预卖家的交易价格，如果确实需要对交易价格进行干预的，不得设置不合理的限制或者附加不合理的条件。根据《电子商务法》第 35 条的规定，电子商务平台经营者不得利用服务协议、交易规则以及技术等手段，对平台内经营者在平台内的交易、交易价格以及与其他经营者的交易等进行不合理限制或者附加不合理条件，或者向平台内经营者收取不合理费用。

1414 电子商务平台经营者是否应当保障消费者人身、财产安全？

是的。根据《电子商务法》第 38 条的规定，电子商务平台经营者知道或者应当知道平台内经营者销售的商品或者提供的服务不符合保障人身、财产安全的要求，或者有其他侵害消费者合法权益行为，未采取必要措施的，依法与该平台内经营者承担连带责任。对关系消费者生命健康的商品或者服务，电子商务平台经营者对平台内经营者的资质资格未尽到审核义务，或者对消费者未尽到安全保障义务，造成消费者损害的，依法承担相应的责任。

1415 电子商务平台经营者是否可以删除消费者对其平台的差评？

不可以。根据《电子商务法》第 39 条的规定，电子商务平台经营者应当建立健全信用评价制度，公示信用评价规则，为消费者提供对平台内销售的商品或者提供的服务进行评价的途径。电子商务平台经营者不得删除消费者对其平台内销售的商品或者提供的服务的评价。

1416 商品的竞价排名是一种广告方式吗？

是的。根据《电子商务法》第 40 条的规定，电子商务平台经营者应当根据商品或者服务的价格、销量、信用等以多种方式向消费者显示商品或者服务的搜索结果；对于竞价排名的商品或者服务，应当显著标明“广告”。

1417 知识产权权利人是否有权通知电子商务平台经营者删除侵犯其权利的内容?

根据《电子商务法》第 42 条的规定,知识产权权利人认为其知识产权受到侵害的,有权通知电子商务平台经营者采取删除、屏蔽、断开链接、终止交易和服务等必要措施。通知应当包括构成侵权的初步证据。电子商务平台经营者接到通知后,应当及时采取必要措施,并将该通知转送平台内经营者;未及时采取必要措施的,对损害的扩大部分与平台内经营者承担连带责任。因通知错误造成平台内经营者损害的,依法承担民事责任。恶意发出错误通知,造成平台内经营者损失的,加倍承担赔偿责任。

1418 电子商务平台经营者明知有人侵犯平台上知识产权权利人的权利但视而不见的,要承担什么责任?

与侵权人承担连带责任。根据《电子商务法》第 45 条的规定,电子商务平台经营者知道或者应当知道平台内经营者侵犯知识产权的,应当采取删除、屏蔽、断开链接、终止交易和服务等必要措施;未采取必要措施的,与侵权人承担连带责任。

1419 电子商务当事人订立和履行合同是否可以适用电子签章?

可以。根据《电子商务法》第 47 条的规定,电子商务当事人订立和履行合同,适用本章和《民法总则》《合同法》《电子签名法》等法律的规定。虽然《电子商务法》尚未修正,但本法条中所涉及的《民法总则》《合同法》已被《民法典》所取代,特此说明。

1420 淘宝店家是否可以以商品价格设置错误为由,要求买家取消订单?

不可以。根据《电子商务法》第 49 条第 1 款的规定,电子商务经营者发布的商品或者服务信息符合要约条件的,用户选择该商品或者服务并提交订单成功,合同成立。当事人另有约定的,从其约定。

1421 电子商务合同如何确认交付时间?

根据《电子商务法》第 51 条的规定,合同标的为交付商品并采用快递物流方式交付的,收货人签收时间为交付时间。合同标的为提供服务的,生成的电子凭证或者实物凭证中载明的时间为交付时间;前述凭证没有载明时间或者载明时间与实际提供服务时间不一致的,实际提供服务的时间为交付时间。合同标的为采用在线传输方式交付的,合同标的进入对方当事人指定的特定系统并且能够检索识别的时间为交付时间。合同当事人对交付方式、交付时间另有约定的,从其约定。

1422 买家收到淘宝购物快递时,是否可以要求当场开箱验货?

可以。根据《电子商务法》第 52 条第 2 款的规定,快递物流服务提供者为电子商务提供快递物流服务,应当遵守法律、行政法规,并应当符合承诺的服务规范和时限。快递物流服务提供者在交付商品时,应当提示收货人当面查验;交由他人代收的,应当经收货人同意。

1423 买家使用支付宝付款后,是否可以向支付宝申请调取交易记录?

根据《电子商务法》第 53 条第 3 款的规定,电子支付服务提供者应当向用户免费提供对账服务以及最近 3 年的交易记录。

1424 在买家使用支付宝付款后,支付宝是否应该向买家确认支付信息?

应该。根据《电子商务法》第 56 条的规定,电子支付服务提供者完成电子支付后,应当及时准确地向用户提供符合约定方式的确认支付的信息。

1425 电子商务发生争议，如何解决？

根据《电子商务法》第59条的规定，电子商务经营者应当建立便捷、有效的投诉、举报机制，公开投诉、举报方式等信息，及时受理并处理投诉、举报。第60条的规定，电子商务争议可以通过协商和解，请求消费者组织、行业协会或者其他依法成立的调解组织调解，向有关部门投诉，提请仲裁，或者提起诉讼等方式解决。第61条的规定，消费者在电子商务平台购买商品或者接受服务，与平台内经营者发生争议时，电子商务平台经营者应当积极协助消费者维护合法权益。第62条的规定，在电子商务争议处理中，电子商务经营者应当提供原始合同和交易记录。因电子商务经营者丢失、伪造、篡改、销毁、隐匿或者拒绝提供前述资料，致使人民法院、仲裁机构或者有关机关无法查明事实的，电子商务经营者应当承担相应的法律责任。第63条的规定，电子商务平台经营者可以建立争议在线解决机制，制定并公示争议解决规则，根据自愿原则，公平、公正地解决当事人的争议。

1426 电子商务经营者未在首页显著位置显示营业执照要承担什么责任？

根据《电子商务法》第76条第1款第1项的规定，电子商务经营者违反本法规定，有下列行为的，由市场监督管理部门责令限期改正，可以处1万元以下的罚款，对其中的电子商务平台经营者，依照本法第81条第1款的规定处罚：未在首页显著位置公示营业执照信息、行政许可信息、属于不需要办理市场主体登记情形等信息，或者上述信息的链接标识的。

1427 电子商务经营者违规搭售商品要承担什么责任？

根据《电子商务法》第77条的规定，电子商务经营者违反本法第19条规定搭售商品、服务的，由市场监督管理部门责令限期改正，没收违法所得，可以并处5万元以上20万元以下的罚款；情节严重的，并处20万元以上50万元以下的罚款。

1428 电子商务平台经营者违规不提供交易信息要承担什么责任？

根据《电子商务法》第80条第1款第4项和第2款的规定，电子商务平台经营者有下列行为的，由有关主管部门责令限期改正；逾期不改正的，处2万元以上10万元以下的罚款；情节严重的，责令停业整顿，并处10万元以上50万元以下的罚款：不履行本法第31条规定的商品和服务信息、交易信息保存义务的。法律、行政法规对前款规定的违法行为的处罚另有规定的，依照其规定。

1429 电子商务平台经营者对平台卖家实施知识产权侵权行为不加制止时要承担什么责任？

根据《电子商务法》第84条的规定，电子商务平台经营者违反本法第42条、第45条规定，对平台内经营者实施侵犯知识产权行为未依法采取必要措施的，由有关知识产权行政部门责令限期改正；逾期不改正的，处5万元以上50万元以下的罚款；情节严重的，处50万元以上200万元以下的罚款。

Part 8

经济生活

合同

合同的订立

1430 口头订立的合同能不能作数?

根据《民法典》第 469 条第 1 款的规定,当事人订立合同,可以采用书面形式、口头形式或者其他形式。因此,当事人可以订立口头合同,但要注意保留证据,避免发生纠纷时无法证明口头合同的存在。

1431 通过电子邮件商量好的内容能否算作合同的一部分?

根据《民法典》第 469 条第 2~3 款的规定,书面形式是合同书、信件、电报、电传、传真等可以有形地表现所载内容的形式。以电子数据交换、电子邮件等方式能够有形地表现所载内容,并可以随时调取查用的数据电文,视为书面形式。

1432 合同没有约定的事项怎么处理?

根据《民法典》第 510 条的规定,合同生效后,当事人就质量、价款或者报酬、履行地点等内容没有约定或者约定不明确的,可以协议补充;不能达成补充协议的,按照合同相关条款或者交易习惯确定。第 511 条的规定,事人就有关合同内容约定不明确,依据前条规定仍不能确定的,适用下列规定:(1)质量要求不明确的,按照强制性国家标准履行;没有强制性国家标准的,按照推荐性国家标准履行;没有推荐性国家标准的,按照行业标准履行;没有国家标准、行业标准的,按照通常标准或者符合合同目的的特定标准履行。(2)价款或者报酬不明确的,按照订立合同时履行地的市场价格履行;依法应当执行政府定价或者政府指导价的,依照规定履行。(3)履行地点不明确,给付货币的,在接受货币一方所在地履行;交付不动产的,在不动产所在地履行;其他标的,在履行义务一方所在地履行。(4)履行期限不明确的,债务人可以随时履行,债权人也可以随时请求履行,但是应当给对方必要的准备时间。(5)履行方式不明确的,按照有利于实现合同目的的方式履行。(6)履行费用的负担不明确的,由履行义务一方负担;因债权人原因增加的履行费用,由债权人负担。

1433 未在书面合同上签字合同就一定不成立吗?

不一定。根据《民法典》第 490 条的规定,当事人采用合同书形式订立合同的,自当事人均签名、盖章或者按指印时合同成立。在签名、盖章或者按指印之前,当事人一方已经履行主要义务,对方接受时,该合同成立。法律、行政法规规定或者当事人约定合同应当采用书面形式订立,当事人未采用书面形式但是一方已经履行主要义务,对方接受时,该合同成立。

1434 一方提供的格式条款在什么情况下无效?

《民法典》第 496 条第 2 款规定,采用格式条款订立合同的,提供格式条款的一方应当遵循公平原则确定当事人之间的权利和义务,并采取合理的方式提示对方注意免除或者减轻其责任等与对方有重大利害关系的条款,按照对方的要求,对该条款予以说明。第 497 条规定,有下列情形之一的,该格式条款无效:(1)具有本法第一编第六章第三节和本法第五百零六条规定的无效情形;(2)提供格式条款一方不合理地免除或者减轻其责任、加重对方责任、限制对方主要权利;(3)提供格式条款一方排除对方主要权利。第 506 条规定,合同中的下列免责条款无效:(1)造成对方人身损害的;(2)因故意或者重大过失造成对方财产损失的。

1435 因为格式条款发生争议如何解释格式合同?

根据《民法典》第498条的规定,对格式条款的理解发生争议的,应当按通常理解予以解释。对格式条款有两种以上解释的,应当作出不利于提供格式条款一方的解释。格式条款和非格式条款不一致的,应当采用非格式条款。

1436 未成年人或者精神病人订立的合同一定无效吗?

不一定。未成年人或者精神病人可能属于限制民事行为能力人也可能属于无民事行为能力人,如果未成年人或者精神病人属于限制民事行为能力人,则其订立的合同的效力法律有特殊规定。《民法典》第19条规定,8周岁以上的未成年人为限制民事行为能力人,实施民事法律行为由其法定代理人代理或者经其法定代理人同意、追认;但是,可以独立实施纯获利益的民事法律行为或者与其年龄、智力相适应的民事法律行为。第22条规定,不能完全辨认自己行为的成年人为限制民事行为能力人,实施民事法律行为由其法定代理人代理或者经其法定代理人同意、追认;但是,可以独立实施纯获利益的民事法律行为或者与其智力、精神健康状况相适应的民事法律行为。

1437 假冒代理人订立合同时,合同是否有效?

具体情况具体分析。根据《民法典》第171条第1~2款的规定,行为人没有代理权、超越代理权或者代理权终止后,仍然实施代理行为,未经被代理人追认的,对被代理人不发生效力。相对人可以催告被代理人自收到通知之日起30日内予以追认。被代理人未作表示的,视为拒绝追认。行为人实施的行为被追认前,善意相对人有撤销的权利。撤销应当以通知的方式作出。此种情况下,被代理人如果未追认该代理行为,则合同无效。根据第172条的规定,行为人没有代理权、超越代理权或者代理权终止后,仍然实施代理行为,相对人有理由相信行为人有代理权的,代理行为有效。这种情况下,被代理人即使未追认该代理行为,该合同仍然有效。

1438 合同中约定造成人身损害概不负责合法吗?

不合法。根据《民法典》第506条的规定,合同中的下列免责条款无效:(1)造成对方人身损害的;(2)因故意或者重大过失造成对方财产损失的。

1439 一般情况下,合同应当包括哪些条款?

根据《民法典》第470条的规定,合同的内容由当事人约定,一般包括下列条款:(1)当事人的姓名或者名称和住所;(2)标的;(3)数量;(4)质量;(5)价款或者报酬;(6)履行期限、地点和方式;(7)违约责任;(8)解决争议的方法。当事人可以参照各类合同的示范文本订立合同。

1440 合同什么时候生效?

一般来说,合同在成立时即生效,个别情况除外。《民法典》第502条第1款规定,依法成立的合同,自成立时生效,但是法律另有规定或者当事人另有约定的除外。第158条规定,民事法律行为可以附条件,但是根据其性质不得附条件的除外。附生效条件的民事法律行为,自条件成就时生效。附解除条件的民事法律行为，自条件成就时失效。第160条规定，民事法律行为可以附期限，但是根据其性质不得附期限的除外。附生效期限的民事法律行为，自期限届至时生效。附终止期限的民事法律行为，自期限届满时失效。

1441 要约可以撤销吗？

一般情况下是可以的，但是，个别情况除外。根据《民法典》第476条的规定，要约可以撤销。但是有下列情形之一的除外：（1）要约人以确定承诺期限或者以其他形式明示要约不可撤销；（2）受要约人有理由认为要约是不可撤销的，并已经为履行合同做了合理准备工作。

1442 如何确定合同的成立地点？

根据《民法典》第492条的规定，承诺生效的地点为合同成立的地点。采用数据电文形式订立合同的，收件人的主营业地为合同成立的地点；没有主营业地的，其住所地为合同成立的地点。当事人另有约定的，按照其约定。第493条的规定，当事人采用合同书形式订立合同的，最后签名、盖章或者按手印的地点为合同成立的地点，但是当事人另有约定的除外。

1443 合同订立要经过哪些阶段？

合同订立一般要经过要约和承诺两个阶段。根据《民法典》第471条的规定，当事人订立合同，可以采取要约、承诺方式或者其他方式。第472条的规定，要约是希望和他人订立合同的意思表示，该意思表示应当符合下列规定：（1）内容具体确定；（2）表明经受要约人承诺，要约人即受该意思表示约束。第479条的规定，承诺是受要约人同意要约的意思表示。

比如，甲说：我这里有5斤苹果，10元一斤，卖给你要不要？（要约，内容具体，你要我就卖给你）乙说：我都要了！（承诺，同意甲的价格和数量，成交）

合同的履行

1444 第三人是合同的履约方，如果第三人不履约怎么办？

由债务人承担违约责任。根据《民法典》第523条的规定，当事人约定由第三人向债权人履行债务，第三人不履行债务或者履行债务不符合约定，债务人应当向债权人承担违约责任。

比如，甲乙签订买卖合同，乙向甲买一批货。甲手上无货，其向丙购买该批货物，并和乙约定由丙直接将货物发送给乙。丙收到甲支付的货款后，携款潜逃，没有向乙发货。此时，甲应当向乙承担违约责任，而不是丙向乙承担违约责任。

1445 先履行债务的一方未按照合同约定先履行，一定要承担违约责任吗？

不一定。根据《民法典》第526条的规定，当事人互负债务，有先后履行顺序，应当先履行债务一方未履行的，后履行一方有权拒绝其履行请求。先履行一方履行债务不符合约定的，后履行一方有权拒绝其相应的履行请求。第527条的规定，应当先履行债务的当事人，有确切证据证明对方有下列情形之一的，可以中止履行：（1）经营状况严重恶化；（2）转移财产、抽逃资金，以逃避债务；（3）丧失商业信誉；（4）有丧失或者可能丧失履行债务能力的其他情形。当事人没有确切证据中止履行的，应当承担违约责任。第528条的规定，当事人依据前条规定中止履行的，应当及时通知对方。对方提供适当担保的，应当恢复履行。中止履行后，对方在合理期限内未恢复履行能力且未提供适当担保的，视为以自己的行为表明不履行主要债务，中止履行的一方可以解除合同并可以请求对方承担违约责任。

1446 债务人因为债权人的原因没法履行债务，应该怎么办？

根据《民法典》第529条的规定，债权人分立、合并或者变更住所没有通知债务人，致使履行债务发生困难的，债务人可以中止履行或者将标的物提存。第573条的规定，标的物提存后，毁损、灭失的风险由债权人承担。提存期间，标的物的孳息归债权人所有。提存费用由债权人负担。

1447 债务人要求提前交货，债权人一定要同意吗？

不一定。根据《民法典》第530条的规定，债权人可以拒绝债务人提前履行债务，但提前履行不损害债权人利益的除外。债务人提前履行债务给债权人增加的费用，由债务人负担。

1448 债权人能不能要求债务人的债务人直接向自己还钱？

因债务人怠于行使其到期债权，给债权人造成损害的，债权人可以直接要求以自己的名义行使债务人的债权，称为债权人代位权，其行使需要满足一定的条件。根据《民法典》第535条第1、2款的规定，因债务人怠于行使其债权或者与该债权有关的从权利，影响债权人的到期债权实现的，债权人可以向人民法院请求以自己的名义代位行使债务人对相对人的权利，但该权利专属于债务人自身的除外。代位权的行使范围以债权人的到期债权为限。债权人行使代位权的必要费用，由债务人负担。

1449 债务人想让他人替自己还债，自己不再偿还了，是否需要经过债权人的同意？

需要。根据《民法典》第551条第1款的规定，债务人将债务的全部或者部分转移给第三人的，应当经债权人同意。

1450 合同约定的标的物执行政府定价的，在交付时有什么特殊规定？

根据《民法典》第513条的规定，执行政府定价或者政府指导价的，在合同约定的交付期限内政府价格调整时，按照交付时的价格计价。逾期交付标的物的，遇价格上涨时，按照原价格执行；价格下降时，按照新价格执行。逾期提取标的物或者逾期付款的，遇价格上涨时，按照新价格执行；价格下降时，按照原价格执行。

1451 对于债务人无偿转让财产的行为，债权人应当怎么办？

如果债务人无偿转让财产的行为对债权人造成了损害，那么债权人可以请求人民法院撤销债务人的行为。《民法典》第538条规定，债务人以放弃其债权、放弃债权担保、无偿转让财产等方式无偿处分财产权益，或者恶意延长其到期债权的履行期限，影响债权人的债权实现的，债权人可以请求人民法院撤销债务人的行为。第539条规定，债务人以明显不合理的低价转让财产、以明显不合理的高价受让他人财产或者为他人的债务提供担保，影响债权人的债权实现，债务人的相对人知道或者应当知道该情形的，债权人可以请求人民法院撤销债务人的行为。第540条规定，撤销权的行使范围以债权人的债权为限。债权人行使撤销权的必要费用，由债务人负担。第541条规定，撤销权自债权人知道或者应当知道撤销事由之日起1年内行使。自债务人的行为发生之日起5年内没有行使撤销权的，该撤销权消灭。

1452 张某在合同生效后改名为张某某，该合同对其还有约束力吗？

有约束力。根据《民法典》第532条的规定，合同生效后，当事人不得因姓名、名称的变更或者法定代表人、负责人、承办人的变动而不履行合同义务。

1453 什么是专属于债务人自身的债权?

专属于债务人自身的债权,是指基于扶养关系、抚养关系、赡养关系、继承关系产生的给付请求权和劳动报酬、退休金、养老金、抚恤金、安置费、人寿保险、人身伤害赔偿请求权等权利。

1454 债权人行使撤销权有时间限制吗?

有,根据《民法典》第541条的规定,撤销权自债权人知道或者应当知道撤销事由之日起1年内行使。自债务人的行为发生之日起5年内没有行使撤销权的,该撤销权消灭。

1455 什么情况下可以解除合同?

根据《民法典》第562条的规定,当事人协商一致,可以解除合同。当事人可以约定一方解除合同的事由。解除合同的事由发生时,解除权人可以解除合同。第563条的规定,有下列情形之一的,当事人可以解除合同:(1)因不可抗力致使不能实现合同目的;(2)在履行期限届满之前,当事人一方明确表示或者以自己的行为表明不履行主要债务;(3)当事人一方迟延履行主要债务,经催告后在合理期限内仍未履行;(4)当事人一方迟延履行债务或者有其他违约行为致使不能实现合同目的;(5)法律规定的其他情形。以持续履行的债务为内容的不定期合同,当事人可以随时解除合同,但是应当不合理期限之前通知对方。

总结下来,解约权有三种,就是法定解约权、约定解约权以及协商一致解约。

1456 合同解除后的影响是什么?

根据《民法典》第566条的规定,合同解除后,尚未履行的,终止履行;已经履行的,根据履行情况和合同性质,当事人可以请求恢复原状、采取其他补救措施,并有权请求赔偿损失。第567条的规定,合同的权利义务关系终止,不影响合同中结算和清理条款的效力。

1457 什么情况下可以撤销合同?

发生下面情形的,可以撤销合同。《民法典》第147条规定,基于重大误解实施的民事法律行为,行为人有权请求人民法院或者仲裁机构予以撤销。第148条规定,一方以欺诈手段,使对方在违背真实意思的情况下实施的民事法律行为,受欺诈方有权请求人民法院或者仲裁机构予以撤销。第149条规定,第三人实施欺诈行为,使一方在违背真实意思的情况下实施的民事法律行为,对方知道或者应当知道该欺诈行为的,受欺诈方有权请求人民法院或者仲裁机构予以撤销。第150条规定,一方或者第三人以胁迫手段,使对方在违背真实意思的情况下实施的民事法律行为,受胁迫方有权请求人民法院或者仲裁机构予以撤销。第151条规定,一方利用对方处于危困状态、缺乏判断能力等情形,致使民事法律行为成立时显失公平的,受损害方有权请求人民法院或者仲裁机构予以撤销。

1458 可以撤销的合同的撤销权有时间限制吗?

有,为了惩罚那些"躺在权利上睡觉的人",法律对某些权利设定了有效期。可以撤销的合同的撤销权有效期为1年。根据《民法典》第152条的规定,有下列情形之一的,撤销权消灭:(1)当事人自知道或者应当知道撤销事由之日起1年内,重大误解的当事人自知道或者应当知道撤销事由之日起90日内没有行使撤销权;(2)当事人受胁迫,自胁迫行为终止之日起1年内没有行使撤销权;(3)当事人知道撤销事由后明确表示或者以自己的行为放弃撤销权。当事人自民事法律行为发生之日起5年内没有行使撤销权的，撤销权消灭。

1459 合同无效或者被撤销后双方的财产应该如何处理？

合同无效或被撤销的自始没有法律效力，因此双方的财产应当本着恢复原状的原则进行处理。根据《民法典》第157条的规定，民事法律行为无效、被撤销或者确定不发生效力后，行为人因该行为取得的财产，应当予以返还；不能返还或者没有必要返还的，应当折价补偿。有过错的一方应当赔偿对方因此所受到的损失，各方都有过错的，应当各自承担相应的责任，法律另有规定的，依照其规定。

1460 被欺诈而订立合同的怎么救济？

《民法典》第148条规定，一方以欺诈手段，使对方在违背真实意思的情况下实施的民事法律行为，受欺诈方有权请求人民法院或者仲裁机构予以撤销。第149条规定，第三人实施欺诈行为，使一方在违背真实意思的情况下实施的民事法律行为，对方知道或者应当知道该欺诈行为的，受欺诈方有权请求人民法院或者仲裁机构予以撤销。

1461 恶意串通的合同怎么处理？

合同无效。根据《民法典》第154条的规定，行为人与相对人恶意串通，损害他人合法权益的民事法律行为无效。

1462 超越经营范围订立合同无效吗？

根据《民法典》第153条的规定，违反法律、行政法规的强制性规定的民事法律行为无效。但是，该强制性规定不导致该民事法律行为无效的除外。违背公序良俗的民事法律行为无效。超越经营范围订立的合同，不违反法律、行政法规的强制性规定，且不违反公序良俗的，应是有效的。

1463 什么样的价格是法律意义上的“明显不合理的价格”？

一般情况下，应当以交易当地一般经营者的判断，并参考交易当时交易地的物价部门指导价或者市场交易价，结合其他相关因素综合考虑。转让价格达不到交易时交易地的指导价或者市场交易价70%的，一般可以视为明显不合理的低价；转让价格高于当地指导价或者市场交易价30%的，一般可以视为明显不合理的高价。

1464 债务人的给付不足以清偿全部债务时应当如何处理？

根据《民法典》第561条的规定，债务人在履行主债务外还应当支付利息和实现债权的有关费用，其给付不足以清偿全部债务的，除当事人另有约定外，应当按照下列顺序履行：(1)实现债权的有关费用；(2)利息；(3)主债务。

1465 订立合同之后发现当初订立合同时的客观情况发生了重大变化，还可以变更或者解除合同吗？

根据《民法典》第533条的规定，合同成立后，合同的基础条件发生了当事人在订立合同时无法预见的、不属于商业风险的重大变化，继续履行合同对于当事人一方明显不公平的，受不利影响的当事人可以与对方重新协商；在合理期限内协商不成的，当事人可以请求人民法院或者仲裁机构变更或者解除合同。人民法院或者仲裁机构应当结合案件的实际情况，根据公平原则变更或者解除合同。

1466 什么是法律意义上的“交易习惯”？

所谓“交易习惯”是指，在交易行为当地

或者某一领域、某一行业通常采用并为交易对方订立合同时所知道或者应当知道的做法，并且是当事人双方经常使用的习惯做法。

合同违约纠纷

1467 合同没有订立，但一方因此遭受损失能不能要求对方赔偿？

一定条件下可以。根据《民法典》第500条的规定，当事人在订立合同过程中有下列情形之一，给对方造成损失的，应当承担赔偿责任：(1)假借订立合同，恶意进行磋商；(2)故意隐瞒与订立合同有关的重要事实或者提供虚假情况；(3)有其他违背诚信原则的行为。

1468 不履行合同义务需要承担什么违约责任？

继续履行、采取补救措施或者赔偿损失等。根据《民法典》第577条的规定，当事人一方不履行合同义务或者履行合同义务不符合约定的，应当承担继续履行、采取补救措施或者赔偿损失等违约责任。第580条第1款的规定，当事人一方不履行非金钱债务或者履行非金钱债务不符合约定的，对方可以请求履行，但有下列情形之一的除外：(1)法律上或者事实上不能履行；(2)债务的标的不适于强制履行或者履行费用过高；(3)债权人在合理期限内未请求履行。第584条规定，当事人一方不履行合同义务或者履行合同义务不符合约定，给对方造成损失的，损失赔偿额应当相当于因违约所造成的损失，包括合同履行后可以获得的利益；但是，不得超过违约一方订立合同时预见到或者应当预见到的因违约可能造成的损失。

1469 约定的违约金和造成的损失不一致时，怎么计算赔偿额？

根据《民法典》第585条的规定，当事人可以约定一方违约时应当根据违约情况向对方支付一定数额的违约金，也可以约定因违约产生的损失赔偿额的计算方法。约定的违约金低于造成的损失的，人民法院或者仲裁机构可以根据当事人的请求予以增加；约定的违约金过分高于造成的损失的，人民法院或者仲裁机构可以根据当事人的请求予以适当减少。当事人就迟延履行约定违约金的，违约方支付违约金后，还应当履行债务。

1470 双方既约定了违约金又约定了定金，违约时怎么适用？

根据《民法典》第588条的规定，当事人既约定违约金，又约定定金的，一方违约时，对方可以选择适用违约金或者定金条款。定金不足以弥补一方违约造成的损失的，对方可以请求赔偿超过定金数额的损失。

1471 因为不可抗力导致合同不能履行是否需要承担违约责任？

依情况可不承担或承担部分违约责任。根据《民法典》第590条的规定，当事人一方因不可抗力不能履行合同的，根据不可抗力的影响，部分或者全部免除责任，但是法律另有规定的除外。因不可抗力不能履行合同的，应当及时通知对方，以减轻可能给对方造成的损失，并应当在合理期限内提供证明。当事人迟延履行后发生不可抗力的，不免除其违约责任。

1472 因为对方违约造成的所有损失都可以要求对方赔偿吗？

不一定。根据《民法典》第591条的规定，当事人一方违约后，对方应当采取适当措施防止损失的扩大；没有采取适当措施致使损失扩大的，不得就扩大的损失要求赔偿。当事人因防止损失扩大而支出的合理费用，由违约方承担。

1473 违约责任一定要履行期届满才可以要求承担吗?

不是的。根据《民法典》第578条的规定,当事人一方明确表示或者以自己的行为表明不履行合同义务的,对方可以在履行期限届满之前要求其承担违约责任。

1474 合同标的物质量不佳,应当如何处理?

根据《民法典》第582条的规定,履行不符合约定的,应当按照当事人的约定承担违约责任。对违约责任没有约定或者约定不明确,依据本法第510条的规定仍不能确定的,受损害方根据标的的性质以及损失的大小,可以合理选择请求对方承担修理、重作、更换、退货、减少价款或者报酬等违约责任。《民法典》第510条的规定,合同生效后,当事人就质量、价款或者报酬、履行地点等内容没有约定或者约定不明确的,可以协议补充;不能达成补充协议的,按照合同有关条款或者交易习惯确定。

1475 什么情况下合同的权利和义务终止?

根据《民法典》第557条的规定,有下列情形之一的,债权债务终止:(1)债务已经履行;(2)相互抵销;(3)债务人依法将标的物提存;(4)债权人免除债务;(5)债权债务同归于一人;(6)法律规定或者当事人约定终止的其他情形。合同解除的,该合同的权利义务关系终止。

1476 什么情况下可以解除合同?

根据《民法典》第563条的规定,有下列情形之一的,当事人可以解除合同:(1)因不可抗力致使不能实现合同目的;(2)在履行期限届满之前,当事人一方明确表示或者以自己的行为表明不履行主要债务;(3)当事人一方迟延履行主要债务,经催告后在合理期限内仍未履行;(4)当事人一方迟延履行债务或者有其他违约行为致使不能实现合同目的;(5)法律规定的其他情形。以及持续履行的债务为内容 的不定期合同,当事人可以随时解除合同,但是应当在合理期限之前通知对方。

1477 债务人在什么情况下可以将标的物提存?

根据《民法典》第570条的规定,有下列情形之一,难以履行债务的,债务人可以将标的物提存:(1)债权人无正当理由拒绝受领;(2)债权人下落不明;(3)债权人死亡未确定继承人、遗产管理人,或者丧失民事行为能力未确定监护人;(4)法律规定的其他情形。标的物不适于提存或者提存费用过高的,债务人依法可以拍卖或者变卖标的物,提存所得的价款。

买卖合同

1478 买卖合同货物交付之前损坏风险由谁承担?

一般情况下是由出卖人承担的,但是法律规定了几种标的物交付之前买受人承担风险的情形。根据《民法典》第604条的规定,标的物毁损、灭失的风险,在标的物交付之前由出卖人承担,交付之后由买受人承担,但是法律另有规定或当事人另有约定的除外。根据《民法典》第605~608条以及第610条的规定,买受人没有收到货物却需承担风险的情况有如下几种:(1)因买受人的原因致使标的物不能按照约定的期限交付的,买受人应当自违反约定之日起承担标的物毁损、灭失的风险;(2)出卖人出卖交由承运人运输的在途标的物,除当事人另有约定的以外,毁损、灭失的风险自合同成立时起由买受人承担;(3)当事人没有约定交付地点或者约定不明确,依照本法第603条第2款第1项的规定标的物需要运输的,出卖人将标的物交付给第一承运人后,标的物毁损、灭失的风险由买受人承担;(4)出卖人按照约定或者依照本法第603条第2款第2项的规定将标的物置于交付地点,买受人违反约定没有收取的,标的物毁损、灭失的风险自违反约定之日起由买受人承担;(5)因标的物质量不符合质量要求,致使不能实现合同目的的,买受人可以拒绝接受标的物或者解除合同。买受人拒绝接受标的物或者解除合同的,标的物毁损、灭失的风险由出卖人承担。

1479 第三人对买受人买到的货物主张权利时怎么办?

根据《民法典》第612条的规定,出卖人就交付的标的物,负有保证第三人对该标的物不享有任何权利的义务,但是法律另有规定的除外。第613条的规定,买受人订立合同时知道或者应当知道第三人对买卖的标的物享有权利的,出卖人不承担前条规定的义务。第614条的规定,买受人有确切证据证明第三人对标的物享有权利的,可以中止支付相应的价款,但是出卖人提供适当担保的除外。

1480 买到货物没有检验,1年后才发现质量问题的怎么办?

根据《民法典》第620条的规定,买受人收到标的物时应当在约定的检验期间内检验。没有约定检验期间的,应当及时检验。第621条的规定,当事人约定检验期限的,买受人应当在检验期限内将标的物的数量或者质量不符合约定的情形通知出卖人。买受人怠于通知的,视为标的物的数量或者质量符合约定。当事人没有约定检验期限的,买受人应当在发现或者应当发现标的物的数量或者质量不符合约定的合理期限内通知出卖人。买受人在合理期限内未通知或者自收到标的物之日起2年内未通知出卖人的,视为标的物的数量或者质量符合约定;但是,对标的物有质量保证期的,适用质量保证期,不适用该2年的规定。出卖人知道或者应当知道提供的标的物不符合约定的,买受人不受前两款规定的通知时间的限制。

1481 出卖方交货时多交的部分怎么处理?

根据《民法典》第629条的规定,出卖人多交标的物的,买受人可以接收或者拒绝接收多交的部分。买受人接收多交部分的,按照约定的价格支付价款;买受人拒绝接收多交部分的,应当及时通知出卖人。根据《最高人民法院关于审理买卖合同纠纷案件适用法律问题的解释》第3条的规定,根据《合同法》第一百六十二条的规定,买受人拒绝接收多交部分标的物的,可以代为保管多交部分标的物。买受人主张出卖人负担代为保管期间的合理费用的,人民法院应予支持。买受人主张出卖人承担代为保管期间非因买受人故意或者重大过失造成的损失的,人民法院应予支持。

1482 通过一个合同购买几件物品,其中一件有问题时能否解除整个合同?

不一定。根据《民法典》第632条的规定,标的物为数物,其中一物不符合约定的,买受人可以就该物解除。但是,该物与他物分离使标的物的价值明显受损害的,买受人可以就数物解除合同。也就是说,如果质量不合格的物品影响到其他物品的价值的,可以解除整个合同。

1483 **分批交付的货物其中一批产生问题能不能解除整个合同?**

不一定。根据《民法典》第633条的规定,出卖人分批交付标的物的,出卖人对其中一批标的物不交付或者交付不符合约定,致使该批标的物不能实现合同目的的,买受人可以就该批标的物解除。出卖人不交付其中一批标的物或者交付不符合约定,致使之后其他各批标的物的交付不能实现合同目的的,买受人可以就该批以及之后其他各批标的物解除。买受人如果就其中一批标的物解除合同,该批标的物与其他各批标的物相互依存的,可以就已经交付和未交付的和未交付的各批标的物解除。

1484 **不知样品有瑕疵而根据样品购买货物,出卖人有没有责任?**

有责任。根据《民法典》第635条的规定,凭样品买卖的当事人应当封存样品,并可以对样品质量予以说明。出卖人交付的标的物应当与样品及其说明的质量相同。第636条的规定,凭样品买卖的买受人不知道样品有隐蔽瑕疵的,即使交付的标的物与样品相同,出卖人交付的标的物质量仍然应当符合同种物的通常标准。也就是说,这种情况下如果货物质量有问题,出卖人仍需承担责任。

1485 **标的物提存后,债务人还应当履行什么义务?**

及时通知义务。根据《民法典》第572条的规定,标的物提存后,债务人应当及时通知债权人或者债权人的继承人、遗产管理人、监护人、财产代管人。

1486 **出售软件就意味着软件知识产权的转移吗?**

不是的。根据《民法典》第600条的规定,出卖具有知识产权的标的物的,除法律另有规定或者当事人另有约定的以外,该标的物的知识产权不属于买受人。

1487 **分期付款的买家到期仍未付款,卖家可以解除合同吗?**

拖欠金额达到总额的1/5的,可以解除合同。根据《最高人民法院关于审理买卖合同纠纷案件适用法律问题的解释》第2条第1款的规定,《民法典》第634条第1款规定的"分期付款",系指买受人将应付的总价款在一定期间内至少分3次向出卖人支付。根据《民法典》第634条的规定,分期付款的买受人未支付到期价款的金额达到全部价款的1/5的,出卖人可以要求买受人支付全部价款或者解除合同。出卖人解除合同的,可以向买受人要求支付该标的物的使用费。

1488 **试用买卖的买家在试用期届满后一定要明确表示购买与否吗?**

不是的,试用期届满未作表示视为购买。根据《民法典》第638条第1款的规定,试用买卖的买受人在试用期内可以购买标的物,也可以拒绝购买。试用期间届满,买受人对是否购买标的物未作表示的,视为购买。

1489 **如何确定买卖合同的交付地点?**

根据《民法典》第603条的规定,出卖人应当按照约定的地点交付标的物。当事人没有约定交付地点或者约定不明确,依照本法第510条的规定仍不能确定的,适用下列规定:(1)标的物需要运输的,出卖人应当将标的物交付给第一承运人以运交给买受人;(2)标的物不需要运输,出卖人和买受人订立合同时知道标的物在某一地点的,出卖人应当在该地点交付标的物;不知道标的物在某一地点的,应当在出卖人订立合同时的营业地交付标的物。

1490 如何确定买卖合同中标的物的包装方式？

根据《民法典》第 619 条的规定，出卖人应当按照约定的包装方式交付标的物。对包装方式没有约定或者约定不明确，依照本法第 510 条的规定仍不能确定的，应当按照通用的方式包装；没有通用方式的，应当采取足以保护标的物且有利于节约资源、保护生态环境的包装方式。

1491 买卖合同因违约而解除后，违约金条款还有效吗？

是的。根据《最高人民法院关于审理买卖合同纠纷案件适用法律问题的解释》第 20 条的规定，买卖合同因违约而解除后，守约方主张继续适用违约金条款的，人民法院应予支持；但约定的违约金过分高于造成的损失的，人民法院可以参照《民法典》第 585 条第 2 款的规定处理。

承揽合同

1492 什么是承揽合同？

根据《民法典》第 770 条的规定，承揽合同是承揽人按照定作人的要求完成工作，交付工作成果，定作人给付报酬的合同。承揽包括加工、定作、修理、复制、测试、检验等工作。

1493 承揽人能不能把工作交给第三人完成？

辅助工作可以，但主要工作必须要经定作人同意。根据《民法典》第 772 条的规定，承揽人应当以自己的设备、技术和劳力，完成主要工作，但是当事人另有约定的除外。承揽人将其承揽的主要工作交由第三人完成的，应当就该第三人完成的工作成果向定作人负责；未经定作人同意的，定作人也可以解除合同。第 773 条的规定，承揽人可以将其承揽的辅助工作交由第三人完成。承揽人将其承揽的辅助工作交由第三人完成的，应当就该第三人完成的工作成果向定作人负责。

1494 承揽合同中的材料应该由谁提供？

承揽人和定作人双方都可以。根据《民法典》第 774 条的规定，承揽人提供材料的，应当按照约定选用材料，并接受定作人检验。第 775 条的规定，定作人提供材料的，应当按照约定提供材料。承揽人对定作人提供的材料应当及时检验，发现不符合约定时，应当及时通知定作人更换、补齐或者采取其他补救措施。承揽人不得擅自更换定作人提供的材料，不得更换不需要修理的零部件。

1495 定作人能不能随时变更承揽工作的要求或解除合同？

可以，但应当赔偿承揽人的损失。根据《民法典》第 777 条的规定，定作人中途变更承揽工作的要求，造成承揽人损失的，应当赔偿损失。第 787 条的规定，定作人在承揽人完成工作前可以随时解除合同，造成承揽人损失的，应当赔偿损失。

1496 承揽人的工作成果不符合要求应当承担什么责任？

修理、重作、减少报酬、赔偿损失等违约责任。根据《民法典》第 780 条的规定，承揽人完成工作的，应当向定作人交付工作成果，并提交必要的技术资料和有关质量证明。定作人应当验收该工作成果。第 781 条的规定，承揽人交付的工作成果不符合质量要求的，定作人可以合理选择请求承揽人承担修理、重作、减少报酬、赔偿损失等违约责任。

1497 **定作人不支付报酬时，承揽人有什么权利？**

将工作成果留置。根据《民法典》第783条的规定，定作人未向承揽人支付报酬或者材料费等价款的，承揽人对完成的工作成果享有留置权或者有权拒绝交付，但是当事人另行约定的除外。根据《民法典》第447条第1款的规定，债务人不履行到期债务，债权人可以留置已经合法占有的债务人的动产，并有权就该动产优先受偿。比如顾客不向裁缝店支付服装加工费时，裁缝可以留置加工的服装，待顾客支付加工费后再归还做成的服装。

1498 **承揽工作如果需要定作人予以协助，定作人一定要予以协助吗？**

是的，这是定作人的义务。根据《民法典》第778条的规定，承揽工作需要定作人协助的，定作人有协助的义务。定作人不履行协助义务致使承揽工作不能完成的，承揽人可以催告定作人在合理期限内履行义务，并可以顺延履行期限；定作人逾期不履行的，承揽人可以解除合同。

1499 **如何确定加工承揽合同履行地？**

根据《最高人民法院关于如何确定加工承揽合同履行地问题的函》的规定，合同履行地应为合同规定义务履行的地点。加工承揽合同主要是以承揽方按照定作方的特定要求完成加工生产任务为履约内容的，承揽方履约又是以使用自己的设备、技术、人力为前提条件的。因此，加工承揽方所在地应为合同规定义务履行的地点，即合同履行地。

1500 **承揽合同一般都包括哪些条款？**

根据《民法典》第771条的规定，承揽合同的内容包括承揽的标的、数量、质量、报酬、承揽方式、材料的提供、履行期限、验收标准和方法等条款。

1501 **承揽人发现定作人提供的图纸有问题，应当如何处理？**

根据《民法典》第776条的规定，承揽人发现定作人提供的图纸或者技术要求不合理的，应当及时通知定作人。因定作人怠于答复等原因造成承揽人损失的，应当赔偿损失。

1502 **定作人可以随时监督承揽人的工作吗？**

可以，但是不得妨碍其正常工作。根据《民法典》第779条的规定，承揽人在工作期间，应当接受定作人必要的监督检验。定作人不得因监督检验妨碍承揽人的正常工作。

委托合同

1503 **受托人能不能不经过委托人同意处理事务？**

一般不能。根据《民法典》第922条的规定，受托人应当按照委托人的指示处理委托事务。需要变更委托人指示的，应当经委托人同意；因情况紧急，难以和委托人取得联系的，受托人应当妥善处理委托事务，但事后应当将该情况及时报告委托人。

1504 **受托人处理委托事务时能不能转委托给他人？**

经委托人同意的话可以转委托。根据《民法典》第923条的规定，受托人应当亲自处理委托事务。经委托人同意，受托人可以转委托。转委托经同意或者追认的，委托人可以就委托事务直接指示转委托的第三人，受托人仅就第三人的选任及其对第三人的指示承担责任。转委托未经同意或者追认的，受托人应当对转委托的第三人的行为承担责任，但在紧急情况下受托人为维护委托人的利益需要转委托的除外。

1505 受托人造成委托人的损失，委托人能否要求赔偿？

有偿委托和无偿委托的情况不同。根据《民法典》第929条的规定，有偿的委托合同，因受托人的过错造成委托人损失的，委托人可以请求赔偿损失。无偿的委托合同，因受托人的故意或者重大过失造成委托人损失的，委托人可以请求赔偿损失。受托人超越权限造成委托人损失的，应当赔偿损失。

1506 委托合同怎么解除？

根据《民法典》第933条的规定，委托人或者受托人可以随时解除委托合同。因解除合同给对方造成损失的，除不可归责于该当事人的事由外，无偿委托合同的解除方应当赔偿因解除时间不当造成的直接损失，有偿委托合同的解除方应当赔偿对方的直接损失和合同履行后可以获得的利益。

1507 委托人死亡，委托合同一定终止吗？

不一定。根据《民法典》第934条的规定，委托人死亡、终止或者受托人死亡、丧失民事行为能力、终止的，委托合同终止，但当事人另有约定或者根据委托事务的性质不宜终止的除外。第935条的规定，因委托人死亡或者被宣告破产、解散，致使委托合同终止将损害委托人利益的，在委托人的继承人、遗产管理人或者清算人承受委托事务之前，受托人应当继续处理委托事务。

1508 受托人可以在处理委托事务之前要求委托人支付预付款吗？

可以。根据《民法典》第921条的规定，委托人应当预付处理委托事务的费用。受托人为处理委托事务垫付的必要费用，委托人应当偿还该费用并支付利息。

1509 受托人与第三人签订的合同，受约束的双方当事人一定是受托人和第三人吗？

不一定。根据《民法典》第925条的规定，受托人以自己的名义，在委托人的授权范围内与第三人订立的合同，第三人在订立合同时知道受托人与委托人之间的代理关系的，该合同直接约束委托人和第三人；但是，有确切证据证明该合同只约束受托人和第三人的除外。

1510 受托人因第三人的原因无法对委托人履行义务时应当怎么办？

根据《民法典》第926条第1款的规定，受托人以自己的名义与第三人订立合同时，第三人不知道受托人与委托人之间的代理关系的，受托人因第三人的原因对委托人不履行义务，受托人应当向委托人披露第三人，委托人因此可以行使受托人对第三人的权利。但是，第三人与受托人订立合同时如果知道该委托人就不会订立合同的除外。

1511 受托人因委托人的原因无法对第三人履行义务时应当怎么办？

根据《民法典》第926条第2款的规定，受托人因委托人的原因对第三人不履行义务，受托人应当向第三人披露委托人，第三人因此可以选择受托人或者委托人作为相对人主张其权利，但第三人不得变更选定的相对人。

保管合同

1512 在仓库储存危险物品时是否需要告诉保管人？

必须告诉。根据《民法典》第906条第1款和第2款的规定，储存易燃、易爆、有毒、有腐蚀性、有放射性等危险物品或者易变质物品，存货人应当说明该物品的性质，提供有关资料。存货人违反前款规定的，保管人可以拒收仓储物，也可以采取相应措施以避免损失的发生，因此产生的费用由存货人负担。

1513 仓库存货变质时保管人应该怎么处理？

根据《民法典》第 912 条的规定，保管人发现入库仓储物有变质或者其他损坏的，应当及时通知存货人或者仓单持有人。根据第 913 条的规定，保管人发现入库仓储物有变质或者其他损坏，危及其他仓储物的安全和正常保管的，应当催告存货人或者仓单持有人作出必要的处置；因情况紧急，保管人可以作出必要的处置，但是，事后应当将该情况及时通知存货人或者仓单持有人。

1514 保管物受损，保管人都要承担赔偿责任吗？

不是的。根据《民法典》第 893 条的规定，寄存人交付的保管物有瑕疵或者根据保管物的性质需要采取特殊保管措施的，寄存人应当将有关情况告知保管人。寄存人未告知，致使保管物受损失的，保管人不承担赔偿责任；保管人因此受损失的，除保管人知道或者应当知道且未采取补救措施外，寄存人应当承担赔偿责任。

1515 保管人能不能把保管物交给别人保管？

一般不能。根据《民法典》第 894 条的规定，保管人不得将保管物转交第三人保管，但是，当事人另有约定的除外。保管人违反前款规定，将保管物转交第三人保管，造成保管物损失的，应当承担赔偿责任。

1516 保管人能不能自己使用保管物？

不能。根据《民法典》第 895 条的规定，保管人不得使用或者许可第三人使用保管物，但是当事人另有约定的除外。

1517 第三人向保管人主张保管物归自己所有，保管人应该怎么办？

根据《民法典》第 896 条的规定，第三人对保管物主张权利的，除依法对保管物采取保全或者执行措施外，保管人应当履行向寄存人返还保管物的义务。第三人对保管人提起诉讼或者对保管物申请扣押的，保管人应当及时通知寄存人。

1518 因为保管不善导致保管物毁坏，保管人一定要承担责任吗？

不一定。根据《民法典》第 897 条的规定，保管期间，因保管人保管不善造成保管物毁损、灭失的，保管人应当承担赔偿责任，但是，无偿保管人证明自己没有故意或者重大过失的，不承担赔偿责任。

1519 保管人能不能随时要求寄存人领取保管物？

不一定。根据《民法典》第 899 条的规定，寄存人可以随时领取保管物。当事人对保管期限没有约定或者约定不明确的，保管人可以随时请求寄存人领取保管物；约定保管期限的，保管人无特别事由，不得请求寄存人提前领取保管物。

1520 寄存人不支付约定的保管费，保管人应该怎么办？

根据《民法典》第 903 条的规定，寄存人未按照约定支付保管费以及其他费用的，保管人对保管物享有留置权，但当事人另有约定的除外。也就是说，这种情况下，保管人可以留置保管物直到寄存人支付保管费。

1521 帮人保管财物，没有约定保管费，之后能再要吗？

如果依《民法典》第 510 条的规定不能确定，则不能再要保管费。根据《民法典》第 889 条的规定，寄存人应当按照约定向保管人支付保管费。当事人对保管费没有约定或者约定不明确，依据本法第 510 条的规定仍不能确定的，视为无偿保管。

1522 仓单作为提取仓储物的凭证都包括哪些内容？

根据《民法典》第 909 条的规定，保管人应当在仓单上签字或者盖章。仓单包括下列事项：(1)存货人的姓名或者名称和住所；(2)仓储物的品种、数量、质量、包装及其件数和标记；(3)仓储物的损耗标准；(4)储存场所；(5)储存期间；(6)仓储费；(7)仓储物已经办理保险的，其保险金额、期间以及保险人的名称；(8)填发人、填发地和填发日期。

1523 寄存人寄存贵重物品时应当注意什么问题？

一定要向保管人声明。根据《民法典》第 898 条的规定，寄存人寄存货币、有价证券或者其他贵重物品的，应当向保管人声明，由保管人验收或者封存；寄存人未声明的，该物品毁损、灭失后，保管人可以按照一般物品予以赔偿。

1524 保管人一定要向寄存人给付保管凭证吗？

不一定，交易习惯如果不需要的话可以不给付。根据《民法典》第 891 条的规定，寄存人向保管人交付保管物的，保管人应当出具保管凭证，但是另有交易习惯的除外。

1525 保管人可以随意改变保管场所吗？

不可以。根据《民法典》第 892 条的规定，保管人应当妥善保管保管物。当事人可以约定保管场所或者方法。除紧急情况或者为维护寄存人利益外，不得擅自改变保管场所或者方法。

1526 有偿的保管合同没有约定什么时候支付保管费，应当如何处理？

如果依《民法典》第 510 条的规定不能确定，则应当在领取保管物的同时支付。根据《民法典》第 902 条的规定，有偿的保管合同，寄存人应当按照约定的期限向保管人支付保管费。当事人对支付期限没有约定或者约定不明确，依据本法第 510 条的规定仍不能确定的，应当在领取保管物的同时支付。

民间赠与、借贷

1527 答应赠与他人财产后能不能反悔？

可以。根据《民法典》第 658 条的规定，赠与人在赠与财产的权利转移之前可以撤销赠与。经过公证的赠予合同或者具有救灾、扶贫助残等公益、道德义务性质的赠与合同或者经过公证的赠与合同，不适用前款规定。第 660 条第 1 款的规定，经过公证的赠与合同或者依法不得撤销的具有救灾、扶贫助残等公益、道德义务性质的赠与合同，赠与人不交付赠与财产的，受赠人可以请求交付。

1528 赠与人故意损坏赠与的财产，受赠人能不能要求赔偿？

可以。根据《民法典》第 660 条第 2 款的规定，因赠与人故意或者重大过失致使应当交付的赠与财产毁损、灭失的，赠与人应当承担赔偿责任。

1529 赠与时能不能要求受赠人履行相应的义务?

可以。根据《民法典》第661条的规定,赠与可以附义务。赠与附义务的,受赠人应当按照约定履行义务。第662条第1款的规定,赠与的财产有瑕疵的,赠与人不承担责任。附义务的赠与,赠与的财产有瑕疵的,赠与人在附义务的限度内承担与出卖人相同的责任。

1530 赠与的财物有瑕疵导致受赠人损失,受赠人能不能要求赔偿?

一般不能,但有例外。根据《民法典》第662条的规定,赠与的财产有瑕疵的,赠与人不承担责任。附义务的赠与,赠与的财产有瑕疵的,赠与人在附义务的限度内承担与出卖人相同的责任。赠与人故意不告知瑕疵或者保证无瑕疵,造成受赠人损失的,应当承担赔偿责任。

1531 在什么情况下,赠与人可以撤销赠与?

根据《民法典》第663条的规定,受赠人有下列情形之一的,赠与人可以撤销赠与:(1)严重侵害赠与人或者赠与人近亲属的合法权益;(2)对赠与人有扶养义务而不履行;(3)不履行赠与合同约定的义务。赠与人的撤销权,自知道或者应当知道撤销事由之日起1年内行使。第664条的规定,因受赠人的违法行为致使赠与人死亡或者丧失民事行为能力的,赠与人的继承人或者法定代理人可以撤销赠与。赠与人的继承人或者法定代理人的撤销权,自知道或者应当知道撤销事由之日起6个月内行使。第665条的规定,撤销权人撤销赠与的,可以向受赠人要求返还赠与的财产。

1532 赠与人自身经济陷入困境还必须履行救灾扶贫的赠与吗?

具有救灾扶贫性质的赠与合同通常不可撤销,但是在赠与人自身经济困难的情况下可以不履行赠与。《民法典》第660条第1款规定,经过公证的赠与合同或者依法不得撤销的具有救灾、扶贫、助残等公益、道德义务性质的赠与合同,赠与人不交付赠与财产的,受赠人可以请求交付。第666条规定,赠与人的经济状况显著恶化,严重影响其生产经营或者家庭生活的,可以不再履行赠与义务。

1533 能不能在借款时把利息直接从本金中扣除?

不能。根据《民法典》第670条的规定,借款的利息不得预先在本金中扣除。利息预先在本金中扣除的,应当按照实际借款数额返还借款并计算利息。

1534 借款利息怎么定?

《民法典》第680条规定,禁止高利放贷,借款的利率不得违反国家有关规定。借款合同对支付利息没有约定的,视为没有利息。借款合同对支付利息约定不明确,当事人不能达成补充协议的,按照当地或者当事人的交易方式、交易习惯、市场利率等因素确定利息;自然人之间借款的,视为没有利息。《最高人民法院关于审理民间借贷案件适用法律若干问题的规定》(2020第二次修正)第24条规定,借贷双方没有约定利息,出借人主张支付利息的,人民法院不予支持。自然人之间借贷对利息约定不明,出借人主张支付利息的,人民法院不予支持。除自然人之间借贷的外,借贷双方对借贷利息约定不明,出借人主张利息的,人民法院应当结合民间借贷合同的内容,并根据当地或者当事人的交易方式、交易习惯、市场报价利率等因素确定利息。第25条规定,出借人请求借款人按照合同约定利率支付利息的，人民法院应予支持，但是双方约定的利率超过合同成立时一年期贷款市场报价利率4倍的除外。前款所称"一年期贷款市场报价利率"，是指中国人民银行授权全国银行间同业拆借中心自2019年8月20日起每月发布的一年期贷款市场报价利率。第28条规定，借贷双方对逾期利率有约定的，从其约定，但是以不超过合同成立时一年期贷款市场报价利率4倍为限。未约定逾期利率或者约定不明的，人民法院可以区分不同情况处理：(1)既未约定借期内利率，也未约定逾期利率，出借人主张借款人自逾期还款之日起参照当时一年期贷款市场报价利率标准计算的利息承担逾期还款违约责任的，人民法院应予支持；(2)约定了借期内利率但是未约定逾期利率，出借人主张借款人自逾期还款之日起按照借期内利率支付资金占用期间利息的，人民法院应予支持。第29条规定，出借人与借款人既约定了逾期利率，又约定了违约金或者其他费用，出借人可以选择主张逾期利息、违约金或者其他费用，也可以一并主张，但是总计超过合同成立时一年期贷款市场报价利率4倍的部分，人民法院不予支持。

1535 返还借款和支付借款利息的期限应该怎么确定？

根据《民法典》第674条的规定，借款人应当按照约定的期限支付利息。对支付利息的期限没有约定或者约定不明确，依照本法第510条的规定仍不能确定，借款期间不满1年的，应当在返还借款时一并支付；借款期间1年以上的，应当在每届满1年时支付，剩余期间不满1年的，应当在返还借款时一并支付。根据第675条的规定，借款人应当按照约定的期限返还借款。对借款期限没有约定或者约定不明确，依据本法第510条的规定仍不能确定的，借款人可以随时返还；贷款人可以催告借款人在合理期限内返还。第676条的规定，借款人未按照约定的期限返还借款的，应当按照约定或者国家有关规定支付逾期利息。第677条的规定，借款人提前偿还借款的，除当事人另有约定外，应当按照实际借款的期间计算利息。

1536 借款合同应当采用什么形式订立？

一般是书面形式。根据《民法典》第668条的规定，借款合同应当采用书面形式，但是自然人之间借款另有约定的除外。借款合同的内容一般包括借款种类、币种、用途、数额、利率、期限和还款方式等条款。

1537 借贷双方对当时借款时有没有约定利率发生争议，应当怎么处理？

根据《民法典》第680条第2款的规定，借款合同对支付利息没有约定的，视为没有利息。根据《最高人民法院关于审理民间借贷案件适用法律若干问题的规定》(2020第二次修正)第28条的规定，借贷双方对逾期利率有约定的，从其约定，但是以不超过合同成立时一年期贷款市场报价利率4倍为限。未约定逾期利率或者约定不明的，人民法院可以区分不同情况处理：(1)既未约定借期内利率，也未约定逾期利率，出借人主张借款人自逾期还款之日起参照当时一年期贷款市场报价利率标准计算的利息承担逾期还款违约责任的，人民法院应予支持；(2)约定了借期内利率但是未约定逾期利率，出借人主张借款人自逾期还款之日起按照借期内利率支付资金占用期间利息的，人民法院应予支持。

1538 **经公证的民间借贷合同如果借款人到期不还款，出借人应该怎么办？**

要求公证处出具强制执行证书，向人民法院申请强制执行。根据《司法部关于办理民间借贷合同公证的意见》第4条的规定，民间借贷合同经公证机关公证后，借款人到期不偿还借款（包含利息）时，公证处可以根据出借人的申请，出具强制执行证书，由出借人向有管辖权的人民法院申请强制执行。

但是，目前自然人之间的强制执行公证书很多公证机关不予办理和出具，还是要双方通过诉讼方式解决。

1539 **强迫他人借贷的行为需要承担什么责任？**

根据《最高人民检察院关于强迫借贷行为适用法律问题的批复》的规定，以暴力、胁迫手段强迫他人借贷，属于《刑法》第226条第2款规定的“强迫他人提供或者接受服务”，情节严重的，以强迫交易罪追究刑事责任；同时构成故意伤害罪等其他犯罪的，依照处罚较重的规定定罪处罚。以非法占有为目的，以借贷为名采用暴力、胁迫手段获取他人财物，符合《刑法》第263条或者第274条规定的，以抢劫罪或者敲诈勒索罪追究刑事责任。

学会做“保人”

1540 **口头为他人债务做担保可以吗？**

口头担保不可以。根据《民法典》第685条第1款的规定，保证合同可以是单独订立的书面合同，也可以是主债权债务合同中的保证条款。

1541 **保证合同应当包括哪些内容？**

根据《民法典》第684条的规定，保证合同的内容一般包括被保证的主债权的种类、数额，债务人履行债务的期限，保证的方式、范围和期间等条款。

1542 **一般保证和连带责任保证在承担保证责任时有何区别？**

《民法典》第686条第1款规定，保证的方式包括一般保证和连带责任保证。第687条规定，当事人在保证合同中约定，债务人不能履行债务时，由保证人承担保证责任的，为一般保证。一般保证的保证人在主合同纠纷未经审判或者仲裁，并就债务人财产依法强制执行仍不能履行债务前，有权拒绝向债权人承担保证责任，但是有下列情形之一的除外：（1）债务人下落不明，且无财产可供执行；（2）人民法院已经受理债务人破产案件；（3）债权人有证据证明债务人的财产不足以履行全部债务或者丧失履行债务能力；（4）保证人书面表示放弃本款规定的权利。第688条规定，当事人在保证合同中约定保证人和债务人对债务承担连带责任的，为连带责任保证。连带责任保证的债务人不履行到期债务或者发生当事人约定的情形时，债权人可以请求债务人履行债务，也可以请求保证人在其保证范围内承担保证责任。

1543 **如果保证合同中没有约定保证方式怎么处理？**

根据《民法典》第686条第2款的规定，当事人在保证合同中对保证方式没有约定或者约定不明确的，按照一般保证承担保证责任。

1544 **为他人债务提供保证担保只涉及本金吗？**

有约定只担保本金就是只担保本金，没有约定就是保证全部还款义务。根据《民法典》

第 691 条的规定,保证的范围包括主债权及其利息、违约金、损害赔偿金和实现债权的费用。当事人另有约定的,按照其约定。

1545 保证期间,债权人将债权转让给第三人,保证人还需要承担保证责任吗?

需要。根据《民法典》第 696 条的规定,债权人转让全部或者部分债权,未通知保证人的,该转让对保证人不发生效力。保证人与债权人约定禁止债权转让,债权人未经保证人书面同意转让债权的,保证人对受让人不再承担保证责任。

1546 保证期间,债务人将债务转让给他人,保证人还需要承担保证责任吗?

如果债务转让未经保证人同意,则保证人不需要承担责任。根据《民法典》第 697 条的规定,债权人未经保证人书面同意,允许债务人转移全部或者部分债务,保证人对未经其同意转移的债务不再承担保证责任,但是债权人和保证人另有约定的除外。第三人加入债务的,保证人的保证责任不受影响。

1547 合同内容变更,保证人是否需要就变更后的债务担保?

未经保证人书面同意,保证人不承担责任。根据《民法典》第 695 条的规定,债权人和债务人未经保证人书面同意,协商变更主债权债务合同内容,减轻债务的,保证人仍对变更后的债务承担保证责任;加重债务的,保证人对加重的部分不承担保证责任。债权人和债务人变更主债权债务合同的履行期限,未经保证人书面同意的,保证期间不受影响。

1548 保证如果没有约定保证期,保证期怎么计算?

根据《民法典》第 693 条的规定,一般保证的债权人未在保证期间对债务人提起诉讼或者申请仲裁的,保证人不再承担保证责任。连带责任保证的债权人未在保证期间请求保证人承担保证责任的,保证人不再承担保证责任。

1549 保证人担保的债权同时有担保物,对保证责任有没有影响?

根据《民法典》第 392 条的规定,被担保的债权既有物的担保又有人的担保的,债务人不履行到期债务或者发生当事人约定的实现担保物权的情形,债权人应当按照约定实现债权;没有约定或者约定不明确,债务人自己提供物的担保的,债权人应当先就该物的担保实现债权;第三人提供物的担保的,债权人可以就物的担保实现债权,也可以请求保证人承担保证责任。提供担保的第三人承担担保责任后,有权向债务人追偿。

1550 只要保证合同签订就一定要承担保证责任吗?

不一定。《民法典》第 148 条规定,一方以欺诈手段,使对方在违背真实意思的情况下实施的民事法律行为,受欺诈方有权请求人民法院或者仲裁机构予以撤销。第 149 条规定,第三人实施欺诈行为,使一方在违背真实意思的情况下实施的民事法律行为,对方知道或者应当知道该欺诈行为的,受欺诈方有权请求人民法院或者仲裁机构予以撤销。第 150 条规定,一方或者第三人以胁迫手段,使对方在违背真实意思的情况下实施的民事法律行为,受胁迫方有权请求人民法院或者仲裁机构予以撤销。在上述情况下保证人不承担民事责任。此外,根据《民法典》第 693 条的相关规定,保证期间经过而债权人没有要求保证人承担保证责任的,保证人也不承担保证责任。

1551 二个人同为一笔债务的保证人时担保责任怎么分配？

根据《民法典》第699条的规定，同一债务有两个以上保证人的，保证人应当按照保证合同约定的保证份额，承担保证责任；没有约定保证份额的，债权人可以请求任何一个保证人在其保证范围内承担保证责任。

1552 反担保人一定是债务人吗？

不一定。根据《民法典》第387条第2款的规定，第三人为债务人向债权人提供担保的，可以要求债务人提供反担保。反担保适用本法和其他法律规定。反担保人可以是债务人，也可以是债务人之外的其他人。

1553 国家机关可以提供担保吗？

不可以。根据《民法典》第683条的规定，机关法人不得为保证人，但是经国务院批准为使用外国政府或者国际经济组织贷款进行转贷的除外。以公益为目的的非营利法人、非法人组织不得为保证人。

1554 主合同无效后保证合同还有效吗？

根据《民法典》第682条的规定，保证合同是主债权债务合同的从合同。主债权债务合同无效的，保证合同无效，但是法律另有规定的除外。保证合同被确认无效后，债务人、保证人、债权人有过错的，应当根据其过错各自承担相应的民事责任。

1555 主合同解除后，担保人还要承担担保责任吗？

是的，除非担保合同另有约定。根据《民法典》第566条第3款的规定，主合同解除后，担保人对债务人应当承担的民事责任仍应承担担保责任。但是，担保合同另有约定的除外。

抵押

1556 哪些财产不得抵押？

不是所有的财产都可以设定抵押。根据《民法典》第399条的规定，下列财产不得抵押：(1)土地所有权；(2)宅基地、自留地、自留山等集体所有的土地使用权，但是法律规定可以抵押的除外；(3)学校、幼儿园、医疗机构等为公益为目的成立的非营利法人的教育设施、医疗卫生设施和其他公益设施；(4)所有权、使用权不明或者有争议的财产；(5)依法被查封、扣押、监管的财产；(6)法律、行政法规规定不得抵押的其他财产。

1557 可以口头设定抵押权吗？

不可以。根据《民法典》第400条的规定，设立抵押权，当事人应当采用书面形式订立抵押合同。抵押合同一般包括下列条款：(1)被担保债权的种类和数额；(2)债务人履行债务的期限；(3)抵押财产的名称、数量等情况；(4)担保的范围。

1558 可以只抵押房子不抵押土地使用权吗？

不可以。根据《民法典》第397条的规定，以建筑物抵押的，该建筑物占用范围内的建设用地使用权一并抵押。以建设用地使用权抵押的，该土地上的建筑物一并抵押。抵押人未依据前款规定一并抵押的，未抵押的财产视为一并抵押。

1559 房子抵押期间可以转让吗？

根据《民法典》第406条的规定，抵押期

间，抵押人可以转让抵押财产。当事人另有约定的，按照其约定。抵押财产转让的，抵押权不受影响。抵押人转让抵押财产的，应当及时通知抵押人。抵押权人能够证明抵押财产转让可能损害抵押权的，可以请求抵押人将转让所得的价款向抵押权人提前清偿债务或者提存。转让的价款超过债权数额的部分归抵押人所有，不足部分由债务人清偿。

1560 房子在抵押前已经出租，抵押权人可以要求租房者搬出吗？

不可以。根据《民法典》第 405 条的规定，抵押权设立前，抵押财产已出租并转移占有的，原租赁关系不受该抵押权的影响。

1561 债务人不履行债务，抵押财产可以直接归债权人所有吗？

不可以。根据《民法典》第 401 条的规定，抵押权人在债务履行期届满前，与抵押人约定债务人不履行到期债务时抵押财产归债权人所有的，只能依法就抵押财产优先受偿。第 410 条的规定，债务人不履行到期债务或者发生当事人约定的实现抵押权的情形，抵押权人可以与抵押人协议以抵押财产折价或者以拍卖、变卖该抵押财产所得的价款优先受偿。协议损害其他债权人利益的，其他债权人可以请求人民法院撤销该协议。抵押权人与抵押人未就抵押权实现方式达成协议的，抵押权人可以请求人民法院拍卖、变卖抵押财产。抵押财产折价或者变卖的，应当参照市场价格。

1562 把同一财产向两个债权人抵押，清偿顺序怎么确定？

按照登记优先原则。根据《民法典》第 414 条的规定，同一财产向两个以上债权人抵押的，拍卖、变卖抵押财产所得的价款依照下列规定清偿：(1) 抵押权已经登记的，按照登记的时间先后确定清偿顺序；(2) 抵押权已登记的先于未登记的受偿；(3) 抵押权未登记的，按照债权比例清偿。其他可以登记的担保物权，清偿顺序参照适用前款规定。

1563 建设用地抵押后新建了建筑，如何实现抵押权？

根据《民法典》第 417 条的规定，建设用地使用权抵押后，该土地上新增的建筑物不属于抵押财产。该建设用地使用权实现抵押权时，应当将该土地上新增的建筑物与建设用地使用权一并处分，但是，新增建筑物所得的价款，抵押权人无权优先受偿。

1564 已经设定抵押的车辆，法院是否可以强制执行？

可以。根据《最高人民法院关于人民法院执行工作若干问题的规定（试行）》第 31 条的规定，人民法院对被执行人所有的其他人享有抵押权、质押权或留置权的财产，可以采取查封、扣押措施。财产拍卖、变卖后所得价款，应当在抵押权人、质押权人或留置权人优先受偿后，其余额部分用于清偿申请执行人的债权。所以，已经设定担保的财产，法院是可以强制执行的。对于法院依法采取强制执行措施处置担保权人享有担保物权的被执行人的财产，担保权人应当向法院说明财产种类、名称，以及以什么样的方式设定了担保（抵押权、质押权或留置权），提供相应的证据供法院审查，并向法院提出依法对该财产价款优先受偿的请求。

1565 可以为一定期间内将要连续发生的债权设定担保吗？

可以设定最高额抵押。根据《民法典》第 420 条的规定，为担保债务的履行，债务人或者第三人对一定期间内将要连续发生的债权提供担保财产的，债务人不履行到期债务或者发生当事人约定的实现抵押权的情形，抵押权人有权在最高债权额限度内就该担保财产优先受偿。最高额抵押权设立前已经存在的债权，经当事人同意，可以转入最高额抵押担保的债权范围。

1566 最高额抵押担保的债权什么时候确定？

根据《民法典》第423条的规定，有下列情形之一的，抵押权人的债权确定：(1)约定的债权确定期间届满；(2)没有约定债权确定期间或者约定不明确，抵押权人或者抵押人自最高额抵押权设立之日起满2年后请求确定债权；(3)新的债权不可能发生；(4)抵押权人知道或者应当知道抵押财产被查封、扣押；(5)债务人、抵押人被宣告破产或者解散；(6)法律规定债权确定的其他情形。

1567 抵押人的行为使抵押财产价值减少的，抵押权人应当怎么办？

根据《民法典》第408条的规定，抵押人的行为足以使抵押财产价值减少的，抵押权人有权请求抵押人停止其行为；抵押财产价值减少的，抵押权人有权请求恢复抵押财产的价值，或者提供与减少的价值相应的担保。抵押人不恢复抵押财产的价值，也不提供担保的，抵押权人有权要求债务人提前清偿债务。

1568 抵押权人可以对抵押权进行变更吗？

可以，但是要满足一定的条件。根据《民法典》第409条第1款的规定，抵押权人可以放弃抵押权或者抵押权的顺位。抵押权人与抵押人可以协议变更抵押权顺位以及被担保的债权数额等内容。但是，抵押权的变更未经其他抵押权人书面同意的，不得对其他抵押权人产生不利影响。

1569 抵押权可以单独转让吗？

不可以，必须与债权一起转让。根据《民法典》第407条的规定，抵押权不得与债权分离而单独转让或者作为其他债权的担保。债权转让的，担保该债权的抵押权一并转让，但法律另有规定或者当事人另有约定的除外。

质押

1570 质权人在债务人不还钱时有什么权利？

优先受偿权。根据《民法典》第425条第1款的规定，为担保债务的履行，债务人或者第三人将其动产出质给债权人占有的，债务人不履行到期债务或者发生当事人约定的实现质权的情形，债权人有权就该动产优先受偿。

1571 质押合同通常要包括哪些内容？

根据《民法典》第427条的规定，设立质权，当事人应当采取书面形式订立质押合同。质押合同一般包括下列条款：(1)被担保债权的种类和数额；(2)债务人履行债务的期限；(3)质押财产的名称、数量等情况；(4)担保的范围；(5)质押财产交付的时间、方式。

1572 质押物产生的收益归谁所有？

除约定外，质押物产生的收益归质权人所有。根据《民法典》第430条的规定，质权人有权收取质押财产的孳息收益，但是合同另行约定的除外。前款规定的孳息应当先充抵收取孳息的费用。

1573 质权人在质权期间对质押财产有什么义务？

根据《民法典》第431条的规定，质权人在质权存续期间，未经出质人同意，擅自使用、处分质押财产，给出质人造成损害的，应当承担赔偿责任。第432条的规定，质权人负有妥善保管质押财产的义务；因保管不善致使质押财产毁损、灭失的，应当承担赔偿责任。质权人的行为可能使质押财产毁损、灭失的，出质人可以要求质权人将质押财产提存，或者请求提前清偿债务并返还质押财产。

1574 非质权人的原因使质押财产价值减少怎么办？

根据《民法典》第433条的规定，因不可归责于质权人的事由可能使质押财产毁损或者价值明显减少，足以危害质权人权利的，质权人有权请求出质人提供相应的担保；出质人不提供的，质权人可以拍卖、变卖质押财产，并与出质人协议将拍卖、变卖所得的价款提前清偿债务或者提存。

1575 质权人能否用质押财产向他人出质？

未经出质人同意，质权人不能用质押财产向他人出质。根据《民法典》第434条的规定，质权人在质权存续期间，未经出质人同意转质，造成质押财产毁损、灭失的，应当承担赔偿责任。

1576 只有实物可以作为质押财产吗？

不是。根据《民法典》第440条的规定，债务人或者第三人有权处分的下列权利可以出质：(1)汇票、支票、本票；(2)债券、存款单；(3)仓单、提单；(4)可以转让的基金份额、股权；(5)可以转让的注册商标专用权、专利权、著作权等知识产权中的财产权；(6)现有的以及将有的应收账款；(7)法律、行政法规规定可以出质的其他财产权利。

1577 质权期间，作为质物的提单到期怎么办？

根据《民法典》第442条的规定，汇票、支票、本票、债券、存款单、仓单、提单的兑现日期或者提货日期先于主债权到期的，质权人可以兑现或者提货，并与出质人协议将兑现的价款或者提取的货物提前清偿债务或者提存。

1578 用基金或者股票出质，出质人能不能单独赎回或者卖出？

未经出质人和质权人协商同意，基金或股票不能赎回或者卖出。根据《民法典》第443条的规定，以基金份额、股权出质的，质权自出质登记时设立。基金份额、股权出质后，不得转让，但是出质人与质权人协商同意的除外。出质人转让基金份额、股权所得的价款，应当向质权人提前清偿债务或者提存。

1579 已经出质的专利权，出质人能不能单独许可他人使用？

未经双方协商同意，已经出质的专利权不能许可他人使用。根据《民法典》第444条第2款的规定，知识产权中的财产权出质后，出质人不得转让或者许可他人使用，但是出质人与质权人协商同意的除外。出质人转让或者许可他人使用出质的知识产权中的财产权所得的价款，应当向质权人提前清偿债务或者提存。

1580 质权人到期不行使质权怎么办？

出质人可以请求人民法院拍卖、变卖质押财产。根据《民法典》第437条的规定，出质人可以请求质权人在债务履行期届满后及时行使质权；质权人不行使的，出质人可以请求人民法院拍卖、变卖质押财产。出质人请求质权人及时行使质权，因质权人怠于行使权利造成出质人损害的，由质权人承担赔偿责任。

1581 著作权质权合同一般包括哪些内容？

根据《著作权质权登记办法》第7条的规定，著作权质权合同一般包括以下内容：(1)出质人和质权人的基本信息；(2)被担保债权的种类和数额；(3)债务人履行债务的期限；(4)出质著作权的内容和保护期；(5)质权担保的范围和期限；(6)当事人约定的其他事项。

1582 注册商标专用权质权合同一般包括哪些内容？

注册商标专用权质权合同通常包括以下内容：(1)出质人、质权人的姓名(名称)及住址；(2)被担保的债权种类、数额；(3)债务人履行债务的期限；(4)出质注册商标的清单(列明注册商标的注册号、类别及专用期)；(5)担保的范围；(6)当事人约定的其他事项。

1583 被人民法院冻结查封的股权可以出质吗？

在解除冻结之前不可以。根据《工商行政管理机关股权出质登记办法》第5条的规定，申请出质登记的股权应当是依法可以转让和出质的股权。对于已经被人民法院冻结的股权，在解除冻结之前，不得申请办理股权出质登记。

1584 出质人可以单方提出股权出质变更登记吗？

不可以，必须和质权人共同提出。根据《工商行政管理机关股权出质登记办法》第6条第1款的规定，申请股权出质设立登记、变更登记和注销登记，应当由出质人和质权人共同提出。申请股权出质撤销登记，可以由出质人或者质权人单方提出。

商业财产保险

保险合同

1585 保险合同可以用口头形式吗？

不允许，保险合同必须符合法定形式。根据《保险法》第13条第1款和第2款的规定，投保人提出保险要求，经保险人同意承保，保险合同成立。保险人应当及时向投保人签发保险单或者其他保险凭证。保险单或者其他保险凭证应当载明当事人双方约定的合同内容。当事人也可以约定采用其他书面形式载明合同内容。

1586 保险合同中的保险条款和保险费率可由保险公司自由决定吗？

不可以。根据《保险法》第135条的规定，关系社会公众利益的保险险种、依法实行强制保险的险种和新开发的人寿保险险种等的保险条款和保险费率，应当报国务院保险监督管理机构批准。国务院保险监督管理机构审批时，应当遵循保护社会公众利益和防止不正当竞争的原则。其他保险险种的保险条款和保险费率，应当报保险监督管理机构备案。保险条款和保险费率审批、备案的具体办法，由国务院保险监督管理机构依照前款规定制定。

1587 保险合同由保险公司提供，保险公司应如何履行说明义务？

保险人即保险公司在订立保险合同时，向投保人说明保险合同的条款内容。保险人对保险合同条款的说明应当客观、确切、具体、完整，不能含糊，更不能对合同条款作片面、随意的解释。根据《保险法》第 17 条的规定，订立保险合同，采用保险人提供的格式条款的，保险人向投保人提供的投保单应当附格式条款，保险人应当向投保人说明合同的内容。对保险合同中免除保险人责任的条款，保险人在订立合同时应当在投保单、保险单或者其他保险凭证上作出足以引起投保人注意的提示，并对该条款的内容以书面或者口头形式向投保人作出明确说明；未作提示或者明确说明的，该条款不产生效力。

1588 保险合同成立后，投保人是否可以解除合同？

一般来说可以。根据《保险法》第 15 条的规定，除本法另有规定或者保险合同另有约定以外，保险合同成立后，投保人可以解除保险合同，保险人不得解除合同。第 50 条的规定，货物运输保险合同和运输工具航程保险合同，保险责任开始后，合同当事人不得解除合同。

1589 保险合同生效之后，可以变更合同内容吗？

可以。根据《保险法》第 20 条的规定，投保人和保险人可以协商变更合同内容。变更保险合同的，应当由保险人在保险单或者其他保险凭证上批注或者附贴批单，或者由投保人和保险人订立变更的书面协议。

1590 保险合同应当规定哪些内容？

根据《保险法》第 18 条第 1 款和第 2 款的规定，保险合同应当包括下列事项：（1）保险人的名称和住所；（2）投保人、被保险人的姓名或者名称、住所，以及人身保险的受益人的姓名或者名称、住所；（3）保险标的；（4）保险责任和责任免除；（5）保险期间和保险责任开始时间；（6）保险金额；（7）保险费以及支付办法；（8）保险金赔偿或者给付办法；（9）违约责任和争议处理；（10）订立合同的年、月、日。投保人和保险人可以约定与保险有关的其他事项。

1591 投保人对哪些人员具有保险利益？

根据《保险法》第 31 条的规定，投保人对下列人员具有保险利益：（1）本人；（2）配偶、子女、父母；（3）前项以外与投保人有抚养、赡养或者扶养关系的家庭其他成员、近亲属；（4）与投保人有劳动关系的劳动者。除前款规定外，被保险人同意投保人为其订立合同的，视为投保人对被保险人具有保险利益。订立合同时，投保人对被保险人不具有保险利益的，合同无效。

1592 投保人申报的被保险人年龄不真实要承担什么责任？

根据《保险法》第 32 条的规定，投保人申报的被保险人年龄不真实，并且其真实年龄不符合合同约定的年龄限制的，保险人可以解除合同，并按照合同约定退还保险单的现金价值。保险人行使合同解除权，适用本法第 16 条第 3 款、第 6 款的规定。投保人申报的被保险人年龄不真实，致使投保人支付的保险费少于应付保险费的，保险人有权更正并要求投保人补交保险费，或者在给付保险金时按照实付保险费与应付保险费的比例支付。投保人申报的被保险人年龄不真实，致使投保人支付的保险费多于应付保险费的，保险人应当将多收的保险费退还投保人。

投保

1593 投保人、被保险人和受益人是什么关系？

根据《保险法》第 10 条第 2 款的规定，投保人是指与保险人订立保险合同，并按照合同约定负有支付保险费义务的人。第12条第1款和第5款的规定，人身保险的投保人在保险合同订立时，对被保险人应当具有保险利益。被保险人是指其财产或者人身受保险合同保障，享有保险金请求权的人。投保人可以为被保险人。第18条第3款的规定，受益人是指人身保险合同中由被保险人或者投保人指定的享有保险金请求权的人。投保人、被保险人可以为受益人。

1594 必须是有金钱价值的物品才能投保吗？

不是。保险标的是指作为保险对象的财产及其有关利益或者人的寿命和身体，不局限于金钱价值的物品。根据《保险法》第12条的规定，人身保险的投保人在保险合同订立时，对被保险人应当具有保险利益。财产保险的被保险人在保险事故发生时，对保险标的应当具有保险利益。人身保险是以人的寿命和身体为保险标的的保险。财产保险是以财产及其有关利益为保险标的的保险。被保险人是指其财产或者人身受保险合同保障，享有保险金请求权的人。投保人可以为被保险人。保险利益是指投保人或者被保险人对保险标的具有的法律上承认的利益。

1595 保险人对于投保财产的安全可以采取哪些措施？

根据《保险法》第51条的规定，被保险人应当遵守国家有关消防、安全、生产操作、劳动保护等方面的规定，维护保险标的的安全。保险人可以按照合同约定对保险标的的安全状况进行检查，及时向投保人、被保险人提出消除不安全因素和隐患的书面建议。投保人、被保险人未按照约定履行其对保险标的的安全应尽的责任的，保险人有权要求增加保险费或者解除合同。保险人为维护保险标的的安全，经被保险人同意，可以采取安全预防措施。

1596 投保的财产在合同期间危险程度增加，是否要通知保险公司？

是。保险合同订立和履行过程中，如果发生保险事故的可能性增加，则视为危险程度增加。比如投保人或被保险人变更保险标的用途所致，保险标的自身发生意外引起物理、化学反应或者保险标的的周围环境发生变化。根据《保险法》第52条的规定，在合同有效期内，保险标的的危险程度显著增加的，被保险人应当按照合同约定及时通知保险人，保险人可以按照合同约定增加保险费或者解除合同。保险人解除合同的，应当将已收取的保险费，按照合同约定扣除自保险责任开始之日起至合同解除之日止应收的部分后，退还投保人。被保险人未履行前款规定的通知义务的，因保险标的的危险程度显著增加而发生的保险事故，保险人不承担赔偿保险金的责任。

1597 投保人要求解除保险合同，可以要求退还保险费吗？

可以。根据《保险法》第54条的规定，保险责任开始前，投保人要求解除合同的，应当按照合同约定向保险人支付手续费，保险人应当退还保险费。保险责任开始后，投保人要求解除合同的，保险人应当将已收取的保险费，按照合同约定扣除自保险责任开始之日起至合同解除之日止应收的部分后，退还投保人。

1598 财产保险中，保险价值和保险金额有什么关系？

保险价值是指保险标的在某一特定时期内以金钱估计的价值总额，是确定保险金额和损失赔偿的计算基础。保险金额是指保险人承担赔偿或者给付保险金的最高限额。在财产保险中，保险金额不得超过保险标的物的实际价值。根据《保险法》第55条第3款和第4款的规定，保险金额不得超过保险价值。超过保险价值的，超过部分无效，保险人应当退还相应的保险费。保险金额低于保险价值的，除合同另有约定外，保险人按照保险金额与保险价值的比例承担赔偿保险金的责任。

1599 同一财产可以重复投保吗？

可以。根据《保险法》第56条的规定，重复保险的投保人应当将重复保险的有关情况通知各保险人。重复保险的各保险人赔偿保险金的总和不得超过保险价值。除合同另有约定外，各保险人按照其保险金额与保险金额总和的比例承担赔偿保险金的责任。重复保险的投保人可以就保险金额总和超过保险价值的部分，请求各保险人按比例返还保险费。重复保险是指投保人对同一保险标的、同一保险利益、同一保险事故分别与2个以上保险人订立保险合同，且保险金额总和超过保险价值的保险。

1600 如何确定保险金额？

财产保险合同中，保险金额要根据保险标的的价值确定，原则上保险金额不能超过保险标的的价值。在人身保险合同中，人身的价值无法衡量，保险金额是人身保险合同双方约定的，由保险人承担的最高给付的限额或实际给付的金额。

1601 保险费是怎么计算出来的？

根据《保险法》第14条的规定，保险合同成立后，投保人按照约定交付保险费，保险人按照约定的时间开始承担保险责任。具体来说，保险费是以保险金额乘以保险费率计算得出的。因此，保险费的多少，取决于保险金额的大小和保险费率的高低。投保人缴付保险费的数额和具体办法，是在订立保险合同时由双方当事人约定的。

1602 投保人违反如实告知义务承担什么样的法律后果？

根据《保险法》第16条第1~6款的规定，订立保险合同，保险人就保险标的或者被保险人的有关情况提出询问的，投保人应当如实告知。投保人故意或者因重大过失未履行前款规定的如实告知义务，足以影响保险人决定是否同意承保或者提高保险费率的，保险人有权解除合同。前款规定的合同解除权，自保险人知道有解除事由之日起，超过30日不行使而消灭。自合同成立之日起超过2年的，保险人不得解除合同；发生保险事故的，保险人应当承担赔偿或者给付保险金的责任。投保人故意不履行如实告知义务的，保险人对于合同解除前发生的保险事故，不承担赔偿或者给付保险金的责任，并不退还保险费。投保人因重大过失未履行如实告知义务，对保险事故的发生有严重影响的，保险人对于合同解除前发生的保险事故，不承担赔偿或者给付保险金的责任，但应当退还保险费。保险人在合同订立时已经知道投保人未如实告知的情况的，保险人不得解除合同；发生保险事故的，保险人应当承担赔偿或者给付保险金的责任。

1603 对于保险人没有询问的问题，投保人也有告知义务吗？

没有。根据《最高人民法院关于适用〈中华人民共和国保险法〉若干问题的解释（二）》第6条第1款的规定，投保人的告知义务限于保险人询问的范围和内容。当事人对询问范围及内容有争议的，保险人负举证责任。

1604 通过网络、电话等方式订立的保险合同，保险人应当如何履行明确说明义务？

以网页、音频、视频等形式予以说明。根据《最高人民法院关于适用〈中华人民共和国保险法〉若干问题的解释(二)》第12条的规定,通过网络、电话等方式订立的保险合同,保险人以网页、音频、视频等形式对免除保险人责任条款予以提示和明确说明的,人民法院可以认定其履行了提示和明确说明义务。

1605 保险合同中记载的内容不一致怎么办?

根据《最高人民法院关于适用〈中华人民共和国保险法〉若干问题的解释(二)》第14条的规定,保险合同中记载的内容不一致的,按照下列规则认定:(1)投保单与保险单或者其他保险凭证不一致的,以投保单为准。但不一致的情形系经保险人说明并经投保人同意的,以投保人签收的保险单或者其他保险凭证载明的内容为准。(2)非格式条款与格式条款不一致的,以非格式条款为准。(3)保险凭证记载的时间不同的,以形成时间在后的为准。(4)保险凭证存在手写和打印两种方式的,以双方签字、盖章的手写部分的内容为准。

1606 订立保险合同时,保险人可以代投保人签字吗?

一般不可以,但是,如果投保人已经交纳保险费,说明其认可保险人代为签字的行为。根据《最高人民法院关于适用〈中华人民共和国保险法〉若干问题的解释(二)》第3条第1款的规定,投保人或者投保人的代理人订立保险合同时没有亲自签字或者盖章,而由保险人或者保险人的代理人代为签字或者盖章的,对投保人不生效。但投保人已经交纳保险费的,视为其对代签字或者盖章行为的追认。

1607 投保人提交了投保单并交纳了保险费,在保险人表示承保之前发生了保险事故怎么办?

根据《最高人民法院关于适用〈中华人民共和国保险法〉若干问题的解释(二)》第4条的规定,保险人接受了投保人提交的投保单并收取了保险费,尚未作出是否承保的意思表示,发生保险事故,被保险人或者受益人请求保险人按照保险合同承担赔偿或者给付保险金责任,符合承保条件的,人民法院应予支持;不符合承保条件的,保险人不承担保险责任,但应当退还已经收取的保险费。保险人主张不符合承保条件的,应承担举证责任。

保险理赔

1608 财产保险理赔的程序是什么?

一般按以下程序进行:立案查验,审核证明和资料,核定保险责任,达成赔付协议,支付保险金。根据《保险法》第23条第1款的规定,保险人收到被保险人或者受益人的赔偿或者给付保险金的请求后,应当及时作出核定;情形复杂的,应当在30日内作出核定,但合同另有约定的除外。保险人应当将核定结果通知被保险人或者受益人;对属于保险责任的,在与被保险人或者受益人达成赔偿或者给付保险金的协议后10日内,履行赔偿或者给付保险金义务。保险合同对赔偿或者给付保险金的期限有约定的,保险人应当按照约定履行赔偿或者给付保险金义务。

1609 保险事故发生后如何通知保险公司?

根据《保险法》第21条的规定,投保人、被保险人或者受益人知道保险事故发生后,应当及时通知保险人。故意或者因重大过失未及时通知,致使保险事故的性质、原因、损失程度等难以确定的,保险人对无法确定的部分,不承担赔偿或者给付保险金的责任,但保险人通过其他途径已经及时知道或者应当及时知道保险事故发生的除外。第22条的规定,保险事故发生后,按照保险合同请求保险人赔偿或者给付保险金时,投保人、被保险人或者受益人应当向保险人提供其所能提供的与确认保险事故的性质、原因、损失程度等有关的证明和资料。保险人按照合同的约定，认为有关的证明和资料不完整的，应当及时一次性通知投保人、被保险人或者受益人补充提供。

1610 被保险人或受益人谎报保险事故，保险公司应该如何处理？

解除合同。根据《保险法》第27条第1款的规定，未发生保险事故，被保险人或者受益人谎称发生了保险事故，向保险人提出赔偿或者给付保险金请求的，保险人有权解除合同，并不退还保险费。

1611 被保险人故意制造保险事故，保险公司可否拒绝赔付？

可以。根据《保险法》第27条第2款的规定，投保人、被保险人故意制造保险事故的，保险人有权解除保险合同，不承担赔偿或者给付保险金的责任；除本法第43条规定外，不退还保险费。第43条第1款的规定，投保人故意造成被保险人死亡、伤残或者疾病的，保险人不承担给付保险金的责任。投保人已交足2年以上保险费的，保险人应当按照合同约定向其他权利人退还保险单的现金价值。

1612 保险事故发生后，投保人夸大损失程度应当如何处理？

根据《保险法》第27条第3款的规定，保险事故发生后，投保人、被保险人或者受益人以伪造、变造的有关证明、资料或者其他证据，编造虚假的事故原因或者夸大损失程度的，保险人对其虚报的部分不承担赔偿或者给付保险金的责任。

1613 投保人要求保险公司支付保险金有时间限制吗？

有。根据《保险法》第26条的规定，人寿保险以外的其他保险的被保险人或者受益人，向保险人请求赔偿或者给付保险金的诉讼时效期间为2年，自其知道或者应当知道保险事故发生之日起计算。人寿保险的被保险人或者受益人向保险人请求给付保险金的诉讼时效期间为5年，自其知道或者应当知道保险事故发生之日起计算。

1614 保险公司在规定时间内无法确定应支付的保险金怎么办？

保险公司可以先支付部分，等确定保险金额之后再补发差额。根据《保险法》第25条的规定，保险人自收到赔偿或者给付保险金的请求和有关证明、资料之日起60日内，对其赔偿或者给付保险金的数额不能确定的，应当根据已有证明和资料可以确定的数额先予支付；保险人最终确定赔偿或者给付保险金的数额后，应当支付相应的差额。

1615 保险事故发生了，投保人有义务抢救财物吗？

是的。在保险事故发生时。根据《保险法》第57条的规定，保险事故发生时，被保险人应当尽力采取必要的措施，防止或者减少保险财产的损失。保险事故发生后，被保险人为防止或者减少保险标的的损失所支付的必要的、合理的费用，由保险人承担；保险人所承担的费用数额在保险标的的损失赔偿金额以外另行计算，最高不超过保险金额的数额。

1616 财产保险中保险人给付保险金之后可以向造成事故发生的第三人追偿吗？

可以。根据《保险法》第60条的规定，因第三者对保险标的的损害而造成保险事故的，保险人自向被保险人赔偿保险金之日起，在赔偿金额范围内代位行使被保险人对第三者请求赔偿的权利。前款规定的保险事故发生后，被保险人已经从第三者取得损害赔偿的，保险人赔偿保险金时，可以相应扣减被保险人从第三者已取得的赔偿金额。保险人依照本条第1款规定行使代位请求赔偿的权利，不影响被保险人就未取得赔偿的部分向第三者请求赔偿的权利。

保险代理人、经纪人及保险公司的责任

1617 保险代理人和保险经纪人一样吗？

不一样。根据《保险法》第117条第1款的规定，保险代理人是根据保险人的委托，向保险人收取佣金，并在保险人授权的范围内代为办理保险业务的机构或者个人。第118条的规定，保险经纪人是基于投保人的利益，为投保人与保险人订立保险合同提供中介服务，并依法收取佣金的机构。

1618 保险代理人的行为由谁承担责任？

保险人承担由自己授权的保险代理人所为行为的责任。根据《保险法》第127条的规定，保险代理人根据保险人的授权代为办理保险业务的行为，由保险人承担责任。保险代理人没有代理权、超越代理权或者代理权终止后以保险人名义订立合同，使投保人有理由相信其有代理权的，该代理行为有效。保险人可以依法追究越权的保险代理人的责任。

1619 个人保险代理人可以为多家保险公司代理吗？

不可以。根据《保险法》第125条的规定，个人保险代理人在代为办理人寿保险业务时，不得同时接受2个以上保险人的委托。

1620 哪些行为属于保险诈骗行为？

保险诈骗行为，是指投保人、被保险人或者受益人以骗取保险金为目的，采用虚构保险标的、故意制造人员或者财产保险事故等欺骗手段，蒙骗保险公司，骗取保险金的行为。根据《保险法》第174条的规定，投保人、被保险人或者受益人有下列行为之一，进行保险诈骗活动，尚不构成犯罪的，依法给予行政处罚：(1)投保人故意虚构保险标的，骗取保险金的；(2)编造未曾发生的保险事故，或者编造虚假的事故原因或者夸大损失程度，骗取保险金的；(3)故意造成保险事故，骗取保险金的。保险事故的鉴定人、评估人、证明人故意提供虚假的证明文件，为投保人、被保险人或者受益人进行保险诈骗提供条件的，依照前款规定给予处罚。

1621 保险代理人或经纪人在其业务中欺骗投保人有何法律责任？

根据《保险法》第131条第1项的规定，保险代理人、保险经纪人及其从业人员在办理保险业务活动中不得有下列行为：欺骗保险人、投保人、被保险人或者受益人。第165条的规定，保险代理机构、保险经纪人有本法第131条规定行为之一的，由保险监督管理机构责令改正，处5万元以上30万元以下的罚款；情节严重的，吊销业务许可证。

1622 保险公司隐瞒情况，欺骗投保人，应承担什么法律责任？

根据《保险法》第116条第1项的规定，保险公司及其工作人员在保险业务活动中不得有下列行为：欺骗投保人、被保险人或者受益人。第161条的规定，保险公司有本法第116条规定行为之一的，由保险监督管理机构责令改正，处5万元以上30万元以下的罚款；情节严重的，限制其业务范围、责令停止接受新业

务或者吊销业务许可证。

1623 **保险公司承诺向投保人给予非法保险费回扣的，应承担什么法律责任？**

根据《保险法》第 116 条第 4 项的规定，保险公司及其工作人员在保险业务活动中不得有下列行为：给予或者承诺给予投保人、被保险人、受益人保险合同约定以外的保险费回扣或者其他利益。第 161 条的规定，保险公司有本法第 116 条规定行为之一的，由保险监督管理机构责令改正，处 5 万元以上 30 万元以下的罚款；情节严重的，限制其业务范围、责令停止接受新业务或者吊销业务许可证。

1624 **对偿付能力不足的保险公司，国家会采取什么措施监管？**

根据《保险法》第 138 条的规定，对偿付能力不足的保险公司，国务院保险监督管理机构应当将其列为重点监管对象，并可以根据具体情况采取下列措施：（1）责令增加资本金、办理再保险；（2）限制业务范围；（3）限制向股东分红；（4）限制固定资产购置或者经营费用规模；（5）限制资金运用的形式、比例；（6）限制增设分支机构；（7）责令拍卖不良资产、转让保险业务；（8）限制董事、监事、高级管理人员的薪酬水平；（9）限制商业性广告；（10）责令停止接受新业务。

1625 **保险公司出现什么情形时有可能被接管？**

根据《保险法》第 144 条的规定，保险公司有下列情形之一的，国务院保险监督管理机构可以对其实行接管：（1）公司的偿付能力严重不足的；（2）违反本法规定，损害社会公共利益，可能严重危及或者已经严重危及公司的偿付能力的。被接管的保险公司的债权债务关系不因接管而变化。

1626 **保险公司必须要加入中国保险行业协会吗？**

是的。根据《保险法》第 180 条的规定，保险公司应当加入保险行业协会。保险代理人、保险经纪人、保险公估机构可以加入保险行业协会。保险行业协会是保险业的自律性组织，是社会团体法人。

1627 **外国保险机构未经批准在我国境内设立代表机构要处罚吗？**

要受到处罚。根据《保险法》第 173 条第 1 款的规定，外国保险机构未经国务院保险监督管理机构批准，擅自在中华人民共和国境内设立代表机构的，由国务院保险监督管理机构予以取缔，处 5 万元以上 30 万元以下的罚款。

银行

1628 **从银行柜台取到假币怎么办？**

现在银行柜台上通常摆有“钱票当面点清，离柜概不负责”的告示，但该告示并不一定能免除银行在柜台流出假币时的责任。但取款者要更换取得的假币，必须有清晰明确的证据来证明假币确实是从银行取出的。如果取款人离开了柜台后才发现假币的存在，证明假币的来源对于取款人来说通常变得非常困难。所以在银行柜台取钱时，取款人要仔细查看钱款后再离开。

1629 **存款被冒领由谁来承担责任？**

在银行办理存取款时，存折和密码缺一不可。存款被冒领，一方面银行在为冒领者办理取款时没能审查出假冒的存折有一定的过错；另一方面密码的泄露也是一个问题。如果因存款人自身原因泄露了密码，则存款人也有一定的责任。所以，在产生存款被冒领的问题时，法院会根据实际情况来分析银行和储户的过错和责任，并据此让双方来分担损失。

1630 因网络银行硬件和软件问题导致客户损失由谁承担责任？

网络银行的硬件和软件都是银行与客户进行交易的基础，银行在采购硬件系统和选择软件系统时都应当对其质量予以充分的注意，来保障客户的安全。因网络银行硬件和软件问题导致客户损失时，客户有权要求银行进行赔偿。

1631 存款人死亡后无继承人时，存款怎么处理？

根据《中国人民银行、最高人民法院、最高人民检察院、公安部、司法部关于查询、停止支付和没收个人在银行的存款以及存款人死亡后的存款过户或支付手续的联合通知》第2条第5项的规定，存款人死亡后，无法定继承人又无遗嘱的，经公证部门的证明，暂按财政部规定：全民所有制企、事业、国家机关、群众团体的职工存款，上缴财政部门入库收归国有。集体所有制企、事业单位的职工，可转归集体所有。此项上缴国库或转归集体所有的存款都不计利息。

1632 存款人死亡继承人怎么从银行取款？

根据《中国人民银行、最高人民法院、最高人民检察院、公安部、司法部关于查询、停止支付和没收个人在银行的存款以及存款人死亡后的存款过户或支付手续的联合通知》第2条第1项的规定，存款人死亡后，合法继承人为证明自己的身份和有权提取该项存款，应向当地公证处（尚未设立公证处的地方向县、市人民法院）申请办理继承权证明书，银行凭以办理过户或支付手续。如该项存款的继承权发生争执时，应由人民法院判处。银行凭人民法院的判决书、裁定书或调解书办理过户或支付手续。

1633 密码挂失补办能否让他人代理？

不能。密码是储户办理储蓄业务时进行身份识别的重要标志，具有很强的身份特征。根据《中国人民银行关于办理存单挂失手续有关问题的复函》第1条的规定，储户遗失存单后，委托他人代为办理挂失手续只限于代为办理挂失申请手续。挂失申请手续办理完毕后，储户必须亲自到储蓄机构办理补领新存单（折）或支取存款手续。

1634 银行职员用假存单骗取真存款，银行应否承担责任？

根据《民法典》第1191条第1款的规定，用人单位的工作人员因执行工作任务造成他人损害的，由用人单位承担侵权责任。用人单位承担侵权责任后，可以向有故意或者重大过失的工作人员追偿。银行职员收取存款的行为属于职务行为，所以，给存款人带来的损失应由银行承担赔偿责任，银行有权再向职员进行追偿。

1635 捡到他人的信用卡，并在ATM上使用了怎么处理？

此种行为属于冒用信用卡，构成犯罪的，以信用卡诈骗罪处理。根据《最高人民检察院关于拾得他人信用卡并在自动柜员机（ATM）上使用的行为如何定性问题的批复》的规定，拾得他人信用卡并在自动柜员机（ATM）上使用的行为，属于《刑法》第196条第1款第3项规定的“冒用他人信用卡”的情形，构成犯罪的，以信用卡诈骗罪追究刑事责任。

1636 信用卡恶意透支会有什么后果?

情节严重可能触犯《刑法》,将受到刑事责任追究。根据《刑法》第 196 条第 1 款和第 2 款的规定,有下列情形之一,进行信用卡诈骗活动,数额较大的,处 5 年以下有期徒刑或者拘役,并处 2 万元以上 20 万元以下罚金;数额巨大或者有其他严重情节的,处 5 年以上 10 年以下有期徒刑,并处 5 万元以上 50 万元以下罚金;数额特别巨大或者有其他特别严重情节的,处 10 年以上有期徒刑或者无期徒刑,并处 5 万元以上 50 万元以下罚金或者没收财产:(1)使用伪造的信用卡,或者使用以虚假的身份证明骗领的信用卡的;(2)使用作废的信用卡的;(3)冒用他人信用卡的;(4)恶意透支的。前款所称恶意透支,是指持卡人以非法占有为目的,超过规定限额或者规定期限透支,并且经发卡银行催收后仍不归还的行为。

1637 什么情况下信用卡可以办理销户?

根据《银行卡业务管理办法》第 34 条的规定,持卡人在还清全部交易款项、透支本息和有关费用后,可申请办理销户。销户时,单位人民币卡账户的资金应当转入其基本存款账户,单位外币卡账户的资金应当转回相应的外汇账户,不得提取现金。

1638 信用卡持卡人出租或转借信用卡给他人有什么后果?

根据《银行卡业务管理办法》第 59 条的规定,持卡人出租或转借其信用卡及其账户的,发卡银行应当责令其改正,并对其处以 1000 元人民币以内的罚款(由发卡银行在申请表、领用合约等契约性文件中事先约定)。

1639 信用卡持卡人与刷卡消费所在商家发生纠纷,持卡人是否还需要支付银行欠款吗?

需要。根据《银行卡业务管理办法》第 54 条第 4 项的规定,持卡人不得以和商户发生纠纷为由拒绝支付所欠银行款项。

1640 银行卡密码泄露导致存款被盗取,什么情况下银行要承担责任?

如果银行存在重大过错,没有提供安全的技术保障、操作条件,导致储户的密码被犯罪嫌疑人窃取的,而储户没有过错,则银行应当承担相应的过错责任,并尽力使储户的损失降到最低。

1641 存款人死亡,继承人在国外可以继承银行存款吗?

根据《中国人民银行、最高人民法院、最高人民检察院、公安部、司法部关于查询、停止支付和没收个人在银行的存款以及存款人死亡后的存款过户或支付手续的联合通知》第 2 条第 4 项的规定,继承人在国外者,可凭原存款人的死亡证明和经我驻在该国使、领馆认证的亲属证明,向我公证机关申请办理继承权证明书,银行凭以办理存款的过户或支付手续。继承人所在国如系禁汇国家,按上述规定办理有困难时,可由当地侨团、友好社团和爱国侨领、友好人士提供证明,并由我驻所在国使领馆认证后,向我公安机关申请办理继承权证明书,银行再凭以办理过户或支付手续。继承人所在国如未建交,应根据特殊情况,特殊处理。居住国外的继承人继承在我国内银行的存款,能否汇出国外,应按我国外汇管理条例的有关规定办理。

1642 银行卡持卡人享有哪些权利?

根据《银行卡业务管理办法》第53条的规定,持卡人的权利:(1)持卡人享有发卡银行对其银行卡所承诺的各项服务的权利,有权监督服务质量并对不符服务质量进行投诉;(2)申请人、持卡人有权知悉其选用的银行卡的功能、使用方法、收费项目、收费标准、适用利率及有关的计算公式;(3)持卡人有权在规定时间内向发卡银行索取对账单,并有权要求对不符账务内容进行查询或改正;(4)借记卡的挂失手续办妥后,持卡人不再承担相应卡账户资金变动的责任,司法机关、仲裁机关另有判决的除外;(5)持卡人有权索取信用卡领用合约,并应妥善保管。

1643 发卡银行应当履行什么义务?

根据《银行卡业务管理办法》第52条的规定,发卡银行的义务:(1)发卡银行应当向银行卡申请人提供有关银行卡的使用说明资料,包括章程、使用说明及收费标准。现有持卡人亦可索取上述资料。(2)发卡银行应当设立针对银行卡服务的公平、有效的投诉制度,并公开投诉程序和投诉电话。发卡银行对持卡人关于账务情况的查询和改正要求应当在30天内给予答复。(3)发卡银行应当向持卡人提供对账服务。按月向持卡人提供账户结单,在下列情况下发卡银行可不向持卡人提供账户结单:①已向持卡人提供存折或其他交易记录;②自上一份月结单后,没有进行任何交易,账户没有任何未偿还余额;③已与持卡人另行商定。(4)发卡银行向持卡人提供的银行卡对账单应当列出以下内容:①交易金额、账户余额(贷记卡还应列出到期还款日、最低还款额、可用信用额度);②交易金额记入有关账户或自有关账户扣除的日期;③交易日期与类别;④交易记录号码;⑤作为支付对象的商户名称或代号(异地交易除外);⑥查询或报告不符账务的地址或电话号码。(5)发卡银行应当向持卡人提供银行卡挂失服务,应当设立24小时挂失服务电话,提供电话和书面两种挂失方式,书面挂失为正式挂失方式。并在章程或有关协议中明确发卡银行与持卡人之间的挂失责任。(6)发卡银行应当在有关卡的章程或使用说明中向持卡人说明密码的重要性及丢失的责任。(7)发卡银行对持卡人的资信资料负有保密的责任。

1644 发卡银行怎么追偿透支款项?

根据《银行卡业务管理办法》第47条的规定,发卡银行通过下列途径追偿透支款项和诈骗款项:(1)扣减持卡人保证金、依法处理抵押物和质物;(2)向保证人追索透支款项;(3)通过司法机关的诉讼程序进行追偿。

1645 刚出生的婴儿可以在银行开设账户吗?

刚出生的婴儿已经登记在户口簿上的,可以在银行开设账户。根据《个人存款账户实名制规定》第2条的规定,中华人民共和国境内的金融机构和在金融机构开立个人存款账户的个人,应当遵守该规定。第5条第2款第2项的规定,下列身份证件为实名证件:居住在境内的16周岁以下的中国公民,为户口簿。

Part 9

人身权益

人身权益保护

生命健康权

1646 什么是生命健康权？

生命健康权是人格权的一种，分为生命权和健康权。生命权是公民作为人的存在、作为权利主体的前提条件，也是公民行使其他民事权利的基础。生命的存在和生命权的享有，是每个人的最高人身利益。因此，保全生命，不受非法侵害是公民第一重要的人身权利。健康权，又称身体健康权，它包括身体的和精神的两个方面。公民在生命存续期间，必须维持人体组织的完整性和人体器官正常的机能，否则就无法以自己的行为参与民事活动。

1647 侵害健康权应承担什么民事责任？

侵害健康权一般要承担民事责任。根据《民法典》第1179条的规定，侵害他人造成人身损害的，应当赔偿医疗费、护理费、交通费、营养费、住院伙食补助费等为治疗和康复支出的合理费用，以及因误工减少的收入。造成残疾的，还应当赔偿辅助器具费和残疾赔偿金；造成死亡的，还应当赔偿丧葬费和死亡赔偿金。第1183条第1款的规定，侵害自然人人身权益造成严重精神损害的，被侵权人有权请求精神损害赔偿。所以对于严重伤害他人健康的行为，可能受到刑事制裁，并附带民事赔偿。

1648 二人以上共同侵权造成别人生命健康权受损，该如何承担责任？

根据《民法典》第1168条的规定，二人以上共同实施侵权行为，造成他人损害的，应当承担连带责任。根据第1170条的规定，二人以上实施危及他人人身、财产安全的行为，其中一人或者数人的行为造成他人损害，能够确定具体侵权人的，由侵权人承担责任；不能确定具体侵权人的，行为人承担连带责任。

1649 教唆或帮助他人施暴造成人身损害，是否承担责任？

根据《民法典》第1169条的规定，教唆、帮助他人实施侵权行为的，应当与行为人承担连带责任。教唆、帮助无民事行为能力人、限制民事行为能力人实施侵权行为的，应当承担侵权责任；该无民事行为能力人、限制民事行为能力人的监护人未尽到监护责任的，应当承担相应的责任。

1650 共同侵权中的部分人没有赔偿能力，如何承担责任？

根据《民法典》第178条第1~2款的规定，二人以上依法承担连带责任的，权利人有权请求部分或者全部连带责任人承担责任。连带责任人的责任份额根据各自责任大小确定；难以确定责任大小的，平均承担责任。实际承担责任超过自己责任份额的连带责任人，有权向其他连带责任人追偿。

1651 反抗歹徒使其受伤，是否需要承担责任？

视情况而定。根据《民法典》第181条的规定，因正当防卫造成损害的，不承担民事责任。正当防卫超过必要的限度，造成不应有的损害的，正当防卫人应当承担适当的民事责任。

1652 救助别人而使第三人受伤，是否需要承担责任？

视情况而定。根据《民法典》第182条的

规定，因紧急避险造成损害的，由引起险情发生的人承担民事责任。危险由自然原因引起的，紧急避险人不承担民事责任，可以给予适当补偿。紧急避险采取措施不当或者超过必要的限度，造成不应有的损害的，紧急避险人应当承担适当的民事责任。

1653 致人损害程度严重，触犯《刑法》的，犯罪嫌疑人应当如何使自己得到宽大处理？

侵害人致人损害，触犯《刑法》的，犯罪嫌疑人应当尽可能得到被害人的谅解。根据《刑事诉讼法》第288条的规定，下列公诉案件，犯罪嫌疑人、被告人真诚悔罪，通过向被害人赔偿损失、赔礼道歉等方式获得被害人谅解，被害人自愿和解的，双方当事人可以和解：（1）因民间纠纷引起，涉嫌《刑法》分则第4章、第5章规定的犯罪案件，可能判处3年有期徒刑以下刑罚的；（2）除渎职犯罪以外的可能判处7年有期徒刑以下刑罚的过失犯罪案件。犯罪嫌疑人、被告人在5年以内曾经故意犯罪的，不适用本章规定的程序。第289条的规定，双方当事人和解的，公安机关、人民检察院、人民法院应当听取当事人和其他有关人员的意见，对和解的自愿性、合法性进行审查，并主持制作和解协议书。第290条的规定，对于达成和解协议的案件，公安机关可以向人民检察院提出从宽处理的建议。人民检察院可以向人民法院提出从宽处罚的建议；对于犯罪情节轻微，不需要判处刑罚的，可以作出不起诉的决定。人民法院可以依法对被告人从宽处罚。

1654 因民间纠纷而打架斗殴致人轻微伤的，应当如何处理？

受害人因民间纠纷引起的打架斗殴受到轻微损害，受害人要求按照《治安管理处罚法》的规定对侵害人予以处理的，应告知其向公安部门申请解决。如果当事人对公安部门的行政处罚不服，依法诉至法院，或者对行政处罚和损害赔偿的处理决定不服，依法一并诉至法院的，应按行政诉讼程序或者行政附带民事诉讼程序审理。如果当事人向人民法院起诉仅要求赔偿经济损失的，应按民事案件受理。

1655 道路施工没有标志，行人受伤找谁负责？

根据《民法典》第1258条的规定，在公共场所或者道路上挖掘、修缮安装地下设施等造成他人损害，施工人不能证明已经设置明显标志和采取安全措施的，应当承担侵权责任。窨井等地下设施造成他人损害，管理人不能证明尽到管理职责的，应当承担侵权责任。值得注意的是，施工人是否设置了明显标志和采取了安全措施，应以事故发生时的状态为准。如果施工人在施工开始时设置了明显标志和采取了安全措施，但其后这些标志和措施失灵或被破坏，因此造成损害的，施工人仍应承担民事责任；施工人承担民事责任后，有权向损坏标志和措施的第三人追偿。

1656 高楼上花盆被吹落砸伤人谁负责？

根据《民法典》第1253条的规定，建筑物、构筑物或者其他设施及其搁置物、悬挂物发生脱落、坠落造成他人损害，所有人、管理人或者使用人不能证明自己没有过错的，应当承担侵权责任。所有人、管理人或者使用人赔偿后，有其他责任人的，有权向其他责任人追偿。

1657 家里饲养的小狗咬伤人由谁负责？

根据《民法典》第1245条的规定，饲养的动物造成他人损害的，动物饲养人或者管理人应当承担侵权责任；但是，能够证明损害是因被侵权人故意或者重大过失造成的，可以不承担或者减轻责任。第1246条的规定，违反管理规定，未对动物采取安全措施造成他人损害的，动物饲养人或者管理人应当承担侵权责任；但是，能够证明损害是因被侵权人故意造成的，可以减轻责任。第1249条的规定，遗弃、逃逸的动物在遗弃、逃逸期间造成他人损害的，由动物原饲养人或者管理人承担侵权责任。第1250条的规定，因第三人的过错致使动物造成他人损害的，被侵权人可以向动物饲养人或者管理人请求赔偿，也可以向第三人请求赔偿。动物饲养人或者管理人赔偿后，有权向第三人追偿。

1658 见义勇为受伤，可以要求被救人负责吗？

根据《民法典》第183条的规定，因保护他人民事权益使自己受到损害的，由侵权人承担民事责任，受益人可以给予适当补偿。没有侵权人、侵权人逃逸或者无力承担民事责任，受害人请求补偿的，受益人应当给予适当补偿。

1659 患精神病的成年人，造成他人生命健康损害时，由谁承担责任？

患精神病的成年人属于无民事行为能力人或限制民事行为能力人。根据《民法典》第1188条的规定，无民事行为能力人、限制民事行为能力人造成他人损害的，由监护人承担侵权责任。监护人尽到监护责任的，可以减轻其侵权责任。有财产的无民事行为能力人、限制民事行为能力人造成他人损害的，从本人财产中支付赔偿费用。不足部分，由监护人赔偿。

1660 帮工过程中受伤由谁负责？

根据《最高人民法院关于审理人身损害赔偿案件适用法律若干问题的解释》（2020修正）第5条的规定，无偿提供劳务的帮工人因帮工活动遭受人身损害的，根据帮工人和被帮工人各自的过错，承担相应的责任；被帮工人明确拒绝帮工的，被帮工人不承担赔偿责任，但可以在受益范围内予以适当补偿。帮工人在帮工活动中因第三人侵权遭受人身损害的，有权请求第三人承担赔偿责任，也有权请求被帮工人予以适当补偿。被帮工人补偿后，可以向第三人追偿。

1661 住宾馆里被人打伤，宾馆是否要承担责任？

根据《民法典》第1198条的规定，宾馆、商场、银行、车站、机场、体育场馆、娱乐场所等经营场所、公共场所的经营者、管理者或者群众性活动的组织者，未尽到安全保障义务，造成他人损害的，应当承担侵权责任。因第三人的行为造成他人损害的，由第三人承担侵权责任；经营者、管理者或者组织者未尽到安全保障义务的，承担相应的补充责任。经营者、管理者或者组织者承担补充责任后，可以向第三人追偿。

1662 如果受到噪声污染的侵害，怎样维护自己的健康权？

根据《环境噪声污染防治法》第61条的规定，受到环境噪声污染危害的单位和个人，有权要求加害人排除危害；造成损失的，依法赔偿损失。赔偿责任和赔偿金额的纠纷，可以根据当事人的请求，由生态环境主管部门或者其他环境噪声污染防治工作的监督管理部门、机构调解处理；调解不成的，当事人可以向人民法院起诉。当事人也可以直接向人民法院起诉。《民法典》第1229条规定，因污染环境、破坏生态造成他人损害的，侵权人应当承担侵权责任。第1233条规定，因第三人的过错污染环境、破坏生态的，被侵权人可以向侵权人请求赔偿,也可以向第三人请求赔偿。侵权人赔偿后,有权向第三人追偿。

1663 起诉噪声污染的单位或个人时,需要证明他们有过错吗?

不需要,因为噪声污染属于环境污染。根据《民法典》第1230条的规定,因污染环境、破坏生态发生纠纷,行为人应当就法律规定的不承担责任或者减轻责任的情形及其行为与损害之间不存在因果关系承担举证责任。也就是说,起诉噪声污染的单位或个人无须就此承担举证责任。

1664 被侵权人死亡后,谁有权请求侵权人承担责任?

根据《民法典》第1181条第1款的规定,被侵权人死亡的,其近亲属有权请求侵权人承担侵权责任。被侵权人为组织,该组织分立、合并的,承继权利的组织有权请求侵权人承担侵权责任。

1665 殴打他人造成对方财产损失的应当如何赔偿?

根据《民法典》第1182条的规定,侵害他人人身权益造成财产损失的,按照被侵权人因此受到的损失或者侵权人因此获得的利益赔偿;被侵权人因此受到的损失以及侵权人因此获得的利益难以确定,被侵权人和侵权人就赔偿数额协商不一致,向人民法院提起诉讼的,由人民法院根据实际情况确定赔偿数额。

1666 被打伤后可以请求精神损害赔偿吗?

视情况而定。根据《民法典》第1183条第1款的规定,侵害自然人人身权益造成严重精神损害的,被侵权人可以请求精神损害赔偿。

1667 受害人和行为人对损害的发生都没有过错,应当如何处理?

根据《民法典》第1186条的规定,受害人和行为人对损害的发生都没有过错的,依照法律的规定由双方分担损失。

1668 梦游给他人造成损害的,需要承担责任吗?

根据《民法典》第1190条第1款的规定,完全民事行为能力人对自己的行为暂时没有意识或者失去控制造成他人损害有过错的,应当承担侵权责任;没有过错的,根据行为人的经济状况对受害人适当补偿。

姓名权

1669 姓名权就是禁止别人使用自己的姓名吗?

《民法典》第1012条规定,自然人享有姓名权,有权依法决定、使用、变更或者许可他人使用自己的姓名,但是不得违背公序良俗。第1014条规定,任何组织或者个人不得以干涉、盗用、假冒等方式侵害他人的姓名权或者名称权。因此,姓名权不是简单地有权禁止别人使用自己的姓名。

1670 公民取名有什么限制吗?

《民法典》第1012条规定,自然人享有姓名权,有权依法决定、使用、变更或者许可他人使用自己的姓名,但是不得违背公序良俗。第1015条规定,自然人应当随父姓或者母姓但是有下列情形之一的,可以在父姓和母姓之外选取姓氏:(1)选取其他直系长辈血亲的姓氏;(2)因由法定扶养人以外的人扶养而选取扶养人姓氏;(3)有不违背公序良俗的其他正当理由。少数民族自然人的姓氏可以遵从本民族的文化传统和风俗习惯。因此,公民取名也不是完全不受限制的。公民行使姓名权,首先应当尊重社会公德，不得损害社会公共利益，其次一般应当随父姓或者随母姓，如果在父母姓氏之外选取其他姓氏，也应有不违背公序良俗的正当理由。

1671 可以将孩子的姓氏改为继父的姓氏吗？

根据《民法典》第 1015 条的规定，自然人应当随父姓或者随母姓。这里的父母系生父母或养父母。子女到底随谁的姓，法律没有作进一步的规定，现实生活中一般是由父母双方协商确定的。因此如果孩子有继父，生父母或养父母协商将孩子的名字改为继父的姓氏是可以的。但因孩子属于未成年人且欠缺行为能力，尚不能行使姓名权，所以未成年人的姓名可以由父母或监护人决定，实质上是未成年人的父母或监护人代为行使其姓名权。

1672 侵害姓名权需要承担什么民事责任？

根据《民法典》第 990 条第 1 款的规定，人格权是民事主体享有的生命权、身体权、健康权、姓名权、名称权、肖像权、名誉权、荣誉权、隐私权等权利。第 995 条规定，人格权受到侵害的，受害人有权依照本法和其他法律的规定请求行为人承担民事责任。

1673 公民死后是否享有姓名权？

根据《民法典》第 13 条的规定，自然人从出生时起到死亡时止，具有民事权利能力，依法享有民事权利，承担民事义务。因此公民一旦死亡，即不再享有姓名权。根据《最高人民法院关于确定民事侵权精神损害赔偿责任若干问题的解释》(2020 修正)第 3 条的规定，死者的姓名、肖像、名誉、荣誉、隐私、遗体、遗骨等受到侵害，其近亲属向人民法院提起诉讼请求精神损害赔偿的，人民法院应当依法予以支持。可见，公民死后是没有姓名权的，但是，如果死者的姓名受到侵害，他的近亲属可以要求精神损害赔偿。

1674 在办理身份证时，可以使用规范汉字以外的文字或符号填写名字吗？

不可以。根据《公安部关于对居民身份证姓名登记项目能否使用规范汉字以外文字和符号填写问题的批复》的相关规定，居民身份证姓名登记项目应当使用规范汉字填写，并与常住人口登记表和居民户口簿姓名登记项目保持一致。

1675 继父可以强制 10 周岁以上的继子女随自己姓吗？

不可以。根据《公安部关于父母一方亡故另一方再婚未成年子女姓名变更有关问题处理意见的通知》第 2 条的规定，10 周岁以上的未成年人的父亲和继母，或者母亲和继父经协商同意，要求变更该未成年人姓名的，应当征得其本人的同意。该规定现在仍然有效，但是当时依据的是《民法通则》，现在根据《民法典》的规定，无民事行为能力人和限制民事行为能力人的年龄界限为 8 周岁，因此，8 周岁以上的未成年人，母亲和继父要求变更其姓名的，应当征得本人同意。

1676 存款单姓名与本人姓名不符，可以去公证处公证吗？

视情况而定。根据《司法部关于采取声明书形式证明取款人姓名的复函》的相关规定，关于储户在提前支取个人定期存款时，遇到存款单姓名与本人身份证明音同字不同等情况，而要求申办 2 个名字为同一人的公证问题，在当事人提供足够证据后，公证处可为当事人办理 2 个名字为同一人的声明书公证。声明书的内容主要写明出现姓名差错的原因及今后如发现冒领存款所应承担的法律责任。公证处证明声明人的签字或盖章属实。但对于万元以上的数额较大的存款不宜办理。

1677 公证书译文中的姓名必须按照汉语拼音拼写吗?

是的。根据《司法部公证司重申公证书译文中姓名拼音事的函》的相关规定,公证书译文中的姓名和国内地名必须按照汉语拼音拼写。另外,还可根据当事人的要求,在汉语姓名后面,用括号注上他们在域外使用的姓名或地方方言译音姓名。

肖像权

1678 电脑游戏中的虚拟人物有肖像权吗?

没有。根据《民法典》第110条第1款的规定,自然人享有生命权、身体权、健康权、姓名权、肖像权、名誉权、荣誉权、隐私权、婚姻自主权等权利。因此,肖像权是一项人身权利,只有现实中的人才有,而虚拟的人物没有肖像权。电脑游戏中的虚拟人物可以依据《著作权法》中关于作品的保护来进行规范,未经游戏公司同意而使用虚拟人物的,往往是侵犯其著作权而非肖像权。

1679 新闻报道使用他人肖像是侵权吗?

根据《民法典》第1020条的规定,合理实施下列行为的,可以不经肖像权人同意:(1)为个人学习、艺术欣赏、课堂教学或者科学研究,在必要范围内使用肖像权人已经公开的肖像;(2)为实施新闻报道,不可避免地制作、使用、公开肖像权人的肖像;(3)为依法履行职责,国家机关在必要范围内制作、使用、公开肖像权人的肖像;(4)为展示特定公共环境,不可避免地制作、使用、公开肖像权人的肖像;(5)为维护公共利益或者肖像权人合法权益,制作、使用、公开肖像权人的肖像的其他行为。新闻报道中对于使用他人的肖像,只要不是用于营利目的,不构成侵权。

1680 摄影公司可以用客人的照片拍宣传册吗?

经由顾客同意的话可以。根据《民法典》第1019条第2款的规定,未经肖像权人同意,肖像作品权利人不得以发表、复制、发行、出租、展览等方式使用或者公开肖像权人的肖像。摄影公司只能将照片在法律及合同规定的合理范围内使用。未经客人同意将客人的照片印制成宣传册,是具有营利目的的,显然超出了合理的使用范围,构成对肖像权的侵害,因此,应当承担相应的法律责任即赔礼道歉、赔偿损失。

1681 擅用死者照片作为宣传应当承担责任吗?

根据《最高人民法院关于确定民事侵权精神损害赔偿责任若干问题的解释》(2020修正)第3条的规定,死者的姓名、肖像、名誉、荣誉、隐私、遗体、遗骨等受到侵害,其近亲属向人民法院提起诉讼请求精神损害赔偿的,人民法院应当依法予以支持。

1682 使用儿童肖像做广告需要事先征得其父母的同意吗?

根据《广告法》第33条的规定,广告主或者广告经营者在广告中使用他人名义或者形象的,应当事先取得其书面同意;使用无民事行为能力人、限制民事行为能力人的名义或者形象的,应当事先取得其监护人的书面同意。

1683 发布侵犯肖像权的广告,谁应当承担责任?

广告主、广告经营者、广告发布者都需要

依法承担责任。根据《广告法》第69条的规定，广告主、广告经营者、广告发布者违反该法规定，有下列侵权行为之一的，依法承担民事责任：(1)在广告中损害未成年人或者残疾人的身心健康的；(2)假冒他人专利的；(3)贬低其他生产经营者的商品、服务的；(4)在广告中未经同意使用他人名义或者形象的；(5)其他侵犯他人合法民事权益的。

1684 拍摄他人违反公德行为的照片在网上发布是否侵犯肖像权？

根据《民法典》第1019条第2款的规定，未经肖像权人同意，肖像作品权利人不得以发表、复制、发行、出租、展览等方式使用或者公开肖像权人的肖像。如果将一些人违反公德行为的照片在网上发布，是为了反映他们不讲道德的行为，维护社会公共秩序，并不是以营利为目的，则不能认定为侵犯公民肖像权。

1685 擅自使用集体合照是否构成对合照其他人肖像权的侵害？

在我国，没有关于集体肖像权的法律规定，但根据民事法律的精神和目前的审判经验来看，在合照中，各肖像权人都享有独立的人格权。根据《民法典》第1019条第2款的规定，未经肖像权人同意，肖像作品权利人不得以发表、复制、发行、出租、展览等方式使用或者公开肖像权人的肖像。因此，以营利为目的擅自使用集体合照，应视为对合照其他人肖像权的侵害。

1686 哪些行为属于对肖像的合理使用呢？

(1)在新闻报道中使用相关人物的肖像，使观众、读者了解、认识事实真相等符合社会公众利益的行为一般不认为构成侵害被曝光者的肖像权(如报道政治活动时使用了某政治家的肖像)。(2)国家机关为执行公务或为国家利益举办特定活动使用公民的肖像。如公安机关在通缉令中使用被通缉者的肖像。国家在新中国成立50周年成就展中使用他人的肖像。(3)为记载或宣传特定公众活动使用参与者的肖像。因为公民参与此类活动，就意味着在一定程度上处分了自己的肖像权，对其肖像在此活动中加以使用，不构成侵权。(4)基于科研和教育目的在一定程度和一定范围内使用他人肖像的。如为医学试验、法医学教学在课堂上向学员展示病人或者接受法医鉴定的受害人的肖像。(5)为肖像权人自身的利益使用其肖像。如在寻人启事中使用失踪人的肖像。

1687 公司可以以自己的形象被损为由请求精神损害赔偿吗？

根据《最高人民法院关于确定民事侵权精神损害赔偿责任若干问题的解释》(2020修正)第4条的规定，法人或者非法人组织以名誉权、荣誉权、名称权遭受侵害为由，向人民法院起诉请求精神损害赔偿的，人民法院不予支持。

1688 被侵权人的肖像未经同意发布在征婚网站上，应向哪个法院起诉维权？

《民事诉讼法》第28条规定，因侵权行为提起的诉讼，由侵权行为地或者被告住所地人民法院管辖。《最高人民法院关于适用〈中华人民共和国民事诉讼法〉的解释》第24条规定，《民事诉讼法》第28条规定的侵权行为地，包括侵权行为实施地、侵权结果发生地。第25条规定，信息网络侵权行为实施地包括实施被诉侵权行为的计算机等信息设备所在地，侵权结果发生地包括被侵权人住所地。

1689 购物网站可以用网络当红性感女郎的海报吸引顾客吗？

未经本人允许不可以。根据《妇女权益保障法》第42条的规定，妇女的名誉权、荣誉权、隐私权、肖像权等人格权受法律保护。禁止用侮辱、诽谤等方式损害妇女的人格尊严。禁止通过大众传播媒介或者其他方式贬低损害妇女人格。未经本人同意，不得以营利为目的，通过广告、商标、展览橱窗、报纸、期刊、图书、音像制品、电子出版物、网络等形式使用妇女肖像。

1690 肖像权案件受理费用是多少？

根据《诉讼费用交纳办法》第13条第2项第2目的规定，侵害姓名权、名称权、肖像权、名誉权、荣誉权以及其他人格权的案件，每件交纳100元至500元。涉及损害赔偿，赔偿金额不超过5万元的，不另行交纳；超过5万元至10万元的部分，按照1%交纳；超过10万元的部分，按照0.5%交纳。

名誉权

1691 侵害名誉权责任应从哪些方面来判定？

根据《民法典》第1165条的规定，行为人因过错侵害他人民事权益造成损害的，应当承担侵权责任。对于是否构成侵害名誉权的责任，应当根据受害人是否有名誉被损害的事实、行为人是否存在行为违法、违法行为与损害后果之间有无因果关系、行为人主观上有无过错来认定。名誉侵权一般表现为以书面或者口头形式侮辱或者诽谤他人，损害他人名誉；未经他人同意，擅自公布他人的隐私材料或者以书面、口头形式宣扬他人隐私，致他人名誉受到损害；因新闻报道严重失实，致他人名誉受到损害等情形。

1692 因检举、控告引起的名誉权纠纷，人民法院是否受理？

要视具体情况而定。根据《民法典》第1024条第1款的规定，民事主体享有名誉权。任何组织或者个人不得以侮辱、诽谤等方式侵害他人的名誉权。一般来说，公民依法向有关部门检举、控告他人的违法违纪行为，不属于侵害他人名誉权的情况，法院不会受理。但是借检举、控告之名侮辱、诽谤他人，造成他人名誉损害的情况除外。

1693 发表批评性的文章也可能导致对名誉权的侵害吗？

有可能。根据《民法典》第1025条的规定，行为人为公共利益实施新闻报道、舆论监督等行为，影响他人名誉的，不承担民事责任，但是有下列情形之一的除外：(1)捏造、歪曲事实；(2)对他人提供的严重失实内容未尽到合理核实义务；(3)使用侮辱性言辞等贬损他人名誉。

1694 文学作品是虚拟创作，也会对名誉权造成侵害吗？

一般不会。根据《民法典》第1027条的规定，行为人发表的文学、艺术作品以真人真事或者特定人为描述对象，含有侮辱、诽谤内容，侵害他人名誉权的，受害人有权依法请求该行为人承担民事责任。行为人发表的文学、艺术作品不以特定人为描述对象，仅其中的情节与该特定人的情况相似的，不承担民事责任。

1695 国家机关对职工作出结论引起的名誉权纠纷，可以诉讼吗？

不可以。根据《民法典》第1024条的规定，民事主体享有名誉权。任何组织或者个人不得以侮辱、诽谤等方式侵害他人的名誉权。国家机关、社会团体、企事业单位等部门对其管理的人员作出的结论或者处理决定，不属于上述名誉侵权的情况。

1696 被他人侮辱、诽谤，经公安机关处理后是否可以再提起民事诉讼？

可以。根据《民法典》第1024条的规定，民事主体享有名誉权。任何组织或者个人不得以侮辱、诽谤等方式侵害他人的名誉权。因此，当事人在公共场所受到侮辱、诽谤，无论是否经公安机关处理，都可以名誉权受侵害为由提起民事诉讼。

1697 因批评、评论产品服务质量引起的名誉权纠纷，如何认定是否侵权？

要视具体情况而定。根据《民法典》第1025条的规定，行为人为公共利益实施新闻报道、舆论监督等行为，影响他人名誉的，不承担民事责任，但是有下列情形之一的除外：(1)捏造、歪曲事实；(2)对他人提供的严重失实内容未尽到合理核实义务；(3)使用侮辱性言辞等贬损他人名誉。消费者对生产者、经营者、销售者的产品质量或者服务质量进行批评、评论，一般不属于侵犯名誉权的情况，但若是借此诽谤、诋毁，损害生产者、经营者、销售者名誉的，会被认定为侵权。

1698 公司名誉权受到侵害的，如何维护自己权益？

根据《最高人民法院关于确定民事侵权精神损害赔偿责任若干问题的解释》(2020修正)第4条的规定，法人或者非法人组织以名誉权、荣誉权、名称权遭受侵害为由，向人民法院起诉请求精神损害赔偿的，人民法院不予支持。但是，公司可以名誉权受到侵害使生产、经营、销售遭受损失为由，要求侵害人承担赔偿责任，根据因名誉受损而造成客户退货、解除合同等损失程度来确定请求赔偿的范围和数额。

1699 内部参阅的刊物、资料引起的名誉权纠纷，人民法院是否受理？

视情况而定。若是有关机关和组织编印的仅供领导部门内部参阅的刊物、资料等刊登的来信或者文章，当事人以其内容侵害名誉权向人民法院提起诉讼的，法院一般不受理。若是机关、社会团体、学术机构、企事业单位分发本单位、本系统或者其他一定范围内的内部刊物和内部资料，所载内容引起名誉权纠纷的，法院会受理。

1700 新闻报道引起的名誉权纠纷，被告一定是报道的记者吗？

不一定。法院会根据原告的起诉确定被告。原告只诉作者的，列作者为被告；只诉新闻出版单位的，列新闻出版单位为被告；对作者和新闻出版单位都提起诉讼的，将作者和新闻出版单位均列为被告，但作者与新闻出版单位为隶属关系，作品系作者履行职务所形成的，只列单位为被告。

1701 向媒体提供新闻材料而引起名誉权纠纷，如何认定是否侵权？

因提供新闻材料引起的名誉权纠纷，认定是否构成侵权，应区分以下两种情况：(1)主动提供新闻材料，致使他人名誉受到损害的，应当认定为侵害他人名誉权。(2)因被动采访而提供新闻材料，且未经提供者同意公开，新闻单位擅自发表，致使他人名誉受到损害的，对提供者一般不应当认定为侵害名誉权；虽系被动提供新闻材料，但发表时得到提供者同意或者默许，致使他人名誉受到损害的，应当认定为侵害名誉权。

1702 **新闻单位报道国家机关的文书和职权行为是否会侵犯名誉权?**

可能会。根据《民法典》第1025条的规定,行为人为公共利益实施新闻报道、舆论监督等行为,影响他人名誉的,不承担民事责任,但是有下列情形之一的除外:(1)捏造、歪曲事实;(2)对他人提供的严重失实内容未尽到合理核实义务;(3)使用侮辱性言辞等贬损他人名誉。但如果新闻报道失实,或者国家机关的文书和职权行为已公开纠正而新闻单位拒绝更正报道,致使他人名誉受到损害的,构成名誉侵权。

1703 **医院公布病人患有艾滋病,是对其名誉权的侵害吗?**

根据《民法典》第1226条的规定,医疗机构及其医务人员应当对患者的隐私和个人信息保密。泄露患者的隐私和个人信息,或者未经患者同意公开其病历资料的,应当承担侵权责任。一般来说,医疗卫生单位的工作人员擅自公开患者患有淋病、梅毒、麻风病、艾滋病等病情,致使患者名誉受到损害的,属于侵害患者名誉权。但是向患者或其家属通报病情,不构成侵害患者名誉权。

1704 **网络中虚拟账户被侮辱,是否构成名誉权侵权?**

视具体情况而定。根据《民法典》第110条第1款的规定,自然人享有生命权、身体权、健康权、姓名权、肖像权、名誉权、荣誉权、隐私权、婚姻自主权等权利。因此,网络世界中的虚拟人往往是不具有名誉权的。但如果在网络中,对他人的虚拟账户进行侮辱、诽谤,该虚拟账户的注册人的真实身份在虚拟空间里又为人所知,则该虚拟账户的注册人是可以以名誉权被侵犯来维护自己的权益的;而如果虚拟账户的注册人的真实身份在虚拟空间里不为人所知,在现有的法律规定下,虚拟账户的注册人只能诉行为人侵犯其一般人格权(人格尊严)。

1705 **当事人提起名誉权诉讼后又要求追究被告刑事责任的,如何处理?**

当事人提起名誉权诉讼后,以同一事实和理由又要求追究被告刑事责任的,一般法院会先中止民事诉讼,待刑事案件审结后,根据不同情况分别处理:对于犯罪情节轻微,没有给予被告人刑事处罚的,或者刑事自诉已由原告撤回或者被驳回的,会恢复民事诉讼;对于民事诉讼请求已在刑事附带民事诉讼中解决的,会终结民事案件的审理。

1706 **死者名誉受到损害,哪些人可以作为原告提起民事诉讼?**

《民法典》第994条规定,死者的姓名、肖像、名誉、荣誉、隐私、遗体等受到侵害的,其配偶、子女、父母有权依法请求行为人承担民事责任;死者没有配偶、子女且父母已经死亡的,其他近亲属有权依法请求行为人承担民事责任。第1045条第2款规定,配偶、父母、子女、兄弟姐妹、祖父母、外祖父母、孙子女、外孙子女为近亲属。

1707 **名誉权纠纷和其他民事纠纷一起诉讼的,人民法院应如何审理?**

名誉权纠纷与其他民事纠纷交织在一起的,人民法院应当按当事人自己选择的请求予以审理。发生适用数种请求的,人民法院应当根据《民事诉讼法》的有关规定和案件的实际情况,可以合并审理的合并审理;不能合并审理的,可以告知当事人另行起诉。

1708 **侵犯公民名誉权构成诽谤罪,是否还要承担民事责任?**

需要。根据《刑法》第246条第1款和第

2款的规定，以暴力或者其他方法公然侮辱他人或者捏造事实诽谤他人，情节严重的，处3年以下有期徒刑、拘役、管制或者剥夺政治权利。前款罪，告诉的才处理，但是严重危害社会秩序和国家利益的除外。同时，根据《刑事诉讼法》第101条第1款的规定，被害人由于被告人的犯罪行为而遭受物质损失的，在刑事诉讼过程中，有权提起附带民事诉讼。被害人死亡或者丧失行为能力的，被害人的法定代理人、近亲属有权提起附带民事诉讼。

1709 侵害法人的名誉权的主要方式有哪些?

根据《民法典》第110条第2款的规定，法人、非法人组织享有名称权、名誉权和荣誉权。一般来说，以书面、口头等形式诋毁、诽谤法人名誉，给法人造成损害的，应当认定为侵害法人名誉权的行为。

1710 侵害名誉权的责任承担形式有哪些?

《民法典》第995条规定，人格权受到侵害的，受害人有权依照本法和其他法律的规定请求行为人承担民事责任。受害人的停止侵害、排除妨碍、消除危险、消除影响、恢复名誉、赔礼道歉请求权，不适用诉讼时效的规定。第996条规定，因当事人一方的违约行为，损害对方人格权并造成严重精神损害，受损害方选择请求其承担违约责任的，不影响受损害方请求精神损害赔偿。

1711 名誉权案件如何确定侵权结果发生地?

名誉权案件中，受侵权的公民、法人和其他组织的住所地，可以认定为侵权结果发生地。

1712 新闻媒介和出版机构转载作品引起的名誉权纠纷，人民法院是否受理?

新闻媒介和出版机构转载作品，当事人以转载者侵害其名誉权向人民法院提起诉讼的，人民法院会受理。

1713 名誉权案件如何确定管辖?

根据《民事诉讼法》第28条的规定，因侵权行为提起的诉讼，由侵权行为地或者被告住所地人民法院管辖。根据《最高人民法院关于适用〈中华人民共和国民事诉讼法〉的解释》第24条的规定，《民事诉讼法》第28条规定的侵权行为地，包括侵权行为实施地、侵权结果发生地。

隐私权

1714 隐私就是指不想让人知道的事吗?

不是。隐私往往包括个人信息、私人活动和个人领域中的信息。“个人信息”包括所有的个人情况资料，如身高、体重、女性三围、财产状况、婚姻状况、家庭电话号码、个人档案等。“私人活动”是一切与公共利益无关的个人的活动，如日常生活、社会交往、夫妻两性生活等。“个人领域”也叫私人空间，是指个人的隐秘范围，如个人居所、旅客行李、日记、信件等。

1715 公共场所的监控系统，是否侵害隐私权?

银行、宾馆等公共场所一般都装有闭路监视系统，对出入大厅的所有人员进行摄像。法律保护监控者的利益，允许银行等公共场所安装监控设备，但必须报经公安机关和其他有关机关批准。同时，监控者获得的被监控者的个人信息，必须正确、合理地使用，不得随意披露、泄露，否则构成对他人隐私权的侵害。

1716 受到侮辱、诽谤或被侵害隐私权，受害人如何寻求救济？

首先，视侮辱、诽谤的情节严重程度，受害人可以向公安机关报案，由公安机关调查取证后对侵权人给予相应的治安处罚，如果受害人认为已构成犯罪的，可以向法院提起刑事自诉，要求法院追究其刑事责任。其次，对于因侮辱、诽谤行为给受害人造成的损失（包括精神损失），受害人可以通过刑事附带民事诉讼或者直接提起民事诉讼的方式，要求法院判令其停止侵害，赔礼道歉，赔偿损失。

1717 因侵害公民的隐私权而需要赔礼道歉时应注意哪些事项？

第一，侵权人在实施赔礼道歉前，必须事先经过人民法院的审查。如果不经过法院的审查，即使侵权人进行了赔礼道歉，也可能被认为无效。第二，如果侵权人拒不赔礼道歉，人民法院可以根据情节的轻重，对侵权人予以罚款、拘留；构成犯罪的，依法追究刑事责任。

1718 心理专家可以将心理病人的隐私告诉其朋友吗？

不可以。根据《精神卫生法》第23条第4款的规定，心理咨询人员应当尊重接受咨询人员的隐私，并为其保守秘密。

1719 律师应当对当事人准备危害他人人身安全的计划保密吗？

不应当。根据《律师法》第38条的规定，律师应当保守在执业活动中知悉的国家秘密、商业秘密，不得泄露当事人的隐私。律师对在执业活动中知悉的委托人和其他人不愿泄露的有关情况和信息，应当予以保密。但是，委托人或者其他人准备或者正在实施危害国家安全、公共安全以及严重危害他人人身安全的犯罪事实和信息除外。

1720 父母可以把未成年孩子的信件藏起来吗？

不可以。根据《未成年人保护法》第63条的规定，任何组织或者个人不得隐匿、毁弃、非法删除未成年人的信件、日记、电子邮件或者其他网络通讯内容。除下列情形外，任何组织或者个人不得开拆、查阅未成年人的信件、日记、电子邮件或者其他网络通讯内容：（1）无民事行为能力未成年人的父母或者其他监护人代未成年人开拆、查阅；（2）因国家安全或者追查刑事犯罪依法进行检查；（3）紧急情况下为了保护未成年人本人的人身安全。

1721 个人隐私案件需要公开审理吗？

不公开审理。根据《民事诉讼法》第134条第1款的规定，人民法院审理民事案件，除涉及国家秘密、个人隐私或者法律另有规定的以外，应当公开进行。

1722 医院可以公开患者的病例吗？

除非经过患者同意，否则不可以。根据《民法典》第1226条的规定，医疗机构及其医务人员应当对患者的隐私和个人信息保密。泄露患者的隐私和个人信息，或者未经患者同意公开其病历资料的，应当承担侵权责任。

人身损害赔偿

人身权利索赔

1723 人身权利受到伤害时，只有人身权人可以请求赔偿吗？

不是。根据《最高人民法院关于审理人身损害赔偿案件适用法律若干问题的解释》(2020 修正)第 1 条第 2 款的规定，本条所称“赔偿权利人”，是指因侵权行为或者其他致害原因直接遭受人身损害的受害人以及死亡受害人的近亲属。

1724 受害人对于自身的伤害也有过错，能否减免侵害人的赔偿责任？

《民法典》第 1173 条规定，被侵权人对同一损害的发生或者扩大有过错的，可以减轻侵权人的责任。第 1174 条规定，损害是因受害人故意造成的，行为人不承担责任。

1725 共同侵权情形下，受害人只起诉了其中的几个人，怎么处理？

根据《最高人民法院关于审理人身损害赔偿案件适用法律若干问题的解释》(2020 修正)第 2 条的规定，赔偿权利人起诉部分共同侵权人的，人民法院应当追加其他共同侵权人作为共同被告。赔偿权利人在诉讼中放弃对部分共同侵权人的诉讼请求的，其他共同侵权人对被放弃诉讼请求的被告应当承担的赔偿份额不承担连带责任。责任范围难以确定的，推定各共同侵权人承担同等责任。人民法院应当将放弃诉讼请求的法律后果告知赔偿权利人，并将放弃诉讼请求的情况在法律文书中叙明。

1726 人身损害赔偿的范围包括哪些？

根据人身伤害的不同结果，人身损害赔偿的范围有所不同。根据《最高人民法院关于审理人身损害赔偿案件适用法律若干问题的解释》(2020 修正)等相关规定：(1)受害人遭受人身损害，因就医治疗支出的各项费用以及因误工减少的收入，包括医疗费、误工费、护理费、交通费、住宿费、住院伙食补助费、必要的营养费，赔偿义务人应当予以赔偿。(2)受害人因伤致残的，其因增加生活上需要所支出的必要费用以及因丧失劳动能力导致的收入损失，包括残疾赔偿金、残疾辅助器具费、被扶养人生活费，以及因康复护理、继续治疗实际发生的必要的康复费、护理费、后续治疗费，赔偿义务人也应当予以赔偿。(3)受害人死亡的，赔偿义务人除应当根据抢救治疗情况赔偿第 1 项的相关费用外，还应当赔偿丧葬费、被扶养人生活费、死亡补偿费以及受害人亲属办理丧葬事宜支出的交通费、住宿费和误工损失等其他合理费用。

1727 怎样负担人身伤害中受害人的医疗费？

根据《最高人民法院关于审理人身损害赔偿案件适用法律若干问题的解释》(2020 修正)第 6 条的规定，医疗费根据医疗机构出具的医药费、住院费等收款凭证，结合病历和诊断证明等相关证据确定。赔偿义务人对治疗的必要性和合理性有异议的，应当承担相应的举证责任。医疗费的赔偿数额，按照一审法庭辩论终结前实际发生的数额确定。器官功能恢复训练所必要的康复费、适当的整容费以及其他后续治疗费，赔偿权利人可以待实际发生后另行起诉。但根据医疗证明或者鉴定结论确定必然发生的费用，可以与已经发生的医疗费一并予以赔偿。

1728 误工费是怎么计算的？

根据《最高人民法院关于审理人身损害赔

偿案件适用法律若干问题的解释》(2020修正)第7条的规定,误工费根据受害人的误工时间和收入状况确定。误工时间根据受害人接受治疗的医疗机构出具的证明确定。受害人因伤致残持续误工的,误工时间可以计算至定残日前1天。受害人有固定收入的,误工费按照实际减少的收入计算。受害人无固定收入的,按照其最近3年的平均收入计算;受害人不能举证证明其最近3年的平均收入状况的,可以参照受诉法院所在地相同或者相近行业上一年度职工的平均工资计算。

1729 护理费怎么计算?

根据《最高人民法院关于审理人身损害赔偿案件适用法律若干问题的解释》(2020修正)第8条第1款和第2款的规定,护理费根据护理人员的收入状况和护理人数、护理期限确定。护理人员有收入的,参照误工费的规定计算;护理人员没有收入或者雇佣护工的,参照当地护工从事同等级别护理的劳务报酬标准计算。

1730 由加害人承担的护理费按照护理人员的实际人数确定吗?

不一定。根据《最高人民法院关于审理人身损害赔偿案件适用法律若干问题的解释》(2020修正)第8条第2款的规定,护理人员原则上为1人,但医疗机构或者鉴定机构有明确意见的,可以参照确定护理人员人数。

1731 护理期限是到受害人出院为止吗?

不是。根据《最高人民法院关于审理人身损害赔偿案件适用法律若干问题的解释》(2020修正)第8条第3款和第4款的规定,护理期限应计算至受害人恢复生活自理能力时止。受害人因残疾不能恢复生活自理能力的,可以根据其年龄、健康状况等因素确定合理的护理期限,但最长不超过20年。受害人定残后的护理,应当根据其护理依赖程度并结合配制残疾辅助器具的情况确定护理级别。

1732 交通费的计算需要注意些什么?

根据《最高人民法院关于审理人身损害赔偿案件适用法律若干问题的解释》(2020修正)第9条的规定,交通费根据受害人及其必要的陪护人员因就医或者转院治疗实际发生的费用计算。交通费应当以正式票据为凭;有关凭据应当与就医地点、时间、人数、次数相符合。

1733 住院伙食补助费和营养费怎么计算?

根据《最高人民法院关于审理人身损害赔偿案件适用法律若干问题的解释》(2020修正)第10条的规定,住院伙食补助费可以参照当地国家机关一般工作人员的出差伙食补助标准予以确定。受害人确有必要到外地治疗,因客观原因不能住院,受害人本人及其陪护人员实际发生的住宿费和伙食费,其合理部分应予赔偿。第12条的规定,营养费根据受害人伤残情况参照医疗机构的意见确定。

1734 被害人死亡的,丧葬费如何计算?

根据《最高人民法院关于审理人身损害赔偿案件适用法律若干问题的解释》(2020修正)第14条的规定,丧葬费按照受诉法院所在地上一年度职工月平均工资标准,以6个月总额计算。

1735 残疾赔偿金是如何进行计算的?

根据《最高人民法院关于审理人身损害赔偿案件适用法律若干问题的解释》(2020修正)第12条的规定,残疾赔偿金根据受害人丧失劳动能力程度或者伤残等级，按照受诉法院所在地上一年度城镇居民人均可支配收入或者农村居民人均纯收入标准，自定残之日起按20年计算。但60周岁以上的，年龄每增加1岁减少1年；75周岁以上的，按5年计算。受害人因伤致残但实际收入没有减少，或者伤残等级较轻但造成职业妨害严重影响其劳动就业的，可以对残疾赔偿金作相应调整。第18条第1款的规定，赔偿权利人举证证明其住所地或者经常居住地城镇居民人均可支配收入或者农村居民人均纯收入高于受诉法院所在地标准的，残疾赔偿金或者死亡赔偿金可以按照其住所地或者经常居住地的相关标准计算。

1736 死亡赔偿金的计算标准是什么？

死亡赔偿金的计算标准依据法院所在地相关收入标准计算。根据《最高人民法院关于审理人身损害赔偿案件适用法律若干问题的解释》(2020修正)第15条的规定，死亡赔偿金按照受诉法院所在地上一年度城镇居民人均可支配收入或者农村居民人均纯收入标准，按20年计算。但60周岁以上的，年龄每增加1岁减少1年；75周岁以上的，按5年计算。第18条第1款的规定，赔偿权利人举证证明其住所地或者经常居住地城镇居民人均可支配收入或者农村居民人均纯收入高于受诉法院所在地标准的，残疾赔偿金或者死亡赔偿金可以按照其住所地或者经常居住地的相关标准计算。

1737 如何理解侵害生命权的间接受害人？

侵害生命权的间接受害人，是指在生命权侵权行为中直接受害人死亡后，受直接受害人生前抚养的人。根据《民法典》第1179条的规定，侵害他人造成人身损害的，应当赔偿医疗费、护理费、交通费、营养费、住院伙食补助费等为治疗和康复支出的合理费用，以及因误工减少的收入。造成残疾的，还应当赔偿辅助器具费和残疾赔偿金；造成死亡的，还应当赔偿丧葬费和死亡赔偿金。根据《最高人民法院关于审理人身损害赔偿案件适用法律若干问题的解释》(2020修正)第16条的规定，被扶养人生活费计入残疾赔偿金或者死亡赔偿金。鉴于间接受害人与直接受害人有利益上的关系，间接受害人生活来源的全部或一部分来自直接受害人，侵权人应当承担其生前扶养的人必要的生活费等费用。

1738 被扶养人的生活费如何计算？

根据《最高人民法院关于审理人身损害赔偿案件适用法律若干问题的解释》(2020修正)第17条的规定，被扶养人生活费根据扶养人丧失劳动能力程度，按照受诉法院所在地上一年度城镇居民人均消费性支出和农村居民人均年生活消费支出标准计算。被扶养人为未成年人的，计算至18周岁；被扶养人无劳动能力又无其他生活来源的，计算20年。但60周岁以上的，年龄每增加1岁减少1年；75周岁以上的，按5年计算。被扶养人是指受害人依法应当承担扶养义务的未成年人或者丧失劳动能力又无其他生活来源的成年近亲属。被扶养人还有其他扶养人的，赔偿义务人只赔偿受害人依法应当负担的部分。被扶养人有数人的，年赔偿总额累计不超过上一年度城镇居民人均消费性支出额或者农村居民人均年生活消费支出额。

1739 赔偿义务人可以分期支付人身损害赔偿费用吗？

视情况而定。根据《民法典》第1187条的规定，损害发生后，当事人可以协商赔偿费用的支付方式。协商不一致的，赔偿费用应当一次性支付；一次性支付确有困难的，可以分期支付，但是被侵权人有权请求提供相应的担保。根据《最高人民法院关于审理人身损害赔偿案件适用法律若干问题的解释》(2020修正)第20条的规定,赔偿义务人请求以定期金方式给付残疾赔偿金、辅助器具费的,应当提供相应的担保。人民法院可以根据赔偿义务人的给付能力和提供担保的情况,确定以定期金方式给付相关费用。但是,一审法庭辩论终结前已经发生的费用、死亡赔偿金以及精神损害抚慰金,应当一次性给付。第21条第1款的规定,人民法院应当在法律文书中明确定期金的给付时间、方式以及每期给付标准。执行期间有关统计数据发生变化的,给付金额应当适时进行相应调整。

1740 超过确定的护理期限可以请求继续给付护理费吗?

可以。根据《最高人民法院关于审理人身损害赔偿案件适用法律若干问题的解释》(2020修正)第19条的规定,超过确定的护理期限、辅助器具费给付年限或者残疾赔偿金给付年限,赔偿权利人向人民法院起诉请求继续给付护理费、辅助器具费或者残疾赔偿金的,人民法院应予受理。赔偿权利人确需继续护理、配制辅助器具,或者没有劳动能力和生活来源的,人民法院应当判令赔偿义务人继续给付相关费用5年至10年。

1741 劳务派遣的职工造成他人损害的,谁承担责任?

一般由接受劳务派遣的用工单位承担侵权责任。根据《民法典》第1191条第2款的规定,劳务派遣期间,被派遣的工作人员因执行工作任务造成他人损害的,由接受劳务派遣的用工单位承担侵权责任;劳务派遣单位有过错的,承担相应的责任。

1742 承揽人在工作过程中受伤,可以要求定作人赔偿吗?

一般不可以。根据《民法典》第1193条的规定,承揽人在完成工作过程中造成第三人损害或者自己损害的,定作人不承担侵权责任。但是,定作人对定作、指示或者选任有过错的,应当承担相应的责任。

1743 楼房倒塌造成他人损害的,谁来承担责任?

根据《民法典》第1252条的规定,建筑物、构筑物或者其他设施倒塌造成他人损害的,由建设单位与施工单位承担连带责任,但是建设单位与施工单位能够证明不存在质量缺陷的除外。建设单位、施工单位赔偿后,有其他责任人的,有权向其他责任人追偿。因所有人、管理人、使用人或者第三人的原因,建筑物、构筑物或者其他设施倒塌、塌陷造成他人损害的,由所有人、管理人、使用人或者第三人承担侵权责任。

1744 偷来的汽车发生交通事故,谁来承担责任?

根据《民法典》第1215条的规定,盗窃、抢劫或者抢夺的机动车发生交通事故造成损害的,由盗窃人、抢劫人或者抢夺人承担赔偿责任。盗窃人、抢劫人或者抢夺人与机动车使用人不是同一人,发生交通事故造成损害,属于机动车一方责任的,由盗窃人、抢劫人或者抢夺人与机动车使用人承担连带责任。保险人在机动车强制保险责任限额范围内垫付抢救费用的,有权向交通事故责任人追偿。

精神损害赔偿

1745 结婚戒指在清洗时被经营者弄丢,是否可以要求精神损害赔偿?

视具体情况而定,如纪念价值较大是可以要求精神损害赔偿的。根据《最高人民法院关于确定民事侵权精神损害赔偿责任若干问题的解释》(2020修正)第1条的规定,因人身权益或者具有人身意义的特定物受到侵害，自然人或者其近亲属向人民法院提起诉讼请求精神损害赔偿的，人民法院应当依法予以受理。

1746 公司的产品被人谣传致癌，可以要求精神损害赔偿吗？

不可以。根据《最高人民法院关于确定民事侵权精神损害赔偿责任若干问题的解释》（2020 修正）第 4 条的规定，法人或者非法人组织以名誉权、荣誉权、名称权遭受侵害为由，向人民法院起诉请求精神损害赔偿的，人民法院不予支持。

1747 近亲属可以把精神损害赔偿的请求权转让给他人吗？

一般情况下不可以。《最高人民法院关于确定民事侵权精神损害赔偿责任若干问题的解释》（2020 修正）第 1 条规定，因人身权益或者具有人身意义的特定物受到侵害，自然人或者其近亲属向人民法院提起诉讼请求精神损害赔偿的，人民法院应当依法予以受理。第 2 条规定，非法使被监护人脱离监护，导致亲子关系或者近亲属间的亲属关系遭受严重损害，监护人向人民法院起诉请求赔偿精神损害的，人民法院应当依法予以受理。第 3 条规定，死者的姓名、肖像、名誉、荣誉、隐私、遗体、遗骨等受到侵害，其近亲属向人民法院提起诉讼请求精神损害赔偿的，人民法院应当依法予以支持。可见，精神损害抚慰金的请求权是有特定人身属性的，不能让与或者继承。但赔偿义务人已经以书面方式承诺给予金钱赔偿，或者赔偿权利人已经向人民法院起诉的除外。

1748 造成精神损害就一定可以拿到精神损害抚慰金吗？

不一定。根据《最高人民法院关于确定民事侵权精神损害赔偿责任若干问题的解释》（2020 修正）第 5 条第 3 项的规定，精神损害的赔偿数额根据侵权行为所造成的后果确定。侵权致人精神损害，但未造成严重后果的，法院一般会根据情形判令侵权人停止侵害、恢复名誉、消除影响、赔礼道歉；造成严重后果的，除判令侵权人承担停止侵害、恢复名誉、消除影响、赔礼道歉等民事责任外，法院还会根据受害人一方的请求判令其赔偿相应的精神损害抚慰金。

1749 精神损害抚慰金一般表现为哪些形式？

精神损害抚慰金包括以下方式：（1）致人残疾的，为残疾赔偿金；（2）致人死亡的，为死亡赔偿金；（3）其他损害情形的精神抚慰金。

1750 精神损害抚慰金的多少由哪些因素决定？

根据《最高人民法院关于确定民事侵权精神损害赔偿责任若干问题的解释》（2020 修正）第 5 条的规定，精神损害的赔偿数额根据以下因素确定：（1）侵权人的过错程度，但是法律另有规定的除外；（2）侵权行为的目的、方式、场合等具体情节；（3）侵权行为所造成的后果；（4）侵权人的获利情况；（5）侵权人承担责任的经济能力；（6）受理诉讼法院所在地的平均生活水平。

1751 逛商场时被搜身，可以要求精神损害赔偿吗？

如果造成了严重的精神损害是可以的。根据《消费者权益保护法》第 51 条的规定，经营者有侮辱诽谤、搜查身体、侵犯人身自由等侵害消费者或者其他受害人人身权益的行为，造成严重精神损害的，受害人可以要求精神损害赔偿。

1752 旅行社违约，旅游者可以提起精神损害赔偿吗？

违约之诉，不能主张精神损害赔偿；侵权之诉，可以主张精神损害赔偿。如果旅游者提起违约之诉，是不可以主张精神损害赔偿的。《最高人民法院关于审理旅游纠纷案件适用法律若干问题的规定》第2条规定，以单位、家庭等集体形式与旅游经营者订立旅游合同，在履行过程中发生纠纷，除集体以合同一方当事人名义起诉外，旅游者个人提起旅游合同纠纷诉讼的，人民法院应予受理。第3条规定，因旅游经营者方面的同一原因造成旅游者人身损害、财产损失，旅游者选择请求旅游经营者承担违约责任或者侵权责任的，人民法院应当根据当事人选择的案由进行审理。如旅游者要主张精神损害赔偿的，可以提起侵权之诉。

1753 可以在侵权诉讼结束后提起精神损害赔偿吗？

不可以。根据一事不再理的诉讼原则，当事人在侵权诉讼中没有提出赔偿精神损害的诉讼请求，诉讼终结后又基于同一侵权事实另行起诉请求赔偿精神损害的，人民法院一般不会受理。

1754 在看守所被殴打致受伤可以要求精神损害抚慰金吗？

可以。根据《国家赔偿法》第35条的规定，有本法第3条或者第17条规定情形之一，致人精神损害的，应当在侵权行为影响的范围内，为受害人消除影响，恢复名誉，赔礼道歉；造成严重后果的，应当支付相应的精神损害抚慰金。第3条第3项的规定，行政机关及其工作人员在行使行政职权时有下列侵犯人身权情形的，受害人有取得赔偿的权利：以殴打、虐待等行为或者唆使、放纵他人以殴打、虐待等行为造成公民身体伤害或者死亡的。

1755 受害人对损害后果的发生有过错的，可以成为侵权人不承担精神损害赔偿责任的理由吗？

可以。根据《民法典》第1173条的规定，被侵权人对同一损害的发生或者扩大有过错的，可以减轻侵权人的责任。所以可以根据受害人过错程度减轻或者免除侵权人的精神损害赔偿责任。

Part 10

打官司

打民事官司

要及时起诉

1756 民事权利受损什么时候都可以起诉吗?

不是。根据《民法典》第 188 条的规定,向人民法院请求保护民事权利的诉讼时效期间为 3 年。法律另有规定的,依照其规定。诉讼时效期间自权利人知道或者应当知道权利受到损害以及义务人之日起计算。法律另有规定的,依照其规定。但是自权利受到损害之日起超过 20 年的,人民法院不予保护;有特殊情况的,人民法院可以根据权利人的申请决定延长。

1757 诉讼时效期间怎么计算?

诉讼时效的期间分为一般期间和特殊期间。根据《民法典》第 188 条第 1 款的规定,向人民法院请求保护民事权利的诉讼时效期间为 3 年。法律另有规定的,依照其规定。但同时,法律对于某些特定的民事法律关系规定了特殊的诉讼时效期间,优于一般时效规定适用。例如,因国际货物买卖合同和技术进出口合同争议的诉讼时效期间为 4 年。

无论是适用普通诉讼时效还是特殊诉讼时效,都应有一个明确的起算时间点,否则无从计算期间。一般来说,立法在大多数情况下,对于诉讼时效期间的起算点都规定为权利人知道或者应当知道权利被侵犯时。伤害明显的,从伤害之日起计算;伤害当时未发现,后经检查并确诊的,从确诊之日起计算。

1758 哪些情形会导致诉讼时效中止与中断?

所谓诉讼时效中止,是指在民事诉讼时效进行过程中,由于权利人出现了一定的法定事由无法行使请求权,而暂停计算诉讼时效期间的制度。当造成权利人无法行使权利的事由消除后,应当恢复计算剩余的诉讼时效期间。根据《民法典》第 194 条的规定,在诉讼时效期间的最后 6 个月内,因下列障碍,不能行使请求权的,诉讼时效中止:(1)不可抗力;(2)无民事行为能力人或者限制民事行为能力人没有法定代理人,或者法定代理人死亡、丧失民事行为能力、丧失代理权;(3)继承开始后未确定继承人或者遗产管理人;(4)权利人被义务人或者其他人控制;(5)其他导致权利人不能行使请求权的障碍。自中止时效的原因消除之日起满 6 个月,诉讼时效期间届满。

诉讼时效的中断,则是指在民事诉讼时效进行过程中,由于权利人积极主张权利或义务人同意履行义务,使得已经经过的诉讼时效期间统归无效,而重新计算诉讼时效期间的制度。一般来说,提起民事诉讼是权利人主张权利的典型方式。无论法院是否受理以及做出实质性审理,也无论起诉是否被撤回,只要权利人因特定权利的行使,向法院提起了民事诉讼,就应当认定产生了诉讼时效中断的效力,重新计算诉讼时效期间。同时,根据《最高人民法院关于审理民事案件适用诉讼时效制度若干问题的规定》(以下简称《诉讼时效若干规定》)第 11 条的规定,下列事项之一,人民法院应当认定与提起诉讼具有同等诉讼时效中断的效力:(1)申请支付令;(2)申请破产、申报破产债权;(3)为主张权利而申请宣告义务人失踪或死亡;(4)申请诉前财产保全、诉前临时禁令等诉前措施;(5)申请强制执行;(6)申请追加当事人或者被通知参加诉讼;(7)在诉讼中主张抵销;(8)其他与提起诉讼具有同等诉讼时效中断效力的事项。再有,若权利人直接向义务人送达了主张权利的文书或以发送信件、数据电文等方式主张了权利，也同样可以起到中断诉讼时效的法律效果。虽然诉讼时效期间的起算要从权利人知道或应当知道权利受侵害之日起计算，且诉讼时效制度中存在时效中止与中断情形；但这并不等于说法院对于民事权利的保护期限可以因权利人始终不知道权利受到侵害，或者因多次时效中止、中断而变得无限长。除去一般和特殊时效期间规定外，立法还规定了20年的最长诉讼时效期间，从权利被侵害之日起超过20年的，除非有特殊情况，否则人民法院不再予以保护。在计算这个20年的最长诉讼时效时，不要求权利人知道或者应当知道权利受到损害，而以损害发生的“客观时间”为准。同时，计算最长诉讼时效时，也无须考虑时效中止及中断事由。

1759 申请执行期限如何计算？

权利人申请人民法院执行时要符合执行期限的规定，目前统一规定为2年。

1760 因商品质量问题引起纠纷的诉讼时效与普通诉讼时效完全一样吗？

不完全一样。根据《民法典》第188条第1款的规定，向人民法院请求保护民事权利的诉讼时效期间为3年。法律另有规定的，依照其规定。因此，《民法典》将普通诉讼时效统一为3年，但仍保留《产品质量法》第45条第2款的规定，即因产品存在缺陷造成损害要求赔偿的请求权，在造成损害的缺陷产品交付最初消费者满10年丧失；但是，尚未超过明示的安全使用期的除外。

1761 因环境污染引起纠纷的诉讼时效是几年？

3年。根据《环境保护法》第66条的规定，提起环境损害赔偿诉讼的时效期间为3年，从当事人知道或应当知道其受到损害时起计算。

1762 国际货物买卖合同和技术进出口合同争议的诉讼时效是几年？

4年。根据《民法典》第594条的规定，因国际货物买卖合同和技术进出口合同争议提起诉讼或者申请仲裁的期限为4年。起算点适用第188条的规定。

1763 因海上货物运输向承运人请求赔偿的时效是几年？

1年。根据《海商法》第257条第1款的规定，就海上货物运输向承运人要求赔偿的请求权，时效期间为1年，自承运人交付或者应当交付货物之日起计算；在时效期间内或者时效期间届满后，被认定为负有责任的人向第三人提起追偿请求的，时效期间为90日，自追偿请求人解决原赔偿请求之日起或者收到受理对其本人提起诉讼的法院的起诉状副本之日起计算。

1764 海上拖船合同的诉讼时效是3年吗？

不是，是1年。根据《海商法》第260条的规定，有关海上拖船合同的请求权，时效期间为1年，自知道或者应当知道权利被侵害之日起计算。

1765 想要撤销已经发生法律效力的判决，应当在什么时候提起诉讼？

根据《最高人民法院关于适用〈中华人民共和国民事诉讼法〉的解释》第292条的规定，第三人对已经发生法律效力的判决、裁定、调解书提起撤销之诉的，应当自知道或者应当知道其民事权益受到损害之日起6个月内，向作出生效判决、裁定、调解书的人民法院提出，并应当提供存在下列情形的证据材料：(1)因不能归责于本人的事由未参加诉讼；(2)发生法律效力的判决、裁定、调解书的全部或者部分内容错误；(3)发生法律效力的判决、裁定、调解书内容错误损害其民事权益。

1766 超过侵犯注册商标专用权2年的诉讼时效，还可以起诉吗？

可以。根据《最高人民法院关于审理商标民事纠纷案件适用法律若干问题的解释》第18条的规定，侵犯注册商标专用权的诉讼时效为3年，自商标注册人或者利害权利人知道或者应当知道权利受到损害以及义务人之日起计算。商标注册人或者利害关系人超过3年起诉的，如果侵权行为在起诉时仍在继续，在该注册商标专用权有效期限内，人民法院应当判决被告停止侵权行为，侵权损害赔偿数额应当自权利人向人民法院起诉之日起向前推算3年计算。

要选对法院

1767 《民事诉讼法》规定的人民法院受诉范围有哪些？

根据《民事诉讼法》第3条的规定，人民法院受理公民之间、法人之间、其他组织之间以及他们相互之间因财产和人身关系提起的民事诉讼，适用本法的规定。主要有以下几类：(1)因财产关系和人身关系发生纠纷的案件如财产所有权、债权、著作权、人格权、身份权等案件；(2)因婚姻家庭关系发生纠纷的案件如离婚、赡养案件；(3)因商事关系发生纠纷的案件如票据、股东权益案件；(4)因经济关系发生纠纷的案件如各类合同案件；(5)因劳动关系发生纠纷的劳动争议案件如开除、辞退案件；(6)法律规定的其他案件如选民资格案件、宣告失踪案件。

1768 征收补偿安置协议达不成能否向法院起诉？

根据《国有土地上房屋征收与补偿条例》第26条的规定，房屋征收部门与被征收人在征收补偿方案确定的签约期限内达不成补偿协议，或者被征收房屋所有权人不明确的，由房屋征收部门报请作出房屋征收决定的市、县级人民政府依照本条例规定，按照征收补偿方案作出补偿决定，并在房屋征收范围内予以公告。补偿决定应当公平，包括本条例第25条第1款规定的有关补偿协议的事项。被征收人对补偿决定不服的，可以依法申请行政复议，也可以依法提起行政诉讼。

1769 一般民事案件通常应向哪个法院起诉？

我国民事诉讼一般实行“原告就被告”原则。根据《民事诉讼法》第21条的规定，对公民提起的民事诉讼，由被告住所地人民法院管辖；被告住所地与经常居住地不一致的，由经常居住地人民法院管辖。对法人或者其他组织提起的民事诉讼，由被告住所地人民法院管辖。同一诉讼的几个被告住所地、经常居住地在两个以上人民法院辖区的，各该人民法院都有管辖权。

1770 哪些民事案件一审可以去中级人民法院起诉？

根据《民事诉讼法》第18条的规定，中级人民法院管辖下列第一审民事案件：(1)重大涉外案件；(2)在本辖区内有重大影响的案件；(3)最高人民法院确定由中级人民法院管辖的案件。

1771 什么情况下民事案件可向原告所在地的法院起诉？

根据《民事诉讼法》第22条的规定，下列

民事诉讼,由原告住所地人民法院管辖;原告住所地与经常居住地不一致的,由原告经常居住地人民法院管辖:(1)对不在中华人民共和国领域内居住的人提起的有关身份关系的诉讼;(2)对下落不明或者宣告失踪的人提起的有关身份关系的诉讼;(3)对被采取强制性教育措施的人提起的诉讼;(4)对被监禁的人提起的诉讼。

1772 合同纠纷可以向哪些法院起诉?

根据《民事诉讼法》第23条的规定,因合同纠纷提起的诉讼,由被告住所地或者合同履行地人民法院管辖。第24条的规定,因保险合同纠纷提起的诉讼,由被告住所地或者保险标的物所在地人民法院管辖。第27条的规定,因铁路、公路、水上、航空运输和联合运输合同纠纷提起的诉讼,由运输始发地、目的地或者被告住所地人民法院管辖。第34条的规定,合同或其他财产权益纠纷的当事人可以书面协议选择被告住所地、合同履行地、合同签订地、原告住所地、标的物所在地等与争议与实际联系的地点的人民法院管辖。但不得违反本法对级别管辖和专属管辖的规定。

1773 侵权诉讼可以去向哪些法院起诉?

根据《民事诉讼法》第28条的规定,因侵权行为提起的诉讼,由侵权行为地或者被告住所地人民法院管辖。

1774 同时向两个法院提起民事诉讼时应该由哪个法院管辖?

根据《民事诉讼法》第35条的规定,两个以上人民法院都有管辖权的诉讼,原告可以向其中一个人民法院起诉;原告向两个以上有管辖权的人民法院起诉的,由最先立案的人民法院管辖。

1775 管辖权异议应该在什么时候提出?

根据《民事诉讼法》第127条第1款的规定,人民法院受理案件后,当事人对管辖权有异议的,应当在提交答辩状期间提出。人民法院对当事人提出的异议,应当审查。异议成立的,裁定将案件移送有管辖权的人民法院;异议不成立的,裁定驳回。

1776 最高人民法院管辖哪些一审民事案件?

根据《民事诉讼法》第20条的规定,最高人民法院管辖下列第一审民事案件:(1)在全国有重大影响的案件;(2)认为应当由本院审理的案件。

1777 发生空难事故应当由哪些法院管辖?

根据《民事诉讼法》第29条的规定,因铁路、公路、水上和航空事故请求损害赔偿提起的诉讼,由事故发生地或者车辆、船舶最先到达地、航空器最先降落地或者被告住所地人民法院管辖。

1778 遗产继承纠纷应当由哪些法院管辖?

根据《民事诉讼法》第33条的规定,下列案件,由本条规定的人民法院专属管辖:(1)因不动产纠纷提起的诉讼,由不动产所在地人民法院管辖;(2)因港口作业中发生纠纷提起的诉讼,由港口所在地人民法院管辖;(3)因继承遗产纠纷提起的诉讼,由被继承人死亡时住所地或者主要遗产所在地人民法院管辖。

1779 因合同或者其他财产纠纷对在我国没有住所的被告提起民事诉讼，应当由哪些法院管辖？

根据《民事诉讼法》第265条的规定，因合同纠纷或者其他财产权益纠纷，对在中华人民共和国领域内没有住所的被告提起的诉讼，如果合同在中华人民共和国领域内签订或者履行，或者诉讼标的物在中华人民共和国领域内，或者被告在中华人民共和国领域内有可供扣押的财产，或者被告在中华人民共和国领域内设有代表机构，可以由合同签订地、合同履行地、诉讼标的物所在地、可供扣押财产所在地、侵权行为地或者代表机构住所地人民法院管辖。

1780 因外商投资合同发生纠纷，应当由我国还是外国法院管辖？

应当由我国法院管辖。根据《民事诉讼法》第266条的规定，因在中华人民共和国履行中外合资经营企业合同、中外合作经营企业合同、中外合作勘探开发自然资源合同发生纠纷提起的诉讼，由中华人民共和国人民法院管辖。

如何做好诉讼准备

1781 向法院起诉应该做好哪些准备？

根据《民事诉讼法》的相关规定，首先，应当确定纠纷是否属于法院的受理范围，是否应当先经仲裁等程序法院才会受理；其次，应当确定被告是谁，如果有多个被告可供选择，应当根据案件情况和赔偿能力选择最合适的被告；再次，应当准备充分的证据，民事诉讼中原则上是遵循“谁主张，谁举证”的原则；最后，选择有管辖权的法院提起诉讼，某些案件中可能有多个有管辖权的法院，应当根据自己的情况选择最合适的法院提起诉讼。

1782 民事起诉状应当写明哪些内容？

根据《民事诉讼法》第121条的规定，起诉状应当记明下列事项：(1)原告的姓名、性别、年龄、民族、职业、工作单位、住所、联系方式，法人或者其他组织的名称、住所和法定代表人或者主要负责人的姓名、职务、联系方式；(2)被告的姓名、性别、工作单位、住所等信息，法人或者其他组织的名称、住所等信息；(3)诉讼请求和所根据的事实与理由；(4)证据和证据来源，证人姓名和住所。

具体要求有以下几点：(1)当事人的情况要准确、具体；(2)在起诉状中要列明案由，通俗地说就是打的是什么官司；(3)在诉讼请求部分，要写明请求法院解决什么问题，要具体明确；(4)在事实部分，要明确写清双方纠纷的原因、经过、现状。在理由部分，要针对事实，分清是非曲直，明确责任，并引用相关法条加以证明；(5)要注明致送法院的名称；(6)在起诉状的末尾，还要写清时间。自然人当事人要由本人签字，法人当事人要由法定代表人签字，并加盖法人单位的公章。

1783 民事起诉状上要写清楚被告的哪些情况？

根据《民事诉讼法》第121条第2项的规定，起诉状应当记明被告的姓名、性别、工作单位、住所等信息，法人或者其他组织的名称、住所等信息。需要注意的是，指控对象要实际存在，已死亡的公民或已注销的法人单位不能作为当事人。

1784 该如何写起诉状？

根据《民事诉讼法》第120条的规定，起诉应当向人民法院递交起诉状，并按照被告人数提出副本。书写起诉状确有困难的,可以口头起诉,由人民法院记入笔录,并告知对方当事人。一般来说,起诉状作为启动诉讼程序的一个形式要件,其写作并不复杂,一般可分为首部、正文、尾部、附项四个部分,包含当事人信息、诉讼请求、事实理由、证据等内容。具体见以下模板:

民事起诉状

[首部]原告名称、电话、住所地、邮政编码

法定代表人(或主要负责人)姓名、职务

被告名称、电话、住所地、邮政编码

法定代表人(或主要负责人)姓名、职务

备注:(若原告或被告为自然人,则写明姓名、性别、年龄、民族、工作单位、电话、住址及邮政编码)

案由:

诉讼请求:

[正文]起诉事实和理由:

[尾部]此致

某市某区人民法院

备注:(填写受理法院全称)

具状人:

年月日

[附项]附:本诉状副本若干份

(1)民事起诉状的首部:原告起诉时应当按照自身情况,如实填写当事人信息。如果原告是法人或其他组织,还应出具一份法定代表人身份证明,并加盖公章。同时,如果进行立案的是原告(自然人)或原告(法人或其他组织)法定代表人之外的人,或者在诉讼过程中原告委托了代理人出庭进行诉讼,则需要在立案时一并提交授权委托书以及委托代理人的身份信息。

(2)民事诉讼案件的案由:这是民事诉讼案件的名称,它反映着案件所涉及的民事法律关系性质,是法院对诉讼争议进行概括、归纳而形成的类别体系。起诉时填写案由,就好像在医院看病挂号时选择科室一样,是为了便利管理。当事人准确选择案由,有利于提高法院工作效率,优化审判专业配置,并为法院司法决策提供更有价值的参考。因此,2020年年底最高人民法院再次对《民事案件案由规定》进行了相应的修改。一般来说,涉及产品质量方面的案由主要有买卖合同纠纷、承揽合同纠纷、生产者责任纠纷、销售者责任纠纷、运输者责任纠纷、仓储者责任纠纷、医疗产品责任纠纷等。选择案由涉及较强的专业知识,如果原告在草拟起诉状时不能确定具体案由,不妨留待立案庭法官指导后再行填写。

(3)民事诉讼请求:这是原告向法院提出的,希望法院能用判决的形式予以支持的具体要求。在因产品存在质量问题起诉产品销售者违反合同约定时,常见的诉讼请求一般有解除买卖合同、退换货款;要求被告承担维修产品义务;要求被告承担违约责任;要求被告承担诉讼费等。在因产品缺陷引发事故,侵犯到原告财产或人身权益时,常见的诉讼请求一般有赔偿经济损失(含人身和财产损害赔偿,其中人身损害赔偿的事项可以包括抚恤金、丧葬费、残疾生活补助费、误工费、交通费、护理费以及精神损失等);要求被告承担诉讼费;等等。

在确定民事诉讼请求时,应当明确而具体,尤其是涉及赔偿、退款等标的物为金钱的情形时,一定要明确具体金额,而不能泛泛请求法院判令被告承担赔偿责任。如果在一个民事诉讼中存在多个诉讼请求,应当分项列出。比如,“1. 要求解除原告与被告于××××年××月××日签订的《产品买卖合同》;2. 要求被告赔偿因其产品质量原因给原告造成的经济损失×××××元;3. 要求被告承担本案的诉讼费用”。

(4)民事诉讼正文部分:在写明起诉事实时,应当写明原告、被告民事法律关系存在的事实,以及双方发生民事争议的时间、地点、原

因、经过和结果。一般来说，事实部分的撰写可以按时间顺序进行，重点详述被告侵权或违约的行为以及该行为对原告造成的后果。在写明起诉理由时，可以根据案情和有关法律、法规和政策，阐明原告对本案的性质、被告应当承担的责任以及如何解决纠纷的意见。在写明证据部分时，应当详细列明向法院提供的能够证明案情的证据的名称、件数或证据线索，并写明证据来源。有证人的，则应当写明证人的姓名、住址及联系方式。

在撰写民事起诉状正文部分时，应当注意两个问题。第一，起诉状并不是原告发表诉讼意见的唯一机会，紧密围绕诉讼请求，以简洁的语言写明案件基本事实与起诉理由即可，不需要长篇赘述，也不用过多的理论。第二，起诉状应当多一些陈述性语言，客观描述事实，淡化情感色彩，尤其不要在起诉状中使用侮辱、谩骂等带有人身攻击色彩的词汇，否则不利于解决双方矛盾。

(5)起诉状尾部及附项：首先，原告是自然人时，应当在起诉状上亲自手写签名，不要由委托代理人代为签写。若手写签名确有困难，也可以打印出姓名并捺手印；原告是法人或其他组织时，应当在起诉状上加盖公章。其次，接受起诉状的法院名称应当填写准确，不宜使用泛称。最后，不仅民事起诉状应按照被告(包括第三人)的数量准备副本，原告向法院提交的证据材料也需要按同样数量准备。

1785 普通民事案件受理费的收取标准是什么？

根据国务院制定的《诉讼费用交纳办法》第13条第1款第1~2项的规定，案件受理费分别按照下列标准交纳：

(1)财产案件根据诉讼请求的金额或者价额，按照下列比例分段累计交纳。具体为：

①不超过1万元的，每件交纳50元；

②超过1万元至10万元的部分，按照2.5%交纳；

③超过10万元至20万元的部分，按照2%交纳；

④超过20万元至50万元的部分，按照1.5%交纳；

⑤超过50万元至100万元的部分，按照1%交纳；

⑥超过100万元至200万元的部分，按照0.9%交纳；

⑦超过200万元至500万元的部分，按照0.8%交纳；

⑧超过500万元至1000万元的部分，按照0.7%交纳；

⑨超过1000万元至2000万元的部分，按照0.6%交纳；

⑩超过2000万元的部分，按照0.5%交纳。

(2)非财产案件按照下列标准交纳：

①离婚案件每件交纳50元至300元。涉及财产分割，财产总额不超过20万元的，不另行交纳；超过20万元的部分，按照0.5%交纳。

②侵害姓名权、名称权、肖像权、名誉权、荣誉权以及其他人格权的案件，每件交纳100元至500元。涉及损害赔偿，赔偿金额不超过5万元的，不另行交纳；超过5万元至10万元的部分，按照1%交纳；超过10万元的部分，按照0.5%交纳。

③其他非财产案件每件交纳50元至100元。

1786 已经受到侵害的原告方当事人是否需要最终承担诉讼费用？

原告方当事人提起诉讼是民事纠纷进入法院视野的前提，法院受理案件，要求原告的起诉符合法律要求，其中包括原告方还应先行交纳案件受理费。案件受理费属于诉讼费用的一种。在财产类案件中，诉讼费用还可能包括申请费或证人、鉴定人、翻译人员、理算人员在人民法院指定日期出庭发生的交通费、住宿费、生活费和误工补贴。虽然原告方在起诉时交纳了案件受理费等诉讼费用,但这并不等于说这些费用都要由原告实际承担。根据《诉讼费用交纳办法》第29条第1~2款的规定,除非胜诉方自愿承担诉讼费用,否则,都应由败诉方承担。对于部分胜诉、部分败诉的案件,人民法院会根据案件的具体情况决定双方当事人各自负担的诉讼费用数额。

1787 民事诉讼中证据有几种表现形式?

根据证据依托载体的差异,可以将其划分为8种表现形式:

(1)书证。书证是指以文字、符号、图形等所记载的内容或表达的思想来证明案件真实的证据。在司法实践中,书证的表现形式是多种多样的,不管是手写还是打印,也不论是纸张还是布料、竹木材质,只要其记载或表示的内容可以证明案件事实,都可以作为书证,发挥重要作用。在民事诉讼中,这类证据数量最多,范围最广,故有"证据之王"之称。比如,在产品质量纠纷案件中,产品买卖合同、发票、订货单、提货单、"三包"凭证、产品质量承诺书,都是常见的书证。需要提示的是,在民事诉讼中提交这类证据时最好能够提供证据原件,若仅能提供复印件而无法与原件核对,则不能单独作为认定案件事实的依据。

(2)物证。物证是指以其存在的形状、质量、规格、特征等来证明案件事实的证据。这种证据通过自身的外部特征和自身所体现的属性来证明案件的真实情况,不受人们主观因素的影响和制约,具备较强的真实性。在产品质量纠纷案件中,常见的物证有作为争议标的物的产品、因使用产品而受到损害的其他物品、使用产品遗留下的痕迹等。一般来说,提交物证时应当提交原物。除非因物证的自身属性或其他客观情况,提交原物确有困难,才可以提交复制品或照片。这时,复制品和照片只是固定和保存原物的方法,作为物证的仍是原来的物品和痕迹,而不是复制品或照片本身。比如,因高压锅发生爆炸,弹飞的锅盖打裂了墙体上的几块瓷砖。在消费者证明自身损失的过程中,碎裂的瓷砖可以作为物证,以自身存在的破碎状态证明产品侵权造成的损失。但是,消费者无法将一堵墙搬来提交给法院,也不宜过早地凿下瓷砖破坏现场。这时,就可以向法院提交照片来代替原物。

(3)视听资料。视听资料是指利用录音、录像、电子计算机存储的资料和数据等来证明案件事实的一种证据,可分为录音录像资料、电视监视资料以及电脑贮存的数据资料三类。严格来说,视听资料和书证一样是以所载内容来实现证明目的,应归入书证的一种。但考虑到载体的特殊性,我国的《民事诉讼法》将其独立归为一类。随着科学技术的发展,录音录像设备日渐普及,视听资料作为证据使用的频率日益提高,在民事诉讼中发挥着越发重要的作用。比如,在产品质量纠纷案件中,消费者与产品经营者的电话录音、监控记录下的产品引发事故过程,都是常见的视听资料证据。使用这种视听资料作为证据时,最好不要进行编辑、剪切或其他加工,其内容最好涵盖完整的事件过程,不能因断章取义而存有疑点,更不能以非法手段获取。

(4)电子数据。电子数据即电子证据,本质属于一种电子信息,其感知只能依靠电子计算机及其他电子设备进行播放、检索或显示。这种证据易于保存,形态稳定,可以实现精确复制,也可以在虚拟空间里无限快速传播。与传统的证据形式相比,电子证据非常特殊,是我国2012年修改《民事诉讼法》时新增的证据类型。

(5)证人证言。证人证言是指因知晓案件事实,由法院传唤到法庭作证的证人向法院所作的陈述。这里提到的"证人",并不局限于传统意义的自然人，也包括知晓案件情况的单位。为保障证人证言的真实性，我国《民事诉讼法》规定，凡是知道案件情况的单位和个人都有出庭如实作证的义务，作伪证会承担相应的法律责任。但是，无论证人是单位还是个人，证言的真实性及可靠性都会受到信息感知者主观因素的影响以及其他客观因素的限制。因此，证人证言的客观真实性，需要审判人员尽可能结合其他证据进行印证，才可以作为认定案件事实的根据。在形式上，证人证言可分为口头形式与书面形式。口头形式是指证人就所了解的案件事实向法庭作出的陈述，书面形式则是证人以文字形式向法院陈述已知的案件事实。原则上，证人经法院传唤均应当出庭作证，但如果有年迈体弱、行动不便、特殊岗位无法离开、路途遥远交通不便、自然灾害等出庭困难的情况，就可以采用书面形式，将欲向法院陈述的事实书面化。

(6)当事人的陈述。当事人陈述是指当事人在诉讼中就与本案相关的事实，向法院所作的陈述。严格来说，当事人自我陈述的内容恰恰是需要由证据证明的内容，本身不应作为一种证据，但我国《民事诉讼法》明确规定，将其列为证据的一种表现形式。和证人证言一样，当事人陈述也可以分为口头陈述及书面陈述两类。同时，由于当事人是民事诉讼法律关系的主体，与诉讼结果有直接的利害关系，这种证据往往带有很大的主观性，甚至会带有一定的虚假性，在实践工作中证明力不大。

(7)鉴定意见。鉴定意见是指由鉴定人运用专业知识、技术对案件中的专门性问题进行分析、鉴别、判断后作出的结论。民事诉讼中，鉴定意见的种类很多，常见的有医学鉴定意见、痕迹鉴定结论、笔迹鉴定结论、行为能力鉴定结论、会计鉴定结论等。其中与产品质量纠纷关系最紧密的，当属产品质量鉴定结论与事故鉴定意见。和其他表现形式的证据相比，鉴定意见具备很强的独立性与专业性，它由鉴定人根据案件的事实材料，按照一定的科学标准作出。鉴定机构以及鉴定人员往往是随机产生或法院指定，与任何一方当事人均没有关联，可信度较高。同时，鉴定意见具有一定的结论性。不同于其他证据仅就案件事实的一方面或几方面起到一定的证明作用，鉴定意见不仅要求鉴定人叙述根据案件材料观察到的事实，还要求给出结论性的鉴别和判断。

(8)勘验笔录。勘验笔录是指人民法院的审判人员在诉讼过程中为查明一定的事实，对与案件争议有关的现场、物品，或物体亲自或指定有关人员进行查验、拍照、测量等行为后，记明查验的情况与结果的工作笔录。勘验笔录既是一种独立的证据，也是一种固定和保全其他证据的方法。在产品质量纠纷案件中，这种证据使用的频率很高。为了查清产品质量问题以及侵权损害事实，法官经常会进行现场勘查，查明出现质量问题产品的数量、其他财产损害情况等事实。这类证据一般都是法院自行制作的，在一些案件中，也可能来自委托鉴定机构或评估机构在鉴定或评估过程中进行的勘验。

上述这些形式的证据，民事诉讼当事人原则上应当自行收集。但因客观原因不能自行收集的证据，可以申请法院去调查收集。对于当事人没有提交，也没有申请调取，但确实为案件审理需要的证据，法院一般也会主动进行调取，然后在法庭上向各方当事人出示。

1788 被人起诉了怎么办?

首先，接到法院送达的诉状后，应当立即对诉状所提及的纠纷内容进行调查；其次，慎重地确定应诉策略，缺席往往对被告不利；再次，尽早查阅有关法律资料，熟悉诉讼程序；最后，需要注意的是，不要就纠纷随意发表意见(尤其是书面意见)，否则可能带来败诉风险，若果有必要，需要咨询或者聘请专业的律师代理。

1789 没有证据能不能打官司？

能。《民事诉讼法》第119条规定，起诉必须符合下列条件：(1)原告是与本案有直接利害关系的公民、法人和其他组织；(2)有明确的被告；(3)有具体的诉讼请求和事实、理由；(4)属于人民法院受理民事诉讼的范围和受诉人民法院管辖。换句话说，只要满足上述4个条件，法院就必须受理。另外，对于没有证据支持的事实和诉讼请求，只要对方当事人认可，法院就可以支持。

1790 特殊侵权纠纷的举证责任如何承担？

民事纠纷的证据规则是“谁主张，谁举证”。但在下面这些情况下，举证责任比较特殊：(1)因新产品制造方法发明专利引起的专利侵权诉讼，由制造同样产品的单位或者个人对其产品制造方法不同于专利方法承担举证责任；(2)高度危险作业致人损害的侵权诉讼，由加害人就受害人故意造成损害的事实承担举证责任；(3)因污染环境、破坏生态发生纠纷，行为人应当就法律规定的不承担责任或者减轻责任的情形及其行为与损害之间不存在因果关系承担举证责任；(4)建筑物或者其他设施以及建筑物上的搁置物、悬挂物发生倒塌、脱落、坠落致人损害的侵权诉讼，由所有人或者管理人对其无过错承担举证责任；(5)饲养动物致人损害的侵权诉讼，由动物饲养人或者管理人就受害人有过错或者第三人有过错承担举证责任；(6)因缺陷产品致人损害的侵权诉讼，由产品的生产者就法律规定的免责事由承担举证责任；(7)因共同危险行为致人损害的侵权诉讼，由实施危险行为的人就其行为与损害结果之间不存在因果关系承担举证责任；(8)因医疗行为引起的侵权诉讼，由医疗机构就医疗行为与损害结果之间不存在因果关系及不存在医疗过错承担举证责任。

1791 哪些事实不需要用证据证明？

根据《最高人民法院关于适用〈中华人民共和国民事诉讼法〉的解释》第93条的规定，下列事实，当事人无须举证证明：(1)自然规律以及定理、定律；(2)众所周知的事实；(3)根据法律规定推定的事实；(4)根据已知的事实和日常生活经验法则推定出的另一事实；(5)已为人民法院发生法律效力的裁判所确认的事实；(6)已为仲裁机构生效裁决所确认的事实；(7)已为有效公证文书所证明的事实。前款第2项至第4项规定的事实，当事人有相反证据足以反驳的除外；第5项至第7项规定的事实，当事人有相反证据足以推翻的除外。

1792 法院在什么情况下会主动调查收集证据？

根据《民事诉讼法》第64条第2款的规定，当事人及其诉讼代理人因客观原因不能自行收集的证据，或者人民法院认为审理案件需要的证据，人民法院应当调查收集。根据《最高人民法院关于适用〈中华人民共和国民事诉讼法〉的解释》第96条的规定，民事诉讼法第64条第2款规定的人民法院认为审理案件需要的证据包括：(1)涉及可能损害国家利益、社会公共利益的；(2)涉及身份关系的；(3)涉及民事诉讼法第55条规定诉讼的；(4)当事人有恶意串通损害他人合法权益可能的；(5)涉及依职权追加当事人、中止诉讼、终结诉讼、回避等程序性事项的。除前款规定外，人民法院调查收集证据，应当依照当事人的申请进行。

1793 什么情况下可以申请法院调查收集证据？

根据《民事诉讼法》第64条第2款的规定，当事人及其诉讼代理人因客观原因不能自行收集的证据，或者人民法院认为审理案件需要的证据，人民法院应当调查收集。根据《最高人民法院关于适用〈中华人民共和国民事诉讼法〉的解释》第94条的规定，《民事诉讼法》第64条第2款规定的当事人及其诉讼代理人因客观原因不能自行收集的证据包括：（1）证据由国家有关部门保存，当事人及其诉讼代理人无权查阅调取的；（2）涉及国家秘密、商业秘密或者个人隐私的；（3）当事人及其诉讼代理人因客观原因不能自行收集的其他证据。当事人及其诉讼代理人因客观原因不能自行收集的证据，可以在举证期限届满前书面申请人民法院调查收集。

1794 如何申请法院调查收集证据？

根据《最高人民法院关于民事诉讼证据的若干规定》（2019修正）第20条的规定，当事人及其诉讼代理人申请人民法院调查收集证据，应当在举证期限届满前提交书面申请。申请书应当载明被调查人的姓名或者单位名称、住所地等基本情况、所要调查收集的证据名称或者内容、需要由人民法院调查收集证据的原因及其要证明的事实以及明确的线索。

1795 调解过程中为达成相关协议而妥协认可的事实能否在后续案件中作为证据？

一般不能。根据《最高人民法院关于适用〈中华人民共和国民事诉讼法〉的解释》第107条的规定，在诉讼中，当事人为达成调解协议或者和解协议作出妥协而认可的事实，不得在后续的诉讼中作为对其不利的根据，但法律另有规定或者当事人均同意的除外。

1796 私自录音的内容能不能作为证据？

未获他人同意而取得的录音录像资料，除以侵害他人合法权益（如违反社会公共利益、社会公德而侵犯他人隐私）或者违反法律禁止性规定的方法（如擅自将窃听器安装到他人住处进行窃听）取得的外，其他可以作为证据使用。但录音作为证据往往是佐证，要与其他证据一同使用。

1797 哪些证据不能单独作为认定案件事实的依据？

根据《最高人民法院关于民事诉讼证据的若干规定》（2019修正）第90条的规定，下列证据不能单独作为认定案件事实的根据：（1）当事人的陈述；（2）无民事行为能力人或者限制民事行为能力人所作的与其年龄、智力状况或者精神健康状况不相当的证言；（3）与一方当事人或者其代理人有利害关系的证人陈述的证言；（4）存有疑点的视听资料、电子数据；（5）无法与原件、原物核对的复制件、复制品。

1798 不同证据之间的证明力大小怎么判断？

一般情况下，国家机关、社会团体依职权制作的公文书证的证明力一般大于其他书证；物证、档案、鉴定结论、勘验笔录或者经过公证、登记的书证，其证明力一般大于其他书证、视听资料和证人证言；原始证据的证明力一般大于传来证据；直接证据的证明力一般大于间接证据；证人提供的对与其有亲属或者其他密切关系的当事人有利的证言，其证明力一般小于其他证人证言。

1799 证据有哪些形式？

根据《民事诉讼法》第63条第1款的规定，证据包括：（1）当事人的陈述；（2）书证；（3）物证；（4）视听资料；（5）电子数据；（6）证人证言；（7）鉴定意见；（8）勘验笔录。

1800 书证在对方手中怎么办？

根据《最高人民法院关于适用〈中华人民共和国民事诉讼法〉的解释》第112条的规定，书证在对方当事人控制之下的，承担举证证明责任的当事人可以在举证期限届满前书面申请人民法院责令对方当事人提交。申请理由成立的，人民法院应当责令对方当事人提交，因提交书证所产生的费用，由申请人负担。对方当事人无正当理由拒不提交的，人民法院可以认定申请人所主张的书证内容为真实。

1801 对于被告已经承认的对其不利的身份关系，原告还需要进行证明吗？

需要。根据《最高人民法院关于适用〈中华人民共和国民事诉讼法〉的解释》第92条的规定，一方当事人在法庭审理中，或者在起诉状、答辩状、代理词等书面材料中，对于己不利的事实明确表示承认的，另一方当事人无须举证证明。对于涉及身份关系、国家利益、社会公共利益等应当由人民法院依职权调查的事实，不适用前款自认的规定。自认的事实与查明的事实不符的，人民法院不予确认。

1802 法院对当事人申请调查收集的证据一定会准许吗？

不一定。根据《最高人民法院关于适用〈中华人民共和国民事诉讼法〉的解释》第95条的规定，当事人申请调查收集的证据，与待证事实无关联、对证明待证事实无意义或者其他无调查收集必要的，人民法院不予准许。

1803 书证必须要提交原件吗？

不一定，在满足一定条件下可以提交复制品。根据《民事诉讼法》第70条第1款的规定，书证应当提交原件。物证应当提交原物。提交原件或者原物确有困难的，可以提交复制品、照片、副本、节录本。根据《最高人民法院关于适用〈中华人民共和国民事诉讼法〉的解释》第111条的规定，《民事诉讼法》第70条规定的提交书证原件确有困难，包括下列情形：(1)书证原件遗失、灭失或者毁损的；(2)原件在对方当事人控制之下，经合法通知提交而拒不提交的；(3)原件在他人控制之下，而其有权不提交的；(4)原件因篇幅或者体积过大而不便提交的；(5)承担举证证明责任的当事人通过申请人民法院调查收集或者其他方式无法获得书证原件的。前款规定情形，人民法院应当结合其他证据和案件具体情况，审查判断书证复制品等能否作为认定案件事实的根据。

如何委托代理人

1804 一个当事人可以同时委托几个诉讼代理人？

最多可以同时委托两个诉讼代理人。根据《民事诉讼法》第58条的规定，当事人、法定代理人可以委托1~2人作为诉讼代理人。下列人员可以被委托为诉讼代理人：(1)律师、基层法律服务工作者；(2)当事人的近亲属或者工作人员；(3)当事人所在社区、单位以及有关社会团体推荐的公民。第59条第1款和第2款的规定，委托他人代为诉讼，必须向人民法院提交由委托人签名或者盖章的授权委托书。授权委托书必须记明委托事项和权限。诉讼代理人代为承认、放弃、变更诉讼请求，进行和解，提起反诉或者上诉，必须有委托人的特别授权。

1805 身在国外的当事人委托诉讼代理人也只需提交授权委托书吗？

是的，但授权委托书有一定的要求。根据《民事诉讼法》第59条第3款的规定，侨居在国外的中华人民共和国公民从国外寄交或者托交的授权委托书，必须经中华人民共和国驻该国的使领馆证明；没有使领馆的，由与中华人民共和国有外交关系的第三国驻该国的使领馆证明，再转由中华人民共和国驻该第三国使领馆证明，或者由当地的爱国华侨团体证明。

1806 离婚案件委托诉讼代理人后自己可以不出庭吗？

一般不可以。根据《民事诉讼法》第62条的规定，离婚案件有诉讼代理人的，本人除不能表达意志的以外，仍应出庭；确因特殊情况无法出庭的，必须向人民法院提交书面意见。

1807 可以委托初中生作为诉讼代理人吗？

初中生一般为限制民事行为能力人，不可以委托其作为诉讼代理人。根据《最高人民法院关于适用〈中华人民共和国民事诉讼法〉的解释》第84条的规定，无民事行为能力人、限制民事行为能力人以及其他依法不能作为诉讼代理人的，当事人不得委托其作为诉讼代理人。

1808 哪些人可以以当事人近亲属的名义作为诉讼代理人？

根据《最高人民法院关于适用〈中华人民共和国民事诉讼法〉的解释》第85条的规定，根据《民事诉讼法》第58条第2款第2项规定，与当事人有夫妻、直系血亲、三代以内旁系血亲、近姻亲关系以及其他有抚养、赡养关系的亲属，可以当事人近亲属的名义作为诉讼代理人。

1809 诉讼代理人应当向法院提交哪些材料？

根据《最高人民法院关于适用〈中华人民共和国民事诉讼法〉的解释》第88条的规定，诉讼代理人除根据《民事诉讼法》第59条规定提交授权委托书外，还应当按照下列规定向人民法院提交相关材料：（1）律师应当提交律师执业证、律师事务所证明材料；（2）基层法律服务工作者应当提交法律服务工作者执业证、基层法律服务所出具的介绍信以及当事人一方位于本辖区内的证明材料；（3）当事人的近亲属应当提交身份证件和与委托人有近亲属关系的证明材料；（4）当事人的工作人员应当提交身份证件和与当事人有合法劳动人事关系的证明材料；（5）当事人所在社区、单位推荐的公民应当提交身份证件、推荐材料和当事人属于该社区、单位的证明材料；（6）有关社会团体推荐的公民应当提交身份证件和符合本解释第87条规定条件的证明材料。

1810 授权委托书仅写"全权代理"而无具体授权的，诉讼代理人可以放弃诉讼请求吗？

不可以。根据《最高人民法院关于适用〈中华人民共和国民事诉讼法〉的解释》第89条第1款的规定，当事人向人民法院提交的授权委托书，应当在开庭审理前送交人民法院。授权委托书仅写"全权代理"而无具体授权的，诉讼代理人无权代为承认、放弃、变更诉讼请求，进行和解，提出反诉或者提起上诉。

1811 哪些人可以为涉外民事诉讼中的外籍当事人担任诉讼代理人？

根据《最高人民法院关于适用〈中华人民共和国民事诉讼法〉的解释》第528条的规定，涉外民事诉讼中的外籍当事人，可以委托本国人为诉讼代理人，也可以委托本国律师以非律师身份担任诉讼代理人；外国驻华使领馆官员，受本国公民的委托，可以以个人名义担任诉讼代理人，但在诉讼中不享有外交或者领事特权和豁免。

诉讼中的权利义务

1812 基层法院的案件可以由一个审判员审理吗?

可以。根据《民事诉讼法》第39条第2款的规定,适用简易程序审理的民事案件,由审判员一人独任审理。

1813 当事人在什么情况下可以申请审判人员回避?

根据《民事诉讼法》第44条的规定,审判人员有下列情形之一的,应当自行回避,当事人有权用口头或者书面方式申请他们回避:(1)是本案当事人或者当事人、诉讼代理人近亲属的;(2)与本案有利害关系的;(3)与本案当事人、诉讼代理人有其他关系,可能影响对案件公正审理的。审判人员接受当事人、诉讼代理人请客送礼,或者有违反规定会见当事人、诉讼代理人的,当事人有权要求他们回避。审判人员有前款规定的行为的,应当依法追究法律责任。前3款规定,适用于书记员、翻译人员、鉴定人、勘验人。

1814 当事人申请回避必须在什么时间提出?

根据《民事诉讼法》第45条第1款的规定,当事人提出回避申请,应当说明理由,在案件开始审理时提出;回避事由在案件开始审理后才知道的,也可以在法庭辩论终结前提出。

1815 当事人能不能去法院要求复印案件相关材料?

根据《民事诉讼法》第49条第2款的规定,当事人可以查阅本案有关材料,并可以复制本案有关材料和法律文书。查阅、复制本案有关材料的范围和办法由最高人民法院规定。

1816 什么情况下可以向法院申请证据保全?

根据《民事诉讼法》第81条第1款和第2款的规定,在证据可能灭失或者以后难以取得的情况下,当事人可以在诉讼过程中向人民法院申请保全证据,人民法院也可以主动采取保全措施。因情况紧急,在证据可能灭失或者以后难以取得的情况下,利害关系人可以在提起诉讼或者申请仲裁前向证据所在地,被申请人住所地或者对案件有管辖权的人民法院申请保全证据。

1817 什么情况下可以向法院申请财产保全?

根据《民事诉讼法》第100条的规定,人民法院对于可能因当事人一方的行为或者其他原因,使判决难以执行或者造成当事人其他损害的案件,根据对方当事人的申请,可以裁定对其财产进行保全、责令其作出一定行为或者禁止其作出一定行为;当事人没有提出申请的,人民法院在必要时也可以裁定采取保全措施。人民法院采取保全措施,可以责令申请人提供担保;申请人不提供担保的,裁定驳回申请。人民法院接受申请后,对情况紧急的,必须在48小时内作出裁定;裁定采取保全措施的,应当立即开始执行。第101条的规定,利害关系人因情况紧急,不立即申请保全将会使其合法权益受到难以弥补的损害的,可以在提起诉讼或者申请仲裁前向被保全财产所在地、被申请人住所地或者对案件有管辖权的人民法院申请采取保全措施。申请人应当提供担保,不提供担保的,裁定驳回申请。人民法院接受申请后,必须在48小时内作出裁定;裁定采取保全措施的,应当立即开始执行。申请人在人民法院采取保全措施后30日内不依法提起诉讼或者申请仲裁的,人民法院应当解除保全。

1818 什么情况下可以向法院申请先予执行?

根据《民事诉讼法》第106条的规定,人民法院对下列案件,根据当事人的申请,可以裁定先予执行:(1)追索赡养费、扶养费、抚育费、抚恤金、医疗费用的;(2)追索劳动报酬的;(3)因情况紧急需要先予执行的。第107条的规定,人民法院裁定先予执行的,应当符合下列条件:(1)当事人之间权利义务关系明确,不先予执行将严重影响申请人的生活或者生产经营的;(2)被申请人有履行能力。人民法院可以责令申请人提供担保,申请人不提供担保的,驳回申请。申请人败诉的,应当赔偿被申请人因先予执行遭受的财产损失。

1819 什么情况下法院不公开审理案件?

根据《民事诉讼法》第134条的规定,人民法院审理民事案件,除涉及国家秘密、个人隐私或者法律另有规定的以外,应当公开进行。离婚案件,涉及商业秘密的案件,当事人申请不公开审理的,可以不公开审理。

1820 原告无故不参加庭审会有什么后果?

根据《民事诉讼法》第143条的规定,原告经传票传唤,无正当理由拒不到庭的,或者未经法庭许可中途退庭的,可以按撤诉处理;被告反诉的,可以缺席判决。

1821 被告无故不参加庭审会有什么后果?

根据《民事诉讼法》第144条的规定,被告经传票传唤,无正当理由拒不到庭的,或者未经法庭许可中途退庭的,可以缺席判决。

1822 什么情况下法院会准许重新鉴定?

《最高人民法院关于民事诉讼证据的若干规定》(2019修正)第40条第1和第3款规定,当事人申请重新鉴定,存在下列情形之一的,人民法院应当准许:(1)鉴定人不具备相应资格的;(2)鉴定程序严重违法的;(3)鉴定意见明显依据不足的;(4)鉴定意见不能作为证据使用的其他情形。对鉴定意见的瑕疵,可以通过补正、补充鉴定或者补充质证、重新质证等方法解决的,人民法院不予准许重新鉴定的申请。第41条规定,对于一方当事人就专门性问题自行委托有关机构或者人员出具的意见,另一方当事人有证据或者理由足以反驳并申请鉴定的,人民法院应予准许。

1823 什么情况下证人可以不出庭?

根据《民事诉讼法》第73条的规定,经人民法院通知,证人应当出庭作证。有下列情形之一的,经人民法院许可,可以通过书面证言、视听传输技术或者视听资料等方式作证:(1)因健康原因不能出庭的;(2)因路途遥远,交通不便不能出庭的;(3)因自然灾害等不可抗力不能出庭的;(4)其他有正当理由不能出庭的。

1824 可以对新鲜蔬果申请采取保全措施吗?

可以。根据《最高人民法院关于适用〈中华人民共和国民事诉讼法〉的解释》第153条的规定,人民法院对季节性商品、鲜活、易腐烂变质以及其他不宜长期保存的物品采取保全措施时,可以责令当事人及时处理,由人民法院保存价款;必要时,人民法院可予以变卖,保存价款。

1825 什么时候保全措施会解除?

根据《最高人民法院关于适用〈中华人民共和国民事诉讼法〉的解释》第166条的规定,裁定采取保全措施后,有下列情形之一的,人民法院应当作出解除保全裁定:(1)保全错误的;(2)申请人撤回保全申请的;(3)申请人的起诉或者诉讼请求被生效裁判驳回的;(4)人民法院认为应当解除保全的其他情形。解除以登记方式实施的保全措施的,应当向登记机关发出协助执行通知书。

1826 只有对被告才可以拘传吗?

不是的,对必须到庭的原告也可以拘传。根据《最高人民法院关于适用〈中华人民共和国民事诉讼法〉的解释》第174条第2款的规定,人民法院对必须到庭才能查清案件基本事实的原告,经两次传票传唤,无正当理由拒不到庭的,可以拘传。

1827 未经允许将庭审现场通过微博、微信直播的人员,会承担什么后果?

根据《最高人民法院关于适用〈中华人民共和国民事诉讼法〉的解释》第176条的规定,诉讼参与人或者其他人有下列行为之一的,人民法院可以适用《民事诉讼法》第110条规定处理:(1)未经准许进行录音、录像、摄影的;(2)未经准许以移动通信等方式现场传播审判活动的;(3)其他扰乱法庭秩序,妨害审判活动进行的。有前款规定情形的,人民法院可以暂扣诉讼参与人或者其他人进行录音、录像、摄影、转播审判活动的器材,并责令其删除有关内容;拒不删除的,人民法院可以采取必要手段强制删除。

1828 哪些行为是以暴力、威胁或者其他方法阻碍司法工作人员执行职务的行为?

根据《最高人民法院关于适用〈中华人民共和国民事诉讼法〉的解释》第187条的规定,《民事诉讼法》第111条第1款第5项规定的以暴力、威胁或者其他方法阻碍司法工作人员执行职务的行为,包括:(1)在人民法院哄闹、滞留,不听从司法工作人员劝阻的;(2)故意毁损、抢夺人民法院法律文书、查封标志的;(3)哄闹、冲击执行公务现场,围困、扣押执行或者协助执行公务人员的;(4)毁损、抢夺、扣留案件材料、执行公务车辆、其他执行公务器械、执行公务人员服装和执行公务证件的;(5)以暴力、威胁或者其他方法阻碍司法工作人员查询、查封、扣押、冻结、划拨、拍卖、变卖财产的;(6)以暴力、威胁或者其他方法阻碍司法工作人员执行职务的其他行为。

诉讼的时间问题

1829 民事期间截止日是法定节假日的,期间何时届满?

往后顺延1日。根据《民事诉讼法》第82条第3款的规定,期间届满的最后1日是节假日的,以节假日后的第1日为期间届满的日期。

1830 因为不得已的事由耽误诉讼期间的能不能要求顺延?

可以。根据《民事诉讼法》第83条的规定,当事人因不可抗拒的事由或者其他正当理由耽误期限的,在障碍消除后的10日内,可以申请顺延期限,是否准许,由人民法院决定。

1831 法院审理民事案件一般需要多长时间?

根据《民事诉讼法》第149条的规定,人民法院适用普通程序审理的案件,应当在立案之日起6个月内审结。有特殊情况需要延长的,由本院院长批准,可以延长6个月;还需要延长的,报请上级人民法院批准。第161条的规定，人民法院适用简易程序审理案件，应当在立案之日起3个月内审结。

1832 受委托送达的人民法院应当在多长时间内代为送达？

根据《最高人民法院关于适用〈中华人民共和国民事诉讼法〉的解释》第134条第2款的规定，委托送达的，受委托人民法院应当自收到委托函及相关诉讼文书之日起10日内代为送达。

1833 调解和好的夫妻没有新情况、新理由，要多长时间之后才可以再次起诉离婚？

6个月。根据《民事诉讼法》第124条第7项的规定，人民法院对下列起诉，分别情形，予以处理：判决不准离婚和调解和好的离婚案件，判决、调解维持收养关系的案件，没有新情况、新理由，原告在6个月内又起诉的，不予受理。

1834 宣告失踪案件应当在多久审结？

宣告失踪案件适用特别程序审理，在30日内审结。根据《民事诉讼法》第180条的规定，人民法院适用特别程序审理的案件，应当在立案之日起30日内或者公告期满后30日内审结。有特殊情况需要延长的，由本院院长批准。但审理选民资格的案件除外。

1835 宣告死亡的公告期为多久？

有意外事件的是3个月，无意外事件的是1年。根据《民事诉讼法》第185条的规定，人民法院受理宣告失踪、宣告死亡案件后，应当发出寻找下落不明人的公告。宣告失踪的公告期间为3个月，宣告死亡的公告期间为1年。因意外事故下落不明，经有关机关证明该公民不可能生存的，宣告死亡的公告期间为3个月。公告期间届满，人民法院应当根据被宣告失踪、宣告死亡的事实是否得到确认，作出宣告失踪、宣告死亡的判决或者驳回申请的判决。

1836 举证期限为多久？

根据《最高人民法院关于适用〈中华人民共和国民事诉讼法〉的解释》第99条第1款和第2款的规定，人民法院应当在审理前的准备阶段确定当事人的举证期限。举证期限可以由当事人协商，并经人民法院准许。人民法院确定举证期限，第一审普通程序案件不得少于15日，当事人提供新的证据的第二审案件不得少于10日。

怎么正确应对诉讼中的文书

1837 判决一旦作出就有法律效力吗？

不是。根据《民事诉讼法》第155条的规定，最高人民法院的判决、裁定，以及依法不准上诉或者超过上诉期没有上诉的判决、裁定，是发生法律效力的判决、裁定。所以，如果是一审判决，必须等到上诉期届满才发生法律效力。

1838 送达回证一定得本人签字才视为已经送达吗？

不是。根据《民事诉讼法》第84条的规定，送达诉讼文书必须有送达回证，由受送达人在送达回证上记明收到日期，签名或者盖章。受送达人在送达回证上的签收日期为送达日期。第85条第1款的规定，送达诉讼文书，应当直接送交受送达人。受送达人是公民的，本人不在交他的同住成年家属签收；受送达人是法人或者其他组织的，应当由法人的法定代表人、其他组织的主要负责人或者该法人、组织负责收件的人签收；受送达人有诉讼代理人的，可以送交其代理人签收；受送达人已向人民法院指定代收人的，送交代收人签收。

1839 拒绝在送达回证上签字就可以说没有收到文书吗？

不是。根据《民事诉讼法》第86条的规定，受送达人或者他的同住成年家属拒绝接收诉讼文书的，送达人应当邀请有关基层组织或者所在单位的代表到场，说明情况，在送达回证上记明拒收事由和日期，由送达人、见证人签名或者盖章，把诉讼文书留在受送达人的住所；也可以把诉讼文书留在受送达人的住所，并采用拍照、录像等方式记录送达过程，即视为送达。

1840 法院根据诉讼当事人达成的调解协议出具的调解书有没有法律效力？

有。根据《民事诉讼法》第97条的规定，调解达成协议，人民法院应当制作调解书。调解书应当写明诉讼请求、案件的事实和调解结果。调解书由审判人员、书记员署名，加盖人民法院印章，送达双方当事人。调解书经双方当事人签收后，即具有法律效力。

1841 诉讼文书可以通过电子邮件的形式送达吗？

可以，但是判决书、裁定书、调解书除外。根据《民事诉讼法》第87条的规定，经受送达人同意，人民法院可以采用传真、电子邮件等能够确认其收悉的方式送达诉讼文书，但判决书、裁定书、调解书除外。采用前款方式送达的，以传真、电子邮件等到达受送达人特定系统的日期为送达日期。

1842 可以直接将诉讼文书送达给军人吗？

不可以。根据《民事诉讼法》第89条的规定，受送达人是军人的，通过其所在部队团以上单位的政治机关转交。

1843 受送达人被监禁或采取强制性教育措施的，应当如何送达诉讼文书？

根据《民事诉讼法》第90条的规定，受送达人被监禁的，通过其所在监所转交。受送达人被采取强制性教育措施的，通过其所在强制性教育机构转交。

1844 受送达人下落不明，应当如何送达诉讼文书？

根据《民事诉讼法》第92条的规定，受送达人下落不明，或者用本节规定的其他方式无法送达的，公告送达。自发出公告之日起，经过60日，即视为送达。公告送达，应当在案卷中记明原因和经过。

1845 当事人达成调解协议，人民法院一定要制作调解书吗？

不一定。根据《民事诉讼法》第98条的规定，下列案件调解达成协议，人民法院可以不制作调解书：(1)调解和好的离婚案件；(2)调解维持收养关系的案件；(3)能够即时履行的案件；(4)其他不需要制作调解书的案件。对不需要制作调解书的协议，应当记入笔录，由双方当事人、审判人员、书记员签名或者盖章后即具有法律效力。

民事上诉

1846 不服一审法院的民事判决和民事裁定提起上诉有时间限制吗？

有，时间限制根据法律文书种类的不同而不同。根据《民事诉讼法》第164条的规定，当事人不服地方人民法院一审判决的，有权在判决书送达之日起15日内向上一级人民法院提起上诉。当事人不服地方人民法院一审裁定的，有权在裁定书送达之日起 10 日内向上一级人民法院提起上诉。

1847 民事上诉案件可以不开庭审理吗？

可以。根据《民事诉讼法》第 169 条第 1 款的规定，第二审人民法院对上诉案件，应当组成合议庭，开庭审理。经过阅卷、调查和询问当事人，对没有提出新的事实、证据或者理由，合议庭认为不需要开庭审理的，可以不开庭审理。

1848 民事上诉可能会有什么结果？

根据《民事诉讼法》第 170 条的规定，第二审人民法院对上诉案件，经过审理，按照下列情形，分别处理：（1）原判决、裁定认定事实清楚，适用法律正确的，以判决、裁定方式驳回上诉，维持原判决、裁定；（2）原判决、裁定认定事实错误或者适用法律错误的，以判决、裁定方式依法改判、撤销或者变更；（3）原判决认定基本事实不清的，裁定撤销原判决，发回原审人民法院重审，或者查清事实后改判；（4）原判决遗漏当事人或者违法缺席判决等严重违反法定程序的，裁定撤销原判决，发回原审人民法院重审。原审人民法院对发回重审的案件作出判决后，当事人提起上诉的，第二审人民法院不得再次发回重审。

1849 第二审民事案件应该在什么时间内结案？

根据《民事诉讼法》第 176 条的规定，人民法院审理对判决的上诉案件，应当在第二审立案之日起 3 个月内审结。有特殊情况需要延长的，由本院院长批准。人民法院审理对裁定的上诉案件，应当在第二审立案之日起 30 日内作出终审裁定。

1850 民事上诉状应当写明哪些内容？

根据《民事诉讼法》第 165 条的规定，上诉应当递交上诉状。上诉状的内容，应当包括当事人的姓名，法人的名称及其法定代表人的姓名或者其他组织的名称及其主要负责人的姓名；原审人民法院名称、案件的编号和案由；上诉的请求和理由。

1851 第二审法院审理民事上诉案件可以在哪些地方进行？

根据《民事诉讼法》第 169 条第 2 款的规定，第二审人民法院审理上诉案件，可以在本院进行，也可以到案件发生地或者原审人民法院所在地进行。

1852 第二审达成调解协议，一审判决的效力如何？

根据《民事诉讼法》第 172 条的规定，第二审人民法院审理上诉案件，可以进行调解。调解达成协议，应当制作调解书，由审判人员、书记员署名，加盖人民法院印章。调解书送达后，原审人民法院的判决即视为撤销。

1853 必要共同诉讼人的一人或者部分人提起上诉的，应当如何处理？

根据《最高人民法院关于适用〈中华人民共和国民事诉讼法〉的解释》第 319 条的规定，必要共同诉讼人的一人或者部分人提起上诉的，按下列情形分别处理：（1）上诉仅对与对方当事人之间权利义务分担有意见，不涉及其他共同诉讼人利益的，对方当事人为被上诉人，未上诉的同一方当事人依原审诉讼地位列明；（2）上诉仅对共同诉讼人之间权利义务分担有意见，不涉及对方当事人利益的，未上诉的同一方当事人为被上诉人，对方当事人依原审诉讼地位列明；（3）上诉对双方当事人之间以及共同诉讼人之间权利义务承担有意见的，未提起上诉的其他当事人均为被上诉人。

1854 口头上诉可以吗？

不可以。根据《最高人民法院关于适用〈中华人民共和国民事诉讼法〉的解释》第320条的规定，一审宣判时或者判决书、裁定书送达时，当事人口头表示上诉的，人民法院应告知其必须在法定上诉期间内递交上诉状。未在法定上诉期间内递交上诉状的，视为未提起上诉。虽递交上诉状，但未在指定的期限内交纳上诉费的，按自动撤回上诉处理。

申诉和再审

1855 哪些主体可以启动审判监督程序？

根据《民事诉讼法》第198条的规定，各级人民法院院长对本院已经发生法律效力的判决、裁定、调解书，发现确有错误，认为需要再审的，应当提交审判委员会讨论决定。最高人民法院对地方各级人民法院已经发生法律效力的判决、裁定、调解书，上级人民法院对下级人民法院已经发生法律效力的判决、裁定、调解书，发现确有错误的，有权提审或者指令下级人民法院再审。第199条的规定，当事人对已经发生法律效力的判决、裁定，认为有错误的，可以向上一级人民法院申请再审；当事人一方人数众多或者当事人双方为公民的案件，也可以向原审人民法院申请再审。当事人申请再审的，不停止判决、裁定的执行。第208条的规定，最高人民检察院对各级人民法院已经发生法律效力的判决、裁定，上级人民检察院对下级人民法院已经发生法律效力的判决、裁定，发现有本法第200条规定情形之一的，或者发现调解书损害国家利益、社会公共利益的，应当提出抗诉。地方各级人民检察院对同级人民法院已经发生法律效力的判决、裁定，发现有本法第200条规定情形之一的，或者发现调解书损害国家利益、社会公共利益的，可以向同级人民法院提出检察建议，并报上级人民检察院备案；也可以提请上级人民检察院向同级人民法院提出抗诉。各级人民检察院对审判监督程序以外的其他审判程序中审判人员的违法行为，有权向同级人民法院提出检察建议。第209条的规定，有下列情形之一的，当事人可以向人民检察院申请检察建议或者抗诉：（1）人民法院驳回再审申请的；（2）人民法院逾期未对再审申请作出裁定的；（3）再审判决、裁定有明显错误的。人民检察院对当事人的申请应当在三个月内进行审查，作出提出或者不予提出检察建议或者抗诉的决定。当事人不得再次向人民检察院申请检察建议或者抗诉。

1856 当事人在什么情况下可以申请再审？

根据《民事诉讼法》第200条的规定，当事人的申请符合下列情形之一的，人民法院应当再审：（1）有新的证据，足以推翻原判决、裁定的；（2）原判决、裁定认定的基本事实缺乏证据证明的；（3）原判决、裁定认定事实的主要证据是伪造的；（4）原判决、裁定认定事实的主要证据未经质证的；（5）对审理案件需要的主要证据，当事人因客观原因不能自行收集，书面申请人民法院调查收集，人民法院未调查收集的；（6）原判决、裁定适用法律确有错误的；（7）审判组织的组成不合法或者依法应当回避的审判人员没有回避的；（8）无诉讼行为能力人未经法定代理人代为诉讼或者应当参加诉讼的当事人，因不能归责于本人或者其诉讼代理人的事由，未参加诉讼的；（9）违反法律规定，剥夺当事人辩论权利的；（10）未经传票传唤，缺席判决的；（11）原判决、裁定遗漏或者超出诉讼请求的；（12）据以作出原判决、裁定的法律文书被撤销或者变更的；（13）审判人员审理该案件时有贪污受贿，徇私舞弊，枉法裁判行为的。第201条规定，当事人对已经发生法律效力的调解书,提出证据证明调解违反自愿原则或者调解协议的内容违反法律的,可以申请再审。经人民法院审查属实的,应当再审。

1857 提起再审有时间限制吗?

有。根据《民事诉讼法》第205条的规定,当事人申请再审,应当在判决、裁定发生法律效力后6个月内提出;有本法第200条第1项、第3项、第12项、第13项规定情形的,自知道或者应当知道之日起6个月内提出。

1858 追索赡养费的案件在再审期间应当中止执行吗?

不应当。根据《民事诉讼法》第206条的规定,按照审判监督程序决定再审的案件,裁定中止原判决、裁定、调解书的执行,但追索赡养费、扶养费、抚育费、抚恤金、医疗费用、劳动报酬等案件,可以不中止执行。

1859 再审案件可以上诉吗?

如果再审案件发生法律效力的判决、裁定是由一审法院作出,那么是可以上诉的。根据《民事诉讼法》第207条第1款的规定,人民法院按照审判监督程序再审的案件,发生法律效力的判决、裁定是由第一审法院作出的,按照第一审程序审理,所作的判决、裁定,当事人可以上诉;发生法律效力的判决、裁定是由第二审法院作出的,按照第二审程序审理,所作的判决、裁定,是发生法律效力的判决、裁定;上级人民法院按照审判监督程序提审的,按照第二审程序审理,所作的判决、裁定是发生法律效力的判决、裁定。

1860 当事人申请再审,应当提交哪些材料?

根据《最高人民法院关于适用〈中华人民共和国民事诉讼法〉的解释》第377条的规定,当事人申请再审,应当提交下列材料:(1)再审申请书,并按照被申请人和原审其他当事人的人数提交副本;(2)再审申请人是自然人的,应当提交身份证明;再审申请人是法人或者其他组织的,应当提交营业执照、组织机构代码证书、法定代表人或者主要负责人身份证明书。委托他人代为申请的,应当提交授权委托书和代理人身份证明;(3)原审判决书、裁定书、调解书;(4)反映案件基本事实的主要证据及其他材料。前款第2项、第3项、第4项规定的材料可以是与原件核对无异的复印件。

1861 再审申请书应当记明哪些事项?

根据《最高人民法院关于适用〈中华人民共和国民事诉讼法〉的解释》第378条的规定,再审申请书应当记明下列事项:(1)再审申请人与被申请人及原审其他当事人的基本信息;(2)原审人民法院的名称,原审裁判文书案号;(3)具体的再审请求;(4)申请再审的法定情形及具体事实、理由。再审申请书应当明确申请再审的人民法院,并由再审申请人签名、捺印或者盖章。

1862 当事人可以随时撤回再审申请吗?

不可以,再审一旦启动,撤回再审的决定权在人民法院而不在当事人。根据《最高人民法院关于适用〈中华人民共和国民事诉讼法〉的解释》第400条第1款的规定,审查再审申请期间,再审申请人撤回再审申请的,是否准许,由人民法院裁定。

判决的执行

1863 什么情况下可以申请支付令?

根据《民事诉讼法》第214条的规定,债权人请求债务人给付金钱、有价证券，符合下列条件的，可以向有管辖权的基层人民法院申请支付令：(1)债权人与债务人没有其他债务纠纷的；(2)支付令能够送达债务人的。申请书应当写明请求给付金钱或者有价证券的数量和所根据的事实、证据。

1864 债务人收到支付令后应该怎么做？

根据《民事诉讼法》第 216 条第 2 款和第 3 款的规定，债务人应当自收到支付令之日起 15 日内清偿债务，或者向人民法院提出书面异议。债务人在前款规定的期间不提出异议又不履行支付令的，债权人可以向人民法院申请执行。第 217 条的规定，人民法院收到债务人提出的书面异议后，经审查，异议成立的，应当裁定终结督促程序，支付令自行失效。支付令失效的，转入诉讼程序。但申请支付令的一方当事人不同意提起诉讼的除外。

1865 申请强制执行可以随时提出吗？

不可以。根据《民事诉讼法》第 239 条的规定，申请执行的期间为 2 年。申请执行时效的中止、中断，适用法律有关诉讼时效中止、中断的规定。前款规定的期间，从法律文书规定履行期间的最后一日起计算；法律文书规定分期履行的，从规定的每次履行期间的最后一日起计算；法律文书未规定履行期间的，从法律文书生效之日起计算。

1866 强制执行应当向哪个法院申请？

根据《民事诉讼法》第 224 条的规定，发生法律效力的民事判决、裁定，以及刑事判决、裁定中的财产部分，由一审人民法院或者与一审人民法院同级的被执行的财产所在地人民法院执行。法律规定由人民法院执行的其他法律文书，由被执行人住所地或者被执行的财产所在地人民法院执行。

1867 向法院申请执行，法院长时间未执行怎么办？

根据《民事诉讼法》第 226 条的规定，人民法院自收到申请执行书之日起超过 6 个月未执行的，申请执行人可以向上一级人民法院申请执行。上一级人民法院经审查，可以责令原人民法院在一定期限内执行，也可以决定由本院执行或者指令其他人民法院执行。

1868 强制执行过程中双方达成和解协议又反悔的怎么办？

根据《民事诉讼法》第 230 条的规定，在执行中，双方当事人自行和解达成协议的，执行员应当将协议内容记入笔录，由双方当事人签名或者盖章。申请执行人因受欺诈、胁迫与被执行人达成和解协议，或者当事人不履行和解协议的，人民法院可以根据对方当事人的申请，恢复对原生效法律文书的执行。

1869 强制执行后债务人仍不能偿还债务的怎么办？

根据《民事诉讼法》第 254 条的规定，人民法院采取本法第 242 条、第 243 条、第 244 条规定的执行措施后，被执行人仍不能偿还债务的，应当继续履行义务。债权人发现被执行人有其他财产的，可以随时请求人民法院执行。

1870 什么情况下人民法院应当裁定中止执行？

根据《民事诉讼法》第 256 条的规定，有下列情形之一的，人民法院应当裁定中止执行：(1)申请人表示可以延期执行的；(2)案外人对执行标的提出确有理由的异议的；(3)作为一方当事人的公民死亡，需要等待继承人继承权利或者承担义务的；(4)作为一方当事人的法人或者其他组织终止，尚未确定权利义务承受人的；(5)人民法院认为应当中止执行的其他情形。中止的情形消失后，恢复执行。

1871 什么情况下人民法院应当裁定终结执行？

根据《民事诉讼法》第257条的规定，有下列情形之一的，人民法院裁定终结执行：(1)申请人撤销申请的；(2)据以执行的法律文书被撤销的；(3)作为被执行人的公民死亡，无遗产可供执行，又无义务承担人的；(4)追索赡养费、扶养费、抚育费案件的权利人死亡的；(5)作为被执行人的公民因生活困难无力偿还借款，无收入来源，又丧失劳动能力的；(6)人民法院认为应当终结执行的其他情形。

1872 中止和终结执行的裁定，什么时候生效？

送达当事人后立即生效。根据《民事诉讼法》第258条的规定，中止和终结执行的裁定，送达当事人后立即生效。

1873 债务人没在判决规定的时间内还钱，应当承担什么后果？

根据《民事诉讼法》第253条的规定，被执行人未按判决、裁定和其他法律文书指定的期间履行给付金钱义务的，应当加倍支付迟延履行期间的债务利息。被执行人未按判决、裁定和其他法律文书指定的期间履行其他义务的，应当支付迟延履行金。

1874 被执行的财产在外地怎么办？

根据《民事诉讼法》第229条的规定，被执行人或者被执行的财产在外地的，可以委托当地人民法院代为执行。受委托人民法院收到委托函后，必须在15日内开始执行，不得拒绝。执行完毕后，应当将执行结果及时函复委托人民法院；在30日内如果还未执行完毕，也应当将执行情况函告委托人民法院。受委托人民法院自收到委托函之日起15日内不执行的，委托人民法院可以请求受委托人民法院的上级人民法院指令受委托人民法院执行。

1875 人民法院在什么情况下可以决定暂缓执行？

根据《民事诉讼法》第231条第1项的规定，在执行中，被执行人向人民法院提供担保，并经申请执行人同意的，人民法院可以决定暂缓执行及暂缓执行的期限。

1876 被执行人死亡，执行应当终止吗？

不是的。根据《民事诉讼法》第232条的规定，作为被执行人的公民死亡的，以其遗产偿还债务。作为被执行人的法人或者其他组织终止的，由其权利义务承受人履行义务。

打行政诉讼

行政复议中的法律问题

1877 只要是政府机关的行政行为都可以提出行政复议吗？

不是。根据《行政复议法》第6条的规定，有下列情形之一的，公民、法人或者其他组织可以依照本法申请行政复议：(1)对行政机关作出的警告、罚款、没收违法所得、没收非法财物、责令停产停业、暂扣或者吊销许可证、暂扣或者吊销执照、行政拘留等行政处罚决定不服的；(2)对行政机关作出的限制人身自由或者查封、扣押、冻结财产等行政强制措施决定不服的;(3)对行政机关作出的有关许可证、执照、资质证、资格证等证书变更、中止、撤销的决定不服的;(4)对行政机关作出的关于确认土地、矿藏、水流、森林、山岭、草原、荒地、滩涂、海域等自然资源的所有权或者使用权的决定不服的;(5)认为行政机关侵犯合法的经营自主权的;(6)认为行政机关变更或者废止农业承包合同,侵犯其合法权益的;(7)认为行政机关违法集资、征收财物、摊派费用或者违法要求履行其他义务的;(8)认为符合法定条件,申请行政机关颁发许可证、执照、资质证、资格证等证书,或者申请行政机关审批、登记有关事项,行政机关没有依法办理的;(9)申请行政机关履行保护人身权利、财产权利、受教育权利的法定职责,行政机关没有依法履行的;(10)申请行政机关依法发放抚恤金、社会保险金或者最低生活保障费,行政机关没有依法发放的;(11)认为行政机关的其他具体行政行为侵犯其合法权益的。第7条的规定,公民、法人或者其他组织认为行政机关的具体行政行为所依据的下列规定不合法,在对具体行政行为申请行政复议时,可以一并向行政复议机关提出对该规定的审查申请:(1)国务院部门的规定;(2)县级以上地方各级人民政府及其工作部门的规定;(3)乡、镇人民政府的规定。前款所列规定不含国务院部、委员会规章和地方人民政府规章。规章的审查依照法律、行政法规办理。

1878 对税务局的行政行为不服应该向哪个机关申请行政复议?

向该税务局的上级主管机关申请行政复议。根据《行政复议法》第12条的规定,对县级以上地方各级人民政府工作部门的具体行政行为不服的,由申请人选择,可以向该部门的本级人民政府申请行政复议,也可以向上一级主管部门申请行政复议。对海关、金融、国税、外汇管理等实行垂直领导的行政机关和国家安全机关的具体行政行为不服的,向上一级主管部门申请行政复议。

1879 对两个行政机关同时作出的行为不服,怎么提起行政复议?

共同行政行为是指两个或两个以上的行政机关以共同的名义作出的具体行政行为。需要注意的是,确认某种具体行政行为是不是共同行政行为,关键要看该具体行政行为是不是以两个或两个以上的行政机关的共同名义作出的,而不应只看该具体行政行为背后涉及的行政机关的个数。根据《行政复议法》第15条第4项的规定,对两个或者两个以上行政机关以共同名义作出的具体行政行为不服的,向其共同的上一级行政机关申请行政复议。

1880 提起行政复议有时间限制吗?

有。根据《行政复议法》第9条的规定,公民、法人或者其他组织认为具体行政行为侵犯其合法权益的,可以自知道该具体行政行为之日起60日内提出行政复议申请;但是法律规定的申请期限超过60日的除外。因不可抗力或者其他正当理由耽误法定申请期限的,申请期限自障碍消除之日起继续计算。另有规定申请期限可以超过60日的法律,比如《专利法》,其在第41条第1款规定,国务院专利行政部门设立专利复审委员会。专利申请人对国务院专利行政部门驳回申请的决定不服的,可以自收到通知之日起3个月内,向专利复审委员会请求复审。专利复审委员会复审后,作出决定,并通知专利申请人。

1881 已经提起行政复议,还可以改变主意直接起诉吗?

如行政机关已经依法受理行政复议,一般不可以再改变主意在行政复议期间向人民法院起诉。根据《行政复议法》第16条第1款的规定,公民、法人或者其他组织申请行政复议,行政复议机关已经依法受理的,或者法律、法规规定应当先向行政复议机关申请行政复议、对行政复议决定不服再向人民法院提起行政诉讼的,在法定行政复议期限内不得向人民法院提起行政诉讼。

1882 行政复议期间具体行政行为是否停止执行?

除非有例外情况,一般不停止执行。根据《行政复议法》第 21 条的规定,行政复议期间具体行政行为不停止执行;但是,有下列情形之一的,可以停止执行:(1)被申请人认为需要停止执行的;(2)行政复议机关认为需要停止执行的;(3)申请人申请停止执行,行政复议机关认为其要求合理,决定停止执行的;(4)法律规定停止执行的。

1883 行政复议的结果应该在什么时间内作出?

根据《行政复议法》第 31 条第 1 款的规定,行政复议机关应当自受理申请之日起 60 日内作出行政复议决定;但是法律规定的行政复议期限少于 60 日的除外。情况复杂,不能在规定期限内作出行政复议决定的,经行政复议机关的负责人批准,可以适当延长,并告知申请人和被申请人;但是延长期限最多不超过 30 日。

1884 申请行政复议需要交费吗?

不需要。根据《行政复议法》第 39 条的规定,行政复议机关受理行政复议申请,不得向申请人收取任何费用。行政复议活动所需经费,应当列入本机关的行政经费,由本级财政予以保障。

1885 被申请人不履行行政复议决定,应当承担什么后果?

根据《行政复议法》第 37 条的规定,被申请人不履行或者无正当理由拖延履行行政复议决定的,对直接负责的主管人员和其他直接责任人员依法给予警告、记过、记大过的行政处分;经责令履行仍拒不履行的,依法给予降级、撤职、开除的行政处分。

1886 申请人不履行最终裁决的行政复议决定,应当如何处理?

根据《行政复议法》第 33 条的规定,申请人逾期不起诉又不履行行政复议决定的,或者不履行最终裁决的行政复议决定的,按照下列规定分别处理:(1)维持具体行政行为的行政复议决定,由作出具体行政行为的行政机关依法强制执行,或者申请人民法院强制执行;(2)变更具体行政行为的行政复议决定,由行政复议机关依法强制执行,或者申请人民法院强制执行。

1887 申请行政复议的时候可以一并提起行政赔偿吗?

可以。根据《行政复议法》第 29 条的规定,申请人在申请行政复议时可以一并提出行政赔偿请求,行政复议机关对符合《国家赔偿法》的有关规定应当给予赔偿的,在决定撤销、变更具体行政行为或者确认具体行政行为违法时,应当同时决定被申请人依法给予赔偿。申请人在申请行政复议时没有提出行政赔偿请求的,行政复议机关在依法决定撤销或者变更罚款,撤销违法集资、没收财物、征收财物、摊派费用以及对财产的查封、扣押、冻结等具体行政行为时,应当同时责令被申请人返还财产,解除对财产的查封、扣押、冻结措施,或者赔偿相应的价款。

1888 申请人可以撤回行政复议申请吗?

说明理由后可以撤回。根据《行政复议法》第25条的规定,行政复议决定作出前,申请人要求撤回行政复议申请的,经说明理由,可以撤回;撤回行政复议申请的,行政复议终止。

1889 行政复议必须要书面申请吗?

不是的,也可以口头申请。根据《行政复议法》第11条的规定,申请人申请行政复议,可以书面申请,也可以口头申请;口头申请的,行政复议机关应当当场记录申请人的基本情况、行政复议请求、申请行政复议的主要事实、理由和时间。

民告官的主要情形和法院管辖

1890 什么情况下可以提起行政诉讼?

根据《行政诉讼法》第2条第1款的规定,公民、法人或者其他组织认为行政机关和行政机关工作人员的行政行为侵犯其合法权益,有权依照本法向人民法院提起诉讼。具体来说,根据第12条的规定,人民法院受理公民、法人或者其他组织提起的下列诉讼:(1)对行政拘留、暂扣或者吊销许可证和执照、责令停产停业、没收违法所得、没收非法财物、罚款、警告等行政处罚不服的;(2)对限制人身自由或者对财产的查封、扣押、冻结等行政强制措施和行政强制执行不服的;(3)申请行政许可,行政机关拒绝或者在法定期限内不予答复,或者对行政机关作出的有关行政许可的其他决定不服的;(4)对行政机关作出的关于确认土地、矿藏、水流、森林、山岭、草原、荒地、滩涂、海域等自然资源的所有权或者使用权的决定不服的;(5)对征收、征用决定及其补偿决定不服的;(6)申请行政机关履行保护人身权、财产权等合法权益的法定职责,行政机关拒绝履行或者不予答复的;(7)认为行政机关侵犯其经营自主权或者农村土地承包经营权、农村土地经营权的;(8)认为行政机关滥用行政权力排除或者限制竞争的;(9)认为行政机关违法集资、摊派费用或者违法要求履行其他义务的;(10)认为行政机关没有依法支付抚恤金、最低生活保障待遇或者社会保险待遇的;(11)认为行政机关不依法履行、未按照约定履行或者违法变更、解除政府特许经营协议、土地房屋征收补偿协议等协议的;(12)认为行政机关侵犯其他人身权、财产权等合法权益的。除前款规定外,人民法院受理法律、法规规定可以提起诉讼的其他行政案件。

1891 法院不受理的行政诉讼有哪些?

根据《行政诉讼法》第13条的规定,人民法院不受理公民、法人或者其他组织对下列事项提起的诉讼:(1)国防、外交等国家行为;(2)行政法规、规章或者行政机关制定、发布的具有普遍约束力的决定、命令;(3)行政机关对行政机关工作人员的奖惩、任免等决定;(4)法律规定由行政机关最终裁决的行政行为。

1892 一审行政案件由哪一级法院管辖?

根据《行政诉讼法》第14条的规定,基层人民法院管辖一审行政案件。第15条的规定,中级人民法院管辖下列第一审行政案件:(1)对国务院部门或者县级以上地方人民政府所作的行政行为提起诉讼的案件;(2)海关处理的案件;(3)本辖区内重大、复杂的案件;(4)其他法律规定由中级人民法院管辖的案件。第16条的规定,高级人民法院管辖本辖区内重大、复杂的第一审行政案件。第17条的规定,最高人民法院管辖全国范围内重大、复杂的第一审行政案件。

1893 **行政诉讼案件应该由什么地方的法院管辖?**

根据《行政诉讼法》第 18 条的规定,行政案件由最初作出具体行政行为的行政机关所在地人民法院管辖。经复议的案件,也可以由复议机关所在地人民法院管辖。经最高人民法院批准;高级人民法院可以根据审判工作的实际情况,确定若干人民法院跨行政区域管辖行政案件。第 19 条的规定,对限制人身自由的行政强制措施不服提起的诉讼,由被告所在地或者原告所在地人民法院管辖。第 20 条的规定,因不动产提起的行政诉讼,由不动产所在地人民法院管辖。

1894 **如果两个法院都有行政诉讼案件的管辖权,应当如何处理?**

根据《行政诉讼法》第 21 条的规定,两个以上人民法院都有管辖权的案件,原告可以选择其中一个人民法院提起诉讼。原告向两个以上有管辖权的人民法院提起诉讼的,由最先立案的人民法院管辖。

1895 **几个法院对行政诉讼案件管辖权有争议的,应当如何处理?**

根据《行政诉讼法》第 23 条的规定,有管辖权的人民法院由于特殊原因不能行使管辖权的,由上级人民法院指定管辖。人民法院对管辖权发生争议的,由争议双方协商解决。协商不成的,报它们的共同上级人民法院指定管辖。

1896 **如果作出原行政行为的行政机关和复议机关为共同被告,应当以哪个行政机关确定案件的级别管辖?**

《最高人民法院关于适用〈中华人民共和国行政诉讼法〉的解释》第 134 条第 3 款的规定,复议机关作共同被告的案件,以作出原行政行为的行政机关确定案件的级别管辖。

1897 **被诉行政机关的负责人一定要出庭应诉吗?**

不一定,可以委托本机关工作人员出庭。根据《行政诉讼法》第 3 条第 3 款的规定,被诉行政机关负责人应当出庭应诉。不能出庭的,应当委托行政机关相应的工作人员出庭。

1898 **受移送的人民法院认为受移送的案件不属于其管辖的,可以再自行移送吗?**

不可以。根据《行政诉讼法》第 22 条的规定,人民法院发现受理的案件不属于本院管辖的,应当移送有管辖权的人民法院,受移送的人民法院应当受理。受移送的人民法院认为受移送的案件按照规定不属于本院管辖的,应当报请上级人民法院指定管辖,不得再自行移送。

如何提起民告官诉讼

1899 **提起行政诉讼有什么条件?**

根据《行政诉讼法》第 49 条的规定,提起诉讼应当符合下列条件:(1)原告是符合本法第 25 条规定的公民、法人或者其他组织;(2)有明确的被告;(3)有具体的诉讼请求和事实根据;(4)属于人民法院受案范围和受诉人民法院管辖。

1900 **怎么确定行政诉讼的被告?**

根据《行政诉讼法》第 26 条的规定,公民、法人或者其他组织直接向人民法院提起诉讼的,作出行政行为的行政机关是被告。经复议的案件,复议机关决定维持原具体行政行为的,作出原具体行政行为的行政机关和复议机关是共同被告;复议机关改变原具体行政行为的,复议机关是被告。复议机关在法定期限内未作出复议决定，公民、法人或者其他组织起诉原行政行为的，作出原行政行为的行政机关是被告；起诉复议机关不作为的，复议机关是被告。两个以上行政机关作出同一行政行为的，共同作出行政行为的行政机关是共同被告。行政机关委托的组织所作的行政行为，委托的行政机关是被告。行政机关被撤销或者职权变更的，继续行使其职权的行政机关是被告。

1901 提起行政诉讼后法院既不立案又不裁定的怎么办？

根据《行政诉讼法》第52条的规定，人民法院既不立案，又不作出不予立案裁定的，当事人可以向上一级人民法院起诉。上一级人民法院认为符合起诉条件的，应当立案、审理，也可以指定其他下级人民法院立案、审理。

1902 行政纠纷是不是一定要经过行政复议程序？

不一定。根据《行政诉讼法》第44条的规定，对属于人民法院受案范围的行政案件，公民、法人或者其他组织可以先向的行政机关申请复议，对复议决定不服的，再向人民法院提起诉讼；也可以直接向人民法院提起诉讼。法律、法规规定应当先向行政机关申请复议，对复议决定不服再向人民法院提起诉讼的，依照法律、法规的规定。

1903 是否只有行政行为的相对人可以提起行政诉讼？

不是。根据《行政诉讼法》第25条第1~3款的规定，行政行为的相对人以及其他与行政行为有利害关系的公民、法人或者其他组织，有权提起诉讼。有权提起诉讼的公民死亡，其近亲属可以提起诉讼。有权提起诉讼的法人或者其他组织终止，承受其权利的法人或者其他组织可以提起诉讼。

1904 被诉具体行政行为改变后原告申请撤诉，什么情况下法院应当裁定准许？

根据《最高人民法院关于行政诉讼撤诉若干问题的规定》第2条的规定，被告改变被诉具体行政行为，原告申请撤诉，符合下列条件的，人民法院应当裁定准许：(1)申请撤诉是当事人真实意思表示；(2)被告改变被诉具体行政行为，不违反法律、法规的禁止性规定，不超越或者放弃职权，不损害公共利益和他人合法权益；(3)被告已经改变或者决定改变被诉具体行政行为，并书面告知人民法院；(4)第三人无异议。

1905 外国人在中国提起行政诉讼能否找其本国律师？

不能。根据《行政诉讼法》第100条的规定，外国人、无国籍人、外国组织在中华人民共和国进行行政诉讼，委托律师代理诉讼的，应当委托中华人民共和国律师机构的律师。

1906 提起行政诉讼有时间限制吗？

有时间限制。根据《行政诉讼法》第45条的规定，公民、法人或者其他组织不服复议决定的，可以在收到复议决定书之日起15日内向人民法院提起诉讼。复议机关逾期不作决定的，申请人可以在复议期满之日起15日内向人民法院提起诉讼。法律另有规定的除外。第46条的规定，公民、法人或者其他组织直接向人民法院提起诉讼的，应当自知道或者应当知道作出行政行为之日起6个月内提出。法律另有规定的除外。因不动产提起诉讼的案件自行政行为作出之日起超过20年，其他案件自行政行为作出之日起超过5年提起诉讼的，人民法院不予受理。第48条的规定，公民、法人或者其他组织因不可抗力或者其他不属于其自身的原因耽误起诉期限的，被耽误的时间不计算在起诉期限内。公民、法人或者其他组织因前款规定以外的其他特殊情况耽误起诉期限的，在障碍消除后的10日内，可以申请延长期限，是否准许由人民法院决定。

1907 人民法院可以将其认为可以合并审理的行政案件直接认定为共同诉讼吗？

必须要经过当事人同意。根据《行政诉讼法》第27条的规定，当事人一方或双方为二人以上，因同一行政行为发生的行政案件，或者因同类行政行为发生的行政案件、人民法院认为可以合并审理并经当事人同意的，为共同诉讼。

1908 什么人可以做诉讼代理人？

根据《行政诉讼法》第31条的规定，当事人、法定代理人，可以委托一至二人作为诉讼代理人。下列人员可以被委托为诉讼代理人：(1)律师、基层法律服务工作者；(2)当事人的近亲属或者工作人员；(3)当事人所在社区、单位以及有关社会团体推荐的公民。

1909 律师和其他诉讼代理人在取证方面的权利一样吗？

不一样。根据《行政诉讼法》第32条的规定，代理诉讼的律师，有权按照规定查阅、复制本案有关材料，有权向有关组织和公民调查，收集与本案有关的证据。对涉及国家秘密、商业秘密和个人隐私的材料，应当依照法律规定保密。当事人和其他诉讼代理人有权按照规定查阅、复制本案庭审材料，但涉及国家秘密、商业秘密和个人隐私的内容除外。

1910 公民在紧急情况下请求行政机关保护其人身权但行政机关不履行的，需要多久才可以提起行政诉讼？

紧急情况下，公民提起行政诉讼不受期限限制。根据《行政诉讼法》第47条的规定，公民、法人或者其他组织申请行政机关履行保护其人身权、财产权等合法权益的法定职责，行政机关在接到申请之日起2个月内不履行的，公民、法人或者其他组织可以向人民法院提起诉讼。法律、法规对行政机关履行职责的期限另有规定的，从其规定。公民、法人或者其他组织在紧急情况下请求行政机关履行保护其人身权、财产权等合法权益的法定职责，行政机关不履行的，提起诉讼不受前款规定期限的限制。

1911 行政诉讼可以口头起诉吗？

如果书写起诉状确有困难，可以口头起诉。根据《行政诉讼法》第50条的规定，起诉应当向人民法院递交起诉状，并按照被告人数提出副本。书写起诉状确有困难的，可以口头起诉，由人民法院记入笔录，出具注明日期的书面凭证，并告知对方当事人。

民告官诉讼是如何审理的

1912 行政诉讼中举证责任主要由哪一方来承担？

由被告承担。根据《行政诉讼法》第34条的规定，被告对作出的行政行为负有举证责任，应当提供作出该行政行为的证据和所依据的规范性文件。被告不提供或者无正当理由逾期提供的，视为没有相应证据。但是，被诉行政行为涉及第三人合法权益，第三人提供证据的除外。

1913 不作为行政诉讼中，原告一定要对行政机关的不作为举证吗？

不一定。根据《最高人民法院关于行政诉

讼证据若干问题的规定》第4条第2款的规定，在起诉被告不作为的案件中，原告应当提供其在行政程序中曾经提出申请的证据材料。但有下列情形的除外：（1）被告应当依职权主动履行法定职责的；（2）原告因被告受理申请的登记制度不完备等正当事由不能提供相关证据材料并能够作出合理说明的。

1914 行政诉讼期间行政行为能否停止执行？

有些情况下能停止执行。根据《行政诉讼法》第56条第1款的规定，诉讼期间，不停止行政行为的执行。但有下列情形之一的，裁定停止执行：（1）被告认为需要停止执行的；（2）原告或者利害关系人申请停止执行，人民法院认为该行政行为的执行会造成难以弥补的损失，并且停止执行不损害国家利益、社会公共利益的；（3）人民法院认为该行政行为的执行会给国家利益、社会公共利益造成重大损害的；（4）法律、法规规定停止执行的。

1915 行政诉讼过程中可以调解吗？

视案件类型不同而定。根据《行政诉讼法》第60条第1款的规定，人民法院审理行政案件，不适用调解。但是，行政赔偿、补偿以及行政机关行使法律、法规规定的自由裁量权的案件可以调解。

1916 行政诉讼案件的审结期限有多长？

根据《行政诉讼法》第81条的规定，人民法院应当在立案之日起6个月内作出第一审判决。有特殊情况需要延长的，由高级人民法院批准，高级人民法院审理第一审案件需要延长的，由最高人民法院批准。第88条的规定，人民法院审理上诉案件，应当在收到上诉状之日起3个月内作出终审判决。有特殊情况需要延长的，由高级人民法院批准，高级人民法院审理上诉案件需要延长的，由最高人民法院批准。

1917 行政诉讼的原告和被告无故拒不出庭的，应当承担什么后果？

根据《行政诉讼法》第58条的规定，经人民法院传票传唤，原告无正当理由拒不到庭，或者未经法庭许可中途退庭的，可以按照撤诉处理；被告无正当理由拒不到庭，或者未经法庭许可中途退庭的，可以缺席判决。

1918 人民法院对行政案件宣告判决或者裁定前原告申请撤诉的情况如何处理？

根据《行政诉讼法》第62条的规定，人民法院对行政案件宣告判决或者裁定前，原告申请撤诉的，或者被告改变其所作的行政行为，原告同意并申请撤诉的，是否准许，由人民法院裁定。

1919 什么行政案件可以适用简易程序？

根据《行政诉讼法》第82条的规定，人民法院审理下列第一审行政案件，认为事实清楚、权利义务关系明确、争议不大的，可以适用简易程序：（1）被诉行政行为是依法当场作出的；（2）案件涉及款额2000元以下的；（3）属于政府信息公开案件的。除前款规定以外的一审行政案件，当事人各方同意适用简易程序的，可以适用简易程序。发回重审、按照审判监督程序再审的案件不适用简易程序。

1920 行政诉讼的上诉案件一定要开庭审理吗？

不一定要开庭审理。根据《行政诉讼法》第86条的规定，人民法院对上诉案件，应当组成合议庭，开庭审理。经过阅卷、调查和询问当事人，对没有提出新的事实、证据或者理由，合议庭认为不需要开庭审理的，也可以不开庭审理。

1921 什么情况下法院对行政案件应当再审？

根据《行政诉讼法》第 91 条的规定，当事人的申请符合下列情形之一的，人民法院应当再审：（1）不予立案或者驳回起诉确有错误的；（2）有新的证据，足以推翻原判决、裁定的；（3）原判决、裁定认定事实的主要证据不足、未经质证或者系伪造的；（4）原判决、裁定适用法律、法规确有错误的；（5）违反法律规定的诉讼程序，可能影响公正审判的；（6）原判决、裁定遗漏诉讼请求的；（7）据以作出原判决、裁定的法律文书被撤销或者变更的；（8）审判人员在审理该案件时有贪污受贿、徇私舞弊、枉法裁判行为的。

民告官诉讼的判决和执行

1922 什么情况下法院会判决行政机关重新作出具体行政行为？

根据《行政诉讼法》第 70 条的规定，行政行为有下列情形之一的，人民法院判决撤销或者部分撤销，并可以判决被告重新作出行政行为：（1）主要证据不足的；（2）适用法律、法规错误的；（3）违反法定程序的；（4）超越职权的；（5）滥用职权的；（6）明显不当的。

1923 在法院判决重新作出行政行为后，基于原来的事实和理由，行政机关能不能作出基本相同的行政行为？

不能。根据《行政诉讼法》第 71 条的规定，人民法院判决被告重新作出行政行为的，被告不得以同一事实和理由作出与原行政行为基本相同的行政行为。

1924 行政机关拒绝履行行政判决怎么处理？

根据《行政诉讼法》第 96 条的规定，行政机关拒绝履行判决、裁定、调解书的，第一审人民法院可以采取下列措施：（1）对应当归还的罚款或者应当给付的款额，通知银行从该行政机关的账户内划拨。（2）在规定期限内不履行的，从期满之日起，对该行政机关负责人按日处 50 元至 100 元的罚款。（3）将行政机关拒绝履行的情况予以公告。（4）向监察机关或者该行政机关的上一级行政机关提出司法建议。接受司法建议的机关，根据有关规定进行处理，并将处理情况告知人民法院。（5）拒不履行判决、裁定、调解书，社会影响恶劣的，可以对该行政机关直接负责的主管人员和其他直接责任人员予以拘留；情节严重，构成犯罪的，依法追究刑事责任。

1925 法院在审理行政案件时能否加重原告的义务？

一般不能。根据《行政诉讼法》第 77 条的规定，行政处罚明显不当，或者其他行政行为涉及对款额的确定、认定确有错误的，人民法院可以判决变更。人民法院判决变更，不得加重原告的义务或者减损原告的权益。但利害关系人同为原告，且诉讼请求相反的除外。

1926 对行政机关的民事裁决不服，行政诉讼时能否同时解决民事纠纷？

能。根据《行政诉讼法》第 61 条第 1 款的规定，在涉及行政许可、登记、征收、征用和行政机关对民事争议所作的裁决的行政诉讼中，当事人申请一并解决相关民事争议的，人民法院可以一并审理。

1927 什么情况下法院会判决驳回行政诉讼案件原告的诉讼请求？

根据《行政诉讼法》第 69 条的规定，行政行为证据确凿，适用法律、法规正确，符合法定程序的，或者原告申请被告履行法定职责或者给付义务理由不成立的，人民法院判决驳回原告的诉讼请求。

1928 人民法院对行政诉讼的上诉案件根据不同的情形会作出什么不同的处理？

根据《行政诉讼法》第89条的规定，人民法院审理上诉案件，按照下列情形，分别处理：(1)原判决、裁定认定事实清楚，适用法律、法规正确的，判决或者裁定驳回上诉，维持原判决、裁定；(2)原判决、裁定认定事实错误或者适用法律、法规错误的，依法改判、撤销或者变更；(3)原判决认定基本事实不清、证据不足的，发回原审人民法院重审，或者查清事实后改判；(4)原判决遗漏当事人或者违法缺席判决等严重违反法定程序的，裁定撤销原判决，发回原审人民法院重审。原审人民法院对发回重审的案件作出判决后，当事人提起上诉的，第二审人民法院不得再次发回重审。人民法院审理上诉案件，需要改变原审判决的，应当同时对被诉行政行为作出判决。

1929 公民拒绝履行行政判决应当如何处理？

根据《行政诉讼法》第95条的规定，公民、法人或者其他组织拒绝履行判决、裁定、调解书的，行政机关或者第三人可以向第一审人民法院申请强制执行，或者由行政机关依法强制执行。

1930 什么情况下当事人可以向人民检察院申请抗诉或者检察建议？

根据《最高人民法院关于适用〈中华人民共和国行政诉讼法〉的解释》第117条的规定，有下列情形之一的，当事人可以向人民检察院申请抗诉或者检察建议：(1)人民法院驳回再审申请的；(2)人民法院逾期未对再审申请作出裁定的；(3)再审判决、裁定有明显错误的。人民法院基于抗诉或者检察建议作出再审判决、裁定后，当事人申请再审的，人民法院不予立案。

1931 原行政行为被撤销给原告造成损失的，谁来承担赔偿责任？

根据《最高人民法院关于适用〈中华人民共和国行政诉讼法〉的解释》第136条第6款的规定，原行政行为被撤销、确认违法或者无效，给原告造成损失的，应当由作出原行政行为的行政机关承担赔偿责任；因复议决定加重损害的，由复议机关对加重部分承担赔偿责任。

信访

1932 信访可以通过哪些渠道和方式提出？

信访是我国的一项特色制度，它为百姓提供了一条向国家发表意见，提出建议、批评，投诉的渠道，也是国家沟通人民、了解下情的途径。信访可以通过书信、电话、电子邮件、传真、走访等多种渠道提出。在现代网络资源和技术不断发展的今天，信访人更是可以通过信访信息系统直接提出信访要求。根据《信访条例》第9条的规定，各级人民政府、县级以上人民政府工作部门应当向社会公布信访工作机构的通信地址、电子信箱、投诉电话、信访接待的时间和地点、查询信访事项处理进展及结果的方式等相关事项。各级人民政府、县级以上人民政府工作部门应当在其信访接待场所或者网站公布与信访工作有关的法律、法规、规章，信访事项的处理程序，以及其他为信访人提供便利的相关事项。

1933 信访应向哪个机关或部门提出?

我国信访实行属地管理、分级负责、归口办理的原则。根据《信访条例》第15条的规定，信访人对各级人民代表大会以及县级以上各级人民代表大会常务委员会、人民法院、人民检察院职权范围内的信访事项，应当分别向有关的人民代表大会及其常务委员会、人民法院、人民检察院提出，并遵守该条例第16条、第17条、第18条、第19条、第20条的规定。

1934 对行政机关作出的信访处理决定不服怎么办?

可以申请复查。根据《信访条例》第34条的规定，信访人对行政机关作出的信访事项处理意见不服的，可以自收到书面答复之日起30日内请求原办理行政机关的上一级行政机关复查。收到复查请求的行政机关应当自收到复查请求之日起30日内提出复查意见，并予以书面答复。

1935 对复查意见不服怎么办?

当事人可以申请复核。根据《信访条例》第35条的规定，信访人对复查意见不服的，可以自收到书面答复之日起30日内向复查机关的上一级行政机关请求复核。收到复核请求的行政机关应当自收到复核请求之日起30日内提出复核意见。复核机关可以按照该条例第31条第2款的规定举行听证，经过听证的复核意见可以依法向社会公示。听证所需时间不计算在前款规定的期限内。信访人对复核意见不服，仍然以同一事实和理由提出投诉请求的，各级人民政府信访工作机构和其他行政机关不再受理。

1936 国家机关或部门不按规定办理信访事项怎么办?

国家机关及其工作人员或信访工作机构的人员未按规定办理信访事项的，其上级机关有权责令改正，造成严重后果的，对直接负责的主管人员和其他责任人员依法给予行政处分。根据《信访条例》第41~44条的规定，未按规定办理信访事项的情形主要包括以下几种：(1)县级以上人民政府信访工作机构对收到的信访事项应当登记、转送、交办而未按规定登记、转送、交办，或者应当履行督办职责而未履行的；(2)负有受理信访事项职责的行政机关对收到的信访事项不按规定登记的；(3)负有受理信访事项职责的行政机关对属于其法定职权范围内的信访事项不予受理的；(4)负有受理信访事项职责的行政机关未在规定期限内书面告知信访人是否受理信访事项的；(5)推诿、敷衍、拖延信访事项办理或者未在法定期限内办结信访事项的；(6)对事实清楚，符合法律、法规、规章或者其他有关规定的投诉请求未予支持的；(7)违反保密义务，将信访人的检举、揭发材料或者有关情况透露、转给被检举、揭发的人员或者单位的；(8)作风粗暴，激化矛盾的。

1937 信访人在信访过程中应遵守哪些秩序?

根据《信访条例》第20条的规定，信访人在信访过程中应当遵守法律、法规，不得损害国家、社会、集体的利益和其他公民的合法权利，自觉维护社会公共秩序和信访秩序，不得有以下行为：(1)在国家机关办公场所周围、公共场所非法聚集，围堵、冲击国家机关，拦截公务车辆或者堵塞、阻断交通的；(2)携带危险物品、管制器具的；(3)侮辱、殴打、威胁国家机关工作人员，或者非法限制他人人身自由的；(4)在信访接待场所滞留、滋事，或者将生活不能自理的人弃留在信访接待场所的;(5)煽动、串联、胁迫、以财物诱使、幕后操纵他人信访或者以信访为名借机敛财的;(6)扰乱公共秩序、妨害国家和公共安全的其他行为。

1938 集体信访应遵守哪些规定?

集体信访是指多人因共同的事项反映共同的意愿。集体信访可以采取书信、电话、网络等方式进行,也可以当面反映。根据《信访条例》第18条第2款的规定,多人采用走访形式提出共同的信访事项的,应当推选代表,代表人数不得超过5人。

1939 信访人违反《信访条例》规定的信访秩序应承担何种责任?

根据《信访条例》第47条规定,违反本条例第18条、第20条规定的,有关国家机关工作人员应当对信访人进行劝阻、批评或者教育。经劝阻、批评和教育无效的,由公安机关予以警告、训诫或者制止;违反集会游行示威的法律、行政法规,或者构成违反治安管理行为的,由公安机关依法采取必要的现场处置措施、给予治安管理处罚;构成犯罪的,依法追究刑事责任。第48条的规定,信访人捏造歪曲事实,诬告陷害他人,构成犯罪的,依法追究刑事责任;尚不构成犯罪的,由公安机关依法给予治安管理处罚。

1940 信访人对哪些组织和人员的职务行为可以提出信访?

根据《信访条例》第14条的规定,信访人对下列组织、人员的职务行为反映情况,提出建议、意见,或者不服下列组织、人员的职务行为,可以向有关行政机关提出信访事项:(1)行政机关及其工作人员;(2)法律、法规授权的具有管理公共事务职能的组织及其工作人员;(3)提供公共服务的企业、事业单位及其工作人员;(4)社会团体或者其他企业、事业单位中由国家行政机关任命、派出的人员;(5)村民委员会、居民委员会及其成员。对依法应当通过诉讼、仲裁、行政复议等法定途径解决的投诉请求,信访人应当依照有关法律、行政法规规定的程序向有关机关提出。

1941 信访人可以对信访事项的办理进行评价吗?

可以。根据《信访事项办理群众满意度评价工作办法》第10条的规定,信访人自收到信访事项答复意见书之日起30日内,即可进行满意度评价;超过30日未作评价的,视为"超期未评价"。信访人自提出信访事项之日起超过90日,未收到信访事项答复意见书的,可进行满意度评价;超过120日未作评价的,视为"超期未评价"。

1942 人民检察院处理哪些信访事项?

根据《人民检察院信访工作规定》第3条的规定,人民检察院依法处理下列信访事项:(1)反映国家工作人员职务犯罪的举报;(2)不服人民检察院处理决定的申诉;(3)反映公安机关侦查活动存在违法行为的控告;(4)不服人民法院生效判决、裁定的申诉;(5)反映刑事案件判决、裁定的执行和监狱、看守所、劳动教养机关(劳动教养制度已于2013年废除)的活动存在违法行为的控告;(6)反映人民检察院工作人员违法违纪行为的控告;(7)加强、改进检察工作和队伍建设的建议和意见;(8)其他依法应当由人民检察院处理的信访事项。

1943 **有关工作机构和人员违反《信访条例》及信访工作纪律行为的举报邮箱是什么?**

根据《国家信访局监察室关于立违反信访工作纪律举报电子邮箱的通告》的规定,为了进一步畅通信访渠道,维护信访工作秩序,规范信访工作行为,严肃信访工作纪律,自2012年10月29日起,国家信访局设立专用电子邮箱,受理有关工作机构和人员违反《信访条例》及信访工作纪律行为的举报。该邮箱不接受个人投诉事项。电子邮箱地址:jiancs@mail.gjxfj.gov.cn。

1944 **使用警力处理群体性信访事件,会受到什么处分?**

根据《监察部(已撤销)、人力资源和社会保障部、国家信访局关于违反信访工作纪律处分暂行规定》第9条的规定,违反规定使用警力处置群体性事件,或者滥用警械、强制措施,或者违反规定携带、使用武器的,对负有直接责任者,给予记过、记大过、降级或者撤职处分。造成严重后果的,对负有直接责任者,给予撤职或者开除处分;负有主要领导责任者,给予记过、记大过、降级或者撤职处分;负有重要领导责任者,给予警告、记过、记大过或者降级处分。

商事仲裁

仲裁的管辖

1945 **仲裁委和行政机关什么关系?**

二者没有关系。根据《仲裁法》第14条的规定,仲裁委员会独立于行政机关,与行政机关没有隶属关系。仲裁委员会之间也没有隶属关系。

1946 **什么情况下可以申请仲裁?**

根据《仲裁法》第2条的规定,平等主体的公民、法人和其他组织之间发生的合同纠纷和其他财产权益纠纷,可以仲裁。第3条的规定,下列纠纷不能仲裁:(1)婚姻、收养、监护、扶养、继承纠纷;(2)依法应当由行政机关处理的行政争议。

1947 **仲裁案件应当由哪个仲裁委员会管辖?**

根据《仲裁法》第6条的规定,仲裁委员会应当由当事人协议选定。仲裁不实行级别管辖和地域管辖。

1948 **仲裁作出后能否起诉或者申请再次仲裁?**

不能。根据《仲裁法》第9条的规定,仲裁实行一裁终局的制度。裁决作出后,当事人就同一纠纷再申请仲裁或者向人民法院起诉的,仲裁委员会或者人民法院不予受理。裁决被人民法院依法裁定撤销或者不予执行的,当事人就该纠纷可以根据双方重新达成的仲裁协议申请仲裁,也可以向人民法院起诉。

1949 **只有单独订立的仲裁协议才有效吗?**

不是。根据《仲裁法》第16条第1款的规定,仲裁协议包括合同中订立的仲裁条款和以其他书面方式在纠纷发生前或者纠纷发生后达成的请求仲裁的协议。

1950 **没有仲裁协议可以申请仲裁吗?**

不可以。根据《仲裁法》第4条的规定,当事人采用仲裁方式解决纠纷,应当双方自愿,达成仲裁协议。没有仲裁协议,一方申请仲裁的,仲裁委员会不予受理。

1951 达成仲裁协议后还可以向法院起诉吗?

除非仲裁协议无效,不然不可以。根据《仲裁法》第5条的规定,当事人达成仲裁协议,一方向人民法院起诉的,人民法院不予受理,但仲裁协议无效的除外。

1952 合同无效,仲裁协议也无效吗?

根据《仲裁法》第19条的规定,仲裁协议独立存在,合同的变更、解除、终止或者无效,不影响仲裁协议的效力。仲裁庭有权确认合同的效力。

1953 申请仲裁应当符合什么条件?

根据《仲裁法》第21条的规定,当事人申请仲裁应当符合下列条件:(1)有仲裁协议;(2)有具体的仲裁请求和事实、理由;(3)属于仲裁委员会的受理范围。

1954 什么情况下即使订立了仲裁协议也不能仲裁?

仲裁协议无效的情况下。根据《仲裁法》第17条的规定,有下列情形之一的,仲裁协议无效:(1)约定的仲裁事项超出法律规定的仲裁范围的;(2)无民事行为能力人或者限制民事行为能力人订立的仲裁协议;(3)一方采取胁迫手段,迫使对方订立仲裁协议的。第18条的规定,仲裁协议对仲裁事项或者仲裁委员会没有约定或者约定不明确的,当事人可以补充协议;达不成补充协议的,仲裁协议无效。

1955 双方对仲裁协议的效力有争议怎么处理?

根据《仲裁法》第20条的规定,当事人对仲裁协议的效力有异议的,可以请求仲裁委员会作出决定或者请求人民法院作出裁定。一方请求仲裁委员会作出决定,另一方请求人民法院作出裁定的,由人民法院裁定。当事人对仲裁协议的效力有异议,应当在仲裁庭首次开庭前提出。

1956 同时约定纠纷可以起诉和仲裁,可以依此申请仲裁吗?

一般不能。根据《最高人民法院关于适用〈中华人民共和国仲裁法〉若干问题的解释》第7条的规定,当事人约定争议可以向仲裁机构申请仲裁也可以向人民法院起诉的,仲裁协议无效。但一方向仲裁机构申请仲裁,另一方未在《仲裁法》第20条第2款规定期间内提出异议的除外。

1957 合同没有成立导致的纠纷,合同中的仲裁条款还有效吗?

合同未成立不影响仲裁协议的效力。根据《最高人民法院关于适用〈中华人民共和国仲裁法〉若干问题的解释》第10条第2款的规定,当事人在订立合同时就争议达成仲裁协议的,合同未成立不影响仲裁协议的效力。

1958 申请确认仲裁协议的效力由哪个法院管辖?

根据《最高人民法院关于适用〈中华人民共和国仲裁法〉若干问题的解释》第12条的规定,当事人向人民法院申请确认仲裁协议效力的案件,由仲裁协议约定的仲裁机构所在地的中级人民法院管辖;仲裁协议约定的仲裁机构不明确的,由仲裁协议签订地或者被申请人住所地的中级人民法院管辖。申请确认涉外仲裁协议效力的案件,由仲裁协议约定的仲裁机构所在地、仲裁协议签订地、申请人或者被申请人住所地的中级人民法院管辖。涉及海事海商纠纷仲裁协议效力的案件,由仲裁协议约定的仲裁机构所在地、仲裁协议签订地、申请人或者被申请人住所地的海事法院管辖；上述地点没有海事法院的，由就近的海事法院管辖。

提起仲裁

1959 仲裁申请书应该包括什么内容？

根据《仲裁法》第 23 条的规定，仲裁申请书应当载明下列事项：（1）当事人的姓名、性别、年龄、职业、工作单位和住所，法人或者其他组织的名称、住所和法定代表人或者主要负责人的姓名、职务；（2）仲裁请求和所根据的事实、理由；（3）证据和证据来源、证人姓名和住所。

1960 仲裁申请书的格式

申请人：

姓名、性别、出生年月、民族、工作单位、职业、住址、联系方式

（申请人如为单位，应写明单位名称、法定代表人姓名及职务、单位地址、联系方式）

被申请人：

姓名、性别、出生年月、民族、工作单位、职业、住址、联系方式

（被申请人如为单位，应写明单位名称、法定代表人姓名及职务、单位地址、联系方式）

请求事项：

（写明申请仲裁所要达到的目的，事项应当明确具体）

事实和理由：

（写明申请仲裁或提出主张的事实依据和法律依据。特别要注意写明申请仲裁所依据的仲裁协议）

此致

××仲裁委员会

申请人：（签名或盖章）

年 月 日

附：一、申请书副本×份（按被申请人人数确定份数）；

二、证据××份；

三、其他材料××份。

1961 仲裁委应当在收到仲裁申请书之后多久作出是否受理的决定？

根据《仲裁法》第 24 条的规定，仲裁委员会收到仲裁申请书之日起 5 日内，认为符合受理条件的，应当受理，并通知当事人；认为不符合受理条件的，应当书面通知当事人不予受理，并说明理由。

1962 当事人之间有仲裁协议，若一方向法院起诉，另一方应当在何时提交仲裁协议？

首次开庭前。根据《仲裁法》第 26 条的规定，当事人达成仲裁协议，一方向人民法院起诉未声明有仲裁协议，人民法院受理后，另一方在首次开庭前提交仲裁协议的，人民法院应当驳回起诉，但仲裁协议无效的除外；另一方在首次开庭前未对人民法院受理该案提出异议的，视为放弃仲裁协议，人民法院应当继续审理。

1963 仲裁可以申请财产保全吗？

可以。根据《仲裁法》第 28 条的规定，一方当事人因另一方当事人的行为或者其他原因，可能使裁决不能执行或者难以执行的，可以申请财产保全。当事人申请财产保全的，仲裁委员会应当将当事人的申请依照《民事诉讼法》的有关规定提交人民法院。申请有错误的，申请人应当赔偿被申请人因财产保全所遭受的损失。

仲裁是如何进行的

1964 仲裁员是由仲裁委员会指定的吗？

不全是。根据《仲裁法》第 30 条的规定，仲裁庭可以由 3 名仲裁员或者 1 名仲裁员组

成。由3名仲裁员组成的,设首席仲裁员。第31条的规定,当事人约定由3名仲裁员组成仲裁庭的,应当各自选定或者各自委托仲裁委员会主任指定1名仲裁员,第3名仲裁员由当事人共同选定或者共同委托仲裁委员会主任指定。第3名仲裁员是首席仲裁员。当事人约定由1名仲裁员成立仲裁庭的,应当由当事人共同选定或者共同委托仲裁委员会主任指定仲裁员。第32条的规定,当事人没有在仲裁规则规定的期限内约定仲裁庭的组成方式或者选定仲裁员的,由仲裁委员会主任指定。

1965 什么情况下可以申请仲裁员回避?

根据《仲裁法》第34条的规定,仲裁员有下列情形之一的,必须回避,当事人也有权提出回避申请:(1)是本案当事人或者当事人、代理人的近亲属;(2)与本案有利害关系;(3)与本案当事人、代理人有其他关系,可能影响公正仲裁的;(4)私自会见当事人、代理人,或者接受当事人、代理人的请客送礼的。

1966 仲裁是不是必须开庭进行?

不是。根据《仲裁法》第39条的规定,仲裁应当开庭进行。当事人协议不开庭的,仲裁庭可以根据仲裁申请书、答辩书以及其他材料作出裁决。

1967 仲裁是不是必须公开进行?

不是。根据《仲裁法》第40条的规定,仲裁不公开进行。当事人协议公开的,可以公开进行,但涉及国家秘密的除外。

1968 仲裁过程中可否和解?

可以。根据《仲裁法》第49条的规定,当事人申请仲裁后,可以自行和解。达成和解协议的,可以请求仲裁庭根据和解协议作出裁决书,也可以撤回仲裁申请。

1969 和解后当事人可否反悔?

可以。根据《仲裁法》第50条的规定,当事人达成和解协议,撤回仲裁申请后反悔的,可以根据仲裁协议申请仲裁。

1970 回避申请应当在什么时候提出?

根据《仲裁法》第35条的规定,当事人提出回避申请,应当说明理由,在首次开庭前提出。回避事由在首次开庭后知道的,可以在最后一次开庭终结前提出。

1971 仲裁申请人和被申请人无正当理由不到庭的,应当承担什么后果?

根据《仲裁法》第42条的规定,申请人经书面通知,无正当理由不到庭或者未经仲裁庭许可中途退庭的,可以视为撤回仲裁申请。被申请人经书面通知,无正当理由不到庭或者未经仲裁庭许可中途退庭的,可以缺席裁决。

1972 什么情况下仲裁当事人可以申请证据保全?

根据《仲裁法》第46条的规定,在证据可能灭失或者以后难以取得的情况下,当事人可以申请证据保全。当事人申请证据保全的,仲裁委员会应当将当事人的申请提交证据所在地的基层人民法院。

仲裁裁决

1973 经过仲裁庭调解达成的调解书效力如何?

与裁决书效力相同。根据《仲裁法》第51条的规定,仲裁庭在作出裁决前,可以先行调解。当事人自愿调解的,仲裁庭应当调解。调解不成的,应当及时作出裁决。调解达成协议的,仲裁庭应当制作调解书或者根据协议的结果制作裁决书。调解书与裁决书具有同等法律效力。

1974 仲裁裁决依据什么原则作出？

少数服从多数的原则。根据《仲裁法》第53条的规定，裁决应当按照多数仲裁员的意见作出，少数仲裁员的不同意见可以记入笔录。仲裁庭不能形成多数意见时，裁决应当按照首席仲裁员的意见作出。

1975 仲裁调解书什么时候发生法律效力？

根据《仲裁法》第52条第2款的规定，调解书经双方当事人签收后即发生法律效力。

1976 什么情况下可以申请撤销仲裁裁决？

根据《仲裁法》第58条的规定，当事人提出证据证明裁决有下列情形之一的，可以向仲裁委员会所在地的中级人民法院申请撤销裁决：(1)没有仲裁协议的；(2)裁决的事项不属于仲裁协议的范围或者仲裁委员会无权仲裁的；(3)仲裁庭的组成或者仲裁的程序违反法定程序的；(4)裁决所根据的证据是伪造的；(5)对方当事人隐瞒了足以影响公正裁决的证据的；(6)仲裁员在仲裁该案时有索贿受贿，徇私舞弊，枉法裁决行为的。人民法院经组成合议庭审查核实裁决有前款规定情形之一的，应当裁定撤销。人民法院认定该裁决违背社会公共利益的，应当裁定撤销。

1977 申请撤销仲裁裁决有没有时间限制？

有。根据《仲裁法》第59条的规定，当事人申请撤销裁决的，应当自收到裁决书之日起6个月内提出。

1978 人民法院受理撤销仲裁裁决的申请，通常会有什么结果？

根据《仲裁法》第60条的规定，人民法院应当在受理撤销裁决申请之日起2个月内作出撤销裁决或者驳回申请的裁定。第61条的规定，人民法院受理撤销裁决的申请后，认为可以由仲裁庭重新仲裁的，通知仲裁庭在一定期限内重新仲裁，并裁定中止撤销程序。仲裁庭拒绝重新仲裁的，人民法院应当裁定恢复撤销程序。

1979 仲裁裁决事项超出仲裁协议的范围应当怎么办？

一般当事人可以申请撤销仲裁裁决超裁部分。根据《最高人民法院关于适用〈中华人民共和国仲裁法〉若干问题的解释》第19条的规定，当事人以仲裁裁决事项超出仲裁协议范围为由申请撤销仲裁裁决，经审查属实的，人民法院应当撤销仲裁裁决中的超裁部分。但超裁部分与其他裁决事项不可分的，人民法院应当撤销仲裁裁决。

1980 申请撤销仲裁裁决被驳回，能不能要求再审？

不能。《最高人民法院关于当事人对驳回其申请撤销仲裁裁决的裁定不服而申请再审，人民法院不予受理问题的批复》明确指出，当事人对人民法院驳回其申请撤销仲裁裁决的裁定不服而申请再审的，人民法院不予受理。

1981 仲裁后再以仲裁协议无效为由要求撤销仲裁裁决可以吗？

一般不可以。根据《最高人民法院关于适用〈中华人民共和国仲裁法〉若干问题的解释》第27条的规定，当事人在仲裁程序中未对仲裁协议的效力提出异议，在仲裁裁决作出后以仲裁协议无效为由主张撤销仲裁裁决或者提出不予执行抗辩的，人民法院不予支持。当事人在仲裁程序中对仲裁协议的效力提出异议，在仲裁裁决作出后又以此为由主张撤销仲裁裁决或者提出不予执行抗辩，经审查符合《仲裁法》第58条或者《民事诉讼法》第213条（现行《民事诉讼法》第237条）、第258条（现行《民事诉讼法》第274条）规定的，人民法院应予支持。

1982 仲裁裁决在什么情况下可以申请不予执行？

根据《民事诉讼法》第237条的规定，对依法设立的仲裁机构的裁决，一方当事人不履行的，对方当事人可以向有管辖权的人民法院申请执行。受申请的人民法院应当执行。被申请人提出证据证明仲裁裁决有下列情形之一的，经人民法院组成合议庭审查核实，裁定不予执行：（1）当事人在合同中没有订有仲裁条款或者事后没有达成书面仲裁协议的；（2）裁决的事项不属于仲裁协议的范围或者仲裁机构无权仲裁的；（3）仲裁庭的组成或者仲裁的程序违反法定程序的；（4）裁决所根据的证据是伪造的；（5）对方当事人向仲裁机构隐瞒了足以影响公正裁决的证据的；（6）仲裁员在仲裁该案时有贪污受贿，徇私舞弊，枉法裁决行为的。人民法院认定执行该裁决违背社会公共利益的，裁定不予执行。裁定书应当送达双方当事人和仲裁机构。仲裁裁决被人民法院裁定不予执行的，当事人可以根据双方达成的书面仲裁协议重新申请仲裁，也可以向人民法院起诉。

1983 仲裁裁决书应当包括哪些内容？

根据《仲裁法》第54条的规定，裁决书应当写明仲裁请求、争议事实、裁决理由、裁决结果、仲裁费用的负担和裁决日期。当事人协议不愿写明争议事实和裁决理由的，可以不写。裁决书由仲裁员签名，加盖仲裁委员会印章。对裁决持不同意见的仲裁员，可以签名，也可以不签名。

1984 一方当事人不履行仲裁裁决，另一方当事人应当怎么办？

根据《仲裁法》第62条的规定，当事人应当履行裁决。一方当事人不履行的，另一方当事人可以依照《民事诉讼法》的有关规定向人民法院申请执行。受申请的人民法院应当执行。

1985 当事人一方申请执行仲裁裁决，另一方申请撤销仲裁裁决的怎么处理？

根据《仲裁法》第64条的规定，一方当事人申请执行裁决，另一方当事人申请撤销裁决的，人民法院应当裁定中止执行。人民法院裁定撤销裁决的，应当裁定终结执行。撤销裁决的申请被裁定驳回的，人民法院应当裁定恢复执行。

1986 农村土地承包合同发生纠纷，也适用《仲裁法》吗？

不是的，应当适用《农村土地承包经营纠纷调解仲裁法》。根据《仲裁法》第77条的规定，劳动争议和农业集体经济组织内部的农业承包合同纠纷的仲裁，另行规定。根据《农村土地承包经营纠纷调解仲裁法》第2条第1款的规定，农村土地承包经营纠纷调解和仲裁，适用该法。

举证

1987 哪些事实当事人不负担举证责任？

根据《最高人民法院关于适用〈中华人民共和国民事诉讼法〉的解释》第 92 条和第 93 条的规定，当事人不负担举证责任的事实包括自认和无须举证的事实。

自认的事实是指一方当事人对另一方当事人主张的、于己不利的案件事实予以承认。

无须证明的事实包括：(1)众所周知的事实；(2)自然规律及定理；(3)根据法律规定或者已知事实和日常生活经验法则，能推定出的另一事实；(4)已为人民法院发生法律效力的裁判所确认的事实；(5)已为仲裁机构的生效裁决所确认的事实；(6)已为有效公证文书所证明的事实。

1988 当事人向法院提交证据的形式有哪些规定？

根据《最高人民法院关于民事诉讼证据的若干规定》(2019 修正)第 11 条、第 12 条、第 13 条、第 15 条、第 16 条、第 17 条、第 19 条的规定，(1)当事人向人民法院提供证据，应当提供原件或者原物。如需自己保存证据原件、原物或者提供原件、原物确有困难的，可以提供经人民法院核对无异的复制件或者复制品。(2)以动产作为证据的，应当将原物提交人民法院。原物不宜搬移或者不宜保存的，当事人可以提供复制品、影像资料或者其他替代品。(3)当事人以不动产作为证据的，应当向人民法院提供该不动产的影像资料。(4)当事人以视听资料作为证据的，应当提供存储该视听资料的原始载体。当事人以电子数据作为证据的，应当提供原件。电子数据的制作者制作的与原件一致的副本，或者直接来源于电子数据的打印件或其他可以显示、识别的输出介质，视为电子数据的原件。(5)当事人提供的公文书证系在我国领域外形成的，该证据应当经所在国公证机关证明，或者履行中华人民共和国与该所在国订立的有关条约中规定的证明手续。我国领域外形成的涉及身份关系的证据，应当经所在国公证机关证明并经中华人民共和国驻该国使领馆认证，或者履行中华人民共和国与该所在国订立的有关条约中规定的证明手续。当事人向人民法院提供的证据是在我国香港、澳门、台湾地区形成的，应当履行相关的证明手续。(6)当事人向人民法院提供外文书证或者外文说明资料，应当附有中文译本。(7)当事人应当对其提交的证据材料逐一分类编号，对证据材料的来源、证明对象和内容作简要说明，签名盖章，注明提交日期，并依照对方当事人人数提出副本。

1989 无法与原件核对的书证的复印件一定不能作为证据使用吗？

不一定。无法与原件核对的书证的复印件作为认定案件事实的依据，必须经过证据补强，且具备以下条件：(1)必须有其他证据可以与复印件相互印证，单一复印件证据不能单独认证。即复印件证据应有其他辅助证据加以印证，且证据之间应能形成证据锁链，从而证明案件事实。(2)书证复印件提供人不能提供原件核对有正当理由，即有客观上不能提供原件的原因(包括有证据证明复印件原件已经灭失或原件在其他人手中)。主观上的原因不是不能提供原件的正当理由。(3)书证复印件提供人应证明不能提供原件是确有客观原因的。

1990 举证期限如何确定？

举证期限，是指在诉讼过程当中，人民法院确定的当事人可以向法院提供相应证据的最后期限。根据《最高人民法院关于适用〈中华人民共和国民事诉讼法〉的解释》第99条的规定，人民法院应当在审理前的准备阶段确定当事人的举证期限。举证期限可以由当事人协商，并经人民法院准许。人民法院确定举证期限，第一审普通程序案件不得少于15日，当事人提供新的证据的第二审案件不得少于10日。举证期限届满后，当事人对已经提供的证据，申请提供反驳证据或者对证据来源、形式等方面的瑕疵进行补正的，人民法院可以酌情再次确定举证期限，该期限不受前款规定的限制。第100条第1款和第2款的规定，当事人申请延长举证期限的，应当在举证期限届满前向人民法院提出书面申请。申请理由成立的，人民法院应当准许，适当延长举证期限，并通知其他当事人。延长的举证期限适用于其他当事人。第266条第1款和第3款的规定，适用简易程序案件的举证期限由人民法院确定，也可以由当事人协商一致并经人民法院准许，但不得超过15日。被告要求书面答辩的，人民法院可在征得其同意的基础上，合理确定答辩期间。当事人双方均表示不需要举证期限、答辩期间的，人民法院可以立即开庭审理或者确定开庭日期。第277条的规定，小额诉讼案件的举证期限由人民法院确定，也可以由当事人协商一致并经人民法院准许，但一般不超过7日。被告要求书面答辩的，人民法院可以在征得其同意的基础上合理确定答辩期间，但最长不得超过15日。当事人到庭后表示不需要举证期限和答辩期间的，人民法院可立即开庭审理。

1991 哪些情形下举证期限可以延长？

举证期限确定的目的是防止某些当事人恶意拖延诉讼，进行证据突袭。但是，民事案件往往比较复杂，如果绝对恪守举证期限不能变更的规定，有时候会产生不公平。根据《民事诉讼法》第65条的规定，当事人对自己提出的主张应当及时提供证据。人民法院根据当事人的主张和案件审理情况，确定当事人应当提供的证据及其期限。当事人在该期限内提供证据确有困难的，可以向人民法院申请延长期限，人民法院根据当事人的申请适当延长。

1992 新证据的范围如何界定？

在不同的诉讼阶段，新证据的范围是不同的。(1)一审程序中的新证据包括：当事人在一审举证期限届满后新发现的证据；当事人确因客观原因无法在举证期限内提供，经人民法院准许，在延长的期限内仍无法提供的证据。(2)二审程序中的新证据包括：一审庭审结束后新发现的证据；当事人在一审举证期限届满前申请人民法院调查取证未获准许，二审法院经审查认为应当准许并依当事人申请调取的证据。(3)视为新证据：当事人经人民法院准许延期举证，但因客观原因未能在准许的期限内提供，且不审理该证据可能导致裁判明显不公的，其提供的证据可视为新的证据。(4)再审程序中的新证据：原审庭审结束后新发现的证据。

1993 对当事人超出举证期限提交的证据一概认定为无效吗？

不一定。有如下几种例外情况：第一，当事人超出举证期限提交的证据，对方当事人同意质证的情况。第二，一审程序中的新证据包括：当事人在一审举证期限届满后新发现的证据；当事人确因客观原因无法在举证期限内提供，经人民法院准许，在延长的期限内仍无法提供的证据。第三，二审程序中的新证据包括：一审庭审结束后新发现的证据；当事人在一审举证期限届满前申请人民法院调查取证未获准许，二审法院经审查认为应当准许并依当事人申请调取的证据。上述两种情况下，当事人提出的证据虽然不是在举证期限内提出的，但可以作为有效的证据使用，经质证后可以作为人民法院认定案件事实的依据。第四，当事人经人民法院准许延期举证，但因客观原因未能在准许的期限内提供，且不审理该证据可能导致裁判明显不公的，其提供的证据可视为新证据。

1994 名誉权侵权诉讼需要收集的证据有哪些？

主要有以下几个方面：(1)证明当事人主体资格的证据。(2)证明侵权事实存在的证据，包括：①新闻媒体、书刊对公民或法人报道失实损害其名誉的证据。例如，报道内容的原始载体。②虚构事实，含沙射影，对他人进行诽谤的文学作品。③以口头、书面或暴力方式，对他人进行人身攻击，侮辱，贬损他人人格的证据。可举出证人证言、书面材料。④以隐瞒真相、捏造事实并加以传播的方式诋毁他人名誉、信誉，损害他人尊严的证据等。(3)证明侵权事实造成损害后果的证据，如单位处分，当事人精神受打击患病，法人经济效益滑坡等证据。(4)被告如主张免责，应提供其没有过错，或没有损害原告名誉权的证据。(5)有具体诉讼请求的，应提交诉讼请求金额的计算方法、依据和清单。

1995 在离婚诉讼中，哪些情况可以认为夫妻双方的感情确已破裂？

在离婚诉讼中，当事人要解除婚姻关系，必须提交足以证明夫妻感情确已破裂的证据。根据《民法典》第1079条的规定，夫妻一方要求离婚的，可以由有关组织进行调解或直接向人民法院提出离婚诉讼。人民法院审理离婚案件，应当进行调解；如果感情确已破裂，调解无效的，应当准予离婚。有以下情形之一，调解无效的，应当准予离婚：(1)重婚或有配偶与他人同居；(2)实施家庭暴力或虐待、遗弃家庭成员；(3)有赌博、吸毒等恶习屡教不改；(4)因感情不和分居满二年；(5)其他导致夫妻感情破裂的情形。一方被宣告失踪，另一方提出离婚诉讼的，应准予离婚。经人民法院判决不准离婚后，双方又分居满一年，并再次提起离婚诉讼的，应当准予离婚。

其中，涉及其他导致夫妻感情破裂的情形，应根据《最高人民法院关于人民法院审理离婚案件如何认定夫妻感情确已破裂的若干具体意见》的相关规定确定，包括以下情况：(1)一方患有法定禁止结婚疾病的，或一方有生理缺陷，或其他原因不能发生性行为，且难以治愈的；(2)婚前缺乏了解，草率结婚，婚后未建立起夫妻感情，难以共同生活的；(3)婚前隐瞒了精神病，婚后经治不愈，或者婚前知道对方患有精神病而与其结婚，或一方在夫妻共同生活期间患精神病，久治不愈的；(4)一方欺骗对方，或者在结婚登记时弄虚作假，骗取《结婚证》的；(5)双方办理结婚登记后，未同居生活，无和好可能的；(6)包办、买卖婚姻、婚后一方随即提出离婚，或者虽然共同生活多年，但确未建立起夫妻感情的；(7)一方被依法判处长期徒刑，或者有违法、犯罪行为严重伤害夫妻感情的。

1996 证明或者确认收养关系成立需要提交什么证据？

我国《民法典》规定了严格的收养程序和条件。根据《民法典》第1105条的规定，收养应当向县级以上人民政府民政部门登记。收养关系自登记之日起成立。收养查找不到生父母的未成年人的，办理登记的民政部门应当在登记前予以公告。收养关系当事人愿意订立收养协议的，可以订立收养协议。收养关系当事人各方或者一方要求办理收养公证的，应当办理收养公证。县级以上人民政府民政部门应当依法进行收养评估。第1109条规定，外国人依照本法可以在中华人民共和国收养子女。外国人在中华人民共和国收养子女，应当经其所在国主管机关依照该国法律审查同意。收养人应当提供由其所在国有权机构出具的有关其年龄、婚姻、职业、财产、健康、有无受过刑事处罚等状况的证明材料，并与送养人订立书面协议，亲自向省、自治区、直辖市人民政府民政部门登记。前款证明材料应当经收养人所在国外交机关或者外交机关授权的机构认证，并经中华人民共和国驻该国使领馆认证，但是国家另有规定的除外。所以，证明收养关系成立，一般应该向人民法院提交如下证据：(1)我国公民收养子女的，应该提交县级以上人民政府民政部门的登记证明。(2)外国人收养中国子女的，应该提交省、自治区、直辖市人民政府民政部门的登记证明。

1997 开发商一房二卖情况下，无法继续履行合同的一方如何举证？

原告可收集以下证据：(1)证明原、被告诉讼主体资格的证据。(2)原告与被告签订的《商品房买卖合同》，证明双方存在商品房买卖合同关系及合同的权利义务内容。(3)原告向被告交付首期房款的凭证，证明原告已经履行了自己的义务。(4)被告故意隐瞒已将争议房屋出卖给他人的证据。根据《最高人民法院关于审理商品房买卖合同纠纷案件适用法律若干问题的解释》第9条第3项的规定，故意隐瞒所售房屋已经出卖给第三人或者为拆迁补偿安置房屋的事实，导致合同无效或者被撤销、解除的，买受人可以请求返还已付购房款及利息、赔偿损失，并可以请求出卖人承担不超过已付购房款一倍的赔偿责任。

1998 劳动争议案件劳动者获得违法解除赔偿金需要提交哪些证据？

主要有以下几个方面：(1)证明劳动关系的证据。这是劳动者申请劳动仲裁的基础证据，只有双方具有劳动关系才有违法解除的说法。一般来说，证据包含劳动合同、社保缴纳记录、单位发放的胸卡、工资发放银行明细等。在劳动关系纠纷案件中，主张劳动关系成立并生效的一方当事人对劳动合同订立和生效等事实承担举证责任。(2)单位作出解除劳动关系的意思表示。劳动者要证明用人单位作出了解聘的意思表示。如果用人单位根本没有解聘劳动者，就不存在解聘是否合法一说。一般来说，证据包含解聘通知书、处罚通知书以及用人单位与劳动者的谈话录音等。(3)劳动者在被解聘前12个月的收入情况。违法解除赔偿金是2倍的补偿金，补偿金的计算标准是前12个月的平均收入。然后根据工作年限来计算，每工作一年赔偿2个月补偿金，6个月以上不满1年的，按1年计算；不满6个月的，支付半个月工资的经济补偿。以此类推。一般来说，证据包含劳动合同、银行工资入账流水等。(4)至于解除劳动关系所依据的事实和法律(公司规章制度)，由用人单位举证。

1999 交通事故损害赔偿案件中涉及的重要证据有哪些？

主要有以下几个方面：(1)交通事故责任认定书。交通事故责任认定，是公安机关在查明交通事故原因后，根据当事人的违章行为与交通事故之间的因果关系，以及违章行为在交通事故中的作用，对当事人的交通事故责任加以认定的行为。交通事故责任认定书一般都会对交通事故的发生经过进行概述，并对当事人各方的过错责任进行认定，基本囊括了一般侵权责任的四个构成要件。交通事故责任认定在交通事故处理中位置至关重要，它涉及影响到交通事故民事赔偿、行政处罚甚至刑事责任的认定。因此，交通事故责任认定书在打交通事故官司中是非常重要的证据。(2)伤残鉴定。伤残鉴定是指办案机关依法指派或聘请符合评定人条件、承担道路交通事故受伤人员伤残评定的人员，在客观检验的基础上，根据检验结果，按照伤残评定标准，运用专门知识进行分析所得出的综合性判断。——《人体损伤致残程度分级》伤残划分为十个等级，从十级伤残到一级伤残依次加重，一级伤残最为严重。伤残鉴定是民事赔偿的重要依据之一，尤其是在要求对方支付残疾赔偿金时，更是必不可少的证据。(3)当事人支付医疗费、护理费、营养费、交通费等各种费用的票证和单据。这些费用的单证是要求对方赔偿必不可少的证据，也是法院支持自己赔偿请求的依据。(4)交警对肇事司机的酒精测试、毒品测试等记录。这类记录可以推翻交通事故责任认定书。

附　　录

民事诉讼指引流程图（一审程序）

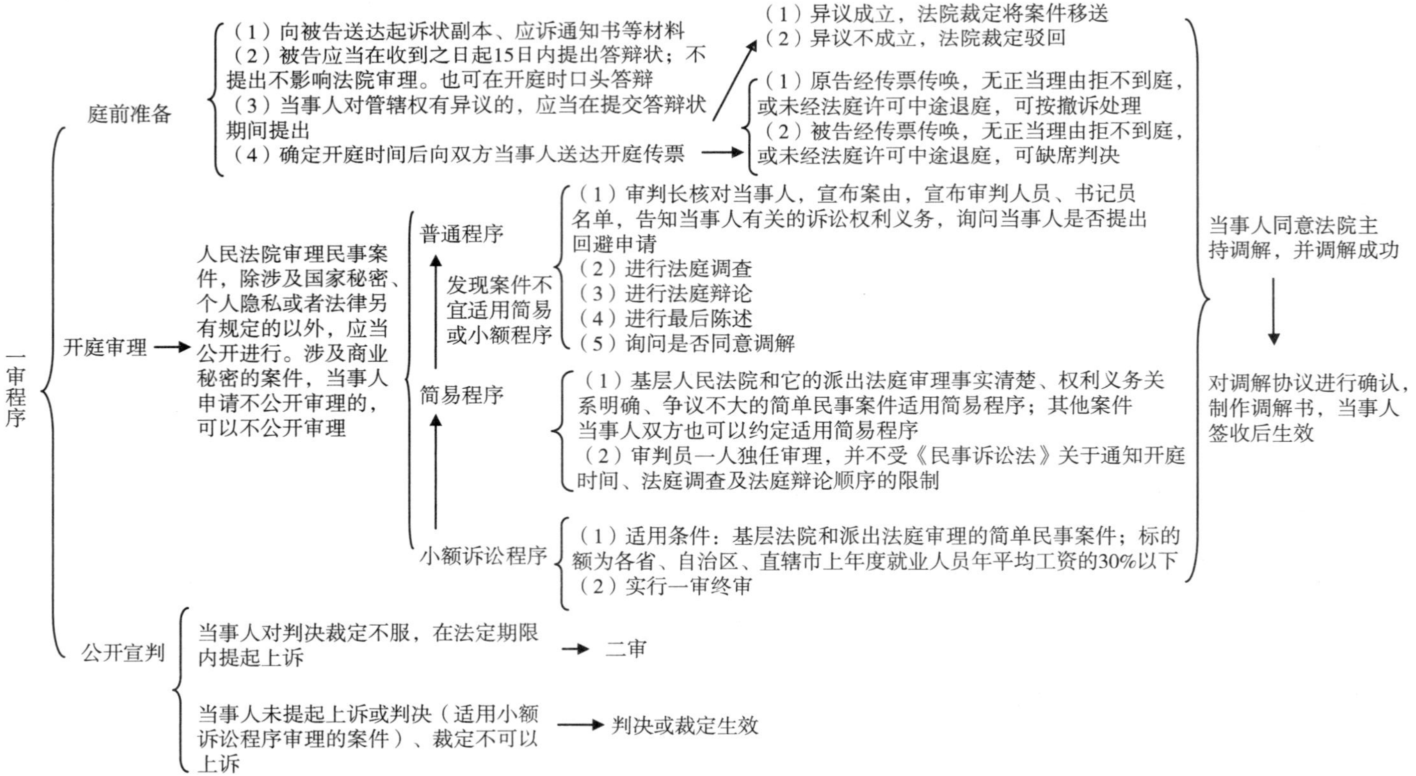

民事诉讼指引流程图（二审程序）

二审程序

当事人提起上诉

（1）上诉期限：在判决书送达之日起15日内；在裁定书送达之日起10日内
（2）上诉法院：上一级人民法院
（3）提交上诉状：内容包括①当事人的姓名，法人的名称及其法定代表人的姓名或者其他组织的名称及其主要负责人的姓名；②原审人民法院名称、案件的编号和案由；③上诉的请求和理由
（4）上诉状提交方式：上诉状应当通过原审人民法院提出，并按照对方当事人或者代表人的人数提交副本
（5）上诉案件受理费的缴纳：虽递交上诉状，但未在指定的期限内交纳上诉费的，按自动撤回上诉处理

↓

法院审查

（1）必须是有享有上诉权或者可以依法行使上诉权的公民、法人或其他组织
（2）提起上诉的对象必须是依法允许上诉的判决或裁定
（3）必须在法定期限内提起并缴纳上诉案件受理费

↓ 符合立案条件

法院审理

（1）第二审人民法院应当对上诉请求的有关事实和法律适用进行审查
（2）第二审人民法院对上诉案件，应当组成合议庭，开庭审理
（3）经过阅卷、调查和询问当事人，对没有提出新的事实、证据或者理由，合议庭认为不需要开庭审理的，可以不开庭审理
（4）第二审人民法院审理上诉案件，可以在本院进行，也可以到案件发生地或者原审人民法院所在地进行

↓

二审结果

（1）原判决、裁定认定事实清楚，适用法律正确的，以判决、裁定方式驳回上诉，维持原判决、裁定
（2）原判决、裁定认定事实错误或者适用法律错误的，以判决、裁定方式依法改判、撤销或者变更
（3）原判决认定基本事实不清的，裁定撤销原判决，发回原审人民法院重审，或者查清事实后改判
（4）原判决遗漏当事人或者违法缺席判决等严重违反法定程序的，裁定撤销原判决，发回原审人民法院重审
（5）第二审人民法院审理上诉案件，可以进行调解。调解达成协议，应当制作调解书。调解书送达后，原审人民法院的判决即视为撤销
（6）第二审人民法院判决宣告前，上诉人申请撤回上诉的，是否准许，由第二审人民法院裁定。裁定准许撤诉的，双方按一审判决、裁定执行

→ 第二审人民法院的判决、裁定，是终审的判决、裁定

民事诉讼指引流程图（再审程序）

审判监督程序

当事人申请再审

（1）对已经发生法律效力的判决、裁定，认为有错误的，可以向上一级人民法院申请再审；当事人一方人数众多或者当事人双方为公民的案件，也可以向原审人民法院申请再审

（2）当事人申请再审的，不停止判决、裁定的执行

（3）当事人的申请符合《民事诉讼法》第200条规定的情形

（4）应当在判决、裁定发生法律效力后6个月内提出；有《民事诉讼法》第200条第1项、第3项、第12项、第13项规定情形的，自知道或者应当知道之日起6个月内提出

（5）当事人对已经发生法律效力的调解书，提出证据证明调解违反自愿原则或者调解协议的内容违反法律的，可以申请再审

法院提起再审

（1）各级人民法院院长对本院已经发生法律效力的判决、裁定、调解书，发现确有错误，认为需要再审的，应当提交审判委员会讨论决定

（2）最高人民法院对地方各级人民法院已经发生法律效力的判决、裁定、调解书，上级人民法院对下级人民法院已经发生法律效力的判决、裁定、调解书，发现确有错误的，有权提审或者指令下级人民法院再审

检察院抗诉

（1）最高人民检察院对各级人民法院已经发生法律效力的判决、裁定，上级人民检察院对下级人民法院已经发生法律效力的判决、裁定，发现有《民事诉讼法》第200条规定情形之一的，或者发现调解书损害国家利益、社会公共利益的，应当提出抗诉

（2）地方各级人民检察院对同级人民法院已经发生法律效力的判决、裁定，发现有《民事诉讼法》第200条规定情形之一的，或者发现调解书损害国家利益、社会公共利益的，可以向同级人民法院提出检察建议，并报上级人民检察院备案；也可以提请上级人民检察院向同级人民法院提出抗诉

法院审理再审案件

（1）因当事人申请裁定再审的案件由中级人民法院以上的人民法院审理，但当事人一方人数众多或者当事人双方为公民的案件，当事人依据《民事诉讼法》第199条的规定选择向基层人民法院申请再审的除外

（2）最高人民法院、高级人民法院裁定再审的案件，由本院再审或者交其他人民法院再审，也可以交原审人民法院再审

（3）按照审判监督程序决定再审的案件，裁定中止原判决、裁定、调解书的执行，但部分类型案件可以不中止执行

（4）人民法院审理再审案件，应当另行组成合议庭

（5）人民法院按照审判监督程序再审的案件，发生法律效力的判决、裁定是由第一审法院作出的，按照第一审程序审理，所作的判决、裁定，当事人可以上诉；发生法律效力的判决、裁定是由第二审法院作出的，按照第二审程序审理，所作的判决、裁定，是发生法律效力的判决、裁定；上级人民法院按照审判监督程序提审的，按照第二审程序审理，所作的判决、裁定是发生法律效力的判决、裁定

（6）人民检察院提出抗诉的案件，人民法院再审时，应当通知人民检察院派员出席法庭